子女指導와 父母教育

子女指導와 父母教育

金忠起 著

한국학술정보㈜

머 리 말

하늘로 머리를 쳐든 부모라면 누구나 자녀교육에 대하여 세심한 관심을 갖지 않는 사람은 아마도 드물 것이다. 그만큼 자녀교육은 가정과 사회에서 중요하게 여기고 있다. 그런데 어떻게 키워야 가장 바람직한 일인가? 여기에 대한 해답은 일정하지 않고 다양하며 특별한 왕도도 없다고 본다. 그럼에도 불구하고 자녀교육에 대한 뚜렷한 방향이나 지침의 본질을 얘기한다는 것은 너무 주제넘은 생각일 것 같다.

하지만 나름대로 교육에 관심을 갖고 현직에 몸담아 십수 년간 초등·중등·대학교 등 교육현장에서 학생들을 가르치고 지도해 온 경험과 경륜을 통해서 일정한 방향 같은 것을 제시해 보고 싶은 욕망 속에서 비록 체계적인 방법은 아닐지라도 수년간 강의, 강연, 논단, 연수훈련의 경험을 토대로 엮어진 수십 편의 논문과 지도에 대한 넋두리를 한데 묶어 『자녀지도와 부모교육』이란 주제를 붙여 보았다. 적합한 제재가 되는지 모르겠으나 일반 학부모들이나 현직에 근무하는 교사들, 예비 교사들, 또는 교육에 관심을 둔 사람들에게 참고가 될 것이라고 생각하여 엮어본 것이다. 널리 관용과 이해를 하면서 이용해 주었으면 필자로서 보람을 느낄 것 같다.

자녀교육이라고 하면 흔히 생각하기를 유치원 어린이나 초등학교 아동들만을 대상으로 생각하기 쉬운 학부모들이 있는지 모르나, 넓게 보면 모두 배우는 청소년층을 대상으로 삼는 것이 좋을 것이다. 그렇다면 교육의 대상을 단순히 어린 학생뿐만 아니라 중·고등, 나아가서는 대학생들도 포함시키는 것이 될 것이다. 심지어는 부모 자신도 항상 배우는 자세로 임해야 할 것이다.

그러므로, 본서는 교육내용이란 점에서 총괄적인 자녀교육의 자료를 제시해 보았고 초등학교에서의 생활지도에 관한 지도방법, 초·중등학교에서의 진로교육이나 진로지도, 대학에서의 학생지도, 청소년의 직업관, 기타 중요한 교육적인 사항을 단편적으로 주제별로 발표한 내용이 주요 골자가 되었다.

이 책은 교과서가 아니다. 필자가 생활지도와 진로교육에 관심을 두고 심혈을 기

울이며 지도하는 가운데 자신이 필요하다고 느낀 것을 조목조목 정리하여 인쇄화
된 논문을 계통별로 나열해 놓았기 때문에 순서를 생각지 않고 독자가 필요로 하는
관심영역부터 읽어가도 괜찮다. 다만, 논리적 배열이 아닌 관계로 다소 중복되는 내
용도 있을 것이다. 널리 이해하면서 자녀교육을 위한 참고가 된다면 더 이상 보람
과 즐거움이 없을 것이다.

교육은 전문가에 의해서 베풀어져야 하는 고도의 분업화 된 전문지식이다. 그렇
지만, 그 전문지식 밑에 깔려 있는 공통된 원리를 발견하여 이를 보편화시켰을 때
는 지극히 상식적이 될 수 있다.

지금 우리의 현실은 누구나 자녀교육에 대한 관심은 가히 세계적이라 할 만큼
교육열이 충만해 있다. 누구도 내노라 할 정도의 교육에 대한 일가견이 있지만, 최
소한의 상식마저 결여된 데에서 실패를 하는 경우가 바로 그것이다.

그러므로, 자녀교육을 위해서는 우리는 다각도로 연구하고 참고될 만한 이와 같
은 연구물을 읽고 소화시켜 자녀지도에 도움이 되었으면 한다.

부모는 가정에서의 교사라는 생각을 항상 지니고 있어야 한다. 자녀지도에 온갖
정성과 관심을 가지고 꾸준히 노력한다면 그 자녀는 훌륭하게 무럭무럭 성장할 것
이다.

가이던스 센터 연구실에서
저자 씀

차 례

제2부 生活指導의 課題와 展望

제4부 進路敎育의 課題와 展望

제1부 子女敎育의 이모저모

제1장 자녀교육의 방향

자녀들에 대한 어머니의 사랑만큼 이 세상에서 아름답고 크며 고귀한 것은 없다. 옛 조상들로부터 물려받은 인습이나 전통, 사회제도가 빚어놓은 가치관에 의해서 그 내용이 다소 달라질 수는 있어도 우리는 아름다운 미풍양속을 아직도 지니고 있다. 그것은 다름 아닌 자녀에 대한 지극한 사랑이요, 다음 세대가 잘 되기를 바라는 것은 모든 부모들이 한결같이 지니고 있는 간절한 소망이며 바람일 것이다.

요즈음 부모들, 특히 어머니들은 육아에 대하여 비상한 관심을 가지고 있다. 하기야 핵가족화 현상이 두드러지고 자녀의 수도 적게 양육하고 있는 현실이고 보니 그 관심이 지나쳐서 이른바 노이로제에 걸려 있는 일도 있다.

종래의 「육아서」를 보면 한결같이 어린이의 '몸의 건강'을 생각한 나머지 어린이의 '마음의 건강'을 소홀히 하고 있는 결함이 있다. 이를테면, 유아에게 우유를 몇 시간마다 얼마를 먹이는 것이 좋은가 하는 따위의 문제는 빈틈없이 서술하고 있으면서도 어린이가 어떠한 경우에 욕구불만을 일으키며, 또 그 욕구불만이 어린이의 성격형성에 얼마나 큰 영향을 미치는가에 대해서는 거의 손을 대지 않고 있다.

블룸(R. S. Bloom)에 의하면, 인간의 지능은 4세를 전후하여 50%가 형성되고 8세 이전에 30%가 발달하고 나머지 20%는 17~20세를 전후해서 완성된다고 한다. 프로이드(S. Freud)도 출생 후 5세 이전에 이미 모든 성격과 지능발달이 크게 이루어지며 형성된다고 했다.

이러한 연구에서 공통적으로 지적하고 있는 바와 같이 어렸을 때의 기간이 일생 중 가장 중요한 기간이 되며 성격형성과 구조의 기초가 된다는 것이다.

어린이의 "몸"을 건강하게 키우는 것은 중요한 일이다. 그러나 어린이의 "마음"을 건강하게 키우는 것도 그에 못지않게 중요한 일인 것을 깨달아야 한다. 그렇기 때문에 조기교육을 강조하는 연유가 바로 그것이다.

우리 속담에 "세 살 버릇 여든까지 간다"는 말이 있다. 다시 말하면, 여든 살 버릇 세살 때 이루어진다는 것이다. 따라서 감수성이 예민하고 모방심이 강하고 정서적으로 매우 민감하여 가정에서의 부모가 화목하지 못하고 싸운다든가 또한 이혼이나 별거생활, 그밖에 어린이를 학대한다면 가정의 분위기가 정서적으로 안정되지 못하기 때문에 어린이의 성격형성에 큰 충격을 주게 된다. 그것이 평생을 좌우하는 계기가 된다.

그러므로, 가정에서의 교사는 부모이기 때문에 학교에서의 선생님 이상으로 어렸을 때 올바른 성격형성을 키워주기 위해서 부모들은 각별한 노력으로 지도대책을 강구해야 할 것이다.

부모들이 사소한 실수로 해서 어린 마음에 응어리가 생겼을 때 그것이 얼마나 오랫동안 어린이를 괴롭히는가 또는 성격을 삐뚤어지게 하는가를 부모들이 깨닫는다면, 한시라도 어린이의 "마음"을 등한시할 수가 없을 것이다.

어린 시절은 다른 시기와는 달리 감수성 교육의 주체로서 자녀들을 원만한 성장과 발달을 가져오기 위해서 각별한 주의와 헌신적인 노력과 화목한 가정생활을 영위하도록 서로가 합심해야 될 것이다.

따라서 부모들은 자녀교육을 위해서 최소한의 아동심리학이나 청년발달심리학의 내용을 충분히 이해하고 아동에게 적극적인 관심을 가지고 임해야 될 줄 안다.

요즈음 학생들(초·중·고등학교)은 공부에 시달리고 있다. 더구나 부모들의 지나친 교육열에 자녀들은 고역을 치르고 있는 것 같다. 부모들은 자기 자녀를 볼 때마다 "공부해라"는 채찍을 가하고 있다. 그렇지 않아도 숙제가 태산 같고 할 공부가 많은데 게다가 말끝마다 공부, 공부하고 재촉하는데, 학생들은 이러한 말에 거부감을 가지고 싫증을 느끼는 것 같다. 오죽하면 학교생활 중에서 가장 즐거운 시간을 "청소시간"이라고 하지 않는가? 학생들이 좋아하는 시간은 각 교과시간이어야 함에도 불구하고 청소시간이 좋다는 의미는 어른들이 심각하게 생각해 보아야 할 문제라고 본다. 왜 이럴까? 학생들은 과중한 학과 공부에 시달리고 있다. 집에 돌아가면 계속되는 숙제와 공부가 너무 벅차서도 무지 뛰고 놀 수 있는 여유가 없다고 한다. 한창 뛰어 놀아야 할 활동기에 놓여 있는 아동들에게 부모의 욕심이 너무 지나쳐 그들에게 오로지 공부만을 강요하고 있으니 싫증날 수밖에 없다.

공부가 중요한 것임에는 틀림없다. 그러나 이것이 너무 지나쳐서 마치 공부하기 위해서 태어난 것처럼 아이들은 공부지옥에서 벗어나지 못하고 있다. 공부도 하나의 생활방편으로 장차 훌륭한 사람이 되기 위해서, 자기의 능력을 신장시키기 위해서 노력하는 것은 당연한 일과일 것이다. 그런데 공부경쟁 속에서 허덕이는 학생들을 볼 때 너무 가엾은 생각이 든다.

부모들은 아이들에게 부모 자신의 과거 경험을 너무 주입시키지 않는 것이 좋다. 왜냐하면, 과거는 현재가 아니고 과거의 부모의 경험과는 다른 세계에 살고 있기 때문에 현대 수준에 맞추어 체계적으로 분수에 알맞은 지도를 해야 한다.

무엇보다도, 내 아이가 어떠한 경향을 가지고 있는가를 파악해야 하며 그때그때의 발달과정에 맞추어 지도하는 것이 중요하다. 다시 말하면, 어린이 자체를 정확히 파악하고 그 어린이 자신으로부터 출발하는 교육이어야 한다. 아이들은 어른의 축소판이 아니다. 어린이 나름대로 개성과 개인차가 있는 것이고 어른의 종속물이 아니다. 자칫 잘못하여 어른의 가치관에 따라 획일적으로 자신의 가치관을 자녀에게 강요해서는 안된다. 그런데 부모의 획일적 가치관이 쉽사리 변화되지 않는 것이 문제이다.

자녀교육에는 왕도가 없다. 제각기 다른 환경과 지적 능력, 지도방식이 다르기 때문에 꼭 "이것이다"라고 제시할 수는 없으나 보편적으로 부모의 헌신적인 사랑으로 일관한다면 어린이는 훌륭하게 자랄 수 있다.

다시 말하면, 부모의 참된 사랑으로 어린이들의 마음을 이해하고 수용하면서 친절한 대화로써 자신감과 성공감을 갖도록 하는 것이다. 그 중에서 사랑으로써의 지도를 권하고자 한다.

사랑은 생명이요, 희생이며, 감정이다. 사랑은 용납하고 친절하며, 용서하고 정열적인 것이다. 사랑은 관심을 가지는 것이고, 겸손하고, 믿는 것이다. 사랑은 힘이요, 정의이고, 온유한 것이다. 사랑은 대화하는 것이요, 행복이며, 영원한 것이다.

이처럼 부모는 자녀를 "사랑"으로 대하되 반드시 애정의 양과 비례해서 어린이가 잘되어 간다고는 말할 수 없다. 맹목적인 애정으로써 지나치게 돌보아주면 오히려 어린이는 자립심이 없는 나약한 인간이 된다.

따라서, 마음속으로는 애정을 가지고 있으면서도 나이가 들어감에 따라 점차로 어린이와의 사이에 일정한 간격을 넓혀가는 부모, 그리하여 어린이에게 자립심을 심어주는 부모가 훌륭한 부모이다. 부모는 자녀에게 신뢰할 수 있도록 모범을 보여야 한다. 그리고 약속한 사실에 대하여 꼭 지키도록 노력해야 한다. 그래야만 믿고 의지하며 부모의 지도에 따라갈 수 있는 것이다.

앞에서도 언급한 바 있지만, 어린이에게 공부하라고만 시키고 부모 자신은 TV를 본다든가 흥미 있는 프로그램을 자신들만이 즐기고 있다면 어린이는 정신을 집중하여 공부할 수가 없다. 그런 때에는 부모 역시 어린이와 함께 독서를 한다든가 해야지 시끄럽게 분위기를 방해해서는 안된다. 그렇게 분위기를 조성하려면 부모들도 자녀교육에 관한 서적이나 또는 교육학, 심리학 등 아동의 이해와 지도에 관한 전문서적을 독서하는 일도 매우 바람직하다.

왜냐하면, 아이들과 같이 공부하고 있다는 모습을 보일 때, 스스로 굴복해서 학업에 매진하게 되는 것이다. 공부하고 있는 부모 앞에서 아이들은 그냥 놀 수는 없을 것이다. 부모가 독서로서 모범을 보인다면 아이들 스스로도 자신의 학업에 열중하게 될 것이다.

부모들에게 권고하고 싶은 내용은 다음과 같다. 첫째, 부모의 결혼생활이 원만해야 한다. 부모는 아이들의 표본이요, 유능한 교육자요, 모범이 되어야 본을 받게 마련이다. 아이들이 세상에서 제일 숭배하고 좋아하며, 어떠한 인물이 될 것이냐 묻게 될 때 대답이 "아버지"와 "어머니"같은 사람이 될 것이라고 대답하는 아이들이 되어야 참된 교육이 이루어졌다고 본다. 따라서 부모의 결혼생활, 애정생활이 가정교육에 크게 좌우되고 있다.

둘째로, 어린이의 교육적 환경을 보다 편리하고 풍부하게 가정에서 마련해 주어야 한다. 현대사회는 복잡다양한 산업경제사회로 옮아가면서 우리 사회는 대가족 제도에서 핵가족 제도로 변화되고 있다. 여성의 사회적 진출과 함께 최근에 맞벌이 부부가 늘어감에 따라 가정에서의 교육이 허술해지고 자녀의 교육에 신경을 쓸 여유가 점점 없어지고 있다. 집 안에서 자녀를 돌볼 노부모가 없고, 자연히 가정부가 대신하고 있는 형편에 놓이니 더욱 자녀들은 가정부의 손에서 자라게 된다. 뿐만 아니라 자녀의 정서면에서도 부모와 자녀 간의 대화의 부족, 애정의 결핍, 외로움과 고독 속에서 지내게 되므로 결국 가정 밖의 대상에서 대화의 상대나 여가를 보내게 되는 경우가 많다. 이때에 불량한 학생들과 어울려 그 속에서 인정감, 소속감, 만족감, 성취감을 맛보게 될 때 구렁텅이에서 벗어날 수 없게 된다. 그러면 결국 불량배나 문제아가 되기 쉬운 것이다.

흔히 말하기를 문제아는 문제 가정에 있다고 한다. 아이들이 문제아 불량배가 되는 것은 아이들 자체가 나빠서가 아니라, 학교에서의 학업성취에 실패하였을 경우 학교로부터 인정감, 소속감, 만족감, 성취감을 송두리째 잃어버렸을 경우 어떤 다른 대상으로부터라도 위와 같은 욕구를 얻으려 노력하고 있는 것이 아이들의 심리상태라고 보겠다. 그렇기 때문에 항상 부모들은 자녀들의 학교에서의 학업성취도를 확인하고 부족했을 경우 관심을 가지고 가정에서 부족감을 메워 주도록 노력해야 되는 것이다.

가정에서 학생들이 충분히 공부할 수 있는 교육적·문화적 여건을 잘 갖추어 주는 일이 시급하다. 즉, 독립된 공부방이라든가 각종 참고서, 교양·문학 및 전문도서, 학습용구, 여가 선용에 필요한 기구, 기타 문화적 환경을 구비해 주도록 노력해야 한다.

셋째로, 자녀와 부모가 끊임없는 대화로써 하루하루의 일과를 점검하고 일어났던 사실에 대하여 깊이 관여하고, 하루의 일과에 대해서 관심을 표명하며 공부할 때 간식도 이따금 제공해 주며 칭찬을 아끼지 않고 자녀의 생활 속에 뛰어들어야 한다. 그렇게 함으로써 아이들의 활동상황을 알아볼 수 있고 빈틈없이 생활 장면을 이해할 수 있게 되는 것이다.

넷째로, 자녀에게 비전을 심어주고 개성을 존중하며, 능력·적성·흥미·가치관을 발견하도록 최선을 다해야 한다.

다섯째로, 가정의 기능을 충분히 활용하도록 한다. 가정은 성적, 생리적, 교육적, 심리적, 보호적, 경제적 기능을 다해야 한다.

자녀교육의 요체는 가정의 평화에 있다. 이것이 깨뜨려지면 자녀교육이 실패하는 것이고, 이것이 성공적으로 유지되면 어려운 교육상의 문제의 절반은 이미 해결된 것이나 다름없다. 자유와 통제, 사랑과 훈계, 지와 정, 정의와 자비를 이루는 자녀교육은 자녀교육에 왕도가 없다 하더라도 최선의 답이 될 수 있으리라 생각한다.

결국 자녀교육에 필요한 내용은 총괄적으로 ① 애정을 길러주자, ② 행복한 가정을 만들자, ③ 위대한 어머니가 되자, ④ 훌륭한 아버지가 되자, ⑤ 태교 때부터 시작하자, ⑥ 자신이 되게 하자, ⑦ 어린이를 존중·존경하자, ⑧ 용납하자, ⑨ 매사에 감사하게 하자, ⑩ 믿고 기대히지, ⑪ 꿈을 심어주자, ⑫ 인정하고 칭찬하자, ⑬ 최선을 발견하자, ⑭ 올바르게 훈련하자, ⑮ 어린이를 관용으로 용서하자, ⑯ 독립심, 주체성, 창조성을 길러주자, ⑰ 지능을 발달시키자, ⑱ 효심을 길러주자, ⑲ 애국심을 길러주자, ⑳ 종교교육을 하자, ㉑ 교육환경을 잘 마련해 주자이다.

제2장 인생을 사는 지혜

1. 선택의 중요성

교육은 학습자(아동·학생·청소년)로 하여금 바람직한 인간행동의 변화를 가져오는 작용이라고 한다. 그렇지만 교육은, 잠재가능성을 최대한으로 개발시켜 주는 데 강조점을 두고 있는 반면에 한계점도 있다. 이것을 우리는 교육의 가능성과 한계성이라고 일컫는다.

우리 인생이 평생 동안 만족하고 행복하게 참된 삶을 추구해 나가려면 다음과 같은 선택이 잘 이루어져야 한다.

첫째로, 잘 타고나야 한다. 무엇보다도 잘 타고난다는 의미는, 부모로부터 선천적인 유전적 요인으로 지능이 우수하게 태어남으로써 학업을 수행해 나가는 데 지장을 초래하지 않는다는 것이다. 그렇다고 자기가 부모를 임의적으로 선택할 수는 없는 것이기 때문에 어떻게 보면 개인적인 행운이라고 할까, 지능을 잘 타고나는 것은 개인에게 영예로운 일이요, 운명이라 볼 수 있기 때문에 개인이 임의로 노력에 의한 것이 아니고 전혀 선택권이 없다. 하지만 무엇보다도 선천적 유전적인 요인이 개인의 성패를 좌우하는 관건이 된다. 한편, 부모의 가정배경으로서 중요한 것은 사회적, 경제적, 문화적 지위를 가진 부모 밑에 태어나는 것이 유리한 조건이 된다. 왜냐하면, 개인의 성장 가능성을 최대한으로 발휘할 수 있는 뒷받침이 기본적으로 되기 때문이다. 같은 조건이면 모르겠으나, 나면서부터 보다 넉넉하고 여유 있는 가정에서 태어났다면 그 개인은 이미 그렇지 못한 환경에서 태어난 사람보다 선택적으로 장차 개인의 향상발전을 이룩하는 데 훨씬 조건이 유리하기 때문이다.

그러나, 이러한 실천적 조건에만 너무 얽매여서 자신을 너무 학대하거나 열등감에 사로잡힌다면 문제는 더욱 심각해진다. 어쨌든 같은 값이면 잘 타고나야 한다는 점에서는 이론이 없으나, 누구나 이러한 조건을 모두 갖추기는 어렵다. 그러므로 현명한 교육방법이 필요한 것이며, 적극적인 사고방식을 가지고 극기교육이나 교육환경 조성을 위해 많은 노력을 해야 할 것이다.

둘째로, 배우자의 선택이 중요하다.

인간은 누구나 일정한 교육을 받고 성숙되어 적령기에 도달하면 일부를 제의하고는 결혼을 하게 된다. 그렇다면 적합한 배우자를 선택하는 데 있어서 신중을 기해야 한다. 결혼이란 가정의 기초단위로서 중요하다. 또한, 인생의 행·불행을 좌우하는 갈림길이 결혼에 좌우되는 수도 많다.

인생이 성공적 삶을 누리기 위해서는 잘 타고나는 것도 중요하지만, 만일 배우자의 선택이 잘못 이루어졌다면 그보다 더 큰 불행은 없다. 그렇기 때문에 배우자 선택에 있어서 신중하고 심사숙고하여 자신에게 적합한 배우자를 탐색하는 과정에서도 게을리 해서는 안된다.

평생 동안 해로하는 배우자의 선택에 따라 행·불행이 좌우된다는 논리는 지극히 상식적이지만, 이를 경시하거나 몰이해로 말미암아 가정이 파탄되고 불행을 맞이하는 사람도 많다. 특히 결혼 적령기에 놓인 청년들이 순간적인 욕망에 사로잡혀 적절한 탐색이 이루어지지 못한 상태에서 결혼한 예는 많이 있다. 그들의 대부분은 평생을 불만 속에서 어찌할 바를 모르고 고심하면서 세월을 낭비하는 수가 많다. 그러므로 배우자 선택을 위한 각별한 지도가 요청이 된다.

셋째로, 직업의 선택이다. 직업은 생계유지 수단으로서 중요하고 사회적 봉사의 기능이나 자아실현의 수단으로서 매우 중요한 것이다. 그럼에도 불구하고 직업선택의 지도나 직업교육 직업지도에 대해서 등한시 해온 것은 사실이다. 그리고 예부터 직업을 천시해온 전통이니 풍조 때문에 더욱 직업교육을 무시해 왔다. 그러나 현대산업사회에 있어서 직업의 선택은 중요성을 높이 평가하고 있다.

전통주의 농본사회 속에서는 특별한 직업이란 별로 없고 농사짓는 일이 대부분이었으며, 관료민비사회로 지배자와 농민들이 직업세계의 구조를 차지하고 있었다.

1960년대 우리나라가 산업사회로 옮겨오기 이전에 직업세계는 불과 2000여종에 불과했고, 직업교육도 상민이나 갖는 것 정도로 경시해 왔기 때문에 아직도 그 잔재와 의식이 남아 있어서 직업교육을 천시하는 풍조마저 있다.

그러나, 시대는 많이 발전하고 변해왔다. 천시해 왔던 직업도 이제는 신성하게 인식하기 시작하였고 능력과 경력에 따르는 임금수준도 인정하게 되었다. 그렇지만 아직도 획일적인 가치관이 지배적이어서 직업을 선택할 때에 소위 권력지향의 가치관에 따라 변호사·검사·고급관리 또는 의사, 교수 등의 전문직을 원하는 경향이 많다. 이와 같은 전문직은 전체 직업세계에서 차지하는 비율이 지극히 적기 때문에, 대학을 졸업하면 누구나 제한된 직업을 얻으려 하지만 기회는 많지 않다는 것을 인식해야 한다. 이제 직업세계는 매우 다양하여 2만여 직업으로 늘어났다. 따라서 선택에 혼란과 방향감을 찾기가 어렵게 되어 있다. 때문에 개인의 능력·적성·흥미·성격·포부수준에 알맞게 직업을 선택하도록 사전에 지도해야 한다. 그리하여 선택한 직업에 만족하고 보람을 느끼고 행복감을 찾는 것이 가장 이상적이다.

직업은 평생 동안 세 번 이상 바꾸기는 어렵다. 또한 자주 바꾸어서도 안될 것이다. 왜냐하면, 한번의 선택으로 일관되어야 일의 능률도 오르고 승진도 할 수 있으며, 인정을 받게 된다. 그런데 너무 자주 바꾸면 고용주의 입장에서 의심을 사기 쉽다. 뿐만 아니라 직업적응상의 안정감도 적고 그렇게 쉽게 직업을 얻기도 곤란하다. 그런데 만약, 직업을 택했을 때 적성에 알맞지 않으면 개인적으로 불행하고 능률도 오르지 않고 심적으로 불안하다. 그리하여 사회적인 불안요소로 탈바꿈하기가 쉽다.

요즈음 직업을 얻기란 마치 낙타가 바늘구멍으로 들어가는 것처럼 매우 어렵고 험난하다. 그래서 닥치는 대로 직업을 구하려 하다가는 적재적소에 위배되는 곳에 취업을 할 경우가 있는데, 이것은 개인의 인력소모에 지나지 않는다.

그러므로 직업을 선택하기 이전에 개괄적으로 충분히 기업의 세계를 탐색하고 그 중에 어느 직업이 나에게 가장 적합한 것인가를 사전 탐색과 아울러 직업의 성질, 작업 조건, 교육 및 훈련 정도, 보수 관계, 승진 및 장래의 전망 등을 탐색하여 올바른 진로 선택을 하도록 준비작업이 필요한 것이다. 이러한 직업준비과정은 자신의 능력 범위를 인식 탐색하고 보람과 긍지를 느낄 수 있는 나름대로의 평가기준에 따라 설정되어야 한다. 이러한 일련의 과정은 직업선택이 올바로 이루어지기 위한 작업이라 할 수 있다.

따라서 우리는, 분수에 알맞은 가치관을 세우고 그 터전 위에 적합한 직업의 선택을 위해 온갖 노력을 기울여야 한다.

지금 우리는 직업 또는 취업하는 데 상당한 어려움을 느끼고 있다. 취업경쟁이 심한 것이다.

대학졸업자들은 대개 전문직에 속하는 전문인들로서 취업에 종사할 인력이다. 그런데 이 전문인력을 적절히 수용할 곳은 전체 직업 가운데 전문직이 차지하는 비율이 6.6%에 불과하니, 비록 대학을 나왔다고 할지라도 상당수는 결국 준전문직이나 그 이하의 직종에 종사해야 할 형편이다. 그러니, 적재적소에 배치한다는 이론은 공염불에 지나지 않는다고 보아야 한다.

매년 대학에서 정기적으로 쏟아져 나오는 전문 인력은 약 20만 명 가량이 된다. 이렇게 배출되는 인력은 그래도 선택된 사람이다. 고등학교 졸업자 70여 만 명 가운데 약 30%정도가 해마다 대학에 들어간다고 한다. 이런 인원수는 전문대학을 포함하여 25만여 명이나 되므로, 이들은 졸업 후에 모두가 전문가로서 전문직에 마땅히 수용되어야 할 인력이다. 그런데 이러한 인력 중 1년에 불과 46% 정도만이 전문직에 취업할 수 있으므로 나머지는 전공분야나 개인의 적성에 맞지 않는 부서에서 일을 해야만 한다. 그러므로 직업상의 부적응을 야기하게 되고 직무의 불만, 능률의 저하로 사기를 잃고 말게 된다.

한편, 고등학교 졸업자 중에 30% 정도만 대학에 진학할 수밖에 없는 현실이므로 나머지 70% 정도의 졸업자는 곧바로 취업에 임해야 되는데, 이들은 고등학교에서 적합한 직업기술교육을 받지 못하고 대학입시 준비에 정력을 쏟다가 낙방한 사람이 대부분이므로 취업에 필요한 필수조건도 갖추지 못한 채 막연히 사회에 진출해야만 하게 되어 있다.

그러므로, 취업에 필요한 준비교육이 고등학교에서부터 적극적인 대책이 세워지지 않고는 수십만 명의 고급인력을 낭비하는 결과를 가져오게 되므로 심각하지 않을 수 없다. 그래서 우리는 직업교육의 필요성과 당위성을 강조하게 되는 것이다.

적절한 직업의 선택은 생활유지의 수단일 뿐만 아니라 사회의 일원으로서 사회적 직분을 담당하는 역할이 이루어져야 하며, 결국 생애를 통하여 직업생활 속에서 보람과 긍지를 찾고 자아실현을 이룩하는 존재로서 참된 삶을 추구하고 행복의 길을 걷는 것이라고 인식되어야 한다. 그래서 직업선택을 강조하게 되는 것이다.

넷째로, 인생관과 가치관의 선택이 필요하다. 인생을 사는 목적이 무엇이며 자신의 가치관을 어디에 둘 것이냐의 판단과 정립이 매우 중요하다. 제아무리 위에서 제시한 조건을 만족스럽게 갖추었다 할지라도 개인의 인생관이나 가치관이 제대로 수립되지 않고는 헛된 인생을 살아가는 데 안성맞춤이다. 그러므로 인간은 누구나 가치관의 정립을 위해 노력해야 할 것이다.

가치관은 분류하는 방식에 따라 외재적 가치와 내재적 가치로 나눈다. 외재적 가치라 함은 돈, 권력, 명예와 같은 외형적 가치를 의미하는 것이요, 내재적 가치는 심리적 보상, 보람, 긍지, 행복감을 맛보는 내면세계의 인정감 같은 것이다. 따라서 개인의 여건에 따라 또는 능력에 따라서 외면적 가치를 추구할 수도 있고 내면적 가치 추구에 온 정성을 다하는 것도 보람 있는 일이다. 일반적으로 이상적인 것은 외재적 가치와 내재적 가치의 조화를 이루도록 노력하는 일이다.

현대사회를 살아가는 우리들은 흔히 외재적 가치에만 탐닉되어 권력과 금전만능 풍조에 젖어 있는 경우가 많다. 특히 청소년들의 의식구조 또는 가치관을 살펴볼 때 성인들의 그것과 같은 의식구조를 갖는 경우가 많아서 문제의 심각성이 있다. 청소년들의 문제 중에서 심각한 것은, 청소년들의 사고방식이나 가치관이 긍정적인 측면보다 부정적인 측면을 많이 보이고 있는 점이다.

1960년대 이후 한국사회는 정치·경제·사회·문화적인 측면에서 급격한 변동을 경험하였다. 특히 경제성장 위주의 정책에 의해서 저개발국으로부터 고도의 경제성장을 이룩해 중진국 대열에 끼게 되긴 하였으나 성장위주의 경제정책 여파로 물질주의, 편법주의, 요령주의, 금전만능주의, 한탕주의 등의 부정적 가치관이 사회를 지배하게 되었던 것이다.

이러한 급격한 사회변동 과정에서 사회의 가치체계가 혼란되고 문화단절 현상이 빚어짐에 따라, 가정, 학교, 대중매체, 친우 집단 등 여러 사회화 기관이 제시하는 역할모형이 서로 상치되어 청소년들의 자아형성에 큰 부담을 안겨 주게 되었고, 이와 같이 급격하고 혼란 된 변화의 와중에서 청소년들은 자기들 나름대로의 의식구조를 형성하지 못한 상황 속에서 갈등을 경험하고 있다.

이러한 갈등은 오로지 건전한 가치관 확립을 위한 교육을 통해서 정착되도록 지도해야 할 것이며 올바른 가치관 선택을 함으로써 건강한 삶을 수행할 수 있게 되므로, 가치관의 선택은 무엇보다 중요함을 인식하여야 한다.

제3장 자녀교육의 이모저모

1. 성격형성의 중요성

"세살 버릇 여든까지 간다"는 속담이 있다. 바꾸어 말하면, 여든 살 버릇 세살 때 이루어진다고 볼 수 있다. 이처럼 어렸을 때의 습관형성이 일생을 좌우하게 되므로 어렸을 때의 교육이 그만큼 중요하게 여겨짐을 의미한다. 따라서 부모들이 자녀교육을 시킬 때 주의를 기울여야 할 점은, 평생의 성격형성을 올바르게 이루기 위해서 유아시절의 어린이들을 관심 있게 보살피는 것이다. 습관은 제2의 천성이 되므로 좋은 습관을 길러주기 위해서 부모들은 일찍부터 아이들에게 모범을 보일 수 있는 행동을 해야 되며 특별한 관심을 기울여야 한다. 그래서 좋은 습관을 길러주어 성격형성에 모가 나지 않도록 해야 한다.

2. 지능의 구조와 역할

인간이 생각하고 기억하는 지적활동은 뇌의 신경세포에 의해서 좌우되는데 대뇌 생리학자들의 학설에 의하면 인간의 지능을 좌우하는 신경세포는 놀랍게도 약 140억 개로 누구나 수태해서부터 임신 4개월 사이에 성인과 다름없는 신경세포를 갖추게 된다고 한다.

이런 배선작업은 대개 4세까지 계속하게 되는데, 이 배선작업의 잘잘못에 따라서 아이의 지능이 높고 낮은 것이 결정된다.

따라서 이 배선작업이 제대로 안되는 원인은 아이에게 주어진 환경과 영양상태, 교육 그리고 아이가 취한 수면상태 등이 지능결정작업에 영향을 미친다고 한다. 지능형성은 부르너가 말하기를 50% 정도가 바로 유아기 4살 이전에 형성된다고 하니 어린시절인 유치원 때의 교육을 더욱 중요시하지 않을 수 없다.

3. 애정을 길러 주자

부모는 사랑하는 자녀들을 효과 있게 길러 주기 위해서 의식주를 제공하고 지식을 가르치고 생활의 준비를 위해 학교에 보내고 있다. 그러나 부모가 얼마만큼 애를 쓰고 있는가 반성해 보아야 한다. 지나친 과잉보호나 이기주의 전성시대에서 자신의 아이만을 "공부해라"만 하고 채찍질하고 있는지 반문해 보자. 아이들은 어머니가 "공부해라"하는 말에 염증을 느끼고 있는 것을 파악해야 한다. 그들은 마음껏 뛰어 놀고 싶은 심정이 가득하다.

부모들은 자녀들의 신체, 지능, 정서, 도덕, 신앙 등 모든 면이 균등하고 조화 있게 발달되도록 최선의 노력을 다해야 한다. 아동들로 하여금 사랑이 넘치는 행복한 가정에서 자라도록 하고 애정을 길러주는 방법을 강구하여야 한다.

4. 꿈을 심어 주자

꿈을 심어 주자 ! 아름답고 선하고 위대한 꿈을 아동에게 심어 주자 !

요즈음 청소년들이나 어린이들은 큰 꿈이 없는 것 같다. 꿈이 있다 해도 자기 일신상의 영달과 안일과 행복을 위한 것이고 민족이나 세계의 복지를 위해서 이바지할 위대한 꿈은 적은 것 같다.

꿈은 아름답고 위대하며 인간만이 가지는 특권이다. 꿈이 있어야 인간다운 인간이 되고 큰 꿈을 가져야 위대한 사람이 될 수 있다. 꿈은 성취동기와 관련시켜 긍정적인 동기를 불러일으켜 지도되어야 한다. 꿈은 집을 짓기 위한 설계도와 같으니, 분수와 능력에 알맞은 꿈을 그려 달성하도록 노력을 경주해야 한다.

5. 칭찬의 효과

인간은 남녀노소를 불문하고 남으로부터 꾸중보다는 칭찬받기를 좋아한다.

칭찬하면 기뻐하고 쾌감을 느낀다. 4~5세가 되면 칭찬의 효과가 그 절정에 달한다. 칭찬교육은 긍정반응을 이용하는 교육이다. 칭찬은 애정의 표시가 된다. 칭찬은 어린이들에게 용기와 의욕을 준다. 어린이는 꾸지람을 들으면 그 사람을 경원하지만 자기를 칭찬하는 사람에겐 애정을 느낀다. 칭찬은 마치 물과 거름 같아서 이 씨앗들이 움트고 자라게 하는 역할을 한다.

칭찬하는 방법은 칭찬하는 사람 자신이 존경과 신뢰를 받아야 한다. 또 칭찬하는 이유를 알아야 한다. 미리 상을 약속해서는 안된다. 공평하고 여러 사람이 칭찬하는 것이 효과적이다. 칭찬할 때 다른 아동에의 영향을 무시해서는 안된다.

6. 진실한 사람

진실은 살아가는 데 가장 강한 무기요, 무너뜨릴 수 없는 견고한 성벽과도 같다. 진실이 정복하지 못한 세계가 없고, 진실 앞에 허물어지지 않은 허위 성곽은 없다.

허위와 기만은 오직 진실 앞에서만이 항복하는 것이며, 교만과 허영은 진실로만이 꿇어앉힐 수 있다.

오늘과 같은 거짓과 허위로 가득 찬 험악한 세상에서 최후의 승리자도 오직 진실일 것이며, 영광의 월계관도 진실만이 차지할 것이다. 진실을 떠나 정의가 없고 진실을 거부하고 참다운 성공도 없다. 진실을 멸시하고 살길이 열리지 않는다. 진실은 순수하다. 젊은이의 가슴이 순수한 마음으로 진실로 가득 찰 때 평화로운 사회가 온다.

성서에 의하면 진실한 사람은 바르게 살길이 열리지만 사기꾼은 속임수를 쓰다가 제 꾀에 넘어간다.

7. 심은 대로 거둔다

인생이란 심고 거두는 일의 연속이다. 적게 심은 사람은 적게 거두고 많이 심고 정성을 다해 가꾼 사람은 풍성한 열매를 거둔다. 의를 심은 사람은 의를 거두고 정성을 심은 사람은 영광을 거둔다.

성공과 승리를 원한다면 먼저 뚜렷한 목표를 세워야 한다. 우리는 아무리 어려운 시련과 도전에 직면해도 나의 마음속에 깊숙이 내린 목표는 흔들리지 말아야 한다. 우물을 파도 한 우물을 깊이 파야 한다. 단번에 샘이 안 솟는다고 한 길도 채 파기 전에 다른 곳으로 옮겨 파서는 평생을 노력해도 헛수고만 낳고 만다. 맑은 샘물이 솟아날 때까지 계속해서 파야 맑은 지하수를 만나게 된다. 쉬지 않고 걷는 자만이 정상에 오를 수 있고 쉬지 않고 흐르는 물만이 바다에 이를 수 있다.

분투노력하는 자만이 승리의 월계관을 쓸 수 있다.

8. 독서지도

학창시절에는 역시 책을 많이 읽어야 한다. "책 속에 인생의 길이 있다"는 말이 아니더라도 독서를 통하여 참다운 스승을 만나고 위인을 쉽게 경험할 수 있다. 또 새로운 지식과 정보를 깨닫게 되고 독서를 통하여 자녀들 인생의 중대한 갈림길이 될 힌트도 얻을 수 있어 좋다. 초등학교 학생들에게는 우리 고래의 전설 "동화집"을 택하여 주면서 읽도록 한다.

고학년에 이르면 문학·역사·전기·과학 등 쉽게 읽을 수 있는 것이면 된다. 중학생의 독서는 소설류와 같은 흥미본위로 읽는 경향이 많은 만큼 역사물 — 동양사나 서양사와 같은 세계사, 전기계통의 서적을 읽도록 권장해 보는 것이 바람직하다. 공상과학소설 같은 것은 과학에 대한 지식수준을 높여줄 뿐 아니라 과학 자체에 대한 흥미도 북돋아 줄 수 있기 때문에 권장할 만하다.

9. 자녀들의 진로지도

진로지도란 진학지도와 직업지도를 포함한다.

그런데 흔히 진학지도로만 착각하는 학부형들이 많다. 진로라고 하면 직업만을 생각하기 쉬우나 직업선택을 포함한 전 인생과정이 진로라 할 수 있다. 진로지도란 개인의 직업적 발달을 촉진시켜 자신의 진로를 계획하고 준비하여 그에 따른 직업을 선택하여 선택한 직업에 적응하고 계속 발전을 할 수 있도록 도와주는 과정이다. 따라서 일생의 통합적인 과정으로서 진로지도는 장래의 인생설계를 보다 객관적이고 합리적인 방향으로 진로의 방향을 개인이 타고난 잠재가능성에 기초하여 소질과 능력, 흥미와 적성, 인성 등에 알맞게 인식 탐색 준비과정을 거쳐, 선택한 직업에 만족하고 행복한 삶을 누리도록 도와주는 조직적인 교육활동임을 깨달아야 한다.

10. 잠재능력 개발교육

조기교육은 어떤 잠재능력을 갖고 있는가를 찾아보는 교육으로, 조기교육이 시도되는 것은 바람직한 일이다.

인간은 누구나 잠재능력을 가지고 있다. 이러한 능력을 어떻게 어떠한 방법으로 개발하느냐에 따라 숨겨진 재능을 다방면으로 이끌어낼 수 있다.

지능개발이 8세 이전에 거의 80% 이상이 발달된다고 말할 때 어린이의 조기교육은 그가 어떤 천부적인 재질을 갖고 있는가를 알아보는 것에 국한시키는 조기교육이 되어야 한다.

조기교육의 조건은 자랄 때 환경이 어떻게 제공되었느냐에 달려 있으므로, 외적 조건을 천재적 창조력을 자극시켜 줄 수 있는 분위기나 환경에 알맞게 조성해 줌으로써 잠재능력을 더욱 개발시킬 수가 있는 것이기 때문이다.

11. 직업의 선택

일반적으로 직업을 선택하는 데 있어서 일시적인 유행이나 인기에 끌려 선택해서는 안된다. 어떤 특정 직업을 전망하는 데 있어서도 시대의 흐름보다는 사회발전의 추세와 견주어 기준을 세우는 것이 매우 현실적이긴 하지만 그 전망을 위해서는 여러 방면의 전문가에 의존하거나 진로 담당교사 등 여러 의견을 분석해야만 올바른 기준을 세울 수 있다. 직업전망은 긴 안목으로 결정하여야 하는데 "한 우물을 파야 한다"는 말처럼 가능하면 한번 선택한 직업을 평생을 종사할 수 있는 직종을 처음부터 선택하도록 지도를 해야 한다.

직업에는 귀천이 있을 수 없다. 소질과 취향에 맞고 발전시킬 능력이 있다고 생각되는 직업이면 그 직업을 천직으로 삼고 자주 바꾸지 말고 꾸준히 성실하게 노력하는 일이 중요하다.

12. 가치관 형성을 위한 지도

가치관이란 사물이나 행위가 바람직한 특성을 가지고 있음을 나타내는 말이다. 가치판단 또는 도덕적 판단을 해야 하는 사태에는 한 가지 가치만 있는 것이 아니라 여러 가지 가치가 관련되어 있다.

자녀를 교육시키는 데 있어서 이 가치관이 제대로 형성되어 있지 않기 때문에 빚어진 웃지 못 할 사례가 너무나 많다.

대학에 진학, 전공학과를 선택할 때, 눈치와 배짱으로 일생을 좌우하는 전공 선택을 하는 결정은 바람직하지 못하다. 순간의 선택이 일생을 좌우하게 되므로 자신의 삶을 전개시킬 진로의 선택은 본인의 능력·흥미·적성에 알맞아야 하고 삶의 가치를 뚜렷이 세운 다음에 정하는 것이 좋다.

그렇지 못하면 직업선택에서 불만족하고 불행한 삶을 누릴 가능성이 있기 때문에 자신의 열망이 가장 좋은 선택임을 명심하여야 한다.

13. 적극적인 사고방식

노만 빈센트 피일 목사의 저서인 『적극적인 사고방식』은 우리 인간에게 정신적인 힘을 북돋아 주는 훌륭한 책이다. 사람이 동물과 다른 점은 사고하는 힘에 있다. 사고란 깊이 있게 생각하는 것이다. 사고가 바뀌면 행동이 바뀌고 행동이 바뀌면 습관이 바뀌고 습관이 바뀌면 운명이 바뀐다.

그러므로 사고하는 행동 여하에 따라 운명이 바뀔 수 있다는 것이다. 좀더 나은 미래를 지향하여 적극적인 사고와 행동으로 일관하면 자기가 목적한 바를 무난히 달성할 수 있다. 따라서 매사에 소극성을 버리고 적극적으로 행동에 임한다면 못

이룰 것이 없다.

성서에는 적극적인 사고와 성취동기를 불러일으키는 요소가 많이 들어 있다. 그래서 성경을 탐독하기를 권장한다.

14. 인생의 선택

바람직한 인간의 선택의 중요성은 무엇인가?

첫째는 잘 타고 나는 것이요, 둘째는 배우자의 선택, 셋째는 직업의 선택, 넷째는 가치관 및 인생관의 선택, 다섯째는 친구의 선택이다.

무엇보다도 인생을 풍요롭고 원만히 잘 살아가기 위한 방법은 누구나 원하고 바라는 것일 것이다. 그러면 그러한 조건은 바로 위의 다섯 가지 요소가 잘 이루어질 때 만족하고 행복한 삶을 누릴 수 있게 된다.

부모를 잘 타고 난다는 것은 선천적 유전과 후천적 환경의 풍요로움이고, 배우자의 선택 여하에 따라 자신의 지위나 위치, 삶의 행복이 결정될 것이며, 직업의 선택은 평생의 생계를 유지해 주는 수단이기 때문에 중요하다. 삶의 가치관의 정립과 친구의 선택 역시 삶을 복스럽게 이끄는 요인이 되는 것이다.

15. 창조적인 상상력의 이용

나폴레옹은 "인류는 그 상상력에 의해서 지배당하고 있다"고 말했고 아인시타인은 "상상력은 지식보다 훨씬 중요하다"고 말했다.

이 두 사람의 위대한 말로써도 알 수 있듯이 상상력은 우리의 인생에 큰 역할을 맡고 있는데, 대개의 사람들은 그 사실을 모르고 있는 듯하다.

한편, 가장 나쁜 것으로는 사람들은 이 용구를 인생에서 자신의 목표를 달성시키기 위해 이용하려고 하지 않을 뿐더러 이 상상력이 제 마음대로 작용하여 자신이 즐기는 것을 창조해 내고 그렇게 함으로써 오히려 우리를 지배해 버리는 것을 용인하고 있다. 당신이 상상력을 지배하고 지도하지 않는다면 당신의 상상력은 간혹 불필요하고 비현실적인 공포나 불안을 만들어낸다. 결과적으로 불행하고 불만에 찬 인간으로 만들어내어 성공이 불가능하게 된다.

16. 사회환경과 교육

"사람이 환경을 만들고 환경이 사람을 만든다"는 말이 있다. 이것은 인간이 사회적 동물로서 환경을 극복하고 자기의 성취감을 가지도록 노력하는 길이며, 한편 좋은 가정적 사회·문화적 환경의 영향이, 개인의 진보·발달에 큰 영향을 미친다는 것이다. 맹모삼천지교(孟母三遷之敎)의 예를 들지 않더라도 이미 부모들은 자녀교육 방법을 잘 이해하고 있을 것이다. 인간의 교육은 주위환경에 좌우되므로 환경여건을 교육적인 방향으로 개선하고 뒷받침해 줄 필요가 있다.

청소년의 범죄가 날로 심해가는 원인에는 그들의 잘못도 있겠지만 먼저 그들의 가정환경, 학교환경, 사회환경이 정상적인 생활을 할 수 있는가를 점검해 볼 필요가 있다. 문제아는 문제가정에 있음을 깊이 생각해야 할 것이다.

17. 합리적인 인간교육

사회생활에서 욕심이 지나치면 틀림없이 실패하고 만다. 자녀교육에 있어서도 그것은 마찬가지 경우라고 생각되어 자녀들에 걸 수 있는 기대도 천재를 길러내기보다는 합리적인 인간을 길러내는 자세를 가지고 자녀교육을 시키는 것이 바람직하다. 생존을 위한 경쟁심을 가르치고 고취할 것이 아니라 생존을 위한 상부상조를 할 수 있게끔 서로가 유대를 갖고 공존할 수 있도록 하여야 한다. 남을 의식하기 전에 "나"라는 존재를 먼저 평가해야 하고 협조를 요청하기 전에 유대를 가질 수 있어야 한다. 그러자면 자기 자신의 수련과 연마가 없이는 불가능하다.

공부하라고 성화를 부리기보다는 훌륭한 인간으로 성장할 수 있게 도와주어야 한다.

18. 유태인의 가정교육

가정교육의 대명사는 우선 "유태인의 가정교육"을 들 수 있다. 유태인이 세계적으로 우수한 민족으로 인정받으며 각광을 받고 있는 것은 그들이 선천적으로 뛰어난 지적 능력을 지니고 있는 것이 아니라 후천적인 효율적 가정교육에서 찾아 볼 수 있다. 특히 유태인의 어머니가 자녀교육의 열쇠를 쥐고 있는 것이다.

유태인의 어머니들은 자녀교육에 남다른 관심과 사랑과 이해, 그리고 신앙으로써 창의적 인간, 애국적 인간, 민족의 긍지를 심어주는 가정의 교사역할을 충분히 담당해 왔다. 그래서 그들의 후손들은 한결같이 경제적으로나 명예를 위한 우수한 두뇌를 갖게 되어온 인류에 귀감이 되는 사람을 많이 배출해 온 것이다.

19. 이율곡의 어머니

가장 모범적인 한국의 여인상을 찾으라면 이율곡의 어머니인 "신사임당"을 들 수 있을 것이다. 이 여인은 어려서부터 재주가 뛰어나 시, 서에 능하고 그림을 매우 잘 그렸다. 재주뿐 아니라 그 성품에 있어서도 매우 어질어서 착한 며느리, 어머니, 딸로서의 역할을 모두 훌륭히 해낸 한국 여성의 사표이다. 특히 어머니로서 훌륭했다는 것은 몸소 교육에 유익한 행동만을 자녀들 앞에서 했다는 점이다. 완전한 인간상의 본을 보여준다는 것처럼 어려운 것은 없다. 사임당은 자녀들의 자질을 찾아내어 이를 가꾸는 데 정성을 다하였다.

사임당은 지극한 효성과 조심스런 행동을 몸소 행함으로써 자녀들을 감화시켰다. 사랑을 심은 어머니는 인도주의자를, 무인의 정신을 심은 어머니는 장군을, 창의력과 상상력을 심은 어머니는 작가를, 탐구심과 호기심을 고취한 어머니는 발명가를 만들었다.

20. 노력 끝에 성공

자녀교육의 핵심은 노력과 인내에 있고 성취동기를 불어넣어야 한다. 꿈은 머리 속에서 생각하는 것만으로 이루어질 수 없다. 그것은 극진히 갈망하고 기도하고 노력해야 이루어진다. "노력 끝에 성공", "성공은 실패의 어머니", "성공은 1%의 영감과 99%의 피땀으로 이루어진다"고 한 속담을 잘 이해하고 실천하도록 노력시켜야 한다.

괴테가 말하기를 "인생에 있어서 가장 큰 곤란은 우리가 얻고자 노력하지 않은 데에 있다. 그대의 이상을 가로막는 장애물이 큰 것이 아니다. 그대의 이상을 실현해 보려는 의지력이 약한 것이다. 약한 의지력, 이것이 큰 장애물이다"라고 갈파했다. 이는 의지력을 가지고 노력하라는 것이다.

제4장 家庭敎育의 재음미

1. 가정교육의 의의

옛말에 "부모팔자 반팔자"라는 말이 있는데, 이것은 성공의 절반은 부모의 힘이며 위인이나 천재는 부모가 만든다는 뜻이라고 해석된다. 이만큼 자녀교육에 있어서 부모의 역할은 크며 그것은 가정교육에서 이루어진다고 본다.

교육이라는 용어는 가르치고 기르는 것으로 인류가 생긴 이래 꾸준하게 세기를 달리하면서 이루어왔다. 다만 그것이 형식적이냐, 비형식적이냐에 따라 학교교육과 사회교육으로 나뉘고 주로 가정에서 이루어지는 교육은 가정교육이라 불렸다. 그런데 왜 이처럼 가정교육을 중요시해야 하는가에 대하여 생각해 볼 필요성이 있다.

요즈음 어렸을 때의 교육의 중요성이 점차 강조되어 유아교육 또는 조기교육의 방향으로 국가에서는 큰 관심과 연구에 박차를 가하고 있다.

가정은 생활의 터전이요, 유아나 청소년들이 몸담아 지내는 안식처는 바로 가정이기 때문에 더욱이 하루의 일과 중 집안에서 보내는 시간이 수면을 합하여 3분의 2나 되므로 가정을 교육의 장으로 보다 알차고 의미 있는 방향으로 이끌어 나아가야 할 것이다.

교육은 반드시 어떠한 "틀", 즉 학교라는 제도 속에서만 이루어지는 것이 아니다. 흔히 생각하기를 학교교육만이 교육의 전부인양 생각했던 학부모들이나 일반 대중들은 이제 사고방식을 달리해야 될 때가 왔다고 본다.

이것이 바로 평생교육이라는 이름으로 불리기도 한다. "나면서부터 죽을 때까지"의 교육이기에 우리 인간사회, 특히 현대사회를 살아가는 인간들은 마땅히 교육을 멀리할 수 없다.

그래서 태교에서부터 학령적 교육 또는 유치원 교육을 중시하며 이것은 가정교육 내에서도 포함시킬 수도 있는 것이지만 형식교육인 학교교육과 더불어 청소년 교육, 직업기술 교육, 여성교육, 직장 내 교육, 여가 선용 교육, 노인 교육 등 교육의 범위가 확대되어 그만큼 교육의 기간이 길어진 셈이 된다.

이 중에서 가장 중요하게 다루어야 할 영역은 물론 가정교육이다.

심리학자나 교육학자들의 연구에 의하면 인간형성의 기초 작업이 대부분 취학 전 가정에서 이루어진다고 하는 것은 이제 새로운 사실의 발견이 아니다.

연구에 의하면 인간의 지능은 3세 때를 전후하여 50%가 형성되고 6세 이전에 30%가 발달되며 나머지 20%는 20세를 전후하여 완성된다고 한다.

이러한 증거는 바로 어렸을 때의 기간이 일생 중에서 가장 발달이 현저하게 이루어지기 때문에 중요하게 생각하는 것이다. 따라서 세계 어느 나라를 막론하고 어렸을 때의 교육, 즉 유아교육을 장려하고 또한 강조하여 교육을 실시하는 연유가 바로 그것이다.

피아제도 인간의 일생 중 창조적 기능이 가장 왕성한 시기가 유아기라고 했다.

프랑스 생리학자 토리스는 7세까지 어쨌든 교육이 할 일은 끝난다고 하면서 그 후의 교육은 견고한 토대가 되어 있지 않으면 허황한 장식에 불과하게 된다는 것이다.

그러므로 바람직한 교육은 가정교육이 얼마만큼 성실하게 의도적으로 또는 계획적으로 잘 실시되어 나가느냐에 성패의 관건이 있다.

바람직한 자녀교육의 역할은 부모에게 달려 있으며 어머니는 어린이의 장래를 결정짓는 요인이 된다. 어머니의 힘은 바로 나라의 힘과도 연결이 되는 것이다.

그러면 가정에서의 아버지와 어머니의 역할은 어떻게 이루어져 왔는가? 최근에 들어서서 대부분의 가정의 경우를 보면 부모와 자녀가 한자리에 모여 지내는 시간이 그리 많지 않음을 발견할 수 있다.

물론, 현대사회는 과거의 농본사회와는 달리 빠른 속도로 발전하고 적응해야 하는 산업사회이므로 그렇게 한가한 시간적 여유가 없고, 부모 역시 직장에서 사회에서 일하고 생활하는 데 여념이 없다.

더구나 핵가족 사회가 되어 대가족 제도에서 얻을 수 있는 대화를 나누며 온 가족이 화목하게 둘러앉아 있을 여유가 없기 때문에 자라나는 어린이들은 다양한 가족 구성원 속에서 보고, 듣고, 배우면서 표본을 찾기가 매우 어렵게 되었다.

더욱이 매스 커뮤니케이션의 발달로 각 가정에서는 TV나 라디오, 전축, 기타 대중매체와 접촉하는 시간이 많으므로 인간 대 인간의 감미롭고 훈훈한 대화의 광장이 사라진 것이다. 다만, TV의 스케줄에 따른 일방적인 시청시간만이 가정에서 볼 수 있는 유일한 것이다. 물론 대중매체인 매스 커뮤니케이션에는 유익한 교육적인 것도 있지만 대부분의 경우 흥미위주의 오락 프로그램이 가득 차 있어, 흥미를 쫓다 보면 숱한 시간을 송두리째 빼앗기고 만다. 이러한 영향은 아동들의 성장발달을 크게 저해하는 요인으로 부각되기 시작하였다. 그래서 TV를 바보상자라고 하지 않는가?

또 한 가지 가정교육의 맹점은, 가정에서의 부모 중 한쪽이 결손되어 홀어머니 또는 홀아버지 등과 같이 결손가정에서 오는 교육 내지 정서적·사회적 불안정이 아동교육에 적지 않게 영향을 미친다는 데 있다. 이혼 가정이나 부모 간에 화목하지 못하고 언쟁이나 싸움만 일삼아 자녀를 돌보아 줄 기회나 생각을 빼앗겨 버리는 경우, 또는 부모의 직업이나 교육 정도, 문화의 수준, 자녀에 대한 관심, 교육방침이나 방법 등이 졸렬하여 그냥 방치해 두는 경우, 이러한 사회·경제적 여건이 좋지 못한 환경에서 지내는 아동은 정상적인 환경을 갖춘 아동에 비해서 많은 불편과 문화실조와 부족상태를 면하기 어렵다.

그러면 어떻게 하면 올바른 가정교육을 이루어 나갈 수 있을까? 이것이 본 논문의 핵심적인 문제요, 꼭 해결의 열쇠를 가져야 하겠기에 가정교육의 비결을 유태인의 가정교육에서 표본을 삼아 우리도 그와 같은 방향으로 지도하면 쓸모 있는 인간을 육성하지 않을까 생각되어, 이미 알려진 내용을 종합하고 요약하여 가정교육방법의 밑거름이 되고자 한다.

2. 유태인의 가정교육

유태인은 유럽의 분쟁이 가장 많은 이스라엘 국가의 사람으로 세계에서 가장 많은 위인과 천재를 길러냈다.

교육은 학습자들로 하여금 바람직한 행동의 변화를 가져다주는 데 있다고 하는데, 특히 가정에서 엄마의 자녀교육은 정성어린 사랑의 결실이라고 본다.

따라서 부모의 교육자세는 지식을 가르쳐 주기에 앞서 바른 인생을 길러주는 데 역점을 두어야 한다.

유태인의 어머니들이 자녀교육에 대한 신념이 뚜렷하고 확고한 것처럼, 한국의 어머니들도 철저한 교육적인 신념이 확고하게 선 뒤에 자녀교육에 임해야 된다.

필자의 경험에 의하면 미국에서 유학시절에 주위에 많은 유태인을 대할 수 있었다. 그 중 어떤 학생(유태계 미국인임)은 남달리 친교가 있어 그의 아파트도 방문하고 연구실에도 가 볼 기회가 있었다.

그런데 그의 공부방에는 언제나 자기 사진, 즉 자화상이 벽에 붙어 있었고 "너는 지금 무엇을 하고 있는가?"라고 표현 아닌 말을 써넣고 보면서 항상 자기를 채찍질하면서 성공할 수 있도록 자극하는 것이었다. 이것은 하나의 예시에 불과하지만 그의 말에 의하면 유태인의 어머니들이 자기 자녀 특히 딸을 가진 어머니들은 그 딸이 성장하여 결혼 적령에 있게 될 때 사윗감을 고르려면 반드시 "박사"가 아니면 "대사업가"중에서 딸의 배필로 고른다는 얘기가 불문율로 되어 있다고 한다.

그렇게 된다면 남자들이 성인이 되어 결혼을 하려면 이와 같은 충족이 이루어지지 못하면 결혼도 할 수 없는 자격 밖이니 부지런히 노력하지 않을 수 없다는 일화가 있다.

이것은 절대적인 통계에 의한 연구가 아니고 다만 그처럼 자녀에게 긍지와 자부심, 자신감 등을 가지도록 교육을 시킨다는 것을 대변해 주고 있는 것이다.

그들은 지식의 주입에 앞서 삶의 지혜와 고난을 극복하기 위한 의지를 키우고 있다. 그리고 신에 감사하고 신에 찬미하는 생활을 가르치고 있다.

유태인 중에는 위인이 많다. 그들은 자기들이 처한 불운을 성공에 역이용한 의지와 노력의 천재들이다. 그들도 우리와 비슷한 보통의 능력을 가지고 있다.

다만, 부모의 가정교육을 받았고 자신들의 노력으로 성공하여 천재의 대열과 위인의 대열에 들어서게 되었다. 예를 들면, 과학자 아인시타인, 심리학자 프로이드와 아들러, 은행가 샐리그만, 작가인 카프카, 토마스 만, 보리스 파스테르나크, 톨스토이, 시인인 하이네, 작곡가인 멘델스존, 극작가 아더 밀러, 사상가 칼 마르크스, 음악가인 루빈스타인, 번스타인, 정치가로 잘 알려진 키신저 박사, 배우인 잉그리드 버그만, 이브 몽땅, 영화감독인 히치코크 등 여러 분야에서 독보적인 위치를 차지하며 이루 헤아릴 수 없이 많다.

그뿐인가? 현재 미국 인구 중에서 유태인이 차지하는 비율은 불과 3%에 지나지 않는데 전국의 유명대학 교수의 약 30%가 유태인이며 세계 각국에서 선정되는 노벨 수상자 중 약 15%는 유태인이 차지하고 있다.

이와 같은 특유의 실력은 어디에서 나온 것일까? 이 사실은 유태인의 두뇌가 애초부터 우수하기 때문인 것은 아닐 것이다. 우수한 인재를 배출해 낸 연유를 생각할 때 그 비밀의 열쇠는 어린이의 성장과정에 있는 것으로 생각된다. 즉, 어머니의 가정교육과 직접 연결된다.

자녀들이 부모를 닮아간다는 것은 필연적이다. 부모에 대한 참다운 모방은 서로의 관계가 사랑과 존경으로써 이루어질 때만 가능하다.

우리는 아이들의 거울이 되어야 한다. 유리로 된 거울을 통해서 육체적 모습을 익히지만 부모에게 비추어진 자신의 모습을 보면서는 감성적 모습을 익혀간다.

아이들이 부모의 말투 등을 흉내 내는 것은 당연하며 오히려 격려해야 할 일이다. 아이들이란 부모의 외형적인 모습을 흉내 내는 동시에 사회를 보는 부모의 관심과 가치관도 함께 모방하기 때문이다.

유태인은 우수두뇌를 배출하기 위하여 여러 가지 방법을 쓰고 있다. 즉, 교육의 작용으로서 조기교육을 강조하며 배움의 즐거움을 체험시킨다.

미지의 세계를 마음껏 탐구시키며 잠자리에서 책을 읽어주는 엄마의 갸륵한 정성에서 개성을 신장시키고 삶의 지혜를 가르친다.

유태인의 격언 중에 "물고기 한 마리를 주면 그것으로 하루를 먹고 살 수 있으나 물고기를 잡는 방법을 가르쳐 주면 그것으로 일생 동안 먹고 살 수 있다"는 것이 있다.

이것은 가정교육의 일면을 나타내 주고 있는 것이다. 말하자면 물질보다 머리를, 기존의 지식보다도 그 지식을 얻는 방법과 지혜를 주는 것이 중요하다.

유태인의 어머니들은 "탈무드"에 있는 이야기를 인용하여 어린이에게 들려주며 교훈한다.

루즈실로가 쓴 유태인의 『육아교육론』에 의하면 교육엄마로서의 기능을 예시하고 있는데 어머니들은 자녀에게 사물의 바른 인식과 판단을 기르는 교육을 실시하고 있다.

예를 들면, "남보다 우수하라"가 아니고 남과 다르게 가르치며 개성교육을 이미 배우기 위해서는 잘 듣는 것보다 잘 질문하며 "배우는 것은 꿀같이 단 것이다"라는 것을 체험시킨다.

그뿐 아니라 민족의 정신을 심는 교육은 바른 인격을 형성시켜 주며 강인한 의지를 키우고 성취의욕, 즉 성취동기를 강하게 갖도록 꿈을 키워준다.

헤임 지노트도 『자녀를 키우는 센스(Between Parent and Child)』에서 아이들의 교육에 대한 내용을 상세하게 언급하고 있다. 즉, 자녀들과의 대화에서, 칭찬과 꾸중을 적절하게 이용하며, 책임감과 독립심을 키워주고, 자신감을 갖도록 사랑과 관용·관심으로써 솔선수범과 모범적인 행동을 보여 주어야 한다고 지적하고 있다.

3. 가정교육의 과제

앞에서 가정교육의 중요성을 언급한 바와 같이 교육 중에서 가장 기본이 됨을 명심하고 학부모들은 다시 한번 그 중요성과 필요성을 감안하여 새로운 각오를 가지고 자녀교육에 임해야 될 줄 믿는다.

어린이의 마음을 이해하고 그것을 키워나가는 데에 특별한 기술이 있는 것이 아니라 가장 중요한 것은 부모의 사랑이다. 부모의 참된 사랑만 있고 관심과 모범을 보여 준다면 어린이는 대체로 훌륭하게 자라난다.

그리고 특히 강조한 것은 유태인의 가정교육의 예를 들어 가정교육에서 천재나 위인을 만들 수 있다는 선례를 들어 참고할 것을 권장한다.

사랑이 중요하다고 해서 맹목적으로 지나치게 돌보아 주면 오히려 자립심이 없는 나약한 인간으로 되는 일도 많으므로 어린이와 일정한 간격을 두고 마음속으로 사랑하면서 엄격하게 다스려야 한다.

현대와 같은 산업사회에서는 부모에게 지나치게 의존하게 하기보다는 "하나의 독립된 인간"으로 키운다는 것이 무엇보다 중요하다.

따라서 아동의 교육적 환경은 가정에서 마련해 주어야 한다. 가정은 생활의 터전이요, 교육의 장이다. 영국의 교육실천가 니일(Neill)은 "이 세상에는 문제 청소년이란 존재하지 않는다. 다만 문제의 사회, 문제의 가정, 문제의 학교"만이 존재한다라고 지적하고 있듯이, 문제의 가정이 되지 않도록 학부모들은 더한층 가정환경으로 이끌어 나갈 것이며 아이들의 발달단계에 알맞게 지도하고 이해하면서 유태식 가정교육의 표본을 따라 전개해 나갔으면 좋겠다.

합리적인, 스스로 공부하는 자녀, 시간생활을 하는 자녀, 가치관이 건전한 자녀, 책임과 의무를 다하고 자기의 삶을 창조해 나갈 수 있는 독립심을 향유한 자녀가 되도록 부모는 끊임없이 노력을 해야 할 것이다.

제5장 人間化 敎育의 本質

1. 이상적인 교육

오늘날 우리는 이상적인 교육의 이념으로서 흔히 전인교육을 내세우고 있다. 전인교육은 지적, 사회적, 정서적, 신체적, 도덕적인 영역의 어느 한쪽에 치우침이 없는 조화된 인간성을 길러 주고 타고난 소질을 유감없이 발휘하는 자아실현의 교육이라고 한다.

1980년 7월 30일 교육개혁이 단행된 이후 교육본질의 추구로서 원만한 전인교육이 더욱 강조되고, 지식편중교육을 탈피하고 오로지 지·덕·체를 골고루 갖춘 조화로운 인간을 육성하자는 소리가 높아가고 있다.

전인교육은 블룸(Benjamin Bloom)의 교육목표 분류에서 제시한 바와 같이 지적·정의적·심리적 영역을 포함한 조화로운 인간교육을 추구하는 길이며 각 개인의 능력, 즉 잠재 가능성을 유감없이 발휘하게 하는 데 있다. 페스탈로치는 이러한 개념을 3H로 표현했다. 즉 손(Hand, 신체), 머리(Head, 지), 심장(Heart, 정서)으로서 인간의 조화적인 발달을 실현하여 인간의 몸과 머리, 마음이 조화롭게 발달된 상태가 이상적인 교육의 결과라고 하였다.

오늘의 현실은 어떠한가? 인류의 문화와 교육은 큰 시련에 부딪치고 있다. 문화적으로는 경제적 성장을 계기로 금전만능 풍조의 물량가치가 팽배해져 있고, 교육적으로는 비인간화 현상이 심하게 야기되어 인간의 삶 자체에 큰 위협을 느끼고 있기 때문이다.

현대의 위기는 "비인간화"현상이다. 이를 벗어나기 위한 인간의 자발적인 노력이 요구되고 있다. 인간화 교육은 현대사회에서 인간성 상실을 극복하고 인간성 회복을 위한 총체적인 전인교육으로서 어느 시대보다도 더욱 강조해야만 할 단계에 이르렀다.

현대인은 사면의 긴장과 불화에 싸여 있으며 정의와 조화가 삶의 영역에까지 미치지 못하고 있으며 인격적 요소들이 붕괴되고 육체노동과 정신노동 사이에 인위적 대립이 있고, 물질적 가치와 정신적 가치 사이에 분열이 되어 있다. 이러한 현상을 어떻게 극복해나갈 수 있을 것인가?

유네스코에서는 현대의 위기를 극복하기 위해서는 "인간화 교육"이 필요하다고 역설하면서 새로운 교육이념으로 강조하고 있다. 이 유네스코의 기본적 입장도 인간화 교육인데 이는 앞서 지적한 바와 같이 육체적, 지적, 정서적, 윤리적으로 통합된 완전한 인간이 되게 하는 일이 교육의 기본적 목적이며 달성되어야 할 과제인 것이다.

2. 人間化 教育의 本質

인간화 교육의 본질이란 무엇인가? 이것은 민주주의 교육이념에도 부합되고 생애교육의 이념에도 적합하며, 전인교육을 지향하는 좌표로서 다른 동물과 뚜렷하게 구별되게 한다. 그리고 인간은 인간다운 사회봉사자로서의 역할과 임무를 다하는 능력자로서 구실을 다해야 될 것이다.

인간화란 "인간이 되게 한다", "인간적으로 되어 간다"는 등 인간존중이라는 대전제를 기초로 하고 있으며, 인본주의 사상과 일치하는 것이며, 결국 인본주의 사상을 기초로 추론될 수 있다.

현대 휴머니즘의 인간관의 특징을 중심으로 인간화의 의미를 정리하면, ① 지적·사회적·도덕적·신체적으로 통합되고 조화된 전인으로서의 가치 추구, ② 인간능력에 대한 신뢰, ③ 인간성의 자유로운 실현의 극대화, ④ 인간본성에 대한 선의 실현 가능성에의 신뢰 등 인간에 의해서 획득된 경험과 지식을 포함한 내용이다. 간단히 말해서 인간화 교육이란 인간적인 가치들을 교육 속에서 실현하는 것을 말한다.

인간화 교육의 특징은 인간으로서의 학습자를 인간답게 취급하고 현재 학교생활을 즐겁게 하고 행복한 것으로 만들도록 모든 방법이 이루어져야 하며, 학습자의 인간으로서의 지력뿐만 아니라 감정과 육체의 건강과 균형을 방법상에 고려한다는 뜻이다.

조화로운 인간화 교육을 실시하기 위한 내용을 요약하면 다음과 같다.

① 조화로운 인간상 지향이다. 즉, 하나의 인간으로서 충실하고 국가사회에 대한 책임을 수행하며 맡은 바 직업을 슬기롭게 수행하는 자기개발적 인간상 교육으로 끌어가야 한다.

② 정신활동과 육체활동의 통일을 기하는 노작(勞作)교육이다. 이것은 켈쉔스타이너의 이론으로서 실기적 교과의 내용을 통해서 심화시키는 교육을 의미하는데, 미국에서 최근에 발전된 새로운 교육이념인 생애교육의 실천과 연결된다고 본다.

생애교육은 이미 우리나라에 소개된 바와 같이 직업교육을 바탕으로 한 진로개발교육을 의미하는데, 넓은 의미의 직업교육이다. 학교 내외의 교육을 통하여 적재적소에 알맞은 직업교육은 인간이 생활인으로서 마땅히 겪어야 될 유능한 직업인 양성의 교육으로 기능을 익히는 데 목적이 있는 것이 아니며, 문화를 고르게 체험하고 자유로운 정신적·공민적·직업적 교육을 체험하는 인격도야, 공민적 도야, 직업적 도야의 교육을 일컫는다. 쉽게 말하면, 흥미·적성·능력에 알맞은 직업의 세계를 탐색하고 자각하며 경험을 통하여 일생 동안 만족스럽게 행복한 "삶"을 누릴 수 있도록 적성에 부합된 교육이 요청되고 있는 것이다. 이러한 측면에서 인간화 교육은 정신활동과 육체활동의 조화·통일을 기하는 노작교육의 강화를 들 수가 있다.

③ 고전적 교양을 갖추는 인문교육으로서 폭넓은 교양인을 육성하는 일이다. 따라서 고전을 읽히고 인류의 가장 귀한 문화유산을 전승하도록 인격교육을 강조하여야 된다. 인생의 참목적은 정신적 생활을 즐기며 정신적 활동을 통해 자기실현을 할 수 있는 교양교육의 강화를 고전의 탐독으로써 기하며 생활인으로서 윤택한 정서함양과 민주시민으로서의 자질 높은 인격자를 기름에 있는 것이다. 인간이 인간다운 역할로서 군림하려면 지엽적인 방법보다는 인본주의 입장에서 역사·철학·예술·문학·고전어를 통한 문화유산을 깊이 이해하며 가치로운 삶의 추구가 어디에 있는가를 인식시켜 주는 고전을 탐독시키는 제도적 장치를 이루어 인격자를 길러내도록 해야 한다.

④ 자기소외로부터 주체성을 찾고자 하는 실존적 자기각성의 교육이 필요하다.

즉, 비연속적 교육을 타파하는 '만남'의 교육인데, 이는 누구에게나 삶에 충실하고 분수에 알맞은 교육을 강조하고자 한다. 쓸데없는 욕망과 경쟁의식에 사로잡혀 능력을 고려에 두지 않고 터무니없는 환상의 세계에서 자기를 출세주의 대열에 희생시키는 비현실적인 교육보다는, 차라리 분수를 알고 지키고 만족할 수 있는 안분의 자세를 키워 나가는 것이 참된 인간의 도리이며 과정이며 자세인 것이다.

⑤ 민주사회의 시민으로서 현명한 선택과 적응을 하여 저마다 지니고 있는 발달 가능성을 발전시키고 개인적으로 행복한 삶을 개척하고 가치판단과 사회적 판단을 키워 자기지도를 할 수 있는 인간양성의 방향으로 이끄는 일이다.

학교의 기능은 주로 학생이 어떤 가치를 신봉하도록 훈련시키는 일이 아니라 위와 같은 가치에 관한 분석, 종합, 추리, 탐구, 의사결정 등을 포함하는 가치과정을 교육하는 일이라고 주장하고자 한다. 현대사회는 자본주의사회이며 산업사회이므로 경제가 삶의 주축이 되기도 하지만 황금의 가치는 제도에서 온 것이고 인격의 가치는 전통문화에서 온 것이다. 특히 오늘날 과학기술 문명의 산업사회에서 인간존재의 객관화, 기술화, 상황변화, 가속화가 상호작용함으로써 우리들 인간성의 운명을 재촉하고 있고 식량문제, 공해문제, 전쟁문제 등이 인류사의 존속을 위협하고 있는 조건 아래서는 인간존중, 인류애, 공동책임 등의 가치관을 위한 교육의 책임은 매우 중요하다고 본다.

한마디로 교육은 국민으로 하여금 그가 살고 있는 국가사회의 정신적·문화적 가치를 이해하고 그 국가 사회의 운명을 개척하는 데 적극적으로 참여하도록 도와주고 격려하여주는 중대사업이라고 할 수 있다. 이러한 중대사업을 실천하는 길이 우리나라가 당면한 문제의 해결점이 될 수 있는 것이고 근본적으로 인간다운 삶의 추구는 각자의 가치관 여하에 따라 다르게 인식될 수도 있지만 인간화 교육은 가치관교육, 국민정신교육, 도의교육, 예술·철학교육 등 다양한 분야에 정통하고 능력있는 유능한 인격자로서 사회에 공헌할 수 있는 실천자를 키워 나가는 것을 요구하고 있는 것이다.

앞으로의 교육의 방향은 정책이나 제도만을 바꾸는 것을 능사로 할 것이 아니라 조화로운 인간교육을 위한 목표를 뚜렷이 세우고 전인교육을 향한 내용과 방법을 꾸준하게 실천할 수 있도록 적극적인 프로그램 계획과 지도가 뒤따라야 할 것이다. 이것은 오직 교육을 담당하고 있는 일선교사뿐 아니라 가정교육에서의 부모의 역

할, 사회교육에서의 지도자들의 관심과 태도 등 모두의 정성어린 노력으로 합심하
여 줄기차게 뻗어나가야 가능하다.

3. 敎育의 過程

인간은 오로지 격조 높은 이상을 실현하고 복지사회에 적응할 수 있는 자기 성
장을 실현하며 자기 능력을 최대한으로 발휘시켜 어느 분야에서나 활동하는 가운데
만족하고 창의적 활동을 전개하면서 행복한 삶을 느낄 수 있도록 인간의 능력을 승
화시켜 발휘시키는 교육을 해나가야 한다. 그러자면 인간성 회복, 인격적 통합, 도
덕적 다이나미즘, 민주적 시민, 인간관계의 원활, 경제적 효능, 여가의 생산화, 사명
감, 평생교육의 대응자세 등 교육활동 프로그램을 학교교육에서 단계별로 계획을
세워 초·중·고·대학 등 능력에 알맞게 조정하여 적극적으로 실천에 옮기도록 독
려해야 한다. 이러한 과정은 이론에만 머물 것이 아니라 가정 현장에서, 학교 현장
에서, 사회 현장에서 책임을 갖고 추진해 나가야 한다.

제6장 初等學校에서의 進路敎育

1. 초등학교의 진로교육 도입, 배경

우리나라에서 초등학교에 진로교육을 실시해야 한다는 필요성을 강조해 본 일은 역사적으로 찾아볼 길이 드물다. 그만큼 우리는 아동의 진로교육에 대해서 무관심해 왔고 이해조차 없었다. 이것은 바로 우리의 교육이 단순히 구체적인 개인의 잠재능력의 개발과 그의 효과적인 이용보다는 폭넓게 포괄적으로 교양교육에만 치중해 왔기 때문에 전혀 언급조차 없었던 것이다.

그러나 급격한 사회의 변천에 따라, 더욱이 복잡한 산업사회로 옮겨감에 따라 1980년대 초부터 초등학교 교육에 있어서도 새 교육과정의 교육목표에 제시하고 있는 바와 같이 진로지도 교육의 충실화를 강조하고 있다. 구체적인 내용을 보면,

① 변화와 발전을 특징으로 하고 있는 현대사회에서 성공적으로 대처하기 위하여 변화의 주체로서 현재를 이해하고 미래를 창조할 수 있는 의지와 태도를 길러 줄 필요가 있다.

② 직업의 분화를 특징으로 하고 있는 현대사회에서 직업사회의 가치와 직업의 존귀함에 대한 의식을 길러주고 미래 사회에서 담당할 수 있는 역할을 발견, 탐구하도록 개인에 맞는 소질과 능력을 개발시켜 줄 필요가 있다.

③ 과학 기술 문명을 특징으로 하는 현대사회의 발전 추세와 우리나라의 경제적 특성에 비추어 고도의 지식 정보 사업화하는 국가 경제와 진로에 의식을 심어 주며 이에 대비할 수 있는 지력(知力)과 기술을 가지게 할 필요가 있다.

이와 같은 문교부의 강한 의지가 나타나가 시작한 것은 우연의 일이 아니다. 사회 발전에 따르는 안목이 그만큼 넓어진 것이다. 진로교육의 필요성과 그 실천에 역점을 두어 강조해 온 일부 관심을 불러일으킨 직업교육학자들의 꾸준한 노력이 숨어 있었음을 명심해야 할 것이다. 아울러 한국 교육개발원에서도 진로교육에 관심을 갖고 많은 자료를 개발 중에 있어 발전의 전망이 크게 기대되고 있으며, 그 일부는 이미 교육계에 소개되고 있다.

요즈음 학원가와 사회의 각계각층에서는 진로교육이 시급하다는 것을 직감하고 있다. 매년 대학입시철만 되면 학생들이 진로방향에 대한 확고한 소신을 가지지 못하고 인생행로를 결정하는 중요한 시점에서 눈치와 배짱으로 진로를 결정하는 현상이 너무나 보편화되어 있기 때문이다. 이것은 개인 인력의 효율화와 국가 인력양성의 차원에서도 크게 잘못되어 가고 있는 것이다. 다시 말하면 적재적소에 합당한 진로선택을 위한 교육이 이루어지지 못하고 있었음을 증명하는 것이다. 일류대학, 일류학과에 지원함으로써 장차 좋은 보수를 받을 수 있는 좋은 직장(직업)을 찾아 개인의 삶을 풍요롭게 누리고자 함은 누구나 염원하는 바일 것이다. 그렇다고 무조건 자기의 능력이나 적성, 흥미와 성격 특성에 맞지 않는 방향을 선택한다는 것은 전공학과에 부적응 현상을 일으키고 직업에 임해서는 불만을 갖게 되어 일의 능률을 나타내지 못할 것이다. 뿐만 아니라 직업의 불만은 사회의 불만 요소와 사회불안 요소로 치닫게 되니 사회문제가 아닐 수 없다. 그래서 진로교육을 하루속히 학교교육에 도입하여 발달단계에 따르는 진로지도가 선행되어야 한다.

이와 같은 문제점을 시정하기 위한 방법으로서 진로교육은 초등학교에서부터 소질발견, 일의 세계인식, 장래 포부설정, 분수에 알맞은 진학 및 직업선택을 위한 기초과정으로서 진로 인식이 요구되는 것이다.

2. 진로교육 실시의 이유

진로교육의 실시와 보급에 역점을 강조한 노력으로 팽창되어 가는 영향과 개인의 진로발달을 표명하는 지식이 증가함에 따라 이제 초등학교에서의 진로지도에 대한 준비가 가속화되어 가고 있다. 이와 같은 추세에 반대하는 사람들은, 초등학교 환경에서는 그와 같은 관심을 소개하는 것은 너무 이르다고 믿고 있다.

그러나 초등학교에서의 진로교육이 필요하다고 지지하는 사람들은 진정코 성인 행동의 근본은 일을 하든지 또는 다른 행동에 있어서든지 간에 가정과 사회 속에서 아동이 학교 다니기 이전 경험에서부터 연장되기 때문에 유치원에서부터도 너무 늦다고 지적하고 있다.

초등학교에서의 진로교육 준비는 새롭게 첨가된 것이거나 또는 전형적인 초등학교가 강조하는 극적인 역전도 아니다. 일반적으로 학생들이 자기 인식과 미래의 교육적·직업적 대안(alternatives)들에 대한 지식, 그리고 의사결정의 기본원리의 발달이 초등학교의 철학과 실제 면에 있어서 중요하게 간주되어 왔기 때문이다. 그러나 여러 경우에 있어서 그와 같은 목표는 단편적인 관심을 기울여 왔고 또한 불완전한 정보의 사용을 통해서 주로 전해 왔다. 널리 행해지고 있는 진로지도의 모형은 초등학교 교육과정을 통해서 발생하고 여러 가지 협동적인 형태로 교사나 카운슬러가 관여하는 조직적인 활동과 정보의 필요를 강화하고 있다.

초등학교에서의 진로교육은 아동들에게 조숙한 선택을 강요하려는 것이 아니다. 오히려 가능한 선택을 인식하고 예측할 수 있는 방법과 자신을 위한 계획, 그리고 개인의 특성과의 관련을 짓는 데 초점을 둔다. 많은 학생들은 선택할 수 있는 기회와 또한 그렇게 할 수 있는 능력을 가지게 된다는 것을 알 필요가 있다. 이 학생들이 또한 자신들이 어떻게 변하며 학교경험을 어떻게 탐색할 수 있으며 미래를 준비할 수 있는가를 스스로 인식할 필요가 있다.

초등학교 진로교육이 안고 있는 요소 가운데에는,

① 사춘기와 성인기의 선택행동양식은 아동기에서 나타나는 발달적 경험양식에 영향을 준다는 것을 인식할 것.
② 초등학교에서 사용되는 여러 가지 자료와 교재들은 일의 세계 또는 불확실한 미래의 교육을 묘사하며 불필요한 성적 차이를 가져오는 직업, 또는 가능한 교육적 및 직업적 가능성의 제한된 견해들을 조장하는 증거.
③ 개인의 장점에 대한 지식과 미래의 성장에 적응할 수 있는 개인의 능력에 대한 느낌과 약점을 수정할 수 있는 방법, 가능한 탐색 자원을 계획하고 사용할 수 있는 기술, 학습과 일에의 적용 및 기타 지역사회 역할 사이의 관계에 관한 이해를 인정하는 것 등이 있다.

진로지도는 진로교육의 하위개념으로서 진학지도와 직업지도를 포함하고 있다.

따라서 진로교육을 뒷받침해 주고 있는 진로지도와 진학지도, 직업지도 등이 복합적으로 사용되고 있으므로 이해하는 데 혼선을 빚기가 쉽다. 따라서 진로교육의 이념을 실천하기 위한 구체적인 진로지도에 대한 이해와 실천을 소개하고자 한다.

일반적으로 진로지도란 고등학교나 대학에서 필요한 것으로 여기던 생각이 최근에 와서 점차 바뀌어 가고 있다. 즉, 초등학교에서부터 장래의 직업생활에 필요한 기초적인 지식과 방안이 마련되어야 하겠다는 새로운 인식이 싹트고 있다.

인간은 태어나면서부터 죽을 때까지 계속 성장 발달해 가는 것이므로 "요람에서 무덤까지"의 계속적인 교육이 이루어져야 하는 평생교육 시대를 맞이하여, 어렸을 때 받은 교육이나 경험이 그의 일생을 좌우하는 계기가 되므로 중요시하지 않을 수 없다.

진로발달의 측면에서 볼 때, 아동들은 초등학교 재학 시기에 일의 세계에 대한 눈이 뜨이게 되고 또한 일하는 데 대한 필요한 태도를 형성하게 된다.

일반적으로 초등학교에서부터 진로교육이 필요하다는 주장을 하게 된 이유는 다음과 같다.

첫째, 급격한 사회, 경제적 변화에 따라 모든 교육에서 진로교육을 병행해야 할 필요성이 대두된 것이다. 여기서 말하는 변화란, ①산업과 산업공정상의 변화 ②직업세계의 변화 ③ 인력수급상의 변화 ④ 일의 가치관 변화 등으로 학생들은 이러한 변화추세에 현명하게 대처하기 위해서 어려서부터 자신의 미래적응을 위한 기본적인 지도를 받아야 할 필요성을 느끼게 한다.

둘째로, 최근 인성과 아동발달 분야에서 밝혀진 연구결과들이 초등학교 학생들에게도 진로지도가 필요하다는 사실을 입증해 주고 있다.

이와 같이 어렸을 때부터 학생들에게 자기의 이해와 태도를 형성하여 장래의 열망(포부)과 성취에 긍정적 방향으로 심어줄 때 성인이 되어서도 계속해서 만족한 생활을 유지할 수 있는 기틀이 잡혀지므로 어려서부터 진로관 형성에 관심을 기울여 주어야 한다.

"세 살 버릇이 여든까지 간다"는 우리의 속담이 말해 주듯이 성격형성뿐만 아니라 자기의 진로관 형성에 있어서도 어릴수록 감수성이 예민하여 잘 받아들이고 일찍부터 소질개발과 능력에 맞는 직업선택에 대한 이해와 관심을 고취시킴으로써 진로계획에 차질을 빚지 않도록 단계별 진로교육의 실시가 시급히 요청되고 있는 것이다.

3. 초등학교에서의 진로교육 목표

학교교육에서 가르쳐야 할 진로교육의 영역들을 개인의 발달과 사회와의 조화 및 개인의 생산적 생활을 영위하기 위한 관점에서 발달단계별로 분류하여 단계에 알맞은 진로교육의 목표와 내용을 소개하면 다음과 같다.

① 자신의 소질, 흥미를 발견한다.
② 지역사회의 각 산업체 및 여러 기관, 단체들이 하는 일에 대한 이해를 통하여 모든 직업이 똑같이 소중함을 안다.
③ 직업의 중요성을 인식시킴으로써 장래 직업인으로서의 포부를 갖는다.

위와 같은 포괄적인 목표에 근거하여 영역별로 목표를 분류시키면 다음과 같다.

1) 자아인식 영역

자신의 적성, 흥미, 인성, 능력 등을 이해시킨다. 자신의 흥미와 역할을 표현한다. 학생들의 발달을 평가하여 그 결과를 알려줌으로써 자아에 대해 인식시킨다. 자기 환경을 인식하게 한다.

2) 일의 세계 영역

일을 하는 이유와 일의 중요성을 인식하도록 한다. 직업의 세계는 계속 변하며 그 직업에 대처할 수 있는 융통성을 기른다. 직업 분류의 기준을 이해시킨다. 직업 군을 탐색하게 하여 실험선택을 해보게 한다. 미래의 직업과 관련된 역할에 대하여 학생들의 능력과 관련지어 이해하게 한다. 여가의 중요성을 인식시킨다. 직업들 간의 상호 관련성을 이해시킨다.

3) 일에 대한 태도 영역

일과 사회에 대한 수용적인 태도를 함양시킨다. 일에 대한 태도와 가치관을 개발

시킨다. 모든 분야에 있어서 직업인에 대한 존경과 시인의 태도를 기른다. 생활양식
과 가치관은 직업분야와 연관시켜서 그 특성을 인식해야 한다.

4) 의사결정 영역

현재의 계획과 미래의 결과 간의 관계를 이해시킨다. 자기 자신에게 가능한 모든
선택권을 이해시킨다. 자신의 의사 결정에 영향을 미치는 요인들이 다양하다는 것
을 이해시킨다. 의사 결정에는 융통성이 필요함을 이해시킨다. 자신의 생애는 자신
이 책임을 지며 스스로 계획하고 실현시켜야 함을 이해시킨다.

5) 인간관계 기술 영역

타인과 협동적으로 행동하고 서로의 의견을 교환하며 남의 입장을 이해하려는 태
도를 기른다.

6) 일과 직업의 경제적 측면 이해 영역

경제, 사회 구조의 측면에서 직업의 세계를 이해한다.

7) 교육과 일의 세계와의 관계 인식 영역

학교 수업을 통히어 직업군을 이해하고 잠재적으로 선택할 수 있는 기회를 갖도
록 도와준다. 각종 직업은 각기 다른 교육적 준비를 필요로 함을 이해시킨다. 학습
은 일생 동안 계속되는 과정임을 이해시킨다. 학교생활 경험과 사회생활 경험 간의
관계를 이해시킨다. 언어와 유용한 기능을 훈련시킨다.
위와 같은 구체적인 목표에 따라 진로지도의 내용을 교과와 함께 지도해야 한다.

4. 초등학교에서의 진로지도 목표

초등학교의 진로지도 목표는 학생들이 다음과 같은 일을 할 수 있는 경험을 제공하여야 한다.

① 개인의 장점, 가치, 흥미를 이해하는 것이 교육 및 직업 선택을 위한 기초가 된다는 것을 깨달아야 한다.
② 현재를 계획하고 준비함으로써 미래의 목표 달성이 가능하다고 이해시킨다.
③ 교육 및 직업적 대안의 조건을 선택하고 충족시키는 데 개인의 자신감을 갖도록 한다. 그리고 자신의 행동 및 생애에 책임을 져야 한다는 인식을 준다.
④ 개인적 자아, 개인적 선택권, 그리고 일생을 통해 계속교육의 필요와 관련한 변화의 암시를 고려해 보아야 한다.
⑤ 문제해결과 개인의 의사결정 기술과의 사이에 유사성을 이해한다.
⑥ 나중에 교육 및 직업 결정을 계획하는 데 정확한 실제적 정보를 개발시켜야 한다.
⑦ 학습은 생활을 탐색하고 준비할 수 있는 여러 가지 기회로 구성되고 있음을 이해한다.
⑧ 아카데믹 기술, 즉 읽기, 쓰기, 셈하기와 다른 교과, 그리고 이들이 어떻게 미래의 교육과 일의 선택권에 이용되는가의 관계를 인식한다.
⑨ 훌륭한 아이디어를 가지고 다른 사람과 더불어 일하고 있는 직업을 분류한다.
⑩ 직업과 진로, 생활방식과의 관계를 고찰한다.
⑪ 일은 다른 사람을 위해 봉사한다는 목적을 기술한다.
⑫ 효과적인 여가 선용의 중요성을 고찰한다.

이러한 목표에 근거하여 담임교사나 상담교사는 항상 교과와 관련하여 진로인식을 위한 지도를 필수적으로 병행시켜야 할 것이다.

5. 초등학교에서 진로계획상 고려할 점

핼버슨(Halverson)은 계획에 유용한 초등학교 학생의 특성에 기초를 둔 초등학교 진로발달의 여러 가지 원리를 제안하였다. 이 제안들은 아래와 같다.

① 이 발달단계에서 학생들의 교육적인 필요와 흥미에 비추어 정의된 목표에 대한 요구.
② 모든 초등학교의 목표의 개념 속에서 진로발달에 대한 고려할 점이다. 그것은 새로운 단편적이거나 분리된 교육과정이 아니라 이 초등학교에서 효력을 발생하고 있는 통합된 목표가 되어야 한다.
③ 교육과정 계획은 진로발달에 따라 영향을 받고 있으므로 대학 예비를 강조하는 방향으로 우선되어서는 안된다.
④ 진로발달에 비추어 학습의 준비도는 학생이 이미 배우고 경험한 것과 학생이 표현했거나 분류한 욕구에 관련한 계획된 목표와 지적, 사회적, 정서적 성숙의 일반적 수준을 고려해야 한다.
⑤ 구체적 경험과 학습은 추상적 학습보다 먼저 일어나야 한다. 어린 아동은 추상적인 것보다도 구체적인 영역에서 보다 성공적인 기능을 나타낸다.
⑥ 진로발달의 목표가 채택되었으면 경험과 활동은 학생들이 이와 같은 목표를 성취할 수 있도록 극대화하는 방법으로 배열해야 한다.
⑦ 초등학교에서 직업화할 수 있는 여러 가지 주제 영역이 있다. 그러므로 진로발달은 다른 교수목표와 통합될 수 있다.

6. 초등학교에서의 진로지도 기술

진로지도의 기술은 교사나 카운슬러들이 진로교육의 목표에서 제시한 내용들을 토대로 하여 각자 자기 나름대로의 계획을 세워 아동들을 지도할 수 있으나 다음과 같은 내용들을 참고로 하여 독창성을 발휘하는 것이 좋을 것 같다.

1) 교육과정에 주입

① 진로단원(career unit)의 실시.

② 개인의 의사결정을 묘사하는 읽을 만한 참고도서나 문헌들을 제공해 준다.

③ 선택된 주제에 관한 생활지도 필름을 보여 준다(우리나라에는 1981년에 서울
특별시 교육연구원에서 제작된 진로지도 슬라이드가 있음).

④ 로버트 프로스트(Robert Frost)가 쓴 『택하지 않은 길(The Road Not Taken)』
과 같은 책을 읽고 학생들로 하여금 자신의 생활에서 의사결정을 비교하도록
한다.

⑤ 학생들에게 창졸하라고 하고 나서 "내가 바라는 것"의 내용과 같은 시를 토의
한다.

⑥ 다른 흥미와 가치와 묘사하는 특성에 기초를 둔 단편소설을 분석한다.

⑦ 특정한 교과의 예를 들면 산수, 과학, 국어 등에 능력을 요구하는 직업군
(career cluster)을 선택하여 그와 관련된 직업을 분류한다.

⑧ 학생들에게 변화의 장면―예를 들면, 교통수단과 같은 장면에 대해서 연구하
게 한다. 또한 영향을 끼치는 직업과 변화를 묘사하는 사진들을 모으도록 한
다. 그리고 주제와 관련된 직업을 게시판에 진열하도록 한다.

⑨ 보고에서 노동자인 체하는 학생과 함께 다른 직업에 대하여 구두 보고하도록
한다.

⑩ 공책에다가 "나는 어떠한 사람인가"또는 "내가 되고자 하는 종류의 사람"이
무엇인가를 쓰게 하거나 학생에게 과거에서부터 변해 온 자기에 대한 느낌을
쓰게 한다.

⑪ 일의 세계(world of work)에서 용어를 사용하여 풍자문을 쓴다.

⑫ 일의 세계로부터 용어를 이용하여 낱말의 가로 세로 맞추기를 실시한다.

⑬ 일의 세계로부터의 낱말을 분류하기 위하여 신문의 구직란을 이용한다.

⑭ 학생들에게 문제를 만들게 하여 직업과 교육의 대안에 기초를 둔 "퀴즈 쇼"를
학급에서 참여하게 한다.

⑮ 도구나 재료, 유니폼 또는 이와 같은 사진을 가져오게 하여 이들을 사용하는
노동자나 대상에 대해서 창조적 작문 학습을 위한 기초로 이용한다.

⑯ 학생들에게 잘못된 일의 세계의 일면에 대해 짤막한 만화를 만들어 보게 한다.

⑰ 작가나 음악가, 예술가 등과 같은 자기표현의 수단으로서 틀림없이 지니고 있는 사람들의 사진을 모으게 한다. 그리고 다른 직업들도 자기표현의 수단이라는 방향으로 학급 토론을 전개한다.

⑱ 자유시간에 무엇을 하고, 어느 숙제를 먼저 해야 하며, 어디에서 점심을 먹어야 하는가 등과 같은 의사결정 활동에 매일 참여하도록 한다.

⑲ 학급파티나 견학(field trip)에 대한 계획을 하고 이루어져야 할 타협을 분류해 보고 모험이나 발생할 결과들을 나열해 본다.

⑳ 보석 세공인, 메달 연구가, 아마추어 동굴 연구가, 우표 수집가, 서적 수집가와 같이 여가시간 활동에 관계되는 유명한 곳에 단어들을 나열한다.

㉑ 상이한 직업군에 대한 흥미 센터를 만들거나 자신의 특성에 접근할 수 있는 방법을 수립한다.

㉒ 노동자와의 인터뷰, 공부하는 기술, 자기 이해에 관련된 주제들을 취급하고 있는 테이프나 카세트, 축음기, 레코드 장비, 이어폰을 포함하는 청취할 수 있는 센터를 준비한다.

2) 집단활동의 실시

① 직업이나 진로를 주제로 삼아 "해 보자"또는 "내 일은 무엇인가"를 실현해 본다.

② 1~3학년 어린이들을 위한 사진 문제를 역할극으로 해본다. 게시판에 자기 이해와 직업 차이에 관계되는 여러 가지 문제들과 형편을 묘사하는 사진들을 붙여 본다. 그리고 아동들에게 사진 설명을 역할놀이로 해보도록 한다.

③ 학생들에게 잡지나 여러 가지 문제에 대안적인 문제를 고려하도록 야기 시키는 다른 자료에서 가능한 미완성 소설에 대해서 토론하도록 한다.

④ 의사결정에 중요한 책임을 지도록 하는 단계나 상태를 묘사하는 포스터를 만들게 한다.

⑤ 꼭두각시(puppet)행동을 해보임으로써 문제해결 사항을 증명하도록 한다.

⑥ 예를 들어, 학급을 "녹색"반과 "진홍색"반으로 나눈다. 학생들에게 색깔의 차이를 보여 주고 행동을 분석하며 대인관계 기술이나 또는 일의 적응상태를 관련시켜 설명한다.

⑦ 학생들에게 자아개념, 가치관 선택, 그리고 기타 관련된 주제를 다루는 창조적인 드라마를 만들도록 한다.

⑧ 학생들에게 흥미와 능력, 중요한 직업의 성취 등의 항목들을 비교하도록 한다.

⑨ 유일하고 가치로우며 존경을 받을 만하게 느끼는 일들에 대하여 일기를 쓰도록 한다.

⑩ 여러 지역사회 직업인들(즉 경찰관, 트럭운전사, 판매인, 교사. 건설공 등)을 설명하는 사진들을 주고 학생들에게 각 직무에 대하여 작업 활동과 해결해야 할 문제들에 대한 토론을 하도록 한다.

⑪ 학교를 짓고 유지하며 관리하는 열 가지 다른 직업인들을 묘사하도록 한다.

⑫ 20~50가지의 직업 리스트를 주고 학생들에게 각 직업이 직면해야 할 지역사회의 필요와 기능의 예를 들어 본다.

⑬ 평범한 직업(10~15종류)의 리스트를 주고 학생들에게 ㉠대개 밖에서 일하는 직업, ㉡ 실내에서 일하는 직업, ㉢ 실외와 실내에서 일하는 직업들을 묘사하도록 한다.

⑭ 일하고 있는 사람의 사진을 보여 주고 학생들에게 상품생산이나 봉사직의 차이를 분별하도록 한다.

⑮ 학생들은 여러 가지 매체를 통하여 직업선택을 할 것이다. 선택한 직업에서 직장인의 전형적인 생활양식을 정확하게 기술해 본다.

⑯ 여가시간 활동의 항목을 주고 각기 학생으로 하여금 여가시간 활동에서 흥미를 자아낼 수 있는 한 가지 직업을 분류해 보도록 한다.

3) 지역사회의 관여

① 교과목이 어떻게 일의 문제를 해결하고 작업 활동을 촉진시키는 데 필요한가를 보여줄 수 있는 기회를 학생들에게 허용하도록 현장 견학을 시킨다.

② 자원인사를 초청하여 개인의 특성이 어떻게 매일 일하고 있는 기능에 공헌하며, 현재 그들이 하고 있는 일과 관련된 직업의 역사를 토론하도록 한다.

③ 자원인사와 현장 견학의 목록을 작성하여 다양한 직업에서 직장인들의 역할을 관찰할 수 있도록 조직하고 발전시킨다.

④ 지역사회 공장을 방문하고 전 생산 공정의 과정을 관찰시킨다. 그리고 관찰한 내용에 대하여 서로 토의를 전개하고 호기심을 불러일으킨다.

⑤ 직업인들과 면담할 기회를 주어 학생들에게 직장인들의 진로탐색을 기술하도록 한다.

⑥ 일과 여가활동에서 얻어진 개인의 만족감을 발견하기 위하여 부모나 친척과
  면담을 개최한다.

위와 같은 진로지도 기술에 대한 예는 전적으로 진로지도를 담당한 교사(진로교사)나 학급 담임교사의 노력으로 학생들이 자신과 직업세계에 관련된 정보를 이해할 수 있는 기회를 많이 갖게 되므로 진로인식의 범위가 확대되고 자신을 좀더 이해할 수 있는 계기를 주게 되는 것이므로 취사선택하여 충분한 진로인식의 기회를 제공하도록 한다. 그리하여 학생들은 자기 자신의 소질, 능력, 직업의 인식, 일의 고마움, 보람, 일에 임하는 태도, 가능성에 대한 깊은 이해를 촉구할 수 있게 된다.

초등학교에서의 진로교육이 이제 시발점이기는 하지만 학생들에게 자신을 이해하고 소질을 발견할 수 있도록 인식시키는 일이 필요하고, 일의 세계를 알리고 직업군을 소개하는 일, 자신의 진로를 세우게 하는 주춧돌의 구실을 담당하여 건전한 진로관·가치관을 불어넣어 주어야 제 기능을 다할 수 있다고 본다.

이와 같이 학급교사는 진로지도의 기술을 참조로 하여 초등학교에서부터 진로인식 단계에 수행되어야 할 모든 활동을 적극적으로 전개해 나감으로써 올바른 적응과 판단력을 길러줄 수 있게 된다. 아울러 자기 자신의 소질과 이해를 더욱 인식하게 되어 미래를 내다보는 시각이 길러질 것이다.

제7장 진로 선택의 기초적 자세

1. 문제점의 인식

지난 해 12월 30일은 예비고사 시험결과의 발표날이다. 고등학교 3학년 학생들의 관심의 초점은 모두가 이 점수에 모아진다. 학생들뿐만 아니라 그들의 부모, 형제, 자매 그리고 가까운 친척들도 역시 점수가 얼마나 되는가에 총 집중된다. 이처럼 점수가 모든 인생의 전부인 것과 같이 관련자들은 가슴조이면서 점수 많이 받기를 고대하고 기대하고 있다.

이윽고 예비고사 점수가 발표되었다. 수험생들은 벌써부터 희비가 엇갈리는 가운데 행, 불행이 일순간에 결정되는 느낌이다.

각급 학교 진학 담당교사나 학교 당국에서는 긴급회의를 소집하면서 자기네 학생들이 얼마만큼 성과를 올렸는가에 호기심과 관심이 총 집중되는 가운데 분주하게 대책을 세우고 있다. 각 가정에서는 벌써부터 어느 대학 어느 학과에 지원할 것인가 매우 망설이면서 분주하게 점치며 각 대학의 성적 수준을 탐색하고 있다.

이번 예비고사는 작년보다 약간 쉽다는 평이 나 있어 고득점자가 조금 많게 나타나고 있다. 그리고 일반적으로 점수가 조금 높아진 관계로(평균 7.1점 정도) 학부형들이나 학생 당사자, 고3 담임교사, 진학 담당교사들은 획득한 점수 수준보다 좀 낮게 하향지원하는 경향이 두드러지고 있다.

매년 입시철만 되면 한결같이 되풀이되는 눈치와 배짱 지원이 학원가에서 판을 치게 되는 입시현장을 어떻게 평가할 것인가? 과연 이것이 바람직한 일인가?

점수가 모든 인생행로를 결정하는 바로메타가 되는 타성에 사로잡혀서 언제까지 이러한 방법에 의존하여 머물러 있어야만 하는가? 어찌하여 일생을 좌우하는 전공학과 선택이나 진로를 일순간의 점수에 의존하고 있는가? 소질이나 능력, 흥미나 적성, 성격에 알맞은 방향으로 이끌지 못하고 점수에만 의존하여 생의 설계를 될 대로 되라는 식의 비교육적인 선택을 해야만 하는 입시정책은 큰 모순을 안고 있음에 틀림없다.

1987년도 대입학력고사의 채점결과가 발표되고 개인별 성적도 통지됨에 따라 그동안 막연하게 지원대학 및 학과선택 문제를 놓고 고심해 오던 수험생들이 구체적으로 제시된 배치사정기준표의 합격예상점수를 토대로 진학 지도교사와 본격적인 진학 상담을 시작해 눈치와 요행이 시작된다. 역시 기계적인 배치뿐이다.

신문지상이나 TV, 라디오 등 모든 매스 커뮤니케이션들이 앞을 다투는 대학입시에 대한 심층보도는 모든 국민들의 관심을 자아내는 촉매제의 역할을 하게 되는 데 기여하고 있다. 반면에, 예비고사 응시자 71만여 명 가운데 대학에 갈 수 없는 형편이나 능력 부족에 따라 적어도 70% 정도는 탈락될 학생들에 대한 대책 보도는 없다. 그렇다면 대학에 못가는 계층에도 관심의 표명이 마땅히 있어야 할 것이 아닌가? 전국이 온통 대학입시란 소용돌이 속에서 왈가왈부하는 풍토도 이제는 시급히 사라져야 할 문제이다. 이것은 매스 커뮤니케이션의 과잉보도에도 문제점은 있는 것이다.

인생의 최종 목적이 모두가 대학에 꼭 들어가야만 되는 획일적인 가치관도 학생들이나 학부형들의 사고의 틀 속에서부터 일찌감치 배제되어야 한다. 진정한 진로는 여러 가지 조건, 즉 신체적, 경제적, 능력, 적성, 흥미, 성격, 포부, 가치관 등의 제반여건을 고루 참작하여 고려되어야 한다고 지적한다.

그런데 이러한 조건은 뒷전에 접어두고 오로지 점수로만 인생행로인 진로를 선택하는 일은 개인적 차원이나 국가적인 차원에서 보아 크나큰 손실과 함께 사행심만 조장하게 되고 불행을 야기하게 된다. 그래서 하루속히 진로선택에 대한 과학적이고도 객관적인 방법이 모색되어야 한다.

입시제도는 해방 이후 9번이나 바뀌었으나 별로 신통한 묘안을 찾아내지 못하고 10여 년 전에 시행했던 입시제도로 다시 돌아가고 말았다. 그동안 시행했던 제도는 문제만 계속 낳아 결국에는 교육개혁심의회의 최종 결정안대로 문교 당국은 대학입시제도를 "선지원 후시험"이란 입시제도의 골격이 1988 학년부터 적용되게 되었다. 늦은 감은 있으나 제도를 바꾼 것은 잘한 처사라고 볼 수 있다. 그러나 이 제도를 현명하게 잘 이용하는 것이 무엇보다 중요하다.

2. 진로선택은 어떻게?

일정한 물건의 가격결정은 고객의 수요와 공급의 상호관계에서 이루어진다. 수요가 많고 공급이 적으면 값이 오르고 비싸게 되며, 수요가 적고 공급이 많으면 값이 내리고 싼값에 팔리게 마련인 것이 상업거래의 일반원칙이다. 인간의 인격적인 대우면이나 진로선택, 직업선택에 있어서도 마찬가지의 논리가 적용된다. 그러므로 좋은 직업은 제한되어 있으므로 이를 쟁취하기 위해서는 선의의 경쟁은 자연적으로 발생하게 마련이다. 그렇다고 무리한 경쟁으로 개인의 분수를 넘어서는 안될 것이다. 진로선택의 기초는 자신의 능력, 적성에 알맞은 자기 분석에서 시작되는 것이다.

요즈음 진로선택의 문제가 날이 갈수록 심해지고. 더욱 심각해지고 있다. 그것은 산업사회가 도래하기 시작하면서부터 더욱 관심이 총 집중되고 있다. 또한 고학력 사회로 옮아가면서 대학의 선택, 전공학과의 선택이 점점 어려워지고 있다. 그 원인은 일반사회에서 기업체, 산업기관에서 대학 졸업자를 선호하는 데에서 비롯되고 있다. 대학을 나와야 좋은 취직도 할 수 있고 대우도 좋으며 임금수준도 학력수준에 따라 차이가 크기 때문이다. 또한 최소한의 대학이라도 나와야 취업이 가능한 현실이기 때문에 무작정 대학에 가는 것을 막을 수는 없겠으나 무조건 아무 데라도 대학에 들어가야 하겠다는 풍조는 뭔가 크게 잘못되어 가고 있는 것이다.

원래 대학은 학문하는 곳이다. 진리탐구, 상아탑적인 존재로서 학자를 양성하는 곳이 이제는 직업선택의 장소로 변질되고 말았다. 어떤 점에서 자연현상이요, 귀결이라 볼 수 있다. 직업의 세계는 다양하여 대학출신만이 필요로 하는 직업 이외에도 상당히 많이 있는데 가정형편이나 개인의 능력, 적성, 흥미를 고려하지 않고 무조건 대학을 선호하는 현상은 개인적, 국가적인 측면에서 인적 소모와 물적 낭비임에 틀림없음을 인식하여야 한다. 대학을 졸업하고 취업할 수 있는 전문직은 전체 직업 가운데 불과 10%도 안되는 비율을 차지하고 있다. 그러므로 비록 대학을 졸업한다 하여도 모두가 전문직에 들어갈 수 없고 그 이하의 다른 영역에 취업을 해야 되므로 취업생활에 적응을 못하고 불만을 품게 되며 종국에 가서는 사회적인 불안요소로 이끌게 되므로 뚜렷한 판단 없이 대학에만 가는 것만이 능사가 아니다.

모든 직업이 균형 있게 발전하려면 고등학교 수준 정도로서도 충분히 직업을 찾을 수 있고 응분의 대가도 균형 있게 이루어져야 한다. 또한 직업의 귀천의식도 개선되어야 하겠고 대학 졸업자와 고등학교 졸업자의 임금격차도 소폭으로 정책적인 차원에서 줄여 나감으로써 대학생이나 대학졸업자의 특권의식을 배제시켜야 한다.

최근에 진로지도에 상당한 관심이 고조되고 있다. 진로지도를 단순히 진학지도로만 착각하고 진학은 오로지 대학입시 지도로서 학생들의 적성과 능력, 흥미를 무시한 채 예비고사 점수에 따라 눈치와 배짱, 또는 사행심에서 선택하려는 경향이 대부분이다. 이런 현상은 입시제도에서 오는 모순이 그런 결과를 가져오는 요인이 되기도 하겠지만 누구나 무조건 대학에만 가려고 하는 획일적인 가치관의 부산물이기도 하다.

본래 진로지도는 개인의 진로선택 및 작용, 발달에 초점을 둔 교육적 작용으로 개인이 만족스럽고 생산적인 삶을 누릴 수 있도록 진로에 대한 방향을 세우고 선택하며 그에 대한 준비를 하고 선택한 진로에 들어가 계속적인 발달을 꾀할 수 있도록 돕기 위하여 제공되는 교육과정이며 일체의 생활 경험이다.

그런데 이와 같은 방법이 학교나 가정에서 균등하게 인적사항을 파악하여 이루어지지 못하고 생애의 목적 및 목표와 직결되는 진로에 대해 학생들이나 학부모, 그리고 교육자들은 너무나 안일하게 생각하여 진로준비를 소홀히 하고, 다만 점수만 잘 받으면 그것이 진로준비요, 일류대학만 보내면 그것이 좋은 진학지도라는 비교육적인 사고에서 벗어나지 못하고 있다.

진로란 곧 그 사람의 장래요 희망이며 일생이므로 적합하고도 훌륭한, 자신과 환경에 알맞은 인생관을 갖는 것이 매우 중요하다.

인생의 중요한 성공의 향방인 진로 선택을 일순간의 점수에 따른 결정의 방향으로 이루어서는 안된다. 초등학교 때부터 일의 고마움, 나의 소질, 일의 소중함, 장래의 계획을 일차적으로 세워야 한다. 중학교 때부터 잠정적인 진로계획을 세우고 다양한 직업세계를 탐색해야 한다. 고등학교 때는 구체적인 진로계획을 세워야 한다. 그러므로 진학을 위한 선정은 초기에 선정되어야 한다.

진로계획이란 자신의 이해 과정을 통하여 소질, 능력, 지능, 적성, 흥미, 성격, 개인의 포부, 가정여건, 신체적 조건, 가치관의 정립, 직업세계의 이해와 분석, 미래의 전망, 부모의 기대, 학업성취도, 직업윤리 등을 기초로 시작하여야 하는 개인적인 과업이다.

진로계획은 자신의 삶의 목표와 능력을 바탕으로 분수에 알맞게 세워야 한다. 금전과 권력이 아무리 중요한 의미를 지닌다 해도 그것이 자신의 진로선택을 지배해서는 안된다. 또한 장래 하고 싶은 일을 한꺼번에 결정하려는 것도 현명한 처사가 아니다. 구체적이고 현실적인 것에서부터 시작하고 끊임없이 다양한 진로 정보를 탐색하여 자신에게 필요한 것을 선택하여야 한다.

그러므로 진로선택은 참된 꿈을 가지고 적성을 찾아야 하고, 흥미를 살펴야 한다. 지적 능력을 고려하고 성격을 살펴야 한다. 신체적 조건과 가정환경, 직업환경을 살피고 부모님의 의견도 고려되어야하며, 사회의 공헌도도 참작해야 한다. 첨단산업의 직업구조도 살펴야 한다. 무엇보다도 자신의 가치관이 확립될 수 있도록 건전한 판단력을 길러야 하고 직업윤리도 고려되어야 한다.

그런 바탕 위에 적재적소를 찾아 분수에 맞게 직업을 선택하면 만족스럽고 행복한 삶을 누릴 수 있으며 보람과 긍지를 지니면서 자아실현의 경지에 도달되는 것이다. 그러므로 누구나 자신의 객관적인 판단력을 기르고 세칭 인기나 유행에 현혹되지 말고 자신의 열망에 기초하여 밀고 나가야 할 것이다.

진로선택은 고등학교 이전에 잠정적으로 계획되어야 한다. 고3 때나 대학에 들어와서 결정하는 일은 이미 늦은 것이다. 그러므로 일찍부터 서둘러 계획되고 준비되어야 한다. 너무 점수에만 의존하지 말고 학생 자신이 미래에 어떠한 보람 있는 일과 생활을 할 것인가를 미리 계획하여 진로를 탐색하고 준비하는 습관을 가져야 한다. 따라서 학생들은 각종 진학정보나 직업정보에 익숙하도록 다각적인 노력을 기울여 확고한 신념을 갖도록 각종 정보입수에 눈을 돌려야 할 것이다.

새로운 입시제도의 장점은 눈치와 배짱으로 결정되는 것이 아니라 미리부터 자기의 흥미와 능력에 알맞은 전공학과를 정하고 나서 노력에 의해서 결정되는 것이므로 이제부터는 각종 정보의 세밀한 탐색과 자신의 객관적 이해 및 능력을 고려해서 현명한 선택을 하도록 자신이 결정할 수 있는 계기가 될 것이므로 누구 탓으로 돌릴 수는 없게 될 것이다.

3. 저명인사들의 진로선택 경험

흔히 저명인사들이라고 하면 사회의 각계 각 분야에서 두각을 나타낸 성공인들이다. 반드시 권력을 가졌거나 재물을 남보다 두드러지게 많이 얻은 사람만을 지칭하는 것이 아니고, 소속된 주어진 분야에서 꾸준히 명성을 드높인 사람들인 것이다.

이미 저명인사들은 현재의 학생들의 가정환경이나 학교, 사회환경이 다른 여건에서 자라왔기 때문에 같이 비교도 할 수 없이 어려운 역경 속에서 견디어 온 사람들이 많다. 오늘의 발달된 고도의 근대화 된 산업사회처럼 물질적 풍요를 누리지 못하고 있는 층이 대부분일 것이다. 그러나 그들은 역경을 딛고 일어서는 지혜를 가지고 있었다. 몇 사람은 부모의 사회적·경제적 지위의 영향으로 순풍에 돛달듯이 순조롭게 생애의 목표를 달성할 수 있었겠으나 대부분의 사람은 꾸준한 노력, 인내, 근면, 그리고 한 우물을 평생토록 파고드는 지구력의 결과일 것이라고 생각한다. 물론 개인이 타고난 능력, 즉 지적능력이 우수하여 남보다 학업성취도가 높고 주변의 상황판단을 조기에 발견하여 선천적인 능력을 유감없이 발휘하여 소기의 목표를 달성할 수 있었을 것이다. 지금처럼 일률적으로 가정여건이 윤택했던 것도 아니고 부모의 관심과 기대, 진로에 관심이 지대한 상황도 아니었다. 그럼에도 불구하고 성공한 사람들은 남보다 부지런하고 쉬지 않고 노력하면서 한 길을 걸어왔던 것이다. 즉, 전력투구의 정신과 적극적인 사고방식이 밑거름이 되었다.

"하늘은 스스로 돕는 자를 돕는다", "우물을 파도 한 우물을 파라", "불가능은 없다", "늦었다고 생각할 때가 가장 빠른 것이다", "적극적인 사고방식", "성공은 1%의 영감과 99%의 땀으로 이루어진다" 등의 격언을 생활의 신조로 삼고 불철주야 노력한 사람들이다. 이들의 진로계획이나 선택은 오늘날의 그것처럼 강도 있고 밀도 있게 계획되지는 못했을 것이다. 그러나 현대사회는 1960년대 이후 매우 복잡한 산업경제사회, 공업사회로 변함에 따라 각별한 배려와 지도지침이 뒷받침하지 못한다면 현대 산업사회에서 현명한 선택과 적응을 하기에는 시간적, 공간적으로 매우 어려움을 면하지 못한다. 그러므로 무조건의 인내와 노력, 지구력을 강요할 수는 없으나 교통적으로 제시할 수 있는 것은, 성공한 사람은 남보다 무엇인가가 달랐기 때문에 저명인사가 되었을 것이라는 점이다.

순간의 선택이 일생을 좌우한다. 그 순간이란 무엇인가? 학생들이 얻은 예비고사 점수에만 의존하여 일생을 선택하려 들지 말고 일찍부터 진로에 관심을 가지고 진로계획을 구체적으로 세워야 한다. 이러한 진로계획은 자신의 소질과 능력, 적성을 파악하도록 노력해야 한다. 그리고 신학 정보자료, 직업정보지료, 개인, 사회적 정보자료를 찾아서 우선 정보에 민첩하도록 풍부한 자료탐색을 서둘러야 한다. 아울러 성공적인 직업인들의 입지전이나 경험을 얻을 수 있도록 기회를 포착하여야 한다. 물론 학업성취를 높일 수 있도록 노력하는 일은 필수적이다. 남이 한다고 덩달아 뒤쫓아 가는 일보다는 남이 안하는 독특한 분야와 창의적인 사고로 타의 추종을 불허하는 독보적인 존재가 될 수 있도록 부지런하고 끈기 있게 노력한다면 어떤 진로를 선택해도 가능성 있는 보람된 생애목표를 이룩할 수 있을 것이다.

인간의 행·불행은 기초적인 진로선택에 좌우된다고 볼 수 있다. 누구나 성공과 행복을 추구하려면 올바른 진로관을 형성하고 그 토대 위에 현명한 진로탐색과 선택을 위해 미리 준비하는 자세를 가져야 한다. 이것은 학교교육과정 중에서 중핵을 이룰 수 있어야 마땅하다. 앞으로 성공한 사람들의 진로선택 경험을 많이 듣고 실천하는 노력인이 되도록 당부한다.

제8장 학업성취와 진로

1.

　인간은 다른 동물과는 달리 언어와 사고, 창조력을 가진 만물의 영장이다. 뿐만 아니라, 인간은 성취욕이 강하고 보다 진취적이다. 이러한 성취욕은 학업이라는 과정을 통해서 이루어진다.

　인간은 또한 부단히 노력하여 자기를 발전시키고 남보다 뛰어나게 잘 되는 것을 기원하고 있다. 그렇기 때문에 이 세상에 태어나면서부터 죽을 때까지 학습이란 현장을 떠날 수가 없다. 더욱이 현대사회와 같은 산업사회는 전통사회와는 달리 급격한 발전을 거듭하고 있으며 빠른 속도로 변화를 하고 있다. 물질적으로나 정신적으로 풍요로운 사회가 이루어지고 있는데 여기에 현명하게 적응하고 대처하기 위해서는 누구나 자신을 채찍질해야 되고 자기완성의 길로 나아가야 사회변화 속에서 부적응을 일으키지 않고 만족스럽게 생애를 유지해 나갈 수가 있는 것이다.

　현대사회 속에서 적응하기 위해서는 계속적으로 연구하고 노력하며 꾸준히 자기갱신을 위해 새로운 지식과 경험을 배우고 쌓아 나가야 하며 익혀야 한다. 이것을 바로 평생교육이라는 이름으로 부른다. 우리나라 헌법 29조에 명시된 "평생교육은 진흥되어야 한다"고 강조하고 있는 바와 같이 우리 모두는 사회에 잘 적응하고 살아가기 위해서는 계속해서 공부를 해야 한다. 그만큼 결과적으로 학업의 기간이 길어진 것이니 공부하지 않고는 살아남기가 어렵게 되어가고 있다.

　오늘날 중·고등학교 학생을 주축으로 하는 청소년기는 일생 중 가장 중요한 시기임을 부인할 사람은 없을 것이다. 청소년기는 아동기와 성년기의 중간 시기로서 주변인(marginal man)이라고 한다. 뚜렷한 인생의 목표가 확립되기 이전의 시기인 청소년기의 청소년들은 인생주기의 어느 때보다 가장 신체적으로나 정서적으로 안정을 가져올 수 없는 불안기이다. 또한 이상이 크고 포부가 충만하며 자아정체감이 형성되는 시기로서 "질풍노도"와 같은 격동기이다.

그러므로 이 시기에 건전한 교육과 가치관을 올바르게 형성시켜 주지 못하면 인생의 낙오자나 패배자가 되기 쉬워 문제를 야기할 가능성이 크다. 그래서 일반 성인들은 지대한 관심과 보호와 이해로써 그들의 현실 당면과제를 연구하고 지도하여 건전한 방향으로 이끌어 주어야 할 것이다.

현재 우리나라 청소년은 전체 인구의 4분의 1이 넘는 1천 1백만 명으로서, 장차 미래의 주인공이 될 새싹들이며 기대를 걸 수 있는 중요한 인물들이다. 이들이 현재 생활에 만족하고 미래를 위한 준비과정 속에서 어떻게 수련을 쌓고 있느냐가 가장 중요한 문제인 것이다.

그러므로 이들의 특성을 잘 이해하고 저마다 타고난 잠재능력을 최대한으로 개발하여 발전시켜 줄 책임이 기성인들에게 있다.

2.

청소년을 바르게 지도, 육성해서 사회의 일꾼이 되도록 하는 것은 가장 중요한 사회적 기능 중의 하나이다. 이는 청소년이 그 사회의 미래의 주인공이기 때문에 갖는 당연한 사회 또는 국가의 관심이라 할 수 있다.

청소년을 잘 지도하려면 그들이 갖고 있는 의식구조를 잘 파악하여야 한다. 의식구조란 가치관, 태도, 인식, 원망격차, 정신건강 등을 포함하는 사고의 틀이라고 할 수 있다. 이런 의식구조를 연구한 보고에 의하면, 우리나라 청소년의 의식구조 특성은 ① 이기적, 개인주의적 성향, ② 요령 및 편법주의적 성향, ③ 물질주의적 성향, ④ 기성세대에 대한 불신의식, ⑤ 근대적, 서구적, 개방적인 방향, ⑥ 전통적 의식구조와 근대적 의식구조 간의 갈등, ⑦ 가치와 인식 간의 갈등 등으로 분석하고 있다. 또한 이재창 등의 연구에 의하면 우리나라 청소년들이 물질보다는 인간지향적이며, 실리보다는 명분지향적, 편법보다는 정당지향적이며, 안정보다는 변심지향적이고, 귀속주의보다는 업적지향적이고, 합리주의보다는 온정주의적인 가치를 더 중시하는 것으로 나타났다. 따라서 이들이 당위적으로 생각하고 있는 가치관과 현실인식 간에 갈등을 경험하게 되어 가치지향에 혼란을 야기하고 있다.

그러므로 이와 같은 가치관과 의식구조를 참작하여 청소년 지도에 이상과 현실의 차이나 괴리를 적절히 이해하고 수용할 수 있도록 지도에 초점을 두어야 한다. 한편, 학업지도에 자율적으로 능력을 개발시킬 수 있는 방법을 찾아내야 할 것이다. 현재 우리나라의 교육열은 세계에서 둘째가라면 서러울 정도로 열의가 대단하다. 그것도 가정 형편이나 자녀들의 능력이나 적성, 흥미나 인성에 알맞게 지도하는 것이 아니라, 정도를 지나친 고학력 추구에 혈안이 되어 큰 무리를 일으키고 있다. 자기의 자녀를 출세시켜 보려는 의욕이 너무나 지나쳐 자녀를 혹사시키고 있는 것이다.

어떻게 보면 학부형들이 자신의 욕구를 충족시키기 위한 방편으로 자녀들의 욕구나 적성을 무시하고 성인들의 가치관에 얽어매는 경향이 짙다.

그래서 과거1980년대 이전에 있었던 과열과외 현상을 빚게 되어 학생들의 정상적인 전인교육 지향의 학교교육이 이루어지지 못하고 학교 밖으로 밀려나고 말았다. 다행히1980년 7월 30일 교육개혁 조치 이후로 다소 중등학교의 교육이 정상화되어 가고 있지만 아직도 저변에 깔려 있는 입신출세 의욕은 사라지지 못하여 입시 위주의 주입식 교육이 성행되고 있다.

그리하여 아직도 학교교육은 대학입시를 위한 단편적인 주입식, 암기식 교육이 주종을 이루고 있으며 학생들의 진로선택에 있어서도 개인이 가지고 있는 잠재력과 적성, 흥미에 알맞게 진학이나 직업선택에 있어서 이를 무시한 상태에서 눈치나 배짱으로 대학이나 전공학과를 선택하는 결과를 낳고야 말았으니, 일생의 방향선택이 순간의 선택으로 좌우되는 기현상을 빚어내고 있다. 이와 같이 획일적인 점수에 따라 평생 종사해야 할 장래의 직업에 직결되는 전공 선택을 일시적인 상황에 의거, 인생행로를 결정해야 하는 위험한 투기를 더 이상 계속해서는 안된다.

한 연구에 의하면 대학의 신입생들에게 사기 전공학과에 대한 만족도를 조사해 본 결과 전체 학생의 40% 이상이 불만을 표시하고 있다는 결과는 무엇을 의미하는가? 이것은 바로 진로선택이 잘못 이루어졌다는 것을 입증하고 있는 사실이다. 이처럼 개인의 불만은 학업성취에도 큰 차질을 빚을 것이요, 시간적·경제적인 낭비이며 인력의 큰 손실을 가져오고, 부적응으로 인해 문제를 발생시키고 문제아가 되기 쉽다. 문제 청소년의 대부분이 학교에서의 공부, 학업의 실패자, 낙오자, 실망자가 될 것이다. 공부 잘한 것이 주위에서 받은 가장 큰 기대인 학생에게는 공부에서의 계속적인 실패, 낙오는 계속적인 충격, 좌절, 울분, 불만, 비관 등에 빠지게 하여, 그만큼 문제 청소년의 가능성으로 기울게 한다. 누구나 생활에서 어느 정도의 성취감, 이에 따른 만족감, 안정감을 필요로 하는데, 계속적인 학업 실패는 학생에게는 늘 성취 없고, 인정 없고, 만족 없고, 의미 없는 인생인 셈이다. 그러면 다른 곳, 하다못해 문제영역에서라도 성취감, 인정감, 만족감을 찾을 수밖에 없게 된다. 이렇게 되면 개인적으로 얼마나 손해이며 국가적인 차원에서는 전체인력 40% 이상의 손실을 내고야 마는 것이니 신중히 고려해 보아야 마땅하다.

왜 우리는 이러한 어리석은 일을 되풀이해야만 하는 것인가? 학업 성취는 반드시 점수 위주의 교육이 아니다.

3.

우리가 교육을 받는다는 사실은 출세하기 위한 것이 아니라 전인적인 인격 함양과 적재적소에 알맞은 유능한 능력인을 기르는 데 있다. 인격적이고 도덕적이며, 창의적인 인간육성을 위한 기초 작업이 교육의 핵심이 되어 사회에 나아가 적합한 직업을 선택하여 그 직업을 통해 생계유지도 하고 자기 실현의 도장으로서 행복하고 만족스런 생활인이 되어 사회에 공헌할 수 있는 사람을 기르는 것이다.

이스라엘의 성전인 "탈무드"에 의하면 유대인의 "가정교육의 비결"이 있는데 그 중의 중요한 교육방식을 보면, ① 우수 두뇌를 배출하는 교육 ② 삶의 지혜를 가르치는 교육 ③ 민족의 정신을 심는 교육 ④ 바른 인격을 형성시켜 주는 교육 ⑤ 강인한 의지를 키우는 교육을 강조하고 있는데 우리도 이러한 방법은 깊이 있게 짚고 넘어가야 할 중요 요소인 것이다.

우리는 이제 발전하고 있는 사회의 요구에 알맞은 진로선택에 관심을 기울여야 할 때가 왔다. 과거의 전통사회 속에서는 어느 특정한 기술인을 양성하기보다는 유교적 전통을 답습해왔고 일반 교양인의 양성을 목적으로 해왔지만, 지금은 사회가 많이 달라졌다. 단순한 교양만의 교육으로는 급변하는 산업사회의 요구에 부족하다. 그러므로 학생들의 학업 성취가 진로에 큰 영향을 끼쳐야 되며 개인이 가지고 있는 잠재 가능성을 최대한으로 개발시켜 그들의 능력, 적성, 흥미, 성격에 알맞은 직업 적성 교육의 실시가 바람직한 진로라고 생각할 수가 있다.

선진국인 미국에서도 일찍이 1970년대 초부터 미국이 당면한 교육의 문제를 시정하기 위해 새로이 고안된 진로교육의 실시를 강조하고 실천하기 시작한 것은 우연의 일이 아니다.

산업사회의 발전은 직업의 세계를 다양하게 만들었고 직업생활에 현명하게 적응하고 일생을 만족하게 행복한 생활을 유지할 수 있는 진로선택이 점점 중요성을 더해가고 있다. 직업선택은 누구에게나 필수적인 것이며 이 선택이 자신의 능력이나 적성에 알맞게 이루어져야 적응을 잘하게 되고 능률을 발휘할 수 있게 된다. 만일 이와 같은 작업이 이루어지지 못하면 부적응을 가져오고 불행을 면치 못하게 된다.

개인의 진로를 올바르게 선택하기 위해서는 ① 능력(지능, 적성) ② 직업적 흥미 ③ 인성 ④ 학력 ⑤ 가정배경 ⑥ 경제적 조건 ⑦ 신체적 조건 ⑧ 학교 선택에 유의하여야 한다. 그리고 적합한 진로정보를 제공해 주어야 한다.

현대사회는 정보사회라고 한다. 우리는 주변의 다양한 정보에 밝아야 자기의 성취목적에 도달하기 쉽다. 그것은 개인의 기회를 손쉽게 구할 수 있는 방법이기 때문에 진로정보에 관심을 가지고 많은 정보제공에 초점을 두어야 한다. 왜냐하면 정확한 정보입수는개인 발전의 지름길이 되기 때문이다. 진로정보를 구할 수 있는 곳은 ① 고용주(기관장, 기업인) ② 상급학교(중, 고, 대, 대학원) 등의 요람 ③ 각종 직업훈련소 ④ 정부기관 ⑤ 기업체, 사회단체 ⑥ 직업종사자 ⑦ 각종 신문, 잡지 및 기타 대중매체(TV, 라디오) ⑧ 현장 견학 ⑨ 면담 등 다양한 방법에 의존하여, 몰랐던 정보를 탐색하여 자기의 진로에 도움이 되는 것을 찾아 개발하고 선택에 도움이 되도록 한다.

4.

사람은 누구나 자신의 자질과 적성, 그리고 능력을 바탕으로 나름대로의 인생을 설계하여 생의 방향을 결정지어 주는 직업을 선정한다. 이 직업을 통해 가족의 생계를 유지하고, 생활의 기쁨과 보람을 찾으며 나아가 자기의 존재와 사회적 위치를 확인하면서 사회의 일익을 분담하는 것이기 때문에 적합한 직업의 선정이야말로 한 평생에 있어 가장 중요한 결단이라 할 수 있다.

그러므로 학생 개개인이 지니고 있는 가능성을 의미 있고 행복한 삶을 준비하게 하는 진로교육은 학교교육의 핵심이라 할 수 있다. 진로교육의 충실화는 교육과정 속에 강조하여 가르치도록 되어 있는데 개개인이 직업에 대해서 사명감과 애착심을 갖고 급변하는 사회에 능동적으로 적응해 갈 수 있는 힘을 길러주고, 국가에 필요한 인력이 적재적소에 배치될 수 있게 해주므로 인력의 효율적인 활용이라는 점에서도 국가사회 발전에 크게 기여하는 결과를 가져오게 될 것이다. 따라서 진로교육의 실시는 개인의 진로관 형성에 크게 기여할 것이고 필연적 과제로 생각된다. 왜나하면, 우리의 인생행로를 보다 과학적이고 객관적인 방법으로 지도함으로써 자신을 이해하고 진로선택에 있어서 어떻게, 어떠한 방법으로, 어떠한 절차를 거쳐서 이루어져야 할 것인가를 미리 자각, 또는 인식, 탐색, 준비의 과정이 순조롭게 이루어졌을 때 비로소 만족하고 행복한 삶을 누릴 수 있게 되므로 누구나 자기가 선택한 분야에 성공인이 되는 것이다.

인간은 누구나 성공하기를 바란다. 그러나 그 성공이란 어떤 물질이나 지위나 명예를 얻는 것만이 반드시 성공은 아니다. 성공이란 자기가 세운 목표를 달성하여 사회의 일원으로서 충실하게 일의 보람을 느끼고 만족하며 사는 과정을 의미한다. 그러므로 누구든지 개인의 목표를 자기의 소질이나 적성, 또는 능력에 알맞게 세워 그것을 성취해 나가면 되는 것이다. 이러한 성취는 오로지 부단히 학업을 연마하고, 실력을 갖추어 진로의 방향에 적합하도록 추진하는 것이다.

따라서 학부모들은 진로교육과 진로지도에 관심을 가지고 학생들의 가능성을 탐지하여 그들이 역량을 펼 수 있는 방향으로 지원하여 충분한 소질을 발견하여 적합한 직업선택에 불만이 없도록 자기탐색의 기회를 주어 종국에 가서는 적합한 진로에 이르도록 여러 가지 여건을 조성해 주고 능력을 발휘하도록 도와주어야 한다.

제9장 自己探索의 原理

1. 자기탐색, 무엇이 문제인가?

진로교육이란 넓은 의미의 직업교육이며 직업적성 교육이라고 한다. 그러므로 직업교육이 핵심이 된다고 본다. 그런데 일반적으로 진로지도라는 개념으로 잘못 인식하고 있다. 사실 진로지도는 진학지도와 직업지도를 포함하는 미래의 진로를 결정짓는 중요한 통합교육 프로그램이라고 할 수 있다. 또한 진로지도의 상위개념으로서 진로교육이 존재하는 것이다.

이 세상에서 가장 소중하게 여기는 것은 무엇일까? 그것은 명예, 돈, 권력 등을 손꼽을 수 있을 것이나 이들 모두를 소유할 수는 없고 또한 거기에 너무 집착해서도 안된다. 무엇보다도 중요한 것은 개인의 인생설계가 자신의 능력과 적성, 흥미와 인성에 알맞게 이루어져 적재적소에 알맞은 직업을 선택, 준비하여 그 분야에서 평생 동안 보람과 긍지를 느끼면서 직업세계에 들어가 만족하고 행복한 삶의 추구를 위한 과정으로서 이루어져야 가장 바람직한 인생의 의미를 느끼고 살아갈 수 있다.

요즈음 가정이나 학교, 또는 사회의 각계각층에서는 진로지도 교육이 시급하고 필요하다는 요구가 빗발친다. 왜냐하면, 자라나는 청소년 학생들이 장차 성인이 되었을 때 무엇을, 어떻게 해야만 가장 가치 있고 보람된 생활을 누릴 수 있는가를 모르고 있고 또한 어떻게, 어떠한 방법으로 진학이나 직업을 선택해야만 선택한 분야에서 만족하고 적응하며 행복한 삶을 살아갈 수가 있는가에 대하여 상당히 고민 속에 빠져 있고 방황하고 있다.

여기에 대한 대처방안으로서 필요하고 전인교육과 자아실현의 목표를 추구해 나가기 위해서도 필요한 진로교육의 실시야말로 아무리 강조해도 지나치지 않을 것이다.

그러면 진로교육의 내용에서 제시되고 있는 바와 같이 직업의 역할과 자아인식, 일의 세계에 대한 인식, 일에 대한 적극적이고 긍정적인 태도 습득, 의사결정 능력의 함양, 원만한 인간관계, 기술 습득, 일과 직업의 경제적 측면 이해, 교육과 일의 세계와의 관계인식, 가정·학교·지역사회의 연계체제 수립을 위해서는 무엇보다도 자기탐색의 과정이 필요하다.

자기탐색이란 자신의 잠재능력을 객관적으로 이해하는 인적 사항을 구체적으로 분석하는 과정을 의미한다.

2. 자기탐색의 필요성

진로선택이나 선정에 있어서 보다 합리적이고 객관적인 방법으로 적재적소에 배치하기 위해서는 자기탐색이 필요하다.

자기탐색이란 자기 이해와도 관련이 있다. 진학이나 직업을 이해하고 선택하는 과정을 자기 자신을 객관적으로 검토하는 문제와 별도로 생각할 수 없다.

이를테면 선과(選科), 선교(選校)를 위한 진학선택이나 또는 장차 직업을 선택하고 준비할 때 과연 그 직업에 대한 자기의 흥미 유무, 과연 성공적으로 잘 적응하고 불만 없이 잘 수행해 나갈 수 있는 일이냐, 그리고 자신과의 적격성(適格性)에 대한 판단과 결정 등의 문제를 어떻게 해결해 나갈 것인가에 대하여 우선적으로 심사숙고를 해야 한다. 그것은 바로 자기 자신을 보는 눈을 통해 개인 내부에 준비된 그 무엇인가의 가치(가치관, 직업관, 윤리관)나 평가의 척도, 또는 막연하게나마 자신이 느끼고 있는 자기 이미지와 비교해 보는 과정이 필요불가결의 요소인 것이다.

그러므로 진학이나 직업선정에 앞서 이루어져야 할 과제는 자기탐색이 우선적으로 시행되어야 한다.

3. 자기탐색의 방법

진로교육의 지도단계에 따르면 초등학교 수준을 진로인식단계, 중학교 과정을 진로탐색단계, 고등학교 과정을 진로준비단계로 구분하고 있다.

그러나 보다 효율적인 진학, 직업선택 준비를 위해서는 자기탐색이 선행과제이므로 단계별로 그 방법을 제시하고자 한다.

1) 학생의 내면세계의 이해

이것은 학생의 인적사항을 파악하는 과정으로서 주관적 요인과 객관적 요인으로 구분해 볼 수 있다.

(1) 주관적 요인

학생의 주관적 요인으로 이해되어야 할 사항은 무엇보다 개인이 어떠한 가치관을 가지고 있는가를 파악하는 일이 중요하다. 또한 어떠한 인생관을 수립하여 이 세상을 살아나갈 것인가를 위한 탐색이 이루어져야 한다. 그리고 학생 개인이 가지고 있는 욕구는 무엇이며 자아개념의 형성문제, 포부 등을 알아보고 현실적으로 가능한 여부를 점검하고 자기 분수에 알맞은 방향으로 수준을 결정해야 한다.

(2) 객관적 요인

객관적 요인을 내재적 요인이라고도 볼 수 있는데 여기에는 개인의 특성, 즉 연령, 성, 능력, 인성, 지성, 직업적 흥미, 적성, 신체적 조건, 학력 등이 포함된다. 이를 구체적으로 설명하면 다음과 같다.

① 연령: 진로발달이나 직업선택 이론에는 진로선택이나 진로결정의 형태가 일반적으로 연령이 증가함에 따라 현실화되고 구체화 된다. 따라서 연령이 증가함에 따라 직업적 흥미, 적성, 능력 등이 능숙해진다.

② 성: 남녀간의 차이에 따라 직업적 흥미가 다르게 나타난다. 일반적으로 남자가 직업의식이나 진로계획, 직업선택 등에 여성보다 관심이 높게 나타난다고 한다. 그러나 최근에는 남녀 차별 없이 기회의 균등을 보장하고 있으므로 진로계획 및 직업에 대한 태도 면에서 여성이 남성에 비해 더 성숙해 있음을 인식하여야 한다.

③ 능력: 여기에는 일반 지능 또는 적성이 속하고 있다. 특히 일반 지능과 적성은 개인의 진로뿐만 아니라 학업성취도에도 높은 수준을 결정하는 수가 있다. 따라서 개인의 진로발달을 이해하고 진로선택을 도와주기 위해서는 능력과 직

업 간의 관계를 파악, 이를 기초 자료로 삼아야 한다. 흔히 머리가 좋다는 것은 지능을 말하는 것이고, 어떤 재주가 있다는 것은 적성을 뜻하는 것이다.

우리나라에도 몇 가지 적성검사가 있어서 이 분야에 도움을 주고 있지만, 수공적 적성, 사무적성, 시각, 미술적인 적성을 측정하는 특수적성검사는 아직 제작되어 있지 않다. 그러나 관찰, 면담, 학교성적(교과) 등을 통해서나 취미를 알아봄으로써 이러한 특수 능력을 어느 정도 파악할 수 있다.

④ 인성(personality): 인성에는 개인의 가치관, 욕구, 자아개념, 열망수준, 대인관계 등의 여러 특성이 있다. 이러한 특성 역시 진학이나 직업선택에 영향을 미친다. 예를 들면, 충분한 능력이 있음에도 불구하고 포부수준이 낮으면 그에 따라 낮은 수준의 직업을 택할 가능성이 있고, 반면에 포부 수준이 높으면 비록 자신의 능력이 좀 부족하더라도 인내와 노력, 극기심으로 자신의 열망을 충족시킬 수 있다는 것이다. 그러므로 학교교육에서 강조해야 할 점은 가능한 범위 내에서 성취동기 육성을 위한 지도가 요청된다.

인성유형과 직업관계도 매우 밀접하여 인성특성, 즉 활동성, 사려성, 사회성, 안정성, 지배성, 예술성 등의 특성에 따라 여기에 적합한 직업을 선택해야 적응 가능성이 높고 능률과 만족도도 높아질 수 있다.

⑤ 직업적 흥미: 직업과 관련된 활동이나 과업에 대한 흥미 또한 개인의 진로발달에 영향을 미친다. 이러한 직업적 흥미는 개인의 직업선택, 직무만족, 직업에의 종사기관과 관계가 있다.

직업적 흥미는 찾아내는 방법에 따라 ㉠ 표현된 흥미 ㉡ 행동화 된 흥미 ㉢ 검사된 흥미로 구분되는데, 이중에서 검사된 흥미가 직업과의 상관이 높다.

⑥ 학력: 학력요인은 일반적으로 개인이 받아 온 교육수준과 학업성취도의 정도를 의미한다. 따라서 얼마만큼 교육을 받아 왔는가와 학업성적도 직업과 직접적인 관계가 있다. 또한 무엇을 전공했느냐에 따라 개인의 진로방향이 달라질 수 있다.

⑦ 신체적 조건: 신체적 조건은 체력, 체능, 체질, 체격 등의 신체 모양과 건강상태, 신체적 결함 등이 진로나 직업선택에 좌우된다는 것을 인식하여야 한다. 다른 모든 조건이나 자질이 갖추어져 있다 해도 신체적 조건이 불비되면 그 직업을 택할 수 없게 된다.

2) 학생의 외재적 조건의 이해

학생의 외재적 조건은 학생을 둘러싼 환경을 의미하는데 여기에는 부모의 기대, 가정배경, 사회적·경제적 지위, 가치관, 종교, 교사의 영향, 친구의 영향 등을 들 수 있다. 이를 구체적으로 설명하면 다음과 같다.

(1) 부모의 기대

부모가 자녀에게 얼마만큼 장래에 대한 기대를 거느냐의 수준에 따라 자녀가 적응하기 위한 방안으로 성취동기가 발휘될 수 있다.

(2) 가정배경

부모의 가정환경이 얼마만큼 사회적·경제적으로 높은 수준이냐에 따라 진로선정에 좌우된다. 또한 부모의 직업, 직업관, 가치관, 경제조건, 주거지역환경, 문화적 시설 등이 모두가 자녀의 직업선택에 영향을 미친다.

(3) 종교

부모의 가정 분위기, 어떤 종교를 신봉하느냐에 따라 영향을 크게 미칠 수 있다.

(4) 교사의 영향

교사가 어떤 전공분야를 가지고 있느냐에 따라 그 분야에 성적이 우수하거나 흥미가 있을 때 영향을 많이 받을 수 있다. 또한 교사가 가르치는 내용이나 강조점, 학생과의 대인관계 속에서 영향을 크게 끼친다.

(5) 친구의 영향

공부를 잘하는 친구나 또는 성격, 성취동기, 교우관계의 성패는 진로선택에 큰 영향을 미친다. 따라서 친구도 골라 사귀고 대인관계에도 부족함이 없도록 노력해야 한다.

3) 과학적인 도구를 위한 자기탐색

자기탐색을 객관적으로 분석하기 위해서는 표준화 된 검사도구로서 흥미검사, 적성흥미검사, 일반적성 분류검사, 지능검사, 성격검사, 인성검사, 창의성검사, 성격진단검사 등을 이용하는 것이 바람직하다.

위와 같은 검사도구의 개요나 활용도에 대한 이해를 돕기 위해 간단히 설명하면 다음과 같다.

(1) 흥미검사의 종류

흥미검사에는 미국의 스트롱의 직업흥미검사, 쿠우더의 흥미검사와 우리나라의 중·고교용 적성흥미검사, 직업흥미검사 등이 있다. 우리나라의 흥미검사도구는 정범모 교수가 제작한 적성흥미검사가 있는데 이것은 모두 120개 문항으로 미술, 문학, 음악, 생물과학, 물상과학, 실업, 정치, 사회, 사무, 운동의 10개 분야의 흥미를 재는 것이다. 주로 학습지도를 위한 도구를 목적으로 만든 것이다. 또 한 가지 경북대 이상로, 변창진 교수가 연구제작한 흥미검사의 특징은 미국의 직업분류 사전과 우리나라 노동청에서 발행한 직업분류를 기초 자료로 하여 10여 종의 직업흥미를 중심으로, 문학, 과학, 설득, 실무, 외의, 예술, 사회봉사 등 7가지 흥미영역을 중심으로 각 영역마다 24개 문항씩 총 432개 문항을 수록했다.

(2) 지능검사

지능검사에는 초·중·고·대학 성인용 등 다양하며 주로 소질적이고 비교적 향상적인 지적 능력을 측정하는 것이다.

(3) 적성검사

적성검사란 일정한 학업이나 직업에 종사했을 때 그 학업이나 직업에 있어서 성공할 정도, 즉 학업이나 직업에 대한 적성(적합한 성격)을 조사하기 위한 검사이다.

적성검사의 종류로는 일반적성 분류검사, 진학적성검사, 직업적성검사가 주로 다루어진다.

(4) 성격검사

성격검사는 개인이 일상생활에서 보여주는 행동이나 태도, 경향성, 개인의 성격을 밝히고자 하는 것이다. 경향성이란 소질적인 성격을 생각할 수 있고 또 행동은 특정 사회환경에서 일어나는 것이므로 적응으로서의 성격이 대상이 될 수 있다. 성격검사에는 기질검사, 미네소타 다면적 성격검사(MMPI), 성격검사(이진숙) 등이 있다.

(5) 성격진단검사(초등학교용, 중학교용)

이 검사는 경북대학교의 이상로, 변창진, 진위교 교수가 제작한 것이다. 본 검사의 특징은 기술척도로서 안정성, 활동성, 사회성, 남향성, 책임성, 사려성, 우월성 등을 측정하는 것과 타당척도, 임상척도로서 우울경향, 불안경향 등 10개 특성에 걸쳐 총 240개 문항으로 구성되어 있다.

또한, 또 다른 성격진단검사로서 서울대학교의 정원식, 김호권 두 교수에 의해 제작된 미네소타 카운슬링 검사를 기초로 하여 여러 가지 성격특성을 적응적 측면에서 진단하기 위해 제작된 것이 있다.

이 검사의 특정 요인은 사회성(가족관계), 사회성(학우관계), 대응성, 적응성, 명랑성, 정서적 안정성, 지도성 등 7가지이다. 모두 288개의 문항으로 되어 있고 규준은 중·고교 및 남·녀별로 되어 있다.

4. 자기탐색과 진로설정

자기탐색은 "나는 누구인가?"라는 명제를 구체적으로 또는 객관적으로 합리성 있는 자아를 인식하는 단계로서 앞에서 제시한 여러 가지 요인에 따라, 점검된 결과에 따라 확인될 수 있다. 그러면 이와 같은 객관적 사실을 토대로 하여 장래의 전망과 발전성을 선과(選科), 선교(選校)에 알맞은 가를 비교해 보고 적재적소에 배치하여야 한다. 진로설정은 어디까지나 분수에 알맞게 선정되어야 선택한 분야에 현명하게 적응할 수 있고 능력과 능률을 발휘할 수 있어서 그 분야에 만족감을 가질 수 있다. 또한 보람과 긍지를 느끼면서 행복감을 추구할 수 있다.

결국에는 저마다 맡은 바 처소에서 자기실현을 이룰 수 있어 참된 삶을 영위하게 되는 것이다. 이것은 반드시 진학에서만이 적용되는 것이 아니라 직업을 선택했을 때, 직무에 만족하고 효율적 인생을 구가할 수 있게 된다.

따라서 진로설정은 자기탐색을 토대로 이룩되어야 누구나 성취될 수 있고 성공감을 맛볼 수 있게 되는 것이다. 그렇게 추진됨으로써 개인의 생애목표를 나름대로 성취할 수 있어서 안정된 생활을 누릴 수 있게 된다.

5. 자기탐색의 의지, 태도 확립

자기탐색은 부모나 교사에 의해 이루어지는 것이 아니라 자신의 모든 면을 자신이 결정해야 하고 거기에 대한 책임도 느껴야 한다. 물론 주위환경의 도움을 요청할 수도 있고 영향도 받을 수 있다. 그러나 그것은 참고사항으로 간주되어야 한다. 왜냐하면 자신의 능력은 자기 이외에 어느 누구도 알 수 없는 것이기 때문이다.

그러므로 초등학교 시절부터 중·고등학교에 이르기까지 발달단계에 따라 진로에 대한 인식, 탐색으로 정확한 자신의 위치를 발견하여야 한다. 이러한 탐색과정에 있어서 굳은 의지와 건전한 태도의 확립이 필요하다.

건전하고 올바른 가치관의 정립이라든가, 기업 세계의 이해와 탐색, 산업사회 구조의 변화와 추세, 직업관 또는 진로관의 수립, 자기 결정에 따르는 책임감의 의식, 부모와의 잦은 대화, 상담교사와의 효율적인 진로상담 등을 통하여 확고부동한 자세를 길러야 될 것이다.

결국 자기탐색은 자기발견으로 귀착된다. 쉽게 표현하면 분수를 아는 것이다. 분수에 알맞게 자신의 진로를 선택한다면 실수 없이 선택한 영역이나 분야에서 능률을 발휘하고 만족감, 성취감, 인정감, 안정감, 소속감이 이룩될 것이고 나아가서는 행복감을 느낄 것이다.

그러므로 굳은 의지와 성취동기, 극기심을 함양하여 선택한 방향으로 일관성 있게 추진하여야 할 것이 요청된다.

소크라테스의 말에 의하면 "너 자신을 알라"라고 한 명언은 자기탐색과도 일맥상통하는 점이 있다는 것을 명심해야 할 것이다.

제10장 가정교육에서의 부모의 역할

1. 가정교육의 중요성

누구나 자녀들이 성장해 가면 자연히 자녀교육에 대한 관심을 갖게 된다. 더욱이 우리나라 학부모들은 자녀교육에 대한 관심이 가위 세계적이라 할 만큼 교육열이 대단하다. 그런데 그 교육열이 정상적인 교육적 관점에서 이룩되고 있느냐 하면 엉망진창이다. 자녀교육에 대한 일이라면 가정형편이야 어떻든 간에 문전옥답까지라도 팔아서 교육투자를 하고 헐벗고 지내면서도 오직 자녀교육만은 수단과 방법을 가리지 않고 있다.

아마도 교육이 개인 성장의 모든 것을 해결해 주는 열쇠로 알고 있기 때문인 것 같다. 그러나 교육이 모든 성공의 길을 해결해 주는 만능의 역할을 할 수는 없다.

물론 학교교육이 교육의 중추적 역할을 하고 있으며 계획적이고 조직적인 방법과 기술을 총동원하여 제도적인 틀 속에서 교육을 전담하고 있지만 역시 일생을 통해서 볼 때 한부분임에는 틀림이 없다.

그렇다면 무엇이 중요한 교육의 기능을 할 수 있는가? 교육은 가정교육, 학교교육, 사회교육, 직장교육으로 나누어 볼 수 있다. 그 중에서 삶의 터전이 되고 기본이 되는 가정교육의 중요성을 빼놓을 수 없다. 그러므로 가정교육의 중요성을 강조하고자 한다.

인생의 제1보는 가정에서부터 시작된다. 자라나는 자녀들을 둘러싼 환경 가운데서 가정만큼 중요한 곳은 없다. 가정은 사회를 구성하는 제1차적 또는 기본적 단위로서 의·식·주의 해결과 성과 혈연에 의하여 얽혀져 있기 때문에 그들이 자라서 접촉하는 일반 사회와는 그 성격이 기본적으로 다르다.

인간개조를 위한 가장 효과적인 방법은 가정의 요건을 개혁해서 가장 행복하고 사랑이 넘쳐흐르는 가정을 만들고 부모를 교육해서 자녀들에게 일찍부터 최선의 교육을 베풀어서 인간 내부에 잠재하고 있는 최선의 가능성을 발휘시켜야 한다.

가정은 인간을 만드는 최초의 장소이다. 가정이 건전하고 화목하며 행복해야 자녀들은 정서적으로나 심리적으로 안정을 하고 행복한 인격이 형성되고 나아가 사회에 적응을 하는 데 있어서 모가 나지 않고 성공적인 삶을 이룩하여 모두 행복할 수가 있다.

교육심리학이나 사회학은 가정교육에 있어서 가정환경의 중요성을 상당히 강조하고 있다. 이것은 바로 가정이 좁은 의미의 학습환경으로서 중요하다는 것 뿐 아니라 넓은 의미의 생활환경, 또는 교육적 환경으로서 중요하다는 것을 의미한다.

환경이란 유기체(생물체)를 둘러싸고 그것과 일정한 접촉을 유지하고 있는 외계라고 규정되어 있으며 Bloom은 개인에게 주어지는 조건, 힘 및 외적 자극이라고 하여 역시 외적조건의 전체를 환경이라는 개념 속에 포함시키고 있다.

교육환경이라는 개념은, 한마디로 요약하여 교육적 기능을 위한 환경이라는 뜻이다. 그러므로 교육환경이란 개인에게 교육적으로 긍정적인 영향을 미치는 외적 조건 및 자극의 개인적 또는 총합적인 구조와 작용을 의미한다.

이렇게 보면 한 개인을 둘러싸고 있는 모든 인적·물적 조건과 상황은 환경이라는 범주에 들어간다. 인간형성은 선천적인 유전적 요인이나 우발적인 요인보다 환경적인 요인에 좌우된다는 견해가 교육계에서는 지배적으로 긍정되고 있다.

그러므로 가정교육에서 가정환경의 중요성을 강조하는 이유는 아무리 강조해도 지나치지 않을 것이다.

가정환경의 구성은 물리적 환경과 심적 환경으로 구분하는 것은 일반적인 방법이다. 가정의 문화시설, 가족구성원, 집의 크기 등 물리적인 조건과 가족 상호간의 태도, 분위기 등의 심리적 환경으로 구분하는 방법이다. 그러나 이 방법은 그렇게 적절한 방법이 되지는 못한다. 그 이유는 물리적 환경과 심리적 환경을 명백하게 양분할 수 없다는 것과 환경의 개념이 경우에 따라서는 애매하게 사용된다는 것 때문이다.

가정환경의 요소를 분류해 보면 다음과 같다.

1) 가정의 지위환경

가정의 지위환경변인으로서 중요한 것은 양친의 상태, 거주지의 생태적 환경, 사회경제적 지위, 가족구성원, 가옥 상황 등을 들 수 있다.

2) 가정의 구조환경

가족환경은 지위환경을 제외하고 구조환경과 과정환경으로 이루어진다. 여기에는 문화적 상태, 영양 및 위생상태, 언어모형, 강화체제, 가치지향성, 학습체제, 집단 특성 등을 들 수 있다.

3) 가정의 과정환경

과정환경은 개인과 그 개인에 접근해 있는 외적 조건이나 자극과의 상호작용에서 일어난다. 과정환경의 변인으로서는 부모와 자녀 간의 인간관계 상호작용에서 이루어지는 수용-거부, 자율-통제, 보호-방임, 성취-안일, 개방-폐쇄 등으로서, 이것은 태도형성에 좌우된다.

그러면 우리나라의 가정환경은 어떠한가? 과연 자라나는 자녀들을 위하여 가정은 무엇을 어떻게 해 왔는가? 물론 우리나라의 가정 모두가 비정상적이어서 우리의 자녀들이 건전한 성장 발달에 저해요인이 되고 있다고는 볼 수 없다. 그러나 스스로의 반성 자료로서, 흔히 관찰될 수 있는 비정상적인 요인을 들 수 있다.

2. 생각해 볼 문제

우리나라의 가정에서 흔히 찾아볼 수 있는 비정상적 요인을 제시하면 다음과 같다.

① 우리나라 가정의 가치관의 혼란을 지적할 수 있다. 전통적 농본주의와 대가족 제도에서 벗어나 1960년대 후 산업구조의 변화에 따라 과거의 봉건적인 대가족제도가 부부중심의 핵가족 제도로 변모되는 것과 더불어 구미의 서구적 개

방적인 생활방식이 물밀듯이 들어옴에 따라 우리나라 가정의 가치관은 걷잡을 수 없는 혼란에 빠지고 말았다. 특히 최근에 와서는 공업화 도시화의 물결에 따라 도시와 농촌 간의 격차는 물론, 사회계층 간의 변화와 이동이 커졌다. 여기에서 우리나라 가정의 가치체계는 크게 변혁이 일어났고 동시에 세대 간의 갈등, 성도덕의 문란, 한탕주의, 물질만능풍조, 가정질서의 문란 등이 필연적으로 나타나게 되었다.

② 가족, 특히 부모의 불건전성을 지적하지 않을 수 없다. 그 단적인 예로, 화목하지 못하고 파탄된 가정이나 결손된 가정에서 자라나는 청소년들의 수가 증가하고 있으며, 그로 말미암아 청소년의 비행과 범죄도 정비례해서 증가 일로에 있다.

옛말에도 "건전한 자녀는 건전한 부모 밑에 자라게 마련이다." 즉, 부모가 건전하면 그 밑에서 자라는 자녀도 건전하게 자라고 부모가 건전치 못하면 그 밑에서 자라는 자녀도 역시 불건전하게 자란다. 문제아는 그 문제 가정에 있다고 말할 수 있겠다.

③ 부모를 비롯한 성인들의 그릇된 자녀관을 지적할 수 있다. 가장 대표적인 자녀관 가운데는 자녀를 사유물시하는 것, 어린이를 어른의 축소로 보는 것, 어린이를 어른의 대상물·노리갯감으로 보는 것 등이 있다.

한편, 어떤 부모는 가정이 부유하여 훈육의 권위자로 군림해서 자녀를 항상 엄격하게 다루고, 모든 결정을 부모가 다 해주고 복종, 순종, 의존만이 미덕인 양 지나치게 강조하는 사람이 많은데, 이것도 결국 따지고 보면 그릇된 자녀관에 속한다.

또 한편 잘못된 자녀관 중에는 무관심, 방임, 배척, 거부 등이 있다. 이러한 태도는 도회지의 저소득층과 농촌의 일손이 달리는 가정에서 흔히 볼 수 있는 현상이다. 이런 경우에는 자녀를 돌볼 수 있는 시간적인 여유가 없거나 가정이 빈곤하여 자녀들의 욕구를 들어줄 수 없는 형편이나 대화의 부족현상이 지배적이다. 관심을 둘 여유가 없다는 것이다. 그밖에 지나친 편애나 맹목적 사랑(맹애)에 빠지는 경우도 있다. 이러한 가정은 핵가족으로 인한 자녀의 수가 극히 적은 상태로 자녀의 모든 욕구를 무조건 들어주는 형태로서 자주성이나 독립심을 결여시키는 요인으로 작용하고 있다.

④ 가정 밖으로부터 오는 비정상적인 요소를 지적할 수가 있다.

위험한 장난감, 위험 식품으로부터의 보호와 비교육적인 만화나 책으로부터의 보호 문제가 있다. 변변한 놀이터도 없고, 안심할 수 있는 청소년 공원도 없고, 그들의 꿈을 심어주는 전용 극장도 없는 현실에서 부모들은 행정당국에 대하여 압력단체의 역할을 해야 한다.

이러한 모든 위해 환경이 자녀들의 정서적, 심리적 요인에 크게 영향을 미치고 있다는 점을 깊이 알아야 할 것이다.

⑤ 부모들의 그릇된 교육관을 지적할 수 있다. 이것은 비록 가정에만 국한된 것은 아니다. 부모 자신의 욕심과 기대를 앞세우는 나머지 자녀의 흥미나 적성, 관심을 무시한다든지, 자녀의 능력보다 높은 수준의 목표에 도달하기를 강요한다든지, 옆집 아이와 지나친 비교 경쟁 속에서 수많은 시간을 학원에 나가 여러 가지 피아노, 서예, 태권도, 미술 등을 하게 하여, 어린이들이 잠시도 쉴 수 없게 한다.

뿐만 아니라, 자녀들을 보기만 하며 "공부, 공부"공부해라는 등 교과서 내용을 암기하고 기억하는 것이 공부의 전부인 양 시험점수나 석차에 급급하고, "교육은 즉 학과공부"로서, 교육은 학교의 독점물로 학교에 보내는 것만이 교육의 전부라고 생각하는 학부모들이 많이 있다는 것이다.

이와 같이 부모들은 자녀들을 있는 모습 그대로 놓아주지 않고 학부모의 획일적인 가치관에 맞추어 자녀들을 달구고 있다.

자녀교육이 중요하다고 인정한다면 자기 자녀의 입지조건, 즉 능력, 적성, 흥미, 신체적 조건, 가치관, 포부, 인성 등을 잘 살펴야 될 것이다.

3. 자녀교육은 어떠한 方向으로 해야 할 것인가?

가정에서의 교사는 부모이다. 부모는 가정에서 교사의 역할을 수행해야 된다.

우리나라 학부모들은 앞에서 지적한 바와 같이 자녀교육에 대한 관심이 대단하여 가정형편이야 어찌 되었든 간에 심지어는 문전옥답까지라도 팔아가며 교육에 투자를 해온 것이 사실이다.

그러나 결과는 섭섭하게도 부모의 그런 노고와 보람찬 기대와는 달리 신통한 결과를 보지 못하고 끝내버린 예도 많았다. 이웃집 자녀와 경쟁을 하거나 흉내 낸 "들러리 교육"을 시키다 보니 과거의 과외가 성행했었고 지금도 비밀리에 과외를 하고 있으며 들킨 예도 있지만, 여기에 버려진 교육투자가 많아 가계가 휘청하는 상태에 돌입했던 가정도 많았다.

이제는 과외는 없어졌고(형식적으로) 정상적인 학교교육이 순조롭게 진행되어 전인교육을 지향하고 있으나, 아직도 전근대적인 교육관에서 벗어나지 못하고 있다.

자녀들의 출세를 위한 교육을 시킨다거나 시류에 따라, 남들이 아우성치는 대로 따라하는 흉내 내는 교육을 시킬 것이 아니라 자녀들의 사람됨에 알맞은 교육으로 방향을 돌려야 할 것이다.

자녀의 능력이나 적성은 고려하지 않고 교육전문가의 의견마저 외면한 채, 실용적인 면만, 출세를 위한 교육에만 집착한 나머지 이것도 저것도 아닌 결과가 되어버린 것이 우리의 자녀교육 현실이다.

인간에게는 사람에 따른 특징이 개개인에게 있는 것이어서 이를 무시한 교육은 교육효과 면에서도 실패할 뿐만 아니라 적성을 무시한 교육을 억지로 시키면 의기가 소침해지고 무력한 인간이 되어버릴 가능성이 많기 때문에 우리는 자녀들에게 자녀적성에 알맞은 교육, 또는 가정형편, 분수에 알맞은 교육을 시켜달라고 청원을 하는 것이다.

가정에서의 부모의 위치는 가정을 잘 보살피는 책임과 의무를 지니고 있다. 건전한 가정이란 가정의 기능이 충분히 발휘되고 그 가정의 구성원들의 생활이 충실하며 신장될 수 있는 곳을 말한다.

인간형성의 기초 작업이 대부분 취학 전 가정에서 이루어진다는 것과 취학 전의 발달이 다른 시기에 비하여 가장 왕성하게 이루어지기 때문에 자녀들은 가정환경의 영향을 크게 받는다는 사실에서 가정환경이 중요하므로 원만한 가정을 이룩해야 한다.

첫째로 부모는 자신이 건전한 성격, 건전한 정신의 소유자이어야 한다. 가정의 분위기를 좌우하는 것은 가정의 외적인 물리적 환경도 중요하지만 그보다 더 부모의 사람됨, 부모의 인간성 여하에 달려 있는 것이다. 그러므로 건전한 가정의 창조는 부모 자신의 성격부터 바꾸고 자신의 정서적 안정부터 유지해야 한다.

인생의 기본구조가 6세 이전에 형성된다는 것은 이미 Freud가 지적하고 있는 것이며 태도와 가치관의 형성도 1차적으로 부모의 동일시의 모형으로 이루어진다는 것도 널리 알려져 있는 일이다.

둘째로 부모의 화목이 무엇보다 중요하다. 옛말에 "가화만사성"이라는 어귀가 제시해주듯이 가정이 화목해야 만사가 형통한다는 것이다. 부모의 화목이 가족 전체의 화목을 이끄는 열쇠가 되므로 부모 간의 화목과 애정을 강조하지 않을 수 없다.

이것은 말을 바꾸면 가정의 심리적 환경을 의미한다. 가정환경의 인적요인 중에서 부모가 차지하는 비중이 대단히 크다는 것을 지적하는 것이다.

그러므로 자녀의 성공은 자녀 자신에게도 있지만 그보다는 부모가 자녀의 양육과 훈육에 대해 책임을 지고 있기 때문에 영향력이 누구보다도 크다는 것을 쉽게 이해될 수 있는 일이다. 더욱이 부모는 어린이가 상당한 연령에 도달하기까지 그들의 모델의 역할을 담당하게 되며 부모의 행동을 모방하는 모델링에 의해서 그들은 태도와 가치관 형성에 영향을 받게 된다.

그러므로 가정에서의 부모의 위치, 기능 및 역할은 학교에서의 교사나 지역사회 환경에서의 사회인사에 비할 바 없을 정도로 중요하다는 것을 명심해야 할 것이다.

셋째로, 애정적 분위기의 창조를 위해서 가족 전체가 노력하지 않으면 안된다. 부모의 자녀에 대한 태도가 이를 크게 좌우한다. 맹목적인 사랑이나 감시가 아니라 절도 있는 사랑과 이해가 앞서야 하는 것이다.

넷째로, 자녀에 대한 부모의 훈육 내지 지도가 일관성이 있어야 하겠다. 부모가 감정에 좌우되어 엄격과 감상이 변화무쌍하다든지 어머니는 늘 까다롭고 아버지는 늘 후하여 갈피를 잡을 수 없다면 행복한 가정은 유지될 수 없다.

요즈음 핵가족 현상이 지배적이어서 자녀를 대하는 태도가 엄부자모 형태에서 엄모자부로 바뀌고 있든 현실은 재고해 보아야 할 것이다.

다섯째로, 부모는 자녀의 능력에 대하여 객관적이면서도 포괄적인 파악이 필요하며, 그들의 능력과 정도에 알맞게 자유로운 표현의 기회가 제공되어야 한다. 그렇게 하려면 부모와 자녀 간에 긴밀하고도 자주 대화의 장을 마련하고 끊임없는 수용과 이해로써 장점을 살려가는 방향으로 노력하여야 한다.

"말 한마디로 천냥 빚을 갚는다"라는 속담이 있다. 같은 말을 하더라도 부드러운 말과 거친 말의 차이는 하늘과 땅반금이나 크다.
이런 점에서 정이 듬뿍 담긴 부모의 말 한마디는 대화의 문을 활짝 열어 놓을 수 있는 좋은 계기를 마련해 줄 수 있는 것이다.

결국 자아실현을 돕는 대화의 가장 큰 핵심은 자녀들로 하여금 자기의 분수를 알게 하는 것이다. 부모는 언제나 자녀로 하여금 자녀들의 적성이나 능력을 올바르게 파악해서 터무니없는 높은 성취수준을 목표로 하지 말아야 할 것이다. 자기에게 주어진 상황에서 자신의 일에 최선을 다함으로써 자신이 지향하는 가치를 실현시킬 수 있도록 자녀에게 인식시켜 주는 일이 중요하다.

종합적으로 요약하여, 가정에서의 부모들의 역할을 제시하고자 한다.

① 자녀들의 특성(적성, 홍미, 능력, 인성, 신체적 조건, 가치관, 포부)을 올바로 이해하도록 노력하여야 한다.

② 자녀들의 가치관과 부모들의 가치관은 다를 수도 있으니 올바른 가치관 형성을 위해 가치관 교육을 실시해야 한다.

③ 부모는 자녀의 모델로서 항상 모범을 보이고 실천하는 입장에 서서 자녀들에게 감화, 감동이 되도록 솔선수범해야 한다.

④ 자녀들을 위해 사회·경제적 조건을 갖추어 주고 그들로 하여금 분수에 알맞은 교육, 경제교육, 타고난 재능을 유감없이 발휘하도록 키워주어야 한다. 재능은 개인차가 있으므로 획일적인 가치관, 특히 부모의 가치관에 얽매여서는 안된다.

세계적인 문호 "체홉"은 학교시절에 자기나라 국어과목에 낙제점수였으며, "아인시타인"도 어렸을 때 저능아로 취급받아 퇴학당하였다는 일화가 있고 "윈스턴 처칠"도 여러 번 낙제를 했지만 모두가 성공적인 사람으로 부각되었는데, 이것은 천재적인 재능이 늦게야 발견된 것이므로 대기만성도 생각해 보아야 한다.

⑤ 올바른 성격형성과 인격도야를 위한 지도에 관심을 가지고 부모 자신도 심리학 계통의 전문서적을 읽고 소화시켜 건전한 자녀의 성격지도를 위한 준비를 해야 할 것이다.

바른 행동을 교정하여 운명을 바꿀 수 있는 모범의 대상이 되어야 한다. 사고가 바뀌면 행동이 바뀌고, 행동이 바뀌면 성격이 바뀌고, 성격이 바뀌면 운명이 바뀌는 것이다.

유태인의 가정교육을 교훈삼아 우리들도 자녀들의 우수 두뇌를 배출하는 교육, 삶의 지혜를 가르치는 교육, 국민정신교육의 강화, 바른 인격을 형성시켜 주는 교육, 강인한 의지를 키우는 교육(극기교육), 산업사회에 알맞은 적성교육, 타고난 재능을 유감없이 발휘하는 교육, 생활지도와 진로교육의 철저를 위한 교육 등 보람 있는 삶의 추구를 위한 교육이 가정에서부터 단계적으로 실시될 수 있도록 부모 자신의 계발교육이 선행된다면 자녀교육은 두말할 나위 없이 잘 이루어질 것이라 확신한다.

부모들은 가정의 기능이 무엇인가를 재삼 확인하여 본래의 사명을 다하기 위해 분투노력 하는 일이 중요하다.

 가정은 보호의 기능으로 자녀들의 튼튼한 몸, 충실한 삶, 영양관리 등 주로 신체적 발달에 충실해야 한다. 가정의 창조적 기능으로 타고난 가능성이나 잠재력을 발휘하여 자기 생활을 새롭게 개척하고 변화하는 환경에 적응, 새로운 것을 창조해 내는 힘을 갖도록 가르치는 일 또한 중요하다. 아울러 풍부한 정서를 갖도록 아름다운 가정환경을 교육적 차원에서 꾸며 주어야 할 것이다.

 그리하여 가정의 평화를 이룩하고 자유와 통제, 사랑과 훈계, 지와 육, 정의와 비애가 조화를 이루는 가정을 형성하는 데 앞장서서, 내 자녀는 내가 책임진다는 결심으로 열심히 노력하는 자세가 급한 과제이다.

제2부 生活指導의 課題와 展望

제11장 가정에서의 생활지도

1. 어린이의 習慣은 家庭에서 이루어진다

1) 習慣은 제2의 天性

어린이는 국가의 보배이며 제2세 국민으로서 장차 이 나라의 대를 이어 일할 일꾼이라고 본다. 자라나는 새싹이 싱싱하고 건전할 때, 그 국가는 건전하고 성실하게 성장할 수 있는 것이다. 소파 방정환 선생은 일찍이 어린이의 귀중함을 느끼고 어린이를 위해 헌신하였고, "어린이 날"까지 재정하여 아동을 보호하고 육성하는 데 전력을 다하였다.

어린이를 아동이라 부르며, 6세부터 청년기에 들어가기 전까지의 시기, 즉 12세경까지를 대체로 "아동기"라 하는데, 이 시기는 거의 대다수의 아동들이 초등학교에 다니고 있는 시기이기 때문에 학동기라고도 한다.

일반적으로 어린이라 하면 유아(乳兒), 유아(幼兒), 아동(兒童)을 통틀어 말할 수 있는데, 각 단계별로 신체적, 정서적, 사회적, 지적인 특징을 가지고 있다.

부모 된 마음으로 누구나 자기의 자녀를 올바르고 똑똑하게 키우고 싶은 마음은 전부 가지고 있으나, 자라나는 환경과 개인이 지니고 있는 유전적인 특성으로 인하여 뜻대로 잘 키워지지 않는 경우가 많다.

요즈음의 부모들, 특히 어머니들은 육아에 대하여 비상한 관심을 가지고 있다. 어떤 어머니는 그 관심이 너무 지나쳐서 이른바 "육아 노이로제"에 걸려 있기도 하다. 왜 이처럼 관심이 비등해졌는가에 대한 이유를 들어 본다면 여러 가지 요인이 많이 있다.

1970년대 이후 고도의 산업사회로 치닫는 과정 속에서 남자와 여자 구별할 것 없이 직업현장에서 뛰게 되었고, 아동들은 부모의 슬하에서 가정교육을 받는 경우보다는 할머니나 가정부의 손에서 자라게 되는 사례가 많아졌다. 따라서 부모의 손길이 미치지 못하고 정서적으로 안정된 분위기를 갖추지 못하는 예가 허다해졌다.

뿐만 아니라, 어머니의 모유로 키우는 것보다는 인공유인 우유가 성장하는 데 큰 몫을 하게 되었고 자녀들과 사랑스런 대화를 나누고 같이 지내는 시간이 매우 적어졌음을 인정하지 않을 수 없다. 더구나 성격형성에 가장 중요한 시기에 유아를 돌보지 못하고 방치해 두는 사례가 많아 어린이의 성격형성에 큰 지장을 주어 온 것만은 사실이다.

요즈음 교육의 추세를 보면 비단 우리나라뿐만 아니라, 세계적인 추세로 초기교육의 중요성을 매우 강조하고 있다. 그만큼 교육은 일찍부터 이루어져야 한다는 이론이 지배적이고, 학자들의 연구가 쏟아져 나와 우리나라도 금년부터는 유아교육을 강화하고, 문교부에서도 이를 채택하여 유치원교육 강화에 박차를 가하게 되었다.

요즈음 교육계에는 조기교육 강화의 선풍이 물밀듯이 몰려오고 있다. 더욱이 『유태인의 어머니 교육』을 비롯하여 『유태식 유아교육론』, 『머리를 써서 살아라』, 『유아의 가능성과 교육』, 『어머니를 위한 초기교육법』, 『올바른 유아교육』, 『엄마 아빠, 나를 바르게 키워 주세요』 등 수많은 서적들이 조기교육의 필요성과 중요성을 뒷받침해 주고 있어, 때는 바야흐로 어린이의 교육이 정상적으로 잘 이루어질 때가 온 것임에 틀림없다.

보통교육이 전국적으로 보급됨에 따라 교육의 인식도가 높아졌고, 부모들의 교육수준과 정도도 과거보다는 훨씬 높아져서, 자녀의 교육열에 대한 인식도가 한층 강화된 분위기에 경제적 여건도 좋아졌으므로 자기의 자녀를 올바로 키우겠다는 열의가 충천해졌다. 이것은 우리나라 교육의 백년지대계를 위해 매우 고무적인 일이고 마땅히 그러한 추세가 바람직한 일이다.

이 절에서는 "어린이의 습관형성에 대해 어떻게 하면 좋은 습관을 길러 줄 수 있는가"에 대한 예시를 다루어 보기로 하겠다.

어린이는 성인이 아니기 때문에 어린이의 교육이나 습관형성에 있어서 성인이 바라는바 가치의식과 기대수준에 맞게 이끌 수는 없다. 다만, 아동의 심리적 변화와 신체적 발달단계에 알맞은 자연적인 성숙에 맞게 지도해야 될 줄 믿는다.

따라서 부모의 입장에서 어리이가 행하는 습관을 잘 길러 주기 위해서는 각별한 행동적, 심리적, 사회적, 정서적 발달단계를 잘 이해하고, 발달단계에 따라 알맞은 적절한 지도를 해야 한다.

2) 세 살 버릇 여든까지

습관은 제2의 천성이란 말이 있는데, 이것은 바로 "한 번 익혀진 습관은 고치기가 어렵다"는 얘기이다. 더욱이 어렸을 때 한번 습득된 습관은 일생동안 좌우되기 때문에 올바른 습성, 올바른 습관을 길러 주어야 할 필요가 있다. 앞에서도 언급한 바와 같이, 세 살 버릇 여든까지 간다는 말은 유아기에 습득된 행동이 성장되어도 그대로 계속되기 때문에 미리 잘못된 습성이 없도록 미연에 방지할 필요를 말해 주고 있는 것이다.

우리 인간행동은 선천적인 유전과 후천적인 환경자아의 상호작용을 통해서 표현되는 것이며, 이런 과정을 통해서 발달해 나가게 된다. 선천적 유전적 요인은 부모의 유산이므로 부모의 지적 능력이나 지능 정도에 해당하므로 이를 시정하기는 어렵다. 다만, 후천적인 가정환경, 문화적 환경을 어떻게 제공해 주느냐에 따라 인간형성이 다르게 나타나게 된다. 여기에 적극적이고, 건전하고, 바람직한 교육활동의 도움으로 원만한 인격과 성품을 갖게 된다. 교육적 환경 중 가장 중요한 곳은 가정이다. 가정은 교육환경에 기초적인 요소이며, 가정교육이 성격형성의 기반이 된다고 본다. 어린이의 생활의 장이요 교육의 장은 가정이다. 정규의 학교교육이나 사회교육도 중요하지만 이보다 더 중요한 교육은 가정에서 이루어진다는 것을 명심해야 된다. 맹모삼천지교(孟母三遷之敎)의 예를 들 필요도 없을 정도로 가정에서의 어머니의 위치는 남편의 내조자요, 자녀의 가정교사이므로 일거일동의 영향이 곧 자녀의 인격형성에 바로메타가 되는 것이다. 그러므로 "위인과 천재는 어머니가 만든다"는 유태인의 가정교육을 표본으로 삼아 어머니가 가정교육의 주체가 된다는 인식을 가져야 한다.

M. Mead 여사는 미국의 핵가족제도를 여러 각도에서 비판한다. 변화가 없거나 느린 옛 전통사회에서는 노인세대가 가장 경험 많고 지혜로운 세대이기에 실질적으로 가장이 될 만했다. 이에 반하여 변화가 빠른 사회에서의 노인세대는 고루하고 시대에 뒤지게 된다. 그러나 근래 미국과 같이 변화가 아주 빨라서 일생 동안에 이전 수세기에 해당할 만큼의 변화를 겪은 현재 할머니, 할아버지 세대는 오히려 사회변화의 뜻과 그에 대한 재조정, 재적응의 지혜를 잘 아는 층에 속하게 된다. 핵가족 제도는 이 재조정·재적응의 지혜를 버리고 배우지 않기에 역사적 손실을 되

풀이한다고 비판한다. **Mead**는 그렇다고 대가족제도의 부활을 주장하지는 않지만, 지리나 주거에서는 따로 살망정 자주 양성(兩性) 3세대(할아버지·아버지·나)의 만남과 주고받음이 있기를 주장한다.

할머니, 할아버지를 모르고 또는 그들과 물리적, 심리적으로 떨어져 자라나는 어린이는 그만큼 문화적 손실을 본다. 어떤 의미에서는 문화실조현상을 느낀다. 문화실조는 지적, 정서적, 사회적, 도덕적 발달과 문화환경의 부족현상을 말하는데, 가정에 이러한 환경을 개선하여 보급해 주는 일이 필요하다. 예를 들면, 아동도서, 전파매체, 영화, 연극, 인형극, 음악, 장난감 등 어린이의 문화상품은 그들의 현재뿐 아니라 장래의 정신적, 정서적 자산으로서 중요한 의미를 지닌다.

오늘날 세계적으로 조기교육(early childhood education)의 가치가 재평가되고 있다. 그 이유는,

① 현대의 어린이가 옛날의 어린이에 비해서 여러 모로 발달이 빨라지고 있다.
② 심리학, 특히 아동심리학의 급속한 발달에 의해서 유아기와 아동기의 가능성 내지는 능력(capacity)에 대해서 재인식하게 되었다.
③ 과학기술의 경이적인 발달과 지식의 폭발적 증가로 인하여 교육내용과 방법을 다루는 입장과 태도가 변했고, 특히 새로운 지식과 정보의 폭발적 증대는 자연히 이것을 다룰 인간의 능력발달에 관심을 갖기에 이른 것이다.
④ 새로운 교육방법의 발견, 교육공학의 발전, 훈련된 교사의 확보, 교육의 보편화는 자연히 유아기의 조기교육에 관심을 갖게 하였다.

미래학자인 **Alvin Toffler**는 "미래의 투사"의 한 조항에서, 문화가 더 급속하게 변화해가서 신기성(神奇性)과 잠시성(暫時生)과 다양성(多樣性)이 더 회오리치게 되면 어머니도 이런 양육, 교육능력을 상실하게 되어 전문부모가 친부모를 대신하여 그 기능을 맡고, 친부모는 옆에서 그것을 구경하는 날이 올 것이라고까지 공상한다. 그래도 **Toffler**의 공상은 지금 당장을 위한 경고로서 이런 어린이를 위한 문화의 구조화와 통로화를 정책적인 사업으로 전개해야 할 것을 제안하는 셈이다. 여기에 자연적인 "부모와 자녀"관계만 의존할 것이 아니라, 어린이를 위한 사회정책적인 재지향이 ㉠ 국가정책, ㉡ 도시계획, ㉢ 새마을 운동, ㉣ TV 및 라디오 방송, ㉤ 유아도서 및 완구, ㉥ 아동상담제도, ㉦ 유아문화시설, ◎ 유아보건제도, ㉨ 탁아소 및 유치원, ㉩ 조기교육, ㉪ 아동전문가양성제도, ㉫ 아동연구 등의 수준에서 절실

히 요구된다.

3) 自己行動에 責任을 지도록

앞에서 교육적 환경과 문화적 환경의 중요성을 강조하였다. 문화적 배경은 각 나라마다 다르고, 그 가치관도 다르게 평가되고 인식되고 있다. 마찬가지로, 습관도 각국의 환경에서 오는 평가가 다르므로 일정한 진리는 찾아 볼 수 없다. 다만, 그 나라 나름대로 전통적으로 내려오는 습관의 가치에 따라 성격형성에 있어서 달리 취급되고 있기 때문이다. 예를 들면, 미국에서는 어린 아이에게 어른이 해서는 안된다는 금지사항이나 잘못한 일이 있을 때, 부모가 TV를 보지 못하게 한다든가 돈을 주지 않을 경우를 상당한 벌로 인식하고 있다. 그러나 우리나라의 경우에는 벌을 주거나 때리는 경우가 허다하다. 때린다고 해서 모든 일이 끝났다고 해서는 안된다. 체벌보다는 칭찬을, 격려와 상을 주는 방향, 즉 적극적인 인도가 필요하다.

구체적인 예를 들어 보자.

어린이에게 길러 주어야 할 좋은 습관과 태도는 나이에 따라 다르므로, 그때그때 중점을 두어 지도하여야 습관이나 태도도 달라진다. 그러면 3세 때에는 특히 어떠한 점에 주의하여 지도하여야 할까?

① 친구들과 놀 때 저 아이는 나쁘다, 이 아이도 나쁘다라는 식으로 친구들을 가리지 말게 해야 한다.
② 정돈하는 버릇을 길러 주지 않으면 안된다. 친구들과 놀게 되면 그에 따라 많은 장난감이 출현하게 된다. 그러므로 정돈한다는 버릇을 이때쯤부터 기르게 하는 것이 좋다. 물론 전체를 정돈하는 것은 아직 불가능하겠지만, 자기가 가지고 논 것은 모두 제자리에 갖다 두는 습관만을 붙이도록 해야 한다.

이 시기의 일상생활의 지도로는 첫째로 일정한 시간에 잠을 재우는 연구가 필요하다. 둘째로 식사의 지도로서 무엇이든 혼자서 할 수 있다는 식으로 지도해야 한다. 셋째로 뒤가리기의 지도이다.

4세가 되면서 한결 똑똑해지고 심부름도 곧잘 하게 된다. 이때를 기해서 자기 일은 자기가 처리하는 습관을 철저히 기르도록 하는 것이 필요하다. 즉, 신변의 일은 스스로 처리하는 습관을 길러 주어야 한다. 언제나 단정하도록 지도해야 한다. 밖에서 생긴 일을 또박또박 이야기하는 습관을 기르도록 해야 한다. 실패한 일도 꾸짖지 말고 들어 주는 것이 중요하다. 인사하는 습관을 길러 주자. 그 다음 어른의 일을 거드는 습관도 길러 주는 것이 필요하다. 이 시기에는 남에게 도움이 되는 것을 좋아한다. 심부름을 시키는 것은 역시 놀이의 대신으로, 또는 어떤 일에서 어린이의 관심을 옮겨 주기 위해서 심부름을 시키는 것이 적지 않다.

아무 데서나 쓰러져 자는 버릇이 생기기 쉬우니 아무리 졸려도 잠자리에 들어가 잠이 드는 습관을 이 나이에 길러 주도록 하자. 잠이 들기 전에는 꼭 오줌을 누고 자는 버릇을 들이는 것도 중요하다. 가능하면 "잠자겠습니다", "안녕히 주무셔요" 등의 인사를 하게 하는 것도 퍽 좋은 일이다. 이 시기의 어린이에게 꼭 갖게 할 습관 중의 하나는 "가족이 함께 식사를 한다"는 습관이다. 아버지만이 특별한 음식을 먹지 않도록 배려해야 한다. 함께 식사한다는 것은 가족의 영양문제 뿐만 아니라 어린이에게 올바른 민주주의를 가르친다는 의미에서도 아주 중요한 일이다.

5세 어린이의 특징은 "제1의 완성기"이다. 아이가 하는 것이 어딘지 작년에 비해 듬직하고 어른스러운 데가 보인다. 어머니라는 의지가 없이도 된다. 무엇이든 사람의 얼굴이나 사람의 형태로 보인다. 이를테면, 집을 보더라도 그것이 인간처럼 보이며, 무엇이든 간단히 믿고 그렇게 생각해 버린다. 5세 때 어린이가 길러야 할 습관은, ① 자기 것과 남의 것을 구별하는 습관, ② 혼자서 사람을 응대하는 습관, ③ 혼자서 옷 갈아입고 혼자서 자는 습관, ④ 음식을 먹으면서 말을 하지 않도록 하며, 식사 때에는 서로 돕도록 한다.

초등학교 1학년 시기의 어린이는 만 6세로서 환경의 변화가 큰 때이다. 부모 곁을 떠나 정규학교에 들어가 새로운 친구를 많이 만나게 되고, 신기한 환경을 접하게 되므로 첫 출발이 부드럽게 되면 모든 것이 순조롭게 되어 간다.

1학년 때에 특히 길러 두어야 할 습관은 어린애 취급을 하지 말 것, 즉 한 사람 몫이라 하더라도 무엇이든 어른과 같이 상대의 인격을 무시해서는 안된다. 무엇이든지 어른들 독단으로 결정하여 어린이를 무조건 어른들의 의사에 따르도록 눌러서는 안되며, 간단한 일이면 어린이의 의견도 들어 주고 좋은 의견일 때에는 그것을 채택해 주기도 해야 한다. 그 대신에 차츰 자기의 행동에 책임을 가질 수 있도록 길러 주어야 한다. 또한 남에게 폐를 끼치지 않는 어린이가 되도록 하는 것도 중요하다. 예를 들면, "버스 안에서 떠들면 보기 흉해요, 손님들이 모두 흉보니까 하지 말아요. 길에 나와 놀면 위험해요, 좀 더 안전한 곳에서 놀도록 해요"등 이런 식으로 어머니들은 언제나 어린이를 중심으로 하는 사고방식으로 이를 막아줘야 한다.

1학년 때에 붙기 쉬운 나쁜 버릇은 어른들 이야기에 귀를 기울이는 것이다. 남을 깔보는 태도, 특히 어린이가 있는 곳에서 남의 흉을 보는 일이 없도록 해야 한다.

4) 습관은 가정에서

2학년 어린이의 특징은 안정감, 경쟁심이 생겨난다. 1학년 때에 비하여 훨씬 숙성하여지고, 학교생활에도 재미를 붙이게 된다. 모든 좋은 태도는 아주 어렸을 때부터 일상생활에서 익혀진 것이 아니면 안된다. 자기의 일만이 아니라 점차로 주위 사람들의 일, 가정 전체의 일을 고려해서 행동해 나가도록 가르치는 것이 3학년 학생을 가진 어머니의 가장 시급한 일이다.

3학년 때에 길러 두어야 할 습관으로는 심부름, 집보기, 거들기를 시키자. 3학년이 되면 어린이들은 한층 더 지식욕이 왕성해진다. 무엇이든지 알고 싶어 한다. 1, 2학년 때처럼 남의 폐가 되지 않는다는 단계에서 한 걸음 나아가서 스스로 남을 위하여 도움이 되려고 하는 태도나 습관을 길러 주어야 한다. 3학년 때에 붙기 쉬운 나쁜 버릇은 '함부로 멀리까지 놀러간다든가 하는 거리감이 없어서 생기는 실수 등이 있다. 이것을 잘 참작하여 무턱대고 자의로 행동하는 것을 시정해 주어야 한다.

4학년 어린이는 지도하기 어려운 시기이다. 또한 책읽기를 좋아하는 시기이기도 하다. 이 시기에 길러 주어야 할 습관은 좋은 의미의 몸치장을 가르쳐야 한다. 자기의 몸가짐뿐만이 아니라 이 나이가 되면 남의 모습에도 신경을 쓴다. 무엇보다도 청결히 할 것, 단정히 할 것, 초등학교 학생답게 할 것 등을 가르쳐야 한다. 얼굴, 손, 발은 물론 손톱도 항상 깨끗하게, 벗은 옷은 아무 데나 내팽개치지 않고 옷걸이에 건다든가 하는 일 등을 일일이 지시하지 않아도 할 수 있게 지도한다. 아울러 자기가 공부하는 방도 깨끗하게 정돈하고 정리힐 수 있는 습관을 길러 주어야 한다. 4학년쯤이 되면 어떻게 해서든지 자기만의 장소를 주는 것이 좋다. 자기만의 장소가 주어지면 대개의 어린이는 깜짝 놀랄 정도로 단정하게 정리할 줄 안다. 이렇게 함으로써 자기 물건과 남의 물건을 구별하는 습관을 기른다든가 그 장소에서만은 그 어린이가 책임을 지고 일을 한다는 면에서도 좋은 일이다.

5학년 시기의 어린이의 특징은 대부분 갑자기 공부에 관심을 갖기 시작한다. 그래서 공부 잘하는 어린이를 좋아하게 되어, 운동 잘하는 이린이나 힘센 어린이를 따르려 하지 않는다. 또한 경쟁심이 강해지고 그룹을 만든다. 거짓말이나 속임수에 쉽게 넘어가지 않는다. 이 시기에 길러 주어야 할 습관은 한 가지 일을 완성하는 습관을 길러 주어야 한다. 무엇이든 시작하는 일은 쉽다. 그러나 완성하는 것은 어렵다. 이 점을 잘 보살펴 무슨 일이건 뒷처리를 잘하고, 그 다음 일로 넘어가게 하는 습관을 길러 주는 것이 가장 중요하다.

마지막으로 6학년 어린이의 특징과 습관형성을 언급하고자 한다. 6학년이라는 시기는 태풍 전의 고요함과 같은 시기이다. 신문에 흥미를 갖고 자기의 능력을 알 수 있게 된다. 생활에 책략이 나타난다. 그럼에도 불구하고 대개의 가정에서는 "아직 초등학생이니까"라고 생각하여 어린애 취급을 하는 일이 많다. 어린이는 전체 속의 자기라는 것을 깨닫고 가정에서도 협력의 의의를 가르쳐야 한다. 책임자의 입장에 세워 주고 자기 능력의 정확한 평가를 할 수 있도록 하자.

이와 같은 문제를 가정에서 부모들은 신체적 발달과 정서적 성장과정을 이해하고 "즐거운 가정은 곧 좋은 성격형성의 기초"라는 개념을 깊이 인식해야 할 것이다. 그러기 위해서는 우선 어머니가 건강해야 한다. 어린이의 마음의 세계를 알아야 한다. 어린이의 마음의 세계는 어른의 것을 그대로 축소해 놓은 것이 아니다. 어린이는 어린이 나름의 세계를 가지고 있다.

어린이의 습관형성은 가정에서 이루어진다. 그러므로 올바른 습관형성은 부모가 모범을 보여 주어야 한다. 아울러 생활지도의 개념과 방법을 이해하고 과학적으로 활용할 줄 아는 능력이 필요하다. 아동심리학의 이치를 깨닫고 어린이의 입장에서 모든 습관형성에 차질이 없도록 솔선수범하는 일이 무엇보다 중요하다.

2. 지금은 未來 職業을 생각해 둘 때이다

1) 어떤 人物이 될까에 관한 생각

지금 중학교에 다니는 학생들은 부모의 보호하에 행복하게 공부에 열중하고 있는 훌륭한 학생이라고 믿는다. 모든 근심과 걱정 없이 오로지 선생님의 따뜻한 가르침과 부모님의 간곡한 배려 속에서 내일의 앞날에 커다란 꿈을 그리면서 학업에 충실하고 있으리라. 그러나 중학교를 졸업하고 나면 각자의 가정 형편에 따라서 직장생활로 나갈 사람도 있을 것이고, 고등학교에 진학하여 좀더 교육을 받고자 시험준비에 안간힘을 기울이는 학생도 있을 것이다. 사회에 진출하든 진학을 하든지 간에 각자의 방향에 따라 결정을 할 것이겠지만, 장차 어떠한 인물이 되어서 보람 있고 행복한 삶을 누릴 것인가에 대해서 한번쯤 생각해 볼 일이다.

사람은 누구나 잘 되기를 바라고 있다. 어떻게 살아나가야 참된 삶이요, 보람된 인생을 누릴 것인가에 대한 많은 생각과 기대 속에서 훌륭한 일꾼이 되어 보겠다는 큰 희망을 갖고 있는 시절이기도 하다. 이렇기 때문에 희망에 가득 차 있고, 모든 일이 잘 될 것을 기대하면서 지내며, 장차 큰 인물이 될 것을 크게 결심하면서 하루의 일과를 뜻 깊게 보낼 것이다. "나는 이 다음 성인이 되었을 때 어떠한 인물이 되어 직업을 선택하여 직장에서 일을 하게 될까"하는 마음을 가져 본 일이 있는가 생각해 보자. 아직 나의 미래에 대하여 깊게 생각해 볼 여유가 있는지 알 수는 없으나, 누구나 큰 인물이 되겠다는 부풀은 가슴을 부둥켜안고 열망의 기대 속에서 세월을 보내지만 뜻대로 이루기란 매우 어렵다는 사실을 깨달아야 한다.

2) 자신에 대한 幻想

어렸을 때 생각은 쉽게 좋은 직장, 좋은 보수를 받고 빠르게 승진되어 남이 우러러 볼 수 있는 직위에 서서 남을 지배도 해보고 우두머리 역할도 할 수 있다는 생각도 해 볼 것이다. 그러나 너무나 자신의 능력과 적성과 흥미를 알아보지도 않고 무조건 높은 직위와 좋은 직업을 택한다면 생각대로 윤택한 생활을 누릴 수 있을까? 물론 인내와 노력으로 내가 하고 싶은 일을 꼭 성취하겠다는 욕심을 갖는 것을 막지는 않는다. 하지만 자신의 적성, 능력, 흥미를 무시하고 무조건 인기 있고 지위 높은 권력기관이나 돈이나 많이 버는 회사의 사장이나 의사, 또는 전문적 직업인들이 꼭 되어 보겠다고 결심하는 것도 좋다. 그러나 분수에 알맞게 처신해야 될 것이다.

중학생은 앞으로 다가올 나의 인생설계에 대하여 좀더 구체적이고, 나는 과연 어느 방면에 종사하는 것이 좋을 것인가에 대한 기초지식을 깨달아야 될 줄 믿는다. 어떻게 하면 취미와 적성에 알맞은 직업을 택하여 만족한 삶을 누릴 수 있게 될 것인가를 미리부터 생각해 두고, 그 방향에 따라서 점진적으로 학업방향도 결정해야 될 것이다.

3) 자기에게 적합한 직업의 탐색

현대사회는 고도의 산업사회로 모든 문화와 문명이 극도로 발전되어 과거의 단순한 사회에서 복잡한 사회로 옮겨져 가고 있음을 눈으로 역력히 찾아볼 수 있을 것이다. 이에 따라 직업의 세계도 매우 복잡하게 세분화 되고 전문화 되어 이에 적응하기가 어렵게 되었다. 따라서 미리부터 나의 앞날을 점치고 나는 과연 어느 직종에 종사하여 일할 수 있는가를 탐색해 볼 필요가 있다. 예를 들어, 우리나라 직업은 1957년 통계에 의하면 2,300여 종이던 것이 현재는 직종이 많이 늘어 약 1만 종류에 육박한다고 한다. 미국과 같은 선진국에는 더욱 많아 2만 5천 종류에서 3만 5천 종류의 다양한 직업이 있는데, 이러한 수많은 직업 중 어느 분야가 나에게 적합한 것인가를 물색해 둘 필요가 있다. 직업의 종류도 다양해 전문직, 사무관리직, 행정관리직, 판매직, 농업·임업·수산업직, 생업, 노동직, 서비스직, 교통·체신직 등으로 구분되어 있어 매우 복잡한데, 이 많은 직종 중에 과연 어느 직종이 나에게 알맞은가에 대한 진로결정도 해보아야 한다.

먼저 "나는 누구인가?"에 대하여 자신의 전체적 특성, 정신적, 가정적 여건의 특성을 살펴보아야 한다. 나의 체질, 체력, 체격, 건강은 어떠하며, 지능이나 적성, 흥미, 특기, 성격 등은 어떠하며, 가정의 경제적 여건, 부모의 기대, 형제들의 요구 등을 고려하여 자신의 능력을 평가해 보는 기회를 가져야 한다.

그 다음으로 직업에 대해서 어떤 직업이 가장 나에게 알맞고 적합한가를 탐색하는 기회를 찾아보아야 하는데, 예를 들면 직업의 성질, 작업조건, 요구되는 훈련이나 교육의 정도, 보수, 승진 및 앞으로의 전망 등이 어떠한가를 이해하여야 한다. 다시 말하면, 직업의 탐색과정이 필요한 것이다. 직업탐색을 위해서 공장이나 회사, 관공서, 신문사 또는 시장이나 여러 곳의 직장을 견학도 해보고 각종 직업인들의 모습을 익혀두어 내가 일생 동안 몸담고 일할 수 있는 직업이 어떻게 이루어질 것인가에 관심을 두면서 학업에 열중하는 것이 더욱 효과적인 생활의 방법이 될 것이다. 남이 무어라 해도 관계할 것이 아니고 나의 장래와 진로는 내 스스로 알맞은 분야를 선택해야 만족스럽고 후회 없는 생활을 누릴 수 있는 것이다. 여기에 진로의 지도가 필요하게 되는데, 중학교 수준에서 이루어야 할 과제는 직업의 탐색단계로서 자아개념의 구체화, 직업세계의 이해, 자기환경과 욕구검토, 자율적인 진로계획 수립, 진로결정 능력의 신장 등 직업탐색 과정을 이루어야 한다.

4) 자기 자신의 人生設計

인간생활에서 나의 진로에 관한 문제만큼 심각하고 중요한 일은 없다. 직업은 일생 동안 개인이 종사하여야 할 일이므로 올바른 가치관을 가지고 학업에 열중해야 한다. "직업엔 귀천이 없다"는 슬로건을 놓고 자기의 적성과 흥미와 능력을 객관화된 표준화 검사지를 통하여 알아보고, 잠재능력이 어느 방면에 있는가를 확인한다. 물론, 부모의 조언과 담임선생님이나 카운슬러의 도움도 필요하지만, 문제는 자기의 인생설계는 스스로 결정할 수 있는 태도를 반드시 지녀야 한다는 것이다.

5) 成功的인 人生을 위한 올바른 職業選擇

직업지도란 개인이 직업을 선택하고 그에 대한 준비를 하며, 취직하고 그에 있어 향상 발전하는 것을 돕는 과정이며, 그것은 각 개인이 자기의 장래를 계획하고 만족한 직업에 적응해 나가는 데 필요한 선택이나 결정을 하는 모든 절차와 태도를 도와주는 것이 주요임무라고 한다. 적재적소에 알맞은 직업인의 육성이 필요한 이때, 학생들은 적성의 발견에 힘써야 한다. 지능검사, 성격검사, 흥미검사 등을 실시하여 적합한 적성을 알고 자기의 능력이 어느 직종에 타당한가를 확인하고 직업훈련 경험도 쌓아야 한다. 직업도 남이 좋다고 우러러보는 직종에 무조건 매달리기보다는 내 능력껏 할 수 있는 직업을 선택하는 일이 중요한 과제이다. 한 조사 연구에 의하면 자기의 전공이나 직업이 마음에 안 들거나, 불만스러워 사고를 '많이 일으키는 일이 허다하여 일의 능률조차 올릴 수 없는 현실을 찾아볼 수 있다. 보수는 좋은데 일이 나의 적성에 안 맞으면 불만이 쌓이고 일의 능률을 꾀하기가 어렵다. 따라서 직업선택의 문제는 소질과 흥미에 적합한 방향으로 택함이 좋은 것이다. 그리고 여러 가지 정보에 신경을 써서 다양하고 풍부한 직업탐색경험을 갖도록 권하고 싶다. 이에 따라 얻어진 인생관을 생의 목표로 삼아 보람되고 행복된 삶을 추구해야 한다.

성공적인 삶이란, 자신이 좋아하는 직업을 선택하여 훈련을 받고 그 분야에 종사함으로써 만족스럽고 풍요로운 인생을 누리게 되는 것이 나름대로 성공하는 길이 된다. 즉, 자기능력에 알맞은 일에 창의적으로 종사하는 것이 자신의 삶을 행복으로 이끄는 지름길이 된다는 뜻이다.

그리고 이런 미래 직업을 위해서 학생들이 할 일이란 열심히 기초 공부를 하는 일이다. 중학교 공부는 사실 그 전부가 모두 이 다음 학생 각자가 직업을 수행해 나가는 데 필요한 가장 기본이 되고 중요한 것들만 가르쳐 주기로 되어 있다. 따라서 열심히 현재 하고 있는 공부에 충실하도록 지도를 하여야 할 것이다.

3. 現代 入試制度와 進路指導의 問題

    교육이란 인간형성의 과정이요, 사회환경을 개조하는 수단이다. 그러므로 교육은 사회환경의 변천에 따라서 마땅히 교육도 제도상으로 변혁을 가져와야 되고, 실천 방향도 달라져야 한다. 오늘날 고등학교 교육제도를 고찰해 보면, 중견 국민의 자질 함양으로 고등보통교육과 전문교육으로서의 특징을 충분히 발휘하도록 되어 있다. 더구나 가치관이 확립되어 가는 중요한 시기이므로, 지적인 학습과 정의적 학습의 조화, 지성 및 덕성 그리고 풍부한 정서를 균형 있게 인간을 육성하는 데 있다. 따라서 이와 같은 적성이 뚜렷해지는 시기에 학생들로 하여금 능력과 적성에 맞는 자아실현의 기회를 주고 국가발전에 기여하고 학습활동의 기회를 충분히 제공하여야 한다. 또한 기본능력의 배양과 함께 판단력과 창의력의 함양도 아울러 지니도록 교육을 시켜야 된다. 이러한 중요한 시기에 놓여 있는 학생들에게는 현행 입시제도와 진로의 문제는 심각한 지경에 이르렀다.

1) 大學入學率에 執着한 오늘의 敎育現實

    고등학교의 근본교육 목표를 달성하려면 무엇보다도 고등학교 교사들의 투철한 교육철학에 입각한 교육관이 뚜렷해야 하고 목적에 맞는 방법을 실천에 옮겨야 하는 것은 교육의 정도(正道)라고 하겠다. 그런데 오늘날의 교육적 현실은 어떠한가? 대학입학의 합격이 최고의 명예요, 몇 명 더 대학에 합격시키는 입학률에 집착한 나머지 교육의 근본 목표를 저버리고 합격률에 신경을 곤두세우고 있는 현실이다.

    뿐만 아니라, 학교를 운영하고 책임을 맡고 있는 교육행정가, 즉 교장이나 그 이하의 교감 및 보조하는 교사들도 어쩔 수 없는 대학입시제도의 장애물로 인하여, 행정실천가들 역시 입시준비에 혈안이 되어 주입식 교육에 치중하고 입시에 맞는 방향으로 줄달음치고 있다. 그러므로 고등학교의 교육의 방향은 현재 각 대학교의 입학 전형과목 여하에 따라 움직이고 있는 현실이니, 마치 대학의 시녀 역할에 불과할 뿐이다.

    이러한 상황 속에서는 고등학교의 올바른 교육이 이루어질 수가 없다. 교육은 생활이요, 성장이요, 사회적인 과정이요, 경험의 재구성이다. 마땅히 교육은 생활의 터전 속에서 자연스럽게 학생들의 흥미와 요구능력과 취미에 맞게, 바람직하게 균형을 이루면서 지도되어야 한다. 그런데 입시라는 관문 때문에 교육의 목적을 순조롭게 이루어 나갈 수가 없는 경지에 빠지고 말았다. 이것은 입시제도에서 오는 큰 모순이라고 생각된다.

2) 高等學校 敎育의 올바른 方向

고등학교의 교육을 원만하게 인지적(認知的), 정의적(情意的), 심체적(心體的) 영역으로 이끌어 가기 위해서는 고등학교에 주어진 교육과정과 특별활동 과정을 철저하게 교육을 시키고, 개성의 흥미에 맞는 개별적인 지도가 필요하다. 대학에 반드시 들어가야만 인생의 성공을 차지한 것처럼 생각하는 방식을 고쳐야 한다. 자기의 적성에 맞는 방향으로 지도하고 발전해 나가면서 능력에 따라서 대학에 갈 수 있도록 권장해야 한다. 미국의 교육을 예로 들어 보면, 형편에 따라 대학에 진학하는 학생들이 많지 않음을 볼 수 있다.

물론, 우리나라의 현실과 다른 환경에서 오는 결과도 있겠지만, 그네들은 대학을 반드시 출세나 성공의 길로 생각하지 않고 있다. 자기의 흥미와 능력을 발견하고 고등학교만 졸업하고도 얼마든지 취업하여 자기 인생의 행복을 찾아갈 수 있다고 생각하고 있다. 미국의 고등학교에는 전문적 소양을 갖춘 전문 카운슬러들이 있다. 이들은 학생들의 문제를 들어 주고 관심 있게 진학지도와 직업지도 내지는 인성적 지도와 적응지도에 심혈을 기울이고 있다. 어떠한 문제가 있을 때는 반드시 카운슬러의 도움을 청하고 있다. 그러므로 학생들은 입시라는 벅찬 관문에 신경을 쓰는 일이 없어서 자기의 소신대로 고등학교 교육과정에 맞는 교육활동을 원만히 받아들일 수 있는 것이다. 대학에 입학하고자 원하는 학생들은 자기의 능력과 경제적 조건을 고려하여 수많은 대학 중에서 정도에 맞는 학교를 택하여 무난히 입시의 문을 순조롭게 들어갈 수 있다.

물론, 고등학교의 종합적인 성적의 기준 정도에 따라서 학교를 택하므로 심한 경쟁 속에서 마음을 졸이고 초조함 속에서 지낼 필요가 없는 것이다. 그러므로 청년기에 놓여 있는 이들은 마음껏 자기의 소양을 기를 수 있고 적성에 맞는 완전한 교육을 받게 된다. 우리의 현실은 어떠한가? 지금은 고등학교 입시제도가 없어져서 무시험 추천에 의해서 고교진학이 제도상으로 되어 있으므로 순조롭게 고등학교에 입학할 수 있어서 천만다행이다. 그런데, 고등학교 시절부터 또다시 대학입시제도라는 힘든 관문을 앞에 놓고 정상적인 교육을 받지 못하게 되었다. 과거에서부터 현재에 이르기까지 누습되어 오는 과외수업, 가정교사의 과외활동수업, 입시지옥에서 허덕이는 고교생들은 사설학원, 강습소로 몰려들게 되었고, 따라서 학부모들의 경제적 부담은 가일층 심한 지경에 이르렀을 뿐만 아니라, 고등학교 학생에게 맞는 정상적 수업이 이루어질 수 없게 되었다. 고등학교 학생들은 학교에서는 교사에게, 가정에서는 대학입시 공부라는 데 쫓기다 보면 항상 불안과 초조 속에서 자신의 안정을 찾지 못하고, 정서적으로 심한 혼란 속에 빠지게 되어 때로는 사회문제를 불러일으키는 경우도 있다.

이러한 모든 면을 대학입시제도에서 오는 부작용이라고 볼 수 있다. 이상의 문제를 놓고 필자의 소견으로는 대학의 입시 제도를 폐지하고 고등학교의 전체 성적과 적성, 취향을 기준으로 하여 적절한 입학의 과정을 택하는 것이 순조로울 것으로 생각된다.

그 대신 고등학교 시절에는 남녀 학생에게 적절한 정상적인 교육을 중점적으로 폭넓은 교육지도와 체력단련, 아울러 장학의 지도와 감독으로서 원활하게 이루어져야 한다. 제도가 바뀌게 되면 처음에는 여러 가지 부작용도 많겠지만 긴 안목으로 볼 때는 점차적인 시정이 앞날의 교육발전에 서광이 비칠 것이다. 여기에서 생활지도와 진로지도의 문제를 생각할 수가 있다. 생활지도란 영어로 **guidance**라고 하는데 우리나라 교육에서는 이것을 신중하게 생각하지 않는 경향이 있다. 이러한 사고방식은 하루빨리 버려야 하겠다.

교육은 개인적인 차원에서는 개인의 최대한의 바람직한 성장발달을 도우며, 사회적인 차원에서는 이상적인 사회와 문화 창조를 돕는 데 의의가 있다. 학교교육은 한정된 교과내용을 넘어서 개인의 최대한의 자율적 성장과 조화적 발달을 도와 책임 있는 문화 창조에 공헌할 수 있도록 도와야 한다. 생활지도는 교육의 사회화를 기초로 학생의 개인적 필요와 문화 및 사회적 필요를 충족시키기 위해서 절대 불가결한 교육상의 지도방법이다.

단적으로 말해서 학생이 제각기 특이하게 지니고 있는 잠재 가능성을 찾아 이를 최대한으로 발달할 수 있도록 도와서, 개인으로서 인생을 행복하게 개척하고 사회인으로서 유능하고 성실하게 사회에 적응할 수 있도록 올바른 가치판단의 능력과 자기 지도의 인간을 지도하는 데 있다. 즉 신체적, 지적, 정서적, 사회적 발달의 조화와 균형을 조성하는 작용이다.

오늘날 교육에 있어서 생활지도가 중시되고 있는 것은, 새로운 분야이기 때문이 아니라 실제의 교육을 보다 충실하게 발전시켜 주고 있기 때문이다.

3) 進路指導의 올바른 方向

진로지도는 정상적인 교육상황 아래 과학적인 방법으로 학생들의 흥미와 요구, 취미와 적성, 미래에 대한 동경심을 바탕으로 하여 구체적이고 현실적이고 가능한 범위로 이끌도록 직업에 대한 종류와 성질, 작업조건, 장래의 전망 등을 직업세계에 돌입하기 전에 사전에 기회를 주고 직업안내와 적성지도를 고등학교에서 실시해야 된다. 이러한 진로지도에 대한 문제를 해결하려면 초등학교 교육과정부터 장차 미래의 꿈을 실현할 수 있는 구체적인 경험과 체계 있는 직업의 세계를 제시해 주어야 한다. 인생의 과정은 역시 미래의 직업인이 되는 것이요 또한 생활인이 되는 것이니, 현재와 겉이 고도의 산업발달, 복잡한 사회구조 속에 속해 있는 작업장으로서의 직업세계는 무수히 많이 존재하고 있다.

미국의 경우 3만 5천여 종의 직업이 산재해 있는가 하면 우리나라는 1만 3백여 종에 이르고 있다. 산업구조가 발달함에 따라 직종이 더 늘어나고 있는 것이 현재의 모습이다. 그러나 아직 미지의 세계로 발전해 나가는 학생들은 너무나 벅찬 세계에 살고 있다. 그러므로 진로지도는 초등학교 시절부터 생애인식(career awareness) 과정을 두고, 가능한 한 여러 가지 직업의 종류를 이해하도록 직업의 성격 및 가능성과 관련하여 자아의 인식을 개발하며, 전체적인 일과 사회에 대한 태도를 육성하기 위한 기초를 닦고 모든 부면에서 직업인에 대한 존경심과 태도를 증진시키며, 직업군을 택할 수 있도록 이에 대한 종류와 인식과 계몽을 불어 넣어 주어야 한다. 중학교 과정에서는 생애탐구기간(career exploration)으로 설정하고, 중요한 직업분야를 탐구하여 자신의 능력과 흥미에 접근할 수 있도록 직업군(occupational cluster)을 익숙게 하며, 실험적인 직업계획을 발전시켜 직업선택과정에 이르게 한다. 고등학교 과정에서는 생애순비(career preparation) 과정을 설정하여 지업 준비를 위한 프로그램을 전개하고, 직업기술과 고용 수준에 도달할 수 있는 지식을 습득하고 직업훈련을 향상시킨다.

직업의 태도, 협동적 작업 경험에 참가하여 일할 수 있는 기회를 갖도록 한다.

고등학교를 졸업하기 전에 이와 같은 생애인식, 생애탐구, 생애준비 과정을 습득케 하도록 교육과정 속에 포함시켜야 한다. 다시 말하면, 장차 직업인으로서 소양을 갖춘 인간육성을 목표로 삼아 단편적인 직업의 세계를 체계적으로 경험을 시켜주는 과정을 각 단위별로 설치하여 경험토록 하여 각자 학생들의 직업관을 형성하고 나아가서는 기술교육에 정진하도록 도와준다. 여기에 바로 진로지도의 과정으로서 생활지도가 바탕이 되어야 한다(앞의 장에 자세히 언급하였으니 참고 바람).

생활지도의 과정 및 절차로서 학생 개인 조사활동, 정보제공활동(information service), 상담활동, 정치(定置)활동(placement service), 추수(追隨)활동(follow－up)이 전개된다. 학생조사활동은 주로 학생의 내면적 세계를 과학적으로 분석 조사하고 정보활동에서는 진학에 관한 정보, 직업에 관한 정보, 인성적, 개인적 적응에 관한 정보제공의 과정을 담당하고 있다. 여기에 중요한 위치를 차지하고 있는 것이 바로 상담활동이다. 상담을 counseling이라고 하는데 개인지도의 가장 대표적인 방법이며, 저마다 가지고 있는 각종 문제를 현명하게 해결하여 나아가서는 자신의 장래를 현명하게 선택·계획할 수 있도록 원조하는 데 있다. 목적을 가진 대화, 전문적인 대화, 인지적 수준과 감정적 수준을 대상으로 개인의 personality의 성장과 통일에 원조를 주고 있으므로 인성의 최대한의 정서적인 해결을 해줄 수 있다. 진로지도의 문제점을 해결할 방법을 이제 찾게 되었다.

진로지도는 진학지도와 직업지도 양면을 보다 효과적으로 지도하는 데 있다. 진학을 할 때는 뚜렷한 목적을 세우는 것을 포함하여 체계적으로 어떠한 계통으로 진학을 하여야 하는가에 대한 구체적인 진학계획이 문제이다. 대학을 진학할 때에는 반드시 확실한 목적의식을 가지고 진학을 해야 하며, 대학에 있어서의 공부가 자신에게 어떤 의미를 가져 올 것인가를 명백히 알아야 한다. 대학 진학이 실패하게 되는 원인 중에는 자신의 능력적성이나 흥미성격 등에 맞지 않기 때문에 학습의욕을 잃어버리게 될 뿐만 아니라, 적응, 적성, 흥미와 성격, 경제적 조건을 고려해야 된다. 직업지도는 개인의 복잡한 여러 특성을 고려하여 신체적 및 건강조건, 직업이 요구하는 지적수준과 개인의 능력과 일치되어 흥미를 가지고 직업에 적절하며, 직업에 대한 올바른 인식을 가지고 임해야 된다.

현행 입시제도와 진로지도 문제에 관하여는 어느 정도 합의점에 도달한 것 같다. 능력과 흥미에 맞는 방향으로 학생들을 선도하고 원조하면서 생활인으로서 능히 직업선택에 완벽하고 개인의 정도와 분수에 맞는 방향으로 이끌어 주는 것이 필요하다.

4. 職業敎育에 대한 提言

인간이 물이나 공기 없이 살 수 없는 것과 마찬가지로 직업 없이 인생을 살아가기란 어려운 일이다. 하기야 부모가 물려 준 유산이 풍부하여 일생을 직업 없이 무위도식하면서 목적 없이 평안하게 지낼 수 있는 보장된 삶이 있기는 하다. 그렇다고 아무 하는 일 없이 짧고도 긴 인생을 허송할 수는 없고 무언가 소속을 가져야 정신적 위안과 심리적 안정 및 만족을 취하면서 생활의 맛을 만끽할 수 있을 것이다.

심리학자 Abraham Maslow는 인간의 기본적 욕구를 제1차적으로 생리적 욕구의 만족을 들고 있고, 이것이 충족된 후에라야 심리적 또는 애정의 욕구를 원하게 되고, 나아가서 사회적 욕구, 존경심에 대한 욕구를 갈구하며, 최종적으로 위와 같은 욕구(need)가 원만히 충족되어야 자아실현(self‒realization)의 욕구를 원하게 된다고 한다. 이처럼 인간은 단순하게 살 수 없는 피조물이다. "금강산도 식후경"이란 말은 바로 인간의 제1차적 욕구의 갈구를 의미하는 것이다.

그런데 이와 같은 생리적 욕구충족을 감당하는 기본태세는 어떠한 형태이든 직업이 있어야 생계를 유지하게 될 것이며, 직업이란 소속감이 있어야 안정된 삶을 영위할 수 있게 되는 것이다.

직업을 vocation, occupation, career 또는 job이란 용어로 표시하는데 모두 직업이라는 동의어인 것 같으나, 이 4개의 용어의 상호관계는 이렇게 구분할 수 있다. 즉, career[occupation＝vocation] job이다. Career는 occupation보다 범위가 크다. Career는 인생의 종적인 발전적 개념이다. Career는 대개 단일의 직업보다는 좀더 많은 것을 단일의 job보다는 훨씬 더 많은 것을 포함한다. 대개 직업은, 생계를 유지하기 위하여 보수를 받으며 일정기간 동안 계속하여 종사하는 일의 종류를 의미한다.

직업을 갖고자 하는 사람은 누구를 막론하고 자기 나름대로의 좋은 직업을 구상하고 탐색하여 자기의 능력이나 흥미와 적성에 알맞은 직업을 원하고 있다. 그러나 그것이 임의대로 이루어지기란 어려운 일이다. 그리하여 일생 동안의 직업을 찾기 위해 노력하면서 여러 빈 자리를 비꾸는 사람도 많이 있음을 본다. 바꾸는 원인은 종사해 온 직업에 대한 불만족, 부적응, 능력부족, 장래성이 없는 것, 경제적 보수의 불만족 등 여러 가지 요인을 내포하고 있지만, 우선적으로 생각할 것은 개인의 미래에 대한 진로지도, 즉 넓은 의미의 직업교육인 진로교육(career education)이 잘 이루어지지 못한 데 기인된다고 볼 수 있다.

우리는 해방 이후 민주주의 원칙의 토대 위에 자유로운 학교교육을 받아 왔지만 적재적소에 알맞은 직업교육은 등한시해 왔다. 그 이유야 뚜렷한 원인이 있겠다고 변명할 수는 있다. 다시 말하면, 우리 민족은 과거 일제치하에 그들에게 종노릇을 하다 보니 교육의 기회도 매우 적었고, 관권치하에 굴욕적인 삶을 지내다 보니 교육에 대한 열의가 대단했던 것만은 사실이다. 그리하여 해방이 되자 속박에서 벗어나 자유의 물결을 쫓아 교육에 지대한 관심을 갖게 되었고, 특히 입신출세에 혈안이 되어 너도나도 관리가 되고자 높은 자리만을 찾게 되는 병폐를 빚게 되었다. 따라서 교육은 적성교육보다 입시에 치우치고, 대학에 가려는 교육열은 세계 제1위권에 도달하게 되었다. 그래서 한때는 교육망국(敎育亡國)이라는 소리까지 듣게 되었다. 교육은 개인의 영달을 위해서 행하여지는 것이 아니고 참다운 인간형성의 과정이며, 사회를 개조할 수 있는 유능한 능력자를 키우며, 적재적소에 원만히 적응하고 개인의 창조적 삶을 누릴 수 있도록 도와주는 역할이라고 본다. 뿐만 아니라 인간은 누구나 어떠한 형태이든 직업이 없이는 살아갈 수 없으므로 유능한 직업인을 육성하는 직업교육이 필요하게 되는 것이다. 직업에 종사할 수 있는 능력의 개발은 개인뿐만 아니라 우리나라와 같이 부존자원이 제한된 나라에서는 국가 발전을 위해서도 대단히 중요하다. 그래서 국가는 산업사회가 필요로 하는 인력을 개발하기 위하여 직업교육을 강조하고 강화하기에 이르렀다.

현대사회는 급격한 소용돌이 속에 변화가 이루어져 가고 있으며, 산업물질문명의 사회로 치닫고 있다. 이러한 격동하는 빠른 변화에 적응하고 생존하기 위해서는 올바른 적응의 교육이 필요한 것이다. 전 세계의 역사를 통해 보더라도 처음에는 어느 국가나 직업관, 직업에 대하여 멸시하고 타산적인 일과 부의 축적 등을 등한시한 것만은 틀림없다. 그러나 시대의 변천에 따라 일(work)은 자연적인 권리인 동시에 의무이며, 사회의 유일한 법적 근거가 되며, 재산과 이익의 기초가 되기 시작하였다. 오늘날의 직업관은 경제성장의 수단이 되건, 또 그 자체에 최고의 가치를 부여하건, 일에 대하여 적극적인 찬동을 하는 것이 되었다.

더구나 오늘의 산업사회는 소명 받은 일에 충실하고 일 속에 낙을 찾으며, 자기를 완성하는 시대로 변화되고 있다.

서구 선진국 사회는 일찍부터 일에 대한 직업관이 투철하여 오늘과 같은 부유한 사회복지국가를 이루어 놓았다. 그 바탕에는 역시 일이 자기의 목표를 추구하는 도구이며, 자기성취의 바로메타라는 생각이 깔려 있는 것이다. 또한 직업을 통한 자기실현의 기회라고 믿고 있다.

직업교육의 중요성과 그 태동은 비단 우리나라에만 닥쳐 온 문제가 아니고 일찍이 선진국 대열에서도 이미 중요성을 강조하고 나섰고, 국가차원에서 행정적 지원을 아끼지 않고 있다. 그러나 우리나라는 역사적·문화적인 오랜 전통과 생활양식, 가치관이 서양의 그것과 판이하게 달라서 인문숭상의 오랜 습관 속에서 천시해 왔던 까닭에 아직도 직업교육을 잘 이해 못하고 "쟁이"나 되는 직공, 공원, 노동자를 연상하기 쉬운 선입감이 작용되어 쉽사리 수용하는 태도가 희박하다. 농, 공, 상, 수산, 축산 등에 종사하는 교육만이 직업교육이라는 인식은 버려야 한다.

"모든 교육은 진로교육이다. 또한 그렇게 되어야 한다"고 미국의 교육위원이었던 **Sidney Marland** 박사가 미국 전역의 중등학교 교장회의에서 피력한 이후 교육계에 큰 파문을 일으켰던 진로교육의 필요성과 방침은 전 미국에 확산되어 중등학교에서 진로교육을 실시하게 된 것은 우연의 일이 아니다. 당면한 미국 교육의 문제를 해결하기 위한 하나의 방법이었던 것이다.

우리나라도 선진국 문턱의 대열에 들어선 이때 부딪친 문제는 선진국에서 이미 홍역을 치른 과정을 여기에서도 겪게 되는 것이다. 이웃인 일본도 그랬고, 대만도 교육의 문제가 직업교육의 충실화로 기울고 있다. 이것은 세계적인 추세이기도 하다.

여느 학문도 중요하지 않은 것이 없으련만 우리가 미래를 향하여 올바른 교육을 추진하려면 기초교육도 중요하지만, 적성교육의 일환으로 직업교육에 만전을 기하고 그 방향으로 나아가야 한다. 문교부 장관도 신년사에서 언급한 바와 같이 교육의 지표를 평생교육의 추진, 정신교육의 강화, 과학기술의 진흥, 전인교육의 충실화를 이루는 교육방법을 세우고 있다. 그 가운데 금년부터 좀더 정열을 쏟아서 연구해야 될 것을 직업교육의 강화로 언급한 바 있다. 이처럼 교육의 방향이 직업교육의 강화로 초점이 되고 있다.

실상 이러한 문제는 비단 오늘에 야기된 것은 아니다. 사회가 발전하고 개인이 성숙된 인간의 참 자세로 돌아가기 위해서는 직업의 선택이 중요하다. 자기가 선택한 직업을 통해서 자기를 포함한 가족의 생계를 유지하고 생활의 기쁨과 보람을 찾으며 나아가 자기의 존재와 사회적 위치를 확인하면서 사회의 일익을 분담하는 것이다. 그러므로 한 번의 선택이야말로 생애를 결정짓는 중요한 결단이 되므로 학생들의 장래를 올바르게 선택케 하는 진로교육이 직업교육 추천과정의 핵을 이루어야 한다. 따라서 부진했던 진로교육을 활성화하여 장차 미래사회의 일꾼으로서 담당해야 할 만족하고 행복스런 직업의 선택을 할 수 있도록 이에 알맞은 교육과정 개발이 시급한 문제이고 직업인의 윤리교육도 강화하여 개인이나 사회, 나아가 국가의 인력손실을 막도록 제도적인 장치를 해야 한다.

직업 교육문제는 새로운 각도에서 인식과 계몽을 통한 바탕 위에 학교교육기관 뿐 아니라, 사회교육기관을 통해서 적극적인 직업교육의 좌표를 교육시켜야 한다. 이러한 문제해결 방법으로서 직업교육 지도내용의 조직화가 필요하다. 즉, 사회의 제반기능 및 직업구조와 직업의 세계를 인식시키고 직업군(occupational cluster)에 대한 교육과정의 전달, 자기의 이해 및 자신의 인생설계 또는 자신의 자아역할상 형성에 도움이 되는 내용을 교육시켜 합일점에 이르도록 행정지원을 강화시켜야 한다.

이를 수행하기 위해서는 전문가의 양성, 즉 직업교육과정을 지도할 교사의 양성이 필요하다. 진로를 위한 진로상담, 설득활동, 교육과정의 운영이 개인의 힘으로는 이루어 질 수 없다. 그러므로 인력의 낭비를 막고 적재적소의 교육으로 지향함에 따라 개인의 불만을 감소시켜 줄 것이고, 자기가 선택한 직업에 만족을 느끼고 온갖 정성과 능력을 총동원하여 자기완성의 길로 나아갈 것이다.

모든 직업은 중요하다. 많은 사람들은 보다 윤택한 생활을 누리려고 열심히 일한다. 이러한 일할 수 있는 여건과 일의 가치관을 심어 주는 일도 더욱 중요한 과제이다. 직업의 귀천이 없고 능력에 따라 자기 분수에 알맞은 직업을 택하여 일생동안 단련시켜 그 직업에 종사하면서 그 분야의 일인자가 될 수 있는 긍지와 전망에 대해서도 인식되어야 할 것이며, 계속 교육을 통하여 못 이룬 과업을 달성하도록 한다.

현대사회는 전문화 시대이다. 누구나 전문인이 될 수 있도록 직업의 분화, 분업의 엄격한 기준을 설정하여 아무나 그 직에 머물 수 있다는 정신적 태도를 금지시켜야 한다. 성공적인 직업수행을 위해서는 협력하는 정신, 남의 일의 영역을 존중하는 풍토의 조성, 직업에 대한 만족할 만한 긍지를 느낄 수 있도록 후생대책도 강화시켜야 된다.

전근대적 직업윤리관을 청산하고 직업의 평등성, 사회적 관계성, 사회봉사적 역할 등 직업의 사회적 가치를 고양해야 된다.

결국은 국가의 인적자원개발은 건전한 직업교육의 실천과 일반화로 학교 교육기관에서 능동적으로 이의 중요성을 감안하여 적극적인 지도가 수반되어야 하며, 이러한 시책이 적재적소에서 능력을 기르는 인력양성 제도임을 널리 이해하고 협조하는 가운데 직업교육문제는 스스로 해결이 될 것이다.

5. 教育에 있어서 生活指導의 機能

생활지도는 교육에 있어서 분리할 수 없는 매우 밀접한 관계를 유지하고 있다. 일상생활에서 부딪치는 여러 가지 문제를 해결하려면 생활지도를 생각하지 않을 수 없다. 생활지도는 과거에서부터 현재에 이르기까지 유형무형으로 인간에게 많은 도움을 주어 왔다.

과거 수년 이래 생활지도가 교육의 중요한 과제로서 연구되기 시작한 것은 1908년 미국의 Frank Parsons가 직업지도운동을 전개하면서부터 시작되어 오늘에 이르러서는 생활지도의 모체가 되어 온 것이다.

흔히 말하기를, 옷에 단추를 끼울 때 처음 단추 구멍을 하나 잘못 끼우면 나중에 끼울 것이 없어 나머지가 생기듯이, 인간도 처음 잘못 발을 디디면 나중에 잘못된 방향으로 빠져나가게 되는 것은 이미 잘 알고 있는 사실인 것이다.

또 한 가지 생각나는 일은 어떠한 환경에 놓여 있느냐에 따라 방향과 결과가 다르게 나타나는 일을 볼 수가 있다. 즉, 환경의 중요성을 생각한다.

예를 들면, 쌀이 산더미처럼 쌓여 있는 곳에 사는 쥐가 있다고 하자. 이 쥐는 평생 동안 먹이를 걱정 안하고 잘 먹을 수 있는 환경을 가지고 있다고 보겠다. 반면에 어느 쓰러져 가는 조그만 집에 살고 있는 쥐는 먹을 것이 없어 찾아 헤매어도 별 수 없는 경우를 우리는 목격할 수 있다.

그러므로 교육에 있어서는 주어진 환경이 우수해야 하겠고, 방향설정에 있어서 올바른 포석이 필요한 것이다.

현대사회는 과거 어느 때와 달리 급격한 변화 속에 움직이고 있다. 인간은 이러한 복잡 다양한 산업사회에서 내일의 보람을 위해서 부단히 노력하고 있다. 그런데 무조건 노력만 가지고는 원만하게 만족하고 행복한 삶을 유지하기 어렵다. 여기에는 과학적이고 조직적인 방법을 찾아 수련하지 않으면 패배하고 말게 된다.

교육은 인간의 성장 가능성을 최대한으로 이끄는 작용이다. 생활지도는 교과지도와 함께 인생행로를 바람직하게 인도하는 안내자의 구실을 하고 있다. 그런데 얼마만큼 교육에 있어서 생활시도를 중요하게 생각하고 있느냐에 대한 물음에 있어 확고한 대답이 묘연하다. 필자는 이러한 물음에 해답을 내리고자 하며, 교육에 있어서 생활지도의 중요성과 그 기능을 살펴보고 생활지도야말로 인간형성의 지름길이 되는 것임을 강조하고자 한다.

인간은 언제나 문제를 지니고 있다. 인간은 끊임없이 이와 같은 문제를 가지고 해결하려고 노력하며, 도움을 얻으려고 온갖 정성을 기울이고 있다.

오늘날 인간들은 20년, 50년, 100년 전에 가지고 있었던 문제보다 더 심각한 문제를 지니고 있으며, 과거는 아름답고 현재의 세대는 불행하다고 불평을 한다. 그러나 과거는 과거 나름대로. 역시 문제를 지니고 있었지만 복잡한 현대처럼 문제가 심각한 일은 없었다. 그러기에 문제해결방법이 진보하게 되었고, 전문적 조력활동을 전개하게 되었다.

20세기 후반에 접어들면서 전 세계는 급격한 사회변화와 함께 과학, 공업, 산업, 의학교육이 발전됨에 따라 인간은 신체적, 정신적, 사회적, 문화적으로 많은 혜택을 받고 있다. 물질적으로 윤택함과 아울러 매스미디어의 발달은 대중문화가 지배하는 사회로 변형시킴과 동시에 사회풍조는 적당주의, 환경성, 기회주의, 개인주의, 무기력과 애상적 금전만능의 사회윤리가 사회의 순화에 도전을 하고 있다. 이러한 사회적, 교육적인 관점에서 볼 때 생활지도는 어떠한 영역에 걸쳐 침투되어 교육을 시켜야 하는 문제가 시급하게 된다.

생활지도는 사람마다 다른 각도에서 의미를 달리하고 있다. 아직까지 우리는 생활지도를 문제아를 지도하는 행실 면에만 관점을 두고 생각해 왔는데, 이것은 생활지도의 전면적인 뜻을 파악하지 못한 데 기인하는 것이라고 본다. 그러므로 생활지도는 학생을 대상으로 지도하는 것이다.

생활지도는 어디까지나 학교와 가정과 지역사회에서 최대한으로 적응하기 위하여 필요한 자기이해와 자기지도(self-direction)를 할 수 있도록 개인을 돕는 과정이다. 이와 같은 목적을 달성하기 위하여 학교 생활지도 프로그램은 ① 학생들에 대한 조직적이고 포괄적인 연구를 해야 하며, ② 학생들에게 그들 자신과 교육적, 직업적, 사회적 및 개인적 적응의 기회를 제공하고, ③ 상담을 통하여 개인을 최대한으로 도울 수 있는 기회를 주며, ④ 학생들의 요구를 충족시키도록 하기 위해서 학교직원, 학부형, 지역사회 기관에 대한 조사·연구, 정보활동 및 훈련을 쌓도록 해야 한다.

그러나, 이와 같은 봉사활동은 협동적으로 학교지원 및 교사, 카운슬러의 노력과 이해, 협조적인 가정의 지원, 교회 및 지역사회 제반기관의 협조 없이는 크나큰 효과를 기대하기 어렵다.

생활지도 활동은 학교의 모든 교육활동과 마찬가지로 학생 개개인의 건전한 성장, 발달을 극대화시키고 그들의 잠재능력을 개발해서 현재는 물론 장차 어떠한 난관에 봉착하더라도 그것을 그들 자신의 힘으로 유효적절하게 해결해 나갈 수 있도록 힘을 길러주는 활동이다. 즉, 학생들이 일상생활에서 당면하는 여러 문제, 예를 들면 가정적, 교육적, 직업적, 신체적, 정서적, 성격적, 종교적, 오락적인 여러 문제를 자력으로 해결하도록 지도하기 위한 조직적인 봉사활동인 것이다.

본래 교육이라는 작용은, 새로운 지식을 가르치는 "교(敎)"라는 기능과 학생 개개인이 지니고 있는 잠재능력을 최대한으로 발전시키려고 하는 "육(育)"이라는 기능이 서로 보완하여 유기적인 관계를 유지하고 조화 있게 작용할 때 소기의 성과를 거둘 수 있는 것이다.

Miller는 생활지도를 다음과 같이 정의하고 있다.

① 생활지도는 모든 학생을 대상으로 한다. 즉, 부적응아 및 지진아를 대상으로 지도하는 것이 아니라 모든 젊은 학생은 도움을 필요로 한다.
② 생활지도는 학생들이 학교에 입학하기 전부터 시작하여 졸업한 후에도 계속 지도되어야 한다. 따라서 생활지도의 특성은 문제중심이나 치료적이고 고립적인 문제에 집착한다기보다는 발전적이고 예방적이며, 계속적인 지도에 초점을 두고 있다.
③ 생활지도는 학생지도과정으로 모든 영역에 걸쳐 관련이 되어야 한다.
④ 생활지도는 자아발견과 자기발전을 하도록 북돋아 주어야 한다.
⑤ 생활지도는 학생과 학부형, 교사, 행정가, 생활지도 교사를 포함하는 협동적인 사업으로 전개하여야 한다.
⑥ 생활지도는 전체 교육과정에 있어서 가장 중요한 위치를 차지하고 있으므로 매우 중요하게 인식하고 고려되어야 한다.
⑦ 생활지도는 개인과 사회에 대하여 책임을 져야 한다.

생활지도는 황응연도 제시한 것처럼 모든 대상, 자율적인 지도능력의 함양, 처벌보다 선도 내지 예방지도를 앞세우며, 치료나 교정보다 예방에 역점을 두고 있다.

생활지도 전문가의 견해를 몇 가지 들어보아 확고한 의미를 살펴보면 다음과 같다. Arthur Jones는 "생활지도란 현명한 선택과 적응을 위해 개인에게 주는 조력을 의미하며, 이와 같은 선택은 생동적이 아니므로 지도가 필요하다"고 보고 있으며, A. E. Traxler는 개인의 능력과 흥미를 이해시키고 가능한 정도까지 최대한으로 발달시키고, 생활의 목표와 관련시켜 최후로는 민주적 사회의 바람직한 시민으로서 원숙한 자기 지도가 될 수 있는 상태에 도달시키는 것이 바로 생활지도라고 말하고 있다.

Strang은 생활지도를 개개인의 가능성을 발견하고 그 자신의 노력을 통하여 그의 개인적인 행복 및 사회적 유용성을 목표로 하여 그것을 발달시켜 나가는 과정이라고 언급하고 있다. 이 영역은 "생활지도는 한 학생이 자신의 본래의 성격을 정확히 파악하고 문제해결을 위한 이해와 통찰을 가짐으로써 보다 안정되고 통합된 성장을 할 수 있도록 도움을 주는 과정"이라고 한다.

위와 같이 여러 학자들의 견해를 종합해 본다면 생활지도는 개인이 지닌 소질, 흥미, 능력, 적성 등을 발견하고, 이들의 자율적 성장과 발전을 도와가며 현명한 선택과 적응을 통하여 모든 문제를 효율적으로 해결하여 보다 행복한 인간, 유능한 인간, 자기성숙을 위한 인간으로 성장할 수 있도록 돕는 제반 활동이라고 볼 수 있다.

생활지도에 관한 전문서적을 읽는 독자가 가끔 학생을 위한 조직된 집단활동을 지원하는 증거에 비중을 과소평가하는 경향이 있었다. 그 후에 얼마 안 가서 그 독자는 우리가 50여 년 전에는 생활지도가 필요치 않았는데 오늘날에 있어서는 왜 그러한 활동이 필요한가에 대한 질문에 충격을 받고 있다. 이러한 상태에 비추어 생활지도 활동의 필요성을 야기 시킨 중요한 조건에 대하여 생각해 볼 필요가 있다.

생활지도의 필요는 우선 개인적, 사회적 내지 국가적 측면에서 찾아볼 수 있는데 공통적인 문제를 묶어 그 필요성을 강조하고자 한다.

1) 學生人口의 增加

증가하는 교육의 성취도에 대한 사회의 요구가 중등학교 내지 초등학교, 대학교 학생인구의 증가를 가져오게 되었다. 과거의 교육은 주로 상류계급의 자녀들에게만 국한했던 시절에 비추어, 현대사회는 교육의 기회가 8·15 해방과 더불어 우리나라의 양적인 교육의 팽창은 어떤 다른 나라보다 더 유래를 찾아볼 수 없을 정도로 팽창일로에 놓여 있다. 예를 들면, 해방 35년 후인 지금의 학교 수, 학생 수, 교원 수를 해방 당시(1945년)에 비교해 볼 때 초등학교의 경우 학교 수 5배, 학생 수 10배, 교원 수 6배로 증가하였으며, 중등학교의 경우 학교 수 15배, 학생 수 19배, 교원 수 14배로 증가하였다. 고등교육기관인 대학의 경우, 학교 수 218교(전문대 120개교 포함)로 급격한 팽창을 가져와 15배의 증가, 학생 수 25배, 교원 수 9배의 증가 등 양적인 팽창은 생활지도상의 문제점의 대상으로 생각하지 않을 수 없다. 이러한 기하급수적인 변화는 교육의 질, 내용, 방법, 생활지도 면에 획기적인 변화를 이루지 않을 수 없게 되었다. 이와 같은 요소들이 학교제도에 존재하는 한 교육을 담당하고 있는 교직원은 물론 사회에 이르기까지 학생들의 교육의 기회균등과 개인차, 개별교육을 실시하는 수단과 방법에 크게 차질을 빚어내고야 말았다. 따라서 학생들이 당면한 문제는 학습에 관한 문제, 진학에 관한 문제, 직업 선택에 관한 문제, 교우관계, 이성간의 문제, 신체 및 건강에 관한 문제, 종교, 도덕, 윤리, 가치관

등 이루 헤아릴 수 없는 문제가 속출하여 학생들의 교과교육을 포함한 여러 가지
생활에 관한 문제를 야기하게 되었다.

2) 직업양상의 변화

자동화 시대는 복잡성과 급격한 변화의 시대이다. 이러한 변화가 우리에게 놓여
있고, 과거 10년, 20년 전에 없었던 많은 문제를 지닌 학생들이 나타나게 되었다.
20세기 산업의 고도성장으로 말미암아 직업의 변화도 다양하고 그 수도 급격한 증
가를 가져왔다.

해방 후 우리나라의 직업의 분야가 2천 3백 정도(1957년 통계)였으나 지금은 1
만여 종으로 불어났으며, 미국의 경우 직업사전에 의하면 2만 4천 종이 지금은 3만
5천에서 5만여 종에 육박한다고 한다.

이와 같이 직업의 종류가 과거에는 단순하고 수동적 상태가 지금은 복잡하고 자
동화, 고도화, 복잡화 되어 학생들에게는 크나큰 직업선택의 혼동과 갈등을 빚게 되
었다. 더욱이 매스 미디어의 확장과 발달, 교통의 발달은 생활의 거리, 문화의 간격
을 단축시켰고, 인간의 사상의 범위를 확대시켰다.

3) 社會樣相의 變化

오늘날의 사회질서는 농경사회에서 발견된 단순한 생활이 아니다. 물질문명의 발
달로 말미암아 인간의 생활수준은 향상되었고, 의학의 발달, 교육의 기회도 넓어졌
지만 가치관의 변화, 인권존중, 책임완수, 준법정신, 봉사와 협동 등 민주사회가 요
구하는 변화가 다양해졌다.

인구의 도시집중화와 가족구성의 변동, 가족기능의 변화 등 우리가 살고 있는 20
세기는 사상적 대립, 정치·경제적 불안정, 성도덕의 퇴폐, 신앙 없는 생활, 인간성
의 소멸, 분파주의, 끊임없는 전쟁위기 등에 휘말려서 계속 불안한 상황 속에 살고
있다.

4) 個人差의 強調

민주주의 사회에서는 국민에 의한, 국민을 위한, 국민을 토대로 한 정치사회이다. 심리학을 바탕으로 여러 가지 표준화 검사의 발달과 진보주의 교육의 영향으로 교육은 생활, 사회적 과정, 성장, 경험의 재구성이라는 교육이념 아래 개성을 존중하는 교육이 강조되고 또 강화되었다. 따라서 흥미와 적성, 능력, 태도를 위주로 하는 개성존중 사회가 팽배해감에 따라 교육도 개인차를 존중하고 인정하는 방향으로 기울게 되었다.

종합적으로 말하면 생활지도의 필요는 급격한 학생인구의 증가, 직업양상의 변화, 개인차의 존중, 사회적 양상의 변화, 가정 및 학교의 연대 강화 등에서 기인되고, 더욱이 사회의 복잡화, 다양화, 전문화에 따르는 현상에 재빨리 적응하고 순응할 수 있도록 지도하는 데 그 필요성을 느끼게 된다.

그러면 교육에 있어서 생활지도의 기능은 무엇이라고 말할 수 있을까? 여기에 대한 해답은 뚜렷하게 밝힐 수가 있다.

생활지도의 의미는 앞서 언급한 바와 같이 교육의 기능 중에서 교과교육과 생활지도로 분류할 수 있었고, 생활지도는 자기 발전과 자기향상에 도움이 되는 방향을 모색하는데 있으며 개인을 돕는 데 의의가 있다.

자기의 능력과 흥미, 태도, 가치관에 알맞은 방향제시와 이에 적응할 수 있는 기회를 일찍이 발견해 주는 데 생활지도의 기능이 크게 담당해야 할 분야이다. 한번 발을 잘못 디딤으로써 영영 돌이킬 수 없는 현실에 얽매여 미래의 생활에 행복하지 못하고 불평과 불만 속에 헤매이는 사람이 얼마나 많은가? 이런 관점에서 볼 때 생활지도야말로 바람직한 인생행로의 길잡이가 되고, 행복한 직업생활을 위한 토대를 마련하는 데 기본이 된다고 볼 수 있다.

예를 들면, 대학을 선택하고 전공과목을 선택하는 데 있어서 올바른 생활지도가 고등학교에서 이루어졌다면 방황하지 않고 능력에 적합한 전공과목을 택하여 지원해야 할 것인데, 무조건 대학에 입학을 해야겠다는 단순한 생각에 흥미와 적성을 고려하지 않고 무턱대고 아무 전공에나 지원하는 학생들의 예를 현실에서 많이 찾아볼 수 있다. 자기에게 주어진 환경능력은 생각지 않고 막연하게 선택한 전공학과에 불만을 품고 허송세월하지 않도록 미연에 방지하는 역할이 바로 생활지도의 역할이라고 할 수 있다. 생활지도를 단순히 문제아 지도란 개념으로 생각하는 과거의 사고방식을 버려야 할 것이다. 생활지도는 모든 교육의 구심점이 되어야 한다. 인생행로의 길잡이요, 개인의 능력을 최대한으로 살려 적재적소에 알맞은 방향제시 역할을 해야 한다. 이러한 역할을 충실하게 이행하기 위해서는 숙련된 전문가인 생활지도교사를 양성하고, 각급 학교에 전문적 생활지도 활동을 위한 시설과 중요성을 인식하도록 적극적인 계몽이 필요하다. 생활지도는 초등학교나 중학교, 고등학교 수준에서만 필요한 것이 아니고 대학 수준에서도 절대로 필요한 것이다. 뿐만 아니라 일반사회 및 가정에서도 필요하다. 부모의 직업교육 정도, 경제적 수준, 부모의 자라온 환경, 부모의 가치관과 강조점, 흥미와 태도, 접근방식에 따라 자기자녀에게 지대한 영향을 미쳐 인생행로의 방향을 시사해 주기 때문이다.

그러므로 부모의 영향력이 자녀에게 독보적인 존재로 군림하게 되므로 부모의 과거 경험, 가치기준, 직업적 환경에서 느껴 온 판단기준에 따라 자식에게 미치는 영향력이 크게 작용하게 된다. 따라서 학교에서는 전문 카운슬러의 조직적인 활동범위에 개인상담, 진학상담, 취업상담 및 학생생활과 사회적응에 필요한 상담을 포괄적이고 광범위하게 지도하는 활동 외에 학부형들이 생활지도도 아울러 겸해야 바람직하다.

여기서 한 가지 짚고 넘어가야 할 문제는, 대학에 있어서 생활지도의 기능을 언급해야 되겠다. 오늘날의 대학은 장차 국가의 훌륭한 지도자가 되게 하는 중요한 교육기관이다.

더욱이 전문적 지식을 갖춘 직업인의 양성이 필요하게 되었다. 이미 고등학교에서 방향을 결정하여 대학에 들어 왔다고 하여 진로가 확실하게 정해진 것은 아니다. 다년간의 대학생활을 통하여 자기의 전공과목을 충실하게 마스터하는 과정 중에서 보다 실질적인 대학생활을 하기 위해서는 전문가인 교수와의 끊임없는 접촉과 대화를 통해서 자기충실을 기하도록 노력하는 일이다. 대학의 생활지도는 우선 학생지도연구소의 효율적 운영에 기대를 걸어야 할 것이다. 가이던스 센터라고 하는 전문기관에서는 학생들의 문제, 즉 강의 시간에 대한 능력부족 및 부적응의 문제, 졸업 후의 취직문제, 이성문제, 인생에 대한 인식문제, 동료간의 적응문제, 교수와 학생 간의 문제, 사회에 대한 적응문제 등 수많은 문제를 안고 고심하고 있는데, 이를 해결해 주기 위한 방법으로서 가이던스 센터를 보다 폭넓고 개방적으로 공개하여 누구나 이용하고 신뢰할 수 있는 기회의 제공, 많은 정보자료의 활용과 보급의 문제를 배려해야 된다. 이처럼 생활지도는 교육활동의 구심점으로서 인생의 방향결정의 촉진제가 되는 것이다.

6. 靑少年 善導對策과 方案

청소년은 인생의 꽃이요, 제2세 국민으로서 이 나라의 장래를 짊어질 일꾼이다. 청소년들이 건강하고 씩씩하게 자라야 그 국가가 튼튼하고 굳건한 터전을 이루게 되고 발전되는 것이다.

청소년에 대한 관심은 비단 일선 교육자뿐 아니라 가정의 부모나 사회의 여러 단체 등 모든 일반 성인들이 매우 주의 깊게 여겨 보고 있으나, 신문지상이나 라디오, TV 등의 매스 커뮤니케이션이 청소년의 비행과 절도, 폭행, 범죄 등 문제가 심각하다는 보도를 함으로써 일반사회에서는 온갖 신경을 곤두세우게 되었다. 청소년보호육성회, 중앙 청소년 보이스카우트, 적십자사, 유네스코 등과 같은 사회단체에서는 여기에 관한 각별한 연구와 지도대책과 보호에 관하여 세심한 관심을 기울이고 있는 형편에 있다. 교육기관인 초·중·고등학교에서도 학생지도대책에 관한 특별한 프로그램과 선도대책을 강구하는 등 사려 깊은 배려가 뒤따르고 있다.

그러나 어찌하여 이처럼 청소년에 대하여 유달리 신경을 쓰게 되는 이유는 무엇인가? 말할 필요도 없이 우리 청소년들은 우리의 조국, 대한민국의 장래를 짊어지고 나갈 내일의 주인공들이기 때문이다. 따라서 이들을 훌륭하고 건전한 인재로 육성하는 일이야말로 국가적 기본 과제라고 하겠다.

1970년대 우리나라 사회의 급속한 고도산업화와 사회계층의 전문화 및 다원화는 오늘의 청소년 문제를 더욱 복잡하고 다기화 시키는 경향이 있다. 더욱이 대도시 인구집중으로 850만 명의 포화상태에 이른 세계 제일의 인구밀도와 220만 명의 학생인구를 수용하고 있는 수도교육에 폭발적으로 증가하고 있는 몰가치적 매스 미디어 및 인쇄매체의 홍수는 오늘의 우리 사회에 선진국형의 청소년 폭행 및 성 범죄를 심각하게 유발하고 있어, 이제 사회적 차원을 넘어 범국가적 차원에서 새로운 청소년관을 정립하고 우리의 전통 문화사회에 이들을 적응시킬 장기적이고 거시적인 교육정책과 생활지도대책이 시급히 요청되고 있는 실정이다.

특히, 우리의 학교교육의 현실은 인문계 고등학교 졸업생의 대부분이 대학진학을 희망하고 있으나, 그 과반수도 상급학교에 입학 수용되지 못함으로써 이들 탈락된 학생들의 진로문제가 절실한 사회문제로 부각되고 있다.

따라서, 학교라는 성지의 울타리 속에서 보호받고 꿈을 키워 나가던 이들 학생들이 진학이란 대학사회에 첫 발을 내딛는 순간부터 마음에 깊은 상처를 받고 있다는 데 더 큰 문제점이 있는 것이다. 만일, 많은 수의 탈락될 가능성이 있는 학생들에게 적절한 진로교육을 통해 그들의 능력과 적성에 알맞은 길을 찾아 주고 급증하는 기능인력 수급에 수용할 수 있다면 국가와 사회에 크게 공헌할 수 있으리라고 본다. 그러나 문제의 핵심은 어떻게 이들에게 진로의 정착을 위해 방황함이 없이 빨리 진로결정을 결심케 하고 이를 행동으로 옮길 수 있게 유도할 수 있는가에 달려 있다.

청소년 교육기관은 학교교육기관의 기능과 역할만 가지고는 충분한 지도가 불가능하기에 사회단체에서는 청소년들을 위하여 물심양면으로 협조하고 있다. 그러나 협조와 지도만으로 불충분하여 국무총리 산하에 청소년 보호육성회를 승격시켜 보다 활성적이고 적극적인 지도대책을 강구하기 위하여 국가에서 제도적인 장치를 한 것은 더욱 보람된 일이요, 마땅히 보호책임을 느껴야 될 것이라고 생각한다.

그러나 제도적인 장치만 마련되었다고 문제가 해결되는 것은 아니다. 청소년에 관한 이해와 연구와 협동적인 책임하에 돌볼 수 있는 인적자원이 확보되어야 하고, 현실 사회가 그들의 욕구 충족에 알맞은 시설이나 교육환경을 구비해 주어야 할 것이며, 최대한의 복지와 불만에 대한 요소를 수용, 해결될 수 있는 제반 여건을 갖추어 주어야 한다.

이러한 문제를 중심으로 하여 청소년의 특징과 청소년이 가지고 있는 문제는 무엇인가를 살펴보고 이에 대한 선도대책을 마련해 보고자 한다.

1) 靑少年의 特徵

청소년기는 청년기에 해당하며 3기로 나누는데 전기는 12~15세로 중학교 시절을 말하며, 중기는 16~18세로 고등학교 시절, 후기는 19~22세로 대학교 시절을 의미한다. 이 시기에 해당하는 청소년 인구는, 1980년도 집계에 의하면 총 인구 3,820만 명중 57.1%인 2,182만여 명이나 된다. 이처럼 전체 인구의 과반수를 차지하는 청소년들의 장래에 대한 교육과 지도대책은 시급한 과제이며 교육의 핵심이 된다.

청소년은 급격한 신체의 발달과 성숙의 촉진에 의해서 자아의식이 싹트면서 기성 세대에 심리적으로 반항의식을 가지는 시기이다. 성인에게 의존해서 살았던 아동기의 타율에서 자율로, 의존에서 독립으로, 동조에서 저항으로, 긍정에서 부정으로 변모해 가는 정신적 특징을 지니고 있다.

이 시기에 두드러진 특징은 그들의 신체적 불균형이다. 뿐만 아니라 인생의 황금기로서 가장 순수하고 꿈이 많은 시기이며, 생리적으로 2차 성징(性徵)과 이성 및 성(性)에 대한 강한 관심을 불러일으키는 변화가 빈번한 감수성이 풍부한 때이다. 이러한 신체적, 정서적 환경에 놓인 청소년들은 매우 현실적이고 공리주의적이다.

부모나 교사나 어른들에 대해서 비판적이며, 기성세대에 대해서 불신하는 태도를 가지고 있다. 자기형성의 이상이 약하고 미래 시간 전망이 짧고 서두르고 성급하며 초조하다. 매우 자기중심적이고 이기적이며 주체성이 발달되어 있다.

이와 같은 청소년들의 내적 문제 특징을 요약한다면, ① 신체적 변화, ② 불안한 성, ③ 노도와 같은 격동의 정서적 변화, ④ 책임감, ⑤ 새로운 세계에의 도전, ⑥ 자기의 장래, ⑦ 가정과 사회에서의 부적응 등 사회적, 경제적 환경의 차이에서 오는 부적응 등 갈등이 해소되지 못한 채 대중사회로 접근하고 있다. 사회풍조가 날이 갈수록 적당주의, 기회주의, 개인주의의 팽창과 금전만능주의, 현실 안일의 사회윤리로 팽배해 감에 따라 감수성 높은 이들은 수용하기에 바쁘고 소화불량증에 걸려 고민을 안고 있는 실정이다. 미국의 캘리포니아대학 심리학 교수는 청소년의 발달과정 속에서 16세~22세까지를 통제에서 벗어나는 "도망의 시기", 또는 여러 가지 삶의 가능성을 찾는 "탐색의 시기"라고 했다. 이처럼 이 시기야말로 인생에 있어서 어려운 시기임을 인식할 수 있다.

2) 靑少年의 問題들

중·고등학교시기에 있는 청소년은 다른 시기에 비하여 많은 문제점을 가지고 있다. 우선 심리적 발달과정으로 보아 정서적으로 불안하고, 사회적 발달에 있어서 독립성을 추구하고, 가치관 형성에 있어서 기존의 가치체계를 재구성하는 활동적 시기이기 때문에 변화의 심도가 심한 점이 많다.

그 문제들을 대략 몇 가지로 간추려 소개한다면, ① 학업상의 문제, ② 교우관계 문제, ③ 개인적 적응의 문제, ④ 가치관의 문제, ⑤ 장래의 문제, ⑥ 이성의 문제, ⑦ 부모의 기대와 역할의 문제, ⑧ 성격의 문제, ⑨ 결혼, ⑩ 경제문제, ⑪ 종교와 신앙, ⑫ 인생문제 등 무수히 많은 고민과 번민 속에 갈등을 가지고 있다.

이러한 복잡한 새로운 환경에 접근함에 따라 어떻게 대처해 나갈 것인가에 적응이 큰 문제점으로 부각되어 있다. 따라서 자기가 처해 있는 신체적, 정서적, 사회적, 문화적 환경에 비추어 부딪치는 여러 가지 문제들을 풀어 나가기에 너무 벅차고, 욕망과 의욕이 강하나 뜻대로 이루어지는 일이 별로 없을 때 심리적 갈등이 작용되고 문제해결에 노력하게 된다.

그러나 어느 누구든지 간에 위에 열거한 모든 문제를 순조롭게 완전히 해결하기는 어려운 것이다. 그렇지만 청소년들은 이런 것을 모두 자기의 것으로 만들려고 애쓰려 하는 가운데 목적이 달성되지 못하거나, 전혀 가망성이 없을 때 회의를 느끼고 열등감에 사로잡혀 퇴행적 행동이나 현실 도피 또는 과격한 행동으로 표현이 된다. 성취욕구에 돌진하다 보니 사리판단을 모르고 과격한 행동으로 치닫게 되어 문제성을 일으키게 되는 것이다.

이러한 청소년의 특징과 문제점을 바탕으로 이를 해결하기 위해 몇 가지 선도대책을 논하고자 한다.

3) 靑少年의 善導對策

(1) 家庭敎育의 充實

부모들은 자녀를 나무라거나 꾸짖기에 앞서 모범이 될 수 있는 정상적인 태도를 지녀야 한다. 효를 받기에 앞서 예를 받을 만한 투자가 절실하다. 즉, 살신성인의 의를 걷기에 앞선 정풍(整風)작업이 필요하다. 우선 부모간의 화목한 관계와 평화스런 가정의 분위기를 만들어야 한다.

아버지는 밤늦게 술을 마시고 귀가하고 어머니는 외출이 잦아 자녀를 따뜻하게 돌볼 시간이 없어 외로움을 느끼거나, 소외된 상태를 느끼는 감정을 갖지 않도록 미연 방지에 힘을 기울여야 된다.

비행이 잦은 청소년의 가정을 보면 대개가 부부간의 불화, 별거, 이혼 또는 편모, 편부 슬하에서 고독을 느끼거나 반감을 사는 경우, 탈선된 행동으로 나오기 쉽고, 가출이나 또래 집단끼리 모여 다니다 보면 못된 행동을 모방하기 쉽고 쉽사리 빠지기 쉽다. 일반가정에서 안정된 분위기에서부터 소외된 학생들은 딴 곳에서 찾으려고 애쓰기 때문이다.

따라서 청소년 지도의 일차적 책임은 가정교육에서 이루어지는 것이다.

공자의 말씀에 "소인(小人)의 한거(閑居)에 유불선(有不善)"한다는 명언이 있음을 상기하여야 한다. 즉, 한가하면 나쁜 일을 저지르기 쉽다는 것이다. 활달한 청소년들이 가만히 앉아 있을 수는 없고, 무언가 활동성 있는 일을 좋아하므로 가정에서 만족을 찾지 못하면, 가정 밖에서 찾으려고 애를 쓴다. 이러한 점을 생각해 볼 때 부모들이 자녀에 대한 지대한 관심을 기울이고, 그들이 원하는 바가 무엇인가를 재빨리 알아내어 대처하는 노력이 필요한 것이다.

한 가지 미국의 어느 고등학교의 예를 들어 보자. 그 학교는 우연하게도 이혼한 부모들의 자녀가 많이 모인 집단의 학급이 많이 있었다. 그 학교 카운슬러의 고충은 이 이산된 가정(broken home)에서 학생들이 대부분이므로 말썽이 많고 문제를 일으키는 일이 많다고 한다. 그리하여 이들이 생활지도상의 애로가 많다는 얘기를 유학시절을 통하여 실제로 들었던 기억이 난다. 다시 말하면, 결손가정이나 경제적으로 너무나 빈곤하여 어려움을 느끼는 가정도 흔히 이런 문제에 부딪치게 된다. 그러므로 청소년은 반드시 학교교육에서 선생님만이 지도할 수 있고, 또한 지도하는 것이라는 과거의 고정된 관념을 씻어버려야 한다. 청소년의 비행이나 어떠한 문제가 발생되었을 때는 그 집의 가정환경과 교육적 태도, 관심 여하에 달려 있다는 것을 명심해야할 것이다.

그러므로 가정에서의 부모의 역할이 청소년의 이탈행위, 가출, 비행, 폭력배, 소외감, 감정의 갈등, 욕구불만 등의 해결이 일차적인 환경이므로 솔선수범하여 자녀들에 대하여 책임질 수 있는 여건을 마련해야 한다.

(2) 靑少年을 위한 社會福祉 施設 및 敎育制度 擴充

청소년을 위한 서비스 프로그램의 여러 가지 활동을 전개시켜 주는 것이 필요한 것이다. 즉, 청소년 상담소의 설치, 직업상담 및 교육상담 지도사업, 직업훈련사업의 보급, 산업복지사업, 레크리에이션 사업, 사회복지관, 청소년회관, head start와 비슷한 사업의 개발, 교육영화관, 풍치 좋은 공원의 확보 등 학생들의 여가활동을 마련하여 제공해 주는 일이다.

우리의 외적 환경, 즉 사회환경은 청소년들이 마음껏 뛰놀며 정서적으로 안정된 생활의 장이 준비되어 있지 못하다. 뿐만 아니라 젊음을 만끽하고 스트레스를 해소할 수 있는 활동의 여건을 만들어 주어 욕구불만의 해소, 이상적인 꿈을 펼 수 있도록 청소년들의 광장을 보급하며, 비전을 키울 수 있는 교양교육의 기회를 확대시켜야 한다.

다시 말하면, 여가의 선용시간을 충분하게 제공해야 된다. 현재의 실정을 보면 청소년이 갈만한 곳이 없으며, 놀 수 있는 마땅한 장소나 대화를 나누고 사색할 수 있는 적당한 곳이 없다는 것이다.

그러므로 어린이 회관, 청소년 회관, YMCA, 청소년 적십자, 보이스카우트 등의 활동에 많은 기대를 걸어야 하며, 보다 많은 청소년 회관 같은 시설을 늘려야 할 것이다.

현재와 같은 청소년회관 시설은 아직도 소수의 학생만이 참여할 수 있고, 매우 불편한 행정절차와 프로그램이 학생들의 욕구충족에는 미흡한 정도이다. 따라서 지역사회 근처에 학생들이 손쉽게 드나들면서 여가 선용할 수 있는 시설의 보급이 필요하다.

즉, 마을문고를 설치하여 청소년들이 마음껏 독서할 수 있는 환경을 만들어 주고, 교육적인 프로그램을 만들어 젊음을 구가할 수 있는 대화의 광장, 활동하면서 즐길 수 있는 오락시설, 청소년들을 위한, 적극적인 사고방식을 가지도록 성공사례 등에 관한 저명한 인사들의 교육적 강연 등을 널리 실시하여 잠시도 한눈을 팔지 말도록 교육기회의 시간을 공급하여야 한다.

또한, 한국인의 긍지와 자부심을 느끼고 일상생활에 부딪친 일에 전념할 수 있도록 국가관을 확립시키는 교양 프로그램을 실시하는 것도 좋은 방안임에 틀림없다.

(3) 靑少年 政策

청소년들을 위한 사회정책의 기본방향은 문제청소년에 대한 비판이나 처벌보다 어떻게 사랑하고 아끼며 보호 육성할 것인가에 연구과제가 모아져야 한다.
청소년 교육에서 해결될 과제는 인간화이다. 현대는 사람됨이 문제가 아니고 개인의 능력이 존중된다고 한다. 아무리 훌륭한 인간성을 지니고 있다고 해도 무언가 해낼 수 있는 능력이 없으면 결코 환영받을 수 없을 뿐 아니라, 바보 취급을 받을 수밖에 없다.

발전과 근대화를 지향해 나가고 있는 우리의 사회에서 젊은이들의 인간화 교육이 어느 정도 잘 될 수 있는지 의문이 아닐 수 없다. 이러한 관심 위에서 사회의 모든 청소년 정책이 세워져야 한다.

청소년 문제의 주요 원인이 되는 사회문제를 제거해야 한다. 사회는 청소년들의 거울이 될 수 있도록 건전해야 된다. 그것은 사회적 부조리와 교육의 탈도덕성을 바로잡는 일이다. 청소년 문제는 사회문제와 매우 밀접하게 관련이 되어 있다.

청소년 문제는 사회 전체적인 문제의 일부로서 다른 부분과의 유기적인 관련에서 고찰되어야 한다. 그 문제는 최근 강조되고 있는 사회 평생교육의 일부분으로 고려되어야 한다. 건전한 청소년상의 정립을 위해서 사회는 부단히 노력해야 된다.

역사와 국가에 건전한 의식을 갖고 급변하는 현대 산업사회에 적응할 수 있는 진취성과 창의성과 고차원의 올바른 세계관을 갖도록 노력시켜야 한다.

단순히 서구의 외적인 문물에 도취되어 맹목적인 모방이나 추종을 해서는 안된다. 우리나라의 사회·경제적 여건과 문화적 환경 및 전통에 알맞도록 취사선택하여 올바른 것만 선택하여 우리의 것과 동화시켜 적응토록 지도하는 것이 바람직한 일이라고 본다.

(4) 청소년을 위한 社會團體活動

청소년의 올바른 지도와 자율적 성장을 위해 청소년 단체 활동은 중요한 과제이다. 따라서 정부는 민간단체활동을 적극 지원·육성해야 하며, 민간단체와 정부 사이에는 언제나 긴밀한 유대와 관계를 유지하도록 노력해야 한다.

그러나 현재까지 청소년 단체의 활성화가 부족한 상태를 면치 못하고 있는 실정이다. 우리나라에는 교육, 종교, 문화, 복지, 봉사, 기타의 목적을 위해 국내적으로나 국제적으로 조직된 민간단체가 20여 개나 되며, 개별적인 교외 클럽이나 서클활동에 대한 활동은 상당히 많이 있지만, 그 단체의 활동은 아직 그 영향이나 효과가 크지 못하다.

상급학교에 진학할 수 없고 교육의 혜택을 받지 못하는 청소년들에게 국가의 혜택이 부족한 편이다. 이들에게 주경야독하는 기회를 부여해야 될 것이고, 적재적소에 알맞은 교육 프로그램, 즉 야간공개강좌를 통하여 이수토록 하고 똑같은 학력을 인정하여 열등감을 배제할 수 있는 정신교육을 강화하고, 이들에게 사회적·경제적 대우도 차이가 없도록 제도적인 뒷받침이나 장치를 마련해야 한다.

현재 학생들의 청소년 단체 활동의 과제를 간추려 보면,

① 학교는 학생들의 클럽활동을 공개적으로 강화하고, 반드시 지도교사의 적극적인 지도와 참여로 활성화시켜야 한다.

② 공신력 있는 민간단체에서 이루어지는 활동에 대하여는 관계 기관에서 너무 지나치게 간섭하지 말아야 한다.

③ 학생 중심의 단체 활동에서 불우 청소년, 직업 청소년 등 특수상황에 있는 청소년을 위한 프로그램으로 청소년 단체 활동이 전환되어야 한다.

④ 단체 활동은 청소년의 다양한 잠재능력과 개인차를 고려, 개별적으로 존중하는 가운데 다양한 흥미와 요구에 부합되는 프로그램으로 이루어져야 하며 획일적 프로그램은 금물이다.

⑤ 언제나 국제적인 관심사로 시야를 넓히고 세계 속의 한국인임을 인식하여 국

제적으로 고립아를 만들어서는 안된다.

(5) 學校敎育의 內的 充實

학교교육에서는 교과교육에만 전념하지 말고 생활지도에 적극적인 관심을 두어 조화를 이루도록 해야 한다. 현재까지 진행되어 온 교육의 현실은 주지교과에만 치우치고 학생들의 생활환경 여건은 무시해 왔다.

교육성적만 올리는 지식편중의 교육으로 입시라는 관문에만 신경을 써 왔는데, 이를 탈피하여 개인의 성장과정과 적응문제에 세심한 관찰과 개별적인 진로 지도방향으로 전환시켜야 하겠다. 학생들의 흥미, 능력, 적성에 맞는 교육을 실시할 것이며, 개개인을 보호와 관심을 두고 안정감을 갖도록 개별 상담을 강화시켜 문제가 발생하기 전에 미리 예방하도록 예방지도가 필요하다.

최근 문교부장관도 직업교육을 강화하라고 교육계에 시달한 바 있지만, 학생들을 개인적으로 흥미, 능력, 적성을 파악하고, 이에 알맞은 적극적인 지도가 이루어져 개인적으로 낭비 없는 인력을 도모해야 하며, 인생의 목적이 분수에 알맞은 정도의 자기실현을 할 수 있도록 적재적소에 적응하도록 인간존엄교육을 강화하도록 해야 한다.

그렇게 이루기 위해서는 정상적인 교육과정과 활동에 총매진하도록 교사들의 지도력에 기대를 걸어야 한다. 교육의 질은 교사의 질을 능가할 수 없으니 교사들의 자질을 향상시키고, 오로지 교육에 전념할 수 있도록 사회적 경제적 대우를 아낌없이 베풀어 문제성 없는 학교교육이 본궤도에 오르도록 재정적 뒷받침을 해주면 자연적으로 교사들은 학생들 지도에 전념을 다하게 될 것이다.

그러면 학교교육의 충실화가 사회적 물의를 일으키는 여러 가지 문제점이 저절로 해소될 것이라 확신한다. 선국에 25만의 교직자가 일치된걸하여 학교교육에 충실을 기한다면, 청소년 문제점의 절반 이상은 해결될 수 있으리라 믿는다.

그러므로 문제성 있는 청소년들의 비행, 폭행, 절도, 강도, 성 문란 등을 책할 것이 아니라, 그들은 정상적인 학교교육에서의 교육적인 질의 교육이 부실하여 돌파구를 외부의 세계로 옮아간 것이라고 추측된다.

제5공화국에서는 교육의 질을 향상시키기 위하여 교사의 질을 높이는 작업으로 교원을 사회적·경제적으로 우대한다니, 자연적으로 이 영항이 학교교육의 질을 강화하게 될 것이며, 교육이 정상화 된 때 청소년 문제는 스스로 해결될 것이다.

7. 合理的인 賞과 罰의 指導方案

1) 賞의 意味와 罰의 意味

    교육이란 인간다운 인간을 형성하는 일이라면, 그것은 결코 쉬운 일이 아니라 인간에게는 인간이 되어야겠다는 의식이 있다.

    그러나, 그 뜻이 실지에 있어서는 뜻대로 성숙되기 어려운 많은 애로를 가지고 있다. 그러기에는 교수적(敎授的)인 측면만이 아니라 훈련의 측면을 수반하기 마련이다. 여기서 따르게 되는 것이 이른바 상이고 벌이다. 가장 적절한 상도 필요하지만 가장 적절한 벌도 필요한 것이다. 그런데, 얼마 전 문교 당국은 일선교육계에 지시하기를 일체의 벌을 금한다는 뜻이 전달되어 여러 가지로 논의의 대상이 되었던 것이 사실이다. 말할 나위도 없이 같은 값이면 꾸짖는 것보다는 칭찬하는 것이 좋다는 것은 상식에 속하는 일이다. 그러나 교육의 과정에는 실제에 있어서 칭찬만이 있을 수는 없으며, 정도의 차이는 있으나 교육목적 달성의 수단으로서도 최소한의 벌은 있을 수 있고, 있게 마련이다. 문교당국이 무엇 때문에 그와 같은 지시를 하게 되었는지도 짐작이 아니 가는 것은 아니다. 그러나 이유가 있다고 해도 그것은 일방적인 것이었다는 평을 벗어날 수가 없었기에 언론에서 많은 논란이 있었던 것이 아닐까?

    이런 뜻에서 교육에 있어서의 상과 벌을 한번 생각하고 넘어가는 것도 무의미한 일은 아닌 것으로 안다. 먼저 상에 대해서 말하면 철학적이라기보다는 심리학적으로 보아도 바람직한 것임은 말할 나위도 없다. 바람직한 행위를 했을 때에 그렇지 않아도 본인 스스로 흐뭇하게 느끼고 생각할 것인데, 칭찬을 해주면 그만큼 좋을 수가 없다. 더구나 경우에 따라서는 많은 사람의 .모범이라 하여 알리게 되면 진정 자신이 새로워지는 것 같고, 그 방면으로 적극적인 태도와 행동이 방향을 새로 잡아 나아가 더욱 잘하게 되는 마음이 생기게 된다. 사람마다 정도의 차이는 있으나 잘하는 일도 있고 잘못하는 일도 있다. 이때에 잘못하는 것은 아는 체하지 않고 잘하는 일은 발견하여 칭찬을 해주면 잘못하던 일에 대해서보다는 잘한 일에 더욱 적극적인 관심을 가지고 행위하는 사람이 되는 것이다. 그러기에 이른바 격려를 하는 사회적인 제도와 행사가 있고, 장학이라는 제도와 행정행위까지 있기 마련이다. 수출에 공이 있다 하여 훈장을 주고 상금이나 상패를 주면, 비록 성인이나 노인이라도 즐거워하고 더욱더 잘하게 된다. 새마을 운동에 공이 있는 사람에 대해서도 마찬가지이다. 그뿐 아니라, 그것을 통하여 다른 사람들까지도 그렇게 하려는 마음을 가지고 새로운 삶의 설계를 하고 노력하려 하는 효과가 있는 것도 사실이다. 이런 점에서 장학도 그 이치는 똑 같다. 이와 같이 성인이나 노인에게 있어서도 그런 것을 항상 어린 아동들이 칭찬을 듣고 상을 타거나, 여러 사람 앞에서 공인을 받는 것 같이 교육적으로도 효과적이라 함은 굳이 그리고 새삼 이야기할 필요가 없는 일이다.

2) 賞罰의 敎育的 意義

교사에 대한 존칭을 스승이라고 부른다. 교육이 대중화 되고 평준화 되기 전까지는 스승을 존경하는 풍토가 있었다. 그래서 "스승의 그림자는 밟지 않는다"는 옛말이 있고 군사부일체라 하여 임금과 스승과 어버이를 동일시하여 존중해 왔으나 오늘의 현실은 어떠한가?

가르치는 일에 대한 직종은 변함없이 흘러 왔고, 옛날이나 지금이나 꾸준하게 계속해 오고 있지만 요즈음에 와서는 말썽과 물의마저 사회에서 빚어지고 있다.

신문보도에 의하면 지난 8월에는 어떠한 체벌이라도 있어서는 안된다는 문교부의 행정지시로 인하여 각급 학교교사들의 반발이 있었던 것 같다. 교권의 마지막 보루인 체벌 같은 자율성 보장마저도 송두리째 없어서야 교육이 원만하게 이루어질 것인가에 대한 회의를 교사들은 품고 있기 때문이다.

문교부가 각 시도교육위원회에 시달키로 한 학생들에 대한 체벌금지는 지금까지 없었던 전혀 새로운 방침은 아니다. 그러나 이 방침이 전과 달리 비중을 갖는 것은 문교부가 최근에 물의를 빚었던 체벌사례를 종합검토, 체벌의 동기와 방법을 분석해 그 대책을 마련했고, 지금까지 필요에 따라 경고의 의미로만 처리해 왔던 체벌금지를 다시 확인하고, 문교부의 기본 방침으로 굳힌 데 의미가 있기 때문이다.

문교부의 방침을 검토해 보면 어떤 교육관에서라기보다 단순히 체벌로 인한 물의가 귀찮고 성가신 일이 없도록 하기 위한 행정 편의주의적 발상에서 이 방침을 만들어 낸 것이 아닌가 하는 느낌도 있다. 그러나 교육의 효율화를 위하여는 체벌을 가하지 않고도 교육의 극대화를 이루는 것이 정도(正道)임에는 틀림이 없다고 본다.

체벌이란 훈육의 한 방법으로서 어떤 특징한 행동을 중단하도록 하기 위해 신체적 고통을 가하는 것이다.

체벌은 신체적 고통을 가할 뿐만 아니라 심리적 좌절감이나 갈등을 유발하고 동료 학생에게도 영향을 미치게 된다.

훈육은 사회적 규제나 학교의 규율과 같이 사회적으로 명백하게 요청되는 행위나 습관을 형성시키고 발전시키는 것이다.

훈육을 위해서는 흔히 의도적으로 '상과 벌'이 사용되나, 최근에는 상과 벌에 의한 훈육보다는 대화나 상담을 통한 심리적 교육의 절차나 원리를 적용하는 경향이 점점 두드러지게 나타나고 있다.

학교에서 행하여지고 있는 벌은, 미성숙한 아동으로 하여금 옳고 그른 것을 분별할 수 있도록 하여 주고, 아동의 심리적 존재 혹은 성인으로 성장해 나갈 수 있도록 해주는 것이어야 한다.

벌에 대하여는 응보설(應報說), 예방설(豫防說), 개전설(改悛說)이 있는데, 응보설은 Kant나 Bradley, Green 등이 주장하고 있다. 이는 죄를 지은 사람에게는 반드시 그 죄에 해당되는 벌을 주어야 한다는 설이다. 그래야만 질서를 유지할 수 있고 안전의 세계를 찾을 수 있을 것이다. 예방설은 어떤 죄를 범한 사람이 그런 죄를 다시 범하지 않도록 하거나, 혹은 다른 사람이 그런 죄를 범하는 것을 예방하기 위해서만 벌을 주어야 한다고 주장하는 벌에 관한 윤리학설이다. 벌의 양은 범죄의 예방효과와 관련하여 결정되어야한다고 주장하고 있는데 J. Bentham이 대표자이다.

그 다음에 개전설이 있는데, 이는 죄는 벌을 받아야 할 나쁜 행위라기보다는 치료받아야 할 일종의 벌로서, 마치 환자가 약을 먹어야 하는 것과 같이 범법자는 벌을 받아야 한다고 생각하는 학설이다. 어떤 범죄에 대하여 얼마만큼 벌을 주어야 할 것이 아니라, 범죄자를 개전시킬 수 있는가가 중요한 관심사이다.

벌을 통하여 개전될 수 없는 사람에게는 결코 벌을 주어서는 안되며, 죄를 짓지 않았다 하더라도 범죄를 저지를 가능성 있는 사람에게는 벌을 주어야 한다고 주장하고 있다.

이처럼 벌은 사회의 질서유지 수단과 안녕을 위해서 필요하며, 학교라는 사회도 수많은 학생들을 다루고 있는 만큼 어느 정도의 질서를 유지할 필요가 있으며, 벌 또한 필요하다고 본다.

교육의 효율적 운영과 효과를 극대화하기 위해서 "상과 벌"이라는 제도가 있다.

학습의 동기유발과 촉진을 위해서 잘한 학생에게는 더욱 잘하라는 독려의 뜻에서 상장이나 상품을 주어 남으로부터 추앙을 받는 존재가 되기도 했다. 그런데 교육현장에서 잘하려고 노력해도 잘 안되는 경우가 많이 일어나고 있다. 그럴 때에는 교사는 흔히 벌을 주어 왔다. 벌이 교육상 좋으냐 혹은 나쁘냐에 대하여 많은 논란을 빚어오고 있지만 뾰족한 대책은 없다.

체벌이란 문제도 비단 오늘에 야기된 문제는 아니고 오래 전부터 있어 왔다. 그런데 근래에 말썽이 많이 빚어지고 문교부 당국에서는 어떠한 체벌도 해서는 안된다는 지시를 각 시·도 교육위원회를 통하여 시달한 것 같다.

원칙적으로 체벌은 없어야 되는 것이 당연하고 있어서는 안되겠지만, 우리의 교육여건이 선진국처럼 훌륭한 조건에 놓여 있지 못한 관계로 지도하기가 매우 어려울 것으로 생각된다. 교육환경 면에서 예를 들면 우선 한 학급의 학생 수가 선진국처럼 30여 명 내외인 것이 아니고 적어도 60~70명 선에 놓여 있으니 개별지도가 불가능하고, 밀집된 학급 내에서 수업을 전개하려면 교사로서의 가르치는 고역이 말이 아니다. 뿐만 아니라 잡다한 업무, 즉 사무처리, 공문서처리, 청소감독, 하교지도, 그밖에 잡무가 산적해 있는데다가 교사 자신의 자질문제도 있다. 교사도 신이 아닌 이상 가끔 잘못도 발생할 것이다. 이러한 여건 속에서 체벌을 안 하고 교육이 원만하게 진행될 수 있을까가 문제이다.

초등학교 어린이들도 인간이니 만큼 인권을 존중해 주어야 한다. 아이들은 성인의 축소판이 아니니까 때린다는 자체는 폭행이므로 어떠한 일이 있더라도 매는 대서는 안된다. 그렇다면 학교생활에서 일어나는 여러 가지 문제점들, 즉 잘못된 행동, 속임수, 거짓말, 떠드는 행위, 훔치는 버릇, 남을 해치는 행동 등 이루 헤아릴 수 없는 문제성 있는 일을 저질렀을 때 이를 처리하고 훈육하기에는 어떠한 방법이 가장 효과적일 수가 있겠는가?

선진 구미 각국에서는 벌써부터 체벌은 금해 오고 있으므로 문제가 발생했을 때에는 체벌보다 대화로 이를 다스린다고 한다. 우리들도 어려운 환경에서도 대화를 통하여 잘 다스리고 있지만, 대화로 이루어지지 않을 때 다른 묘안은 없는가? 여기에 대한 대답이 바로 체벌로써 다스리고 있는 것 같다.

폭주하는 "잡무의 선도"의 대화시간이 부족한 것도 원인이 되겠고, 교사의 개인적 교양이나 수양의 문제와 감정적 행위도 있을 수 있다.

체벌이 일시적 효과는 거둘지 모르나 임시방편이요, 교육적은 아니다. 그러나 체벌이 없다고 전제하게 되면 학생들의 지도는 걷잡을 수 없는 혼란을 면하지 못하게 될 것이므로 적당한 정도의 체벌은 있어야 할 것으로 생각된다.

따라서 본 절에서는 징벌제도가 필요하다는 전제 아래 언제, 어떻게, 어떠한 방법으로 처리하는 것이 바람직한 것이냐에 대한 방안을 체벌을 중심으로 모색해 보고자 한다.

옛날부터 서양 격언에 "매를 아끼면 아이를 버린다(spare the rod, spoil child)"는 말은 바로 매의 필요성을 강조하고 있는 것 같다. 우리나라에도 "사랑의 매"니 "악지빼는 교육"이 선인을 만드니 또는 사랑방 교육(서당교육)에서 회초리로써 교육을 해왔으므로 매가 교육적 효과가 크지 않느냐고, 합리적인 방법으로 얘기를 하고 있다. 물론, 질서의 유지나 잘못을 저질렀을 때에 대가가 매가 아니면 교칙으로 다스리고 있다. 그러나 무조건 교칙으로 다스리면 교육의 역작용이 일어날 확률도 많다. 왜냐하면 교사들이 무조건 체벌금지라는 데에 신경을 곤두세우다 보면 체벌보다 학칙이나 교칙에 의해 처벌할 가능성이 많아질 것이다. 이렇게 된다면 교육부재현상을 초래할 가능성이 짙다.

그러므로, 교육적으로 필요할 때에는 제한된 범위 내에서 합리적인 징벌 방법을 모색하여야 한다.

서독의 경우를 보면, 학생들이 잘못했을 때 체벌 대신 숙제를 많이 부과시킨다고 한다. 남들은 숙제를 하지 않는데 나 혼자만이 숙제를 해야 하는 고통이 뒤따르니 숙제 안하기 위해서 매우 조심을 한다고 한다. 이런 논리는 우리에게 적합하지는 않다. 우리 사회는 만약 선생님이 숙제를 아동에게 내주지 않으면 학부모들은 오히려 숙제 안내주고 무엇을 가르치느냐고 반박할 것이기 때문이다.

선진국 사회에서 행해지는 벌도 우리나라에서는 적합지 않은 것이 많으므로 무조건 모방을 할 것이 아니라 우리의 문화환경에 알맞은 새로운 방법을 개발하여 물의를 일으키지 않는 체벌 또는 징벌제도를 확립하여야 할 것이다.

군대사회에서 체벌로서 매질이 심하여 문제화 된 과거의 일을 돌이켜 보자. 군대에서 상급자가 하급자에게 기압의 수단으로 매질이 심했었다. 그래서 일체 체벌금지를 시달했던 바, 지금은 과거 모양 체벌은 사라졌으나, 그 대신에 정신적 고통을 주는 벌이 체벌보다 더 심하다는 얘기를 듣고 있다. 그러므로 학교에서 일체의 체벌을 금한다고 볼 때 다른 방법으로 벌을 가하여 이와 비슷한 문제가 일어나지 않을까 염려된다.

따라서 교사에게 자율적인 판단과 융통성을 주어 체벌을 허용하되, 감정이 개입되지 않도록 하는 것이 교육의 효율화를 위해서 필요한 것으로 생각된다. 잘못을 바로잡아주겠다는 사랑의 뜻이 깃들인 체벌은 나쁠 것이 없다고 본다.

현재까지 각급 학교에서 흔히 행하여지고 있는 체벌에 대한 방법은 여러 가지가 있다. 어떠한 규칙이 있는 것은 아니지만 헤아릴 수 없을 정도로 신체에 고통을 주는 행위를 해오고 있어 물의를 빚고 있으나 불가항력이라는 변명으로 내려오고 있다.

그 체벌의 종류를 들어 보면 다음과 같이 다양하다.

① 때리는 법: 엉덩이, 종아리, 손바닥, 머리, 뺨, 귀 잡아당기기 등 신체 각 부분을 손이나 회초리 등으로 때리는 행위를 말한다.
② 팔들기: 머리 위나 앞 또는 빗겨 위로 올려 세우는 행위.
③ 자전거 타기: 자전거 타고 있는 모양을 하고 계속 웅크리고 서있는 동작.
④ 엎드려 서기: 팔을 땅에 대고 엎드려 평행선을 유지해 서있는 행위
⑤ 책가방을 머리 위로 들고 서있는 동작.
⑥ 걸상 위에 서서 머리를 책상머리에 대고 계속 서있는 동작.
⑦ 원산폭력: 이는 손을 뒤로 모아 짚고 선 자세에서 머리를 바닥에 대는 모양 (군대에서 많이 활용되었음).
⑧ 토끼뜀: 토끼모양 앉아서 손을 머리에 얹고 계속 운동장을 돌아 뛰게 하는 행위.
⑨ 오리걸음: 오리가 걷듯이 앉아서 걸어가게 하는 동작.
⑩ 교사의 눈에 잘 띄도록 책상을 갖다가 출입문 쪽에 앉게 하는 것

이와 같은 체벌은 교육적이 못됨을 우선 인식해야 될 줄 믿는다. 학생이 좋아하는 교사의 지도유형은 건국대 행정대학원 석사논문에서 밝힌 바와 같이 학생들은 56.8%가 심하게 때리지만 깨끗하게 용서하는 것을 바라고 있고, 장시간 반복훈계, 조건부 용서를 바라는 학생이 27.4%, 약한 체벌에 장시간 훈계를 원하는 학생이 11.5%, 체벌은 안하고 학칙대로 징계를 바라는 학생이 4.4%를 차지하는 것을 볼 때, 학생들도 체벌의 당위성을 긍정하고 학칙대로 징계하는 것을 싫어하고 있음을 알 수 있다.

효율적인 교육은 먼저 교육환경과 풍토의 온전한 조성이 필요하다. 교육적 체벌은 어느 정도 자율성을 인정하고 감정이 개입된 체벌은 교사도 문책을 받고 이에 대한 책임을 지도록 법적인 규제를 만들 필요가 있다. 그리고 교사의 불신감 회복이 중요하다. 학부모들의 교사에 대한 신임을 두텁게 하도록, 교사의 자질향상을 위해 적극적인 노력이 강구되어야 한다.

교사의 자질향상은 하루아침에 이루어질 수 없는 문제이나 끊임없는 연수교육, 재교육을 통하여 향상할 수 있도록 조직화해야 할 것이며, 교사가 사명감과 교육애로서 언제나 "대화의 상담"으로 문제를 풀어 나가는 태세가 가장 훌륭한 지도방법이 아닌가 생각한다.

체벌은 때리기 전에 한 번 생각하고, 자기 스스로 매질을 한 번 해본 후 한 번 정도 하는 것이 흡족하다. 두 번 이상은 이미 교육적인 매를 벗어나 감정이 개입될 우려가 많기 때문에 그 한계를 정해야 할 필요가 있는 것이다.

체벌을 할 경우 학생이 스스로 잘못되었음을 느끼고 개전의 정이 우러나올 수 있는 한계 범위에서 가능할 것이다.

매가 필요하다면 "사랑의 매"로써 길이 30cm 정도 되는 회초리로 한 번 정도 종아리를 친다. 벌을 받은 학생은 성적에 나쁘게 반영하도록 한다. 그 기준은 교사의 자유재량에 맡겨야 할 것이다.

문제를 지닌 학생은 방과 후에 교사와 진지한 대화를 한다. 경우에 따라서 학부모에게 연락, 부모와의 대화를 통해서 문제를 해결토록 한다.

학교는 교육의 장인만큼 법률적 행위로 다스리는 것보다 인간적, 교육적, 심리적 사랑과 이해로 다스리는 것이 가장 합리적인 방안이다. 그러나 이것이 경우에 따라 알맞게 지도될 수 없는 경우, 구더기 무서워 장 못 담그는 행위가 일어나지 않도록 인도적 차원에서 교육자적 양심에 입각한 사랑의 매는 오히려 아름다운 추억이 될 수도 있으며, 체벌을 한 다음의 대화로 아픈 감정이나 상처를 씻어 주는 대화의 광장이 마련되어야 할 것이다.

금세기 교육심리학계를 대표한다는 도리스 도베스도 아이들은 이성보다 조건반사에 많이 지배되기 때문에 조건 반사적인 제재, 곧 체벌이 유효하다고 한다. 아동심리학자 피아제도 체벌의 심리적 타당성을 인정하고 있다. 그러나 이것은 어디까지나 임시적 치료이며 교육적 치료는 되지 못한다.

그러므로 벌은 적을수록 좋고 상은 많을수록 좋다는 이념을 바탕으로 교사들은 교육적인 사명감을 잊지 말고, 사랑과 이해와 대화를 통하여 인간다운 교육이 이루어져야 함을 강조하는 바이다.

8. 學校 서클活動의 社會的 眼目

한 국가나 민족의 장래는 그 사회의 청소년들의 실상을 보면 점칠 수 있다는 것은 실로 시공을 초월한 진리이다.

최근의 여러 조사들은 우리 청소년들의 가치관의 혼미를 지적하고 우려한다.

찰나주의에 쫓기고 향락주의에 물든 군상을 종종 볼 수 있음은 가슴 아픈 일이다. 윤상(潤相) 군의 유괴범이 검거되었다는 뉴스를 청취했을 때 나의 가슴은 무겁고 손끝이 떨려 글을 쓸 수가 없었다.

그러나 대국적 견지에서 우리 청소년들의 실상을 보자.

탈선을 하고 역행을 하여 우리를 슬프게 하는 청소년들은 극히 일부에 지나지 않고 대부분의 청소년들은 건전하다.

교단에서는 "인간교육", "전인교육"에 심혈을 쏟고 있다.

교육이란 학교교육만으로는 결코 충족되는 것은 아니며, 삼위일체의 완벽한 "스크램"속에서 이루어져야 함은 두말할 나위도 없다.

그러나 곰곰이 생각해 보면 학교교육에 있어서의 전인교육이란 어떠한가, 만족한 상태인가? 그렇지 못함이 현실이다.

그러면 그 부족함을 무엇으로 메우며 어떻게 보완할 것인가.

학교교육이 존재하는 한 교육의 과정은 끊임없이 변천해 오고 있다. 학교에서는 정규교과목 외에 과외활동이 주어져 있어 학생들은 누구나 과외활동을 하게 되는데, 과외활동은 교과 외의 활동으로 교과목 밖에서 얻어지는 진귀한 교육을 무시할 수 없다. 이것을 특별활동이라 규정지어 학생들의 흥미나 취미·적성에 알맞은 서클활동을 찾아 그들 나름대로의 세계에서 활동하고 있다.

과외활동이란 원래 청년기에 놓여 있는 청소년들이 왕성한 의욕이나 정력의 배출구로서 교과 외의 활동을 말하는데, 소속된 활동의 부서로 자유로운 학생생활의 향락을 누릴 수 있고, 청춘을 구가할 수 있는 과외활동의 명맥이 유지되어 왔다.

우리나라 학교교육에서 교육과정 운영 면에서 가장 큰 병폐를 이루고 있는 입시준비교육이 청년기에 왕성한 활동의욕을 고갈시키고 있으며, 청소년들로 하여금 근시안적이며 이기적인 사고방식에 젖게 하고 있는 것이다.

서클활동이 목표하는 것은 학생들이 공동생활의 경험을 통해 시민으로서의 자질을 건전하게 발달시킴에 있으며, 민주주의 협정을 제일주의적 내용으로 삼고 있다. 그것은 학교교육의 궁극적인 목적이 개개학생들로 하여금 보다 아름답고 보다 복되게 살 수 있는 기반을 갖추어 주게 함으로써 국가 사회전체에 이바지하는 유능한 시민의 육성에 있다.

오늘의 교육은 청소년들이 갖고 있는 소질, 경향 등 모든 발달 가능성을 충분히 발휘시키고 신장시켜야 하는 목적에 비추어 전인(全人)으로서의 인간육성, 개성의 존중, 개성을 신장시키기 위한 방향으로 나아가야 한다.

오늘날의 교육은 심신의 조화적인 발달을 누릴 전인으로서의 인간형성을 요구하고 있다. 그런데 얼마만큼 개성의 신장을 위한 교육이 이루어지고 있는가? 학교에서 주어지는 교과목에 얽매이고 입시라는 관문이 도사리고 있어 입시에 편중된 교육이 성행하다보니 개인의 흥미나 취미에 알맞은 분야가 소홀히 되고 무시되는 경우가 허다하다. 그러므로 여가활동이나 서클활동의 필요성을 말하고자 한다.

1) 서클活動이란?

서클활동은 클럽활동이라 부르고 학교 내에서는 특별활동 또는 과외활동으로 부르고 있어 용어상의 혼란을 면하지 못하나, 학교에서 정규적으로 주어지는 교과목 외의 활동임은 말할 필요 없이 타당하다. 청소년들의 과정은 신체적 특징으로 보아 청년기 초기와 중기에 해당하며, 중·고등학교 시절을 의미한다. 이 시기의 특징은 호기심이 강하고 동료집단을 형성하는 시기이며 도당(徒黨)형성과 사춘기에 접해 있는 격동기이므로 쉽게 흥분하고 노하며, 다혈질적인 요소가 많다. 그리하여 감수성이 예민하여 쉽게 환경에 적응이 잘되는 특징이 있다. 이러한 시기에 청소년들은 사회 속에서 자기의 존재를 인식하게 되고, 앞으로 닥쳐 올 인생에 대하여 푸른 꿈을 품는 이상에 가득 찬 때이므로 욕심도 많고 하고자 하는 의욕이 왕성하여 물불을 가리지 않고 우선 행동이 앞서는 때이다. 이런 시기적 특징을 잘 살려 이에 합당하고 적절한 지도가 이루어져야 된다.

아직 사회생활을 모르는 시기이므로 과대망상적 사고가 충만되어 있어 모든 일을 계획성 있게 이룰 수 있고, 의욕이 왕성한 때에 자기가 가지고 있는 특성을 개발시킬 수 있는 좋은 환경을 마련해 주는 것이 필요하다. 여기에 흥미집단인 서클을 만들어 활동시키는 것이 바람직한 일이다.

그러면 클럽(club)활동은 무엇이며 목표는 무엇인가? 클럽활동에는 여러 가지 형태의 활동이 있다. 취미서클도 있고 이념서클도 있고, 봉사활동의 클럽도 있다. 그러나 모든 학생활동 또는 서클활동이 지향하는 목표는 학생들의 진정한 자아성장과 인격성장에 있다. 클럽활동은 같은 또래가 비슷한 흥미를 가진 집단끼리 모여 공동의 목적을 향해 자기가 지닌 잠재능력을 개발하는 데 있다. 자기가 하고 싶어 하는 욕구를 충족시켜 주며, 취미활동을 통하여 미지의 세계를 탐지할 수 있으며, 욕구불만을 해소시킬 수 있는 장점이 있다.

이런 견지에서 서클활동의 목표를 간추려 본다면, ① 개인의 생활태도 확립과 취미 및 교양활동을 잘하고 자각적으로 성장 발달케 하는 것이다. ② 취미 교양활동을 할 수 있는 능력을 기르고 클럽활동에서의 활동에 익숙케 한다. ③ 학교생활에 대한 흥미를 증가시키고 교과학습의 계기와 발전이 될 수 있게 한다. ④ 장차 사회활동에 적응할 수 있는 기회를 경험하고 지도력을 키울 수 있게 한다.

위의 목표를 서클활동이 분담하고 있다면 학생들의 성장 발달에 어느 정도의 분담된 목표를 달성시켜 줄 수 있게 된다.

서클활동의 특징은 목적하는 내용과 기술을 익히는 일 이외에 상당한 친교활동이 이루어짐에 있다. 교사 대 학생 간의 친교도 있지만 학생 상호간의 친교가 매우 두터워지며, 오래 지속된 친우관계도 생기겠지만, 우선 일상생활의 벗으로서 함께 행동하고 대화하는 재미가 있을 것이다. 서클활동을 통하여 생활의 범위가 넓어지고 대외적 발표를 통하여 기술의 연마, 이론의 정립 등 자기 발전의 기회도 주어지고, 상호친목을 위한 교류, 소창 등을 통하여 오락이라는 부산물도 생기게 마련이다. 서클활동은 이처럼 정규 교과 과정에서 찾아볼 수 없는 희귀한 세계를 경험하게 되는 것이다. 이것은 교사들의 특별지도를 통해서 이루어지는 것도 있지만 학생 스스로 자기의 흥미, 취향, 관심도에 따라 선택되는 영역에서 이루어지고 보람 있는 생활을 창조하는 것이다.

2) 重要性

그러므로 서클활동은 학교생활 내에서나 또는 학교 밖의 모임에서 빼어서는 안될 잠재적 교육과정인 것이다. 학교의 비공식적 문화라고 칭할 수 있는 과외활동을 통하여 학생들의 사회성과 리더십(leadership)이 양성될 수 있는 좋은 기회이므로 학생들은 적극 참여하여 자기의 소양을 쌓고 재질을 발견하고 사회생활을 배워야 한다.

앞에서 언급한 바 서클활동은 학교 내에서 이루어지고 있는 특별활동이 일부로서 학생들의 임의로운 활동이다. 이와 같은 특별활동은 1954년 4월 20일 문교부령 제35호로 공포된 교육과정 시간배당 기준령 제6조에서, " … 특별활동이란 교육목적 및 교육목표를 달성하기 위하여 필요한 교과 이외의 기타 교육활동"이라 하여 정규 시간으로 배당한 것을 효시로 한다. 이 활동 영역은 ① 학급활동, ② 학생회 활동(고등학교는 학도호국단 활동), ③ 클럽활동, ④ 학교행사로 정하여 오늘에 이르고 있는데, 이들 활동내용은 교과활동과 중복되는 것, 서로 보완하는 것, 교과활동에서 파생한 것, 완전히 독립한 것 등 다양성을 띠고 있다. 이처럼 서클활동은 교과활동과 이원적 관계가 아닌 교육목적에 따라서 특수한 기능을 다하며 협력하고 있는 것으로서, 교육과정이라는 이름으로 통합되고 일원화 된 것이다. 이것이 학교교육으로 하여금 교과 영역과 생활 영역에 대한 균형된 계획을 가능케 하는 것이며 또한 실천적인 교과활동의 육성에 기여하는 길이 되는 것이다.

따라서 교과활동과 비교해 볼 때 서클활동이 가지는 교육적 의의와 가치는 다음과 같이 생각해 볼 수 있다.

서클활동은 자발과 자율성을 바탕으로 한 자유로운 집단행동이요, 객관적 자발인 교재의 테두리가 없이 그 활동 영역이나 종목은 학생 상호간의 집단사고를 바탕으로 교사와의 공동계획에서 이루어져야 한다. 서클활동은 언제나 생활실천의 흐름 속에서 공동생활의 건설과 추진을 위한 활동으로 전개되므로 동적인 것이다. 또한 정치나 사회문화의 동향을 민감하게 반영시키는 특징이 있다.

그러므로 서클활동의 중요성은 교육적 가치가 있는 것이므로 널리 권장하고 보급시켜야 될 것이다. 그런데 학부모들은 교육이 마치 학교에서 정규교과활동만이 전부인 양 생각하는 그릇된 판단에서 청소년들이 과외활동 하는 것을 못마땅하게 생각하는 경향이 있다. 그러나 이러한 사고방식을 버리고 자기들의 자녀가 가지고 있는 자질과 적성, 흥미를 잘 파악하여 그들이 원하는 바에 따라서 적극 정신적으로나 물질적으로 도와주어 잠재력 개발에 힘써야 될 것이다. 그렇다고 무조건 학생들의 의사에만 맡기면 간혹 좋지 못한 서클, 즉 음성적 서클을 만들어 사회의 지탄을 받는 갱(gang) 집단과 같은 폭력서클을 형성하므로 마땅히 금지시켜야 될 것이다.

미국과 같은 선진국의 청소년들은 어려서부터 자유롭게 의사를 존중하는 풍토에서 자라고 있으며, 개인의 개성을 마음껏 키울 수 있도록 사회의 환경적 요인을 잘 구성해 주고 있다. 지역사회 곳곳마다 청소년들이 뛰어놀 수 있는 야구장이며 청소년회관, 마을도서관, 오락시설, 보이스 클럽(boys club, 이곳은 마을 청소년이 모여 즐겁게 놀이를 할 수 있는 여러 가지 운동시설, 즉 농구, 배구, 축구, 수영장, 볼링장, 체육관 등 다양한 시설이 구비되어 있어 불편 없이 아무 때나 방과 후에 뛰놀 수 있는 교육적 환경을 구비해 준 곳임) 등 시설 좋은 환경에서 활동할 수 있는 여건이 갖추어져 있다. 그래서 청소년들이 교과의 활동으로 마음껏 뛰놀고 기능을 연마하며, 활동을 통하여 융합, 협동, 친밀감, 대인관계에 대한 체험을 갖게 되어 사회생활을 해나가는 데 적지 않은 도움을 받고 있다. 이러한 활동이 자발적 참여로 이루어질 수 있도록 홍보활동과 아울러 과외활동의 기능 신장을 위한 청소년 지도자들의 협조가 뒤따라야 한다.

3) 力動的 社會開發을 위해 다양한 서클활동은 必須的

우리의 사회를 보다 역동적이고 개방적인 것으로 발전시키기 위해서 서클활동은 보다 신중히 검토되어야 한다.

우리의 경험은 어릴 때부터 집단활동의 결여로 이야기될 수 있다. 한국 사회는 기본적으로 집단활동의 경험을 다양하게 할 수 없게 되어 있다.

오늘날 많은 사회단체가 자발적 참여의 결핍으로 그 단체의 유지가 어려움을 겪고 있는 현상이나 동시에 한 개인의 재정적·헌신적 노력에만 의존하는 현상을 살펴보면 그 구성원들이 집단활동 경험이 부족함으로 발생하는 필연적인 결과임을 알 수 있다. 한국인이 모이면 파벌이 생기고, 그 파벌은 건전한 경쟁상대로 있는 것이 아니라 격렬한 투쟁관계로 변질되는 현상이나 또한 그 관계가 지속되더라도 그 그룹의 정당한 입장이 살아나지 못하는 것은 집단활동을 통한 역할분담과 수행에 경험적 자질이 부족함으로 일어난다고 볼 수 있다.

인간이 사회적 동물이며 의미를 추구하는 존재임을 공감한다면 그러한 인간으로 성장할 수 있는 기회와 경험을 사회는 제공하고 보장해 주어야 한다. 그러므로 그 사회의 구성원은 그 사회 속에서 살아 있는 주체로 의미를 갖게 된다.

사회의 역동성은 그 사회 속의 모든 인간들에게 집단활동의 다양한 경험을 가능케 함으로써 달성되어질 수 있다. 동시에 집단활동은 구성원들에게 소속감을 부여함으로써 개인들에게 안정감을 충족시켜 사회의 안정에도 기여할 수 있다.

현대사회는 겉으로는 수많은 집단이 존재하고 있으나 그 집단과 인간의 바람직한 관계가 파괴되고 있기 때문에 조직 속의 고독을 느끼고 있다. 그것은 단절을 의미하며 개인주의를 잉태한다.

그것은 삶의 터전을 상실함이며 인간을 무의미한 상태로 인도한다. 이러한 현상은 인간에게 소속감을 상실케 하여 안정을 파괴한다. 그것은 사회적 불안에도 깊은 연관을 가진다.

따라서 청소년들에게 건전한 서클활동의 경험을 할 수 있게 보장하는 것은 그 청소년 개인의 인격적 성장에도 중요한 의미가 있지만, 사회의 역동적 안정에도 크게 기여할 수 있다. 청소년들의 집단활동 경험이야말로 사회를 체계적이고 조직적으로 이해시킬 수 있는 가장 적합한 방법이 되기 때문이다.

4) 健全育成 方案

　서울과 같은 대도시에서 학교에 다니고 있는 학생들이나, 또는 학교에 다니지 못하는 청소년들의 교육적 환경을 돌아보자. 콩나물 시루 같은 과밀학급에 교과 위주의 교육, 교육시설 환경은 매우 낙후되어 있고, 뛰놀 수 있는 운동장 시설도 이용할 수 없는 불편한 행정질서, 동네마다 방과 후에 활동할 수 있는 장소도 없다. 도서관 시설이나 유희장, 오락장도 마땅한 곳이 별로 없다. 주위에는 청소년들이 가서는 안될 위험물이며, 유흥장소가 골목마다 산재해 있다. 이처럼 청소년들이 활기차게 뛰놀고 교양적 활동을 할 만한 시설과 장소도 마련되어 있지 못한 현실 속에서 학생들이 가야 할 곳은 어디인가? 기껏해야 학교 안의 교실－그것이 전부가 아닌가? 제아무리 과외활동의 중요성과 필요성을 주장하고 강조해 보아도 형편없는 시설 환경 속에서 건전한 교육방안을 내기에는 어려움이 놓여 있다. 하지만 그렇다고 방치해 둘 수 없는 현실이기에 우리 현실에 알맞은 방향에 따라 방안을 모색할 수밖에 없다. 청소년회관이란 명칭에 청소년들을 위한 교육의 장소가 있지만, 누구나 편리하게 사용할 수 있는 위치에 있지도 못하고, 하나 내지 두 개 정도의 회관으로서는 충족될 수 없어 유명무실하게 주어진 여건 속에서 매우 활동적 프로그램을 가지고 전도하고 있지만 부족한 실태이다. 그러므로 우선적으로 동네별로 청소년이 활동할 수 있는 장소를 마련하는 일이다. 초등학교나 중·고등학교를 개방하여 학생들이 과외활동을 할 수 있도록 문호를 개방시켜야 한다. 학교관리상 방과 후의 학교 문을 폐쇄하고 꽉 닫아버려 두어 아까운 시설을 놀려두고 만다. 운동장을 개방하며 뛰놀 수 있도록 환경을 주어야 한다. 가장 활동성 있는 나이에 꼼짝 않고 책상머리에만 앉아 있을 수 없다. 마을문고를 만들어 학생들의 독서력을 함양하도록 하며, 독서를 통하여 위대한 위인을 만나고 상상력을 풍부하게 해주며 마음을 살찌게 해주어야 한다.

　국립과학관과 같은 시설도 학생들에게 언제고간에 견학하고 사물을 만져보고 관찰·경험을 통한 현장학습의 기회를 열어 주어야 한다. 학생들이 뛰놀 수 있는 오락시설도 갖추어 주어야 한다. 봉사활동, 취미서클 등을 만들어 자기의 소질을 연마하도록 하며, 지도교사가 감독하면서 뒷바라지를 해주도록 행·재정적 지원이 필요하다. 무조건 "하지 말라"는 금지사항보다도 경험을 통하여 잘못을 깨닫도록 풍부한 경험을 갖게 하는 것도 중요한 일이다. 일찍이 죤 듀이는 "행함으로써 배운다(leaming by doing)"는 이론을 전개했는데, 확실히 누구나 체험을 통한 학습은 결코 망각될 수가 없고, 잘못된 행동은 경험을 통해 사라질 것이며, 성공적 경험은 계속 파급되어 지속되며, 다음 행동에 적극적 영향을 미치게 되므로 가급적 허용적인 분위기를 제공하는 것이다. 그래야만 창의성이 개발되고 독창적 사고력도 신장시킬 수 있다. 우리나라는 아직도 유교적·봉건적 전통의 인습이 뿌리박혀 있기 때문에 부모들의 금지사항이 많고 아랫사람은 입이 있어도 말을 못하는 풍습이 있다. 이런 관계로 부모의 의견과 지도가 새 세대인 학생들에게 세대차(generation gap)를 느끼고 반항하거나 듣지 않을 경우 무조건 나무란다. 그러나 이유 없는 반항의 시기인 청소년의 발달단계를 이해한다면 금지사항보다는 수용적 태도로 이해하고 받아주어야 한다. 그리고 나의 잘못된 점을 시정하고 바람직한 활동양식을 제공해 주도록 대화(communication)의 광장을 마련하여 마음껏 토론하고 스트레스도 해소하도록 분위기를 조성해 주어야 한다. 좋은 취미서클이나 봉사서클, 기능서클, 오락서클 등에 참여하도록 권장하고 진행되는 사항을 보고 받도록 하며, 경우에 따라서는 상을 주기도 하여 격려하고 칭찬을 아끼지 말아야 한다.

일찍이 페스탈로치(Pestalozzi)는 "나의 존재하는 모든 것과 내가 원하는 모든 것과 또 내가 해야 할 모든 것이 나로부터 출발한다. 나의 인식, 즉 학습도 또한 나로부터 출발해야 할 것이 아니냐"고 하였다. 이것은 학습에서 자기구성, 자기발전 또는 자기생산이라는 점에서 학습의 모든 가능성이 의존하고 있고, 최후의 중심관계가 자아, 즉 생명이라고 보는 원리에 입각한 것이다.

서클활동은 산업사회에서 인간소외, 인간성의 정형화에 따른 비인간화, 탈인간화를 구제할 수 있는 활동으로서 큰 의의를 가질 수 있다. 학교 내에서의 서클활동이 사회에 나아가서 사회활동에도 크게 영향을 입힐 수 있는 큰 소지가 된다. 그러므로 생활에 적응할 수 있고, 자기의 앞날을 개척할 수 있는 계기와 비전이 서클활동에서 키워진다는 것을 생각할 때 매우 의미심장한 일이라고 보겠다.

서클활동은 사회성과 지도적 함양에 도움이 될 수 있도록 장려하고 참여하도록 하며, 반드시 지도교사의 조언과 결과에 대한 평가를 내려야 한다. 자유방임상태에서 이루어진 활동은 자칫하면 빗나가기 쉽고, 올바른 방향으로 이끌도록 방향제시와 아울러 성공감을 갖도록 격려해 주어야 한다. 서클활동을 통하여 사회적으로 유익한 일꾼이 될 기초를 쌓을 수 있는 풍부한 경험과 재질을 발견하여 민주사회 시민으로서 역할을 담당할 능력을 키우도록 하는 데 있다.

마지막으로, 청소년들의 흥미와 적성을 객관적으로 발견하여 기호에 알맞은 서클지도를 할 것이며, 낭비 없는 인생과 개인의 잠재 가능성이 이 활동을 통하여 개발

될 수 있는 교육적 환경을 구비해 주도록 애써야 될 것이다. 즉, 활동여건의 활성화로 충분한 기회를 마련해 주도록 하여 유능한 사회인이 되도록 하는 역할이 서클 활동을 통해서 이루어짐을 인식할 필요가 있다.

제12장 韓國 學生 生活指導의 現實과 課題

1. 序論

중등학교에서의 학생 생활지도는 정규학교의 과학교육과 아울러 쌍벽을 이루는 중요한 생활교육으로서 계획적이고 조직적인 봉사활동이다. 그럼에도 불구하고 우리나라의 생활지도 활동이나 역할은 그 중요성이나 필요성에 비하여 실제 활동하는 방향에 있어서 매우 미온적이고 비능률적이며 현실적용에 미흡하기 짝이 없다. 그 원인은 무엇인가 규명해 보고 그 방안과 대책을 시급히 서둘러야 할 시점에 와 있다.

물론 생활지도는 현대에 와서야 비로소 중대성을 강조하고 그 필요성을 높이 주장하여 역설하고 있는 바는 아니다. 우리 인류가 태동하면서부터 오랜 전통사회 속에서도 비록 조직적인 체계를 정해 놓고 이루어지지는 않았다 하더라도 모든 가정에서 부모들이 자기자녀들의 미래를 위한 생활습관이나 태도를 바로잡아 주기 위한 시도는 있었다고 본다. 다만 그것이 현대 산업사회와 같이 복잡한 사회구조와 다양한 직업의 세계의 변화, 가치관의 변화, 급격한 학생인구의 팽창과 고도의 과학문명과 기술의 발달로 말미암아 이러한 환경에 현명하게 적응에 필요한 조직적인 봉사활동은 찾아볼 수가 없었다. 다만 웃어른들이 생활경험을 토대로 한 훈육이나 훈계·금지·충고·체벌·공중도덕을 지키기 위한 준법정신 등 가정이나 사회생활을 영위해 나가는 데 필요한 소극적인 지도가 가정 나름대로 이루어져 왔다. 이것이 고작이었다.

그러나 민주주의가 도입되기 이전인 우리 사회에 있어서는 20세기 고도의 산업경제사회, 다양한 직업세계가 이루어지지 못했던 농경사회였던 만큼 오늘날처럼 사회가 복잡다단하거나 모든 문제가 복잡하지 않았던 까닭에 전문적인 생활지도의 이론이나 방법들을 동원하지 않더라도 학생들의 문제의식은 극심하지 않고 그런대로 세대를 달리해 가며 지도의 명맥을 유지해 왔다. 그렇지만 주지하는 바와 같이 18세기 산업혁명 이후 수공업에서 공장공업으로 변화되고 분업이 이루어지고 사회가 날로 복잡해져감에 따라 원시적인 지도 형태로서는 도저히 문제를 인식하고 지도하기에는 역부족이었다.

따라서 부적응에 대한 문제가 급속도로 증가해 가고 사회가 전문화·세분화·다양화 되어감에 따라 현명한 선택과 지도, 잠재 가능성의 개발과 적응의 지도의 필요를 초래하게 되었다. 뿐만 아니라 학생적령인구의 증가, 전문화·다양화 된 직업세계의 변화, 개인차의 강조, 사회양상 및 가치관의 변화와 갈등, 가정구조의 변화, 진로의 문제, 이데올로기 문제, 교우 및 이성문제, 종교관 등 문제가 속출함에 따라 이에 대응하기 위한 방법으로서의 생활지도는 마땅히 학교현장에서 조직적인 계획과 실천이 뒤따라야 마땅하다.

그러므로 필자는 현대 산업사회에서의 요구와 필요, 자기성장과 발전에 필요한 생활지도 방법의 활성화는 학교교육에서 이루어져야 하기 때문에 실천력 있는 방안을 제시하고 성공적으로 이루어지기를 기대한다. 이의 기초 작업으로서 우리나라의 생활지도가 어떠한 상태에서 이루어지고 있는가를 확인하고자 생활지도의 발달적 배경과 현황 그리고 당면과제와 생활지도를 돕기 위한 자료를 제시함으로써 원만한 생활지도 활동이 보급되고 실천되기를 갈망하는 바이다.

2. 生活指導 發達의 背景 및 現況

옛날 학교라는 근대적 기능이 조직되고 제도화하기 이전에는 생활지도라는 용어나 개념이 별로 문제가 되지 않았다. 이를테면, 희랍시대나 로마시대에 있어서는 지금과 같은 학교가 없었으므로 교육의 방편으로 가정교사적인 지도에 의존했다고 볼 수 있다.1)

우리나라에서는 서당이나 향교의 선생님 또는 훈장이 다만 천자문이나 명심보감, 소학, 논어동몽선습, 맹자 등의 교훈적인 내용을 가르치면서 교편물의 하나로 회초리를 사용하였는데 이것 역시 현대적인 의미의 생활지도는 아닐지라도 서론에서 언

---

1) 황응연·윤희준, 현대생활지도론, 서울: 교육출판사, 1984. p.44.

급한 바와 같이 훈육이란 입장이 생활지도의 효시라고 생각된다. 일제시대에는 수신(修身)이나 향도(嚮導)란 개념으로 도덕적인 차원에서 일상생활에서 일어나는 문제를 지도하기 위하여 처벌과 훈계로 행동의 제약을 가함으로써 못된 행동을 저지시키는 일을 해왔다.

근세 이후에 학교기관이 양적으로 팽창하고 학령인구가 증가함에 따라2) 학교 교육은 오로지 편파적인 입신출세의 수단으로서 교과중심 교육으로 편중된 주입식 교육이 성행하여 자기소질 발견이나 개별지도는 무시한 채 암기식 교육만 치중해 왔다. 따라서 학생들의 개인차, 적성, 흥미, 능력을 고려하지 않고 개성을 무시한 교육으로 말미암아 전인교육에 위배되는3) 민주적인 교육사상의 도입에서 비롯되었다. 일제시대에도 각급 학교에 훈육담당 부처가 있어서 학생들의 훈육문제를 담당해 왔고 직업소개소 같은 기관에서 일반 국민의 직업알선(중요한 직업은 없고)을 해왔지만 전문적인 훈련을 받은 전문가에 의해서 운영된 것이 아니기 때문에 과소평가하는 상태에 있었다.

생활지도 도입은 1957년에 비로소 서울특별시 교육위원회가 카운슬러 강습을 실시하고 있으며 교육 목표에 어긋나는 길로 치닫고 있다. 그리하여 조직적인 생활지도는 염두에도 없었고 점수따기 교육에 혈안이 되어 발전되지 못했을 뿐만 아니라 학교에서 교육의 책임을 맡은 담당자나 상담교사 역시 문제해결과 정보제공, 상담의 기능을 포함한 생활지도의 비중을 매우 경시하거나 무시한 채 뒷전에 처지고 있었다.

초기의 생활지도운동은 해방과 더불어 강습회를 개최하여 40여 명의 전문적인 교도교사(counselor)를 양성한 데서 그 연원을 찾을 수 있다.4) 물론 이러한 양성의 시발점은 자생적이라기보다는 외생적으로서, 미국에서 최신의 발달된 생활지도의 원리와 실세를 우리나라 교육계에 도입해야 할 필요성을 절감하여 미국에서 공부한 유학생(?)이 학자가 되어 귀국하여 미국적인 생활지도운동을 소개함으로써 비롯되었다.

그 당시만 해도 6·25를 겪은 후의 사회혼란과 경제적 안정이 이룩되지 못한 때라서 미국의 선진이론을 우리나라 교육계에 전달시키는 과정은 어려움이 있었으나 그 공헌을 인정하지 않을 수 없다.

---

2) 김충기, 생활지도교육, 서울: 학문사, 1984. pp.18~19.
3) 문교부 중등학교 교육목표 참조.
4) 황응연·윤희준, 생활지도, 서울: 교육출판사, 1981. p.54

선진국의 발전상을 우리가 선별할 겨를도 없이 전래하여 왔으므로 한때 미국적인 생활지도는 우리의 현실과 알맞게 적용될 수 없다고 하여 생활지도 무용론을 주장한 때도 있었지만, 1960년대 4·19학생혁명 이후 학생문제의 대두로서 생활지도에 관한 활발한 연구, 대학의 학생생활 연구소의 설립(서울대학교가 그 효시로1963년에 이루어짐),5) 교육교사 자격규정의 시행, 1964년도에 한국 카운슬러협회 및 각 시·도 지회의 발족, 심리검사 윤리위원회의 발족, 1971년 한국 심리학회에서 그해 12월에 임상 및 상담심리 전문가의 자격규정을6) 정하여 1973년부터 시행키로 한 상담심리전문가의 자격시험의 실시 등 전문요원의 양성이 태동하였다.

문교부 당국이나 시·도 교육위원회에서도 생활지도 활동의 중요성을 인식하고 각급 학교에 상담실 설치를 의무화하고 적극적인 생활지도를 시달하고 있다. 그러나 학교의 형편에 따라 상담운영에 있어서 미흡한 곳도 상당수에 머무르고 있다.

생활지도 발자취를 더듬어 보면, 해방 이후 1950년대 후반까지를 도입과 혼란의 시기, 생활지도 개념의 탐색기로서 1960년대 후반까지, 1960년대 후반부터 현재까지를 전문직확립에로의 노력기로 구분하고 있다.7)

이와 같이 생활지도의 발달은 이제 4반세기가 조금 지난 매우 짧은 역사를 지니고 있기 때문에 아직도 이해도가 부족한 실정이며 사회에서나 교육현장에 전문적 지도자 또는 전문요원이 부족하기 때문이며 교육행정 책임자나 교사, 문교부 담당 행정요원들의 소극적인 태도와 이해 부족과 예산상의 부족으로 활발히 전개되지 못하고 있는 실정이다.

그러나 생활지도의 근원인 미국에서는 1908년 Frank Parsons의 제창으로 조직적인 생활지도가 원만하게 활성화 되어 학교현장에서 이루어지고 있으며 수많은 참고문헌이나 연구물, 사례연구들이 쏟아져 나와 생활지도 활동에 큰 도움이 되고 있다. 더욱이 1957년 소련의 인공위성 발사의 충격은 미국 교육계에 커다란 파문을 일으키게 되었고 급기야 국방교육법(National Defense Education Act)의 제정을 서두르게 되었다. 이 법안의 근거에 따르면 우선적으로 학생들의 적성개발에 중점을 둔 생활지도 강화책을 입안하여 행·재정적인 뒷받침이 크게 이루어져 생활지도 발전의 계기가 되었다.8)

---

5) 충북대학교 학생생활연구소, 대학학생생활연구소 기능정립을 위한 학술 심포지엄, 1982. 7. 2. p.6.

6) 황응연 외, 전게서, pp.335~336.

7) 황응연 외, 전게서, pp.335~336.

8) Frank W. Miller, Guidance: Principles and Services, Columbus, Ohio: Charles E. Merrill Publishing Company, 1968. pp. 33 ~ 37.

물론 생활지도 발달의 근원은 심리학의 발달, 심리측정 검사 등 표준화 검사의 발달에 큰 힘을 입었고 산업사회의 급격한 변화와 개인차의 강조, 개인존중의 사회 풍토와 복잡다단한 직업의 세계에 적응시키기 위한 개별지도의 강조에도 원인이 있다. 현재 미국학교에는 5만여 명의 전문적 소양을 갖춘 석사학위 이상의 카운슬러가 시설환경이 잘 갖추어진 상담실에서 개별상담 및 집단상담이 순조롭게 이루어지고 있으며 평균 학생 400명에 한 사람의 카운슬러가 전담하여 학생 생활지도를 활발하게 운영하고 있다. 그것도 학급담당을 하지 않고 순전히 독립된 상담실에서 학생 개인 조사활동, 정보활동과 상담활동, 문제아 지도, 정치(定置)활동과 추후(追後) 활동 등을 전문적으로 다루고 있어 효과적인 활동이 만족할 만큼 성공적으로 전개되고 있다. 게다가 일반 학급교사보다 평균 20% 이상의 좋은 보수를 받고 있어 상담교사가 되려는 평교사의 노력이 급증하고 있다.

그런데 우리나라에서는 다음 장에서도 제시하겠지만 상담교사(교도교사라고 부르지만 필자는 상담교사가 더 적합하게 생각됨)가 과중한 수업지도 부담과 잡무 및 상담실운영과 상담활동을 겸하고 있는 실정에다 특별한 대우도 없는 형편에 있고 단기간(260시간)의 강습을 받은 상담교사9)로 충당하거나 무자격자가 위임받아 운영하는 형편이므로 전문성 제고 면에서도 문제가 있고 그 신뢰도가 몹시 떨어지는 실정에 있다. 예를 들면, 고등학교 학생의 진로의식 조사 연구에 따르면10) 진로선택에 있어서 상담을 부모나 친척(66.0%) 또는 친구나 선배(26.5%)와 상의하는 반면 교사나 상담전문가(3.7%)에 의한 진로상담은 거의 이루어지지 않고 있다는 결과를 찾아볼 수 있다. 이것은 체계적인 진로지도 교육과정이나 정보, 진로상담 전문가가 절대적으로 부족하고 학생의 진로개발을 위한 교사의 역할이 재평가되어야 할 것이다.

이와 같은 연구에 의하면 교사나 상담교사의 이용도가 극히 미약하다는 증거를 나타내고 있다. 그러한 문제의 요인은 생활지도사무를 전담해야 할 전문가가 부족하고 단순히 단기간의 교도교사강습을 받아 자격을 취득한 상담교사가 전문가가 못되는 원인도 있다. 뿐만 아니라 상담교사에게 무거운 수업부담인 주당 18시간에서 30여 시간에 이르는 학습지도와 학급경영도 겸하는 실정에 있어 제대로의 상담기능을 발휘할 시간적인 여유도 없다. 따라서 상담실의 기능이 유명무실한 존재로 형식적인 운영만 거듭해 오히려 신뢰도가 떨어지고 있다.

이러한 형식적이고 구호에만 그치는 상담실 운영의 결과, 상담기능의 효율성마저

---

9) 손충기·손빙로·이성진, 고등학교 학생의 진로의식, 서울: 한국행농과학연구소, 1982. pp.8~9.
10) 김충기, 전게서.

인식을 격하시켜 문제점으로 지적되고 있다.

그러나 1963년 한국카운슬러협회라는 상담교사의 연구단체가 서울대학교에서 창립을 본 이후 매년 전국적인 상담교사의 연구 활동이 끊임없이 전개되고 있다. 연차적으로 그동안 연구해 온 주요 활동을 소개하면 다음과 같다.11)

- 1964년 11월 1일~4일, 제1회 전국대학 및 중·고교 연구협의회 주제는 "카운슬러의 전문적 성장"이며, 주제강연자는 서울대학교 교수 정범모 박사이다.
- 1965년 11월 4일~6일, 제2회 연구협의회는 서울대학교 문리과대학 시청각교육센터에서 "한국 카운슬링운동의 반성"으로 김기석 박사가 주제강연을 하였다.
- 1966년 11월 24일~26일, 제3회 연구협의회는 서울대학교 학생지도연구소에서 "한국카운슬러의 전진적 자세"로 정원식 박사가 발표하였다.
- 1966년 12월 12일, 임원회에서 전임 교도제를 건의하기로 결정.
- 1968년 5월 23일~25일, 제4회 연구회에서는 전남 광주학생 독립운동 기념관에서 김기석 박사가 "한국의 근대화와 카운슬러의 역할"이란 주제로 발표하였다.
- 1969년 5월 29일~31일, 제5차 연차대회에서 "교육개혁과 카운슬러의 역할"이라는 주제로 정회경, 이상로 교수가 동아대학교에서 발표하였다.
- 1970년 5월 28일~30일, 제6차 연차대회는 중앙대학교에서 "변화와 적응하는 학생지도"로 정원식 박사가 주제강연을 하였다.
- 1971년 4월 29일, "교도교사의 위치와 처우개선에 대한 건의서"를 문교부 장관에게 제출. 1971년 9월 9일, "교도활동의 문제점과 문교부의 지원방안"을 문교부에 제출.
- 1972년 6월 22일~24일, 제7차 연차대회는 서강대학교에서 정회경 교장의 주제강연으로 "전환기의 청소년"을 발표하였다.
- 1972년 8월 14일, 교도주임 법제화 국회통과.
- 1972년 8월 26일, 18학급 이상의 중·고교에 교도주임을 임명하는 교육법 시행령 중 개정령이 공포됨.
- 1973년 10월 25일~27일, 제8차 연차대회는 경북대학교에서 "새 세대와 새 사회"란 주제로 이상로 교수가 발표하였다.
- 1974년 10월 26일~28일, 제9차 연차대회에서 "격동기의 청소년지도"로 동국대학교에서 정범모 박사가 주제강연을 발표하였다.
- 1975년 11월 7일~8일, 연차대회는 성균관대학교에서 "청소년 문화의 방향"을 윤태림 박사가 강연을 하였다.
- 1976년 11월 5일~6일, 제11차 연차대회에서는 대전 호수돈여자고등학교에서 "진로지도의 방향"이란 제목으로 이영덕 박사가 주제강연을 하였다.

---

11) 한국 카운슬러협회, 상담과 지도, 제18호, 서울: 한국 카운슬러협회, 1984. 부록 참조.

· 1977년 10월 13일~14일, 재12차 연차대회에서는 경희대학교에서 "80년대의 청소년"으로 이성진 박사가 주제강연을 하였다.
· 1978년 9월 22~23일, 제13차 연차대회에서 유기섭 박사가 전북대학교에서 "생활지도 정착의 과제"란 주제강연을 실시함.
· 1979년 3월, "카운슬러를 위한 총서"출판이 시작됨.
· 1979년 8월 17일~18일, 제14차 연차대회는 건국대학교에서 "복지사회에 대응하는 카운슬러"란 주제로. 황응연 박사가 주제강연을 하였다.
· 1980년 7월 24일~25일, 제15차 연차대회는 "자기성장과 생활지도의 중심과제"로서 부산대학교에서 이형득 박사가 발표.
· 1981년 8월 20일~21일, 제16차 연차대회는 한국 외국어대학에서 "생애교육과 생활지도"란 주제를 정원식 박사가 발표.
· 1982년 8월 12일~13일, 제17차 연차대회는 아주대학교에서 "자율성 함양을 위한 생활지도"란 주제로 최정훈 박사가 발표.
· 1983년 8월 18일~19일, 제18차 연차대회에서는 "미래사회와 카운슬러"란 주제로 정범모 박사가 인하대학교에서 발표하였다.
· 1984년 8월 16일~17일, 제17차 연차대회에서 "청소년의 조직구조와 카운슬링"이란 주제로 이화여자대학교에서 임희석 박사가 발표하였다.

위와 같이 생활지도에 관한 연구 활동은 끊임없이 연중행사로서 전국의 교도주임들이 700여 명에서 1천여 명에 이르는 수많은 인파가 모여 연차대회와 아울러 개인연구발표를 전개하고 토론을 하며 질적 향상을 위해 노력을 경주하고 있다. 이러한 연구 활동은 한국카운슬러협회가 주관이 되어 주제강연 및 발제강연, 토론회가 전개되고 있다. 아울러 한국 카운슬러협회 산하의 대학카운슬러 협의회에서는 연2회 연구발표회를 가지면서 생활지도 및 상담활동의 연구가 계속 추진되고 있다. 각 시·도 지회 연구회에서는 각 지역별로 연구조직이 이어져 지역단위의 생활지도 연구 활동이 적극적으로 이루어지고 있다.

그리고 서울특별시 교육연구원 상담실에서는 "학생지도"라는 연구물이 매년 쏟아져 나오고 있으며 그 밖의 지방교육 연구원에서 큰 관심을 가지고 상담실 운영과 진로정보자료실을 만들어 학생들의 정보제공 활동에도 큰 역할을 하고 있다.

이와 같이 한국 카운슬러협회를 구심점으로 하여 각 시·도 지부 연구회에서 자발적으로 교도주임들의 연구발표와 실천사례들이 쏟아져 나오고 있지만 아직도 상담활동을 위한 지도 자료가 부족하고, 학교행정당국의 협조체제가 미흡하고 이해도가 미진하여 열성과 열의에 비하여 성과는 크게 기대할 만큼 발전하지 못하고 있다.

3. 카운슬러 및 相談室 運營實態

카운슬러(상담실)는 생활지도 프로그램의 계획과 개발, 상담, 학생의 평가, 교육 및 직업계획, 집단지도, 배치활동, 교직원의 자문, 지역사회 연구, 홍보활동 등12) 전문적 활동을 전개하며 상담실 운영의 책임자로서 할 일이 많다. 인적 구성과 자질, 시설환경과 자료, 학교행정 관리자의 이해와 협조, 창의적인 생활지도 프로그램의 작성과 효율적인 실시 등도 발전적 과제임에 틀림없다.

현재 우리나라의 교도교사의 실태와 상담실 설치 현황을 조사하며 자격규정을 알아보고 문제점에 대한 시정방법을 제시하여 상담 본연의 업무에 충실하도록 노력하는 것이 바람직하다.

법규상 교도교사의 자격 및 임용은 교육법 제29조 제1항의 (별표1항)에 따라, 대통령령이 정하는 바에 의하여 문교부장관이 부여하는 자격증을 받은 자라야 한다13)고 규정하고 있다.

이와 같은 근거에 따라 교도교사는 교육법 시행령 제40조 4항(중학교) 및 43조 4항(고등학교)에 의거, 18학급 이상의 학교에는 교도주임 1인을 둘 수 있다고 명문화하고 있다. 교도업무는 주임교사 임용규정 제13조 6항에 의거, 교도주임 교사는 학생상담, 학생이해를 위한 제반검사 및 진로지도에 관한 업무를 담당한다.

교도교사 자격은 ① 중등학교 정교사(1급) 자격증 소지자로서 소정의 교도양성 강습이수자, ② 중등학교 2급 정교사 자격증 소지자로서 3년 이상의 교육경력과 소정의 교도양성 강습 이수자, ③ 준교사 자격증 소지자로서 5년 이상의 교육경력과 소정의 교도양성 강습 이수자, ④ 대학 졸업자로서 재학 중 교육학과, 또는 심리학과 전공자로서 5년 이상의 교도양성 강습 이수자로 되어 있다(교육법 제79조 별표 1항).

이와 같은 자격규정은 이미 오래 전(1960년대)에 이룩된 양성과정이므로 낙후되었거나 4반세기가 지난 현실에는 부적합하며 현재의 상담교사 자격기준을 훨씬 질적으로 강화할 필요가 있기 때문에 양성제도를 단기간 강습 이수정도의 제도를 현대 수준에 맞게 바꾸어야 하며, 전문적 성장과 인성적 특질을 갖춘 전문가의 양성이라는 측면에서 볼 때 시급히 수정해야 한다.

---

12) 김충기, 전게서, p, 299.
13) 문교법전, 교육법 제79조 참조.

　따라서 자격규준을 강화하기 위해서는 교육법 79조에 제시된 현재의 자격기준을 개정하여 승격시켜 적어도 대학원 석사과정 수준 이상의 학위과정을 수료한 자로서 주로 생활지도 교육학과를 신설하고 교육대학원의 상담심리 교육전공, 학교상담, 전공학과에서 전문교육을 받은 사람으로 임명되어야 한다. 그리고 각 학부 전공 분야에 관계없이 현직교사로서 3년 이상의 교육경력을 가진 자 이상으로 대상을 삼아야 할 것이다. 이를 전문화시키는 작업은 오로지 현재 시행하고 있는 교도교사 자격기준령을 바꾸어야 한다.

상담교사의 질적 향상과 전문성을 살리기 위해서 또는 신뢰감을 조성하기 위해서 교도교사 양성을 단편적인 강습 위주로 끝낼 것이 아니라 질적인 수준을 높여야 한다. 그것은 전문적인 석사학위 수학에 풍부한 경험을 요하는 것이다.

　그러나 잠정적으로 법적인 개정이 되기 전까지 현재 수준에서 진행되고 있는 과정을 소개하여 현실을 파악하고자 한다. 1984년 4월 30일 현재 전국 교도교사의 현황은 다음과 같다.

　최근의 조사 자료에 의하면 전국의 중고등학교 교도교사자격증 소지자는 4,618명이며 학교 수는 3,878개교로서 학교당 평균 1.19명의 인적자원을 확보하고 있다(표 12－1). 1980년도에는 2,416여명이었는데 그 후 강습을 받아 자격증을 받는 수가 증가되어 매년 1981년에 410명, 1982년에 780명, 1983년에 715명, 1984년에 860명으로 상담교사 강습자의 수가 증가 추세에 있다.

　이와 같이 자격연수의 현황과 수적 증가는 그만큼 필요성이 증가됨을 의미하지만 광범위한 교과목에 형식적인 260시간의 교육으로 전문성이 길러질 수는 없다. 이것은 상담전문직의 모독이요, 이해부족의 미온적인 처사이다.

[표 12－1] 교도교사자격증 소지 교사 현황

학교＼구분	학 교 수	자격증소지 교 사 수	학교당평균인원	비　　고
중　학　교	2,328	2,511	1.08명	
고 등 학 교	1,550	2,107	1.36명	
계	3,878	4,618	1.19명	

　전국 중·고등학교의 교도주임 배치현황은 중학교가 39.9%, 고등학교는 57.5%로서 전체 학교 수에 비해서 절반 수준도 못되는 46.9%에 불과하여 2개교에 1명 정

도밖에 안된다(표12-2). 이것은 대개 18학급 이상의 경우에만 교도주임을 1명 배치하고 있어 중학교가 **89.3%**, 고등학교는 **92.0%**로 거의 1개교 1명씩 교도주임을 배치하고 있는 형편에 있어 다행한 일이나 17학급 이하의 학교에는 불과 **6.6%** 정도밖에 없으니 교도주임을 배치하지 못하는 실정이다. 따라서 적어도 1개교 1명 정도의 교도주임을 배치하여 상담업무를 강화할 필요가 있다.

   전국 중등학교에 상담실 설치현황은 중학교 **58%**, 고등학교가 **79.9%**로서 고등학교에 더 시설되어 있다. 전체적으로 **66.6%**밖에 미치지 못하고 있다. 이것은 교도주임 배치현황과 비교해 볼 때, 중학교가 상담실을 **58%** 구비하고 있는데 배치현황은 **39.9%**밖에 안되며 고등학교에 있어서도 **79.7%** 설치되었는데 **57.5%**밖에 교도주임을 배치 못하고 있다(표 12-3).

[표 12-2] 교도주임 배치 현황

학교＼구분	학 교 수	교도주임 배치 비고			비 고
		계	17학급 이하	18학급 이상	
중 학 교	2,328	926 (39.9%)	73 (5.3%)	853 (89.3%)	
고 등 학 교	1,550	891 (57.5%)	60 (9.3%)	831 (92.0%)	
계	3,878	1,817 (46.9%)	133 (6.6%)	1,684 (90.6%)	

[표 12-3] 상담실 설치 현황

학교＼구분	학 교 수	상담실 설치			비 고
		계	17학급 이하	18학급 이상	
중 학 교	2,328	1,349 (58%)	488 (35.5%)	861 (90.2%)	
고 등 학 교	1,550	1,235 (79.7%)	332 (51.3%)	903 (100%)	
계	3,878	2,584 (66.6%)	820 (40.6%)	1,769 (94.9%)	

[표 12-4] 교도주임 수업부담 현황

구분 / 학교	계	주당 수업 시수별 교도주임 수(%)						비고
		0	1~5	6~10	11~15	16~20	21 이상	
중 학 교	926	7 (0.8)	4 (0.4)	12 (1.3)	62 (6.7)	300 (32.4)	541 (58.4)	
고 등 학 교	891	19 (2.1)	4 (0.4)	23 (2.6)	151 (16.9)	477 (53.5)	217 (24.4)	
계	1,817	26 (1.4)	8 (0.4)	35 (1.9)	213 (11.7)	777 (42.8)	758 (41.7)	

　　이러한 상황으로 보아 상담실 설치현황도 100%가 설치 못되고 66.6%밖에 안되는데 교도주임 배치는 그보다 훨씬 낮은 46.9%밖에 안되니 상담실만 설치해 놓고 일할 수 있는 교도주임은 배치하지 못하고 빈 교실만 남겨두는 결과를 낳고 있다. 더구나 17학급 이하의 학교는 더욱 심하여 40.6%의 상담실을 확보해 놓았으나 교도주임은 6.6%만 배치해 놓고 있다(표 12-4).

　　그러므로 상담 설치에도 문제가 있고 교도주임 배치에도 부족한 현상이니 생활지도가 철저하게 시행될 수가 없음을 증명하고 있는 것이다.

　　이상의 참고자료에 나타난 바와 같이 형식적인 상담실 설치를 지양하고 보다 적극적인 행정적 지원과 인적자원의 확충으로서 기본적 활동을 할 수 있는 여건을 마련해야 될 것이다. 이러한 문제부터 시정이 있어야 한다.

　　1984년 4월 30일 현재 교도주임 수업부담 현황을 보면 상담업무에 전담하고 있는 사람은 전체의 1.4%에 불과하고 10시간 미만의 수업부담을 안고 있는 주임이 3.7%밖에 안된다. 그리고 16시간 이상 30시간 미만까지가 84.5%를 차지하고 있어 거의 대부분이 과중한 수업부담을 안고 있다. 이러한 과중한 수업부담 외에 잡무처리(학급경영 및 공문서처리 등)가 많으며 하루의 일과 중에 수업에 임하고 나머지 시간을 가지고 생활지도와 상담업무에 종사해야 하므로 상담활동에 시간적·정신적인 여유가 없어서 자연히 소홀해지고 피곤하여 무관심하게 된다. 따라서 적극적이고 활발한 활동은 구조적으로 어렵게 되어 있다. 그리하여 명목상으로만 교도주임이지 학생상담에 관한 면담시간과 기타 정보제공활동이나 검사처리, 배치활동에 막대한 지장을 초래하고 있다. 이로 말미암아 학생들의 기대에 어긋나고 자발적인 참여와 지도의뢰에 차질이 빚어져 신뢰감만 떨어지는 형편이다. 교도주임이 상담업무에 충실하려면 수업부담이 전혀 없이 상담업무에만 전담할 수 있는 제도적 장치를 마련하고 상담교사의 창의적이고 자발적인 활동의 기회를 충분히 마련해 주어야만 보다 높은 성과를 기대할 수 있다.

학교운영 등 예산상의 이유로 수업지도와 상담업무를 겸하고 있는 것은 장래 학생들의 전인적 성장과 문제의 해결, 인력의 적정분배활동, 잠재능력의 개발의 차원에서 볼 때 크나 큰 인력의 낭비를 가져오며 생활지도의 문제는 해결될 수 없어서 학교생활이나 미래의 사회생활 또는 가정생활에 원만히 적응하는 데 문제가 생긴다. 이와 같은 현상이 계속적으로 유지된다면 국가의 인력양성 면에 손실을 면하기 어렵다. 올바른 생활지도를 효과 있게 수행하려면 풍부한 여건을 조성해 주고 전문적 소양을 갖춘 유자격 카운슬러를 임명하여 오로지 상담에 전념할 수 있는 환경을 제공해 주어야 성과 있는 결과를 기대할 수 있다.

미국의 경우와 비교해 보면 엄청난 차이를 느낄 수 있다. 상담교사의 배치현황을 보면14)[표 12-5]와 같다. 이 표에 의하면 1980년 현재 1:450명의 학생부담을 갖고 일하고 있으며 지금은 300~400명 선으로 카운슬러활동의 부담을 줄이고 있다.

[표 12-5]　미국 중등학교 카운슬러 대 학생수 비율

연　　　도	전담 카운슬러 수	카운슬러 대 학생 수 비율
1958~1959	12,000	1: 960
1962~1963	27,180	1: 600
1966~1967	36,200	1: 490
1970~1971	41,000	1: 470
1974~1975	43,000	1: 460
1978~1979	44,000	1: 450

[표 12-6]　카운슬러의 학위수여 현황

연도	학사학위수여자	석사학위수여자	중간학위수여자	박사학위수여자
1963~1964	45	4.579	75	230
1968~1969	175	9,411	115	401
1973~1974	325	7,507	375	632
1978~1979	1,161	19,000	625	900

---

14) Bruce Shertzer and Shelly C. Stpne, Fundamentals of Counseling, Boston: Houghton Mifflin Co., 1980, p.34.

한편 상담교사의 수준을 보면 「표 12 - 6」과 같다.15)

종합적으로 초등학교에서도 상담교사가 전담하고 있는데 1:600명 정도의 학생 부담을 가지고 지도하며, 중등학교에서는 300명 정도, 초급대학·대학에서는 750~1000명 정도 부담을 갖고 상담지도에 철저를 기하고 있다. 상담교사의 질적 수준도 매우 높아서 대개 석사학위 수여자가 주종을 이루고 있으며 50% 정도가 22세 정도를 이루고, 22~44세 정도가 10%, 나머지 45세 이상은 25%를 넘고 있다.16)

이러한 미국의 현황을 참고로 삼고 우리나라에 있어서도 점진적으로 선진국의 모델이나 방법을 채택하여 정상적인 활동에로 노력을 기울여야 할 것이다. 우선적으로 생활지도 활성화를 위한 방법으로 좀 무리가 있더라도 자라나는 제2국민의 건전한 성장과 발달을 도모하기 위해서는 과감한 행정력을 발휘하여 적어도 1개교에 1명의 카운슬러를 배치하고 전문적 활동을 기대하여 성과를 높이는 일이 장래를 위하는 길이라고 본다. 보다 앞을 내다보는 미래지향의 발전적 착상을 하여 실천할 것을 거듭 강조한다.

4. 生活指導에 관한 文獻調査

생활지도를 이해하고 활동하는 데 도움이 되기 위해서는 이에 관한 풍부한 자료가 필요하다. 다만 체계적이고 조직적인 생활지도의 도입과 실시는 1957년 이후에 이루어졌기 때문에 그 이전에 훈육이라는 차원에서 이해하고 보급되어 있는 자료는 제외하고 해방이후 1950년대 후반부터 싹트기 시작한 생활지도 활동이 전개된 다음부터 소개된 우리나라 안에서 발행되고 있는 참고문헌을 조사하여 순서 없이 계통별로 나열하여 생활지도 활동에 전적으로 이용될 수 있도록 하고자 한다.

---

15) Ibid., p.35.
16) Ibid., pp, 34~35.

1) 生活指導 一般에 관한 것*

공석영, 생활지도론, 서울: 예일출판사, 1979.

김광웅, 유아생활지도, 서울: 학문사, 1982.

김기석 외 7인, 생활지도, 현대교육총서 7권, 서울: 현대교육총서출판사,1961.

김승국·정방자, 생활지도, 서울: 교육과학사, 1984.

김정한, 생활지도, 서울: 형설출판사, 1978.

김천익, 생활지도, 서울: 형설출판사, 1982.

김충기, 생애교육과 생활지도, 서울: 평민사, 1980.

김충기. 생활지도교육, 서울: 학문사,1983.

김학수·이윤수 공역, 생활지도의 원리, 서울: 재동문화사, 1968.

김현수, 생활지도, 서울: 재동문화사, 1983.

김홍규, 생활지도, 서울: 세광공사, 1982.

박성수·임승권·정원식, 생활지도, 서울: 한국방송통신대학출판부, 1984.

박성수·임승권·정원식, 아동생활지도, 서울: 한국방송통신대학출판부, 1984.

서울특별시 교육위원회, 사회변화에 대응하는 생활지도, 서울: 서울시교육위원회, 1975.

안창일·장인효, 교육심리와 생활지도, 서울: 갑을출판사, 1983.

이영덕·정원식, 생활지도의 원리와 실제, 서울: 교육과학사,1972.

장혁표, 생활지도, 서울: 재동문화사, 1983.

전체화, 생활지도 프로그램의 설계, 서울: 현대교육총서출판사, 1964.

정인석·황석근·김홍규, 생활지도, 서울: 재동문화사, 1970.

정원식, 아동발달과 지도, 서울: 서울대학교부설 한국방송통신대학,1974.

한국통신교육연구회, 생활지도, 현직교육총서 7권, 서울: 한국통신교육연구소, 1977.

황응연, 생활지도, 교육현장전서 7권, 서울: 배영사, 1982.

황응연. 윤희준, 생활지도, 서울: 교육출판사, 1977.

황응연. 윤희준. 현대생활지도론, 개정판, 서울: 교육출판사, 1984.

위와 같이 생활지도입문서 또는 기초안내서로서 25종에 이르나 거의 미국의 생활지도기초에 관한 내용을 소개한 것들이고 독창적인 한국적인 생활지도에 관한 내용은 찾아보기 힘들다.

한편 초창기인 1960년대 초에 김기석 외 7인이 펴낸 생활지도 입문서를 효시로

---

* 여기에 소개된 자료 외에 석사학위 수준의 논문이나 교육기관 등에서 단편적으로 발표된 논문에 소개하지 않았음.

생활지도 논문에 관한 것은 중앙교육연구원에서 내놓은 교육론저총합색인(1945~1978) 중 pp.153~200에 목록이 실려 있는 것을 참조할 것.

하여 1960년대 말까지는 별로 참고 서적이 없는 상태에 있다가 1970년대 중반 이후에 활발하기 시작하여 1980년대에는 여러 문헌이 쏟아져 나오고 있다. 그러나 초·중·고등학교에 필요한 생활지도 교과가 교직과정이나 사범대학과 같은 교사양성기관에 필수적으로 부과되어야 할 과목이 빠져 있다는 것은 커다란 문제점이 아닐 수 없다. 고작해야 교육심리학의 일부로서 약간 소개되는 정도로 인정함은 문교부행정 관리당국에 있는 요원들의 인식부족이나 불찰로 빠뜨린 것이 아닌가 생각된다.

주지하는 바와 같이 학교교육의 2대과제로서 중요한 점은 교과교육과 생활지도교육일 것이다. 요즈음처럼 청소년들의 비행·폭행·강도·강간 등 제반 문제성이 심각하며, 해결하기 위한 방안으로 심지어 산하에 청소년 선도대책위원회까지 신설하는 작업까지 실시하는 중대성에 비추어 볼 때 초·중등학교 교사가 될 교사양성기관에 "생활지도"교과를 지도하지 않고 있음은 문교행정의 역할 중 큰 실수(?)라고 생각한다.

생활지도는 비단 학교교육에서만 필요성이 있고 강조해야 할 사항이 아니다. 가정에 있어서나 사회, 일반 산업체, 기업체 등에서도 생활과 직장에서의 현명한 적응생활에서도 절대로 필요한 것이다. 앞으로 생활지도의 중요성을 좀더 보급하기 위해서는 보다 질적인 수준이 높은 참고자료가 개발되고 보편화 되어 쉽게 이해할 수 있는 토대가 이루어져야 할 것이다.

2) 相談과 心理治療에 관한 것

상담과 심리치료는 생활지도에서 가장 중요한 중추적인 활동이다. 이것은 입문서에 제시된 포괄적인 일반적 생활지도 내용보다 전문적이고 핵심적이며 치료기능을 가진 봉사활동이다.

여기에 관련된 문헌을 조사해 보면 다음과 같다(무순).

이관용·이장호 공역, 카운셀링과 심리치료의 이론과 실제, 서울: 대한교과서주식회사, 1972.
서울시 카운슬러협회, 한국카운슬링의 실제, 서울: 백영사, 1975.
김기석 역, 상담과 심리치료, 서울: 중앙적성연구소, 1972.
이상로·김영채 공역, 내담자중심의 학교상담, 서울: 중앙적성연구소, 1972.
변창진·김영채·이희도 공역, 학교상담의 사례연구, 서울: 중앙적성연구소, 1973.
윤팔중 편역, 가이단스 카운슬링, 서울: 교육출판사, 1971.

한승호 역, 카운슬링의 이론과 실제, 서울: 지문각, 1963.

정원식·박성수, 카운슬링의 원리, 서울: 교육과학사, 1978.

정희경, 학생상담의 기술, 서울: 현대교육총서출판사, 1964.

이혜성 역, 완전한 카운슬러, 서울: 이화여자대학교출판부, 1980.

이형득, 집단상담의 실제, 서울: 중앙적성연구소, 1979.

이형득, 인간관계훈련의 실제, 서울: 중앙적성출판부, 1982.

박성수, 현대인의 심리와 카운슬링, 서울: 한국방송사업단, 1982.

이장호, 상담면접의 기초, 서울: 중앙적성연구소, 1982.

이장호, 상담심리학입문, 서울: 박영사, 1982.

이근후·박연숙, 가족상담의 이론과 실제-체계적 접근-, 서울: 삼일당, 1982.

이춘실 역, 상담관계의 이론과 진행, 서울: 목양사, 1978.

한국인성개발연구회, 엔카운터그룹, 서울: 인간연합사, 1983.

황의영, 목회상담원리, 서울: 생명의 말씀사, 1970.

윤호균, 삶, 상담, 상담자, 서울: 문지사, 1983.

오준석 역, 상담학개론, 서울: 장로회 신학대학 출판부, 1983.

정희경 역, 변화하는 세계의 카운슬러, 서울: 교육출판사, 1971.

이형득 외, 상담의 이론적 접근, 서울: 중앙적성출판부, 1984.

서봉연·이관용 공역, 심리치료와 카운슬링, 서울: 중앙적성출판부, 1984.

김려옥, 심리개발 프로그램, I, II, 서울: 배영사, 1982.

장춘환 편역, 청소년 상담, 서울: 학문사, 1983.

김충기·이재창 공역, 상담과 심리치료-이론·방법·과정-, 서울: 교육과학사, 1985.

위와 같은 자료에 약 30여 편 중 절반가량이 번역물이고 순수한 이론에 관한 저작물이 많지 못하다. 상담의 이론이나 실제, 심리치료에 관련된 연구저작이 많지 못한 이유로 말미암아 생활지도의 전문적 기술이나 방법이 발전되지 못하고 있는 것 같다.

앞으로 보다 전문적 상담활동을 전개시키기 위한 자료개발에 박차를 가해야 될 것이다. 그리고 이와 같은 영역에 부진을 면치 못하는 것은, 아직까지도 우리나라는 경제적으로 어려운 여건 속에 살아왔으므로 정신적인 면보다 물질적 욕구충족이 서구사회나 미국처럼 경제적으로 풍요롭지 못한 환경 속에서 일차적 욕구충족 면에 더 갈증을 느끼기 때문에 개인차라든가 개별 중심의 정신적 안정 면에 덜 치중되어 있기 때문이라고 생각한다. 그래서 상담이나 심리치료와 같은 내면의 세계에 대한 치료에 비중을 낮게 취급하고 있는 경향이 있다.

앞으로 물질적 풍요가 이루어진다면 이차적 욕구인 심리적 욕구에 갈증을 느끼고 해결하는 데 관심을 더욱 기울이게 될 것이다. 그때가 되면 상담과 심리치료를 요하는 사람이 늘어날 것이다. 그렇게 될 때 이를 뒷받침해 줄 수 있는 자료가 많이 개발되어 도와주는 데 일익을 담당하게 될 것이다.

3) 進路指導 및 進路敎育에 관한 것

우리나라 교육에 있어서 진로지도(career guidance)는 1964년 이후 관심을 갖기 시작하였는데 격심한 대학입시교육이나 주입식 교육 때문에 뒷전에 밀려나 관심이나 지도하는 데 게을리 해 왔다. 앞에서 언급한 바와 같이 미국교육에 획기적인 전환을 갖게 된 1971년 당시에 미국교육위원인 Sidney p.Marland에 의하여 진로교육의 필요성을 강조하게 된 이후부터 급격히 호응을 얻어 전국 각급 학교에 진로교육이 보급되면서 우리나라 교육계도 영향을 입게 되었다. 그래서 우리나라 문교부나 서울시 교육위원회, 한국교육개발원에서도 지대한 관심을 가지고 진로지도교육의 실시를 강조하게 되었다. 그리하여 진로교육자료를 비롯하여 초등학교에서의 진로교육의 실시를 위한 자료 개발에도 착수하고 있다.

필자는 1978년 이후 생애교육(career education) 또는 같은 의미의 진로교육의 필요성과 실시를 위한 강조를 해왔기 때문에 우리 학교교육에서도 관심을 기울이기 시작하였다. 아직 초기 단계에 있으므로 많은 연구물이 나오지 않았다. 그중의 일부분만 소개하고자 한다.

홍기형·이승우, 진로지도, 서울: 교육출판사, 1978.

주세환, 진학·진로지도의 기술, 서울: 현대교육총서출판사, 1964.

서울특별시 교육연구원, 직업의 세계 — 장직정보자료 —, 서울: 서울특별시 교육연구원, 1977.

서울특별시 교육연구원, 인간성장을 돕는 직업지도, 서울: 서울특별시 교육연구원, 1979.

이정근, 진로지도와 진로상담, 서울: 중앙적성연구소, 1979.

이무근, 실업·기술교육론, 서울: 배영사, 1982.

문교부, 진로지도, 장학자료 34, 서울: 문교부, 1981.

한국교육개발원, 진로교육자료, 서울: 한국교육개발원,1982.

김충기, 진로교육의 본질, 서울: 평민사, 1983.

김충기, 생애교육: 문제와 방법, 서울: 세광공사, 1983.

김충기, 생애교육의 기초, 서울: 교육연구사, 1984.

방진우, 진로발달의 원조, 전남: 전남 카운슬러협회, 1983.
길형석 역, 진로개발교육, 서울: 교육출판사, 1983.
이승우, 자녀교육을 위한 적성개발, 서울: 익선문화사, 1973.

우리나라에 진로교육의 보급이 늦게야 이루어진 관계로 자료도 충분하지 못한 실정이다. 일선학교에서도 진로지도나 진로교육의 의미는 이해하고 있는 정도이며 구체적 지도방법은 아직 자료가 개발되지 못한 상태이어서 앞으로 부지런히 과정을 개발하여 보급하는 일이 시급하다.

4) 기타 研究誌나 研究物에 관한 것

진로교육의 보급과 실천을 위한 기초 자료로서 대학원 또는 교육대학원 석사학위 과정에서 진로의식이나 인식에 관한 논문이 쏟아져 나오고 있으며, 각 대학 학생생활연구소에서 "학생생활연구"라는 생활지도 전문지가 있다. 그밖에 참고자료로는 다음과 같다.

한국카운슬러협회, 상담과 지도, 제1호~18호, 1964~1984.
교단사, 진로지도론, 통권 12호, 1967. 2.
서울청소년지도육성회, 상담사례연구 1~8집, 1975~1983.
유네스코 한국위원회·한국카운슬러협회, 인문계 고등학생의 진로지도, 1984.
서울특별시 교육연구원. 가이던스-카운슬링 사례연구집 제1호~10호, 1974~1984.
대한사립중고등학교장회, 부설 한국사학 교육연구소, 중고등학교에서의 생활지도를 통한 전인교육.
황응연, 진로지도 프로그램 개발에 관한 연구, 서울: 이화여자대학교, 1981.
김충기, 중등학교에서의 진로교육 프로그램개발에 관한 연구, 논문집 8집, 건국대학교교육연구소, 1985.

이상과 같이 생활지도에 관련된 참고문헌을 개괄적으로 소개하였으나 빠진 것이 있을 것이다. 위에 열거한 자료를 전부 합한다 해도 50여종밖에 못 미친다. 더욱 독서 자료에 관한 연구물이 개발되어야 할 것이다. 따라서 생활지도 분야의 전문가, 학자들은 학교교육에 이용되어야 할 연구물을 개발하는 데 계속 추진하도록 사명의식을 가져야 할 것이다. 생활지도 종주국인 미국은 수백 수천여 종에 이르고 있으며 연구가 활발히 진행되고 있다. 생활지도에 관한 많은 연구문헌은 세 살 된 유아기 정도에 불과하다. 전문가들의 각성과 열의로 연구에 노력을 아끼지 말아야 할 것이다. 생활지도의 이론과 실제에 관한 독서자료나 지도방침의 연구물이 부족하여 일선학교의 상담교사들의 요구가 빗발치고 있다. 이의 요구에 재빨리 부응해야 할 것이다.

5. 生活指導活動의 問題點과 解決方案

여기서는 주로 앞에서 논의된 생활지도의 발달적 배경과 상담실 운영실태와 문헌을 통하여 앞으로는 생활지도 활동을 원활하게 하기 위한 방법으로 먼저 문제점을 도출하고 그에 대한 해결방안을 모색하고자 한다.

1) 生活指導活動의 問題點

생활지도가 학교현장에서 학생들에게 실효를 거두기 위해서는 다음과 같은 문제점을 인식하고 이에 알맞은 대책을 강구하여야 한다. 그 문제점으로 지적되고 있는 것은,

① 상담실 시설확충과 운영을 위한 재원보급의 부족
② 상담교사(교도교사)의 전문적 자질 향상을 위한 양성제도의 제도적 장치 미흡
③ 생활지도의 실제(방법론)에 대한 안내책자의 부족
④ 신도성보사료실의 시실 및 자료 부족
⑤ 학교행정 관리자나 문교부, 각 교육위원회 요원들의 생활지도의 이해 부족으로 이를 보완하기 위한 연수교육의 부족
⑥ 생활지도의 중요성, 필요성에 대한 인식의 부족
⑦ 생활지도 홍보활동의 부족
⑧ 상담교사와 담임교사의 연계성 부족
⑨ 무자격 상담교사의 상담업무 종사에 따른 진문성의 결여
⑩ 상담교사의 과중한 이중의 수업부담으로 인한 효율적인 상담활동의 기회제공과 역할이 유명무실하게 되고 있다.

⑪ 상담부의 부서조직이 없거나 학교장의 무관심과 이해 부족으로 인하여 상담교
사가 전문적 봉사활동을 할 수 없다.

⑫ 중·고등학교 18학급 이상에만 상담교사를 두도록 하여 18학급 미만의 중·
고등학교에서는 상담활동의 혜택이 주어지지 못하고 있는 기회균등이 안되어
있다.

⑬ 초등학교에 상담실이나 상담교사 배치에 대한 조직이나 관심이 전혀 없다.

⑭ 260시간(전에는 240시간) 강습이 상담활동에 필요한 구체적 내용이 되지 못하
고 너무나 지엽적이고 광범위하여 전문성 제고를 위한 교육이 되어 피상적이다.

⑮ 시·도 교육위원회에 상담업무를 담당하는 장학진이 없고 교육연구원에도 상
담활동을 지원하는 부서가 없어(서울, 부산은 제외) 상담활동을 행정적으로 지
원하지 못하고 있는 실정이다.

⑯ 상담활동이나 효과에 대한 인식과 경시 풍조의 문제

⑰ 상담실 활용의 제도적 운영의 부족

⑱ 생활지도와 상담활동에 필요한 충분한 전문적 자료·서적·사례·방법 등 구
체적인 자료가 부족

⑲ 중등학교 교사양성기관에 교직과목의 하나인 "생활지도" 교과목이 정규교과과
정에서 빠져 있다.

⑳ 상담·진로지도에 대한 학생, 교사, 학부모들의 인식 부족

㉑ 생활지도 활동을 위한 교사 연수의 기회 부족

이와 같이 전체적인 면에서 부족현상과 문제점을 제시하였다.

2) 生活指導 活動方案

위와 같은 문제점을 중심으로 생활지도 활동을 원활하게 이루기 위해서는 다음과
같은 방안이 시급히 마련되어야 할 것이다.

(1) 학교기관에서 해야 할 일

① 상담활동의 여건조성을 위해 부족한 상담실시설의 확충과 보급, 운영을 위한
행정적·재정적인 뒷받침이 있어야 한다.

② 생활지도에 관련된 각종의 검사자료, 안내책자의 보급, 실시, 지도, 배치에 대

한 자료가 없으므로 충분히 보충하도록 한다.

③ 진로정보자료실(career information resource center)을 설치하고 교육정보, 직업정보, 개인·사회적 정보에 관한 자료를 수집, 보관, 열람하고 이용에 편리하도록 하며 홍보활동으로 전체 학생들이 참여하여 기회를 갖도록 한다.

④ 학교행정 담당자(교장, 교감) 및 교사들의 생활지도에 대한 이해를 돕고 적극적인 협조체제를 구축하여 상담활동 계획수립 및 추진을 하며 부단한 자체 연수를 실시하고 강화한다.

⑤ 무자격 상담교사가 상담의 제 활동을 부담하지 않도록 할 것이며 과중한 수업부담을 피할 것, 즉 수업은 최소한 주당 5시간 내외로 축소할 것이다.

⑥ 적어도 1개교 1인의 전문가인 전담 카운슬러를 두고 이의 계획에 따라 전교 학생들이 참여할 기회를 주어 문제해결을 중점적으로 시도한다.

⑦ 학생들로 하여금 상담실 이용에 대하여 의무화를 강조하고 필수화한다.

⑧ 개인 및 집단상담을 통한 진로지도의 강화와 진로교육의 실시(교과시간을 활용하거나 별도의 시간을 내어 지도한다).

⑨ 상담교사는 최소한 일반 교과 담당교사보다 보수 면에서 20% 이상의 우대를 하여 적극적인 생활지도 활동에 자율적인 역할과 기대를 걸도록 한다.

⑩ 지역사회 자원인사의 상담·정보활동 직업탐색의 기회를 얻을 수 있도록 최대한으로 활용한다.

⑪ 각종 표준화 검사(적성, 흥미, 인성, 지능, 창의성 검사 등)를 전체 학생들에게 실시하여 자기능력(potentiality) 파악에 힘쓴다.

⑫ 진로의 날(career day)을 정하여 현장견학의 기회를 주어 시야를 넓히고 직업의 중요성을 인식시키고 선택의 기회를 주어야 한다.

⑬ 학생들에게 상담·면접의 기회를 확대하고 개별 및 집단상담, 진로상담, 학부모 상담기회를 넓히고 생활지도운영을 강화한다.

(2) 敎育委員會에서 해야 할 일

각 시·도 교육위원회에서는 일선학교에서 실시되고 있는 생활지도 활동을 정기적으로 검토하고 행정·재정적 지원에 힘쓰며 상담활동에 관한 대책협의회를 개최하여 연계성을 가지고 지도·감독하면서 다음과 같은 문제 해결에 힘써야 한다.

① 상담교사의 전보에 대한 적절성 유지, 즉 상담주임 상호간의 전보와 상담교사 자격강습의 기회 확대

② 상담활동을 독려하기 위한 전담 장학사 배치
③ 장학지도 내용에 상담활동과 진로교육 실시를 포함시킴
④ 전교사의 생활지도화를 위하여 상담교사에 대한 현직연수강화와 지역별 자체 연수와 휴가(방학) 중 특별 연수 기회 제공의 풍부화
⑤ 교육연구원에 상담활동의 부서조직과 포괄적인 진로정보자료실의 시범적 설치와 일선학교마다 상담실과 진로정보자료실에 필요한 요구에 자문하고 실시하도록 지도·감독한다.
⑥ 각급 학교에서 운영되고 있는 생활지도 활동에 대한 수시점검과 장학지도 철저
⑦ 상담사례 보고회 개최 및 평가
⑧ 상담교사 협의회 활동 독려
⑨ 상담지도에 대한 안내책자 발간 및 보급
⑩ 교도교사의 명칭을 "상담교사"또는 "카운슬러"로 호칭을 바꿀 것
⑪ 모범 상담교사를 발굴하고 표창하여 상담실 운영의 활성화를 이룩한다.

(3) 文敎部에서 해야 할 일

① 법규개정, 즉 교육법 제79조 1항의 자격기준 개정이 필요하다. 현재 수준의 교도교사 자격강습은 28년 전에 잠정적으로 인력확보를 위해 단기간의 강습이 필요했으나 현대와 같이 전문성 지향을 요구하는 이때에 임시적인 강습은 전문성에 위배되므로 전문인 양성을 위한 방안으로 선진국에서 실시하고 있는 자격기준과 마찬가지로 일반대학원이나 교육대학원에 상담심리, 학교상담 전공자에게 석사학위를 이수하면 "상담교사"자격증을 부여하도록 자격기준을 개정해야 한다. 그리고 점진적으로 자격강습을 통해 주던 "교도교사자격증"제는 폐지하도록 한다. 한편 연수강습으로 바꾸어 일선학교 교사들에게 제공한다.
② 교육법 시행령 제40조 및 43조 임용령을 개정해야 한다. 즉 18학급 이상의 중·고등학교에 교도교사를 두도록 하는 제도를 폐지하고 1개교 1명의 전담 카운슬러를 두도록 법제화하여야 한다.
③ 따라서 현재 19시간 이상의 수업부담을 줄여서 상담활동에 전념할 수 있도록 하기 위해서 수업부담을 최소한 5시간 이내로 축소시켜 주어야 한다.
④ 사범대학이나 일반대학 교직과정에서 빠져 있는 '생활지도'교과를 설치하여 생활지도 방법을 이해하고 실제 지도에 이용하도록 하여야 한다. 그렇지 못하면 '교육심리와 생활지도'교과로 개정하여 충분한 생활지도의 원리를 이해하

도록 조치하여야 한다.

⑤ 모든 현직연수, 즉 교육행정연수원, 학교자체연수 등에서 생활지도와 상담방법 훈련을 강화하도록 의무화할 것

⑥ 초등학교에 있어서도 중·고등학교와 마찬가지고 상담실 설치나 진로정보자료실을 두고 이에 적극 지도를 할 상담교사도 전담하도록 제도를 바꾸어야 한다.

⑦ 시·도 교육위원회에 생활지도과를 설치하고 학교상담과 진로교육 지도활동을 지원토록 행정적·재정적인 지원을 아끼지 말아야 한다.

⑧ 생활지도 활동을 돕기 위한 진로정보자료실을 설치하도록 제도화하고 교육정보, 직업정보, 개인·사회적 정보 제공에 만전을 기하도록 하여 진로교육의 강화를 이룩하여야 한다.

⑨ 진로교육교사양성을 위하여 교사양성기관에 진로교육과를 신설하여 요원을 양성하고 지도하도록 제도를 고친다.

⑩ 한국카운슬러협회 활동에 적극적인 지원과 이용에 노력할 것

⑪ 문교부 산하에 생활지도 자문위원회를 두고 수시로 정책결정과 시행에 대한 독려와 상담전문가들의 고견을 수렴하여 생활지도를 활성화하도록 한다.

⑫ 전국적으로 각급학교(초·중·고등학교) 상담실 시설의 설치를 의무화하고 전담 카운슬러를 두어 학생들의 제반 문제해결에 전력을 다하도록 독려해야 한다.

⑬ 대중 매체인 라디오, TV 교육방송, 각종 유력한 신문을 통하여 생활지도 활동의 중요성과 필요성, 방법 및 대책에 대한 강조와 홍보활동을 전개하도록 제도화한다.

⑭ 상담교사 연수교육은 보다 실제적인 전문적 프로그램을 제시하고 전국적인 전문가의 인적자원을 동원하여 카운슬러 전문적 자질을 향상시키도록 지시한다.

이상에서 제시한 바와 같이 생활지도는 저절로 이루어지는 것이 아니라 학교 당국에서 관리책임자의 이해와 역할에 좌우된다. 또한 문교부나 교육위원회 등 감독기관이 보다 건전하고 실용적인 안을 가지고 일선학교에서 충실하게 일할 수 있는 여건의 조성과 유자격자의 제도적 양성과 대우가 뒤따라야 하며 근무조건도 개선시켜 주어야 소기의 성과를 기대할 수가 있는 것이다.

6. 結論

Charles Brooks는 말하기를 교육의 질은 교사의 질을 능가할 수 없거나 비례한다고 하였다. 마찬가지로 생활지도와 상담활동의 질은 카운슬러의 질을 능가할 수 없다고 생각된다. 그러므로 일반적으로 일선학교 생활지도를 현명하게 잘 이룩하려면 상담교사의 전문적 자질향상과 상담활동을 할 수 있는 여건, 즉 시설의 보급과 확충, 소요되는 각종 자료의 수집과 비치·열람·제공, 학교행정가의 행·재정적 뒷받침이 뒤따라야만 효율적인 성과를 기대할 수 있으며 학생들의 건전한 성장과 발달을 도모하고 적재적소에 알맞은 유능한 인재를 양성하게 될 것이다. 그렇게 하기 위해서는 적극적인 생활지도의 홍보활동과 당위성을 소개하여 참여의 기회를 제공해주고 상담활동에 전념하도록 전담카운슬러제를 채택하여야 한다. 상담교사를 전문적으로 양성할 수 있는 석사학위 이상의 생활지도 전문가 학위수여제를 신설하고 응분의 대우도 해주어야 효과 있는 생활지도를 전개할 수 있다. 무엇보다도 과중한 수업부담을 갖지 않도록 하고 상담업무에만 종사하도록 함으로써 모든 능력과 노력을 기울여 성과를 높일 수 있는 계기가 된다. 따라서 전담카운슬러를 배치하는 데 인색하지 말고 과감히 실행하여야 한다.

초·중·고등학교에서는 교과지도와 함께 생활지도 활동을 필수화하여야 한다. 날로 복잡다단해 가는 산업사회의 발전에 적응할 수 있고 모든 문제를 자력으로 해결할 수 있도록 계획적이고 조직적인 활동을 전개해야 함은 당연한 교육의 목표이며 내용인 것이다. 생활지도가 원만히 이루어질 때 학교생활이나 개인생활에 불만이 없고 만족하고 행복된 삶을 영위하게 될 것이다. 그렇게 하기 위해서는 학교 전체 교사의 협동적인 지원체제가 확립되어야 한다. 전인교육에 도달하는 길은 적절한 계획적인 생활지도가 원만하게 이루어질 때 달성될 수 있는 것이다.

따라서 생활지도는 교육의 목적을 달성하기 위한 방법으로 학생들이 일상생활에서 해결해야 할 교육적·직업적·가정적·사회적·도덕적·정서적·종교적 문제를 자력으로 해결할 수 있도록 도우며 자기가 가지고 있는 흥미·적성·능력·성격 등 인격적 제 특성과 잠재 가능성을 발견하고 이해케 하여 이를 최대한으로 발전시켜 나가며, 현명한 선택과 적응을 위해 조직적인 봉사가 이루어지며 가치판단과 자기지도 및 자기실현을 이룩하는 인간 활동을 돕는 과정이라고 볼 때 이 과정의 지도를 소홀히 할 수 없다. 때문에 이러한 중대과제를 깊이 인식하고 생활지도 활동을 극대화하여 실천하는 방향으로 나가야 마땅할 것이다.

이제 생활지도 활동의 보급과 실천을 위해 적극적으로 노력할 때가 왔다고 본다. 시대와 가치관도 변하고 있으며 급격하게 변하는 사회환경과 정보사회에 적응하기 위한 준비가 필요하다.

생활지도의 과제는 문제성을 지닌 학생들을 정상으로 이끄는 교도적 기능과 함께 선택적 기능이 조화를 이루어야 한다. 더욱이 잠재력 개발촉진에 도움을 주는 조직적인 봉사기능으로서의 생활지도는 학교교육에서 계획성 있게 추진해 나가야 하며 가정과 사회에서 뒷받침을 해주어야 한다.

아울러 생활지도를 계획하고 실천하는 주무자인 상담교사의 독창적이고 창의적인 활동에 기대해야 하므로 유능한 전문인을 기용하여 전달할 수 있는 여건을 최대한으로 구비해 주어야 한다. 이것은 행·재정적인 지원이 강화되어야 함을 의미한다. 마지막으로 상담교사의 전문화를 위해 교도교사 양성제도의 시급한 개정을 촉구하여 적어도 대학원석사학위 수준의 학위 취득자에게 "상담교사"자격증을 주어 전문활동에 이바지하도록 제도의 개선이 시급하게 요청된다.

참고문헌

김충기, 생활지도교육, 서울: 학문사, 1984.

김충기, 진로교육의 본질, 서울: 평민사, 1982.

문교부, 문교법전, 서울: 교학사, 1984.

전국 대학 카운슬러연구협의회, 대학 학생생활연구소 기능정립을 위한 학술 심포지엄, 전국 대학 카운슬러연구협의회, 1982.

손충기·손병로·이성진, 고등학교 학생 진로의식, 서울: 행동과학연구소, 1982.

한국정신문화원, 일의 보람 삶의 보람, 서울: 한국정신문화연구원, 1984.

한국카운슬러협회, 상담과 지도, 제16~18집, 서울: 한국카운슬링협회

황응연·윤회준, 생활지도, 서울: 교육출판사, 1976.

Gibson, Robert L., Mitchell, Marianne H., Higgins, Robert E., Development and Manag -ment of Counseling Program and Guidance Service, New York: Macmillan Publishing Co., 1983.

Gysbers, Norman C., Moore, Earl J., Improving Guidance Programs, New Jersey: Prentice-Hall Inc., 1981.

Miller, Frank W., Guidance: Principles and Services, Columbus, Ohio: Charles E. Merrill Publishing Company, 1968.

Pietrofesa, John J,. Bernstein, Bianca, Minar, Jo Anne,. Standford, Susan, Guidance: An Introduction, Chicago: Rand McNally College Publishing Co., 1980.

Shertzer, Bruce, Stone, Shelly C., Fundamentals of Counseling, Boston: Houghton Miffin Company, 1980.

제13장 韓國 카운슬링 發展 推進課題 *

1. 序論

우리나라에 생활지도와 카운슬링이 도입된 해는 1957년경이었다. 그 전에는 요즈음에 상담이 되고 있는 문제는 대체로 훈육의 대상이 되었거나 아니면 아무런 교육적 관심이 되지 못한 채 방치되어 있었다. 현대적 의미의 생활지도는 교육학만이 아니라 심리학, 정신의학 등의 광범한 학문적 지원을 받고 발전된 것이다. 생활지도 상담은 주로 미국에서 활발하게 이루어져 왔는데, 우리나라는 1957년에야 비로소 서울특별시 교육위원회가 40여명의 교사에게 상담교사교육을 실시한 뒤에 이루어진 개혁으로 인하여 학교현장이 생활지도 상담실로 변화되기 시작하였다.

사회가 단순했던 농경사회나 민주주의가 도입되기 이전의 사회에서는 생활지도에 관한 관심이 오늘의 산업 사회처럼 절실하게 필요를 느끼지 못했을 것이다. 다만 생활상의 문제는 가부장적 권위에 따라 훈계나 훈육적인 차원에서 가능했을 것이다.

그러나, 고도의 산업 사회와 정보 사회를 맞이하게 된 현대 사회에서는 생활지도의 필요를 더욱 가중하고 있다. 학생 인구의 폭발적인 증가로 인한 개인의 학업 및 교육적인 문제가 대두되고, 다양한 직업 세계의 변화에 따르는 현명한 적응의 문제, 개인차의 요구, 청소년의 비행 범죄의 증가, 가치관의 변천, 여가 선용의 문제, 도덕적·성격적·종교적인 문제, 장래의 전망 및 이데올로기 문제 등 학생들이 겪어야 할 당면 문제가 산더미처럼 쌓여 있어 이를 해결하고 도와주기 위해서는 전문적인 생활지도의 보급이 시급하다. 그러므로 아직도 생활지도에 대한 인식이나 필요

---

* 본 논문은 1985년 8월 7~8일 창원 기능 대학에서 한국 카운슬러 협회 제21차 연차 대회에서 필자가 '한국 카운슬링 발전의 추진 과제란 제목으로 발표한 내용을 요약한 것임을 밝혀 둔다.

성을 모르고 과거의 방법만을 답습하는 일은 시대착오적인 처사라 아니할 수 없다.

가정과 학교 및 사회에서의 생활지도의 중요성과 필요성의 강조는 아무리 주장하여도 지나치지 않을 것이다.

그래서 본 장에서는 우리나라의 생활지도의 주요 문제와 현황을 살펴보고 문제점을 시정하기 위한 방안을 제시하고자 한다.

2. 生活指導의 現況

한국의 생활지도 발전을 위해 1964년 한국 카운슬러 협회란 전문적 연구 단체가 발족되어 오늘에 이르기까지 20여 년이 지났다. 그동안 학교 카운슬링 방법의 보급과 발전을 위한 끊임없는 연구 활동이 중·고등학교 교도주임(카운슬러)과 대학의 카운슬러 교수가 주축이 되어 매년 연차 대회를 통하여 상담과 지도에 관한 실용적인 연구 발표와 지도방법을 실천하는 데 온갖 노력을 다하고 있다.

1985년 8월은 한국 카운슬러 협회가 창립된 지 20년을 기념하는 20차 연차 대회 및 연구발표가 창원 기능 대학에서 있었고 20년간 연구해 온 업적을 높이 기념하고자 20년사인 『변화하는 사회, 성장하는 청소년』이란 제목으로 출판을 하여 생활지도 활동에 상당한 도움을 주고 있다.

이와 같은 헌신적인 노력에도 불구하고 현재 각급 학교의 생활지도를 위한 현황은 어떤가를 재검토하여 살펴보고 주요과제는 무엇이며 그 해결방안은 어떻게 마련돼야 할 것인가에 관심의 초점을 두고자 한다.

1) 相談室 現況

각급 학교에서 생활지도·상담활동을 원만히 수행하려면 상담의 장소와 부대시설의 확보가 절대로 필요하다. 그리고 전문가인 인적 요원, 즉 전담 카운슬러가 있어야 한다.

그래서 여태까지의 시설 환경을 점검해 보고자 한다.

현재 초·중·고등학교에 학생 상담활동을 전개하기 위한 상담실 설치 현황을 보면 [표 13-1]과 같다.

1985년 4월 현재 초등학교 6,500개교 가운데는 1개교도 설치되어 있는 곳이 없다. 중·고교에는 중학교가 61.7%, 고등학교가 78.8% 모두 68.6%가 상담실을 설치하고 있다. 아직도 3분의 1에 가까운 학교에 상담실조차 설치되어 있지 않다. 이 표에 의하면, 앞으로 초등학교에도 필수적으로 상담실의 설치를 서둘러야 되겠고, 중·고등학교에 아직 설치되지 않은 곳(31.4%)도 시급히 완전하게 보완해야 될 것이다. 그래야만 최소한의 학생과 상담을 할 수 있는 기본적인 여건이 마련되는 것이다.

[표 13-1] 학교별 상담실 설치 현황

구분 / 학교	학 교 수			상담실 설치 학교 수		
	17학급 이하	18학급 이하	계	17학급 이상	18학급 이상	계
중 학 교 숫자	1,310	1,069	2,379	555	913	1468
비율	55%	45%	100%	42.4%	85.4%	61.7%
고등학교 숫자	606	985	1,591	327	927	1,254
비율	38%	62%	100%	54.0%	94.1%	78.8%
전 체 숫자	1,916	2,054	3,970	852	1,840	2,722
비율	48%	52%	100%	46.0%	89.6%	68.6%

* 이 통계는 1985년 4월 기준임.

2) 敎導敎師 現況

우리나라 교사 가운데 교도교사(상담교사라고 부르는 것이 더 적합하겠지만)의 자격을 가진 사람과 실제로 배치된 사람의 숫자는 [표 13-2]와 같다.

이 표에 의하면, 교도주임이 배치되어 있는 학교는 중학교가 42%, 고등학교가 58%서 평균 45%에 불과하다. 교도교사 자격연수를 받은 약 54%가 교도(상담) 이외의 부서에서 근무하고 있음을 알 수 있다. 이러한 현상은 현재 18학급 이상의 학교에 교도주임을 의무적으로 두게 하는 제도적 조치가 크게 작용하였고 또한 교도교사 자격 연수가 카운슬링 자체에 대한 관심보다도 상위 자격을 취득하기 위한 하나의 수단으로 활용되는 것에서 비롯된다고 하겠다.

교도교사의 수업 부담을 보면 「표 13-3」과 같다.

[표 13-3]에 따르면, 전담 카운슬러제를 실시하고 있는 학교는 1.4%에 불과하며

일반적으로 교도주임의 수업 부담 현황은 16시간 이상의 수업을 담당하고 있는 교도주임이 전체의 **84.5%**로서 거의 대부분이 과중한 수업 부담을 안고 있다. 이러한 막중한 수업담당과 잡무 및 사무 처리 등을 수행하고 상담활동에 관한 업무 추진을 어떻게 이행해 나갈 수 있을까 의심이 갈 정도이다. 이러한 환경 속에서 정상적인 생활지도상담활동을 위한 제반 지도를 의뢰하는 것은 전문 활동을 전개하기에는 무리이며 이중 부담 속에서 원만한 효과나 성공적인 성과를 기대할 수 없다는 것을

[표13-2] 학교별 교도교사자격증 소지자 및 배치 현황

학교 \ 구분	학 교 수			교도주임 배치 학교			교도교사 자격 소지자		
	17학급 이 하	18학급 이 상	계	17학급 이 하	18학급 이 상	계	교도부 서배치	타부서 배 치	계
중 학 교 숫자	1,310	1,069	2,379	51	944	995	1,229	1,631	2,860
비율	55%	45%	100%	3.9%	88.3%	42%	43.0%	57.0%	100%
고등학교 숫자	606	985	1,591	78	851	929	1,188	1,194	2,382
비율	38%	62%	100%	12.9%	86.4%	58%	49.9%	50.1%	100%
전 체 숫자	1,916	2,054	3,970	129	1,975	1,924	2,417	2,825	5,242
비율	48%	52%	100%	6.7%	87.4%	45%	46.1%	53.9%	100%

* 이 통계는 1985년 4월 기준임.

증명할 수가 있다. 그렇기 때문에 학생지도 활동에 소홀해지고 의욕을 상실하게 된다. 따라서 교도교사의 상담활동을 원활하게 이루려면 전담 활동을 전개하도록 제도적으로 장치를 하여야 한다.

참고로 미국에서 전담 카운슬러 활동 비율을 소개하면, 1978~1979년도를 기준하여 카운슬러 대 내담자(학생)의 비율은 1:450명으로 전국적으로 운영되고 있으며 현재는 1:300명의 수준에 이르며 초등학교의 경우에도 1:600명, 전문대나 대학에도 1:750~1,000명 정도로 전일제 전담 카운슬러를 두고 있다(Shertzer & Stone, 1980, p.34).

[표 13-3] 교도주임 수업 부담 현황(1984. 4. 30 현재)

구분 학교	계	주당 수업 시간수별 교도주임 수 (%)						비 고
		0	1~5	6~10	11~15	16~20	21이상	
중 학 교	926	7 (0.8)	4 (0.4)	12 (1.3)	62 (6.7)	300 (32.4)	541 (58.4)	
고등학교	891	19 (2.1)	4 (0.4)	23 (2.6)	151 (16.9)	477 (53.5)	217 (24.4)	
계	1,817	26 (1.4)	8 (0.4)	35 (1.9)	213 (11.7)	777 (42.8)	758 (41.7)	

이와 같이, 미국은 전담 카운슬러제를 실시하면서 대상 학생 비율도 1:300여 명 정도이니 상담활동에 충실을 기할 수 있게 된다. 따라서 한 학교에 전체학생이 1,500명 정도라면 적어도 전담 카운슬러가 4~5명 정도 배치되어 학생들을 돕고 있으니, 우리의 상담현실과 비교할 때 비교가 안되는 꿈같은 이야기이다.

그러나, 우리나라도 위와 같은 실정을 꿈으로만 넘겨버릴 것이 아니라 학생들의 장래의 문제와 상담 지도를 철저히 하기 위해서는 선진국 수준으로 방법을 다각적으로 채택해야 될 줄로 믿는다. 당장에 이룰 수는 없다 하더라도 차근차근 학교에 최소한 1개 정도의 상담실을 배치하고 전일제 전담 카운슬러를 두어야 할 것이며 카운슬러 대 학생 비율이 1:1000명 정도라도 적정수를 배정하도록 제도화시켜야 하겠다.

3. 韓國 카운슬링의 主要問題

먼저 우리나라 카운슬링이 당면하고 있는 문제점을 살펴보고자 한다.

1) 相談에 대한 認識不足

한국 카운슬링이 당면하고 있는 첫 번째 문제는 학생, 교사, 학부모, 학교 행정가, 정부 당국 및 일반 내중의 상담에 대한 인식 부족 내지는 그릇된 인식이다.

우리의 교육에 대한 인식은 학생들의 전인교육보다 지식 주입과 입시위주의 교육, 또 학생보다는 교사 중심의 교육에 치중해 왔기 때문에 지적인 측면만을 강조하는 경향을 보이게 되었다. 이러한 상황에서 상담이라는 것에 관심을 기울일 여유도 없으며 혹시 관심을 갖는다 하더라도 학교 현장의 사정 때문에 실효를 거두지 못하고 있는 실정이다.

둘째로, 교육에 대한 그릇된 인식의 영향으로 학생, 교사, 학부모, 학교 행정가, 정부당국자들이 제각기 상담활동을 다르게 이해하고 있는 경향을 보이는 것이다. 즉, 학교의 경우는 학교의 상담실이 무엇을 하는 곳인지도 모르고 있으며 단지 문제 학생만을 벌주거나 사후 처리로 취급하는 장소 정도로 알고 있는 실정이다. 이는 상담실을 찾는 학생의 수가 저조한 것을 보면 잘 알 수 있다.

셋째는, 상담의 필요성에 대한 인식의 부족을 들 수 있다. 우리 사회도 점점 산업 사회화하면서 이전에는 별로 심각하지 않았던 많은 문제들이 계속하여 발생하고 있다. 이들 문제의 대표적인 것을 예로 들면, 집단별로는 청소년 문제, 노인 문제, 여성 문제 등으로 구분해 볼 수 있고, 문제 중심별로 보면 직업 지도의 문제, 정신 질환 문제, 비행·범죄문제, 소외감·갈등의 문제, 불안의 문제, 국민의 복지 문제, 기업체와 노사 분규 문제, 생산성 향상의 문제, 군대 조직 내의 사기 문제, 종교·가치관·이데올로기 문제 등 이루 헤아릴 수 없이 많다. 이러한 문제들을 모두 상담에서 다룰 영역이라고 생각하는 사람들은 별로 많지 않은 것 같다. 그렇지만 이상에서 열거한 문제와 이와 유사한 문제들은 대개가 상담을 통해서 해결될 수 있고 또 상담을 통해서 예방되어야 할 문제들인 것이다.

넷째로, 상담효과에 대한 그릇된 인식이다. 상담은 내담자가 상담의 기회를 갖는 것만으로도 효과가 있다고 할 수 있다. 물론 경우에 따라서 상담자나 상담의 상황, 또 문제의 성격에 따라서 상담의 효과가 의심되는 때도 있고 연구 결과도 이를 지지하는 경우도 있다. 그렇지만 많은 연구 결과들은 절대적으로 상담의 효과를 증명하고 있다.

2) 相談者의 專門性 缺如

상담에 관한 그릇된 인식 중의 하나는 상담은 아무나 할 수 있다는 생각이다. 이는 많은 중·고등학교의 상담교사의 배경을 보아도 알 수 있다. 상담과는 관련이 없는 과목을 전공한 교사가 교도나 상담활동을 겸해서 맡아 하는 경우가 많다. 또한 무자격 교사를 배치한 학교도 허다하다. 이러한 처사는 물론 자격을 갖춘 상담교사의 부족에도 원인이 있지만 근본적으로 상담에 대한 전문성의 결여라고 할 수 있다.

아울러, 상담 전문가를 양성하는 제도 자체도 미비하다. 240시간의 교도교사 강습으로 교도교사자격증을 주는 제도는 전문성을 무시한 처사이다. 물론 초창기에 잠정적인 과정으로 인정했던 과정은 이해할 수 있지만, 장차 전문성 제고와 문제 해결의 전문가로서의 위치는 요원하므로 마땅히 전문가 양성을 위한 제도적 장치를 시급히 마련해야 한다.

3) 相談活動을 위한 與件未備

이 문제는 앞에서도 언급한 바와 같이, 상담교사의 부족을 들 수 있다. 전국적으로 4,500여 명의 자격증 소지자가 있다고 하지만 대부분 단기강습 수료자이며 또한 전담이 아닌 수업 부담을 적어도 주당 20여 시간이란 막중한 업무를 수행하는 상태에서 게다가 잡무 등이 곁들여 있는 환경에서 근무하고 있으므로 상담활동은 시간적으로나 공간적으로 불가능한 일이다. 따라서 1대 1의 개인 상담이나 집단 상담 등을 원활히 할 수 있는 여건의 조성은 불가피하며 문제점으로 지적되고 있다.

앞으로 초등학교 수준에서부터 상담활동을 전개해야 할 필요성에 비추어 인적·물적 환경의 보완이 시급하다.

4) 相談活動의 지원체제 미흡

첫째, 제도적인 지원체제가 확립되어 있지 못한 경우가 많다. 앞서 지적한 바와 같이, 학교에 상담실조차 없고 또한 상담 전문가의 배치도 부족하다. 서울·부산을 제외한 나머지 시·도 교육 연구원에도 상담 업무를 주관히는 장학진이나 부서도 없어서 상담활동을 행정적으로 지원하지 못하고 있는 실정이다. 둘째, 재정적인 지원이 매우 부족하거나 전혀 지원이 없다. 그리고 학생을 위한 상담활동은 아직 교사, 학생, 학부모, 일반사회인들의 인식의 부족으로 말미암아 모든 기관에서 주 업무보다는 부수적인 활동으로 취급되어 오기 때문에 자연히 재정적인 확보와 배분에 있어서도 항상 뒤에 처져 있게 마련이다. 이로 인해서 재정난은 물론 상담활동에 필요한 모든 계획도 포기하고 마는 수가 허다하다.

셋째로, 정신적 지원 또한 미흡하다. 이는 특히 학교 행정가와 정부 관계 인사의 이해부족의 결과라고 할 수 있다. 우리가 어떤 업무를 수행하는 데 있어서는 조직,

재정도 중요하지만 이에 못지않게 중요한 것이 정신적인 지원인 것이다. 그런데 우리나라의 경우, 상담에 대한 이해 부족은 결국 정신적 지원을 못하고 있는 것이니 문제점이 아닐 수 없다.

4. 카운슬링의 發展方向

위와 같은 문제점을 해결하기 위한 방법으로 다음과 같은 카운슬링의 발전방향을 제시하고자 한다.

1) 카운슬러(상담교사)의 資質向上

상담의 질은 상담교사의 질을 능가할 수 없거나 질에 비례한다고 본다. 카운슬러는 학교나 사회단체, 기업체 등에서 상담활동을 주도하는 위치에 있는 전문인이다. 전문가로서 갖추어야 할 자질은 천부적인 인성적 자질과 전문적 자질을 모두 포함하여야 한다. 전문적 자질 향상을 위해서는, 현재 시행하고 있는 240시간의 교도교사 강습을 통하여 주어지는 자격증 제도를 연수 강습으로 바꾸어 시행하도록 하고 교육법 제79조와 교육법 시행령 40~43조를 개정하여 생활지도 교육 또는 상담학 전공의 대학원 석사 학위 취득자 이상의 수준으로 승격시켜야 한다.

2) 相談活動을 위한 與件改善

생활지도 프로그램과 학생 상담을 원활하게 하기 위해서는 상담의 장소와 부대시설의 확보가 절대로 필요하여 전문적인 인적 요원의 확보가 필수적 요건이다.

따라서 이를 보완하기 위한 방법으로 초·중·고등학교에 의무적으로 최소한 1개의 상담실을 마련하여야 한다.

그리고 상담주임의 수업을 면제하고 전담 카운슬러로서 상담활동 업무에만 충실하게 근무하도록 여건을 개선하도록 한다. 앞에서도 지적한 바와 같이 과중한 수업 부담을 안고 동시에 상담할 수 있는 시간적 여유가 없기 때문에 등한하게 되고 소홀히 취급하여 신뢰도를 크게 떨어뜨리고 있다.

아울러 상담에 필요한 각종 검사 자료, 정보 자료 등을 구입하고 실시할 수 있는 충분한 예산과 행정적인 지원이 뒤따라야 제 기능을 제대로 발휘할 수 있게 된다.

3) 專門相談敎師 制度 導入

현대사회는 전문화 시대이다. 생활지도의 방법 도입 이후 28년이 지났건만 아직도 의사(擬似)전문가(paraprofessional)의 수준에서 머물 수밖에 없는 모순을 시정하고 전문가로서 대체하여야 한다.

상담교사의 질적 향상과 전문성 제고라는 측면에서 전담 및 전문 상담교사의 도입은 늦은 편이었으나, 차제에 법적인 지위 향상과 제도적인 법제화로써 수백만의 청소년들을 올바르게 육성하는 데 기여해야 할 것이다. 이것은 시대적 요청인 것이다. 상담활동만 원활히 추진된다면 청소년 선도와 지도는 자동적으로 치료될 수 있다고 기대를 걸고 있다.

4) 相談敎師 養成制度 設置 및 實施

현재까지 실시되고 있는 교도교사 강습 제도로서는 전문인이 되기에는 매우 부족하다. 모든 분야가 전문화, 세분화, 다양화 되는 산업 사회에서는 전문가를 요구하고 있다. 따라서 대학원 또는 교육 대학원의 석사학위 수준에서 상담학과, 상담심리학과 또는 생활지도학과를 신설(이미 설치되어 있는 곳도 있음)하고 이들 졸업자에게 1년 이상의 교육 내지 사회의 경력을 가진 자에게 "상담교사 자격증"을 주도록 하여야 한다. 이미 선진국인 미국에서는 수십 년 전부터 전문가를 양성하여 현재 5만여 명에 이르고 있다. 그리고 저우 개신도 평교사의 20% 이상 우대히고 있다.

5) 情報資料센터의 設立

현대 사회는 고도의 산업사회이며 정보사회이다. 정보에 어두우면 그만큼 개인은 발전할 수 있는 기회를 놓치고 만다. 각급 학교에 상담실과 아울러 진로 정보 자료 센터를 의무적으로 설치하여 학생들의 현실적 당면 문제와 요구에 보답할 수 있는 각종의 교육, 직업, 개인 사회적 정보에 관한 자료를 수집·보관·이용토록 하여 많은 경험과 진로 탐색의 기회를 제공해 준다.

6) 進路教育의 普及 및 實施

진로 교육은 넓은 의미의 직업 교육이며 직업 적성 교육이다. 저마다 타고난 잠재 능력을 흥미, 적성, 능력, 인성에 알맞게 안내하여 진로의 인식, 탐색, 준비의 과정을 거쳐 직업 선택이 이루어지면 주어진 직업 생활에 만족하고 행복하게 자아를 실현할 수 있는 인간을 육성하는 데 초점을 두고 있다.

이러한 직업 적성 교육을 실시하며 진로 방향과 선택에 효과를 기하여 누구나 적재적소에 알맞은 인간을 기르기 위해 각급 학교, 즉 초·중·고등학교에서는 단계에 알맞게 진로교육 및 진로지도를 실시하도록 한다.

7) 靑少年 指導對策 關與

우리나라에 청소년 지도는 학교가 중심이 되어야 한다. 그런데 중앙의 청소년 대책위원회를 비롯하여 전국에 3,463개나 있다. 문교부를 비롯하여 각 부처 16곳에서 분담하고 있는데 학교 상담자가 업무 분담에서 빠져 있다. 약 1,000만 명의 청소년 중 주종을 이루고 있는 학교 학생 청소년들을 관장하는 학교 카운슬러의 역할 분담을 해주어 적극적인 참여와 활동을 하도록 한다.

8) 카운슬링의 行·財政 支援

성공적인 생활지도 활동의 효과는 유능한 카운슬러의 역할과 적극적인 행정적·재정적인 뒷받침의 수준에 달려 있다. 상담할 수 있는 장소의 준비, 전문적인 유능한 카운슬러의 배치 및 활용, 시설 환경과 각종 표준화 검사, 정보 자료의 수집, 이용, 자원 인사의 동원 등을 위해서 충분한 재정적인 지원이 있어야 한다.

9) 生活指導 教育의 義務化

교사양성기관(교육대학, 사범대학)이나 일반 대학 교직 과정 교과목에 "생활지도"라는 과목이 빠져 있다. 교사는 교과 지도에만 능해야 하는 것이 아니라 마땅히 생활지도에도 능숙해야 한다. 그럼에도 불구하고, 기본 교양의 습득을 위해서도 학생지도의 기본이수 영역인 "생활지도"교과를 가르치도록 교직 과정에 삽입되어야 한다. 교과목의 균형을 이루기 위해서 "생활지도"교과를 교직과 이수자에게 필수적으로 이수하도록 해야 한다.

10) 硏究開發의 支援 및 推進

한국 카운슬러 협회의 연구 기능을 강화하고 연구 자료를 개발하고 보급하는 데 중추적 기능을 하도록 한다. 이 추진 과제는,

① 상담의 이론적 발전의 구체적 자료 개발
② 상담 기법의 향상을 위한 연구
③ 상담 현장에 적용 가능한 자료(Cookbook 또는 Handbook) 제작
④ 직업 전망 사전(Occupational Qutlook Handbook) 제작
⑤ 한국 직업 사전 개발 및 제작
⑥ 진로 교육 자료 개발
⑦ 청소년 선도 대책 시안 마련
⑧ 카운슬러 협회 산하에 생활지도 자문위원회 기구 설립 및 운영
⑨ 카운슬러 연수 교육에 관련된 지원 사업
⑩ 대학생 지도 및 카운슬링 관계 연구의 지원 사업
⑪ 카운슬러 회원 상호간 및 국내의 관련 전문 연구 기관과의 유대 활동 강화
⑫ 한국 카운슬러 협회에 상담교사 자격심의회를 두고 자격증 발급 제도를 신설

5. 戰略的 推進課題

1) 專門 相談敎師 資格制 導入의 時急

중·고등학교 교도교사자격증 제도는 대학원 수준에서 서사하위 이상의 전문 교육, 즉 "상담학과"를 이수한 자에게 상담교사 자격증올 주도록 제도화한다.
따라서 현행 교육법 제79조 1항, 교육법 시행령 제40조 4항, 43조 4항을 개정하

여 전문가 수준을 이루도록 법률 조항을 개정하도록 한다.

2) 相談室 完全普及과 施設確充

모든 학교에(초등학교 포함) 상담실, 심리 검사실, 진로 정보 자료실을 의무적으로 설치하도록 한다. 적어도 전국 각 학교에 1개교 1개 이상의 상담실을 설치하도록 한다.

3) 전담 카운슬러제 실시 의무화

미국의 경우 카운슬러 대 학생 비율이 1 : 400명 정도로 각 학교에 카운슬러를 배치하고 있다. 우리나라의 경우는 아직 인적자원과 시설이 부족한 형편이므로 최소한 1개교 1명의 전담 카운슬러를 두고 철저히 상담활동을 주관하여 전개하여야 할 것이다. 따라서 수업부담은 가급적 주지 않는 것이 바람직하나 형편에 따라 6시간 정도 수업 시간을 배정하는 것도 좋다.

4) 相談室 利用 義務化

지금까지는 학생들이 상담실 이용을 수업이 모두 끝난 방과 후로 지정하고 있었는데 이러한 제도는 상담할 기회를 줄 수 없는 여건이다. 그러므로 모든 학교에서 학생들은 의무적으로 상담실을 최소한 1번씩 이용하도록 하고 수업시간 중에도 상담교사가 필요에 따라 호출하여 상담할 수 있도록 편의를 제공해 주도록 제도화한다.

5) 相談室 運營에 필요한 行·財政的 지원의 확대

상담활동의 효율화는 전문 인적자원과 시설 및 재정적 지원에 좌우된다. 제아무리 전문 인력이 보유되어 있어도 조직이 안되어 있거나 조직이 있어도 상담교사의 자율권의 보장이 없으면 실효를 거두기 어렵다. 그러므로 상담교사를 중심으로 하는 생활지도 위원회를 구성하고 연간 계획을 세워 실천할 수 있는 조직 운영의 활성화와 재정의 뒷받침을 충분히 해주도록 한다.

6) 學校行政家, 現職 教導教師의 주기적 研修機會 확대

각급 학교의 상담실 운영의 활성화는 학교행정가의 이해 수준과 열의에 좌우된다. 따라서 학교장의 이해가 부족하면 그 학교의 상담실은 설치도 안되고 예산 지원도 전혀 없다. 그러므로 학교 행정가의 이해를 돕기 위하여 전국적으로 생활지도의 기본 강습을 정기적으로 실시하여 이해를 높이도록 한다. 또한 현재 교도교사도 주기적으로 재교육을 실시하여 새로운 상담활동의 전개를 위해 경각심을 높이도록 한다.

7) 進路情報資料室 設置運營

급변하는 사회 변화와 발전에 따른 정보의 보급이 시급하므로 학생들이 자율적으로 이용할 수 있는 진로 정보 센터(Career Resource Center)를 두어 교육 전반에 관한 정보, 다양한 직업세계에 관한 정보, 개인·사회적 정보에 관한 최신 정보 자료를 수집·보관·이용하도록 모든 학교에 자료실 설치를 의무화한다.

8) 進路教育의 實施

진로교육(career education)은 진로 지도란 개념으로 인식되고 있는데 학생들의 잠재능력을 토대로 저마다 지니고 있는 흥미, 적성, 능력, 인성에 알맞은 직업 선택을 위해 필요한 직업 적성 교육을 특별활동 시간을 이용하여 1주에 1시간씩 지도하도록 의무화한다.

9) 靑少年 指導對策에 관여

현재 청소년 문제를 문교부, 내무부, 노동부, 보건사회부, 체육부, 농수산부, 교통부, 문화공보부, 건설부 등 각 부처에서 의사전문가에 의해 주도되고 있는데, 한국카운슬러협회와 유대를 갖고 기능을 활성화할 수 있도록 연계성을 부여하여 참여하고 자문지도에 응하도록 한다.

10) 敎師養成制度에 生活指導교육 의무화

현재 교사 양성 기관이나 대학의 교직 과정을 보면 "생활지도"교과목이 빠져 있거나 선택제로 되어 있다. 청소년 지도의 중요성과 필요성에 비추어 볼 때 전문 카운슬러가 아니더라도 전국의 중등 교사가 되려면 기본적으로 "생활지도"의 이론이나 방법 등을 알고 있어야 지도하는 데 차질이 없을 것이다. 마땅히 생활지도 교과를 가르치도록 교직과정을 개편하여 삽입하도록 하여야 한다.

11) 初等學校에 相談室 설치와 相談敎師 배치 운영

아직 초등학교에는 상담실이나 상담교사도 전혀 없다. 전문화 되어 가는 사회 변화에 부응하기 위해서는 중등학교만이 아니라 초등학교에도 전담 카운슬러와 상담실을 설치하도록 하고 학생들의 지도를 전문적으로 다루어야 할 시점에 와 있다.

12) 相談敎師의 優待策

상담교사의 역할과 임무 면에서 볼 때 중요성과 책임 부담이 크다고 인정된다. 개인의 성장과 발달, 잠재 능력 개발, 적재적소에 알맞은 지도에 헌신할 상담교사에게 응분의 대가로써 평교사보다 20% 이상의 우대를 해주도록 제도화한다.

13) 각 시·도·군에 專擔 生活指導 獎學官 배치 운영

생활지도와 상담의 운영·활성화를 위하여 각 시·도·군 교육청에 생활지도 장학관을 배치하고 연 2회 생활지도 실태를 장학 지도하며 행·재정적 지원이 원활하도록 지도·감독하도록 한다.

14) 生活指導 諮問委員會 설치

문교부 산하에 생활지도 자문 위원회를 설치하고 전국의 상담 전문 교수 및 요원을 임명하고 전문가의 의견과 자문을 수렴하고 실제 활동에 유익하도록 활성화한다.

15) 한국카운슬러협회 活動에 財政的 支援

한국 카운슬러 협회는 지난 20여 년간 장족의 발전과 연구에 몰두해 왔다. 협회가 추진할 수 있는 과제를 실천에 옮기도록 재정적 지원을 아끼지 말아야 한다.

16) 相談資源奉仕制 활용

1985년 7월 1~10일까지 처음으로 서울특별시 교육연구원에서 상담 자원봉사원을 연수 강습을 통해 부족한 학교상담활동에 지원하고 있다. 이들의 선별 기준을 강화하고 아울러 교육과 훈련에 만전을 기한다.

17) 生活指導 活動의 홍보

전국의 각종 신문, TV, 라디오, 비디오 등 대중매체를 통하여 생활지도 활동의 필요성과 임무를 홍보하여 전 국민이 생활지도에 관심을 자아내고 청소년들도 이해하도록 적극 홍보 활동을 강화하도록 한다.

18) 産業相談士 양성의 필요

카운슬러는 학교 기관에만 필요한 것이 아니라 일반 사회의 여러 기업체, 산업체 등 사회 기관에서도 직업·직무에의 적응, 인간관계, 개인적 고민, 불만 등을 치료하기 위한 전문가의 도움이 필요하므로 이러한 전문 요원을 양성하여 해당 직업 전선에 투입, 상담지도를 생활화한다.

19) 現職敎師 硏修에 生活指導 실시 理論

생활지도 방법을 실현화하기 위해서 정기적으로 각급 학교에서 실시되는 현직 교육에서 생활지도, 상담, 문제 지도에 관한 연수교육 프로그램을 의무화하고 한국 카운슬러 협회의 전문 요원의 교수들을 활용하도록 한다.

6. 結論

2,000년대를 향한 생활지도의 활성화를 위해서는 기존의 누습된 타성을 벗어나는 과감한 개혁이 필요하다. 위에 제시한 한국 카운슬링의 발전 계획은 우리나라 학교 현장에서 절실히 요구되는 사항이므로 문제점을 잘 고찰해서 필요하다고 인정되는 부분부터 하나씩 실천에 옮겨야 우리나라 청소년 문제에 밝은 서광이 비칠 것이다. 모든 어려움을 극복하고 실천할 수 있도록 학교 당국이나 문교 당국에서는 귀를 기울여 실천할 것을 요망하는 바이다.

제14장 學校環境과 學生 生活指導

1. 問題의 提起

학교교육에 있어서 교육방법을 크게 둘로 나누면 학습지도와 생활지도로 분류할 수 있다.

생활지도는 학생들의 일상생활에서 부딪치는 여러 가지 문제들, 예를 들면 가정적·교육적·신체적·정서적·직업적인 문제들을 스스로 해결하고 현명하게 선택할 수 있도록 지도하기 위한 조직적인 봉사활동이다. 생활지도는 이처럼 교육의 전반적인 내용을 모두 포함하고 있다.

이 생활지도 활동에서 가장 중핵적인 활동은 무엇보다도 상담활동이다. 즉, 상담활동을 인체기능에 비유한다면 마치 심장의 중심부 역할을 담당하는 것과 같다. 학생들은 상담을 통해서 그들 개개인이 당면하고 있는 여러 가지 현실적인 문제의 해결을 위하여 직접·간접으로 도움을 받을 뿐만 아니라 개개인의 장기적인 설계를 세우는데, 그들 자신의 자기이해와 탐색으로 성격이 변화발달과 자기성취를 효과 있게 이룩하는 데 도움을 받게 되는 것이다.

한편 교복과 두발의 자율화 이후 학생들의 자율성과 개성이 증대된 반면에 방종에 가까운 탈선의 자유를 누리고자 하는 학생들이 결코 적지 않은 것 같다. 이러한 학생들의 태도는 사회적인 측면에서는 물론이고 특히 교육적인 측면에서 매우 심각한 일이며, 이에 대한 적극적이고 적절한 교육적 조치가 강구되어야 한다고 본다. 왜냐하면, 신체적·정서적·사회적·지적인 측면에서 한창 성장시기에 있는 학생시기의 청소년들이 올바로 자라야 한다는 입장에는 누구나 공감하고 있기 때문이다. 그러므로 이들 학생들의 지도 활동인 생활지도의 중요성과 필요성이 존재한다.

이러한 측면에 의해, 학생들이 생활하는 시간과 공간의 비중이 큰 학교에서 행해지는 조직적인 생활지도에 대한 학교환경과의 관계 및 문제들을 분석하고 효과적인 방안을 제시하고자 한다. 여기에서 밝히는 학교생활지도는 위에서 제시한 바 있는 상담활동에 주로 초점을 두고 있다.

2. 學校環境의 概念

우선 학교환경과 유사한 개념에는 교육환경과 학교시설이 있음을 밝혀 둔다.

환경은 학생들의 건전한 성장 발달을 위해서 영향을 미치고 있으므로 중요한 역할을 담당한다. 가정에서 부모의 사람됨이 가정 전체의 분위기를 좌우하는 것처럼, 학교의 환경 여하가 학생들의 성장 발달을 크게 좌우한다. 더구나 학교에서 학생들에게 어떠한 학교환경을 마련해 주느냐에 따라서 그들의 학습의욕을 최대한으로 북돋을 수 있다. 예를 들면,

① 물리적인 학교환경의 구성요인으로서 효과적인 학습활동을 위한 시설 및 설비, 시청각 자료를 들 수 있는데 구체적으로 채광, 통풍, 보온, 방음들을 고려한 학교건물, 학급 안에서의 좌석배치, 색채조절, 배색, 각종 학생작품의 전시, 특수교실의 시설 및 교구의 선택, 운동장 및 교지의 위치 등이 있다.

② 무형적인 환경으로서 분위기(atmosphere or climate)를 들 수 있다. 예컨대 지적 분위기, 정서적 분위기 및 사회적 분위기 등의 환경조성이 그것이다.

③ 학급교사가 학교환경의 일부로서 중요한 역할을 한다. 교사의 지적·정서적·인격적 요인이 갖추어져 있어야 한다. 여기에서의 학교환경은 위의 여러 가지 요소 중에서 상담활동에 관계된 시설과 설비 및 인원을 주축으로 하였다. 왜냐하면, 상담활동이 학생 생활지도에 있어서 중추적 역할을 하며 아울러 위에서 제시한 학교환경요소가 그 상담활동에 절대 필요하다고 보기 때문이다.

3. 學校環境과 學生 生活指導

우선 학교에서 행해진 학교생활지도의 내력에 대해 간략히 알아본 뒤에 이에 대

한 지금의 실태를 파악해 본다. 이어서 그 실태에 대한 문제점들을 지적하고 이에 대한 개선책을 모색해 본다.

학교에 있어서의 조직적 생활지도 운동은 아마도 1957년에 서울특별시 교육위원회에서 주최한 생활지도교사 강습회에서 40명의 대상자를 2개월간 교육한 것이 시초라고 하여야 할 것이다. 그 후 이와 같은 강습회는 서울특별시 교육위원회 주최로 1961년 12월 30일까지 5차의 강습회가 각 2개월씩 있었으며, 이 과정을 수료한 인원은 약 170명에 달한다.

한편 1958년 9월부터 1959년 7월 사이에 문교부와 중앙교육연구소가 공동으로 생활지도교사 강습회를 2차에 걸쳐서 개최하였는데, 이 과정을 수료한 인원이 182명으로 기록되어 있다.

이후에도 학교의 생활지도 전담을 위한 교도교사의 양성은 계속되었으며, 그 주관도 서울대학교 학생지도 연구소를 비롯하여 각 시·도 교육위원회에서 분담하여 교도교사양성과정을 담당하게 되었다.

학교 카운슬러의 계속적인 자질향상을 위한 노력은 꾸준히 지속되었고 1962년 서울대학교 학생지도연구소가 설치되면서 명실상부한 카운슬링 운동의 중심적인 구실을 하게 되었다. 서울대학교 학생지도연구소의 설치는 중·고등학교 카운슬링 운동에 대한 지도적인 역할을 담당하였고, 아울러 대학의 카운슬링 활동을 자극하는 데 큰 영향을 주었다.

한편 학교환경의 학생생활지도에 있어서 카운슬러 못지않게 중요한 것은 그 지도를 수행할 수 있는 상담실을 중심으로 한 시설과 설비인데, 생활지도의 중요성과 강조성에 비추어 보아 나름대로 수반되어 가고 있는 형편이다.

현대사회의 여러 가지 병폐현상 때문에 점차 학생들에게서 나타나는 학내·외적인 문제 행농이 승가되고 있는는데, 이에 대한 대치방인으로 학교에서의 생활지도를 강구해 오고 있다. 아울러 이의 원활한 수행을 위해 시설과 설비 및 인원을 충원해 가고 있으나 아직도 역부족이라 하겠다.

학교환경의 한 요소로서 학생생활지도에 있어 그 센터라 할 수 있는 상담실 운영의 문제점을 순위대로 지적해 보면 다음과 같다.

① 잡무 처리 및 수업시간의 과다, ② 교육행정관리자 관심도의 부족, ③ 상담전문교사(자격증 소지자) 부족, ④ 상담실 설치 미비, ⑤ 예산부족, ⑥ 교도교사 처우 및 지위문제, ⑦ 정보교환 및 참고자료 미비, ⑧ 상담활동인식 부족, ⑨ 기타 학급교사의 협조부족 등.

한편 학교생활지도가 이루어지는 상담활동의 동기, 즉 상담이 이루어지는 이유의 내용을 순위대로 보면 ① 호출에 의해서, ② 피상담자가 자진해서, ③ 교사(학급담임) 의뢰에 따라, ④ 학교계획에 따라 정기적으로, ⑤ 형식상 상담실적만 작성한다 등이다.

앞의 내용을 보면 학교생활지도에 있어서 상담활동에 대한 인식과 관심도가 전체적으로 부족하고 이에 그 활동이 원만히 이루어지지 않고 있음을 알 수 있다. 그런데 여기에서 주목해야 할 것은, 상담활동을 중심으로 한 학교생활지도의 효과성에 대해서 거의 대부분의 관계인들이 "대단히 성과가 있다"라는 견해를 가져, 앞으로도 그것에 대한 계속적인 필요성과 중요성을 시사한다고 볼 수 있다.

이제 상담활동의 내용으로 나타난 일반적인 것을 순위로 나타내 보면 ① 진학 및 취업, ② 가정환경, ③ 이성문제, ④ 각종 불량행동(폭력), ⑤ 음주 및 흡연, ⑥ 진로선택 등이 대표적이다.

이러한 내용들이 취급되어지는 상담활동은 학교환경 중에서 상담실을 중심으로 전문상담교사를 통해 이루어지고 있으며, 이것은 학교환경과 학생생활지도의 깊은 관련성을 시사한다고 볼 수 있다.

4. 生活指導 活動의 效果的 推進課題

상담활동을 중심으로 해서 학교환경과 학생 생활지도의 내용을 지금까지 논했는데 양자의 관계가 굉장히 중요하다고 본다. 왜냐하면, 한국 상담활동의 주종을 이루는 것은 아직도, 또 가까운 장래에도 학교라 할 수 있기 때문이다. 그런데 실상 행해지는 제 내용을 보면 상당히 미비한 점이 많은 것 같다. 이에 다음 몇 가지 제시사항을 통해 그 개선책을 모색하고자 한다.

첫째, 초등학교에서부터 중·고등학교, 전문대, 대학에 이르기까지 전 교육수준에서 전문적 상담이 이루어지고 있으나 초등학교 수준에서는 전혀 엄두도 못 내고 있는 실정이다. 특히 인생 초기의 경험이 후일에 지대한 영향을 미치는 것을 생각할 때 초등학교에서의 상담활동을 소홀히 할 수 없다. 특히 상담이 어떤 특정한 문제를 치료하는 것에만 국한되는 것이 아니고 전체적인 인간발달과 적응의 전면적인 문제를 다루는 것이기 때문에 각 발달단계에 따라서 적합한 상담기법과 프로그램을 활용할 필요가 있다. 예를 들면, 초등학교 수준에서의 상담활동은 비교적 학생중심보다는 교사중심이 되고, 특히 부모와 밀접하게 접촉을 하는 것이 바람직하고, 언어를 사용하는 것보다는 활동 중심의 프로그램을 사용하는 것이 바람직하고, 상담의 초점도 치료적인 상담보다는 발달적인 측면에서의 집단상담이 더 효과적이다. 중·고등학교의 경우에는 학생들이 소위 변화가 많은 청소년기에 해당하는 시기이기 때문에 이와 관련된 많은 문제에 대처하는 상담활동을 강화해야 한다. 많은 개인적·정서적 문제들을 다루어야 하며 학습문제, 진로문제 등은 상담을 제일 많이 필요로 하는 영역이다. 특히 인문계 고등학교나 실업계 고등학교냐에 따라서도 문제양상이 달라지기 때문에 이에 대응하는 적절한 상담활동이 수행되어야 한다. 대학의 경우는 적응문제, 학습문제, 진로문제, 특히 최근에 와서는 이데올로기 내지는 가치관의 문제가 심각한 문제로 대두되고 있어서 특히 학생들을 위한 정보활동과 상담활동의 강화가 시급하다.

둘째, 학교상담실 확보 및 시설확충이 이루어져야 한다. 각 학교 급별의 수준과 요구에 부응하는 상담실이 확보되어야 하며, 상담실은 학생상담에 필요한 시설과 장비 또는 도구 등을 갖추어야 한다.

셋째, 상담의 과학화와 내실화를 기하기 위해서 각종의 심리검사가 활용되어야 한다. 유자격 상담교사가 이를 다루어야 함은 물론이다. 아울러 관계 전문가들의 심리검사의 개발 보급도 촉구되어야 한다.

넷째, 학생들을 위한 정보활동을 강화해서 각종 정보자료를 수집·제공해야 한다. 학생들이 필요로 하는 교육·직업·개인·사회적 정보 등을 학생들에게 제공해야 한다. 따라서 진로정보자료실을 설치하여 학생들로 하여금 수시로 이용하고 각종 정보에 익숙하도록 기회를 주고 상담을 통한 문제해결이 이루어지도록 노력해야 한다.

다섯째, 현행 교도교사제도를 보완해서 이들의 전·출입, 보직 문제를 고려하고 상담업무에 전념할 수 있도록 이들의 수업시간을 대폭 줄여야 한다.

여섯째, 교도교사 이외에 유자격 전담 상담교사를 두어야 한다. 이 상담교사는 일반교과는 가름하지 않고 전적으로 각종 심리검사나 학생상담, 또 다른 교사나 학부모 등에 대한 자문을 하고 학생의 적응과 발달을 위한 프로그램의 개발과 활용에만 전념되어야 한다.

일곱째, 교도교사와 상담교사의 자질향상을 위해서 연수활동을 강화해야 한다. 이러한 연수는 자격을 갖춘 후에도 주기적으로 실시되어야 한다.

여덟째, 교도교사나 상담교사와 학교행정실과 다른 교사와 협조체제가 이루어져야 한다. 아무리 자격을 갖추고 있고 훌륭한 프로그램을 실시하려고 해도 학교행정실과 다른 교사의 적극적인 이해와 협조가 없이는 상담의 실효를 거둘 수가 없다. 공식적·비공식적인 협조체제가 이루어져야 한다.

아홉째, 생활지도와 상담활동에 대한 적극적인 재정적 지원이 있어야 한다. 지금 현실은 생활지도나 상담은 다른 교과교육에 밀려서 재정적 지원을 제대로 받고 있지 못하는 실정이다. 그러나 학교에서의 생활지도나 상담이 실효를 거두기 위해서는 학교당국의 적극적인 재정의 뒷받침이 있어야 한다.

열째, 필요에 따라서 지역사회 인사나 자원봉사자의 활용은 매우 효과적이다.

열한 번째, 상담교사와 다른 전문실과의 연계체제를 확립해야 한다. 즉, 사회사업가나 정신과 의사, 또 다른 지역사회의 자원인사와 연계체제를 가지고 필요하면 내담자를 의뢰도 하고 조언과 자문도 얻을 수 있어야 한다.

제15장 生活指導의 役割

1. 序論

'생활지도'가 우리나라에 도입된 지도 이미 4반세기가 흘렀다. 초창기에는 미국식 가이던스가 우리나라의 실정에 맞지 않는 이론이나 실제로 말미암아 제대로 지도기능을 발휘하지 못하고 다만 학생지도의 측면에서 단순한 행동지도에만 치우쳐 왔다. 그래서 생활지도를 훈육이나 도덕적인 관점에서 선과 악의 시비를 구별해 주는 행실에 관심을 두고, 잘못한 학생들의 처벌이나 선도가 생활지도 활동의 전부인 양 생각해 온 것이 지금까지의 학교현장에서의 실정이었다.

그리하여 생활지도는 누구나 다할 수 있는 분야로 생각하는 사람들이 많으므로 그렇게 중요성을 못 느낀 것 같다. 뿐만 아니라 생활지도 활동의 근본적 이념을 모르고 단순히 취급하고, 비중을 크게 두지 않은 상태에서 지엽적인 문제로만 보아온 관계로 25년이 지난 현재까지 소홀히 취급하는 경향이 있어 이를 새롭게 인식시킬 필요가 있다.

학교를 지도·운영하는 교육행정가, 즉 교장·교감 또는 장학사 등 실제로 학교 행정에 영향을 끼치는 인적자원의 요소들이 생활지도 근본이념의 인식 부족으로 말미암아 답보상태인 생활지도를 앞으로 활성화하기 위해 뚜렷한 인식과 아울러 합리적인 제도적 개혁이 요구된다.

생활지도는 인류가 발생한 이래 계속적으로 이루어져 왔다. 단순한 농경사회에서의 생활지도는 그 사회상에 비추어 매우 단순하였다. 그러나 현대 사회와 같이 폭발적으로 인구가 증가하고, 기술 산업이 발달하고 급격한 생활 변화를 이루는 고도의 산업사회는 과거와 같은 단순한 개인의 문제가 복잡다단한 복합적인 문제로 옮아감에 따라 생활지도도 역시 보다 과학적이고 객관적인 기술을 필요로 하게 되며, 어려운 문제 해결의 실마리를 풀도록 점진적으로 발전되고 있다.

'가이던스'란 생활지도를 영어로 표기한 것인데, 이제 우리나라 교육 현장에 토착화할 때가 되었다고 본다.

근대화 또는 현대화란 바로 서구화 되는 과정을 의미하며, 선진국인 미국에서 '생활지도'가 발전되었다고 하여 우리 실정에 맞지 않는다는 생각은 이제 바르게 고쳐야 될 때라고 본다. 왜냐하면, 미국도 역시 초창기에는 직업지도에서 시작되었고, 단순했던 사회에서 복잡한 산업 사회로 변화되어 감에 따라 이에 적절히 적응할 수 있도록 생활지도 내용도 다양성 있게 변화되어 왔기 때문이다. 이는 서구적인 것이라기보다는 인류가 사회환경에 원만하게 적응하기 위한 필연적인 소산이라고 생각해야 할 것이기 때문이다.

따라서 생활지도는 학교에서 교과교육을 중요하게 인식하는 것만큼 같은 비중으로 인정하여 생활지도를 철저히 해 나아가야 될 줄 믿는다. 본 장에서는 생활지도의 필요성과 그 중요성에 비추어, 현재 학교에서 실시되고 있는 생활지도 활동의 효율적인 방안을 탐색하고 이를 실천할 수 있도록 활동 내용을 제시하여 카운슬러 중심으로 적극 보급하고 행동에 옮기도록 하는 데 목적이 있다.

여태까지 필요성과 중요성은 어느 정도 인식하고 있지만, 실제로 충분히 이용할 수 있는 상태가 저조한 것을 활성화하도록 노력하여야 될 것이다. 특히 상담교사의 창의적인 활동과 참여가 근본이 되며, 학교행정가의 인식과 협조, 학생들이 참여하여 생활지도 활동을 이해하고 전개해 나가도록 홍보활동과 아울러 내적 충실을 기하는 것이 생활지도의 성패를 가름하게 되는 것이다.

2. 생활지도의 意味와 活動

상식적으로 누구나 이미 알고 있을 것으로 생각되지만 전문적인 개념을 소개하면 다음과 같다.

'생활지도'란 학생 개개인이 각자의 능력과 흥미와 성격 특성을 알게 하고, 그것을 가능한 한 개발시키며, 또 유동성 있는 환경의 요구에 대처할 수 있게 그것들을 유연성 있게 유지시켜 각자의 생의 목적에 연관시킴으로써 생의 목적을 명백히 하여 마침내는 민주사회와 세계에 바람직한 시민으로서 완벽하고 성숙한 자기지도의 상태에 이르게 하는 것이다.

다시 말하면, 교육의 목적을 구현하고 달성시키기 위한 방법 중의 하나로서 학생들이 저마다 독특하게 지닌 발달 가능성을 발견하고, 이를 최대한으로 개발할 수 있도록 도와서 개인적으로 행복한 삶을 개척하고, 사회적으로는 현명한 선택과 적응, 가치판단에 상부한 사회의 요청과 기회에 만족스럽게 적응하고 관련을 맺을 수 있도록 하는 것이다. 즉, 교육적 절차를 통한 체계적·전문적인 지도조언의 과정으로서 자기지도를 할 수 있는 인간양성을 돕는 활동이라고 볼 수 있다.

이러한 활동을 돕기 위하여 생활지도 담당자는 생활지도 활동의 개요를 인식하고 상담실 운영에 관한 절차와 방법에 익숙하여야 하며, 그 내용에 따라 적극적으로 실천에 옮길 수 있도록 꾸준히 노력하고, 상호 협조하여야 한다.

생활지도 활동의 내용을 요약하면 다음과 같다.

1) 學生調査活動

생활지도에 있어서 학생 이해 활동은 학생들을 창의적으로 이해하고, 필요한 기초적인 정보를 제공하여 학생의 개인적·사회적 환경을 조사·수집하여 객관적으로 상담활동에 근원적 도움을 얻고자 하는 다각적인 인적·물적인 조사활동이다.

Tyler에 의하면 조사활동 범위를 아래와 같이 분류하고 있으며, 이를 실제로 이용하도록 권장하고 있다.

개인을 보다 객관적으로 이해하기 위해서는 대화를 통하여 얻는 정보도 중요하지만 물적 증거가 더욱 객관화될 수 있다. 즉, 가정배경(부모의 직업형태, 교육 정도, 건강, 출생 장소, 문화적 환경 상태), 지나온 학교와 학교 성적, 지적능력 또는 학업적성, 교과영역에 있어서의 성취도와 성장, 건강 상태, 학교 밖에서의 생활 경험, 교육적·직업적 흥미, 특수 능력(즉 예술, 문학, 음악 또는 기계적 기술), 개인의 인성에 관한 정보, 장래 계획 등의 내용을 섬세하게 조사 기록하여 개인에 의한 속성을 체계 있게 정리, 목적에 타당한 종합적인 인적사항 결과를 생활지도 실재의 유력한 지도 자료로 활용한다.

2) 진로情報活動

생활지도 활동은 어느 것 하나 귀중하지 않은 것이 없을 정도로 꼭 필요한 내용이다.

하지만, 진로정보활동으로서 미분화 상태의 미숙한 학생들에게 제공되는 정보는 보다 다양하고 구체적 내용을 지닌 알찬 것이어야 한다.

이것은 종래의 정보활동보다 더욱 포괄적인 활동의 의미로서 학생들이 미래의 삶을 추구하기 위한 정보 습득에 필요한 새로운 지식, 경험 내용, 학생들의 신체적·지적·정서적·사회적인 면에서 필요한 정보 제공 활동을 말한다.

현대 사회는 정보사회라고 한다. 복잡다단한 사회 속에서 현명한 선택과 적응을 위해서는 새롭고 참신한 정보에 민감해야 한다. 정보에 눈이 어두우면 그만큼 자신이 뒤쳐지게 마련이다. 더욱이 자라나는 제2세 국민인 청소년들은 학교와 가정 속에서 얻을 수 있는 정보가 제한되고, 교육적으로나 계획적인 면에 치밀성이 부족하여 그러한 기회를 갖기가 어렵다.

이러한 면을 충분하게 보충해 주기 위해서 전문가인 카운슬러의 도움으로 진로정보를 제공해 주는 것이다.

정보자료는 현실적이고 현재에 범람하는 정확한 자료로서 모든 사람에게 도움이 되고, 창의적·구체적 자료의 제공으로 누구나 손쉽게 이해하고 이용하여 실천에 옮기도록 주선해 주는 것이다.

편의상 진로정보를 세 가지로 구분하여 보면 교육정보, 직업정보, 개인 및 사회적인 정보를 중심으로 나뉘며, 학생들이 쉽게 얻을 수 있도록 다양한 기회를 제공하여 누구나 접촉하여 볼 수 있는 자료를 준비하여 문제 해결에 도움이 되도록 한다.

(1) 敎育情報(educational information)

교육정보란, 교육에 관한 기회를 초등학교에서부터 출발하여 대학 졸업 시까지 학습 생활을 해나가는 데 필요한 정보를 제공해 주는 역할을 의미한다.

주로 학교생활의 적응을 위한 오리엔테이션, 상급 학교의 진학, 중퇴자, 복학 및 휴학, 장학금 관계, 교육 활동의 부적응, 학습방법, 도서관 이용, 부직 알선 등의 정보에 관한 내용을 책자로나 포스터, 신문, 라디오, 요람(catalogue) 등의 자료를 계획, 조직적인 방법을 매개로 하여 모든 교육에 관련된 정보를 제공해 주는 것이다.

우리나라에는 교육정보자료로서 두드러지게 널리 소개된 자료가 극히 적다. 기껏해야 대학 요람 정도에 그치고 있는 실정이다. 그러므로 생활지도 담당자, 즉 카운슬러가 책임을 느끼고 위와 같은 내용의 교육적인 정보자료를 만들어내고 수집하여 상담실이나 자료실에 비치하고 널리 공개함으로써 누구나 활용할 수 있도록 계획을 세워야 한다.

물론 행·재정적인 뒷받침이 있고, 또한 생활지도에 이해성 있는 교육행정가라야 그러한 자료실을 구비해 주고, 사회에 적응할 수 있는 재료를 비치할 수 있을 것이다. 이러한 비치에만 그칠 것이 아니라 널리 공개해야 한다.

(2) 職業情報(occupational information)

직업정보는 직업에 관한 정보로서 현재 존재하고 있는 직업의 종류와 세계, 직무분석, 직업의 성질, 작업 조건, 자질, 준비와 경험, 채용 방법, 수입 및 승진 관계, 근무 조건이나 장래의 전망, 직업에 필요한 참고자료 등 구체적 내용을 소개하는 책자나 유인물 등의 정보를 제공하여 학생들로 하여금 개인의 특성에 따라 적합한 직업을 선택할 수 있는 기회를 줌으로써 실천에 옮기도록 하는 것이다.

우리나라의 경우 1957년 당시에는 직업의 수가 2,300여 종에 불과했다. 한국직업사전(1969년도)에 의하면, 3,600여 종을 분류해 놓고 있다. 그런데 현재는 약 1만여 종에 육박한다고 하니, 그만큼 직업의 종류가 다양하게 늘어난 셈이다. 이것은 바로 산업발달에 따라 필요한 직업이 늘어났기 때문인 것이다.

미국의 경우는 우리와는 달리 더 많은 종류의 직업이 범람하고 있다. 미국직업형태사전에 의하면 22만여 종 이상이나 되며, 분류 방법에 따라 35,000종류로 불어나고 있다(인간사회에 약 20만 종이라고 하는 사람도 있음). 이와 같은 수많은 직업에 대한 인식과 내용을 전부 이해할 수는 없지만 직업 분류에 따른 전문직, 행정관리직, 사무관리직, 봉사직, 농·임·수산업직, 숙련직, 반숙련직, 노무직 등의 직업군을 이해하도록 조직적이고 체계화 된 자료를 제공하여 실제로 학습 활동에 접근시켜 진로의 인식, 진로의 탐색, 진로의 준비 단계를 거쳐 직업에 투입될 수 있는 단계별 직업교육을 시킬 것이며, 풍부한 직업정보자료를 제공해 주어야 한다.

그리고 진로발달이론과 진로 정보원을 활용하여 적재적소에 배치하도록 자료를 마련하는 것이 필수 조건이다.

외국의 경우에는 직업정보만을 다루는 전문기관인 **Career Resource Center**가 있어서 각종 진로정보를 시청각 자료, 정기 간행물, 안내 책자 등으로 보급하고 있지만 우리나라의 실정은 여기에 미치지 못하고 있다. 그렇기 때문에 직업정보를 포함한 진로정보를 충분히 확보하기 위해서는 진로교육 담당 교사(현재 우리는 이러한 전문적 인력이 없으니 상담교사가 대신하여야 할 입장임)가 직접 정보원을 찾아서 이에 필요한 진로정보를 수집하고 체계적인 정리를 해야만 한다.

각급 학교에서 진로정보를 구할 수 있는 정보원을 제시하면 고용주(기관장, 기업인), 상급학교, 직업훈련소, 정부기관, 기업체, 사회단체, 직업 종사자, 신문 및 기타 대중 매체를 통한 것 등이며, 그밖에 필요에 따라 직접 방문하거나 인터뷰를 통해서 자료를 구할 수도 있다.

진로정보는 교육 및 직업정보를 포함한 정보로서, 개인의 진로 선택 및 적응을 위해 필요한 모든 지식과 이해에 관련된 정보로서 인간생활에서 가장 중요한 역할을 담당하고 있다.

Tyler도 일찍이, 진로정보란 자아에 대한 정보와 더불어 활용될 때에만 의미 있는 것이라고 하였다. 항상 자아에 대한 정보와 함께 외부 환경을 제공해 줌으로써 내담자 자신의 기준에 비추어 진로정보를 평가·활용할 수 있도록 해주어야 한다. 이처럼 생활지도 활동에서 진로정보 제공 활동은 매우 중요한 위치를 차지하고 있으므로, 카운슬러들은 모든 능력을 총동원하여 각종 자료 수집과 제공에 노력을 경주해야 한다.

그러면 진로정보는 어떠한 방법으로 전달해야 할까? 여러 가지 형태가 있으나 간단히 방법만을 제시하면 ① 인쇄 매체를 통한 전달 방법, ② 시청각 매체를 통한 전달 방법, ③ 집회, ④ 면접, ⑤ 시뮬레이션, ⑥ 견학, ⑦ 교육과정, ⑧ 실습, ⑨ 컴퓨터의 활용, ⑩ 상담등의 다양한 방법으로 전달하는 것도 바람직한 방법이다.

(3) 個人·社會的 情報(personal‒social information)

개인·사회적 정보는 자기 자신과 남을 이해하는 데 필요한 것으로, 개인과 인간관계에 작용하는 인간적·물리적 환경의 영향과 기회에 관한 타당하고 유용한 자료이다.

여기에 포함될 수 있는 것은 '자기 자신의 이해와 남과 어울리는 것에 관한 광범한 영역의 정보, 다시 말하면 남녀 간의 관계, 예의와 에티켓, 여가 활동, 외모와 복장, 사교술, 가정에서의 인간관계, 금전적 계획, 그리고 건강한 생활에 관계되는 모든 사실에 관한 정보를 의미한다.

인간이 사회생활을 해나가는 데 필요한 여러 가지 대인관계에 관련된 정보를 제공해주고 지도하여 줌으로써 건전한 행동, 인성의 발달, 정신적·신체적 건강, 자기 이해와 통찰의 성취를 하도록 도와주는 것이다.

3) 相談活動

상담활동은 생활지도 활동에 있어서 가장 중추적이며 핵심적 위치를 차지하고 있다. 앞에서 언급한 학생 개인의 조사 활동을 통하여 얻어진 객관적 자료 위에 각종 진로정보 제공 활동을 기준으로 하여, 정확하고도 치밀한 정보가 주어진 토대 위에 종합한 자료를 근거로 이를 중심으로 1대 1의 관계에서 상담자와 내담자 간에 합리적인 대화를 통한 방법으로 적재적소를 찾는 활동이다. 그러므로 상담은 반드시 개인적 자료와 정보활동의 객관적 자료를 토대로 하여 이루어진다는 것을 깊이 명심해야 될 것이다.

상담이란, 도움을 필요로 하는 내담자와 도와주려는 전문가인 카운슬러 간에 성립된 인간관계와 활동 및 과정을 의미하는데, 학자의 견해에 따라 다소 차이가 있다.

Williamson에 의하면, 상담이란 현실적으로 각 개인 적응을 도와주는 것이라고 한다. 일반적으로 교육적·인성적·직업적·사회적 문제를 갖고 있는 개인에게 전문적인 입장에서 전문가에 의해 개인 대 개인, 개인 대 집단의 관계하에서 계획적·전문적으로 도와주는 임상적 봉사의 과정 및 활동이라고 보는 것이 타당할 것이다.

그러므로 상담을 할 때는 어떠한 특별 방법이 채택되는 것이 아니라 내담자의 입장과 개인적 배경 위에 다양한 문제가 있으니, 그 환경 여건에 따라서 중심의 상담 방법을 이용하여 처리할 수 있다. 경우에 따라 절충적인 방법을 채택하여 상담활동을 원활히 할 수 있다.

상담방법에 관한 이론도 역시 다양하여, 어느 이론이 가장 효과적이라고 내세울 수는 없다. 우리나라에는 아직 뚜렷한 상담방법의 이론가가 없는 형편이니 자연히 미국의 상담이론가들의 방법을 인용하지 않을 수 없다.

Williamson의 지시적 방법이나 Carl Rogers의 내담자 중심의 상담 방법, Ellis의 합리적·이성적 상담이나 Skinner, Wolpe 등의 행동주의 입장의 행동 수정 상담, 그밖에 정신분석학적 상담이론, Frankle의 실존주의 상담이론 등 여러 가지 이론에 뒷받침하는 방법 및 절차에 따라 다르므로 상담자는 이와 같은 상담이론에 밝아야 할 것이며, 이를 적소에 사용할 수 있는 능력자가 되어야겠다.

상담의 주요 원칙은 어디까지나 개인을 중심으로 이해와 수용, 의사소통의 과정이 필수적이며, 내담자로 하여금 환경에 대해 효과적이고 현명한 적응을 돕는 데 있으므로 개인의 개별적 차이를 지닌 특정한 인간으로서 존중하면서 감정 표현을 자유롭게 유도할 필요가 있다. 그리고 비판적 태도보다는 무비판적 태도로서 내담자의 행동, 태도, 가치관 등을 객관적으로 평가해야 한다.

상담은 어디까지나 내담자의 '자기 결정의 원리로 자기 스스로 자기가 방향을 결정·선택하려는 결정을 존중하고, 그 같은 욕구를 결정, 그 잠재적 힘을 자극하여 활동케 할 수 있도록 지도하여야 한다.

상담은 또한 비밀 보장이 큰 생명이다. 상담실에서 이루어진 대담의 내용은 언제까지나 비밀에 붙여 신용을 잃지 말아야 한다. 내담자가 상담자를 믿고 의지하며, 대화의 촉진적 관계를 이루는 이른바 래포의 형성(rapport)으로 내담자와의 원만한 인간관계의 토대 위에 대화를 전개해 나가는 것이다.

상담을 통해 자기 자신과 자신의 문제를 객관적으로 이해하고, 그것을 해결할 수 있는 능력을 배양하여 최대한의 자율적 성장을 기할 수 있도록 자기인식, 자기발견의 경지를 이루게 되면 훌륭한 상담 효과를 거두게 되는 것이다. 즉, 공감적 반응, 자기이해, 자기 통찰의 기회를 느꼈다면 성공적인 것이다.

흔히 생각하기를 상담자가 내담자의 모든 문제를 해결해 주는 문제해결자로 오인하는데, 그것보다는 자기 스스로의 입장을 충분히 파악하여 자기결정의 단계로 이끌어가는 것이 더욱 중요한 과제이다.

4) 定置活動

정치활동은 문자 그대로 적재적소에 알맞게 배치하는 활동으로, 한 단계에서 다음 단계로 넘어가 무엇을 할 것인지를 결정짓고 그에 잘 적응하도록 도와주는 일련의 활동이다. 즉, 생활지도 프로그램은 오리엔테이션으로 시작해서 추후지도로 끝나는 것이 보통인데, 앞에서 언급한 바와 같이 개인 이해를 위한 조사 활동, 개인상담 및 집단상담, 각종 진로 정보 제공 활동 등으로 개인 분석과 상담의 종결이 이루어졌으면 이에 근거하여 학생으로 하여금 일정한 계획을 세우고, 그의 능력에 맞게 다음 단계에서 취해야 할 행동과 위치를 성공적으로 도와주는 활동이 바로 정치활동이다. 진급, 전학, 월반, 특별활동, 직업 선택, 학업 분야, 이성문제, 대인관계, 가치관, 건강, 오락, 도덕, 성격, 결혼관 등을 돕는 일로서, 잘 적응하고 만족하여 일생 동안 행복된 삶을 누리도록 하는 데 그 목적이 있다.

5) 追後活動

생활지도의 마지막 활동으로 정치활동을 통한 인적 배치가 적소에 이루어졌는지를 확인하여 결과를 처리하는 사후점검의 과정이다.

추후지도는 주로 졸업생 및 중퇴생, 재학생, 상담을 받은 내담학생들의 사후의 적응상태가 원만하게 이루어졌는지, 어떻게 생활하고 있는지 계속 정보를 얻고 그들이 현실생활에서 직면하는 문제를 해결하고 잘 적응하도록 도우며, 그들에게 베풀어진 학교에서의 지도를 평가하고, 학교의 생활지도 프로그램을 개선하기 위한 시사를 얻기 위하여 행하여지는 지도와 연구를 말한다.

추후지도의 방법으로 대개 면접이나 통신(우편을 이용하는 서신과 전화를 사용), 질문지를 만들어 졸업생이나 중퇴자 또는 재학생에게 정보를 얻을 수 있는 자료를 만들어 배부하고, 수집된 자료를 종합·정리하여 개선의 필요성이 있으면 수정·보완하는 것이다.

3. 生活指導프로그램의 設計

이상에서 생활지도 활동의 일반적 경향을 간단히 추려 요약해 보았다. 이러한 생활지도의 기능적인 요소가 필수 요건이며, 충분히 이해하였다고 생활지도가 잘 이루어지는 것은 아니다.

여기에는 생활지도 상담실, 자료실, 대기실, 검사실 등과 같은 물적·환경적 요소가 구비되어야 하고, 생활지도를 실제로 담당하여 지도하는 인적 요소인 전문가인 상담자, 담임교사, 심리검사자, 양호교사, 사서교사 등의 횡적·종적인 유대로서 서로 협조하는 분위기와 문제 해결을 위해 상호 의견을 교환하고 도와주는 협동 체제를 이루어야 한다. 뿐만 아니라 각 학교마다 형식적인 상담실만 비치할 것이 아니라 내용적으로 충실하게 시설환경에 중점적으로 투자하여 아름다운 교육적 환경을 구성할 수 있는 재정적 뒷받침을 해주는 학교행정가의 이해와 협조, 적극적인 추진이 없으면 원만한 상담활동을 할 수가 없는 것이다.

한 조사연구에서 나타나 있듯이, 환경 구성 면에서 아직도 관리자의 관심도가 없어서 시설 면에서 전체의 **45%** 정도는 전혀 안되어 있고, 겨우 **13%** 정도만이 잘되어 있다는 서울시의 상담실 운영 실태를 보더라도, 전국적인 경우에도 이와 비슷한 상태를 면치 못하고 있는 실정이다.

그러므로 우선적으로 해결되어야 할 과제는 상담실의 구조와 내용을 충실하게 보급하여 이용할 수 있는 편리한 위치와 시설을 풍부하게 마련해야 할 것이며, 이를 운영하는 전문상담교사의 질적 향상에 신경을 써야 된다.

미국의 상담교사의 현황을 보면, 적어도 '생활지도교육'전공의 석사 과정 이상의 수료자로서 현직 교사 경험을 가진 유자격자가 상담을 전담하고, 대우 면에서도 평교사보다 20% 이상 더 높은 처우를 받고, 학급 담임을 맡지 않고 순수하게 상담 업무에만 종사하고 있으며, 카운슬러 1인당 400~500명 정도의 학생을 분담하여 상담실을 운영하고 있는 것이다.

우리나라는 아직 선진국 수준의 자격을 단시일 내에 요구할 수는 없더라도 적어도 경험 많은 교사가 강습을 통한 카운슬러 자격을 획득한 자라고 할지라도 상담업무에만 전념하도록 수업 시간을 배당하지 말아야 한다. 상담교사가 학급 담임을 하고 교실수업까지 겸하게 되면 자연 상담실 운영이 소홀하게 되는 것은 현재까지 겪어온 사실이며 폐단이다.

과중하고 막중한 수업부담과 함께 상담의 부담까지 짊어졌으니 제 기능을 발휘할 수 있겠는가? 따라서 앞으로 생활지도를 잘할 수 있도록 하기 위해서는 인적·물적 자원이 소요된다 하더라도 미래의 일꾼인 제2세 국민의 건전한 교육과 육성을 위해서 과감히 투자되어야 된다. 그래야만 성실하게 개별지도, 집단상담, 각종 정보 제공 활동, 각종 표준화 검사의 실시와 응용, 배치 활동 및 추후지도에 이르기까지 세심한 배려를 할 수 있다. 그러면 학생들도 전문가를 믿고 찾게 될 것이며, 이용도도 훨씬 증가할 것이다.

1982년 7월 한국행동과학연구소가 조사한 '고교생의 진로의식 및 행동에 관한 설문조사에서 밝혀진 결과에 의하면 고등학교 3학년생의 가장 큰 고민은 공부(14.9%)보다도 진로문제(59.1%)에 대한 것이라고 한다. 그들의 진로와 장래 문제에 대해 협의할 대상이 있다고 말한 학생은 불과 32%밖에 안되어, 나머지 3분의 2 학생은 혼자서 고민하는 것으로 드러났다. 상담자가 있다고 말한 학생 가운데 66%가 부모와 친척을 대상자로 지목했으며, 친구나 선배가 26.5%, 교사는 불과 3.7%밖에 안되었다고 하니 결국 카운슬러와의 상담은 전혀 없는 것으로 나타났다고 보고하고 있다.

이 조사에 따르면, 학생들의 장래 문제나 진로상담의 역할은 매우 미미한 것으로 드러난 셈이다. 여기에서 반성할 점으로, 생활지도가 효과적으로 이행되지 않고 있다는 것을 뼈저리게 느껴야 한다.

이 조사는 하나의 지엽적인 예에 불과하고, 전체적으로 모두 그렇다고 미루어 평가할 수는 없으나 하나의 경종이 될 수 있다. 왜 상담교사나 교사를 상담의 대상으로 삼지 않는가, 그 원인을 우리 스스로 찾아보고 그 대책을 시급히 강구해야 한다. 그리고 생활지도연간계획안을 치밀하게 작성하여 학교 전체 활동으로 전개하여야 한다. 상담소 활동으로서, 첫째로 심리적으로 문제를 가진 학생들을 개별적으로 상담해 주는 개인상담의 기회를 누구에게나 1년에 1~2번 정도 제공하는 일이다.

둘째로, 심리검사의 실시이다. 각종의 표준화검사 종류에 포함되어 있는 지능·적성·흥미·직업 적성검사, 인성 검사, 학력 검사 등 필요에 따라 또는 희망자에 실시하고, 그 결과에 대한 해석을 명확하게 해주어야 한다.

셋째로, 효율적인 학습을 위한 공개강좌를 상담실 주최로 개최하고, 학업 부적응 학생을 효과 있게 지도하는 작업도 해야 한다.

넷째로, 진로교육에 관한 프로그램을 작성하여 '진로 및 인생계획'이라는 주제로 미래에 대한 포부와 전망에 대한 예비적 교육을 실시한다.

다섯째, 학생과 교사와의 좌담회를 개최하여 대화의 능력을 기른다.

여섯째, 소집단대화(small group dialogue)의 실시이다. 흥미가 같은 집단을 구성하여 자유토론의 기회를 줌으로써 의사 발표의 능력을 배양한다.

일곱째, 학생이 관심을 갖는 내용으로 교양강좌를 개최한다.

여덟째, 각종 특별활동의 활성화를 기한다.

아홉째, 하계·동계 방학 중 학부모들을 대상으로 한 간담회를 개최한다.

열째, 전화상담을 한다.

열한 번째, 집단상담 및 훈련으로 자기표현, 시험 불안의 관리, 스트레스 해소법, 효율적인 학습 방법, 리더십과 인간관계 등으로 집단상담이나 집단훈련을 한다

열두 번째, 신입생의 오리엔테이션 지도이다.

열세 번째, 상담실 활동에 필요한 적극적인 홍보활동으로, 전교 학생이 참여할 수 있는 기회를 제공한다.

그밖에 카운슬러의 능력에 따라 독창적이고 창의적인 내용을 개발하여 학생 생활과 장래 계획에 알맞은 프로그램을 제시한다. 그럼으로써, 생애교육이 뜻하는바 학생들의 적성, 흥미, 능력, 인성에 알맞은 진로를 인식·탐색·자각하여 실천에 옮김으로써 일생동안 만족하고 적응하며, 행복한 삶을 누릴 수 있도록 지도 조언하는 알찬 프로그램을 이행하도록 노력해야 한다.

4. 結論

학교교육의 2대주류는 교과교육과 생활지도교육으로서 생활지도의 역할은 이제 정착의 단계를 넘어 토착화 되어 가고 있다. 전인교육을 강조하는 지·덕·체의 조화로운 인간교육의 향상을 위해서도 생활지도가 담당해야 할 영역은 너무나도 방대하며, 필수적이며, 관심을 써야 할 분야이다.

급격하게 변천·발전하는 사회에 부응하여 현명한 선택과 적응을 위해서 필요한 생활지도는 상업사회에서 더욱 강조해도 지나치지는 않다. 더욱이 1970년대 초반부터 발전하기 시작한 진로교육(또는 생애교육)의 개발로 말미암아 생활지도의 역할과 비중이 더한층 무겁게 느껴진다.

생활지도의 필요조건은 이처럼 개인의 행복, 만족한 삶, 분수에 알맞은 능력 본위의 활동, 자기실현의 귀결을 가져오는 촉진제로서 다양성 있고 조화로운 인간형성의 바로미터가 되는 것이다.

모든 교육은 진로교육이며 또 그렇게 되어야 한다고 역설한 미국의 교육성 교육위원이었던 Sidney Marland의 말처럼, 진로교육이 원만하게 학교교육에서 이루어져야 참된 행복을 찾을 수 있으며, 이 같은 교육의 길은 생활지도가 철저하게 이루어짐으로써 해결될 수 있다고 생각한다.

다만 이러한 격조 높은 이상을 실현하기 위해 생활지도의 활성화를 극대화하도록 정책적인 배려와 행·재정적인 지원, 교육행정가의 적극 참여, 전문가의 성실한 봉사 활동, 학생들의 자발적인 참여 등의 여러 요소가 긍정적으로 소생될 때에 생활지도는 본연의 임무대로 수행될 수 있을 것이다.

참고문헌

김충기, 생애교육, 서울: 세광공사, 1981.

김충기, '대학 생활과 학생 지도', 건대 학보 35호, 건국대학교 학도호국단, 1982.

김홍규, 생애지도, 서울: 세광공사, 1981.

김한수, 상담실 운영의 실태조사에 대한 연구, 건국대학교 교육대학원 석사학위 논문, 1981.

서울특별시 교육위원회, 사회변화에 대응하는 생활지도, 서울특별시 교육위원회, 1975.

손충기·손병로·이성진, '고등학교 학생의 진로의식', 행동과학연구, 서울: 행동과학연구소,

1982.

이정근, 진로지도와 진로상담, 서울: 중앙적성연구소, 1979.

황응연·윤희준, 생활지도, 서울: 교육출판사, 1981.

Isaacson, Lee E., Career Information in Counseling and Treaching, 2nd ed. Boston: Allyn and Bacon, 1971.

제16장 相談과 心理治療

1. 相談과 心理治療

1) 相談이란

'상담'이란 영어의 counseling을 우리말로 옮긴 것이다. 상담은 현재 일상생활에서 많이 쓰이고 있어서 매우 익숙한 상태에 있다.

예를 들면 법률 상담, 결혼 상담, 부동산 상담, 금전대출 상담, 직업 상담, 고충 상담, 목회 상담, 진로 상담 등 학교나 병원, 기타 사회의 여러 단체나 기관에서 공공연하게 특별한 부담 없이 즐겨 쓰고 있다.

이처럼 상담은 도처에서 이용률이 높아만 가고 있다. 그러면 도대체 상담은 무엇이기에 이에 관한 이해가 높아져 가고 흔히 사용하고 있는가? 상담은 그만큼 우리 인간에게 매우 중요하고 필요하기 때문에 자주 거론되는 것 같다. 그러면 상담이란 무엇인가? 일반적으로 알고 있는 '상담'이란 말은 이미 오랜 역사를 가지고 있다. 예를 들면, 의사나 법률가 또는 승려나 목사 등 여러 전문직에 종사하는 사람들이 해당분야에 관련된 문제로 어려움을 당하고 있는 사람들에게 도움을 주기 위하여 필요한 정보를 제공하고 충고를 하거나 자문해 주는 것을 상담이라고 하였다.

그러나 여기서는 보다 전문적인 성격을 띤 하나의 학문으로서의 상담을 정의할 것이다. 상담은 심리학, 사회학, 문화인류학, 교육학, 경제학, 정치학 및 종교와 철학 등 여러 학문 분야로부터 다양한 지식을 망라한 통합적인 근거 위에 형성 발전된 하나의 전문직이다.

상담이란 인간을 다루는 학문이며 그 기능은 개개 인간이 최대한의 발달과 복지를 이룩하도록 돕는 것이다. 인간발달과 복지의 증진을 돕기 위해서는 그 인간존재에게 영향을 미치고 있는 가능한 모든 요소들에 대하여 이해할 뿐만 아니라 이들 요인에 관한 지식을 충분히 활용해야 하므로 다 학문적 바탕을 필요로 한다. 그러면, 몇몇 학자들의 상담에 대한 정의를 살펴보면 다음과 같다.

"상담이란 한 학생이 전문적인 도움을 받아 자기가 가진 한 가지 또는 여러 가지 문제를 해결하기 위하여 시작하는 하나의 개방적이고 면(面)대 면(面)(face to face)의 문제해결 장면이다."(Glanz, 1974, p.158)

"상담이란 내담자로 하여금 어떤 문제를 해결하도록 돕거나, 또는 그의 능력을 보다 효과적으로 활용하는 방안을 발견하도록 돕거나, 혹은 중요한 생의 결정을 하도록 돕는 목적으로 상담전문가(counselor)와 내담자(client) 사이에 이루어지는 1대 1의 상호작용이다."(Osipo w, 1980, p.6)

"상담은 도움을 필요로 하는 사람(내담자)과 전문적 훈련을 받은 사람(상담자) 사이의 대면관계에서 생활과제의 해결과 사고(행동 및 감정) 측면의 인간 성장을 위해 노력하는 학습과정이다."(이장호, 1982, p.11)

"상담이란 내담자와 상담자 간에 수용적이고 구조화 된 관계를 형성하고, 이 관계 속에서 내담자가 자기 자신과 환경에 대해 의미 있는 이해를 증진하도록 함으로써 내담자 스스로가 효율적으로 의사결정을 하고 여러 심리적인 특성을 긍정적인 방향으로 변화시키도록 원조하여 결과적으로 내담자의 성장과 발전을 촉진하는 심리적인 조력의 과정이다."(박성수, 1986, p.202)

위와 같은 정의를 종합해 본다면, 상담이란 도움을 필요로 하는 개인, 즉 내담자와 전문적 훈련을 쌓은 상담전문가 사이의 1대 1의 관계에서 목적 있는 대화를 전개하는 조력의 과정으로 래포를 통해 여러 가지 당면한 문제와 더불어 의사소통이 이루어져 내담자의 성장발전을 촉진하고 사회에 잘 적응하도록 돕는 심리적인 상호작용의 관계이다. 결국 내담자의 자기성장을 궁극목적으로 하여 조력하는 과정이다.

2) 相談과 心理治療의 차이

사실 인간의 문제는 개인차가 있고 다양하며 복잡하다. 인간의 제 문제를 해결하고 도우며 치료하는 과정은 주로 상담과 심리치료에서 이루어진다.

학교의 생활지도 활동의 주요 영역을 차지하는 상담은 심리치료(psychotherapy)와는 어떠한 차이가 있는가? 두 활동은 모두 개인의 행동상의 장애와 적응상의 문제를 해결하도록 도와주는 전문적인 원조관계라는 점에서는 공통점이 있다.

　Rogers는 상담과 심리치료를 동의어로 사용하고 있지만 Wolberg, LR는 이 개념을 구별하고 있다. 즉, 심리치료는 정서적인 성질의 문제를 치료하는 한 형태로서 환자(client)의 징후를 제거하고 행동장애를 완화하여 적극적인 인성발달을 기하도록 하는 전문적인 관계를 의도적으로 형성하는 것이라고 한다. 그러나 학교 카운슬러가 정신질환을 포함하는 모든 적응 문제를 다룰 수 없으므로 상담과 심리치료는 어느 정도 구분 짓는 것이 필요하다고 한다.

　Brammer와 Shostrum은 양자의 관계를 다음과 같이 구분 짓고 있다.

　"상담은 교육적이고 지지적이고 상황적이며 문제 해결적인 동시에 의식적인 인식의 성질을 띠고 있다. 그리고 정상적인 것을 강조하므로 짧은 기간이 소요된다. 그러나 심리치료는 특정한 의미에서 재구성적이고 심층 분석적이고 무의식적인 것에 초점을 두고 있다. 신경증적이거나 심한 정서적 문제에 역점을 두고 있으므로 장기간이 소요된다." 심리치료의 대표적인 정의는 "증상을 제거·수정·완화하고 장애행동을 조정하며 긍정적인 성격발달을 증진시킬 목적으로 훈련된 사람이 환자와의 전문적인 관계를 의도적으로 형성하여 정서적 문제를 심리학적으로 치료하는 것"이다(Wolberg, 1977, p.3).

[표 16-1] 상담과 심리치료의 비교표

	상　담	심　리　치　료
대　　상	정상적인 학생, 내담자	개인환자, 내부적 갈등
장　　소	학교, 지역사회, 봉사기관	환자 가정, 병원, 진료기관
형　　태	교육적, 상황적 문제해결, 의식내용의 자각에 주력	재구성적, 심층분석적 문제해결, 무의식적 동기의 자각(통찰)에 역점
문제의식	당면한 문제의 선택, 결정 그리고 해결, 적응문제	신경증 같은 정서적인 장애나 심각한 이상행동에 관여하여 인성의 변화 촉진
방　　법	일시적인 욕구불만이나 갈등의 해결, 면접 중 조언	성격장애자의 치료와 교정
자　　료	현재적, 의식적 자료	과거의 역사적 사실과 무의식적 자료
시　　간	단시간 소요, 1~20회	장소 간 소요, 20~100회
전　문　가	카운슬러, 상담심리 전문가	정신과 의사, 임상심리 전문가
기타비용	무　　료	유　　료

양자는 상담의 대상, 장소, 형태, 문제의식, 방법, 자료, 시간, 전문가, 기타 비용에 따라 다른 특징을 지니고 있다([표 16-1] 참조). 그러나 현실적으로 상담과 심리치료는 필요에 따라 혼용되고 있다. 따라서 앞으로는 차이점을 강조하지 않고 학교나 병원 또는 일반사회에서 흔히 쓰고 있는 상담을 중심으로 전개하고자 한다.

2. 相談의 目標

상담은 내담자로 하여금 자신의 이해를 증진하고 의사결정을 할 수 있게 하여 결과적으로 보다 나은 성장과 발달을 촉진할 수 있도록 하는 정교한 심리적인 과정임을 앞에서 밝혔다. 여기에서 보면 상담의 목표는 인간의 성장과 발달을 촉진하는 것이다. 상담은 단순한 대화가 아니기 때문에 상담자와 내담자가 1대 1의 상담관계를 형성하고 뚜렷한 목표를 세우고 상담에 임해야 할 것이다.

상담의 목표는 일반적으로 Shertzer와 Stone(1979)이 강조하고 있는 바를 소개하고자 한다.

1) 행동의 변화 촉진

상담은 내담자를 보다 생산적이고, 행복한 생활을 영위하고, 만족한 삶을 누리도록 하는 데 도움이 되는 행동을 형성하거나 증가시키는 것을 목적으로 한다. 타인과의 관계, 가족상황, 학업성취, 직업상의 적응, 일상생활습관 등과 같이 어떠한 영역에 관련된 행동변화가 필요한가를 촉진할 수 있어야 한다. Rogers는 상담의 결과로 위협을 덜 느끼고 불안을 덜 느끼며 이상적인 자아와 지각된 자아 사이에 조화를 이루어야 한다고 지적하고 있다.

2) 적극적인 정신건강의 증진

상담은 정신질환의 원인이 되는 여러 가지 병리적인 요소를 제기하거나 수정해야 할 문제를 제시하여 여러 가지의 고민이나 부적응 행동을 정상적인 방향(행동)으로 치료해 줌으로써 적극적인 정신건강을 유지하는 데 초점을 둔다. 정신적으로 건강한 사람은 책임감이 있고 독립적이며 인격적으로 성숙하다. 정신건강의 문제를 중심으로 생각하는 입장에서는 정신건강의 문제영역을 상황적인 문제, 성격적인 문제, 신경증의 문제, 정신병의 문제 등으로 구별하는 경향이 있다.

이러한 입장은 일상생활에서 학생들이 경험하는 욕구좌절이나 갈등을 현명하게 현실적으로 다루는 능력을 기를 수 있게 하고, 건전한 성격을 발전시키기 위한 활동을 중심으로 이루어져야 한다.

3) 問題의 解決

상담은 무엇이든 학생들이 당면한 문제를 하나씩 해결해 나가는 데 초점을 둔다. 복잡하고 격변하는 산업사회로 옮겨감에 따라 학생들이 부딪치는 문제는 다양하고 복잡하다. 즉 신체적, 교육적, 가정적, 직업적, 사회적, 경제적, 도덕적, 종교적, 이성적 문제, 교우관계, 진로, 가치관의 갈등, 이데올로기 등 학생들의 당면한 문제를 현명하게 자기이해와 통찰, 자기지도와 자아실현에 이르도록 목적이 뚜렷한 전문적 대화와 개인을 돕는 데 있다.

4) 來談者의 잠재력 促進

상담은 내담자와 사고, 행동, 결정, 잠재력을 효율적으로 증진하는 데 목적이 있어야 한다. Blocher는 효율적 인간인 경제적, 심리적, 신체적 모험을 구안하고, 이를 위해 정력을 투자하기 위해 자신을 헌신할 수 있으며, 문제를 인지하고 해결할 수 있는 능력, 독창적이고 창조적 인간행동을 통제할 수 있고 좌절, 적개심, 그리고 애매성에 대해 적합한 반응을 할 수 있다고 한다.

이러한 견해는 결국 생산적 사고를 증진하고 적응적인 인간관계를 형성하고 다양한 문제 상황을 효과적으로 대처하는 능력을 기르는 것에 두는 것이다.

5) 의사결정의 能力涵養

상담은 개인이 선택하고 결정하기 위해 필요한 정보(교육, 직업, 개인 사회적)를 제공하고, 의사결정에 개입하는 정서적인 문제나 심리적인 특성을 확인하고 분석하며, 장애가 되는 측면을 극복하도록 한다. 인간은 누구나 평생을 통하여 문제 상황에 직면했을 때 적절히 현명한 선택과 적응을 위한 의사결정이 요구된다. 상담에서 선택과 결정의 필요를 내담자가 인식하여 이에 요구되는 정보를 수집·평가하는 긍정적이고 정서적인 태도를 함양할 것을 강조하게 된다. 즉, 미래에 직면하게 될 선택이나 결정을 합리적으로 또한 효율적으로 할 수 있도록 원조하는 것이다. 순간의 선택이 일생을 좌우하는 경우가 많으므로 선택, 즉 의사결정 능력은 상담의 목표 중 매우 중요한 것으로 간주된다.

3. 相談의 基本原理

상담을 효과적으로 추진하기 위해서는 일정한 법칙을 따라야 한다. 상담은 단순한 일상적인 대화로 생각되어서는 안되고 어디까지나 목적 있는 대화이어야 한다.

그리고 1대 1의 관계에서 심리적으로 도와주는 밀도 있고 창조적인 관계이다. 상담자는 학생 개인의 개성과 개인차를 인정하여 어떤 편견이나 선입견으로부터 탈피하여 래포(rapport)의 형성, 내담자의 말을 경청하고 주의 깊게 관찰하여 문제의 성격을 정확히 진단해야 한다. 이것을 반영이라고 한다. 반영은 내용에 대한 반영과 느낌에 대한 반영으로 자신의 모습을 보게 하는 것이다. 문제를 확인하고 가능성을 촉진해서 문제해결의 열쇠를 찾아보는 탐색의 단계가 있다. 이러한 과정은 긴장으로부터 내담자를 완화시켜 주며 개인을 이해해 주고 감정의 표현을 자유롭게 할 수 있도록 도와주어야 한다. 그리고 감정표현에 민감하게 반응하고 적극적인 정서관여가 필요하며 끈기 있게 대화를 계속할 수 있는 인내력이 요구된다. 상담자가 내담자의 탐색과정을 통하여 깨닫고 관찰한 것을 상담의 대화에 투입하는 것을 직면이라고 한다. 이것은 내담자의 인식과 자각에 초점을 맞추는 것이다.

이렇게 하여 상담은 관계형성, 경청, 반영, 탐색, 직면의 단계를 거쳐 해설의 단계에 이르는데, 이것을 상담의 마무리 단계라고 한다.

상담자는 내담자를 객관적으로 그의 행동, 태도, 가치관을 순응하고 공감적 이해, 일치가 이루어지는 관계로 이루어져야 한다.

이와 같은 상담의 작업을 정리해 보면, ① 개별화의 원리, ② 의도적 감정표현의 원리, ③ 통제된 정서관여의 원리, ④ 수용의 원리, ⑤ 무비판 태도의 원리, ⑥ 자기결정의 원리, ⑦ 비밀보장의 원리로 종합할 수 있다.

위 상담은 상담자(교사)와 내담자(학생)가 만나서 상담관계를 형성함으로써 이루어진다. 만남이 없으면 상담도 없다. 상담자와 내담자가 만나서 대화하고 마음이 통하는 인간관계를 효과 있게 형성하고 이 인간관계 속에서 진지한 상담이 진행되어야 한다. 이 관계는 상담의 수단이며 동시에 목표가 되고 또한 상담의 원리가 되는 것이다.

4. 相談의 理論

상담은 과학적 이론에 근거하여 이루어지고 있는 학문적 체계이다. 상담에서 이론이 없으면 이는 항해도와 나침반이 없이 항해하는 위험한 일과 마찬가지이다. 그러므로 상담이론을 체계적으로 이해하고 소화하는 것은 상담자가 무엇보다 먼저 하여야 할 일이다.

상담이론은, 상담에 관련된 다양한 정보와 단편적인 지식을 종합하고 체계화 한다. 상담이론은 상담과 관련된 여러 가지 현상을 체계적이고 과학적인 통일성과 일관성을 가지고 있다. 상담이론은 상담과정에서 발생하는 여러 가지 현상을 예측 또는 예언할 수 있게 된다. 이러한 기능을 가지고 상담이론은 다양하고 제각기 다른 배경과 특징을 많이 가지고 있다.

Harper는 36가지 대표적인 상담이론을 소개하고 있고 Rogers는 100가지 정도의 상담이론이 있음을 지적하고 있다. 이러한 이론을 모두 다루기 어려운 현실적 여건을 참작하여 몇 가지 대표적인 이론을 간략히 소개하고자 한다.

① Freud의 정신분석적 접근
② Adler의 개인 심리학적 접근
③ 실존주의 접근
④ Rogers의 인간중심 접근
⑤ Kelley의 개인구념 구성체적 접근
⑥ Perls의 형태주의적 접근
⑧ Berne의 의사거래 분석적 접근
⑨ Ellis의 합리적 · 정서적 접근
⑩ Williamson의 이성적 · 지시적 접근

⑩ 행동주의적 접근
⑪ Glasser의 현실치료적 접근

이것을 종합적으로 분석하면 다음과 같다.

1) 정의적 영역을 중심으로 한 理論

① 정신분석이론: Freud
② 인간중심이론: Carl Rogers

2) 행동적 영역을 중심으로 한 理論

① 상호제지에 의한 심리치료 이론: Wolpe
② 행동적 상담이론:Krumboltz, Thornsen, Bandura

3) 인지적 영역을 중심으로 한 理論

① 합해적(合解的) 정의 이론:Ellis
② 개인구념 이론: Kelley

그리고 Gibson과 Mitchell에 의한 상담이론의 분류에 따르면 ① 정신분석이론, ② 내담자 중심이론, ③ 행동주의적 이론, ④ 합리적, 이성적 이론, ⑤ 현실치료, ⑥ 의사거래 분석이론, ⑦ 게스탈트 이론, ⑧ 절충식 상담으로 분류하고 있다.

Shertzer와 Stone의 분류에 의하면 ① 특성요인 접근, ② 합리적·이성적 접근, ③ 절충적 상담, ④ 상호제지에 의한 심리치료, ⑤ 행동주의적 상담, ⑥정신분석학적 상담, ⑦ 아들러시안 상담, ⑧ 의사거래 분석적 상담, ⑨ 내담자 상담, ⑩ 실존주의적 상담, ⑪ 게스탈트 요법, 등으로 예시하고 있다.

5. 相談方法

상담은 보통 5~6회에서 20여 회의 면접이 진행된다. 상담의 과정은 상담의 중요 기술인 대화에 의해서 행동으로 옮겨지는 역동적인 사건의 연속이다.

일반적으로 상담 과정은 네 가지 중요한 목적을 지니고 있다. 첫째는 내담자에게 자신에 관한 정보를 제공해 주고 그 정보를 정확히 해석할 수 있도록 도와주는 데 있다. 둘째, 내담자가 자신의 성장, 발달에 필요한 환경과 관계들의 요소와 필수조건을 발견하도록 도와준다. 셋째, 내담자가 자신의 이해를 증진시키고 환경을 변화시킴으로써 환경에 잘 적응하도록 도우며, 그러한 변경은 고려해야 할 가장 바람직한 요소들을 제공해 주는 것이다. 넷째, 내담자 자신의 갈등과 관심을 해결하기 위하여 성장하는 학생들의 능력으로부터 야기되는 내담자편에 독립성을 증가시키는 목표를 고정시키는 데 있다.

대화의 단계로는 주로 준비, 관계형성, 목표설정과 구조화 문제해결의 노력, 실천행동의 계획, 실천평가 및 추후지도 등의 순서로 이루어진다.

1) 준비

대화는 필요치 않은 장애물에 의해서 괴로움을 받지 말아야 할 복잡한 상호관계 형성을 말한다. 대화의 정상적 발전을 저해하는 많은 요소들은 비교적 쉽게 제거되어야 한다. 이러한 장해 요소들은 신체적이거나 심리적인 성격이겠지만, 주의 깊은 준비로서 장애적인 영향을 제거할 수 있게 된다. 이러한 준비의 과정이나 양상은 언제나 대화를 전개할 환경 또는 장면을 마련함으로써 가능하다.

상담자가 첫 번째 관심을 가져야 할 조건은 상담자가 상담의 주체로서 유능한 인성적 특징을 지니고 있어야 한다.

그것은 ① 상담자 자신이 경험에 개방적이고 수용적일 것, ② 자신의 가치와 신념을 알고 있을 것, ③ 다른 사람과의 온정적이고 깊은 관계를 발전시켜 나갈 수 있을 것, ④ 실제 있는 그대로 다른 사람을 볼 수 있도록 허용적일 것, ⑤ 자신의 행동에 대한 개인적 적용을 수용할 것, ⑥ 현실적인 포부수준을 발전시켜 나갈 것 등이다.

둘째로, 상담의 객체인 내담자의 객관적 이해를 위한 활동의 전개이다. 학생이해를 위한 방법은 관찰, 질문지 조사, 면접, 표준화 검사, 평정법, 투사법, 사회측정법, 사례연구, 자서전, 누가기록 등의 방법을 동원하여 학생을 정확히 파악하는 일이다.

셋째로는 상담환경의 조건의 구비이다. 환경이란 상담을 효과 있게 이룰 수 있는 시설과 재료, 행·재정적 지원으로 상담실, 각종 정보자료, 진로정보센터, 표준화검사자료, 부대시설의 구비이다. 또한 상담자와 내담자가 편안하게 아무런 부담이나 억압, 의기소침이 없이 자유스런 분위기 조성에 있다. 춥고 지나치게 어둡거나 밝은 장소, 지나친 장식물로 치장한 환경들은 피해야 한다. 내담자와 상담자가 사용해야 할 테이블이나 의자 등도 심리적인 장애를 갖지 않도록 포근하고 안락한 분위기가 제공되어야 하며 상담을 저해할 투명한 유리나 시끄럽고 더러운 환경은 피해야 한다. 문제의 제시, 상담의 필요성에 대한 인식 등이 요구된다.

2) 관계형성

이것은 흔히 래포라고 하는데, 대화의 촉진적 관계로서 숙련성, 매력, 신뢰성이 상담효과에 긍정적이다.

촉진적 관계형성에는 친화관계, 공감적 이해, 성실한 자세, 수용적 존중, 관심, 적극적인 경청 등이 필요하다.

3) 목표설정과 구조화

이 단계에서는 상담의 방향과 골격을 분명히 한다. 구조화는 상담의 효과를 높이기 위해 상담의 기본 성격, 상담자 및 내담자의 역할관계, 바람직한 태도 등을 설명하고 인식시켜 주는 작업이다.

구조화에 포함되는 사항은 ① 상담의 성질, ② 상담자의 역할과 책임, ③ 내담자의 역할과 책임, ④ 상담의 목표, ⑤ 시간과 공간적인 제한 등이다.

4) 문제해결의 노력

내담자의 감정표현을 촉진하고 제시된 문제를 다시 구체적으로 정의한다. 문제해결의 노력은, ① 문제에 대해 정확히 정의, ② 문제해결을 위한 방향과 가능한 방안 모색, ③ 관련된 정보채집, ④ 관련된 정보를 중심으로 대처방안 의논, ⑤ 검사와 심리진단 자료를 참고로 바람직한 행동절차 및 의사소통의 실제계획을 수립, ⑥ 계획된 것을 실제 생활에 실천, ⑦ 실천된 결과를 평가하고 행동계획을 수정·보완한다.

5) 자각과 합리적 사고의 촉진

내담자가 상담의 목표에 도달하기 위해 필요한 자기이해와 합리적 생각을 갖출 때까지 상담에 적극 참여하도록 한다. 아울러 심리적 부담과 저항을 잘 조정해야 한다.

6) 실천행동의 계획

내담자 및 구체적인 행동절차를 협의하고 세부적인 행동계획을 작성하는 것이다. 예를 들면, 배우자의 선택, 직장에서의 인간관계, 교우관계 등이다. 이러한 갈등에 대처방안을 구체적으로 의논한 후 판단기준을 확인하여 실제 행동과정을 계획한다.

7) 실천 결과의 평가 및 추후지도

종결은 주로 내담자와 상담자의 협의하에 이루어진다.
대화의 마지막 단계는 대화가 끝났을 때 일어난다. 이 단계는 종결로서 대화의 성과를 측정하는 것이다. 대화를 하려면 미리 준비단계로서 상담을 할 수 있는 여건을 잘 준비해 주고 내담자와의 관계 형성을 잘 이룬 다음에 핵심적인 문제를 가지고 친절히 면담을 전개해 나간다. 면담의 결과 부정적인 감정이 긍정적인 태도 변화를 이룰 때까지 계속하여 경청하고 수용하며, 공감하면서 문제를 이해하고, 진전사항을 점검하며, 상담의 목표에서 제시한 바와 같이 태도의 변화를 가져오게 하며, 정신건강의 증진을 가져오도록 하는 것이다. 마지막으로 상담자가 준수해야 할 몇 가지 사항을 소개하겠다.

(대화의 ABC)

A: 상담실을 준비하라. 그리고 안락하고 따뜻하며 친근한 분위기를 만들라. 융통
성과 자리의 선택도 제공되어야 한다.

B: 친절하고 자연스러우며 개별적으로 온화하게 하라.

C: 미필된 사무를 접어두고 손에 닥친 상담업무에만 집중하라.

D: 내담자를 편안하게 하라. 내담자가 대화를 시작할 때 어려움을 알게 되면 상
호관심에 대한 논제를 소개하고 자랑스러운 일과 성취도에 관한 얘기를 시작
하라.

E: 내담자와 그의 진술에 예리한 관심을 보여라. 수용적 자세를 제공하라. 자기방
식대로 자신의 얘기를 진술하도록 하라.

F: 내담자가 중요하다고 생각하는 바를 발견하라. 내담자의 태도를 논의하고 그
가 택한 입장을 얘기하도록 하라.

G: 자신의 얘기를 할 수 있도록 충분한 기회를 주어라. 방해하지 말고 자유롭게
말하도록 하라.

H: 자신의 문제를 알도록 도와주어라. 자신의 진술에 대하여 객관적이 되도록 도
와주어라.

I: 난관을 해결하는 데 이미 취해진 단계를 조사하라. 가능한 한 내담자가 개선책
을 찾는 데 얼마만큼 관심이 있는지 결정하라.

J: 객관적으로 내담자의 행동을 판단하라.

K: 친절하고 동정적이며 협조관계를 유지하라. 그러나 내담자의 문제를 발견하는
데 책임을 가져서는 안된다.

L: 내담자가 스스로 확실한 행동계획을 개발하도록 인도하라. 적합할 때 몇 가지
가능한 단계를 제시하라.

M: 도움이 되는 주제, 위치도, 기타 인쇄된 자료들을 언급하라.

N: 문제를 지닌 사람들을 돕는 데 관심을 가진 사람 또는 지역사회 기관을 열거
하라.

O: 실망과 또는 불만의 표시가 있는지 관찰하라. 이러한 표시는 실제 문제의 실
마리가 될 수 있고 또한 면담이 내담자에게 주저하는 주제를 포괄하고 있다
고 제시하게 된다.

P: 대화가 도움이 될 때까지 중요한 문제를 추적하라.

Q: 전도하고 도덕화하며 판단하고 의사결정 할 욕심을 질문하라.

R: 이루어진 단계를 반복하고 내담자가 대화를 요약하도록 격려하라.

S: 내담자 자신이 생각하고 계획을 발전시키도록 자극하라.

T: 면담을 기록할 시간을 가져라.

U: 내담자에게 가능한 모든 자료를 이용하라.

V: 내담자를 하나의 인간으로 평가하라.

W: 내담자에 관한 정보를 억제하라.

X: 혼자 결정할 수 없는 많은 문제들을 만나게 하라.

Y: 전문가에게 의뢰하라. 그러나 다른 사람과 협조하라.

Z: 의사결정과 문제해결의 책임에 내담자를 열심히 보호하라.

참고문헌

김명훈, 학교상담 심리학, 서울: 대왕사, 1985.

김충기·이재창(공역), 상담과 심리치료, 서울: 교육과학사, 1985.

김충기, 생활지도교육, 서울: 학문사, 1983.

박성수, 생활지도, 서울: 정민사, 1986.

박성수·정원식, 카운슬링의 원리, 서울: 교육과학사, 1984.

서봉연·이관용, 심리치료의 카운슬링, 서울: 중앙적성출판부, 1980.

오성준, 상담학개론, 서울: 장로회 신학대학출판부, 1983.

이장호, 상담면접의 기초, 서울: 중앙적성출판부, 1982.

이장호, 상담심리학, 서울: 박영사, 1982.

이혜성, 완전한 카운슬러, 서울: 이화여자대학교 출판부, 1979.

이형득 외, 상담의 이론적 접근, 서울: 형설출판사, 1984.

황응연·윤희준, 현대생활지도론, 서울: 교육출판사. 1984.

서울특별시 교육연구원, 교도활동자료,1985.

Belkin, G., "An Introduction to Counseling", Wm Brown Co., 1980

Blocher, D., Developmental Counseling, Noy: The Ronald Press, 1966.

Corsini, R J., and Contributors, Current Psychotherapisties, Itasca, Ill.: F. E. Peacock
Publishers, Inc., 1979.

Dixon, D. N., and Glover, J. A., Counseling: An Problem Solving Approaches, N. Y. :
John Wiley & Sons., 1984.

George, R.L., and Cristiani, T. S., Theory Methods, and Process of Counseling and Psychotherapy, N.J.:Prentice－Hall1, Inc., 1981.

Gilland, B. E., James, R. K., Roberts, G. L. and Bowman, James T., Theories and Strategies in Counseling and Psychotherapy, N.J.:Prentice－Hall, Inc.,1984.

Gansen. J. C., Stevic, R. R. and Wam W. R. Jr., Counseling: Theory and Process Boston: Allyn and Bacon, Inc., 1982.

Osipow, S.H., Walsh, W. B. & Tosi, D. J., A Sunrey of Counseling Methods, Homewook, I11: The Dorsey Press, 1980.

Patterson, C. H., An Introduction to Counseling in the School, New York: Harper & Row Publishers, 1971.

제17장 初等學校의 生活指導

1. 서론

학교교육은 일반적으로 교과교육과 생활지도교육으로 나눌 수 있다. 그런데, 교육의 의미를 단순히 교과교육이 전부인양 착각하여 생각하는 그릇된 관념 속에서 지금까지 전통적으로 내려오고 있다. 이것은 크게 잘못된 생각이다. 학교교육에서의 생활지도는 모든 어린이의 건전한 성장과 발달을 돕기 위하여 있는 것이다.

생활지도를 이른바 문제아의 지도방법이라든지 도의교육이나 사건처리로서 생각하는 그릇된 개념을 시정하고, 올바른 생활지도를 초등학교에서부터 단계적으로 발달단계에 맞추어 실시하여야 한다고 주장한다.

필자는 앞으로 초등학교 생활지도와 진로교육에 대하여 필요성을 역설하고 지도방법을 기술해 나갈 작정이다. 아직도 일선학교에서는 생활지도에 대한 깊은 이해와 활동이 부족하여 철저하게 이루어지지 못하고 있으며, 학교현장에서 생활지도에 관한 중요성과 철저한 지도를 위해 학교운영 책임자인 학교장이나 교감, 각부서 주임, 일선 교사에 이르기까지 깊은 이해와 적극적인 실시를 도모하기 위해서 경각심을 불러일으키고자 한다.

물론 생활지도가 비단 오늘에 이르러서 강조되기 시작한 것은 아니고 인류가 생존하면서부터 비롯되었다고 본다. 가정에서 부모가 자식을 키우면서 그들이 바른 길로 나갈 수 있도록 지도조언을 한다든가 학교교육이 이루어지면서 학교에서 교사들이 바른 길로 이끌기 위해서 도의생활에 관한 지도가 중점적으로 취급되고 있는 것을 흔히 발견한다.

즉, 어린이의 고운 말 쓰기 지도, 바른 예의 지도, 애국애족의 정신 앙양 등 도의 생활지도가 생활지도 계획의 전부로서 간주되어 왔다. 그러나 그것이 생활지도의 전부는 될 수 없는 것이다. 생활지도는 보다 광범위한 영역과 내용을 다루어야 하며 소극적인 면뿐만 아니라 적극적인 면도 표현해야 하는 것이다.

조직적인 생활지도가 보급되기 시작한 때는 1957년경으로 보고 있다. 이것은 미국의 생활지도 발달에 힘입어 우리나라에도 조직적인 생활지도의 틀이 도입되기 시작하면서부터이다. 그러나 28년이 지난 오늘에 와서도 생활지도의 중요성을 강조는 하면서도 실천면에서는 소극적임을 간과해서는 안된다. 본장에서는 초등학교에서부터 생활지도의 활성화를 위한 방안을 전개해 나가고자 한다.

2. 생활지도의 의미

학교교육에 있어서 생활지도는 어린이로 하여금 급변하는 사회에 대해서 잘 적응하고 현실적으로 당면한 여러 문제에 대해서 적절하게 해결해 나갈 수 있는 능력을 길러 행복한 개인과 유능한 사회인이 될 수 있도록 최대한의 개인적 적응을 꾀하는 교육계획을 말한다. 즉, 생활지도는 모든 어린이가 그들이 일상생활에서 당면하는 여러 가지 문제를 자력으로 해결함으로써 건전하게 성장 발달할 수 있도록 도와주는 봉사활동의 과정이다.

"생활지도"란 용어는 다음과 같은 개념을 구체화하는 데 있어서 현저하게 가치를 느끼고 유용한 것으로 본다. 즉, 생활지도는 하나의 이념이다. 모든 어린이는 유일하고 다르며 개별성이 있다는 관념이다. 그 이념은 실제교육에 있어서 매우 확산되어 있어서 생활지도 기능과 분별해서는 안된다. 그러나 개체란 실은 생활지도에 중심적 사실이다.

생활지도는 하나의 관심이다. 모든 어린이는 모든 교육자들이 최선의 노력으로 가치를 느끼는 것처럼 중요하고 가치로우며 존엄성과 잠재력을 지닌 인간으로 보는 신념이다. 개별성의 이념처럼 이러한 관심은 또한 생활지도 기능에서 모두에게 관심의 대상이 된다. 이와 같이 하나의 이념이나 관심으로서의 생활지도는 모든 사람에의 일인 것이다.

생활지도는 무엇인가 이루어져야 할 일련의 조직적인 봉사로서의 기능인 것이다. 이 세 번째 의미에서 생활지도는 어린이의 충실한 발달가능성을 고양시키기 위한 방법으로, 아동에게 전체적인 영향을 끼치기 위한 학교의 노력으로서 특별한 의미를 가진 학교직원들이 수행하는 일정한 활동을 나타낸다.

3. 생활지도의 필요성

오늘날 사회는 시시각각으로 급격한 변화를 일으키는 산업경제사회를 맞이하여 물질적으로는 과거 20년 전보다 풍요한 경제성장과 산업기술의 발전을 가져 왔다. 이에 따라 황금만능의 물질적 가치에 팽배하여 정신적으로 가치관의 혼란과 갈등을 경험하고 있다. 교육관의 변천과 지나친 교육열에 의한 부작용, 인구의 도시집중화와 학생인구의 폭발적인 증가로 인한 과밀학급운영에 따른 개성 있는 교육의 미흡, 비행 우범 소년의 점진적 증가 또는 급증, 매스 미디어의 보급과 확대, 맞벌이 부부와 여성의 사회적 진출로 인한 가정의 교육적 기능의 약화, 모성 실조 현상 및 핵가족 현황, 다양화, 전문화, 세분화 되어 가는 직업세계의 변화로 인한 직업선택에의 갈등, 도덕 및 가치관의 대립과 갈등, 사회양상의 변화와 개인차이 강조, 비인간화 경향, 가정과 학교와의 유대기능 약화 등 문제점이 다양하게 노출되고 있는 현대생활에서 아동이 현명하게 적응하기 위해서는 자연히 생활지도의 필요성이 무엇보다도 절실히 요구되고 있다. 더욱이 근래 과밀학급의 격심한 악조건, 정서적 불안, 대화의 단절과 갈등, 교통의 심각성 등 날로 혼탁하게 오염되어 가는 우리 생활주변의 조건에 대응해서, 내일의 주인공인 어린이를 참되고 건전하게 성장 발달시키기 위해서 교육을 담당한 우리 교사들이나 상담교사(아직 초등학교에는 없지만 앞으로 필요할 것으로 생각됨)에게 남다른 책무감과 소명감이 요청되고 있다.

따라서 생활지도는, 원만히 유지하고 창조적 자기표현과 자율적인 자기지도력의 함양을 위한 지도조언과 문제해결을 위한 종합적인 활동이 이루어지도록 하는 데 있다.

4. 생활지도의 목표

일반적인 생활지도의 목표는 ① 전인으로서의 인간발달의 형성, ② 민주시민으로서의 육성, ③ 학생 개인에 직결된 능력의 발견과 이해, ④ 현명한 선택과 적응을 통한 문제해결의 증진에 있다.

생활지도는 교육의 다른 모든 활동과 마찬가지로 어린이의 성장발달을 극대화하고 잠재능력을 개발해서 현재는 물론 장차 어떠한 난관에 부딪치더라도 그것을 그들 자신의 힘으로 유효적절하게 해결해 나가도록 힘을 길러 주는 일이다.

그러므로 생활지도는 일상생활에서 당면하는 모든 문제, 즉 교육적, 직업적, 정서적, 가정적, 신체적, 성격적인 문제를 스스로 해결할 수 있도록 지도하기 위한 조직적인 봉사활동인 것이다.

그러면 생활지도가 달성하려는 목표는 무엇인가? 생활지도의 구체적인 목표는 각 지역, 학교, 학급에 따라서 다를 것이지만 어린이의 행동에 직결되는 목표는 다음과 같다.

1) 아동의 행동에 직결된 목표

① 모든 아동이 스스로를 정확히 이해하도록 돕는다.

② 모든 아동이 가능한 한 자신의 노력으로써 자기가 지니고 있는 능력과 흥미, 기타 여러 자질 또는 소질을 발견하고 그것을 최대한으로 발전시키도록 돕는다.

③ 모든 아동으로 하여금 수시로 당면하는 자신의 문제를 정확히 파악하고 자기 힘으로 해결할 수 있도록 돕는다.

④ 급격히 변화하는 복잡한 생활환경 속에서 모든 아동이 현명한 선택과 적응을 할 수 있도록 돕는다.

⑤ 모든 아동으로 하여금 앞으로의 성장과 생활을 위하여 보다 건전하고 성숙된 적응을 할 수 있는 영구적인 기초를 마련하도록 돕는다.

⑥ 모든 아동이 신체적, 지적, 정서적, 사회적인 모든 생활 장면에 있어서 잘 조화되고 통합된 인상을 즐길 수 있도록 돕는다.

⑦ 모든 아동으로 하여금 자신이 속해 있는 사회를 위하여 자기 나름의 독특한 공헌을 할 수 있도록 돕는다.

위와 같은 목표에서 찾아볼 수 있는 공통점은 생활지도가 아동을 대상으로 하여 적극적으로 돕는다는 데 강조점을 두고 있음을 발견할 것이다. 이처럼 개인을 중요시하고 또한 협동적으로 "돕는다"에 신경을 쓰고 있는 것이다. 이것도 이디까지니 자율적인 성장에 초점을 두고 있음을 지나쳐서는 안된다.

2) 교사와 학교에 대한 봉사자로서의 간접적 목표

생활지도는 아동에게 직접 도움을 줌으로써 그들의 건전한 성장발달을 촉진시키고 있지만 그밖에 교사와 학교에 도움을 줌으로써 아동의 복지증진에 크게 이바지할 수 있는 간접적인 목표가 있다.

① 모든 교사로 하여금 아동들을 보다 정확하게 이해할 수 있도록 돕는다.
② 여러 가지 형태의 현직 교육활동을 통하여 학급교사로서 필요한 생활지도의 태도와 기능을 가지도록 돕는다.
③ 학교의 교육계획을 세울 때에 아동의 생활지도를 충분히 고려하도록 하며 학급교사의 능력을 벗어나는 특수한 문제에 대하여는 협동적으로 이를 해결하도록 한다.

5. 초등학교의 생활지도 프로그램 계획

생활지도는 지금까지 여러 가지 다른 과정과 기술 및 봉사활동으로서 서술되어 왔다. 생활지도 활동계획을 수립하려면 먼저 기본방향을 세우고 이 방향에 따라 알맞게 설치되어야 한다.
그러면 생활지도의 기본방향은 무엇인가?

① 모든 학생을 대상으로 해야 한다.
② 자율적인 지도능력의 함양을 기본으로 삼아야 한다.
③ 처벌보다는 선도 내지 지도에 중점을 두어야 한다.
④ 치료나 고정보다는 예방에 역점을 두어야 한다.
⑤ 임상적 판단뿐 아니라 과학적인 근거에 기초한 판단에 역점을 두어야 한다.
⑥ 인지적 학습보다 정의적 학습에 더 역점을 두어야 한다.
⑦ 개인의 존엄성과 개성발달에 초점을 둔다.
⑧ 참되고 진정한 "사랑"에 기초한 지도를 중시한다.

그밖에 생활지도는 상담전문가에 의한 봉사활동임을 잊어서는 안된다. 그리고 학교행정가의 이해와 협조로 생활지도 활동이 촉진될 수 있도록 인적자원, 시설확충, 재정적인 뒷받침이 있어야 상담활동 내지 생활지도 활동이 촉진될 수 있다. 뿐만 아니라 교사는 생활지도 활동에 있어서 중요한 역할자임을 명심하여야 한다.

생활지도는 부수적 활동이 아니다. 특히 초등학교에서는 교육법 제93조에 명시한 바와 같이 국민생활에 필요한 기초적인 초등보통교육을 하는 것을 목적으로 하고 있으므로 자치자활능력의 배양을 위한 지도가 뒤따라야 한다.

아울러 생활지도 봉사자는 적어도 인간 적응과 개인행동의 역동적 기본개념을 이해하여야 되기 때문에 아동심리학, 정신위생, 사회학, 교육심리와 생활지도·상담에 대한 깊은 지식과 활용에 충분한 실력을 갖추어야 한다.

이러한 생활지도 기본방향을 이해한 토대위에 생활지도 활동의 종합적인 활동의 개요를 이해하여야 한다.

다음에 제시하는 생활지도 봉사활동 프로그램은 생활지도가 시작되는 활동부터 끝맺음을 하기까지에 이루어지는 가장 바람직한 프로그램의 면모를 실천하는 과정으로서 기본적 활동이므로 학교장이나 교사 또는 상담교사가 알아두어야 할 필수적인 요소이다.

1) 학생조사활동

학생조사활동 또는 학생이해활동이라고 부르는 제1차적인 봉사활동은 주로 아동 개인에 대한 인적 사항을 보다 객관적이고 과학적인 방법으로 조사하는 활동이다. 가능한 한 교육적 활동을 개별화하기 위해서 각 개인에 대하여 세밀하고 조직적으로 연구·조사하는 활동인 것이다. 이 활동에는 각 개인에 관한 중요한 정보를 얻기 위해 사용되는 도구와 기술을 모두 포함한다. 이것은 관찰법, 질문기법, 면접, 각종 표준화 검사, 자서전, 사회측정법, 투시법, 평정법, 사례연구, 누가기록, 일화기록 등의 조사기술방법을 동원하여 학생들을 보다 정확히 이해하는 데 쓰이는 방법이며, 이 방법을 통하여 개인적인 물적·인적·사회적 환경을 조사, 수집하여 개인 자신을 더욱 많이 이해할 수 있도록 이루어지는 중요한 활동이 전개되어야 한다.

2) 포괄적인 진로정보활동

정보제공활동이라고 말하며 전형적인 학교교육 프로그램은 언제나 환경적응에 대한 정보를 제공하는 것이 필요하다. 현대사회는 산업정보사회이므로 아동들이 성공적인 학업생활과 미래의 생활인으로서 적극적인 삶의 길을 개선하기 위해서는 다양한 정보에 익숙해 있어야 발전에 도움이 될 수 있다. 정보활동에 포함되는 활동내용은 세 가지 활동이 전개된다. 그것은 교육적, 개인적, 사회적 정보이다. 교육정보는 학생들이 학교생활에서 적응하여야 할 진급, 진학, 중퇴, 학업부진, 학업부적응 학습방법 등에 관한 정확하고도 실질적인 조직적 정보를 제공해 주는 활동이다. 직업정보란 직업의 세계에 관한 정보, 직무수행, 직업생활선택, 적응에 필요한 다양한 정보활동이다. 개인·사회적 정보는 생활 적응에 관한 문제로서 대인관계, 인간관계에 필요한 기초 상식, 정신위생, 적응기재, 남녀관계, 여가활동, 사교술, 성취동기, 예의와 범절 등에 관한 이해를 돕기 위해 제공되는 활동이다.

이러한 정보활동이 순조롭게 조직적으로 잘 진행될 때 학생들은 많은 정보를 입수하게 되어 보다 폭넓은 세계를 인식하게 되어 자기활동에 이로운 기회를 많이 포착할 수 있게 된다.

3) 상담활동

상담활동은 생활지도에서 가장 중추적인 중요한 활동으로 상담자와 내담자와의 1:1의 관계에서 전문적이고도 목적 있는 대화를 전개해 나가는 것이다. 이러한 상담활동은 언제든지 학생이해활동과 각종의 포괄적인 기초 자료를 토대로 하여 이루어져야 한다. 상담활동은 유자격 상담전문가와 적합한 상담실 시설환경이 갖추어져 있어야 하며 학생들이 개별적으로 자기 문제를 가지고 토론할 수 있는 충분한 시간과 기회를 갖도록 해주어야 한다. 상담에는 여러 가지 상담법이 전개되며 모든 학생이 상담에 적극적으로 참여하여 도움을 받을 수 있도록 학교교육 프로그램에 포함시켜 누구나 혜택을 받을 수 있는 제도적 장치를 마련해 주어야 한다.

4) 정치활동

정치활동은 배치활동이라고도 하며 적재적소에 알맞은 배치 또는 배정하는 활동이다. 상담활동에서 이루어진 결과를 적합한 곳에 배치함으로써 원만한 적응생활을 이루도록 하는 전체 생활지도 프로그램에서 일련의 통합적인 부면이다.

5) 추후활동

사후지도라고도 하는데 학생들이 진급, 진학, 취업했을 때 일어나는 새로운 환경에 잘 적응하고 있는지를 알아보기 위한 활동으로 사후점검이라고도 한다. 개인의 문제, 성공, 실패에 관한 활동으로 만일 부적응을 일으켰을 때 그 원인을 조사하여 재배치하도록 노력하는 종합 활동이다. 그런데 대부분의 초등학교 아동들은 졸업 후 중학교에 직접 들어가야 하는 단계이므로 이러한 활동은 초등학교에서는 그렇게 중요하지 않게 여겨진다.

제18장 生活指導者로서의 初等學校敎師

1. 생활지도자로서의 학급교사

생활지도는 모든 아동이 그들의 일상생활에서 당면하는 여러 가지 문제를 자기 힘으로 해결함으로써 건전하게 성장 발달할 수 있도록 도와주는 조직적인 봉사활동의 과정이다.

초등학교는 중·고등학교와는 달리 한 사람의 교사가 8개의 교과목을 전담하여 가르치고 있는 실정이므로, 학생과 교사가 하루 종일 같은 학급에서 지내는 상황이므로 생활지도에 있어서도 특별히 전담을 두어 생활지도를 하지 않더라도 가능한 점이 많이 있다.

본 장에서는 생활지도 교사의 역할로서 학급담임 교사의 역할과 임무를 논하고, 교사들이 아동지도에 있어서 주의 깊게 관심을 가지고 지도해야 할 내용을 소개하고자 한다.

생활지도 활동을 성공적으로 이끌기 위해서는 학교 안에 있는 모든 교직원의 이해와 협조가 있어야 한다. 학교장 이하 교감, 각 부서 주임들의 공통적인 이해와 협조가 우선적이다.

교육의 질은 교사의 질을 능가할 수 없거나 교사의 질에 비례한다고 교육계에서나 일반사회에서 이야기하고 있다. 이것은 교사의 인간적·전문적인 질적 수준 여하에 따라 교육의 질이 좌우된다는 교사변인(敎師變因)을 크게 강조하고 있는 것이다.

마찬가지로 생활지도의 질적 수준을 가름하는 일은 생활지도교사 또는 상담교사의 질적 수준에 좌우된다는 것이다. 그래서 상담교사의 전문적 자질과 인성적 자질을 갖춘 능력 있는 상담자의 필요와 지도를 요구하고 있는 것이다.

그런데 현재 당면한 학교 수준에서 본다면 초등학교에는 아직 생활지도 활동을 전문적으로 지도할 전담 카운슬러가 없다. 앞으로 초등학교에서도 전문 상담교사가 임용이 되어 교과지도와 생활지도를 분담하여 전문적인 지도가 바람직하다. 그러나 아직 시설 면이나 인적자원이 준비되어 있지 못한 상태이므로 전담 카운슬러의 활용이 보편화 되기 전까지는 잠정적으로 학급담임교사가 병행하여 생활지도를 주관해야 될 것 같다.

따라서 학급교사는 우선 상담교사가 하는 일이 무엇인가를 이해하고 협조하고 실제로 가담하여 봉사활동을 전개해 나가야 한다.

2. 상담교사의 임무와 역할

1) 상담교사의 임무

상담교사는 현재 우리나라 교육법에는 교도교사로 명칭을 부르고 있다. 이들은 대개 교육경험이 많은 현직교사 중에서 240시간의 교도양성 강습을 받은 자에게 자격증을 주어 상담업무에 종사하도록 규정을 짓고 있다. 현재 중등학교에는 전국적으로 교도교사자격증을 받은 사람이 4500여 명이 있으며 교과지도를 겸한 상태에서 상담업무에 종사하고 있어서 폭주하는 잡다한 사무, 수업부담, 상담활동을 하려면 상당한 시간과 노력이 요구되고 있어 제대로 그 기능을 발휘하지 못하고 있는 실정이다. 게다가 초등학교에는 그만한 자격증을 가지고 있게 하는 제도조차 마련되이 있지 않아서 전문성 제고라는 측면에서 문제점이 많다.

앞으로 초등학교 수준에서도 "상담교사"의 전문적 활용이 제도적으로 실시되어야 한다는 원칙을 전제로 하여 상담교사의 임무를 제시하고자 한다.

상담교사의 임무는 학교에서 생활지도를 전담하며 학생들의 여러 가지 당면한 문제를 해결해 주기 위하여 상담활동을 전개하는 것이다. 상담교사의 임무를 구체적으로 살펴보면 다음과 같다.

① 학생 개개인 또는 집단의 문제를 해결해 주기 위한 상담활동
② 생활지도 계획 전반에 걸친 계획과 그 전개과정

③ 각종 검사계획의 수립과 실시 및 운영
④ 학생 이해자료의 수집과 보관 및 이의 적극적 활용을 위한 정보원으로서의 임무
⑤ 학생의 진학지도 및 직업지도의 계획수립과 이에 관한 정보원으로서의 임무
  수행과 정보제공활동
⑥ 학생의 정치활동(定置活動)과 추후지도.
⑦ 일반교사의 생활지도의 능력과 교양을 길러주는 일
⑧ 생활지도를 위하여 지역사회 및 학생의 가정과의 유기적인 협력관계를 발전시
  키는 일
⑨ 개인 및 집단상담의 계획 및 실시
⑩ 학생들의 전반적인 학교생활 적응지도
⑪ 신입생에 대한 오리엔테이션 계획 및 추진
⑫ 학생의 교우관계 지도
⑬ 학생의 요구와 필요 조사
⑭ 문제학생 발견을 위한 조사 및 개별 지도계획
⑮ 학생 개별 신상 카드 및 상담 카드 작성, 활용
⑯ 상담실의 관리와 운용
⑰ 상담시간의 배정 및 실시
⑱ 학부모와의 상담
⑲ 상급학년부터 진로에 대한 인식을 심어 주기 위한 진로교육의 실시
⑳ 지역사회 자원인사의 협조체제 강화를 위한 안내와 실제 참여

그밖에 아동들의 건전한 성장과 발달을 위한 생활지도로서 지적 발달을 돕는 지도, 창의력의 육성을 위한 지도, 정서적 안정을 위한 지도, 사회적 태도의 형성을 위한 지도, 가치관 형성을 위한 지도 등이 포함된다.

3. 상담교사의 자질

전문인으로서 상담교사(카운슬러)의 자격을 한마디로 "고도의 전문적 훈련을 받은 능력자"라고 말할 수 있다. 상담을 효과적으로 수행하기 위해서 상담교사에게는 다른 요원과는 달리 특수한 자질이 요구되고 내담자 또는 학생뿐만 아니라 사회적

인 전문적·개인적 책임이 뒤따르게 된다.

상담자의 자질은 크게 나누어 인성적(인간적) 자질과 전문적인 자질로 구분하여 생각 할 수 있다.

상담교사도 인간이고 생활인이며 직업인이다. 그러므로 다른 사람과 외적으로는 다를 바가 없다. 그러나 전문가로서의 카운슬러는 남다른 특별한 전문적 역할이 기대되어야 하기 때문에 인간을 다루는 정신치료자나 심리학자와 마찬가지로 인간을 전문적으로 다루는 기술을 지녀야 한다.

1) 상담교사의 인성적 자질

한 직업인으로서 상담교사만큼 인간관계에 대해서 민감해야 하며 또한 인간관계에 직접 영향을 미치는 작용을 하게 되는 직업인도 없을 것이다. 상담자는 그 직업 적성으로서의 인성적 자질이 어느 직업인의 경우에서보다 중요하게 취급되고 있음을 알아야 한다.

미국직업지도협회(National Vocation Guidance Association)에서 발표한 내용에 의하면 상담교사의 인성적 특징을 ① 사람에 대한 깊은 관심, ② 인내력, ③ 타인의 태도나 반응에 대한 민감성, ④ 정서적 안정과 객관성, ⑤ 타인의 신뢰를 받을 수 있는 능력, ⑥ 사실을 존중하는 것을 들고 있다.

그리고 햄린(S. A. Hamrin)과 폴슨(B. B. Paulson)이 인용한 그래이버(Palmer Graver)의 조사연구에 의하면 상담자의 인성적 특징으로 이해성, 동정적 태도, 친밀성, 유머 감각, 안정성, 인내심, 객관성, 성실성, 기지(wit), 공평성, 관대, 단정, 정숙, 마음이 트인 것(broad-mindedness), 친절, 상쾌, 지능, 멋 등을 들고 있다.

인간중심 상담의 태두인 칼 로저스도 상담자는 ① 인간관계에 대한 민감성, ② 객관적인 태도와 정서적으로 격리된 태도, 즉 지나치지 않은 동정을 할 수 있는 능력, ③ 개인에 대한 존중과 있는 그대로를 받아들일 수 있는 능력과 의욕, ④ 자기 자신을 이해하며 자기의 정서적인 제한점과 결점을 아는 능력, ⑤ 인간행동의 이해로 들고 있다.

이처럼 상담자의 인성적 특징은 본래 타고난 선천적 성품이 온화하고 명랑하고 친절하며 공감할 수 있는 능력이 천부적이어야 한다. 따라서 개인에 대한 존중, 객관적인 태도, 자기 자신의 인성에 대한 이해에서 보다 정확해야 할 필요가 있다.

이상에서 언급한 세 가지의 기본적 자질을 충족시키기 위한 개인의 인성적 특징은 다음과 같다.

(1) 협 동

상담자는 항상 두각을 나타내는 역할보다는 항상 팀워크 속에서 살게 되기 때문에, 남과 잘 어울리는 협동적인 품성이 필요하게 된다. 상담자는 여러 종류의 사람들, 즉 학생, 교사, 행정가, 부모, 기타 전문가, 사회인 등과 일해야 할 사람이기 때문에 어느 한쪽의 독단적 행위를 지양하고 행동·태도의 변용을 가져오기 위한 공동작업으로서의 협동정신이 필수 과정이다.

(2) 자발성

자발적인 관심과, 적극적이고 긍정적인 태도와, 능동적으로 사람을 도우려는 태도가 있어야 한다.

(3) 정서적 안정감

상담자의 정서적 상태는 상담관계를 좌우하는 가장 큰 요인이 된다. 그러므로 상담자는 무엇보다도 정서적 안정감을 유지하고 있는 사람이어야 한다.

(4) 건전한 표현력

상담자는 항상 내담자와의 자유로운 의사소통을 해야 하므로 감정 표현 등을 전달할 수 있는 표현력이 필요하다.

식사를 같이 나누며 담소하면 10일이 단축되고 밤을 같이 새며 얘기하면 10년이 가까워진다고 한다.

이것은 사업하는 사람들의 대인관계에 있어서의 금과옥조이다. 마찬가지로 상담에 있어서도 상담자는 수용과 이해, 건전한 표현력으로 인간관계 및 대인관계에 있어서 언어적 수단이 능숙해야 한다. 자유로운 개방성이 없이 타인의 가장 사적인 세계에 들어갈 수 없으므로 이러한 개방성은 필수적이다.

2) 상담자의 전문적 자질

전문가는 전문적 교육과 훈련에 의하여 이루어진다. 그러므로 전문가로서의 상담교사를 양성하려면 전문훈련을 받아야 한다.

우리나라에는 전문가 양성을 위한 제도가 1960년대 초에 이루어졌다. 현직교사 중에서 "교도양성강습"240시간을 이수하면 "교도교사자격증"을 내어 주는 제도가 그것이다. 그러나 이러한 제도는 전문가의 역할을 충분히 실행할 수 없으므로 대학원 수준의 상담학과나 상담심리 전공의 석사학위 이상의 학위를 받은 자에게 전문가 자격을 주는 제도로 전향하여야 한다.

현재 우리나라의 경우, 교육대학원 상담심리교육 전공자에게 석사학위를 받으면 상담자격증을 주도록 되어 있으나 일선 현장에서는 교도교사자격증을 받은 사람에게 교도업무 또는 상담활동을 할 수 있도록 규정짓고 있어서 모순을 지적하지 않을 수 없다. 이것은 중등학교 수준에서 가능한 것이므로 초등학교에는 이러한 절차도 제대로 이루어지지 못하고 있다. 따라서 앞으로는 초등학교에서도 교육대학원 상담심리전공이나 상담학과를 졸업하는 교사에게 "상담자격증"을 얻게 하여 독립적으로 수업에 관여하지 않고 전담하여 생활지도 활동을 전개해 나가야 본 궤도에서 실천할 수 있다.

상담교사의 전문적 자질을 향상시키려면 우선 교육학적 소양과 심리학적 소양, 각종 정서에 관한 소양을 제도적으로 길러야 한다.

미국의 생활지도 연합회가 마련한 상담교사 양성기준에 의하면,

① 생활지도와 학생지도의 기본이 되는 철학과 원리
② 인간의 성격범위와 본질 그리고 그것을 측정하는 방법을 포함하는 개인총평
③ 직업적 발달이론: 정보자료와 활동
⑤ 통계와 연구방법
⑥ 상담과 생활시노에서의 집단질차
⑦ 생활지도의 조직과 행정
⑧ A. p.G. A.의 윤리강령을 실천하기 위한 윤리와 전문적 활동
⑨ 상담실습과 인턴 등이다.

현재 미국에서 상담교사 자격증을 취득하려면 대학원 석사과정에서 생활지도학과 이수과정을 마치면 주(州)단위로 자격증을 내어주도록 되어 있다. 석사과정의 생활지도학과의 이수과정인 교과영역을 살펴보면 다음과 같다.

상담학과의 석사과정 커리큘럼을 보면, 생활지도의 기초, 진로발달 이론과 교육,

직업정보, 상담의 이론과 실제, 생활지도 프로그램의 조직과 행정, 개인분석, 가이던스 테스팅(심리검사), 집단지도, 상담실습 등의 전문과정 24학점과 심리학 분야로서 교육심리학, 고등심리학, 정신위생, 이상심리학 등 12학점을 포함하여 36학점의 석사과정을 이수하여 학위를 받으면 상담교사 자격증을 주도록 되어 있다.

이와 같이 상담교사의 실력을 높이는 일은 부단한 직업적 정력과 창의적 연구심을 거치지 않고서는 바라기가 힘들다. 실제적인 임상적 경험을 통한 성장을 위시해서 재직훈련을 통한 성장, 연구 활동을 통한 성장, 독서를 통한 성장, 그리고 전문적 교육을 통한 성장 등이 상담자로서의 전문가가 될 수 있는 것이다.

이러한 전문적 과정을 통하여 유능한 상담교사가 탄생되어 학교현장에서 학생들을 지도하는 데 주축이 되는 것이다.

4. 학급교사의 역할

학교의 주된 활동은 교과를 중심으로 한 학습지도활동이지만 생활지도이건 학습지도이건 모두가 교육이라는 이름으로 통합되어야 하는 것이므로 교과담당교사도 모두 생활지도 프로그램에 참여하여야 한다.

1986년 2학기부터는 4학년 이상 교과전담 교사를 두어 학습지도할 계획을 문교당국에서 계획 중에 있다고 한다. 그리고 저학년인 경우에는 생활지도를 중심으로 지도하게 된다. 그렇다면 더욱 생활지도에 교사들이 적극 참여해야 될 것으로 생각된다.

따라서 일반교사들이 참여해야 할 생활지도 내용은 구체적으로 다음과 같다.

① 학습상의 문제를 가진 학생의 발견과 지도
② 학생들의 학습습관지도
③ 교육 및 직업적 정보의 제공
④ 적응상의 문제의 발견과 지도
⑤ 학생들의 특별활동지도
⑥ 부모와의 협조관계 형성
⑦ 각종 조사활동을 통한 학생이해자료 수집
⑧ 전문적 도움을 필요로 하는 학생의 발견 및 위촉 등 제반 활동에 대해서 상담자

　의 상담활동을 촉진시킬 수 있도록 물적·심적으로 협조체제를 강구해야 한다.

　다음 생활지도 활동에서 교사가 해야 할 기능 몇 가지를 제시하고자 한다. 교사의 기능은 아래 사항을 실천하도록 해야 한다.

① 상담이 변화의 필요를 보일 때 학생이 학급환경을 변화시킨다. 학급교사의 중요한 책임의 한 가지는 학생들이 가장 효과적인 방법으로 생각하고 배울 수 있는 환경의 종류를 제공해 주는 데 있다. 교사들은 항상 아동들을 직접 변화시킬 수 없지만 각 아동이 자신의 노력으로 지식과 성숙을 증가시킬 최고의 기회를 가질 수 있는 방향으로 학급환경을 통솔할 수 있다. 그러므로 학급교사는 그와 함께 지도하는 전형적인 연령집단과 행동을 불러일으키는 인간의 기본적 욕구와 같은 행동유형을 예측해야 한다. 교사들은 계속해서 인간행동을 취급하는 어떠한 사람도 적용할 수 있도록 전략과 적합성, 이해 과정을 사용해야 한다. 모든 학급교사의 기본적인 생활지도 책임은 개인학생의 가장 바람직한 학습조건을 창조하는 일이다.

② 교사들은 상담자에게 일화기록, 부모면담기록, 자서전, 기타 비슷한 환경조사기록 등 학생에 대한 적합한 정보를 제공해 주는 것이다. 학교에서 교사와 학부모 회의와 또는 아동의 집을 방문해서 교사들은 아동과 함께 일하는 다른 직원들에게 가능한 정보자료를 얻을 수 있다. 이리하여 아동의 가정배경을 손쉽게 이해할 수 있는 기회를 갖게 된다.

③ 학생 개인의 유일한 욕구를 충족시킬 수 있는 교수기술(instructional technique)을 적용한다.

④ 각종 직업정보를 제공한다. 직업지도에 대한 초등학교 교사의 생각은 오로지 직업지도가 고등학교 학생에게만 중요하다고 생각을 한다. 하지만 평생의 직업선택은 일반적으로 결과라기보다는 과정으로 간주된다. 초기에 일의 세계에 대한 탐색 기회를 갖는 아동들은 그들 생애에서 건전한 직업선택을 할 수 있도록 기대된다. 학급교사는 학생들이 직업정보를 얻고 자기의 일에 대한 일정한 직업 탐색을 하도록 도와줄 기회를 많이 가지고 있다. 그러므로 가능한 범위 내에서 자기이해와 직업에 대한 인식을 시켜 주도록 적극 지도하여야 한다.

⑤ 문제를 가진 학생집단과 전문적 상담을 실시하고 또한 문제를 가진 학생 개인이나 학부모에 대한 전문적 상담을 시도해야 한다.

⑥ 상담업무와 관련하여 일반교사와 학교 행정가 및 학부모의 이해를 증진시키고 그들을 위한 훈련 프로그램을 계획하고 실천하는 일이다.

⑦ 아동의 최대한의 성장을 위하여 필요한 심리적 분위기 조성과 발달과업의 달성을 지원해 준다.

⑧ 아동의 성장발달의 상대를 관찰하고 이를 생활기록부에 기입하여 활용케 하며, 그들의 흥미, 적성, 행동특징, 가치관, 가정환경 등을 조사하여 연구한다.

이상으로 생활지도 담당자로서의 초등학교 교사의 역할은 인간행동 변화의 기초작업으로서 중요한 위치를 차지하고 있음을 명심하고 생활지도 활동에 적극 협조하여 바람직한 학생의 성장·발달을 이룩하는 데 초석이 되어야 하겠다.

제19장 초등학교 생활지도 프로그램

1. 초등학교 생활지도의 중요 영역

생활지도의 영역은, 아동생활의 모든 학교 생활면 모두 지도영역이 될 수 있다.

이는 어떤 특정 아동이나 소수 아동에게만 국한되는 것이 아니고 모든 아동들에게 동일하게 적용되어야 하므로 그 지도 영역은 매우 광범위하고 포괄적인 내용이 된다.

생활지도의 주요 활동은 대개 기능별 및 문제별 영역으로 구분할 수 있다.

기능별 영역은 생활지도 활동의 기본적이며 포괄적 활동을 의미한다. 이 분야는 대략 학생조사활동, 포괄적인 정보활동, 상담활동, 정치활동, 추후활동으로 구분하여 전개된다. 문제별 영역으로 구분해 본다면 학생의 문제와 특성에 따라 교육지도, 직업지도, 성격지도, 건강지도, 사회성 지도, 여가 선용 지도, 도덕성 지도, 종교지도 등으로 나누어 지도하는 것이다.

학급 담임교사나 생활지도 교사는 이와 같은 영역별 지도에 대한 정확한 이해와 관심을 가지고 있어야 하며 그 토대 위에서 초등학교에서는 전문적이고도 조직적인 봉사활동이 이루어질 수 없기 때문에 보통 아동의 현실생활과 직결된 구체적 문제에서부터 출발되어야 한다. 초등학교 생활지도의 중요 영역은 구체적으로 보아,

① 생활습관지도: 예절생활지도, 언어생활지도, 자주·자율적 생활지도, 절약지도
② 개인생활지도: 경로효친 생활지도, 성실·근면생활, 심미적·창의적 생활, 진로의 인식
③ 집단생활지도 애국·애족생활, 질서 및 청결생활, 친교 및 협동생활, 자연보호

활동

④ 특수아지도: 우수아 지도, 학습부진아 지도, 신체장애아 지도, 사회적 부적응
아 지도 등으로 나누어 지도될 수 있다.

2. 생활지도 계획의 작성

위에서 논의한 생활지도 영역을 실천하기 위한 문제점의 발견은 곧 생활지도 계
획을 위한 기초 자료가 된다. 따라서 이와 같은 자료를 기본으로 하여 생활지도 계
획을 아동의 발달단계에 따라 알맞게 작성하여야 한다.

초등학교의 생활지도 계획 내용의 가장 중요한 핵심은 기본생활 습관지도와 질서
생활지도라고 할 수 있다. 이러한 문제를 해결하기 위해서는 생활지도 교사나 담임
교사가 임의적으로 작성하기보다는 학교교육계획 차원에서 학교장 이하 생활지도위
원회에서 핵심요원인 생활지도를 전담하는 교사를 주축으로 연간계획, 월간계획, 주
간계획, 1일계획 등으로 구분하여 계획표를 작성하여야 한다.

실제적인 계획을 구성할 때에 고려해야 할 원칙을 소개하면 다음과 같다.

① 생활지도의 구체적이고 뚜렷한 목표를 설정한다.
② 생활지도 활동의 기능, 즉 학생들을 위해서 할 수 있는 일을 명확히 규정한다.
③ 생활지도 활동에 참여하는 교사에게 구체적인 적합한 임무를 부여하고 책임을
지게 한다.
④ 각 교사에게 구체적인 임무를 부여하고 그것을 관장하도록 한다.
⑤ 생활지도와 여러 활동 간의 명백한 관계를 세운다.
⑥ 학교의 재정형편, 인적자원 등에 적합하도록 행정적인 조직을 한다.
⑦ 간결하면서도 의미 있는 활동이 되도록 계획한다.

이와 같은 기본원칙을 중심으로 계획을 작성하려면 다음과 같은 구체적인 활동
계획을 세워야 한다.

1) 아동을 대상으로 하는 활동

① 1학년 신입생에 대하여 입학 전에 면접을 실시한다.
② 신입생을 인솔하여 다른 학년의 수업광경이나 놀이를 하는 모습을 보여 준다.
③ 전입생에 대한 오리엔테이션을 실시한다.
④ 전입생에 대한 각종 검사의 실시와 생활기록부를 정리·검토한다.
⑤ 학교생활에 잘 적응하지 못하는 학생을 지도한다.
⑥ 학급에서 고립되어 있는 아동을 개별 지도한다.
⑦ 정서적인 문제를 가지고 있는 아동에 대하여 상담지도를 실시한다.
⑧ 우수아에 대하여 개별적으로 새로운 자극적인 경험을 풍부하게 제공한다.
⑨ 정서적 불안이나 긴장상태에 있는 아동에게 유희요법에 의한 지도를 한다.
⑩ 지진아에 대하여 특수교사를 배치하여 집단 및 개인적인 과외지도를 한다.
⑪ 적응상에 문제를 가지고 있는 아동에게 특수한 과제를 부여한다.
⑫ 전교 학력검사를 실시한다.
⑬ 검사를 실시한 다음에는 특수한 아동에 대하여 개별적인 면접을 실시한다.
⑭ 자기 자신을 보다 현실적으로 잘 파악하기 위한 각종 검사를 실시한다.
⑮ 특별지도를 필요로 하는 아동은 가능한 범위 내에서 전문가를 찾아 위촉한다.

2) 교사를 대상으로 하는 활동

① 각 학급의 특수한 아동의 필요를 충족시킬 수 있는 활동을 계획한다.
② 지진아에 대한 특수 지도를 계획한다.
③ 아동의 공동적인 문제를 예방하기 위한 협의회를 개최한다.
④ 사례회의를 최소한 1년에 4회 이상 개최한다.
⑤ 1학년 신입생 및 전입생의 적응 문제에 대한 협의회를 개최한다.
⑥ 생활지도를 중심으로 하는 연구수업을 실시한다.
⑦ 전교 학력검사 결과 평가회를 갖는다.
⑧ 부적응아 지도를 위한 계획을 실시한다.
⑨ 생활지도 자료를 제공한다.
⑩ 생활지도 자료의 활용에 관한 협의회를 개최한다.
⑪ 생활지도 전문가를 초빙하여 연구협의회를 개최한다.

⑫ 생활지도 주임과 교사와의 원만한 인간관계를 맺도록 한다. 그리하여 교사로 하여금 자유롭게 묻고 도움을 요청하도록 한다.

⑬ 생활지도 보조 자료를 제작한다.

⑭ 아동의 개인차를 파악할 수 있는 기회를 가진다.

⑮ 여러 자원인사와 협의할 수 있는 기회를 가진다.

3) 학부모를 대상으로 하는 활동

담임교사나 생활지도교사는 아동생활지도의 임무를 수행할 때 필요에 따라서는 학부모와의 상담을 통하여 학생들의 인적 사항이나 문제점을 이해하기 위하여 상담 활동을 전개하며 도움을 받도록 한다.

① 1학년 신입생 부모의 면접을 실시한다.

② 전입생의 부모를 면접한다.

③ 학습장애 아동의 부모와 협의한다.

④ 적응상의 문제를 가진 아동의 부모와 협의한다.

⑤ 자녀의 문제를 해결하기 위하여 도움을 청해 오는 부모와 상담·조언한다.

⑥ 아동의 성장발달에 관한 자료를 제공한다.

⑦ 자녀의 행동에 대하여 올바른 판단을 할 수 있도록 가능한 모든 자료의 제공과 조언을 한다.

⑧ 아동의 학습이나 가정에 있어서의 행동에 관하여 서로 정보를 교환한다.

⑨ 특수한 치료를 필요로 하는 경우, 부모를 전문가에게 소개한다.

⑩ 정기적으로 "어머니 교실"을 통하여 부모에게 생활지도 이해 연수 강습을 실시한다.

3. 생활지도 연간·월간 계획

생활지도의 활성화를 위해서는 학교별로 연간 계획을 세워 전교사가 책임감을 갖고 실천에 만전을 기해야 한다.

본 원칙을 중심으로 하며 아동, 교사, 학부모를 대상으로 하는 활동도 전개되어야 한다.

참고적으로 현재 서울시내 초등학교에서 실시하고 있는 생활지도 연간계획을 소개한다([표19 - 1] 참조).

이와 같이 학교 단위별로 1년 동안에 실시되어야 할 생활지도계획표를 학교 형편에 따라 또는 지역사회 환경에 알맞게 창의적이고 독창적인 아이디어를 짜내어 아동의 건전한 성장 발달을 도모하며 적응생활과 학업성취에 만족하게 도달될 수 있도록 자율적인 내용을 실천 목표로 삼고 실천 요소를 제시한다.

[표 19 - 1] 연간 생활지도 계획표

서울 ××초등학교

월별	실천덕목	실 천 덕 목 요 소
3월	질서, 예절소질개발	집회. 예절, 의식, 규율, 준법, 소질 및 흥미 발견
4월	공중도덕	동·식물애호, 애교. 애향, 책임, 의무, 공익, 공덕심
5월	효성심앙양	우정, 신의, 경애, 건강, 안전, 질서, 명랑, 쾌활
6월	성심앙양(반공교육)	협동, 상조, 선열 및 국군에 감사, 친절, 동정, 반공통일 반공의식
7월	건강, 안전	건강, 안전, 질서, 책임, 의무, 자주, 자율, 반성
8월	건강, 예절	시간존중, 예절, 근면, 인내심, 불굴, 적응방식
9월	민족긍지	공명정대, 미풍양속계승, 민족긍지, 민족자각, 국가발전협력
10월	전통문화 계승	반공의식고취, 창의, 진취, 개성신장, 공익, 공덕심
11월	자연보호	동·식물애호, 애교, 애향, 성실, 규율준법, 검소, 절제, 정직
12월	국가의식 고취	민족자각, 긍지, 정리
2월	정리, 반성	용기, 신념, 사려, 반성

초등학교 생활지도는 무엇보다도 좋은 습관의 형성과 집단생활을 원만히 수행하여 규칙적이고 자발적인 학습의 과정을 올바르게 실천하여 미래생활에 훌륭히 대응할 수 있도록 만전을 기하는데 있는 것이다. 그러므로 연간계획에 따라 빈틈없는 실천이 이루어져야 한다([표19 - 2] 참조).

저학년(1, 2학년)에서 이루어져야 할 생활지도 중점 내용은 상대에 알맞은 인사나누기, 내 것과 남의 것의 물건을 구별하고 간수할 줄 알기, 용의를 바르고 깨끗하게 하기, 규칙을 잘 지키기, 사이좋게 지내기, 시간을 지키기, 고운 말 쓰기, 정리정돈,

저축하기, 군것질 안하기, 항상 깨끗한 생활을 하기, 낙서하지 않기 등 주로 일상생활에서 좋은 습관 형성에 중점을 두어 지도하되 친절과 애정으로 다루어야 한다.

중학년(3,4학년)의 운영계획은 주로 자학자습하는 태도를 갖도록 하고 친구끼리 부드럽고 고운 말 쓰며 사이좋게 지내도록 한다. 서로 협력하여 임무수행 하는 태도를 기르고 자기 일을 스스로 계획하고 실천하도록 한다. 맡은 일을 끝까지 하고 규칙을 지키며 교사와 부모, 또는 친구의 일을 즐겁게 돕는다. 좋은 독서습관을 통하여 위인전이나 좋은 작품을 읽을 수 있는 자율적 습관을 길러준다. 학급 어린이회 주번, 특별활동 등 집단적인 과외활동을 통하여 자치적으로 습관을 교정하게 하거나 협동의 정신을 기르도록 한다.

[표 19 - 2] 월별생활지도계획표

서울 ××초등학교

월	지도 중점	지도 목표	지도 내용	행 사
3	질서 존중	기본생활 질서를 지켜 바른 생활습관 형성에 힘쓴다	·등교시간 지키기 ·1일 생활 지키기 ·거리 복도, 계단, 교실에서 질서 지키기 ·화장실 바르게 사용하기	·3.1절(1) ·개학식(2) ·입학식(3)
4	자연 보호	둘레를 깨끗이 하며 자연을 보호하는 태도를 갖는다.	·교실, 학교 아름답게 꾸미기 ·나무 잘 보호하기 ·휴지 안 버리고 자연보호하기	·식목일(5) ·교외학습(29)
5	예절 생활	우정과 신의를 바탕으로 예의바른 생활을 하며 효도에 힘쓴다.	·친구와 사이좋게 지내기 ·상냥하고 예의바른 말 쓰기 ·부모님께 효도하기 ·스승에 존경심 갖기	·어린이 날(5) ·어버이 날(8) ·스승의 날(15) ·석가탄신일(29)
6	애국 생활	나라와 겨레를 사랑하고 돕는 마음과 태도를 갖는다.	·국기에 대한 바른 예절 지키기 ·애국선열, 전몰장병에 대한 명복 빌기 ·자유대한의 긍지 알기 ·공산당의 만행 알기	·현충일(6) ·6.10만세일(10) ·6.25사변일(25)

월	지도 중점	지도 목표	지도 내용	행　　사
7	건강 생활	위생적이고 규칙적인 생활을 하며 건강에 힘쓴다.	·몸을 깨끗이 하고 이를 잘 닦기 ·먹고 자는 시간 지키기 ·손수건 가지고 다니기·손씻고 식사하기 ·불량식품 사먹지 않기	·제헌절(17) ·여름방학(15)
8	안전 질서	4대질서를 지키고 안전생활을 도모한다.	·거리교통질서 지키기 ·행락지, 경기장 질서 지키기 ·전염병 예방에 힘쓰기 ·물에서 놀 때 주의하기	·광복절 (15) ·개학식(26)
9	조상 숭배	조상에 대해 감사하는 마음과 미풍양속을 계승하는 태도를 갖는다.	·조상에 대해 감사하기 ·웃어른께 감사하기 ·미풍양속 지키기 ·우리학교, 우리나라의 역사 바로 알기	·인천상륙일(15) ·추석일(28) ·개교기념일(24) ·운동회(23)
10	국어 사랑	우리문화의 훌륭함을 알고 바르게 지켜나가는 데 힘쓴다.	·문화재 애호하기 ·한글의 우수함을 알기 ·고운 말, 바른말 쓰기 ·책을 많이 읽기	·국군의 날(1) ·개천절(3) ·한글날(9) ·국제연합일(24)
11	근검 절약	모든 물자의 소중함을 알고 절약하는 습관을 갖는다.	·절미, 절수, 절전하기 ·외국산 학용품 쓰지 않기 ·절약해서 저금하기	·육림의 날(4) ·수출의 날(30)
12	감사 생활	나를 항상 보살펴 주시는 웃어른께 감사하는 마음을 갖는다.	·겸손한 태도 갖기 ·내 생활을 반성하기 ·누구에게나 친절하게 대하기 ·평소 감사한 분들께 편지쓰기	·국민교육헌장선포일(5) ·인권선언일(10) ·방학식(21) ·성탄절(25)
1	자율 생활	내 일은 나 스스로 하는 습관을 기르며 자주적인 생활태도를 갖는다.	·계획적인 생활하기 ·남에게 폐 끼치지 않기 ·위험한 물건 가지고 다니지 않기 ·연탄가스나 빙상에 주의하기	·설날(1)
2	정리 정돈	힘써 공부하고 끝맺음을 잘하는 어린이가 된다.	· 예습과 복습 잘하기 ·교실을 깨끗이 하여 물려주기 · 1년을 반성하기 · 새 학년 준비 잘하기	·개학식(5) ·민속의날(9) ·졸업식(18) ·종업식 (22)

자료: 서울 C초등학교, 학교교육계획, 1985. pp.53~57.

고학년(5, 6학년)의 생활지도 운영계획은 자치적 활동, 협동, 봉사를 주로 하는 클럽 활동, 봉사 활동, 애향단 활동 등에 중점을 둔다. 다시 말하면 어린이회를 통한 자치적 활동, 애향단의 봉사 활동, 주번의 생활지도 활동, 이웃돕기운동 전개, 공공시설 관리 및 애호활동 솔선, 각종 계몽운동을 통한 거리질서 확립, 위인전기, 입지전, 성공담 등을 많이 읽고 알도록 한다.

자기 소질이나 흥미에 대해서 인식하도록 진로인식 프로그램을 작성하여 지도한다.

4. 생활지도의 조직과 행정

"구슬이 서말이라도 꿰어야 보배"라는 옛말이 있듯이 제아무리 생활지도의 필요성을 강조하고 훌륭한 프로그램이 있더라도 이를 적극적으로 실천에 옮겨야 할 인적자원과 시설환경, 각종 도구 조직체와 행정적 지원, 재정적인 뒷받침이 없으면 공염불에 지나지 않는다. 따라서 학교의 생활지도 프로그램이 성공 또는 실패하는 것은 관계하고 있는 인사들의 솔선성, 지식, 경험 그리고 인화 등에 달려 있는 것이다.

그러므로 생활지도 프로그램을 효과 있게 실천해 나가기 위하여서는 학교 안에 있는 모든 사람들이 프로그램의 한 부분이 되어 협조적인 관계로서 일하지 않으면 안된다. 생활지도는 학교 안에 있는 몇 사람만이 하는 것이 아니고 교사, 카운슬러, 그리고 학교 행정가 등 모든 사람이 포함되어야 하므로 그들이 서로 맡은 바 기능을 잘 이해하지 못하면 성과 없이 끝나고 마는 것이다.

그러므로 전체 직원의 참여는 필요 불가결의 것이다. 생활지도를 운영하고 관리하는 일은 교장과 카운슬러에 의해서 되겠으나 총체적인 효과는 전 교사의 긴밀한 협조에 의해서 생겨나게 되는 것이다. 아직 초등학교에는 전담 카운슬러가 배치되어 있지 않은 실정이므로 현실적으로 카운슬러에게 기대하기는 어렵다.

그러므로 전담제가 생기기 전까지는 교사가 카운슬러의 역할까지도 겸하고 있어야 하는 형편이기에, 잠정적으로 전교사의 생활지도 교사화가 되어야 할 것이다.

생활지도의 효율화를 위해서는 초등학교에도 상담교사를 배치하여 그들로 하여금 생활지도 프로그램을 계획하고 운영하며 실천하도록 제도적 장치가 마련되어야 할 것이다. 학급 교사의 역할과 임무만 해도 막중한 부담이 큰데 생활지도에까지 신경을 써야 하는 일은 무리이다. 따라서 생활지도를 분담할 수 있는 전문가로서 운영되어야 원만히 막중한 임무를 수행할 수 있다.

제20장 한국 카운슬링 활동의 회고와 전망

1.

한국의 카운슬링 활동은 주지하는 바와 같이 1957년 서울특별시 교육위원회가 40여명의 교사에게 상담교사교육을 실시한 뒤에 이루어진 개혁으로 인하여 생활지도실로 변화하기 시작하였다. 카운슬링이 사회의 유행처럼 알려지게 된 것은 실로 교도교사제도의 덕분이라고 할 수 있다. 비록 240여 시간의 짧은 교도강습을 통하여 교도교사자격증을 수여하고 있지만, 이들로 하여금 학교에서 상담업무를 담당하게 한 제도도 획기적인 일이었다.

그러나 과밀학습인원을 가르치는 교사로서 주당 20여 시간 이상의 막중한 수업부담을 안으면서 사무처리와 함께 나머지 시간으로 학생생활지도 상담활동까지 맡아야 하는 교도주임 또는 교도교사들은 업무상 크나큰 시련을 겪어야만 되었다. 왜냐하면 학급담임교사로서의 기능과 역할을 충실하게 이행하기에도 바쁜 스케줄에, 게다가 잡무저리 등의 관련사무 징리, 기타 갑디힌 일들, 그리고 상담실의 주요 업무인 학생조사활동이나 정보활동, 상담활동, 배치활동 등 다양한 전문적 기능을 수행하기 위해서는 시간적으로나 공간적으로 역부족이고 그만한 많은 양의 업무를 추진하기에는 애당초부터 두 가지 영역의 중대한 업무를 떠맡기는 자체가 모순 된 처사였다. 그럼에도 불구하고 일부 소수의 교도주임들은 사명의식과 정열을 불태우면서 헌신하여 보이지 않는 그늘진 곳에서 주어진 상담업무와 사명을 다해 왔다고 본다.

그러나 워낙 시간석으로 쫓기다 보니 상담활동의 제 기능을 전문적으로 완수하기에는 어려움을 겪지 않을 수 없었다. 그리하여 어떤 학생들의 진로의식 조사에서 밝혀진 연구에 의하면 학생들이 현재 가지고 있는 고민의 90% 정도가 진로에 대한 것이었는데 이러한 고민을 놓고 의논이나 상담에 응한 학생들은 전문가인 상담교사나 담임교사(3%)가 아니고 친구나 선배, 부모, 친척 등의 순으로 대화를 나누었다고 한다.

이러한 조사가 일반화할 수는 없다고 할지라도 상담교사나 담임교사들은 한번쯤 깊이 반성해 보고 넘어가야 할 것이다.

왜 이 지경이 되고 말았는가? 부끄러움이 앞설 뿐이다. 하지만 변명의 여지는 얼마든지 있다. 그러면 과연 교도교사들에게 전념할 수 있는 제반 여건을 갖추어 주고 그러한 기대를 했는가(?) 반문할 것이다. 물론 변명의 소지가 많다고 본다.

위에서 이미 언급한 바와 같이 한 가지 업무도 제대로 이행하기도 어려운 형편인데 마구잡이로 무조건 상담활동을 전개하라는 명령(?)이 우선 잘못되어 있음을 깨달아야 한다. 여건이란 두말할 나위도 없이 만족할 만한 시설환경의 구비, 전담 상담교사의 배치문제, 전문적·인상적 소양을 갖춘 전문가인 상담교사의 양성문제, 학생 조사활동에 필요한 제반 도구, 생활지도 상담을 지원해 주는 교육관리 운영자의 이해와 협조, 상담실 운영을 효과적으로 도와줄 수 있는 학급교사와 상담교사의 협조체제 등 이러한 기본적인 요소가 충분히 갖추어져 있지 않은 상태에서 방과 후나 또는 휴식시간을 이용하여 상담활동을 전개하라는 얘기는 도무지 이해할 수 없으며 도저히 "불가능"이란 환경여건을 주고 효율적인 기대만 요구하는 처사밖에 안 되는 것이다.

그래서 교도활동의 공과에 대해서 기대수준에 미치지 못한다고 나무라기만 했고 상담활동의 무용론이 항간에 오르내리게 되는 결과만 초래했던 것이다. 그러나 활성적으로 일할 수 있는 여건이 아닌 형편없는 상태에서 허울 좋은 효과만 기대한 것 자체도 큰 잘못이요, 모순이다. 그렇기 때문에 학교상담실 운영이 답보상태에 머물렀고 계속적으로 시간만 흐르다 보니 어언 30년의 세월이 흘렀다.

다행히 카운슬러협회란 교도주임의 연구단체가 매년 성대하게 전문적 연구발표도 하면서 교도활동의 전문화와 인식을 새롭게 하기 위해 노력을 하고 있다. 여러 곳곳에서 상담의 효과에 대한 반응이 좋게 나오고 있다. 그리고 20여 년 동안 한국카운슬러협회의 연구 활동도 해가 바뀔 때마다 활동적이고 열성적으로 이루어져 왔다. 뿐만 아니라 각 시·도 지부 카운슬러협회 모임에서도 저마다 능력을 발휘하여 활성화 되고 있는 움직임은 앞으로 한국의 카운슬링 활동 발전에 고무적이며 서광이 비쳐올 때가 머지않음을 증명해 주고 있다.

2.

그동안 우리나라 상담활동도 많이 변했고 긍정적인 발전을 거듭해 왔다. 이미 서울특별시 교육연구원에 교육상담실 설치를 비롯하여 시내 각 교육구청에서도 상담실이 설치되었을 뿐 아니라 각 시 도에도 전문기관인 교육상담실이나 진로정보센터를 설치한 곳도 있다.

또한 한국카운슬러협회 측에서도 매년 교도교사의 전문성 제고를 위한 활동이 활발하게 전개되어 문교부 해당 여러 가지 필요한 건의서와 함께 한국 카운슬링의 발전계획 등 연구보고서를 통하여 우리나라에 상담활동의 점진적 발전을 위한 계획도 1985년 8월 21차 연차대회에서 이미 발표된 바가 있다.

이와 같은 발전계획에 따른 전략적 추진과제의 내용을 소개하면 다음과 같다.

① 전문 상담교사 자격제 도입이 시급하다.

② 전국적으로 상담실의 보급과 각종 시설이 확충되어야 한다.

③ 전담 카운슬러제 실시를 의무화하여야 한다.

④ 학생들로 하여금 학교의 상담실 이용을 의무화하도록 제도적 장치와 교사 및 학교장의 협조가 이루어져야 한다.

⑤ 효과적인 상담실 운영 및 관리에 필요한 행·재정적인 지원이 확대되고 보급이 시급하다.

⑥ 교도교사 또는 상담교사 자격증 제도를 위한 법률제정이 시급히 요청된다.

⑦ 학교운영 관리책임자 및 현직교사들의 생활지도 연수 강습을 주기적으로 실시하도록 한다.

⑧ 진로정보 자료실의 설치와 효과적인 운영이 요청된다.

⑨ 진로교육 및 진로지도 실시의 의무화

⑩ 상담교사의 청소년 지도대책에 적극적인 관여와 자문활동 전개

⑪ 교사양성 기관이나 교사양성제도에 "생활지도교육"교과목의 지도 의무화

⑫ 앞으로 초등학교에서도 상담실의 설치와 상담교사의 배치 및 운영을 위해 점진적으로 개선되어야 한다.

⑬ 상담교사의 전문적 활동을 조장하기 위한 방안으로 평교사보다 우대해야 한다.

⑭ 각 시·도·군에 전담 생활지도 장학관을 배치 운영하여 각급 학교의 상담실 활동을 적극 독려하여야 한다.

⑮ 문교부 산하에 생활지도 자문위원회를 설치하고 전국의 상담교수전문요원을 임명하고 전문가의 의견을 수렴하여 정책에 반영할 수 있는 기구를 둔다.

⑯ 한국카운슬러협회 활동에 적극 지원을 아끼지 말아야 한다.

⑰ 상담자원봉사제의 적극 활용

⑱ 생활지도 활동의 파급을 위한 대중매체의 홍보활동을 강화해야 한다.

⑲ 직장에서 필요한 산업상담사의 양성이 필요하다.

⑳ 현직교사연수에 생활지도교육 실시를 통하여 교과활동과 더불어 전 교사의 생활지도 교사화를 추진하도록 한다.

㉑ 중·고등학교에 생활관 교육 강화

이상 21가지 추진과제를 실시하였다. 이와 같은 내용은 학교에서의 정상적인 생활지도 활동이 활발하게 이루어지기 위해 절실하게 요청되는 것으로 매년 단계적으로 하나씩 실천에 옮겨져야 기대하는바 요구하는 상담활동이 철저하게 추진될 것이다.

3.

다행히도 1986년 9월부터 전담카운슬러제(6시간 수업부담을 해야 하지만)가 실시된다는 소식은 반가운 일이요, 이제 한 발짝 전 문화 과정에 투입될 전망이다. 국무총리 산하에 청소년 대책위원회 행정조정실에서 청소년 범죄·비행의 근절을 위한 지도대책의 강화로서 실험적으로 전담카운슬러제를 도입한다고 하니 발전적 추진과제가 한 단계씩 실행에 옮겨지고 있다.

700여 명의 전담카운슬러가 전국의 학교기관에 배치되어 전문적 상담활동이 추진될 것이므로 상담교사들은 용기를 내어 전문 활동에 창의적 역할을 발휘할 때가 온 것이다. 수업을 담당하지 않는다고 편한 자리가 아님을 인식해야 한다. 어디까지나 상담교사의 활동에 대한 여건을 개선해서 학생들의 상담활동을 충실하게 지도하라는 뜻이다. 그러자면 상담계획표를 전교 학생을 대상으로 하여 작성하고 밀도 높은 상담활동을 전개하여 학생들의 제반 문제와 고민, 진로, 학업성취 등 개별적으로 또는 집단적으로 효과 있게 전개함으로써 학생들의 건전한 성장과 발달을 도모하고 문제성을 제거하는 데 큰 효과를 거두어야 할 것이다.

카운슬링 활동을 돌이켜 보면 수많은 형극의 길을 걸어 왔다. 앞으로 전담카운슬러제 도입을 계기로 하여 주위의 수많은 교사나 학부형들이 지켜보고 있는 가운데 상담의 효율화가 극대화 되어야 계속적인 발전을 위한 활동대책이 더 증가되고 강화될 것이므로 상담인 모두는 이러한 기회를 놓치지 말고 충실하게 이용하여 확대되도록 피나는 노력이 요청된다.

한편 상담활동의 전문화가 이루어지려면 무엇보다도 상담자(카운슬러) 자신의 자질을 향상시켜야 할 것이다. 상담의 질은 상담교사의 자질을 능가할 수 없거나 비례하는 것이므로 카운슬러가 된 전문가들은 하루속히 전문적 자질향상에 노력을 하여야 한다. 앞에서도 제시된 바와 같이 상담운영제도가 획기적인 발전의 토대 위로 한걸음 나아갔으니 그 좋은 기회의 충분한 활용을 계획성 있게 잘하도록 권장하고자 한다.

흔히 생각할 수 있듯이 전담상담교사는 수업시간이 줄어들었다고 한가한 시간의 여유가 늘어난 것이 아니라 그 대신에 "상담시간 "을 많이 할당하여 전문적 상담을 실시하라는 것이므로 전담상담교사는 일년 동안의 상담계획표를 짜서 전교학생들의 개인별 상담을 할 수 있는 기회를 많이 가져야 할 것이다.
오히려 상담교사의 개인적 역할기능이 확대되었다고 볼 수 있다.

현대 산업사회에서는 여러 기관에서 상담의 효율성이 점점 높아져 가고 있다. 그래서 산업체, 기업체, 공공기관, 사회단체, 기타 교회, 병원 등 전체적인 집단 사회에서는 여러 가지 형태의 상담이 전개되고 있다. 법률상담, 가족상담, 부동산상담, 금전상담, 고충상담, 세무상담 등 사회기관에서도 요청이 급한 처지인데 정규 학교기관에서 상담활동이 원활하게 전개되지 않는다면 어떻게 될 것인가? 학교상담의 효율성을 극대화하기 위해서 전문상담교사는 물론 학급교사들도 상담활동에 협동적 노력을 경주하여 학생들로부터 신뢰와 존경을 받을 수 있도록 진지하고 성실하며 학생들을 깊이 이해하면서 수용석 자세로써 의사소통에 진념힐 것을 당부하고자 한다.

제21장 집단활동 참여를 위한 집단 의사소통의 효율적 방안

1. 집단활동의 의의

개인은 집단에서 고립하고서는 존재할 수 없다. 의식적이건 무의식적이건 간에 다른 집단 성원과의 관계에 있어야 비로소 살아 있는 것이며 집단에 있어서 인간관계의 상태는 개개인 간의 생활방법을 규정하는 근본적인 힘이다. 그러므로 인간관계를 어떻게 맺으며, 그것을 어떻게 바람직한 방향으로 키워 나가면 좋겠는가 하는 것은 인간생활의 학습으로서 매우 중요한 뜻을 가지는 것이다. 인간관계를 맺고 키워 나가는 과정에서 개인은 풍족한 인간적 성장을 조화 있게 이루게 되는 것이라고 할 것이다.

또한 자기와 타인과의 관계를 민주적으로, 더욱이 기쁜 마음으로 맺어 나가는 태도·흥미·습관·기술 등의 능력이 증가하는 것을 사회성의 발달이라고 한다면, 자율적·주체적으로 참가하고 있는 집단의 동료와 더불어 풍족한 생활을 영위해 나가는 속에서야말로 참다운 인간성과 사회성이 원만하게 키워질 수 있다고 할 것이다.

일반적으로 개성도 자유롭고 풍요한 집단활동 속에서 다른 학생과의 관계 가운데 우러나오는 그 독자성이야말로 생각해야 할 것의 필수조건이다. 이와 같은 집단이 학생의 인간적 성장에 미치는 적극적 의의를 무시한다면 생활지도에 있어서의 문제점·장애점은 불식될 수 없을 것이니, 이 같은 상태를 타파하고 진정한 민주적 이념·사고방식·행동, 즉 민주적 생활방식을 기르기 위해서는 민주적 인간관계에 적응된 민주적 집단을 건설하는 과정에 있어서 생활지도는 계획적, 조직적으로 전개되어야 할 것이다. 여기에 집단활동 또는 집단 지도의 의의가 있는 것이다. 따라서 민주적 집단과정에 대한 기본적인 신념은 다음과 같다.

① 보통 사람들이 모인 집단은 그들이 능력범위 안에서 자기들의 공통문제를 인식하고 규정하고 해결할 수 있는 능력을 가지고 있으며, 같이 일함으로써 그들의 공통된 욕구를 충족시킬 수 있다.

② 집단활동은 모든 회원들이 각기 공헌할 수 있는 특이한 능력에 따라 참여함으로써 도달된 집단합의에 기초를 둔 것이다. 집단활동은 개인이나 파벌의 동인(動因)에 의한 산물인 때보다는 전체로서의 집단에 의해서 전개되었을 때 보다 훌륭하고 보다 성공적이라는 것을 알 수 있다.

③ 집단 생산성은 전체로서의 회원과 개체로서의 회원들의 양쪽이 다 그들의 인간관계 기술을 향상시키고 보다 나은 집단 상호작용을 육성하려고 노력할 때, 그리고 목표를 향한 진보 및 그 전 진보를 이룩하는 데에 사용된 방편을 계속하여 평가할 때에 증가된다.

민주적 집단의 기본적 특징은 회원 각자가 그의 기능과 취미를 기초로 하여 참여하면서도 결정이 전체로서의 집단에 의해서 되어진다는 점이다. 한 걸음 더 나아가 집단은 그 과정이 분석될 수 있는 사회적 단위이다.

민주적 집단들은 일에 대한 보다 큰 자극과 더 많은 회원의 만족감과 보다 큰 생산성을 갖는다. 회원들 사이에 불만감이 적고 욕구저지와 공격의 정세가 적다. 민주주의가 우세할 때 더한층 친근감, 협동심 그리고 집단중심의 정신이 지배한다. 집단중심으로 작용함에도 불구하고 개인의 독창력은 더 많이 발휘되는 것이 입증되고 있다.

집단활동에서는 지도성이 핵심이 된다. 지도성(leadership) 없이는 아무 집단도 그 목적하는 방향을 향하여 보람 있는 행동을 하지 못할 것이다.

일반적으로 말하여 민주적 집단의 지도자는 자기 집단의 가치와 규범을 요약할 줄 아는 사람이다. 민주적 지도자는 집단이 움직여 나가는 방향을 감지하고 전체집단보다 더 민첩하게 그 방향으로 움직인다.

민주적 그룹이 최고도로 발달하였을 때 지도성은 집중되지 않고 회원 전체에 분산된다. 그 분산의 정도가 클수록 그 집단은 효과적으로 민주적이 되는 것이다.

2. 집단이란 무엇인가?

우리라는 성원의식을 갖고 실질적인 상호작용이나 정신적 소속감을 유지하는 사람들의 집합체로서, 단순한 사람들의 모임과는 근본적으로 다르다. 집단이란 반드시 성원들의 실질적인 상호작용을 수반하는 것은 아니지만 공동관심, 공동목표를 갖고 의사소통을 하는 사람들로 구성된다. 특히 의사소통과 상호관계의 정도, 성원 간의 유사성, 집단의 크기, 성원의 통제방식 여하에 따라 집단의 성격이 결정된다.

통상적 의미로 집단이란, 두 사람 혹은 그 이상의 사람들의 모임이라고 볼 수 있다. Cartwriggh와 Zander는 여러 학자들의 정의를 종합하여 집단의 의미를 ① 집단성원들의 빈번한 상호작용, ② 집단성원으로서의 자인(自認), ③ 타인들에 의한 집단성원으로서의 인정, ④ 공동 관심사에 관한 집단 규정, ⑤ 상관성 있는 역할체제에의 동참, ⑥ 동일 모범대상(지도자) 혹은 초자아적 이상의 정립으로 인한 상호간의 동일시, ⑦ 집단을 통한 욕구충족, ⑧ 공동목표의 추구, ⑨ 일체성에 대한 집단적 지각, ⑩ 환경에 대한 통일된 방식의 행동경향 등을 집단의 속성으로 열거한 후, 어떤 집단이든 이와 같은 속성의 수가 많으면 많을수록 그 집단의 응집성이 높아지고 따라서 집단 본연의 기능을 효율적으로 발휘할 수 있다고 한다.

대부분의 사람들은 집단과정에 관하여 "어떻게"라는 문제를 갖고 있다. 그들은 어떻게 집단을 향상시키며, 어떻게 지도성을 기르며, 어떻게 확보할 것인가를 알기 원한다.

기술은 집단을 목적지로 운반하는 수레로 비유된다. 집단기술의 본질과 중요성에 대한 이해가 증진됨에 따라 현대적 수정 또는 발명을 대표하고 있다.

제시된 구체적 방법들은 세 가지로 구분된다.

첫째, 집단의 지식과 이해를 가져보기 위하여 또는 집단행동으로 이끌기 위하여 고안된 회의(meeting) 또는 집회(session) 기술이다. 이것은 보통말로 지식을 넓히기 위해서 또는 행동을 자극하기 위하여 고안된 것이며 기본적으로 단일집회 또는 집회 중의 한 부분만을 위하여 작용되는 것이다.

두 번째, 집단의 크기 또는 시간에 있어 집단상황이 확정될 때에 사용되는 기술들은 전자보다 덜 상세히 취급된다.

세 번째의 분류는 기본적으로 집단과정 기술이며 그것이 존재하는 첫째 이유는 집단의 활동을 향상시키는 일이다.

3. 집단활동의 목표

베네트(Margaret E. Bennett) 교수는 집단지도의 목표를 다음과 같이 제시하고 있다.

① 생활의 교육적, 직업적, 인성적, 사회적 제 분야에 있어서 자율(self-direction)
  을 위하여 필수적으로 학습할 기회를 주기 위한 것이다.
② 집단적 방법에 의한 치료적 효과를 학생 개개인에게 주기 위한 것이다.
③ 순전한 개별적 방법보다 더 효과적으로, 그리고 경제적으로 달성할 수 있는
  제반목표를 달성하기 위함이다.
④ 개인적 상담과의 관계에 있어서 보충적인 효과를 올리기 위한 것이다.

이것을 좀더 구체적으로 설명해 보겠다.

1) 자율학습을 위한 기회의 제공

집단지도는 대체로 다음의 사항을 기함으로써 소기의 목적을 달성할 수 있다.

① 새로운 학교환경에 대한 오리엔테이션과 학교가 제공하는 교육적 기회를 가장
  훌륭하게 이용한다.
② 대인관계에서의 제 문제에 대한 집단학습과 집단의 기준에 맞는 개인적·집단
  적 행동을 학습하도록 조력한다.
③ 성장에 따르는 제 문제에 대한 집단학습과 정신위생의 제 원리를 응용, 실천
  할 수 있도록 조력한다.
④ 자기의 태도·흥미·능력·인성적 특징, 개인적·사회적 적응의 평가를 위한
  가장 적절한 방법을 공동연구하고 실제 활동을 기한다.
⑤ 학습의 효과적 방법을 공동연구하고 그 활용을 통하여 자율성의 앙양을 기한다.
⑥ 직업생활과 그에 따르는 적응문제와 진보에 관한 집단적 학습을 통하여 독립
  자전의 기틀을 마련해 주도록 기한다.
⑦ 각자에 합당한 직업의 장기계획을 위한 집단 학습에 조력한다.
⑧ 각자에 합당한 교육적 장기계획을 위한 집단학습에 조력한다.
⑨ 가치관의 수립과 인생철학의 습득을 위한 집단학습에 조력한다.

베네트가 제시한 이상의 목표에 대하여 이영덕 박사는 다음과 같은 점을 첨가 보충하고 있다. 집단지도의 목표는 첫째, 민주적 집단생활의 경험을 통하여 민주적 집단과정에 필요한 이해와 태도·기능을 길러줌으로써, 민주시민으로서 누구나 갖추어야 할 자율성의 기초를 닦아 보자는 것이다.

둘째, 집단 속에서 남과 더불어 생활함으로써 자기 자신에 대한 보다 깊은 통찰력을 기르게 하여 자율적 생활에 도움이 되도록 하자는 것이다.

셋째, 집단 속에서 남과 더불어 생활함으로써 타인에 대한 존경과 타인의 행동에 대한 관용과 이해를 발달시킴으로써 자율적 인간관계를 높이는 데 이바지하자는 것이다.

2) 치료적 효과의 증진

베네트는 다음과 같이 기술하고 있다.

① 집단지도는, 인간의 공통적인 문제를 집단학습을 통하여 이해케 함으로써 자기가 장차 취할 행동에 대해 보다 정확한 전망을 갖게 하며, 이로써 보다 나은 적응력을 가지고 현재 당면한 적응상의 문제에 처할 수 있도록 하자는 것이며,

② 또한, 자유분위기 속에서 집단원들에게 공통된 문제를 집단적으로 연구하게 함으로써 정서적 긴장을 해소하고, 인성의 역동성에 대한 통찰력을 기르고, 에너지의 건전한 창의적 발산을 통하여 보다 나은 적응을 위한 치료적 효과를 기하는 데 있다.

3) 지도상의 경제 및 효율성

집단활동은 수백, 수천의 학생을 대상으로 하는 지도를 개별적으로는 거의 불가능하기 때문에 집단을 통하여 모든 학생을 지도하게 되므로 시간의 경제성과 효율성을 가져올 수 있다.

4) 카운슬링에 주는 보충적 효과

학생들로 하여금 용의주도하게 마련된 카운슬링의 기회를 갖고 상담면접에 임하도록 하는 바람직한 카운슬링을 위해서는, 무엇보다도 학생들이 그들의 공통적인 문제에 대한 통찰과 학교에서 주는 여러 가지 교육적 기회에 대한 이해가 필요하다. 집단지도는 곧 이와 같은 필요에 입각한 방법인 것이다.

4. 집단지도의 역할

한 집단이 상담효과를 올릴 수 있을 정도로 성공하느냐 못하느냐는 것은 그 집단의 지도자가 어느 정도로 그의 역할을 효과적으로 수행하느냐에 달려 있다. 집단의 목적과 설계, 기간의 장단과 조직 형태, 그리고 지도자의 철학과 이론적 배경 등 여러 변인의 차이에 따라 지도자의 역할도 여러모로 달라질 수 있으나, 여기서는 기본적이고 여러 모형들의 공통이라고 생각되는 몇 가지만 간단히 살펴보기로 한다.

1) 집단활동의 시작을 돕는다

상담집단이 처음 시작할 때 집단원들은 서먹함을 느끼고 어찌할 바를 모른다. 이때 지도자는 그들로 하여금 상호작용을 시작하도록 이끌어 주어야 한다. 그렇게 하기 위하여 지도자는 보통 다음과 같은 말로 시작할 수 있다.
"이제 시작합시다. 지금 이 시간 우리 각자는 어떤 느낌이나 생각을 가지고 있습니까?", "이제 시작하도록 합시다. 우리 각자는 어떤 기대를 가지고 이 집단에 참여하고 있습니까?"
지도자는 솔선하여 자신의 느낌을 먼저 털어놓음으로써 모범을 보여야 한다. 즉, 지도자 자신이 가지고 있는 불안이나 집단에 대한 기대 등을 이야기함으로써 비교적 낯선 사람들이 처음 만나 느끼게 되는 불안, 긴장, 수줍음, 갈등 등에 대하여 이야기할 수 있는 길을 터놓게 된다.
예를 들면, 첫 모임에서는 두 사람씩 짝을 지어 각 쌍이 5분쯤 만나서 서로 간에 알게 한 후에 전체집단에 모여 각기 상대방을 소개하는 활동을 이용할 수도 있다. 모든 집단원의 소개가 끝난 후 지도자는 소개된 내용과 소개의 방법에 대하여 집단토의를 한다.

2) 집단의 방향을 제시하고 집단규준의 발달을 돕는다

집단상담의 일반적인 목적과 목표, 그리고 간략한 이론적인 면에 대하여 적당한 기회를 포착하여 이야기해 주어야 한다. 이 규준은 ① 집단의 목표달성을 돕고, ② 집단 자체의 유지발전을 돕는 일을 한다. 예를 들면, "여기-지금에 초점을 둔다", "느낌 수준에 강조점을 둔다", "정확한 피드백 교환에 힘쓴다."

3) 집단의 분위기 조성을 돕는다

분위기는 집단과정의 발전에 활력소 역할을 한다. 긴장된 분위기, 집단원들이 그들의 느낌이나 생각을 말하기를 두려워하는 집단분위기 속에서는 효과적인 집단상담이 이루어질 수 없다.

참된 지도성은 외적인 힘이나 지위를 이용함이 없이 집단원들의 행동을 지도할 수 있는 능력인 것이다.

4) 행동의 모범을 보인다

바람직한 행동의 모범을 보이는 것(modeling)이 집단지도자의 가장 중요한 기능 중의 하나이다.

집단원들은 상호간에 탁 터놓고, 직접적으로 의사를 소통하지 않으면 안된다. 지도자가 스스로 정직하고 적절한 자기 노출을 하면, 집단원들도 이를 본보기로 하여 자기를 내어놓을 수 있게 될 것이다.

5) 의사소통 및 상호작용을 촉진시킨다

집단으로 하여금 의사소통을 방해하는 요인을 극복하고 원활한 상호관계를 발달시키도록 도와주는 일이다. 집단원의 말의 내용이나 느낌을 새로운 말로 반영시켜 주고, 때로는 한 집단원의 말과 다른 집단원의 말을 상호 연결시켜 줌으로써 도울 수 있다. 이렇게 하기 위해서 비언어적 메시지를 정확히 파악해야 할 뿐만 아니라 예리하게 귀를 기울여 집단원의 말의 참뜻을 정확히 포착해야 한다.

6) 집단원을 보호한다

심신의 위험으로부터 집단원을 보호하기 위하여 보살피는 일이다. 예를 들면, 만약 어떤 집단원이 어떤 활동에 참여하기를 원치 않거나 특별한 개인적인 문제를 깊이 파헤치는 일을 꺼려한다면, 지도자는 그의 거절의 권리를 인정해 주어야 한다.

7) 집단활동의 종결을 돕는다

집단은 제시간에 시작하여 정한 시간에 마쳐야 한다.

전체집단의 종결 시는 ① 집단원들이 집단에서 학습한 것을 실제의 삶에 적용하는 데 대한 시사를 주고, ② 모임과 모임 사이와 집단 전체가 끝난 후에도 계속적인 노력을 기울이려는 계약을 맺게 하고, ③ 집단을 떠난 뒤에 그들이 직면하게 될 심리적인 문제들을 위하여 준비를 시키며, ④ 추가적인 집단상담을 받을 수 있는 곳을 알려 주고, ⑤ 집단이 종결된 후에도 개인상담의 가능성을 시사해 주는 것이 바람직하다.

집단 전체의 마지막 모임에서, 지도자는 집단원들에게 한 사람씩 차례로 돌아가면서 한마디씩 이야기할 수 있는 기회를 제공해 주어야 한다.

5. 집단지도의 기술

누구든지 좋은 생각만 가진다고 바람직한 지도자가 되는 것은 아니다. 보다 근본적이고 구체적인 여러 가지 집단지도의 기술을 배워서 익혀야 한다. 그 예를 자세히 열거하면 다음과 같다.

1) 관심기울이기

의사소통을 할 때, 상대방에게 전적인 관심을 표명하면서 그가 전하고자 하는 메시지에 대하여 경청하는 능력을 길러야 한다. Ivey와 그의 동료들은 이 관심기울이기 행동을 첫째가는 상담기술로 인정하고 있다. 관심기울이기 행동의 중심되는 요소는 ① 말할 때 서로 간에 시선을 부드럽게 마주치는 것이다, ② 몸짓과 얼굴 표정이 중요하다. 몸짓이나 얼굴 표정을 통하여 "나는 너의 이야기에 관심이 있어, 나는 주의 깊게 듣고 있고, 또 그 참뜻을 이해하고 싶어"라고 하는 메시지를 전달할 수 있어야 한다, ③ 간단한 말이나 동작으로 즉각적인 반응을 보이는 것이다.

2) 경청하기

대화할 때 상대방에게 관심을 표명해 주는 것도 중요하나 이에 못지않게 상대방의 이야기 내용을 경청하는 것이 중요하다. 적극적인 경청은 상대방의 이야기, 말의 내용을 파악함은 물론 상대방의 몸짓, 표정 그리고 음성에서 섬세한 내용을 알아차리고, 저변에 깔려 있는 메시지를 감지하고, 나아가서는 그 사람이 말하지 못한 내용까지도 육감적으로 직감하는 것을 내포한다.

3) 반영하기

집단원이 전달하고자 하는 의사의 본질을 스스로 볼 수 있게 반사 혹은 반영해 주는 기술을 말한다. 반영의 기술을 통하여 집단원으로 하여금 그의 말 뒤에 숨어 있는 느낌을 볼 수 있도록 도전해야 하며, 그렇게 하는 과정에서 의미 있는 의사소통의 기회를 만들 수 있는 것이다.

4) 명료화하기

명료화는 어떤 중요한 문제의 밑바닥에 깔려 있는 혼동되고 갈등적인 느낌을 가려내어 분명히 해주는 기술이다.

5) 요약하기

요약을 통하여 집단은 나아갈 방향을 바로잡는 데 도움을 받는다. 집단이 방향을 잃고 우왕좌왕할 때, 지도자는 잠시 집단활동을 중지시키고서 집단원들로 하여금 각자의 느낌을 이야기하게 한 후 이에 대한 요약을 하고 바람직한 대안을 제시할 수도 있다.

6) 해석하기

지시적인 집단지도자들이 해석의 기술을 많이 사용한다. 집단원들의 행동이나 징후에 대하여 설명을 해줌으로써 무의식적 동기를 의식화하도록 도우려는 것이다.

7) 질문하기

비록 많은 집단지도자들에게 자주 사용되기는 하지만, 질문은 집단지도의 기술로서 그리 바람직한 것이라고 볼 수 없다. 그러나 적절한 때 "무엇"과 "어떻게"의 형식으로 하는 질문은 경험을 강화시키는 데 도움을 줄 수 있다.

8) 연결짓기

집단원 상호간의 관계를 중시하는—즉, 지도자와 집단원 간의 상호작용보다 집단원과 집단원 간의 상호작용을 강조하는—지도자는 연결짓기를 집단지도의 기술로 많이 활용한다. 집단지도자는 이 연결짓기의 기술을 이용하여 집단의 응집도를 높일 수 있다.

9) 맞닥뜨리기

영어로 confronting인데, 직면이라고도 부른다. 여하튼, 이는 집단원의 행동이 집단의 기능을 방해하거나 말과 행동이 일치하지 않을 때에 이에 대하여 직접적으로 솔직하게 지적해 줌으로써 그로 하여금 자신을 각성하게 도와주는 기술이다.

이 기술을 사용할 때는 ① 사람 전체를 규정지어 판단하지 말고 취급해야 할 특정한 행동에 대하여 구체적으로 도전해야 하며, ② 그 사람의 행동에 대하여 가지고 있는 자신의 느낌을 솔직히 털어놓아야 한다.

10) 심적인 지지를 해주기

이 기술은 치료적이 될 수도 있고 비생산적이 될 수도 있다. 보편적인 잘못은 집단원이 갈등이나 어떤 고통스러운 느낌을 충분히 경험을 하기 전에 심적인 지지를 해주는 것이다.

11) 행동을 제한하기

집단지도자는 집단원의 바람직하지 못한 행동을 제한할 책임을 지고 있다. 제한을 해야 할 행동 중에서 그의 비생산적인 행동만을 제한할 수 있는 것이 바로 기술이다. 예를 들면,

① 지나치게 질문만 계속할 때—질문 대신에 직접적인 진술문을 사용하도록 이야기 한다.
② 제삼자적인 험담을 할 때—집단에 앉아 있는 다른 집단원의 이야기를 제삼자적인 형태로 집단에 이야기할 때, 그 당사자에게 직접 1:1로 이야기하게 한다.
③ 집단 외부의 이야기를 길게 늘어놓을 때—그 집단원에게 이 이야기가 현재의 느낌이나 사건과 어떤 관련이 있는지 물어 본다.
④ 다른 집단원의 사적인 비밀을 캐내려고 강요할 때—남의 사적인 영역의 침범임을 지적해야 한다.

12) 촉진하기

집단지도자는 ① 집단원들로 하여금 그들의 느낌을 솔직하게 표현하도록 돕고, ② 안전하고 수용적이며 신뢰로운 분위기를 조성하는 데 힘쓰고, ③ 집단원이 개인적인 문제를 탐색하거나 새로운 행동을 실험해 보려고 할 때 격려와 지지를 해주

고, ④ 초청 혹은 도전을 통하여 가능한 한 많은 집단원을 참여시키며, ⑤ 지도자에게 의존하는 경향을 줄이고, ⑥ 갈등이나 의견의 불일치를 공공연히 표현하도록 장려하고, 의사소통의 장벽을 극복하도록 도움으로써 집단과정을 촉진시킬 수 있다.

13) 공감하기

집단원의 주관적인 세계를 감지하는 기술이다. 집단원을 아끼고 존경하고 그의 말을 적극적으로 경청하며 상대방의 입장에서 느끼고 생각해 보아야 한다. 공감적 기술의 중책은 집단원의 내적인 경험을 정확히 포착하면서도 자신의 분리성을 유지하는 능력으로 이루어진다.

14) 노출하기

Carkhuff와 **Journard**는 자기노출이 상담기술의 가장 중요한 요소 중의 하나임을 강조하고 있다. 집단지도자는 자기노출을 통하여 집단원에게 유사성과 친근감을 전달할 수 있고, 또 지도자와 집단원 간의 보다 깊은 이해를 발달시킬 수 있는 것이다. 그리고 스스로의 자기노출을 통하여 집단원들에게 보다 철저하고 보다 깊이 있는 자기탐색의 모범을 보여 주게 된다.

15) 피드백(feedback) 주고받기

타인의 행동에 대한 자신의 반응을 상호간에 솔직히 이야기해 주는 과정을 피드백이라고 한다. 앞에서 언급한 "맞닥뜨리기"보나 상한 것으로, 보통 사람들은 피드백의 활용을 주저한다. 그 이유는, 피드백이 어떻게 받아들여질 것인가에 대한 불확실성 내지는 염려 때문이다. 피드백을 주고받을 때 주의할 점은 다음과 같다.

① 생각이나 느낌을 나타내는 데 그치고, 상대방의 행동을 강제로 바꾸도록 하는 것은 바람직하지 못하다. 하나의 지각적인 사실로 주어져야 하고, 도덕적 혹은 가치판단이 개입되어서는 안된다.
② 구체적으로 관찰 가능한 행동에 대하여 그 행동이 일어난 직후에 해주는 것이 효과적이다.

③ 주는 이나 받는 이 모두 피드백을 생산적으로 활용할 마음의 준비가 되어 있
는가 충분히 고려한 후에 사용해야 한다.
④ 변화 가능한 행동에 대해서 피드백을 주어야 하며, 가능하면 대안까지 마련해
서 주는 것이 좋다.
⑤ 한 사람에게보다는 집단의 여러 사람들에게서 온 피드백이 더욱 의미가 있다.

16) 강화해 주기

강화란 집단원의 말과 행동에 대하여 지도자가 적극적인 피드백을 줌으로써 그
특정행동을 조장시키려는 기술이다. 즉 집단 분위기 조성에, 집단의 목표달성에, 자
기노출에, 그리고 피드백 주고받기 등 어떠한 상황에서도 유용하다.

17) 저항의 처리

집단과정을 방해하는 요소들 중의 하나는 저항이다. 처음으로 집단에 참여한 사
람들은 자연히 불안과 긴장을 느끼게 된다. 그래서 그들은 쉽사리 움츠려들고, 참여
하기를 꺼려하고, 자신을 내어놓기를 주저하고, 과거의 일이나 제삼자에 관한 이야
기를 하게 된다. 이 모든 현상을 저항으로 해석할 수 있다. 이와 같은 저항을 극복
하기 위해서 집단지도자의 기술이 요청된다.
저항을 해석해 줄 때 집단원이나 전체에게 책임을 전가시키지 않도록 유의해야
한다.

18) 전이(transfer)의 취급

전이의 개념은 프로이드에서 비롯되었는데, 과거의 경험에서 억압된 느낌을 현재
의 비슷한 대상에게 표현하려는 현상을 말한다. 따라서 집단지도자는 집단원들로
하여금 그들의 과거가 현재의 행동에 어떤 영향을 미치고 있는가에 대하여 볼 수
있도록 하고, 또 전이적 행동이 있을 때 이를 잘 처리해서 극복할 수 있도록 도와
주어야 한다.

19) 역전이 현상의 처리

역전이는 집단원들에 대한 집단지도자의 의식적 혹은 무의식적인 정서적 반응을 의미한다.

20) 적시성에 유의하기

집단지도자가 발전시켜야 할 가장 중요한 기술 중의 하나는 시간에 대한 감각이다. 위에 소개한 어떠한 기술도 사용하는 시간 혹은 시기가 적절하지 못할 때 역효과를 가져올 수 있기 때문이다. 따라서 집단지도자는 항시 집단원 개인과 집단 전체의 준비도 (readiness)에 유의하고, 적절한 때 여러 가지 기술을 사용할 수 있는 능력을 시키도록 노력해야 할 것이다.

6. 집단의사소통의 효율적 방안

1) 소집단 토의

이 기술은 비교적 소수의 집단(보통 5명~20명 이내)이 직접 대면하여 서로 생각과 의견을 교환하는 것으로 규정할 수 있다. 소집단 토의의 발생은 지식에 대한 욕망, 해결할 문제 또는 내려야 할 결정에 대한 공동관심을 의미하는 것이다.
이 방법의 역동적인 특징은,

① 회원들 사이에 최대한의 상호작용과 자극을 가능케 한다.
② 모든 회원들에게 참여하는 데 대한 사실들과 의견을 준비하는 데 대한 책임을 부여한다.
③ 회원들로 하여금 하나의 집단으로서 생각하는 것을 가르쳐 주며 동등감을 발전시킨다.
④ 지도성이 발생할 수 있는 환경을 조성한다.
⑤ 모든 회원들이 자기들의 견해를 넓히고 이해력을 기르며 생각을 구체화시킬

수 있게 한다.

⑥ 회원들은 주의 깊게 들으며, 이론적으로 생각하며, 반성하며, 공헌하도록 격려 받는다.

⑦ 공헌하는 사람 전부가 지도의 책임을 공유하도록 만든다.

이 방법을 선택하는 목적은 공통되는 관심, 논쟁점 또는 문제들을 확신, 탐색, 각 성, 인식, 이해심을 증진시키고 제안, 논의점, 정보와 지식을 공급하며 문제해결 과 정에 회원들을 관여시키고 그들의 생각을 구체화하여 자기생각을 집단에서 잘 표현 할 수 있도록 돕는다. 이 방법의 사용은 다음과 같다.

① 집단의 목적 및 이 기술이 사용될 회의 또는 회의의 한 부분을 분명히 파악 한다.

② 목적을 성취하는 데 사용될 수 있는 방안을 고려하여 집단이 토의할 만한 가 치가 있는 문제, 생각, 관심 또는 논의점을 분명히 갖도록 한다.

③ 신속·분명하게 사고할 사람, 적절한 질문을 묻되 어느 편을 들지 않는 사람, 생각을 자극할 줄 알고 요약할 줄 아는 사람을 사회자로 선정한다.

④ 집단의 크기에 알맞은 회의장소를 선택하고 원 또는 사방형으로 배치하여 각 사람이 볼 수 있도록 한다.

⑤ 연설하는 일이 없도록 합의하여 안락감, 비공식성, 적절한 농담 및 우호적 분 위기 속의 의견 불일치를 격려한다.

집단원이 할 일은 다음과 같다.

① 가능하면 회의가 있기 전에 토의를 위하여 준비한다.

② 토의가 잘 되도록 협조하며, 집단이 충족시켜야 할 어떤 역할이 있을 때 그것 을 행한다.

③ 집단이 토의의 목표 또는 목적을 명백히 할 수 있도록 돕는다.

④ 참여를 격려하며 허용적인 분위기가 유지되도록 힘쓴다.

⑤ 집단이 필요로 할 때는 사실과 의견을 제공 또는 요구한다.

⑥ 개인 중심적인 역할은 피하며 경우에 따라서 자기의 과오를 시인한다.

⑦ 집단을 격려하며 의식적으로 "우리"라는 감정을 형성하도록 노력한다.

이 집단토의 시에 주의할 점은 다음과 같다.

① 해결할 문제가 있거나 발견할 상호관계가 있어야 한다.
② 토의반은 생각을 간직해서는 안되고, 각 회원은 정보를 서로 나눌 용의를 갖고 있어야 한다.
③ 좋은 토의는 객관적 사고를 기초로 하여 개인적인 공헌에 달려 있다.
④ 남의 얘기를 경청하는 태도와 집단토의를 성공적으로 이끄는 데 필요한 경험과 훈련을 갖고 있어야 한다.

2) 허들(huddle) 방법

미시간 대학 J. Donald Phillips에 의해 연구 보편화 된 방법으로, 6명이 6분 동안 문제를 토의한다는 데서부터 나온 것이다. 기본적으로 이 방법은, 어떤 집단을 토의 목적을 위하여 4~6명의 소집단으로 구분한 것이다. 이 방법의 특징은,

① 아무리 큰 집단에 있어서도 비공식적인 분위기를 조성할 수 있다.
② 참석한 사람 전원이 참여할 수 있다.
③ 작은 집단 내에서 생각들을 종합하고 전체 집단에 보고함으로써 의사소통과 참여를 자극한다.
④ 수고와 책임의 분배를 격려한다.
⑤ 취급하는 주제에 대한 개인적인 전적동일시의 극대화를 갖게 해준다.
⑥ 신속하게 합의에 도달할 수 있게 한다.
⑦ 민주적 과정에 대한 개인적 확신의 발전을 격려하며 피곤, 권태, 단조로움으로부터 해방감을 갖다 준다.

이 방법이 선택되는 목적은 프로그램, 활동, 평가의 절차 및 정책을 계획하는 데 사용하기 위한 회원들의 관심, 요구, 문제, 희망 및 제안에 대하여 집단으로부터 정보를 얻기 위하여 집단 취미, 관심, 동일시가 이 방법에 의해서 형성되며 듣고 배우는 정신적 자세가 수립될 수 있다. 이와 같은 방법이 유용한 경우는,

① 의사소통과 참여의 기반을 확대시키고자 하는 욕망이 있을 때.

② 토의 제목을 위하여 집단회원의 전 자원을 동원하기를 원할 때.

③ 분석해야 할 복잡한 문제가 있으며 그것이 구성분자와 부분으로 나뉘어져 다수의 소집단에 분배될 수 있을 때.

④ 각 회원의 참여를 확보함으로써 책임을 넓히는 것이 바람직하다고 생각될 때. 이것은 분리된 부분들을 각 집단에 배당함으로써 그리고 특수한 역할들을 각 집단 내의 여러 개인들에게 할당함으로써 범위를 확대시킬 수 있다.

⑤ 비공식적이고 허용적이며 민주주의적 분위기를 조성하는 것이 중요할 때.

⑥ 큰 집단에서 생각들을 속히 모을 필요가 있을 때.

⑦ 합의를 얻거나 있는가를 알아보려고 할 때.

⑧ 문제해결과 민주적 과정에 대한 개인들의 안정감과 확신을 발전시키려고 하는 것이 가치 있는 일로 생각될 때.

⑨ 민주주의적 과정을 강화시킬 필요가 있을 때.

⑩ 기술의 변화를 통하여 동기유발을 자극하는 것이 적당하다고 생각될 때.

⑪ 개인적 요구에 흥미가 큰 집단상황에서 잘 표현되지 못하거나 충족되지 못한 것이 보일 때.

⑫ 큰 집단에서 전달과 인간관계 기술이 잘 분배되어 있지 않음이 명백할 때. 집단의 이질성을 충분히 활용하기를 원할 때 서로 다른 수준의 경험, 지식 또는 배경을 가진 사람들은 작은 집단에서 보다 용이하게 말할 수 있고 소수인의 입장을 표현할 수 있다.

이 허들방법에서 집단지도자가 할 일은,

① 전체집단에서 절차를 설명한다. 왜 그 방법을 사용하는가, 방법에 관한 설명, 소용되는 이 방법에서 얻고자 하는 점 등이다.

② 전체집단을 소집단으로 나눈다. 이것은 이미 앉은 좌석을 배치함으로써 되어진다.

③ 다음과 같은 지시를 준다. 상호간에 소개하여 서로 알 것, 소그룹 내의 상호작용을 격려하기 위하여 위원장을 선택할 것, 토의를 기록하고 전체회의에 보고할 서기 대변자를 선정할 것.

④ 이 지시가 분명히 이행되도록 하기 위하여, 위원장과 서기는 손을 들게 하여 확인한다.

⑤ 할 수 있으면 토의할 문제들을 등사한 것을 배부한다.
⑥ 허용된 시간을 다시 한번 말해 주며, 각 회원이 의견을 말해 줄 것을 제안한다.
⑦ 각 그룹으로부터 보고를 수집한다.
⑧ 중요한 모든 의견이 어떤 형태로든지 전체회의 앞에 제출될 수 있도록 시도한다.

3) 버즈그룹(buzz group) 방법

토의를 활발하게 하기 위하여 큰 집단을 작은 그룹들로 나누는 또 하나의 방법을 "버즈그룹" 방법이라고 칭한다.
이 말이 때로는 "허들"또는 "토의 66"으로 섞여 사용되고 있으나, 이 경우는 2명씩 하는 토의반을 위해서 사용된다. 이 방법의 특징은 다음과 같다.

① 대단히 비공식적인 방법이며 실질적인 전체의 참여를 보장한다.
② "허들"방법보다 전체적인 개인 참여를 위한 보다 큰 잠재력을 가졌으며, 보통 50명 또는 그 이하의 그룹에 적합하다.

이 방법이 선택되는 목적은,

① 비공식적인 분위기에서 개인적 참여 기회를 최대한으로 마련하기 위하여, 개인들이 전체집단과정에 참여하는 것을 조장하기 위하여 그들에게 가능한 지원을 주고자 할 때.
② 토의 문제의 여러 가지 다른 면을 취급하기 위함이며 배경, 지식 또는 견해에 있어 회원들이 갖고 있는 이질적인 특징을 가장 넓게 표현할 수 있는 기회를 마련하기 위함에 있다.

4) 심포지엄(symposium)

약간 명의 사람들이 한 가지 주제의 여러 가지 면에 대하여 행하는 일군의 담화 강연, 강의를 심포지엄이라고 칭한다. 흔히 사회자가 시간과 주제를 통제한다. 적절히 사용된다면 강연들은 20분을 초과하지 않도록 제한될 수 있을 것이며, 심포지엄의 전체시간은 한 시간을 초과하지 않는다. 이 방법의 특징은 다음과 같다.

① 비교적 형식적인 발제(發題)방법이며 쉽게 조직할 수 있다.

② 연속적인 발제를 통하여 조직적으로 비교적 완전하게 표현할 수 있게 해준다.

③ 복잡한 주제와 문제들이 논리적 구성분자로 쉽게 나누어질 수 있다.

④ 심포지엄이 있기 전에 참가자들 사이에 합의를 갖게 함으로써 발제의 구성을 쉽게 구성할 수 있다.

⑤ 중복과 반복은 최소한으로 축소되어야 하며 시간배정은 정확하고 논리적인 발제로 이끌도록 하여야 한다.

⑥ 심포지엄의 길이는 물론 주제에 대한 효과적인 통제는 심포지엄을 갖는 참가자 사이의 상호합의에 의해서 확보할 수 있다.

⑦ 청중의 관심과 참여를 일으키게 하기 위해서는 강사 또는 문제에 대한 감정이입(empathy)이 있거나 경쟁적인 의견의 차이가 있어야 한다. 그러므로 이 면에서는 그 유용성에 제한을 당한다.

⑧ 참가자들 사이의 상호작용이 극히 적다.

이 방법이 선택되는 목적은 다음과 같다.

① 기본적 정보—사실 또는 견해—를 제시하기 위하여 중단되는 일이 없이 비교적 완전하고 조직적인 생각을 표현할 수 있게 한다.

② 비교적 복잡한 주제를 다음과 같은 기반으로 나눌 수 있을 때. ㉠ 논리적 구성 분자, ㉡ 상이한 견해 또는 특별관심, ㉢ 몇 개의 제출된 해결안과 그 결과들.

③ 주제의 논리적 분할, 토의될 문제 및 시간 사용에 있어 비교적 고도의 통제를 필요로 할 때 또는 보다 일반적인 윤곽 또는 연관성 안에서 여러 가지 다른 견해를 모아 집중시키기 위해 필요한 것이다.

5) 공개좌담회(panal discusson)

사회자의 인도 아래 선정된 약간 명의 사람들(보통 3명~6명 정도)이 청중 앞에서 토의를 하는 것을 공개좌담회라고 부른다. 그것을 청중에 의해서 청취되는 비공

식적인 좌담회라고 묘사할 수 있다. 토의 형식은 대화적이다. 참가자들이나 사회자
가 연설하는 것은 허용되어서는 안된다. 이 방법의 특징은 다음과 같다.

① 분위기는 공식적일 수도 있고 비공식적일 수도 있다.
② 토의범위와 방법에 대한 통제는 공개토론 직전에 의논함으로써 또는 사회자의
   활동여하에 따라서 어느 정도 가해질 수 있다.
③ 패널토의에 참가자들이 질문과 지시를 무시해 버릴 수 있기 때문에 사회자에
   의한 완전한 통제는 있을 수 없다.
④ 공개토론은 주제에 관한 여러 가지 의견, 여러 가지 사실 및 여러 가지 다른
   태도를 노출하고 집중하게 하여 준다.
⑤ 패널 참가자들 사이에 최대한의 상호작용과 상호자극을 가능케 하여 준다.
⑥ 주제에 대한 활발한 극적인 발제, 의견의 차이, 경쟁 등은 흔히 문제에 대한
   청중들의 관심을 증가시켜 준다.
⑦ 패널토의는 합의하는 점, 합의하지 않는 점을 밝혀 주며, 의견의 일치에 이르
   게 하는 데에 유용한 방법이다.
⑧ 패널토의 참가자로부터 개별적으로 회의 전 사고와 사실의 수집을 요구함으로
   써 책임을 분배할 수 있다.

이 방법의 사용목적은,

① 집단과의 의사소통을 위한 비공식적인 분위기를 창조하기 위하여.
② 고려될 문제 또는 논의점을 밝히고 그것을 모색하기 위하여.
③ 정중에게 그 문제의 구성요소에 대한 이해를 주기 위하여.
④ 여러 가지 사실과 의견을 토의윤곽 안에 끌어오기 위하여.
⑤ 행동의 코스 또는 코스들이 갖는 이점과 불리점을 저울질해 보기 위하여.
⑥ 문제의 논쟁점에 대한 사실과 의견을 제공하기 위하여.
⑦ 문제들과 논쟁점들에 대하여 청중의 관심을 모으기 위하여.
⑧ 큰 집단을 건설적인 사고와 행동으로 자극하기 위하여.
⑨ 합의하는 부분을 알아내고 합의치 않는 부분은 토의하며 일치점을 향하여 노
   력하기 위하여.
⑩ 집단으로 하여금 어려운 문제를 직면하고 문제해결 과정에 가담하도록 강요하

기 위하여.
⑪ 아무도 변호하거나 반박하려고 하지 않는 대단히 어려운 문제에 당면한 집단을 돕기 위하여-패널은 책임을 분포시킨다.

이 방법의 사용법은,

① 이 기술이 적용될 회의 또는 회의의 일부분에 대한 목적을 분명히 파악한다.
② 그 목적을 달성하는 데 사용할 수 있는 다른 방안들을 고려하여 본다.
③ 집단이 패널토의에 적합하고도 중요한 제목을 택하도록 확인한다.
④ 패널참가자 선정에 있어 신중을 기한다. 가능하면 그 문제 또는 논쟁점에 대하여 관심을 가졌고, 사실 또는 소견을 가지고 있으며 또한 여러 가지의 견해를 대표하고 있으며, 또한 여러 가지의 경험을 가진 사람이 선택되어야 할 것이다. 그들은 협력적이어야 하며, 집단 앞에서 그들 자신의 생각을 표현할 용의를 갖고 있어야 할 것이다.
⑤ 의장 또는 사회자로는 패널을 존중할 줄 아는 사람, 한쪽 편을 들지 않는 사람, 신속하고 분명하게 생각할 줄 알며 적절한 사색을 요구하는 질문을 할 줄 알며 결론을 잘 내릴 줄 아는 사람으로 택한다.
⑥ 패널 참가자 및 사회자를 사전에 선택하여 그들에게 발제하기 전에 충분히 연구하고 생각할 수 있는 기회를 주어야 한다.
⑦ 패널 참가자를 테이블 앞에 앉힐 때는 그들이 서로 보고 이야기할 수 있으면서도 청중을 쉽게 볼 수 있고, 또한 그들에게 보일 수 있도록 앉힌다.

6) 질의식 좌담회

이 방법은 흔히 사회자의 인도 아래 약간 명의 유식한 인사들(패널)과 1명 또는 그 이상의 사람(질의자) 사이에 상호 교환되는 질의식 토의이다.
보통 패널은 3명 내지 5명의 회원으로 구성되어 있으며, 한 사람의 질의자가 그들에게 질문을 제출하기 위하여 사용된다. 이것은 특수한 문제에 대한 정보를 얻는 데에 대단히 효과적인 방법이다. 이 방법의 역동적 특징은,

① 짧은 시간에 많은 문제를 취급할 수 있다.

② 질의자와 패널 사이에 상호작용은 충실히 발전시키도록 할 것이다.
③ 토의의 방향과 범위에 대한 제한된 통제가 유지될 수 있다.
④ 모든 참가자가 행동할 자유를 가지고 있기 때문에 완전한 통제는 있을 수 없다.
⑤ 내포된 경쟁적 분위기가 조성되는 결과로 보통 고도의 흥미가 조성된다.
⑥ 다른 어떤 것보다도 이 기술 아래서는 질문과 대답의 구체성이 가장 높을 것이다.

이 방법을 선택하는 목적은,

① 어떤 개인들의 탁월한 지식 또는 경험을 활용하기 위하여.
② 복잡한 문제의 여러 면을 탐색하기 위하여.
③ 당면한 문제의 세부분에 대한 관심을 자극하기 위하여.
④ 전문가들로부터 세밀한 사실을 얻기 위하여.

7) 공청회

약간 명의 사람들이 한 개인에게 질문하는 것은 공청회로서 알려진 집단기술을 구성하는 형식이다. 이 방법의 역동적 특징은,

① 이것은 근본적으로 공식적 방법이다.
② 이것은 위원회로 하여금 융통성 있는 통제를 토의에 가하게 한다.
③ 질의자들과 전문가 사이에 구두로 되어지는 상호작용으로 인하여 보통 많은 관심을 자아내게 한다.
④ 이것과 유사한 면담(interview)에 비하여 공청회는 질의자들의 지식, 기술 및 능력을 충분히 활용할 수 있다.
⑤ 이것은 협동적 사고와 신문을 격려한다.
⑥ 각 질의자는 다른 사람이 발언하고 있는 동안 자기의 질문을 생각할 시간을 갖는다.

이 방법은, 전체집단의 입장과 집단에 대한 의미 있는 연관성하에 관심을 자극하고 또는 정보, 사실, 의견을 얻거나 정책설명을 듣기 위하여 특히 어떤 분야에 관

하여 깊이 알아보고자 하는 욕망이 있을 때 이 기술은 비공식적으로 경험정보를 수집하는 일로부터 행정정책에 관한 반대의견 또는 정치문제에 대한 입장을 심문하는 일에까지 여러 가지 목적을 위하여 사용될 수 있다.

8) 대화

깊이 생각함으로써 의사교환을 하면서 토론할 줄 아는 견식 높은 두 사람이 집단 앞에서 특정한 제목을 가지고 토의하는 것을 대화라고 한다. 이것은 강의나 패널토의에 비하여 덜 격식을 갖춘 것이며, 그것 나름으로 여러 가지 독특한 역동성을 가지고 있다.
이 방법의 역동적 특징은,

① 대화하는 사람들이 직접, 용이하게 지식과 견해를 교환할 수 있게 해준다.
② 두 사람 사이에 상호협조와 책임의 분담을 가능케 해준다.
③ 개인 간의 상호자극을 가질 수 있게 한다.
④ 형식이 간단하여 쉽게 계획하고 진행시킬 수 있으며 보통 집단의 다른 회원 간에 큰 흥미를 일으키게 한다.

9) 면담(interview)

집단을 대표하는 면담자가 주어진 제목에 대하여 한 전문가에게 질의하는 것을 면담이라고 한다. 격식을 갖춘 집단에서 토의하는 데 있어서도 크게 활용될 수 있는 잠재성을 지니고 있다. 이 방법의 역동적 특징은,

① 강의나 강연보다 덜 공식적이고 대화보다는 더 공식적이다.
② 전문가와 면담자 사이에 보통 상호협조와 책임의 분담을 볼 수 있다.
③ 면담자가 토론의 수준과 분야를 다루는 속도와 진행의 방향을 결정할 수 없기 때문에 그에 의한 융통성 있는 통제가 이루어질 수 있다.

이 방법의 선택목적은,

① 집단에게 의미를 주는 연관성을 가지고 흥미를 자극하고 정보, 사실, 의견 또는 정책 발표를 얻기 위하여.
② 일관성 있게 한 골수로 생각을 발전시키기 위하여.
③ 회의의 구조에 있어서 집단의 시간을 절약하기 위하여.

10) 강의

유능한 강사가 청중 앞에서 강의 또는 연설을 행하는 집단적 행동이다. 이 방법의 역동적 특징은 다음과 같다.

① 일방적 의사전달이며 격식을 갖춘 기술이다.
② 집단에게 지식을 전달하는 가장 빠른 방법이다.
③ 집단교호작용이 추상적이기 때문에 강사 편에 고도의 실력이 요구되고, 고도의 청중의 협력이 요청된다.
④ 집단회원들과 집단 지도층은 내용과 방법에 대하여 통제력을 행사할 수 없다.

이 방법의 선택목적은

① 격식을 갖춘 직접적 방법으로 지식을 발표하기 위함이고 전문적 지식을 공급하기 위함이다.
② 한 문제 또는 전반적 문제영역을 확인하고 어떤 한정된 부면을 탐구하기 위함이다.
③ 집단을 감동시키고 집단이 어느 한 사람의 경험을 대신 나누이 기틸 수 있게 하기 위함이다.

11) 브레인 스토밍(brain-storming)

이것은 아무 구속을 받는 일 없이 가능성에 관하여, 어떤 제한도 두는 일 없이 자유스럽게 생각을 표현하는 것을 격려하기 위하여 고안된 소집단 상호작용의 형태이다. "브레인 스토밍"은 집단으로 하여금 조직적 또는 재정적 제한이나 기술 또는 능력의 제한으로 말미암아 저지를 당하는 일 없이 문제에 대한 여러 가지 해결안을 생각할 수 있게 만들어준다. 이 방법의 역동적 특징은 다음과 같다.

① 격식을 벗어나 통례적인 제약이나 억압에 구애됨이 없이 문제를 토의할 수 있다.
② 회원들 사이에 상호자극과 창조성에 대한 최대한의 기회를 마련한다.
③ 이 방법이 내재(內在)하여 있는 생각과 의견의 상호 교환으로 흔히 집단사기
와 단결심을 형성하는 데 가치를 가지고 있다.

이 방법의 선택 목적은,

① 최대한의 창조성과 상호자극을 갖게 하기 위함이다.
② 과거의 목적, 수단, 활동들로부터 완전히 이탈하여 새로운 가능성을 모색하기
위함이다.
③ 사고와 의사소통의 분위기를 만들고 제약으로부터 해방을 시킴으로써, 새롭고
역동적인 생각을 얻기 위함이다.

12) 역할연극(role playing)

인간관계의 일반적 분야에 있어 한 문제 또는 상황을 극화시키는 것을 역할연극
이라고 부른다. 여러 가지의 역할을 연기하는 것은 인간의 의사소통의 형태 중 가
장 오래된 것 중의 하나이다.

역할연극은 집단과 더불어 의사소통하고 집단을 동기 유발시킬 수 있는 방법 중
가장 효과적인 수단의 하나로서 인정되고 있다.

보통 2명 이상의 사람들이 한 가정적인 경우를 놓고, 실지의 경우에 있어 어떻게
되리라고 그들이 생각하는 대로 그들이 맡은 역을 행하면서 간단한 인간관계의 장
면을 연출하는 것이다. 그리하여 연기자들과, 관찰자들과, 전체 집단이 고려할 수
있는 즉각적이고도 대단히 적절한 일련의 자료들이 나타나게 된다. 보통 집단으로
부터 나오는 역할에 깊이 관여하게 되며, 그 관여는 보통 극화의 힘에 의하여 집단
에 전달된다.

이 방법의 역동적 특징은 다음과 같다.

① 융통성이 있고 허용적이며 실험을 할 수 있게 한다.
② 개인 및 집단의 심리적 관여를 격려하고 가능케 하여 주며 참여를 강화시킨다.
③ 구속감으로부터 해방시켜 주며, 연기자는 다른 사람을 가장하여 자기의 감정, 태도 및 신념을 나타내는 일에 많은 표현의 자유를 가질 수 있다.

이 방법의 선택목적은,

① 전체 집단에게 공통되며 분석과 토의를 위해 사용될 즉각적이고 경험적인 인간관계의 자료를 제공하기 위함이다.
② "말하는 것"보다 "보여 주는 것"을 통하여 의사소통을 촉진시키기 위하여 시범을 보이는 데 훨씬 안정감을 많이 느낄 수 있다.
③ 사람들로 하여금 그들의 개인적인 문제들을 실연(實演)할 수 있는 기회를 주기 위하여 자신들의 문제를 인식하지 못하거나 구두로 표현하지 못하는 사람들은 보다 극단적인 형태로 문제들을 제시할 때 더욱 잘 이해할 수 있게 될 것이다.

13) 오락적 활동

오락 활동은 음악, 게임, 촌극, 운동, 무용 등으로 심신의 피로와 정신건강을 위해 집단활동을 통하여 적절히 선택하고 시간조절, 지도하여 그 생산성을 증가시켜 준다. 현명한 지도자는 집단의 정규적 프로그램에 오락 활동의 여러 가지 방법을 제시하여 개인발달을 위한 잠재력을 개발할 수 있다.
또한 집단의 좋은 분위기를 만들어 참여를 증진시키고 의사소통을 조장하고 지도성을 양성하는 것을 도와준다.

14) 연구협의회(case conference)

완전히 사전에 계획된 강연들로 구성된 집회를 흔히 연구협의회라 부른다. 연구협의회는 참석한 모든 사람으로부터 전개되고, 참가자들이 관여할 수 있는 계획시간을 가져야 하며, 중요한 문제에 관하여 협의하고 결론을 내리고 평가하는 시간이 있어야 한다.

15) 협의회

Conference라는 말은 모이게 한다는 뜻이다. 우리는 대부분이 협의회란 지식전달, 의사결정, 정보교환, 사실발견, 문제 확인, 계획 또는 영적 감흥을 목적으로 모이는 것을 의미한다.

협의회는 강연과 일련의 해설과 또는 공개좌담회로서 시작된다.

16) 강습회

강습회는 특정한 사업 분야에 있어서 특수적 교육과 지식을 전하기 위하여 설계된 일련의 집회이다.

강습회를 통하여 여러 가지의 목표 또는 목적이 달성될 수 있다. 또한 문제를 확인하는 일과, 문제를 모색하는 일과, 문제를 해결하는 일과, 사람들이 행동할 수 있도록 감화시키는 일과, 또는 자각과 흥미를 일으키는 일에도 적절하다.

강습회는 일련의 집회이기 때문에 위에서 언급한 여러 가지 기술들을 활용할 수 있다. 특히 적용할 수 있는 것은 강연, 포럼forum), 공개좌담, 집단토의, 심포지엄 및 대담이 있다.

참고문헌

구자혁, 집단활동의 지도기술, 서울: 교육총서출판사, 1965.

김려옥, 심성계발 프로그램, 교육신서,106-107, 서울.: 배영사, 1982.

김형태·이재웅, 바람직한 인간관계(심성계발 및 집단상담프로그램), 충남카운슬러협회, 1983.

오기형, 집단활동과 지도력, 서울: 탐구당, 1967.

이형득, 집단상담의 실제, 서울·중앙적성연구소, 1979.

제22장 大學에서의 學生指導

1. 머리말

영국의 계관시인 존·메이스필드는 "지상에 존재하는 것 중에서 대학은 가장 아름다운 것이다"라고 갈파했다. 대학은 어째서 지상에서 가장 아름다운 것일까? 대학은 돈을 버는 곳이 아니요, 인생의 진리, 진실을 탐구하고 학문의 심오한 사리를 배우는 곳이며, 참을 알고 참을 깨닫는 곳이다.

대학은 진지한 지적인 대화의 장소이다. 우리는 대학에서 가르치는 스승을 만나고 정든 학우를 만난다. 또한 책을 통하여 위대한 사상가를 만나고 훌륭하고 고상한 인품을 얻는다. 대학은 또한 인간형성의 장소이다. 사람을 만드는 곳이요, 이상적인 인간형성의 상아탑이다.

대학에 있어서의 학생지도는 교수의 기능 중의 하나로서 막중한 책임과 의무가 부과되고 있으며 현실적으로 학문의 연구와 강의 이상의 비중이 가중되고 있는 이때, 교수들의 역할이 크게 이바지하여야 한다는 전제하에 학생지도의 문제와 해결 방안의 모색 및 대책을 강구하고자 한다.

2. 問題點 提起

학생지도의 과제는 크게는 대학전체의 이념적 문제로부터 작게는 학생 개개인의 현실적이고도 구체적인 문제에 이르기까지 그 영역과 범위가 굉장히 다양하고 넓다.

대학생의 학생지도 문제는 초·중·고등학교에 못지않게 대학에서도 부적응학생의 수가 양적으로 증가하고 있다는 사실이다. 타율적인 고등학교 교육을 통하여 억압된 감정이 대학에 들어와서는 모든 행동이 자율적 사고와 자유로운 대학생활이 전개됨에 따라 무엇을 어떻게 대처해 나갈 것인가에 대하여 의문을 갖게 되고 방황하는 시기이다. 뿐만 아니라 대학생활을 통하여 장차 미래에 다가올 직업 전망과 사회상에 대하여 삶의 추구에 대한 전망을 생각하게 되며, 사회의 구조와 현실의 복잡함을 맞이하면서 돌파구를 찾으려는 시기이기 때문에 진리탐구라는 대학교육 본연의 자세보다는 현재 또는 미래에 다가올 자신의 문제에 대하여 심각성을 갖게 된다. 따라서 부적응학생이 증가경향에 있으며, 전공학과에 부당정치(否當定置)되어 입학은 했지만 전공학과가 자기 적성에 맞지 않는 경향이 많음을 볼 수 있다. 또한 장래 진로에 대한 불안, 회의, 고민 등 대학졸업 후에 닥쳐올 장래의 진로에 회의가 심각하다. 학생들은 과외활동의 문제도 적극적인 활동보다는 내외적인 제약조건 때문에, 부진한 상태에 있음을 부인할 수 없다. 교수와 학생 간에 대화의 단절이라는 의미심장한 문제는 각 대학이 겪고 있는 문제이기도 하다. 사제지간의 긴밀한 대화의 시간이 없음으로 말미암아 학생들이 가지고 있는 문제를 이해하기도 어렵고, 불신으로 인한 대학의 기피현상마저도 원인을 찾아야 되겠고, 학생지도 기관 간의 협조체제가 미비하여 혼란을 겪고 있으며, 전체적인 방향제시가 마련되어야 하겠다. 또한 학생들의 신상의 문제, 불만의 요소가 어디에 있는가를 살펴 이에 대한 대책을 마련해 줌으로써 원만한 대학생활을 유지하도록 적극적인 뒷받침을 해야 한다. 또한 긍정적 태도와 자세로써 학교 내의 교육적 환경을 편리하고 쉽게 이용할 수 있도록 제반시설의 확충도 필요하다.

이러한 문제점을 토대로 하여 건전한 대학생활을 유지할 수 있도록 물질적, 정신적, 지적, 신체적 요구에 알맞은 적절한 지도를 각 대학에 설치되어 있는 학생지도 연구소를 중심으로 문제점을 분석하고 이에 대응하는 해결방법을 제시하여 교수들의 적극적인 참여로 참다운 대학생활을 영위하도록 이끌어 주어 대학생활이 인생의 황금기로서의 자부심과 긍지를 심어 주도록 노력하여야 하겠다.

그러면 이러한 문제를 해결하려는 시도 또는 방안으로서 몇 가지 해결방안을 탐색해 보고 실천하도록 행정적인 지원을 아끼지 말아야 한다.

3. 解決方案

대학생활은 자기완성의 시기요 낭만의 시대이다. 긍지 높은 자부심과 인격완성 엘리트라는 인식 속에 자기의 존재를 의식하는 시기이므로, 자기중심적이고 자기의 의견이나 판단이 옳다고 주장하는 시기이기도 하다. 그러므로 제한된 범위 내에서 얻은 지식과 경험을 토대로 하여 판단하는 경향이 있기 때문에 편협성을 배제할 수 없으나 그들 나름대로의 가치판단 및 사고방식은 기성인으로서 이해할 수 없는 문제가 많다. 따라서 학교생활을 통하여 사회를 보는 관점, 학교생활을 보는 눈이 근시안적이고 매우 비판적인 요소가 많음을 볼 수 있다. 이 시기의 학생들은 회의와 번민, 고민의 세계에서 약동하고 있으며 의문점을 많이 지닌 채 학교생활을 한다.

이들에게 완전무결한 지도대책을 강구하기에는 개별적인 차이가 있으므로 대략 공통적인 문제의 요소를 토대로 하여 대학 카운슬링의 기초를 중심으로 몇 가지 바람직한 방향을 제시하겠다. 이것을 실천에 옮김으로써 문제의 실마리는 풀어질 수 있다고 본다.

1) 신념, 희망, 사랑으로서의 對話

우리는 학생지도를 수세적(守勢的)인 안보의 차원에서부터 끌어올려, 인류의 장래와 국가백년을 내다보는 교육의 입장에서 신념과 희망과 사랑을 갖고, 우리의 책임 하에 함께 할만 한 일을 스스로 정해 가지고 합심하여 적극 실천해 나가야 하겠다.

흔히들 현대를 가리켜 소외의 시대, 단절의 시대라 한다. 사실 Buber가 말하는 "나와 너"의 전인적 관계나 "대화적 태도"는 일상생활에서 그리 쉽게 발견되지 않는다. 사람자체보다는 그의 이용가치가 중요하고, 같이 나눠 갖는 것보다는 계약과 교환이 습관화 되고, 알맹이 또는 본질보다는 내놓을 수 있는 증명서, 포장에 따라 사람을 가름하고, 과정보다는 결과를 중시하는 것이다. 사랑보다는 공격이, 정보다는 이지(理智)가, 협동보다는 경쟁이 우리의 삶을 지배하고 있는 것이다.

이러한 상황 속에서 사람들은 소외와 단절, 증오와 허탈을 주어진 것으로 체험할 수밖에 없다. 오늘날의 정신적인 부조화나 정신질병은 이런 시대상황의 산물이다. 따라서 이런 상황의 변혁 없이는 상담이나 정신치료는 불가피하게 중요한 역할로 받아들이지 않을 수 없다.

대학생활은 망망대해를 가는 돛단배와 같다. 고뇌와 번민, 불만과 불안, 욕구충족과 갈등을 겪고 있는 시기에 적합한 대화자로서의 인자한 카운슬러가 필요하다. 부모나 친구, 이성에게도 말할 수 없는 고민을 해소할 돌파구가 필요한데, 이를 상대해 줄 대상을 찾으려 헤매는 이들에겐 따뜻한 사랑의 대화가 필요하다.

사랑으로서의 상담은 내담자(client)를 위한 활동이다. 즉, 그들의 심리적 성숙 또는 성장을 돕기 위한 활동이다. 따라서 상담자로서의 교수는 내담자로 하여금 그들의 가치와 능력을 깨닫게 하고, 그 가치와 능력의 발휘를 억압하고 방해하는 무의식적인 욕구와 감정 및 적응기제(adjustment mechanism)를 통찰, 수정하도록 도와야 한다. 이런 목적을 달성하기 위해 그의 시간, 흥미, 노력, 관심 등을 기울여야 하며, 그들의 욕구와 감정을 충족 또는 좌절시켜야 하며, 상담을 완전히 자기 것으로 느낄 수 있을 때에야 비로소 자기들의 속마음을 개방할 수 있는 것이다. 따라서 교수들은 상담자로서의 기능을 가지고 관심을 갖고 그들의 가치와 능력을 온전히 이해, 수용하며 의사소통을 통하여 왜곡된 반응을 해소하고 경청을 통하여 진정한 의미의 실마리를 해소시킬 수 있다.

교수의 사명은 학생들에게 사랑으로서의 대화를 아끼지 말아야 한다. 그러기 위해서는 항상 구도자적인 태도가 요구되며 상담의 성패는 상담자가 어떤 사람이냐에 따라 크게 좌우된다. 즉, 내담자(학생)들의 가치와 능력을 얼마만큼 잘 지각하고 수용하며 그들의 욕구와 감정 및 적응기제 등을 얼마나 잘 이해하고 시의적절하게 충족시키고 좌절시킬 수 있느냐 하는 것은 교수의 태도와 역량에 달린 것이다. 이와 같은 카운슬러로서의 기능을 교수가 지녀야 하며, 항상 학생들을 대할 때 친절과 도움을 주는 반려자로서의 태도를 가져야 한다.

2) 서클活動의 活性化

각 대학에는 학생들의 과외활동의 한 영역으로 잠재적 교육과정의 기능인 각종 서클이 있다. 이념적, 봉사적, 전문적, 흥미적, 오락적인 다양한 서클은 전공학과를 떠난 차원 높은 특별활동이다. 이러한 서클활동을 보다 의미 있게 하는 것이 학생들의 요구를 충족시키는 관건이 된다. 현재 각 대학에는 40~50영역에 달하는 서클이 있다. 그런데 이 서클활동들은 대개 부진한 상태에 있다. 학생회 활동만 해도 일부 나서기 좋아하는 학생들의 독점물이 되어가는 듯하고 전체 학생들은 학생회 활동에 무관심한 상태에 있다. 서클활동이나 클럽활동도 여러 가지 제한조건 때문에 대학생들이 의욕적인 활동을 제대로 못하는 실정인 것 같다. 동호자끼리의 서클 활동을 하고 싶어도 대학당국에 등록을 해야 한다, 지도교수가 있어야 한다. 서클이나 클럽의 규약이 있어야 한다, 활동할 때마다 보고해야 한다는 등의 어려운 절차 때문에 표면적인 활동이 위축되거나 음성적인 활동으로 빗나가는 경우를 보게 된다. 대학생들의 내외적인 조건 때문에 부진한 상태에 있음을 부인할 수 없다. 이에 부응하여 조화 있는 과외활동을 장려하는 것이 바람직하다. 청년기에 속한 대학생에게는 정신 위생적인 측면에서 내면적인 욕구좌절과 갈등에 대한 발산이 필요하다. 즉, 배출구가 필요한 것이다.

서클지도 교수에게도 자유재량권을 부여하고 맡은 바 서클활동을 적극 지도할 수 있도록 재정적인 지원을 하여 책임감 있게 지도하도록 여건을 조성해 주도록 해야 한다. 서클활동은 잠재력을 키울 수 있고, 지도력을 향상시키며 원만한 인간관계와 대인관계, 사회성을 기를 수 있는 좋은 기회이므로 이를 적극 활성화하고 지도대책에 세부적 관심을 갖도록 한다.

3) 學生指導 研究所 機能의 活性化

학생지도 연구소는 서울대학교가 1963년 처음으로 미국의 가이던스 센터의 기능을 모방하여 설립된 학생지도 기능으로 각광을 받기 시작하였는데, 현재 몇 개의 대학을 제외하고는 각 대학에 설치되어 있다. 공식적으로 학생처와 독립된 학생지도 연구소는 "부적응 학생의 증가"라는 문제와 "장래 진로의 불안·회의·고민" 등의 문제는 각 대학에 설치되어 있는 가이던스 센터의 본래의 목적대로 운영결과 학생들의되어야 한다. 가이던스 센터의 기능은 개인적인 문제해standing)를 통한 성장, 발달을 촉진하는 일이다. 그리고 상담과 학생지도를 위한 전문적 연구, 사회에 필요한 작업지도와 제반 정보활동(information service)을 제공하여 궁금한 문제와 전문적 상담을 통하여 누적된 감정을 해소하고 자기발견을 통하여 자아실현 할 수 있도록 도와주는 전문적 연구기관을 이용하는 것이다. 학생지도 연구소를 연구 자체에만 몰두하지 말고 폭을 넓혀야 한다. 학생들의 모든 관심사를 해결할 수 있는 영역, 즉 취업지도, 교육지도, 해외유학지도, 인성지도, 이성지도, 건강지도, 종교지도, 성격지도, 사회·경제적 지도, 사회성지도, 도덕성지도, 장학지도, 인간관계지도, 오락지도, 전문학과지도 등 다양한 영역에 전문카운슬러나 해당되는 전공학과 교수를 배정하여, 원하면 어느 때이고 자유롭게 상담할 수 있는 기회를 제공하고 문호를 개방하여 활성화시켜야 된다. 뿐만 아니라 대학생들의 개인적 문제를 돕기 위한 상담의 실시, 각종 심리검사를 통한 객관적인 해결, 대학생들의 동태에 대한 연구 및 조사, 대학생들의 부직 및 취업알선의 주요업무가 필요하다. 이러한 문제를 효과적으로 지도하기 위해서는 아담한 상담실의 확충, 전문가인 카운슬러의 이용, 사회사업가, 정신과 의사, 교목, 교과 전문교수 등의 협력으로 전문적이고 구체적인 상담활동이 이루어져야 한다. 또한 이 연구소에서는 학생지도에 대한 중요한 정산결정, 방향결정에 필요한 기본 자료를 제공해 주고, 취업지도 정보센터를 만들어 각종 직업지도가 이루어지도록 연구해야 된다. 이를 활성화하도록 학교당국의 이해를 촉진하고 가이던스 센터의 기능을 널리 알려 대학생들이 활용하도록 홍보활동이 필요하다.

4) 白紙對話의 利用

강동중학교 주임교사 최준영은 「백지대화가 학생이탈행동 예방지도에 미치는 영향」이라는 연구논문을 통하여 생활지도에 획기적인 방법을 모색하였다. 그는 다인수 학급학생들이 1대 1의 상담활동이 어려운 현실 사정을 고려하여 백지에 자기의 욕구나 불만, 건의, 희망사항 및 고민 등의 문제를 기록하여 익명으로 표시한 후 지면에 대한 해답을 교사가 해주는 방법을 시도하였다. 각 개개인 또는 집단 내 문제요인을 찾아내고 노력한 결과 사제 간의 인간관계가 개선되고, 학생들의 생활이 밝고 명랑해졌으며, 자기 마음속에 있는 뜻을 부담 없이 수시로 백지에 글이나 그림으로 표시하게 되었다. 또한 학생들의 심리경향을 예측하고, 학생 개개인이 가지고 있는 문제 또는 집단 내의 문제점을 조기에 찾아내는 데 백지대화가 아주 좋은 방법이라는 결론이다. 이러한 백지대화 방법을 이용하여, 대학생들에게 각종 문제의 해결을 위한 방법으로 백지대화함을 만들어 학생회관 및 상담실 또는 각 대학 교학과에 설치하여, 누구든지 문제점에 대해서는 대화할 수 있는 기회를 주고 결과를 처리하여 돌려주는 방법을 도입하는 일이다. 이러한 방법을 이용하면, 구태여 상담실을 찾거나 지도교수를 방문하지 않아도 비밀이 보장되는 백지대화에 고민이나 건의, 필요사항, 문제점, 희망사항, 요구조건을 익명으로 기입한 백지를 모아 전문가가 분석하여 해결방안을 모색해 주면, 지면의 대화를 통하여 억눌렸던 감정을 어느 정도 해소할 수 있을 것이다.

5) 學生과 敎授座談會 開催

교수와 학생 간의 대화의 단절이라는 이야기는 오늘에 부각된 현실로서 이에 대한 해결이 시급하다. "교"와 "육"이 합쳐야 한다는 것처럼 형식적인 지도교수, 분담교수가 아니라 실질적인 지도교수의 역할이 필요하다. 대화의 단절에서 오는 오해와 소원감, 경원시와 무관심에 따라 빚어지는 갈등은 무서운 결과를 빚게 된다. 따라서 앞에서 언급한 바와 같이 사랑으로서의 대화, 진심에서 우러나오는 대화의 광장을 만들기 위해 월 1회 정도 "교수와의 대화" 시간을 제정하여 인생문제, 철학, 학문의 문제, 결혼관, 직업관, 사회문제, 시국관 등을 터놓고 대화하는 기회를 제공하여 학생과 교수 간의 거리를 축소하고 진지한 대화를 통하여 인간수련의 기회를 갖도록 마련하는 것도 바람직한 일이라고 본다.

6) 大學內 學生指導 機關間의 協調體制確立

학생처가 담당한 주요업무는 사무 및 집단지도적인 측면이며 학생지도 연구소가 해야 할 업무는 보다 개인적, 내면적인 측면과 전체 학생의 방향을 어떻게 할 것이냐 하는 정책결정을 위한 자료제공 등이다. 대학 내의 누구의 주선하에서든지 협조체제를 확립하여 상호간에 적극적인 의견교환과 지도방안이 강구되어야 한다. 서로 간의 주도권 쟁탈과 자기 부서만이 학생지도에 만전을 기할 수 있다는 독선은 버려야 한다. 어디까지나 행정적인 면에서는 학생처가 담당해야 하겠지만, 내부적이고 세부적인 전문적 지도는 학생지도연구소의 연구기능과 활동에 맡겨 전문적인 봉사토서의 기능을 발휘히도록 전문성을 인정해야 한다. 아울러 가이던스 센터의 기능을 보완하고 추진하도록 각종 시설과 인적자원의 활용을 서둘러 공급하고 학생들은 누구나 상담실을 마음 놓고 이용할 수 있도록 홍보활동을 펴나가야 한다. 아직 우리나라는 자발적인 참여보다는 지시적이고 관료적인 인습에서 벗어나지 못하여 자유로운 민주적 태도가 결핍되어 있어 적극적인 자세로 참여하는 습관과 태도를 길러 주어야 하며, free - talking하는 행동을 육성하도록 기회의 시간을 제공하는 일이 시급하다.

학생지도 연구소는 학생들의 문제를 위해 설립된 연구기관이요 각종 정보의 센터이므로, 누구나 전공에 관계없이 문을 두드리고 참가할 수 있는 인간자원개발의 장소이다. 이 기관이, 학생들의 지도에 대한 자문기관이며 이곳에 해결의 열쇠가 있음을 인식하여야 한다.

7) 教授의 人格의 涵養

교수는 인격을 갖춰야 학생과의 갈등을 해소할 수 있다. 학생들이 교수로부터 학문뿐만 아니라 인격도 배우려고 노력하여야 한다. 교수가 공자님 말씀대로 안빈낙도를 지키고 자기의 뜻을 지켜 인생관, 사회관, 국가관을 철저히 세운다면 교수와 학생 간에 갈등이 있을 수가 없다. 학생들의 행동을 막을 수 있는 교수는 학문 연구에만 몰두하는 "공부하는 교수"이다. 따라서 학생지도에 임하는 교수 자신은 자신 있게 학생들의 귀감이 될 수 있는가를 반성해 보아야 하며, 학생들이 교수들을 불신하는 풍조를 잘 이해하여야 한다. 세대 간의 간격이라는 차원의 문제로서 교수들이 학생을 이해 못하고 무조건 복종을 강요하고 권위와 위신만을 내세워 학생들의 의견을 무시하는 데 문제가 발생한다. 불신보다 서로 비판하고 용납하고 양해하면서 이어가야 한다. 그렇지 않으면 역사와 전통의 단절을 초래하게 된다. 인내와 양보, 수용으로 학생들의 위치를 인식하고 교수다운 태도와 행동을 나타내야 한다. 믿을 수 있고 실력 있는 교수상이 학생에게 비추어짐으로써 학생들의 학문적 욕구에 충족되는 실력자가 되어야 한다. 그러므로 학생들의 학문적 성장에 부족됨이 없고 불만을 해소시킬 수 있는 방편이 된다.

4. 맺음말

대학에 있어서 학생지도는 학생들로 하여금 그들 자신을 객관적으로 스스로 자신의 문제를 해결하도록 하는 데 있다. 또한 대학에서는 엘리트라는 자부심과 긍지를 가지고 장차 보다 풍부한 생활을 영위할 수 있도록 이끌어야 한다. 그러기 위해서는 해결방안에서 제시한 바와 같이, 학생들을 지도할 때 신념, 희망, 사랑으로써 대화를 통하여 교수와 학생 간의 인간관계의 유대강화를 가져올 수 있도록 할 것이며 학생지도 연구소의 기능과 역할이 중요함을 인식시켜 적극 활용하도록 제도화할 것이다. 그리고 서클활동의 형식적, 고식적인 태도를 벗어나 능동적, 의욕적, 적극적인 참여의 자세로 키워나갈 것이다.

대학 카운슬러를 배치하여 항상 학생들의 요구와 문제를 중심으로 받아 줄 수 있게 하며, 백지대화함을 설치하여 누구나 문제성을 지녔거나 문제해결을 요하는 일이 있을 때 건의·문의할 수 있게 하며, 욕구불만 요소의 해소를 위한 대화의 광장을 마련하여 교수와의 대화를 연결시키고, 교수 자신의 학문적 연수를 통하여 학생들이 학원에서 불만이 없도록 미연방지에 힘쓰는 것이 바람직한 학생지도의 방안이라 하겠다.

문제의 핵심은, 청년기 후반에 놓인 대학생들의 욕구에 충족되는 제반 시설의 확충, 인적자원의 보충과 충실, 장래의 진로문제의 밝은 전망을 가져다 줄 때 대학생은 오로지 학구적인 자세로 지향하게 될 것은 틀림없는 사실이다.

제23장 大學生活과 學生指導

1. 序論

대학은 인간의 지성과 그 지성이 관여하는 온갖 인간 능력을 계발하는 정신적 생활의 도량이며, 인간과 자연의 질서를 탐구하고 삶의 권리를 개발하는 창조적 생활의 본산이며, 인류의 경험과 그것을 통하여 형성된 문화 그리고 이와 더불어 추구해 온 가치를 이해하고 비판하여 전승 발전시켜 온 문화사적 전통의 주축으로 그 역할을 담당해 왔다.1)이처럼 대학의 역할과 기능은 그 어느 시대에서나 거의 같은 방식으로 기대되고 있다. 영국의 계관시인 존·메이스필드도 "지상에서 존재하는 것 중에서 대학은 가장 아름다운 것"이라고 갈파했다. 대학은 인생의 진리·진실을 탐구하고, 학문의 심오한 사리를 배우는 곳이며, 참을 알고 참을 깨닫는 곳이라고 하였다. 그러나 현대적 의미에서의 대학은 이상을 추구하는 반면에 현실에 놓여 있는 문제는 한 나라의 문화를 계승·창조하고 내일의 동량을 양성하려고 한다.

그런데, 대학교육의 성패는 대학생의 개인적·집단적인 문제 해결을 통한 원만한 학업생활과 대학사회에의 온전한 적응에 크게 달려 있다2)는 것은 재론의 여지가 없는 일이다. 대학에 있어서 학생지도는 교수의 기능 중의 하나로서 우리 사회에서 크게 기대를 걸고 있으며, 현실적으로 학문의 탐구 및 연구의 기능과 교수 (teaching)의 기능, 사회봉사의 기능과 함께 교수들의 역할이 크게 좌우되고 있음을 상기해야 될 것이다.

---

1) 크리스챤 아카데미 제공, '한국대학의 방향과 과제', 신교육연구, 1982년 7월호, 교육연구사, p.19.
2) 정원식, '한국 대학사회에서의 학생생활연구소의 역할', 대학학생 생활연구소 기능 정립을 위한 학술심포지엄, 충북대학교 학생생활연구소, 1982. 7. 2. pp, 3~4.

2. 問題點 提起

대학사회에서 학생생활 연구소가 존재하는 것은 전문적 학생지도의 업무를 담당하는 기관으로서의 기능을 수행하기 때문이다. 대학생의 학생지도 문제는 중·고등학교에 못지않게 개별 및 집단 지도의 필요성을 절감하고 있다. 과거의 대학은 소수의 인간이 학문을 추구하는 인적자원에 불과했지만 현대사회는 산업화·전문화 상승에 따라 고학력사회로 치닫고 있으며, 대학교육 역시 보편화 되고 숫적으로 급격한 변화를 가져왔다.3) 이로 인하여 대학교육은 전문교육과 함께 고등보편화 교육으로 옮겨지고 있는데, 부적응 학생의 수가 점차 양적으로 크게 증가하고 있는 것이 대학의 현실정이다.

타율적인 고등학교교육을 통하여 제한되고 억압된 감정이 대학에 와서는 모든 행동이 자율적 판단과 사고와 자유로운 대학생활이 전개됨에 따라 무엇을 어떻게 대처해 나갈 것인가에 대하여 의문을 갖게 되고 방황하게 된다.

더욱이 밝혀진 조사에 의하면 대학생 중 약 **40%**의 학생이 자신의 전공을 잘못 선택하였다고 후회하고 있으며, 약 **95%**의 학생이 이해해 주는 교수가 없다는 것을 불평하고, 약 **50%**가 대학교육에 대하여 불만이 있다고 하며, 약 **70%**의 학생이 개인문제의 해결을 위하여 도움을 받고 싶은 상태에 있다는 것 등이 밝혀진 바 있다.4)

이와 같은 대학생들의 내적인 고민과 문제는 외적으로 격동하는 정치적·사회적 변혁의 가세에 의하여 더욱 고조되고, 학생들의 방향감을 모호케 하는 요인이 되어 왔다.

따라서 이러한 관점에서 볼 때 대학생활에서의 학생생활지도는 더욱 관심의 초점이 되고, 이를 도와주는 전문적 학생생활연구소의 필요와 지도 내용을 기대하지 않을 수 없게 되었다. 또한 문제의 범위도 건강, 가정, 결혼, 교우 관계, 여가 선용, 학업, 장래문제, 직업, 인생관, 종교 등 전문적 도움을 필요로 하는 일이다.

또한 학생들의 과외활동의 문제도 적극적인 활동보다는 내외적인 제약조건 때문에 부진한 상태에 있음을 부인할 수 없다. 교수와 학생 간의 대화의 단절, 불신으로 인한 대화의 기피 현상, 학생생활지도의 미온적 자세와 기능의 결핍 등을 감안하여, 학생들이 바라고 원하는 바에 따라 대응할 수 있는 전문적 대화와 조언의 장

---

3) 1945년을 100으로 기준할 때, 1981년 현대 학생 증가율은 초등학교 400%, 중학교 3,260%, 대학교(4년제) **6,854%**이다. 문교부 기획관리실, '교육백서 부록시안'1980년 참조, 문교부 '문교통계연보'1981. 참조.
4) 정원식, 전게서, **p.4.**

소가 마련되어야 할 것이다.

원만한 대학생활을 유지할 수 있도록 학교내외의 교육 환경과 시설을 정비하여 쉽게 이용하고 적절히 학생 생활의 문제점을 분석·해결할 수 있는 연구소 활동으로 보완될 수 있도록 함이 타당하다고 본다.

이러한 문제점을 중심으로 대학생들이 대학생활을 효율적으로 보내고 낭만과 이상에 더하여 자기완성과 자기실현의 광장으로서 만끽할 수 있도록 도와주고자 하는 방안을 탐색, 실천하도록 권장해야 한다. 이에 따라 학교 당국의 이해와 협조가 절실히 필요한 것이다.

3. 解決方案의 摸索과 展望

학생생활 연구소의 시작은 서울대학교 학생지도연구소(Student Guidance Center)가 1963년 효시로 우리나라에 도입되었다. 서울대학교 설치령에 의하면, 이 연구소에서 계획하고 시행한 지도활동을 다음과 같이 10가지 측면에서 보호·육성하도록 제시하고 있다.5)

① 학생지도 원칙 및 지도 방안의 수립, ② 학생의 개인적 문제를 파악·분석하고 도와주기 위한 제반 대책의 수립, ③ 개인상담, ④ 집단지도, ⑤ 다른 대학에 대한 전문적 학생지도의 조장시범, ⑥중·고등학교의 학생지도의 실태 조사 및 개선책의 제안, ⑦ 학생 지도요원의 양성, ⑧ '학생생활안내'등의 발간, ⑨ 심리검사의 실시, ⑩ 학생문제연구집회 개최 등으로 당시의 활동 계획은 비교적 광범위하였고 선도적 역할을 해왔음을 알 수 있다.

이와 같은 학생지도 기관의 설립은 대학운영 담당자들이 전문적 학생지도의 필요성을 인식하였다기보다는 문교 당국의 행정적 종용이 크게 작용하였다고 할 수 있다.6)

그러나 현 상태는 그 차원을 벗어나 학생생활 연구소는 학생 문제를 종합적으로 연구하는 기관과 전문적인 조력을 제공하는 서비스 기관으로 발전되어 오고 있는데, 1982년 현재 학생생활 연구소가 설치된 지 20년이 되는 해이다. 최근의 조사에

---

5) 상게논문, pp.6~7.
6) 상게논문, pp.8~9.

의하면, 전국의 82개 대학(종합대학 32, 단과대학 50)에 학생생활 연구소가 설치·운영되고 있으며, 미설치 대학은 20여 개에 불과하다.7)

따라서 학생생활 연구소는 사회적 필요와 요구에 의하여 각 대학별로 학생처와 분리하여 독립적으로 그 전문성을 유지하면서 제 기능을 다하고자 노력하고 있는 실정에 놓여있다. 그러나 아직도 행정 당국이나 대학 책임자들의 이해가 부족하고, 또 예산상의 이유로 소극적이고 미온적인 태도를 취하고 있는 대학도 흔히 볼 수 있다. 황응연, 오필호8) 전국 학생생활 연구소의 문제점으로서 연구소에 대한 인식 부족, 연구소 운영 조건의 미비(조직, 기구상의 미비점, 전문 요원 부족), 연구소 시설 및 재정의 영세성 및 연구소 기능의 다양성 결여를 지적하였다.

또한 이들은 조사 자료를 토대로 학생생활 연구소의 기능 강화 방안으로서 ① 조사활동의 강화(신입생, 재학생의 실태 조사, 학생들의 문제, 요망 사항, 의식구조 조사), ② 상담활동의 강화(개인·집단검사활동, 상담활동의 문제 영역 확대, 개인·집단상담활동의 강화), ③ 집단지도활동의 강화(시국관 정립을 위한 집단 지도, 교양·학술강연회, 소집단 대화, 정신건강 지도, 국내외 연수 활동 지도), ④ 직업보도활동의 강화 (부직, 취업 정보의 제공, 정부 기관 기업, 산업체와의 유대 강화, 취업 준비 및 알선 활동), ⑤ 연구 활동의 강화(상담 지도 활동을 위한 연구, 지도 교수제의 효율적 운영을 위한 연구, 신입생·재학생 오리엔테이션, 프로그램의 개발 연구, 진로·장학제도의 개선연구), ⑥ 출판·보급 활동의 강화(연구지의 출판·보급, 신입생 오리엔테이션 책자의 출판·보급, 학생지도 자료의 출판·보급, 뉴스레터의 출판·보급) 등 6개 방안을 제시하고 있다.

이장호9)는 대학상담의 새로운 추세로서 ① '정신의학적·심리분석적 모형'에서 '교육적 모형'으로의 변화, ② 상담실 내담자만을 대상으로 하는 상담에서 학급·서클·기숙사 생활 등에 대한 보다 직접적인 개입, ③ '치료·교정적'인 목적의 상담활동에서 '예방·훈련·교육적'인 측면에의 강조, ④ 소수의 개인상담보다 대다수의 학생을 위한 집단상담 및 교양지도 등을 지적했다.

위와 같은 전문가의 결론은 결국 재정의 영세성 및 전문 요원의 부족, 연구소 기능의 몰이해를 포함하므로, 현재 학생생활 연구소가 악순환을 겪고 있다. 그러나 쉽게 해결될 수 있는 방안은 얼마든지 있다고 본다.

---

7) 전찬화, '대학학생 생활연구소의 활동과제와 전망', 대학학생 생활연구소 기능정립을 위한 학술 세미나, 충북대학교 생활연구소, 1982. 7, 2. p.46.
8) 황응연 외, 대학학생 생활연구소의 활성화방안연구, 학생생활연구소(이화여대), 1981. 17권, pp.1~23 재인용.
9) 이장호, 상담심리학입문(서울: 박영사, 1982).

4. 專門的 指導 프로그램의 方法

학생생활 연구소의 기대되는 역할에 대하여 언급하겠다.10)

① 상담과 심리검사의 서비스는 학생생활 연구소의 고유의 역할이다.
② 학생생활 연구소는 대학의 학생지도 정책 수립에 있어서 적극적으로 관여하여, 전문적 학생지도의 개념을 대학사회에 보급하는 역할이 기대되고 있다. 학생처의 방침 수립에 적극적으로 관여할 수 있는 통로가 마련되어야 한다.
③ 각종 정보활동은 전문적 학생지도에 있어서 불가결의 서비스이며, 이러한 역할을 학생생활연구소가 담당할 것을 기대받고 있다. 학업 생활, 교우 관계, 직업 선택의 생애의 설계, 건강 생활, 대학생으로서의 예절과 태도에 관한 정보 등 정보활동에 의해서 전문적 지도의 역량을 발휘해야 할 여지는 크다.
④ 전문적 학생지도의 센터로서의 역할이 기대되고 있다. 즉, 대학은 지역 사회의 학문적 연구의 센터가 되어야 한다. 학생 문제에 대해 깊이 연구하고, 학생 실태 조사, 개인상담의 사례보고 등 여러 집단활동의 효과를 검증하는 일에까지 광범위한 문제를 포괄할 수 있어야 하며, 위축된 현실을 극복하고 활성화하여야 한다.

대학생활은 자기완성의 시기이며 낭만의 시대이다. 긍지 높은 자부심과 인격 완성, 엘리트라는 인식 속에 자기 존재를 의식하는 시기이다. 또한 자기중심적이고 정의가 충만한 때이다. 이와 같이 제한된 범위와 환경 속에서 판단하는 경향이 있기 때문에 그 편협성을 배제할 수 없다. 그러나 그들 나름대로의 가치판단 및 사고방식을 기성인으로서 이해할 수 있는 데까지는 이해해 주어야 한다. 이들의 지도대책으로서, 전문적 프로그램을 통한 사례중심으로 몇 가지 발전적 모델을 제시하고자 한다.

① 신념, 희망, 사랑으로서의 대화
② 각종 서클활동의 활성화
③ 학생생활 연구소 기능의 적극적인 지원과 이해로서 제반 활동의 내용을 원만히 수행하도록 학교·행정 당국의 행·재정적 지원의 강화

---

10) 정원식, 상게논문, pp, 12～14.

④ 학생과 교수 좌담회 개최

⑤ 대학 내 학생지도기관 간의 협조체제 확립 및 분리 운영

⑦ 학생생활 연구소 기능과 역할에 따른 대학생들의 참여 의식 강화

⑧ 학생생활 연구소 활동에 필요한 적극적인 홍보활동과 필요성 제고 등이다.11)

위에서 열거한 내용은 광범위한 학생지도를 위한 제언이며, 마땅히 대학생활에서 이루어져야 할 과제들이다.

이러한 전문적 방법이 예산 부족, 전문가의 부족으로 당장 불가능할 경우 다음과 같이 기존 연구소 활동 프로그램을 우선 효과적으로 확대·실천하는 것이 중요한 과제일 것이다.

① 소집단 대화

② 학생이 관심을 갖는 내용으로 교양강좌 개최

③ 학생처 책임자, 분담 지도교수, 학생 대표자 간의 간담회(학생 참여를 위한)

④ 학사경고를 받은 학생에 대한 집단상담 실시

⑤ 졸업반을 위한 산학 심포지엄

⑥ '효과적 학습 방법', '논문 작성법', '대학 생활 안내'등의 소책자 발간 및 배부

⑦ 이데올로기 관계 서적 및 대표적 철학·예술·문학 작품을 함께 포함하는 '교양도서해제'의 발간 및 배부(종합평가)

⑧ 분담 지도교수, 학생지도 관계자를 위한 '대학생 면접의 지침', '우리 대학의 학생 현황'(의식 구조 지도상의 참고자료 등을 포함) 같은 소책자 및 프린트물을 작성, 전 교수에게 배부 및 봉사 활동

⑨ 기숙사 및 생활관에 투숙 중인 학생들을 대상으로 한 출장상담(매주 1회씩 집단상담 등)

⑩ 하계·동계방학 중 신입생(또는 고교 진학반) 학부모들을 대상으로 한 간담회 개최

⑪ 신입생 및 졸업반 대학생의 특성 조사(성격, 태도, 가치관, 포함) 등12)이다.

그밖에 기대되는 활동과제는,

---

11) 김충기, '대학에서의 학생지도'교육연구, 서울: 신교육연구사, 1982년 7월호, pp.24~29.
12) 전찬화, 전게논문, pp.56~57.

① 불안통제훈련: 이것은 대학생들이 각종 시험 및 생소한 대인관계에서 경험하는 불안을 통제할 수 있는 획기적인 방법이다.

② 자기표현훈련: 이것은 문자 그대로 자기표현을 잘 하지 못하는 많은 대학생들에게 필요한 훈련이다. 즉, 자연스러운 감정 표현, 정당한 거절, 적절한 요구를 할 수 있도록 하기 위한 방법이다.

③ 취업면접의 훈련: 대학 상급반 학생들에게 면접장면에 대한 불안이나 긴장을 감소시키고, 자기 능력을 충분히 발휘하여 전달하는 훈련을 시킨다.

④ 심리극: '문제장면'에 대한 바람직한 행동 양식을 자연스럽게 학습하고, 비생산적인 행동 반응을 자연스럽게 소거하는 방법이다. 대학생들의 자발성 회복, 공감적 대인행동의 학습, 울분의 발산 등에 효과적인 접근 방법이다.

⑤ 소집단 인간관계 훈련: T-group.감수성 훈련(sensitivity training), Encounter group (대면집단) 등의 이름으로 불리는 특수집단 교육의 훈련이다. 이것은 '나', '타인', '집단(조직)'과 이 삼자관계에 대한 감수성 및 의사소통을 향상하는 데 있다.

이밖에 속독법 훈련, 진로계획집단, 리더십 연수회 등을 개최하여 학생들의 요구와 필요에 알맞은 다양한 활동 프로그램을 제시하여 지도하도록 한다.

끝으로 최근 미국의 학생지도의 경향을 밝혀보고, 학생지도 이론이 우리나라에 그대로 적용될 수는 없지만 가이던스 시초 (고향)인 미국의 이론을 열거하면서 참고가 되도록 방향을 잡아나가고자 한다.

미국의 학생지도 경향은 ① 심리치료를 주목적으로 하던 피동적인 자세에서 학생발달을 궁극적인 목적으로 하는 적극적이고 능동적인 방향으로 전환했으며, ② 개인 학생만을 주 대상으로 하던 상담활동보다는 대학체제 전체를 대상으로 하여 캠퍼스 환경을 발달적인 방향으로 변화시키는 데 더 치중하고 있다.

따라서 ③ 학생 발달에 영향을 미치는 대학사회의 여러 요인들을 발전적으로 변화시키기 위하여 카운슬러들은 나와 학생, 교수, 직원, 행정가들에게 스스로 찾아가서 자문하고, 훈련하고, 강의함으로써 그들로 하여금 캠퍼스의 환경을 자력으로 변화시킬 수 있도록 돕는 방법을 활용하고 있는 것이다.

이와 같이 학생지도는 어느 나라이든 관심의 대상이며, 목적하는바 전인적 발달을 촉진하도록 돕는 것으로 바뀌어져 가고 있다. 따라서 문제를 가진 학생과의 개인적 면담대신에 학생들로 하여금 자기 자신을 이해하고 자신의 교육 계획을 수립하고 생의 목표를 설정하는 일과 같은 여러 가지 발달과업을 성취하도록 돕기 위하여 활동 지향적 프로그램의 활용에 치중하고 있다.

5. 結論

이제까지 현대 사회에서 대학생들의 학생지도에 관한 필요성과 학생생활 연구소의 활성화 방안을 위한 내용을 제시하면서 그 전문성을 강조하였다.

그러나 전문성 제고에만 목적이 있는 것이 아니라, 실제적으로 대학생들이 대학생활을 통하여 부딪치는 문제들을 몸소 해결할 수 있는 방안을 다각도로 탐색하고 개발해야 한다. 따라서 미래의 생활인 또는 직업인으로서의 소양과 능력, 인격을 함양해 나가는 데 도움이 될 수 있는 방법을 찾아 소화시키며 적응하는 데 총력을 기울여야 할 것이다.

또한 학생들의 모든 관심사를 해결할 수 있는 영역, 즉 학업, 유학, 인성, 이성, 건강, 종교, 성격, 경제, 사회성, 도덕, 장학, 인간관계, 취업, 오락, 가치관, 이데올로기 등 다양한 지도 분야에 전문 카운슬러나 해당 학과 전공교수들의 적극적인 협조와 성실한 지도 바탕 위에서 실마리는 풀려지리라고 본다.

뿐만 아니라 대학생들의 전문적 성장을 돕기 위해 상담과 대화의 광장을 널리 제공해야 될 것이며, 대학 카운슬러의 전문적 지도를 받아야 할 것이다.

따라서 학생생활 연구소는 그 본래의 기능과 역할에 따라 수행할 수 있도록 행·재정적인 뒷받침이 이루어져야 그 목적하는바 실천적인 프로그램이 본궤도에 오르게 될 것이다.

학생들은 이와 같은 중요한 기관을 적극 이용하도록 참여의식을 강화해야 할 것이며, 종래의 소극적인 태도에서 적극적인 태도로 전환하여야 소기의 목적을 달성할 수 있다.

대학은 인간의 자아발견의 터전이요, 자아성장의 무대이다. 선수입지(先須立志)와 자강불식(自强不息)과 대기만성의 의지를 가지고 바람직한 인생의 변화와 자기의 인생설계에 큰 변화를 가져오도록 전공 분야를 마스터할 것은 물론 대학 생활 적응에 Spoon feeding식의 수동적이 아닌 능동적인 상황에서 매사를 견뎌 나가야 한다.

대학에 있어서 생활지도는 학생들로 하여금 자기경신과 자기충족, 자아 현실의 통로로 이끌도록 능동적·적극적인 태도 함양과 참여에 주안점을 두어야 한다.

제24장 大學生 生活指導, 教授가 외면해서야

흔히 대학교수의 기능을 교수(teaching), 연구(research), 사회봉사(social service)라고 한다. 그런데 요즘에는 교수의 기능으로 학생지도의 기능을 더 첨가함으로써 교수는 4가지 기능을 수행하도록 되어 있는 것 같다. 물론 대부분의 교수들이 전통적인 대학교수의 3가지 역할에 대해서는 이의가 없을 줄 믿는다. 그런데 여기에 생활지도의 기능까지 첨가한다면 교수가 교사냐고 반문하는 학자들도 있을 것이다.

그러나 교수도 학자이기 이전에 교육자임에 틀림없을 것이다. 교사는 교육자이고 교수는 학자라고 굳이 역할을 구분할 수도 있겠으나, 교수도 피교육자인 대학생을 가르치는 교육자임에는 틀림이 없다. 그러므로 교수도 당연히 교육자이어야 하고 동시에 학자로서 주어진 전공 분야의 학문을 전달하고 탐구하며 창의적인 지식을 창출해야 할 책임이 있는 것이다.

교수의 역할이나 기능도 시대의 변천에 따라 마땅히 변화되어야 한다. 본래 대학의 사명은 진리 탐구로서, 대학은 학문의 전당이요 상아탑적인 존재였다. 그것은 바로 대학이 소수 엘리트 양성의 본고장으로서 사회의 유능한 지도자나 학자를 기르는 것을 본래의 사명으로 삼았던 18세기 고전주의적 전통 속에서의 이념이었다.

그러나 현대 사회에 와서는 대학교육이 점차적으로 엘리트 양성 교육이란 개념에서 벗어나 마틴 트로우의 말과 같이 대중화·보편화 교육으로 변천되고 있다. 그리하여 산업사회 속에서의 대학은 학문을 위한 학문의 도장이라기보다는 대중화 기능을 수행하고 있는 것이다. 그렇다고 대학교육이 단순 기능공 양성을 위한 직업 교육이 되어야 한다는 의미가 아니다. 넓은 의미의 직업 교육으로서의 참 기능을 수행하게 되었다는 것이다.

현실적으로 볼 때 과연 학생들은 대학을 졸업한 후에 어디로 갈 것인가? 두말할 나위도 없이 4년간의 전공 분야와 기초교육, 교양교육을 받은 후 졸업을 하면 대부분이 일생의 생활 유지 수단인 직업을 찾아 나아갈 것이 분명하다. 즉, 취업을 하기 위하여 온갖 정성과 노력을 다할 것이다. 그렇다면 대학은 전문가로서의 기능을 연마시켜, 장차 전문직에 종사하게 될 때 그 동안 배운 전문 기술을 유감없이 발휘하여 선택한 직업에 종사할 수 있도록 하는 것이 당연한 일일 것이다.

대학이 단순히 진리탐구나 학문의 연구에만 치중하여 모두를 학자로 양성한다는 것은 이미 설득력을 잃고 있다. 학문의 길은 대학원 이상의 학구적인 연마 속에서 해당된 전공 분야의 학문을 연구하는 것이어야 한다. 이렇게 볼 때, 대학은 고도 산업 사회에서의 선도적 역할을 위해 전문직에 유능하게 적응할 수 있는 전문가를 길러내야 할 것이다. 그런데, 현재 대학이 복잡한 산업사회에 적절하게 적응하지 못하고 있다는 비난이 산업체에서 일어나고 있다. 다시 말하면, 기업체나 산업 기관, 정부 기관 등의 직장에서는 대학 졸업자들이 취업 현장에서 쉽사리 적응하지 못함으로 인해 기업체나 산업체 나름대로 계획을 세워 적응을 위한 재교육을 실시한다고 한다. 이러한 사내연수 등으로 기업체 별도의 예산 지원이 수십 억 원에 이르고 있으며, 현실적으로 대학교육과 산업체의 연계성이 없다고 주장한다. 그래서 대학에서 도대체 무엇을 어떻게 가르쳤느냐는 등의 비난을 산업체로부터 면치 못하고 있다. 이것은 대학교육이 전통주의에 사로잡혀 산업 기관의 요구에 부응하지 못하고 있음을 의미한다.

따라서 산학협동지원체제의 필요성이 강조되고 있으며, 아울러 이러한 체제의 결여는 현실의 문제점으로 지적되고 있다.

이와 같이 대학의 기능이 과거의 전통적 기능만을 고수해서는 안되는 것과 마찬가지로 대학교수의 기능도 산업사회의 변화에 따라 그 기능이 달라져야 할 것이다.

외국 대학의 경우에는 학생처장도 생활지도 전문가로 임명되고 전문 분야의 박사학위를 가진 많은 생활지도 전문가들이 전문적으로 학생지도를 하고 있다. 즉, 학생지도가 생활지도 전문가에 의해서 이루어지고 있는 것이 대부분이다.

그러나 한국 대학의 학생지도 현황은 외국의 경우와는 다르다. 교수 대 학생 비율이나 학교 당국의 운영 방침이 선진국의 그것과 상당한 차이가 있고, 의식구조나 사고방식도 다를 뿐만 아니라 우리나라의 대학은 생활지도 전문가도 많지 않고 학생생활 연구소의 기능이 활성화 되어 있지도 않기 때문에 전문가의 노력과 힘만으로는 역부족이다.

왜냐하면, 현재 형식적으로 대학생 지도를 위한 기구로서 학생생활지도 연구소가 설립되어 있으나 생활지도에 대한 비전문가가 연구소의 보직을 담당하고 있기 때문에 학생지도의 기능을 충분히 발휘할 수 없다. 뿐만 아니라 비록 생활지도 전문가가 보직을 맡고 있는 경우라도 재정적인 지원이 부족하여 학생지도 기능을 제대로 수행할 수 없는 여건에 있다. 또한 학생의 수에 비하여 전문가가 절대적으로 부족하므로 학생 상담이나 생활지도를 원만하게 수행할 수가 없으며, 학생생활지도 연구소의 역할만으로는 전체 학생의 지도를 전문적으로 실행해 나갈 수가 없는 형편에 있다.

그리고 학생들이 학생생활지도 연구소의 역할이나 기능을 잘 모르고 있는 경우가 많아 잘 이용되고 있지도 않다. 따라서 홍보활동 등을 통해 그 기능을 활성화시켜야 할 것이다.

학생지도의 문제는 비단 우리나라 대학만이 안고 있는 문제는 아닐 것이다. 세계 여러 나라 대학에서도 나름대로 많은 문제점을 갖고 있을 것이고 각 나라의 특성과 환경에 따라 학생지도의 형태도 다를 것이다. 그렇기 때문에 굳이 우리가 남의 것을 쫓아갈 필요는 없다고 본다. 다만 우리나라의 여건과 특수성에 알맞게 외국의 경우에 대한 정보를 조절하고 선택함이 필요하다.

이와 같은 여러 가지 상황 때문에 우리는 교수의 역할 가운데 하나를 더 첨가해서 학생지도의 부담을 안게 된 것이다. 그리고 이러한 막중한 임무를 철저히 이행하기 위해서는 최소한의 학생지도를 위한 지식이나 기술을 연마하고 실천할 수 있는 제도적인 장치나 지원이 필요하게 되었다.

근래 교수들에게는 분담 지도교수라는 명칭 아래 학생지도의 기능이 부여되고 전공분야의 학생에 대해 개별적인 상담을 통하여 문제점을 의논하고 함께 걱정도 해주면서 학업이나 과외활동, 진로 및 적응상의 문제가 있으면 수시로 도와 줄 수 있도록 제도가 마련되어 실시 중에 있는 것으로 알고 있다. 그런데 대부분의 교수들은 여기에 대해 거부감을 느끼거나 도외시하는 경향이 있다. 학교 당국에서 의무적으로 실시하라고 하니까 마지못해 학생들을 호출해서 기계적인 질문을 제시하고 시간을 보내는 것을 되풀이하고 있다. 개중에는 형식적인 틀을 벗어나지 못하고 연구에 바쁘다는 핑계나 구실을 내세워 학생들과의 대화를 성의껏 해주지 못하는 교수도 있는 것 같다. 그리하여 학생들도 교수와의 대화를 꺼려하거나 아예 회피하는 경우도 많다고 한다. 그래서 교수와 학생과의 대화는 점점 멀어져만 가고 있는 것이다.

그러나 분담 지도교수제가 학생지도의 필요에서 자발적으로 파생된 것이 아니라 타의에 의한 반강제적, 지시적인 담임선생의 역할로서 대학생의 소요 방지를 위한 제도적 장치로 이해되고 있는 것이 사실이다. 학생들이나 교수들의 진정한 필요에서 생겨났다면 능동적이고 적극적인 방향으로 이끌어 나갈 수가 있었을 것이나, 그것이 와전되어 그 기능을 제대로 수행하지 못하고 있는 것 같다.

본래 대학은 교수와 학생의 만남의 장소이다. 교육은 훌륭한 인격과 인품, 학식을 소유한 교수와 학생의 격의 없는 진실한 대화 속에서 이루어지는 것이다. 그렇기 때문에 교수와 학생의 만남은 필연적인 것이다. 그런데 왜 교수와 학생 간의 대화가 단절되고 있는 것일까? 학생들은 교수들과 가깝게 접촉을 하면서 대화를 통하여 인생을 깊이 있게 논하고 생의 의미를 탐색하고 학문을 토론하며 모든 것을 배워야 한다. 그럼에도 불구하고 학생들이 교수에게 등을 돌리고 대화에 응하지 않는 원인이 무엇인가를 파헤쳐 우선 반성을 해야 될 것이며, 근본 대책도 세워야 할 것이다. 대화는 수용과 이해, 친절과 공감, 신뢰 속에서 이루어지는 것이다.

그런데 많은 교수들이 현학적인 자세로 도도한 위치에서 학생들을 대하고 있기 때문에 학생들이 자연스럽고 허심탄회하게 접근하지 못한다고 한다. 교수는 교육과 연구에만 몰두하면 되는 것이라고 고집하면서 생활지도는 자신의 책임 밖의 것으로 착각하는 교수도 많이 있는 것 같다. 그리고 학생이 전공 학문만 익히면 그것으로서 대학은 사명을 다한 것이지 중·고등학교처럼 일일이 간섭해야 될 일이 아니라는 등의 그릇된 사고방식으로 말미암아 청소년기를 아직 벗어나지 못한 대학생의 발달 심리적·정서적 상태를 적극적으로 이해하지 못하는 이들이 많다. 그리하여 대학에서의 생활지도가 도외시되고 있는 것이다.

그러나 대학생은 아직도 종속적인 피교육자임에 틀림없다. 아직도 독립적으로 사리를 판단하고 학문 연구나 미래의 진로 문제에 대해 스스로 결정하고 처리해 나갈 능력이 완전히 갖추어진 상태가 아님을 인식하여야 한다.

그들은 학창생활을 통하여 따뜻하고 포근한 교수의 인간미 있는 꾸준한 사랑과 열성, 포용성을 기대하고 있다. 학생들을 이해하고 수용하면서 허물없는 의사소통이 이루어질 때 학생들의 문제는 스스로 풀릴 것이다. 이런 식의 논리는 매우 단순하면서도 실제로 지켜지기는 매우 어려운 것이다.

그러나 대학교육도 이제 대중 교육인 이상에는 교육자와 피교육자의 만남의 광장을 보다 성숙되게 이루어 놓아야 한다. 그렇게 하기 위해서는 해당 전공 분야의 교수들이 학생 생활지도의 책임을 몸소 느껴야 될 것이다. 따라서 교수들은 기본 교양으로서 학생지도에 대한 기본지식을 습득하고 대화의 기법 또는 상담의 기본원리나 방법 등에 능통할 수 있는 소양을 쌓아야 될 줄로 믿는다.

오늘날 우리들은 역사상 일찍이 없었던 전환의 시대에 놓여 있다. 산업화 사회로의 변화에 이은 고도 기술 사회로의 진입은 정치·경제·사회·문화·교육 등 모든 영역에 걸쳐 거대한 변혁에로 우리들을 몰아가고 있다.

복잡다단한 산업 사회에 현명하게 대응하기 위해서 대학생들의 학문적 적응, 인생의 문제, 진로의 문제, 사회적 문제, 가치관의 문제, 이데올로기의 문제 등에 관한 문제 해결에 반려자가 되어 주어 요구를 포용하고 진정한 토론과 대화가 솔직하게 전개된다면 문제의 실마리는 풀어질 수 있다고 생각한다.

학원의 자율성을 보장해 주고 학생들의 고민과 요구를 경청하고 포용력 있게 수용해준다면 학원의 소요는 근절될 것이라고 판단된다. 저지하거나 성급히 해결하도록 강요한다면 문제는 풀리지 않을 것이다. 설사 나타난 문제점들이 힘에 의해 해결된다고 할지라도 그것은 일시적인 것이지 문제점들은 항상 잠재되어 있게 마련이다.

대학생 생활지도는 전공 교육 이상으로 중대한 의미를 지니고 있다. 제아무리 전공분야에서 성공적인 성취에 이른다고 할지라도 대학생활의 온전한 합리적 지도가 뒷받침되지 못한다면 전인으로서의 인간교육이 이루어질 수 없는 것이다.

그러므로 교수들이 생활지도의 역할을 깊이 있게 인식하고 학생들의 학사지도, 학문지도, 학생생활지도, 개인생활지도 등에 관심을 가지고 책임 있게 보살펴 준다면 학생들은 안정감, 만족감, 성취감 속에서 대학생활을 의미 있게 보낼 수 있게 될 것이다.

아울러 대학의 학생생활지도 연구소의 역할과 기능을 좀더 강화하고 뒷받침해 주어야 학생지도의 효율적인 성과가 나타날 수 있을 것이다.

제25장 大學生 指導의 問題點과 解決方案 研究

1. 序論

1) 研究의 意義 및 目的

대학생 지도의 문제는 어느 시대, 어느 사회를 막론하고 중요하지 않았던 때는 없었다. 이것은 비록 우리나라에 한정된 관심사가 아니라 범세계적인 경향으로서, 그 내용이나 범위는 다를지라도 각 나라의 대학들이 당면하고 있는 문제 중의 하나가 될 것이다.[1]

대학은 학교기관 중에 최고 학부로서 진리의 탐구와 학문의 도장으로 일컬어 왔으며 상아탑의 존재로서 존경의 대상이 되어 왔다. 그러나 해방 당시 7,800여 명의 대학생 수가 이제는 1백 26만 여 명으로[2] 늘어남에 따라, 대학인의 희소가치를 인정받지 못하고 보편화·대중화 교육으로 치닫고 있다. 이러한 보편화 추세에 따라 과거에 갖고 있었던 이상적 개념의 대학이념은 현대 산업사회의 구조 속에서 실질적인 생활의 방편으로서 생계의 유지수단인 직업의 선택이라는 명제로 귀착되고 있다. 그리하여 이제는 대학이 학문을 위한 장소라기보다는 오히려 보다 윤택한 생활을 보장받기 위한 터전으로서 자리 잡았다. 장래 사회의 전문인이 되기 위한 방편으로 대학을 선호하고 누구나 대학에 진학하기를 갈망하고 있는 것은 바로 이런 기대효과가 크기 때문이다.

특히 우리나라의 경우는 1960년대 이후 경제지상주의 정책에 힘입어 급격한 산

---

1) 황응연 외 2인, 대학학생생활연구소 운영 강화방안, 서울: 이화여자대학교, 1981. 10, p.7.
2) 문교부통계연보, 1983.

업화와 공업화의 과정을 겪게 되었으며, 사회변동의 속도가 빨라졌고, 그에 따라 고급인력이 요구되면서 이에 부응하는 인력자원개발을 위해 대학생 수도 위에서 언급한 바와 같이 급속도로 증가하게 되었다.

그리하여 지금의 대학은 과거의 이념과는 달리 소규모의 엘리트를 양성하는 교육기관으로부터 벗어나 대규모의 교양·전문인을 양성하는 교육기관으로 변모하게 되었다.

이와 같이 현재의 대학이 대량생산적인 고급인력양성의 교육기관으로 변모하게 됨에 따라 대학생 지도의 문제는 이제 대학 내적인 관심사에 머무르지 않고 범사회적인 관심사로 등장하게 되었다.

해마다 새 학기를 맞이하게 되면 학교당국이나 문교부 또는 정부기관, 사회집단, 그리고 일반 사회인들은 대학생들의 학원소요에 매우 민감한 반응을 보이고 있다. 특히 1980년대 학원자율화 이후 학원 내 모든 변화에 지나친 관심과 우려를 표명하면서 지켜보고 있다.3)

이렇게 과민한 신경을 곤두세우는 원인은 학원의 안정이 곧 사회의 안정과 질서, 평화를 가져오는 촉매의 역할을 하기 때문이다. 학교 내부의 변화는 학교 안에서 국한되어야 함에도 불구하고 학원이 시끄러우면 사회 전체에 영향을 미칠 정도로 대학생들의 영향이 큰 것인가? 생각해 볼만 하다.

우리나라 대학의 학원문제는 학생 개인적인 입장에서나 사회·국가적인 측면에서 매우 중대한 영향을 끼쳐 왔다. 소규모적으로는 개인학생의 정학·퇴학 등을 초래했고, 나아가서는 휴교사태까지 몰고 왔으며, 더 크게는 국가정책의 위기에까지 이른 적도 있었다.

학원문제의 원인은 무엇인가? 크게 나누어 보면 학생 개인이 당면한 여러 가지 문제, 정치·사회적인 측면에서의 문제, 더 나아가서는 세계정세문제 등으로 구분할 수 있다. 그렇지만 학원문제유발의 주요 원인 가운데 빼놓을 수 없는 문제는 학원 자체가 가지고 있는 학생지도상의 체계적이고 조직적인 문제의 결여라고 볼 수 있다.

문교부에서는 학원문제 해결에 고심하면서 막대한 인력과 재정적 지원을 아끼지 않고 있으며, 각 대학들도 막중한 노력을 해왔음은 부인할 수 없는 뚜렷한 사실이다. 그럼에도 불구하고 우리나라의 학원문제는 여전히 문제가 쉽게 풀리지 않고 전보다 과격해지고 위험을 안고 있으며 밝은 전망을 찾아보기가 힘들다. 사실 학원이 안정

---

3) 김충기, "대학에서의 학생생활지도기능활성화", 대학교육 13호, 서울: 한국대학교육협의회, 1985. p.67.

되면 사회도 안정되고 모든 문제가 평온하게 유지될 것 같다. 이러한 학원의 안정을 위하려면 저변에 도사리고 있는 근본문제를 찾아내고, 그 문제를 중심으로 과학적이고 객관적인 방법으로 우리가 당면하고 있는 문제해결에 노력해야 할 것이다.

그렇게 하기 위해서는 대학에서 강의를 담당한 교수와 그 강의를 뒷받침해 주고 있는 대학행정가들과 교직원은 물론 학원안정과 전문적 학생지도 또는 생활지도를 담당하는 카운슬러의 적극적인 활용으로 모든 학생지도에 임하는 길만이 학원문제를 근본적으로 해결할 수 있는 여건이 되며, 마땅히 그렇게 이루어져야 할 시기가 온 것이다. 아울러 학부모의 관심과 협조가 철저하게 뒷받침되어야 한다.

학생지도대책에 대한 연구는 최근 많이 쏟아져 나오고 있지만, 대부분이 관주도형 관료적 체계하에서 지시적인 금지사항만을 제시하고는 의무적으로 준수하라는 식의 지도방안들은 이미 설득력을 잃은 지 오래다. 툭하면 전국대학총학장회의나 전국학생처(과)장회의가 열려 문교행정관리의 주도하에 협의나 지시사항들이 이루어져 왔고 문제해결을 위한 대책이나 방안들을 다각도로 자유롭게 토론하면서 노력해 왔으나 진정한 학생들을 위한 지도대책이 사심 없이 전개되지는 못한 것 같다. 회의라고는 하지만 대부분이 지시전달이요, 학생지도를 위한 건의사항이나 하의상달(下意上達)은 좀처럼 이루어지지 못하고, 회의내용은 대부분이 학원소요의 근절책으로서 물리적인 억제책만이 주류를 차지하고 있다고 해도 지나치지는 않을 것이다.

그러나 참된 의미의 학생지도는 학원소요의 근절만이 대학생 생활지도의 전부가 아니다. 물론 일부는 될지언정 학생지도의 근본이념은 아닌 것이다. 워낙 학생들의 소요현상이 학원 내의 모든 질서와 파괴를 일으키고 이것이 학원 밖으로 확산될 때 사회불안, 질서의 혼란, 나아가서는 정치적·경제적·사회적 문제로 연속되어 심하면 국가의 안녕과 안보차원의 위기를 불러일으킬 소지가 있기 때문에 미연에 방지하는 일은 아무리 강조해도 지나치지 않는다.

그러므로 고질화 되어 있는 학원소요의 문제가 왜 그렇게 빈번하게 일어나는가에 대한 근본적인 문제를 정확히 객관성 있게 파악하여, 근본 문제를 내부적으로 치료하고 선도하며 해결하는 방향으로 나아가야 할 것이다.

그런데, 주지하는 바와 같이 학원문제를 다룰 때 외부적인 경찰력에 의한 방어나 대학 행정가들의 충고나 지시사항, 또는 학생과 직원들의 만류만으로 근본 문제를 치유할 수는 없는 것이다. 그것은, 외형적인 질서나 파괴는 임시방편으로 근절시킬 수는 있어도 영속적인 치료는 될 수 없다. 학생들의 요구조건이나 불만, 과격행위를 유발하게 된 동기나 내용, 목적을 수용하고 이해하면서 정직하고 성실하며 진지한 의사소통으로 발달심리학적인 측면에서, 또는 다각적인 전문적 상담활동을 통해서 해결의 열쇠를 찾도록 노력하여야 할 것이다.

학생들은 이유 없는 반항의 세대로서 정의감, 순수성, 의욕, 욕구, 소망이 가득 찬 희망찬 시기로서 변화가 다양한 주변인인 것이다. 그만큼 이들의 지도는 다양성이 있어 대단히 어렵다는 것을 인식하고 인내와 이해를 바탕으로 지도에 임해야 한다. 또한 학원문제는 시대적·사회적·문화적·국가정책적인 제 여건에 따라 변동될 가능성이 있다는 것을 인식하고, 그에 따라 지도방법도 다양하게 적용하여야 할 것이다. 학생지도는 어떤 방법에 앞서 지도하고자 하는 사람들의 진실성, 공정성, 신뢰성, 존경과 인간성, 포용성, 관용, 이해성이 높은 기초 위에 생활지도에 관한 전문인으로서 보완되어 적극적인 자세, 수용적 이해, 심리적인 요소가 크게 작용된다고 본다.

본 서에서는 지금까지 발표된 학생지도방안들을 종합분석해 보고 거기에 따르는 지도상의 문제점들을 해결하고 대학생활의 근본이념에 부합되는 방향에로의 지도모형을 제시하여, 본래의 건전한 대학의 학문풍토를 조성하는 데 이바지하고자 한다.

따라서 본 연구의 목적은, 대학생 지도의 문제점이 무엇인가를 재조사하고 이를 해결할 수 있는 방안을 모색하기 위해서 대학의 이념문제, 학생의 발달적 측면, 학생본연의 임무수행 측면, 적응생활면, 사회를 보는 시각, 학생운동적 측면 등을 탐색하며 대학생 생활연구 기능을 통한 지도방법과 대책을 마련하여 보다 건전한 대학교육의 정상화를 구현하기 위해서 시도한 것이다.

2) 研究의 方法 및 範圍

(1) 研究의 方法

본 연구는 요즈음 학원의 문제가 정치·경제·사회·문화·교육면에 크게 영향을 미치고 있으므로, 문헌연구를 통하여 문제의 해결방안을 모색하기 위한 방법을 주로 대학의 학생생활연구소 활동을 중심으로 조직적인 체계를 강화하고 기능을 적극적으로 이용하는 데 강조점을 둔다.

그러므로 연구목적에서 제시한 내용을 분야별로 조사하고 학생생활 연구소의 역할과 기능을 제시하여 대학생 지도의 모형으로 활용되도록 접근시키기 위한 뒷받침을 마련하고자 한다.

(2) 研究의 範圍

본 연구는 이론적 기초 위에 각 대학생들이 당면하고 있는 문제, 즉 신체적·지적·정서적·사회적 문제를 포함한 발달심리학적인 측면과 학업, 직업, 여가 선용, 서클활동, 종교, 가치관, 진로, 부업(아르바이트), 이성, 이데올로기, 학생운동 등에 관한 문제를 포괄적으로 다루고자 한다.

2. 大學의 理念과 機能 및 役割

1) 大學의 理念과 機能

오늘날의 대학의 문제는 우리나라에 국한된 문제가 아니라 세계의 문제이기도 하다. 일찍이 독일의 훔볼트의 견해와 같이 상아탑으로서의 대학의 이념과 사명에 있어서는 순수하게 연구와 강의의 장소로 생각되었다. 말하자면 영원의 진리에만 봉사하는 장소라고 생각되었다. 그러므로 대학은 사회의 실생활에서 격절된 상아탑이었으며 또한 대학의 연구는 직접으로 사회에 영향을 주는 의도를 갖지 않았다. 때문에 거꾸로, 사회도 직접 대학에 관여하지 않으므로 거기에 이른바 학문의 자유가 인정된 것이다. 학문의 자유란 강의의 자유와 학습의 자유의 양면을 가지고 있다. 교수들이 무엇을 연구하며 무엇을 어떠한 방법으로 가르치느냐는 교수의 자유이다. 일종의 고전적 대학의 이념이었던 것이다.

그러나 현재는 이와 같은 대학의 이념이 시대의 변천에 따라 다소 달라져 가고 있다. 오늘날 대학은 진리탐구를 통해서 국가나 사회에 봉사하는 service station의 의미를 갖지 않으면 안된다. 여기에 사회봉사적 대학의 이념이 나타난다. 대학은 이제 직업대학으로서, 전문인 양성과정으로서의 기능을 수행하게 되었다.

흔히 대학의 중요한 기능을 퍼킨스는 다음과 같이 크게 네 가지로 구분하고 있다.

첫째는 학문을 창조하는 연구기능, 둘째는 학문을 전수하고 전문직을 배우게 하는 교육기능, 셋째는 학문을 응용 보급하는 봉사기능이다.4) 여기에 하나를 첨가하면 학생의 문제와 복지를 위해 지도하는 학생지도기능이다. 이 네 가지 기능이 서로 긴밀하게 유기적으로 통합될 때 그 기능들이 개별적으로나 전체적으로 그 가치

---

4) 정요섭, "학문의 자유와 정치활동의 자유", 광장 4월호, 서울: 세계평화교수아카데미, 1985. pp.36~42.

를 충분히 발휘할 수 있다. 그런데, 이들 기능이 균형을 잃거나 단순히 병행하거나 서로 떨어지게 되면 대학의 본연의 기능을 제대로 발휘하지 못하게 된다. 그러므로 대학의 이념이나 기능은 현실성을 배제할 수 없게 되기 때문에 위의 네 가지 요소는 포괄적으로 운영되어야 한다.

대학이 고등전문교육을 받은 인적자원을 배출하며, 학문 및 과학기술수준의 향상 등과 같은 지식자원을 축적시켜 나가는 기능을 수행하는 데서 국가·사회의 발전에 크게 기여하고 있음은 주지의 사실이다.5)

이와 같이 대학은 그 본래의 성격이나 사명으로 보아 학문 또는 진리라는 그 자체의 목적을 추구하는 한편, 사회발전의 올바른 방향을 명확하게 밝혀 줄 지적 통찰과 사회발전의 구체적 전략에 필요한 전문적 지식을 공급하여야 한다. 더욱이 교양과 인격을 갖춘 개인으로서의 행복을 추구하게 할 뿐 아니라, 사회 각 분야에 있어서 견인차의 구실을 할 수 있는 유능한 일꾼을 길러낼 사명을 가지고 있다. 또한 대학은 비판적 양심을 기른 곳이기도 하다. 참과 거짓, 진실과 허위를 준엄하게 가르고 참의 편에 서서 말하며 진실의 편에서 움직이는 용감한 민주시민을 육성하는 곳이기도 하다.6)

이런 의미에서 대학은 전문적 지식 기술을 연구하고 가르치는 데 그칠 것이 아니라 국가와 세계 그리고 인생 전체로서 바라보고 학문, 예술, 논리, 종교, 사회, 정치, 경제 등을 연관시켜 생각할 수 있는 시야와 종합적 연구를 가져야 할 것이다.

2) 大學文化의 特性理解

대학문화는 사회문화의 한 부분문화이다. 대학의 구성원들, 즉 교수, 학생, 행정인들이 지니고 있는 사고방식과 행동형태를 통틀어 대학문화라고 한다. 대학은 지식을 창조하고 전수하고 응용하는 사회조직으로서 나름대로 독특한 문화를 형성하고 향유한다.

대학문화는 시대에 따라 그 특성이 변천한다. 전통사회의 대학은 대체로 상류계층과 그의 자녀만을 위한 엘리트주의 교육을 실시함으로써 귀족주의적 문화를 누렸다. 그리고 사회의 실생활로부터 초연한 위치에서 순수 학문 또는 고전을 중심으로 한 인문적 문화가 주류를 차지하는 상아탑적 문화를 가졌다. 그러나 현대 산업화로

---

5) 홍웅선, "대학기능의 재조명", 대학교육 9월호, 통권 17호, 서울: 대학교육협의회, 1985. p.6.
6) 정요섭, 전게서, p.38.

인한 현대사회의 대학은 엘리트만이 아닌 모든 계층의 국민을 위한 대중교육을 실시함으로써 평등주의적 문화를 지니고 있으며, 자연과학을 포함한 모든 영역과 세계의 넓은 문화영역을 포괄하는 보편적 문화를 형성하고 있다. 그리고 현대의 문학은 사회의 개량과 대중의 복지증진을 위한 사회적 책임을 직접 짊어짐으로써 대학문화가 실용주의적 색채를 강하게 띠게 되었다.[7]

현대대학에서는 과거의 전통적 대학문화와는 달리 독특한 청년문화를 형성함으로써 대학생 문화가 대학문화의 두드러진 하위문화로 부각되는 경향이 있다.

대학생들의 독특한 의식구조나 가치관 또는 그들만의 특이한 언어·외양·취미활동·생활스타일은 교수나 성인들과는 다른 독특한 양식의 대학문화를 가지고 있어 세대적 차이를 느끼게 하며 이해하기 어려운 문제를 나타낸다.

한국 대학생들의 하위문화를 종합적으로 파악해 보면, 학문적·직업적·유희적·봉사적·정치적 하위문화를 구성하고 있다. 이를 구체적으로 분류하면 다음과 같다.

학문적 하위문화에 속한 대학생들은 학문에 뜻을 두고 학업과 연구와 독서에 큰 관심을 가지며, 직업적 하위문화에 속한 학생들은 장차의 좋은 직업을 위한 준비와 취업을 하기 위한 활동에 더 큰 관심을 가지고 있다.

정치적 하위문화의 대학생들은 정치적 이념의 실현과 정치제도의 개혁에 큰 관심을 가지고 때로는 과격한 행동을 하는 학생들이다. 봉사적 하위문화의 대학생들은 사회적·경제적 혜택을 받지 못한 계층의 복지향상에 콘 관심을 가지고 있다. 유희적 하위문화의 대학생들은 일상생활에서 만족과 즐거움을 추구하고 유희활동에 관심이 크다.[8]

이와 같이 한국의 대학생들은 대학마다 다소의 차이는 있겠지만 대체로 위와 같은 다섯 가지의 하위문화로 분류할 수 있다. 이렇게 볼 때 대학문화의 특성은 일률적으로 상아탑적 존재로서 학문과 진리탐구의 도장, 또는 엘리트 양성의 장소라고 규정짓기는 어렵게 되었다.

칼 야스퍼스의 말대로 대학의 이념이 전통적인 사회구조 속에서 주장했던 가치관, 즉 전문적 지식을 전수하고 인간 자체를 만드는 교양의 장소, 연구기관으로서의 학자 양성기능의 단편적인 임무만으로서 인정했던 대학은 이제 시대적 변천과 사회의 요구에 따라 현명하게 적응될 수 있는 체제로 변화되어야 한다고 본다. 결국에는 대학문화는 시대적 변천에 따라 현실적 요구에 알맞은 방향에로 적용되어 지식

---

7) 이상수, "대학문화의 미래", 대학교육 9월호, 통권 17호, 서울: 한국대학교육협의회, 1985. p.33.
8) 상게 논문, pp.35~36.

과 기술을 겸비한 유능한 실천인으로서 적재적소에 배치되어 사회인의 역할을 충분히 담당할 수 있는 전문인으로서 지도자가 되는 것이다.

Brown은 대학문화 유형을 사교활동 및 동료집단지향형, 과성취형, 가업계승지향의 학업상 모형 그리고 주체성 추구형 등 다섯 가지로 분류하고 있다.9)
Clark와 Trow는 학생들이 대학생활에서 전반적으로 지향하고 있는 가치와 이에 수반되는 행동유형을 나타내는 학생들의 하위문화에 의거하여 전문직업형, 학문형, 단체조직형, 비동조형으로 분류하고 있다. 따라서 Clark와 Trow의 분류 유형은 대학생활의 전체적 측면에 걸쳐 학생들의 가치지향을 파악할 수 있게 한다.

한국의 대학문화를 좀더 포괄적으로 파악하기 위해 외국의 그것과 참조하여 우리 사회에서의 대학의 특성을 감안하여 대학생의 유형을 직업지향형, 학문지향형, 교양지향형, 낭만지향형, 사회지향형, 예술지향형, 무지향형 등으로 분류할 수 있다.10)

3) 大學의 大衆化

대학의 대중화·보편화 추세는 최근에 이르러 더욱 가속화 되며 뚜렷해지고 있다. Martin Trow에 의하면 대학교육은 엘리트 단계(취학률 15% 이하)에서 대중화 단계(15~50%)를 거쳐 보편화 단계(50% 이상)로 옮아가고 있다고 한다.11)

이것은 1970년대 초 선진국에서의 대학교육의 기회 확충 추세를 고찰하였던 개념구분이었다. 그의 견해에 의하면 한국은 1980년을 고비로 대중화 단계에 돌입하였으며 보편화는 아직 요원한 셈이다. 그렇기 때문에 대학을 보는 시야는 달리 평가되어야 한다.

한국에 있어서 고등교육, 즉 대학교육의 기회가 개방되고 확대되기 시작한 것은 8.15광복 이후의 발전에 속한다. 앞에서 지적한 바와 같이 8.15당시 우리나라에는, 19교의 고등교육기관에 재적한 학생 수는 고작 7,819명이었다는 것이 공식적인 숫자로 되어 있다.

그러나 대학은 미군정하에 제1의 대학 붐을 맞았고, 6.25동란 중에 제2의 대학 붐을, 그리고 1980년대 초에 제3의 대학 붐을 거쳤으며12) 현재는 255개 대학에

---

9) Brown. Effective Superuision, New York: Macmillan Co., 1956.
10) 박용헌, 박성수, "대학교육문화에 관한 탐색적 연구", 교육학연구, 서울: 서울대학교 사범대학 교육연구소, 1983. pp.8~9.
11) 김종철, 한국고등교육연구, 서울: 교육과학사, 1984. p.185 재인용.
12) 김종철, "수월성 확립 위한 질적 제도 갖춰야", 당위성과 가능성, 서울: 단대출판부, 1986. pp.406~407.

126만명(전문대 포함)의 학생인구를 갖게 되었다.13) 이러한 증가는 해방 당시와 비교해 보아 약 164배의 증가율이다.

다음은 각 학교급별 학생인구의 증가 추세를[표 25 – 1]에 제시한 바와 같이 급격한 학생인구의 변화를 알아본 것이다. 이 표에 의하면 초등학교는 물론 중학교까지도 거의 완전 취학률을 나타내고 있다.14) 1983년 현 중학교는 약 98%의 취학률을 보이고 있으며, 고등학교는 77.2%, 대학은 30%, 그리고 유치원은 4~5세 평균이 12.7%로 나타나고 있다.

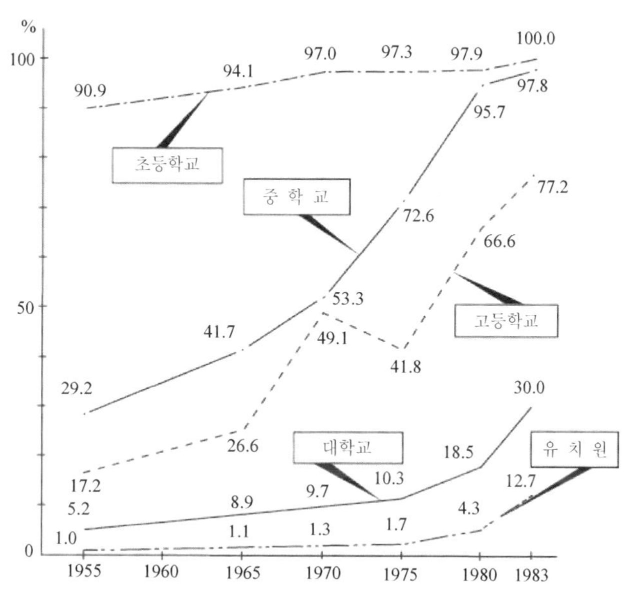

자료: 한국의 교육지표, 한국교육개발원. 1984. p.19

[표 25 – 1] 학교급별 취학률의 추이

이중에서 급격한 대학인구의 증가에는 여러 요인들이 작용했다.

첫째, 1960년대 이후 산업사회로 돌입함에 따라 산업기술이 발전되고 국민소득 수준이 점차 높아지면서 대학교육에 대한 학부모의 열망이 높아졌고, 이에 따라 매년 재수생이 누적되자 그것이 사회문제화 되기 시작하였다.

둘째, 국가발전과 교육을 연관지어 생각하기 시작하면서 고급인력을 양성해야 한다는, 국가의 고등교육에 대한 권장이 대학인구의 급증을 가져오게 하였다.

---

13) 김억환, "대학교육, 무엇이 문제인가?", 학생생활연구 제2집, 서울: 세종대학학생생활연구소, 1986. pp.68~69.
14) 한국교육개발원, 한국의 교육지표. 서울: 한국교육개발원, 1984. p.19.

셋째, 임금 등에서 비합리적인 학력숭배가 팽배됨으로써 학력우선주의를 지속시켰다.

넷째, 36년간의 일제 식민통치로 교육의 기회가 막혀 있었기 때문에 해방과 더불어 소와 논밭을 팔아서도 대학에 보내는 과열한 교육열은 오늘날까지 계속되고 있어서 학력경쟁을 촉진시키고 있다.

이러한 고학력 추세에 따라서, 대학생들의 특성을 잘 이해한 토대 위에 이들이 현명하게 학교생활이나 사회생활에 잘 적응할 수 있도록 하기 위한 조직적이고 계획적인 학생지도가 뒷받침되어야 한다.

3. 大學生 指導의 問題點과 特性

대학은 사회단체의 한 부분으로서 한국 사회에서 일어나는 변화의 물결로부터 격리될 수 없다. 하나의 사회 축소판이라 할 수 있기 때문에 대학에서 연구하는 학문활동과 과외활동, 서클활동 등은 장차 미래의 삶을 영위하기 위하여 준비하는 복합적인 과정으로서 필수적인 것이다. 그러므로 충분한 학문을 연마할 수 있는 자유로운 분위기와 함께 최대한의 자율성을 보장하고 잠재적 기능으로서의 제반 과외활동과 서클활동은 긍정적 차원에서 보장되어야 한다.

이러한 자율적인 활동을 통해서 학생들은 심신을 연마하고, 미래 직업사회에 현명하게 적응할 수 있고, 유능한 사회의 역군으로서 자질과 능력을 기를 수 있는 여건과 기회를 만끽하게 된다.

학생지도의 문제는 단순히 학교 자체만의 노력으로 해결되는 것은 아니다. 학교당국은 물론이려니와 가정에서의 학부모의 세심한 관심과 지도가 중요하며 나아가서 국가정책면에서의 배려 또한 중요한 요인이 된다.

그러나 일차적으로 전문적인 교육을 담당한 학교교육기관이 책임을 가지고, 특히 상담전문가의 효율적 이용과 지도에 전력투구해야 할 것이다.

일반적으로 현재 대학생이 당면한 문제들을 찾아보면 다음과 같다.15)

---

15) 김식현·차경수, 대학학생생활의 건전화방안, 문교부 정책과제연구보고서, 1983.

1) 教育指導上의 問題

대학은 근본적으로 학문하는 곳이므로 학생들은 학업에 열중해야 한다. 그런데 전공학과를 선택하는 과정에서 개인의 소질, 적성, 능력, 흥미, 성격, 포부에 알맞게 선택되었다기보다는 눈치와 배짱으로 대학과 전공학과를 선택한 경향이 많아서 대략 50% 정도의 학생들은 자기의 학문분야에 만족하지 못하고 불만을 표시하는 학생이 많다. 그러므로 학업에 소홀하게 되고 학업성취도가 낮아 흥미를 잃고 고민하게 된다. 따라서 학업부진학생, 소외되거나 고립된 학생, 의미를 느끼지 못하는 학생, 공부하는 방법을 몰라 고민하는 학생들이 많게 되므로 학업상의 문제점이 될 수밖에 없다.

2) 家庭的인 問題

교육의 기초 작업은 가정에서 이루어진다. 그러나 대학생을 지도할 여건이나 능력이 부족한 가정이 많다. 그리고 경제적인 면에서 교육을 충분히 뒷받침해 줄 수 있는 여건이 부족하므로 학비문제, 용돈문제, 기타 가정의 불화 등 가정의 경제적인 문제로 고민하는 학생이 많다. 뿐만 아니라 가정에서 자녀들을 이해하고 수용하며 대화를 통하여 문제를 해결해 줄 수 있는 분위기와 자세가 되어 있지 못하다.

3) 진로선택의 문제

대학은 학문의 전당이요 진리탐구의 도장이라고 한다. 그러나 실질적으로 보아, 대학을 졸업하면 누구나 좋은 직업을 얻기를 바란다. 그런데 최근의 대학졸업자의 취업현황을 보면, 매년 약 20여만 명의 졸업자 중 불과 30% 정도밖에 취업할 수 없는 좁은 문을 들어가야 하기 때문에 취업걱정이 태산 같다. 그래서 진로문제가 큰 고민이요, 진로불안공포에 싸여 있다. 대학에만 들어가면 남들이 부러워하는 좋은 직장, 대우 좋은 임금, 사회적·경제적 지위를 누릴 수 있다고 생각하는 학생들이 많은데 현실은 그와 같은 요구가 만족스럽게 이루어지지 못하는 상황에서, 누구에게나 졸업하는 학생들에게 고민을 안겨 주고 있다.

최근 각급 학교에서 진로지도에 관한 관심이 날로 높아지고 있다. 이것은 교육개

혁에 따른 입시방법의 변화, 경제적 급성장에 따른 직업세계의 다양화·전문화·세
분화, 재수생의 문제, 해외유학의 확대 및 대학원 진학의 증가추세, 여성의 직업세
계 진출과 관심도의 증가 추세, 특히 대학의 졸업정원제는 학생들의 경쟁의식을 고
취시켜 비인간화현상을 초래하였고, 고등학교와 대학에 있어서 진로지도의 중요성
을 대변해 주고 있다.

　학생들의 당면문제에서의 우선순위를 보면 1974년까지만 해도 진로문제가 당면
문제 1위로 나타나지 않았다. 그러나 1975~1981년까지 조사결과에 의하면 진로문
제가 1위로서 문제가 심각하다.16) 이것은 대학교육의 결과는 장차의 직업선택과 직
결되는 문제이기 때문이다.

　장래 전망에 대한 견해로서 이영덕이17) 전국 대학생을 대상으로 한 조사에서 보
면, 자신의 인생에서의 성공 여부에서 회의적으로 답하는 학생이 70%이며 56%의
남녀학생이 장차 어떤 직업을 선택하여야 할 것인가에 대해서 고민하고 있는 것으
로 나타났다. 이것은 학생들이 미래에 대한 불안과 자신에 대한 회의를 나타냄과
동시에 직업지도의 필요성을 입증해 주고 있다. 그러나 이러한 요구가 학교에서 잘
이루어지지 못하고 있다.

　졸업 후 진로계획에 있어서도 대학생들은 먼저 취업을 원하며 그 다음은 대학원
진학, 유학 등을 계획하고 있다.18) 따라서 취업이 안되면 더욱 대학원을 선호하게
된다. 학문을 하기 위한 대학원 진학보다는 취업의 기회를 얻기 위해 몸부림치는
것이다.

　한편 대학생들이 원하는 직업의 내용을 보면, 전체적으로 취미와 소질을 살릴 수
있는 직업을 희망하는 사람이 대부분이고, 사회봉사나 안정성을 기하며 존엄성을
강조하는 직업을 희망하는 학생도 많다.19)

4) 經濟問題

　대학생들의 당면문제는 경제문제 1위인 진로문제 다음으로 절실한 문제
가 되고 있다.

---

16) 각 대학 학생생활연구소 신입생 조사에서 나온 통계임
17) 이영덕, 한국학생운동의 현황, 학생문제연구, 서울: 한국유네스코한국위원회, 1970.
18) 한종열, 대학학생지도의 효율화방안, 대구: 경북대학교 학생생활연구소, 1982. pp.31~32.
19) 상게 논문, p.32.

1980년 7월 30일 교육개혁 조치 이후, 대학생들의 부직 활동인 과외지도가 폐지된 후 대학생들의 경제문제는 더욱 더 곤란을 받고 있다. 특히 요즈음 고액의 학비가 소요되는 대학생들의 경제적 곤란은 자신들의 불안과 불만의 한 요인이 된다. 향학열에 불타는 대학생들이 경제적인 이유 때문에 그들의 재능이나 자질이 희생되어서는 안된다. 대학생들의 학비조달방법은 76~86% 정도가 학부모에 의존하고 있으며 다음은 자신의 부직(아르바이트)활동이다. 대학생의 부직 활동은 주로 과외지도였다. 그러나 1980년 7월 30일 교육개혁 조치 이후 과외지도가 폐지됨에 따라 부직활동은 거의 중지된 상태이다. 그러므로 학비조달에 어려움을 더욱 느끼게 되는 것이다.

5) 卒業定員制 問題

1980년 7월 30일 교육개혁안에 따라 교수와 학생 및 행정가에게 많은 문제를 불러일으키고 있는데 긍정적인 면에서 장점도 많이 있으나 반면에 부정적인 면도 있다.[20] 그 이유를 들면 다음과 같다.

첫째, 기계적인 암기에 의한 점수 획득만을 목표로 하기 때문에 대학생들의 창의성이 결핍된다.

둘째, 지나친 경쟁의식으로 인하여 학생 동료 간에 인간관계가 경직화 된다.

셋째, 항상 불안감과 긴장감으로 인한 성격상의 문제를 유발한다.

넷째, 건전한 서클활동의 기피와 자유스러운 대학생활이 이루어지지 않으므로 전인교육이 행해지지 못한다.

다섯째, 대학생들의 4년간 대학생활이 성적에만 집착한다.

여섯째, 교수의 절대수 부속, 강의실과 실험실의 부족으로 인하여 충분한 강의를 받을 수 없다. 콩나물시루 같은 강의실의 학생 수는 늘어만 가고 있어 더욱 어려움이 있다.

일곱째, 성적관리와 제도상의 문제로 인하여 행정가 및 정책에 대하여 불평과 불만의 문제를 야기할 수 있다.

여덟째, 중도탈락자의 진로문제는 재수생 이상으로 사회적인 문제를 일으킬 수 있다.

---

20) 상게 논문, pp.36~37.

6) 專攻選擇과 轉科 問題

현재 우리나라의 대학진학 현황인 소위 인기학과에 입학하려는 것은 아주 잘못된 일이며 이것은 진로지도가 잘 이루어지지 않고 있음을 나타내고 있다. 인기학과는 시대변화에 따라 자주 바뀌고 있음을 깨달아야 하며 10년을 단위로 인기가 바뀌어 왔다.21) 그럼에도 불구하고 유행하는 인기학과에 몰리거나 무조건 어느 대학이나 합격하고 보자는 일념에서 지원자의 적성이나 장래는 고려하지 않고 학력고사 성적 만을 가지고 눈치와 배짱으로 전공학과를 택한 경우가 많아서, 전공에 적응을 하지 못하여 학업성취도가 낮아 흥미의 상실, 불만 등으로 전과(轉科)를 희망하고 있다. 그러나 우리나라 대학은 제도적으로 전과는 잘 이루어지지 않고 특히 졸업정원제가 시행되고부터는 전과가 전혀 불가능하다. 그러므로 대학생들의 전공학과에 대한 불 만에서 오는 인력 손실은 물론 국가의 인력 손실을 가져오게 되는 형편이므로 문제 가 대단히 심각하다.

7) 性格 및 健康問題

대학생의 성격문제는 대학생활과 학업수행에 막대한 영향을 끼치고 있다. 주입식 대학입시 위주의 교육과 가정에서의 지나친 교육열의 작용으로 학생들은 휴식 없는 공부에 시달려 왔다. 더욱이 입시경쟁의 소용돌이 속에서 교양인을 위한 전인교육 이 이루어지지 않고 있기 때문에 성격형성이나 건강문제를 소홀히 취급해 온 초중 등교육의 결과로서, 대학생들이 안고 있는 문제는 첫째가 진로문제이고 둘째가 성 격적응문제이다. 신입생 조사에서 밝혀진 결과에 의하면 학업에 지장을 주는 요인 중 경제문제가 1위이고 성격문제가 두 번째라고 한다.22) 신체건강문제는 운동부족, 머리가 무겁고 띵하다는 등 건강문제로 대학생활이 곤란하다는 학생도 많다.

8) 異牲 및 性問題

신체적으로나 심리적으로 보아 성인에 도달한 대학생들에게 있어서 이성 및 성문 제 역시 학업수행에 지장을 줄 정도로 중요성을 지닌다.

---

21) 입시연구사, 월간 대학입시 1월호, 서울: 대입시연구사, 1987. p.210.
22) 한종열, 전게 논문, pp.48~49.

조선대학교 신입생 조사에서도 밝힌 바와 같이 학업에 지장을 주는 요인 중 이성 문제가 4위였다고 한다.23) 대학생들은 대개 50% 정도 이성교제를 하고 있으며, 이성교제의 이유로는 이성의 이해와 대화의 폭을 넓히기 위함을 제기하고 있다. 성교육 역시 약 70%가 학교에서 실시해야 한다고 요구하고 있으며, 그 방법으로서는 관련 교과목에서 실시하기를 가장 많이 원하고 있다.24)

이성교제에 대한 태도를 보면 부모보다 자신이 훨씬 더 개방적이며, 개방성의 정도 차이는 시대적 변화의 현상으로 개방사회에서의 개방적 이성교제를 원하고 있다.

9) 交友關係 및 餘暇善用의 問題

대학생 집단은 매우 다양하다. 대학생 구성원을 보면 학력의 차이가 있고, 경제적인 차이, 권력층의 자녀와 그렇지 못한 서민의 자제, 고등학교 출신별 차이, 지역별, 성별 등의 다양한 배경에서 온 이질적인 집단 속에서 원만한 적응관계를 유지하려면 심리적 갈등이 심하다. 그래서 우호적 교우관계를 유지하지 못하고 고민하는 학생이 있다.

대학생활을 통하여 많은 친구를 사귀는 것이 중요한 일이며 여가를 어떻게 선용하느냐의 문제는 인격형성이나 정신건강상으로 매우 중요한 일이다. 사회가 복잡하고 경쟁이 심화되어 갈수록 우리를 압박하는 요인은 많아지고 또 강해진다. 그러므로 이러한 스트레스를 건전히 해소하기 위한 여가 선용은 산업사회 속에서 절대로 필요한 것이다. 그런데 이와 같은 여가 선용을 위한 장소나 시설 또는 도구 등이 불비한 상태에다가 아직도 불건전한 비생산적 여가 선용 방법이 너무나 많다.

여가 선용이란 대개 취미생활이며 시간을 유효적절하게 보내는 것으로, 대학생활 동안에 여가시간을 의미 있게 보내야만 하는데, 현재 대학에서는 낭만은 찾아보기 어렵고 비생산적 경쟁만이 고조되고 있다.

대인관계 역시 졸업정원제 실시 이후 점점 경쟁의식이 팽배되는 바람에 학생 대학생과의 소원한 관계와 적대감을 갖게 되는 현상을 빚어내고 개인주의가 더욱 세차게 작용하고 있다. 대인관계의 곤란도가 생기는 이유는 사교성 부족, 소극성을 들 수 있다.

---

23) 전게 논문, p.42.
24) 전게 논문, p.43

10) 敎授와 學生 人間關係 問題

대학사회에서의 인간관계란 교수, 학생, 행정가, 관리자 및 경영자 등의 상호간의 관계를 의미하는데, 이 가운데에서 가장 중핵적인 요인은 교수와 학생들 간의 직접적인 대인관계를 들 수 있다.25) 물론 교수 대 학생 비율이 보통 1: 50~1: 58 등으로 구성되어 있어 콩나물시루 같은 과밀학급을 면하기 어렵다. 그러므로 교수와 학생 간에 긴밀한 접촉을 통해 개인문제나 인생문제, 철학, 종교, 진로문제, 가치관, 이성문제, 제반 고민 등을 허물없이 털어놓고 진지한 대화를 나눌 수 있는 시간적·공간적 여건이 마련되어 있지 못하다. 약 46%~68%의 학생이 교수와 대화를 하지 않고 있다.26) 이러한 원인으로 말미암아 학생들은 학교생활에서 만족감을 느끼지 못하고 방황하게 된다. 학생들은 "학생과의 인간적 접촉"과 "학생지도"를 아주 많이 원하고 있으므로, 이에 대한 문제를 검토하고 대책을 마련해야 될 것이다

11) 서클활동의 問題

대학에서의 교육은 크게 나누어 정규교과활동과 과외활동, 즉 서클활동으로 구분된다. 과외활동은 교과활동을 제외한 자발적인 취미활동으로서 독서, 음악, 문학, 미술, 체육, 등산, 봉사, 사고, 이념 등의 각 분야에서 같은 흥미와 욕구를 가진 학생들이 모여 자기를 연마하는 활동이다. 이것은 하나의 잠재적 교육과정으로서 큰 의미를 지닌다. 각 대학마다 서클활동은 매우 활발하여, 그 종류만 해도 학교 사정에 따라 10여 개 집단에서 100여 개가 넘는 서클집단이 구성되어 있다. 여기에는 형식적·실질적인 지도교수가 임명되어 원활한 활동을 도모하기 위해 직접·간접으로 도움을 주고 있다. 그러나 형식적인 지도에 머물고 있다.

그런데, 서클활동이 건전하게 각 서클의 목표와 이념대로 잘 수행되고 있는 것도 있지만 집단활동을 통하여 어떤 특정한 목표를 향해 집단행동을 감행하여 학내·외를 통하여 소요의 문제를 야기 시키는 방향으로 변질되어 가는 것도 있다. 또한 어떤 서클은 지도교수조차 원하지 않고 나름대로 독자적으로 활동하려는 집단도 있다. 요즈음 서클연합회를 구성하여 대(對)사회적인 집단행동으로 학원 내에서나 또는

---

25) 전게 논문, p.47.
26) 전게 논문, p.47.

학원 밖에서 어떤 정치적·사회적인 문제를 대상으로 과격한 시위와 행동이 표출되는 현상이 잦아짐으로써 더욱 문제는 심각해져 가고 있다.

1975~1977년 조사에 의하면 약 50%~66%의 학생이 서클에 참여하고 있었으나 1979~1981년의 조사에서는 약 30%~40%의 학생들이 서클에 참여하고 있다.27)

서클에 참여하는 목적은 대인관계의 개선을 위한 것이고, 그 다음은 적응력과 인격형성이며, 여가 선용으로 사회적 능력을 키우고 일반교양, 새로운 기술·기능의 연마, 취미생활을 향상하는 데 있다고 한다.28) 그래서 이와 같은 목적에 비추어 볼 때 서클활동이 잘 운영만 되면 대학생활을 보람 있게 낭만적인 면을 구가할 수 있을 것이다.

12) 價値觀의 問題

1960년대 이후 우리나라는 정부 주도의 경제 제일주의 정책에 힘입어 그동안 눈부신 경제성장과 고도의 과학기술사회로 변모되어 왔다. 따라서 과거의 농본사회에서부터 산업사회로 변화·발전됨에 따라 가치관도 변화되어 배금주의, 황금만능풍조의 가치관이 팽배해지기 시작하였다. 그리하여 청소년층이나 일반 사회인들도 수단과 방법을 가리지 않고 한탕주의와 벼락출세, 벼락부자가 되기 위한 요행을 바라는 가치관으로 전락되어가고 있다. 이러한 현상은 사회현상의 반영으로 귀착된다.

피땀을 흘려 노력하고 정직하며 근면한 사람이 성공할 수 있는 사회가 이룩되어야 하는데, 수단방법을 초월해서 벼락출세를 갈망하는 심리가 만연되는 현실에서는 사회의 정의나 도덕, 질서가 파괴되기 쉽다. 그러므로 올바른 가치관 확립을 위한 지도대책을 마련하는 일이 무엇보다 중요하다.

현대는 가치관의 혼란시대라고 말하는 것처럼 전통적인 가치관과 상충되는 새로운 것을 많이 볼 수 있는데, 이것 역시 시대·문화에 따라 다소 차이가 있다. 그러므로 가치관도 사회의 변화에 따라 변화하는 것은 마땅하나 획일적인 가치관보다는 다양화 되어 다가치적인 사회의 균형발전이 이룩되어야 마땅할 것이다.

27) 전게 논문, p.39~40.
28) 이구재 외 4인, 대학생 생활지도와 서클활동, 공주사범대학 학생생활연구소, 1984. p.5.

13) 指導敎授制度의 問題

지도교수제는 학생지도를 위한 별도의 기구는 아니지만 현재 대학의 학생지도 체제상 핵심을 이루고 있는 제도이다. 모든 대학은 학생들의 생활을 건전하게 지도하기 위한 목적하에 학칙상의 규정에 따라 학과중심으로 분담지도교수제를 채택하고 있다. 모든 학생들은 학과별로, 대개는 학년별로 소속 학과의 교수에게 분담되어 그 지도를 받게 되어 있다.

분담지도교수는 분담하고 있는 학생들을 학업, 학생활동, 학교생활, 장학, 취업 등 모든 면에서 책임지도하고 이를 위하여 이들과 수시로 상담하여야 한다.

그런데 대학이 대규모화 되고 대학교육이 대중화하게 됨에 따라 교수 1인당 학생의 비율이 높아지고, 대형 강의실에서 다수의 학생을 대하다 보니 교수와 학생 간의 폭넓고 긴밀한 대화의 기회가 적어지고, 인격적 관계도 형성되기 곤란하게 되었다.

따라서 지도교수제의 문제점으로 지적할 수 있는 것은 첫째, 교수에 따라서 학생문제에 대한 이해와 판단이 다를 수 있고 지도 내용과 방향이 다양하여 동일한 학생문제에 대하여서도 대학의 일관된 지도대책이 실시되지 못하는 경우가 있다. 그리고 교수 자신이 학생지도에 대응하는 태도에 있어서도 무관심하거나 자신의 일의 영역이 아니라는 교수가 대부분이므로 교수들의 분담지도 또는 서클지도교수들은 특별히 마련된 연수강좌를 통하여 이미 설치되어 있는 학생생활 연구소의 역할과 기능을 중심으로 하는 전문적인 학생지도 방법을 터득시켜야 할 것이다. 더욱이 자연과학을 전공하는 교수들은 이들을 체계적·학문적으로 설득하고 지도하기가 어려운 경우가 많은 것이 사실이다.

둘째로 대학과 학과에 따라서는 교수 수에 비하여 학생수가 과다하여 분담지도교수의 능력과 분담지도학생에 대한 합리적 배정이 이루어지기 어렵고, 형식적으로 분담학생을 맡아 단순한 인적 사항 파악이나 형식적 점검에 지나지 않아 깊이 있는 학생 지도가 사실상 불가능하다. 또한 상담지도기술이 부족하여 형식상의 대화와 면담을 학생들은 기피하는 경향이 많다. 그리고 실제로 유익한 도움이 못되고 있다.

학생들의 서클 가입률이 높아짐에 따라 학생들이 참여하는 서클의 수와 인원이 증가하면서 각 대학에서 수십 명 내지 수백 명에 이르른 서클지도교수들은 교과학생과 서클학생을 이중으로 지도해야 하는 부당성을 지니게 되므로 자연히 지도와 관심의 소홀은 물론 서클지도를 회피하는 경향이 있다. 한편 학생 측에서도 교수의 지도를 상부기관의 지시·단속과 간섭으로 받아들여 이를 기피하는 경향이 있다. 특히, 사회문제에 관심이 많은 이념서클인 경우 서클의 등록과 활동에 지도교수의 승인이 필요한데 지도교수를 구하기도 어렵고 지도를 받으려 하지 않아서 지하서클화하는 경향이 있다.

이상에서 열거한 바와 같이 대학생들이 가지고 있는 문제와 고민을 열거해 보았다. 앞으로 객관적이고 과학적인 방법에 따라 분석한 자료에 근거하여 학생을 지도하는 데 활용되어야 할 기초 자료로 삼아야 한다. 그리하여 여기서는 대략적으로 대학생들이 당면한 문제를 영역별로 분류하여 대략 13가지 정도를 문제해결의 대상으로 삼았다.

대학생의 개인적 문제를 요약하면 다음과 같다. 즉, 교육지도상의 문제, 가정적인 문제, 진로 및 장래문제, 경제문제, 졸업정원제, 전공 선택 및 전과, 성격 및 건강, 이성 및 성, 교우관계 및 여가 선용, 교수 대 학생 인간관계, 서클활동, 가치관의 문제 등이 주로 대학생들이 안고 있는 문제나 고민들이라고 분류할 수 있다.

4. 大學 學生生活 研究所의 役割과 機能

1) 歷史的 背景

우리나라 대학에 학생생활 연구소가 설립된 것은 1960년 초반으로, 대학의 학생지도에 있어서 전문성을 지향하기 위한 획기적인 시도였다고 할 수 있다. 1960년대 이전에는 대학생 문제가 오늘의 그것처럼 심각하지는 않았다. 해방 이후 학생운동은 주로 좌익계, 우익계로 나누어져 사회적 혼란을 일으킨 때도 있었다. 대학생들은 학업에 전념할 수 없는 시대적 변화 상태에서 학원소요는 반독재민주주의를 위해 선도적 역할을 해온 것만은 틀림없는 사실이다. 더욱이 혈기왕성하고 정의감에 불타고 있는 젊은 대학생들의 외침이나 주장은 선별적으로 타당성이 있음을 인정해야 한다. 부정부패를 일삼는 기성인들의 과오에 대해 항거로써 대항하는 젊은이의 목소리를 귀담아 들을 필요는 있다. 왜냐하면, 학생들은 참신한 제2세 국민으로서 이 나라의 기둥이 될 일꾼들이기 때문이다.

1960년대 이후 고도성장에 따른 갑작스런 고급인력의 수요증대와 중등교육의 보편화현상은 자연히 대학의 양적 팽창을 가져왔고, 질적인 성장은 여기에 못 미쳐 교수확보, 시설확충이 제대로 이어지지 않고 있으며, 지난 30여 년 가까이 크고 작은 시위가 대학 내·외에서 연이어 일어나고 있는 것이 면학분위기의 미성숙을 보여 주는 단적인 증거라 할 수 있다.

대학교육은 한 나라의 문화를 계승, 창조하고 내일의 동량을 양성하여야 한다. 그러한 대학교육의 성패는 대학생의 개인적·집단적인 문제해결을 통한 원만한 학업생활과 대학사회에의 적응에 크게 달려 있다.29) 그런데 1960년대 초, 우리나라의 대학생들은 적지 않은 적응상의 문제를 가지고 있다는 것이 여러 조사결과에서 밝혀진 바 있다.

앞에서도 지적하고 있는 바와 같이 대학생 중 40% 정도가 자신의 전공을 잘못 선택하였다고 후회하고 있으며, 약 95%의 학생이 "이해해 주는 교수"가 없다는 것을 불평하고, 약 50%가 대학교육에 불만이 있다고 하며, 약 70%의 학생이 개인문제의 해결을 위하여 도움을 받고 싶은 상태에 있다는 것 등이 밝혀진 바 있다.30)

이와 같은 대학생들의 내적인 고민과 문제는 외적으로 격동하는 정치적·사회적 변혁의 가세에 의하여 더욱 고조되고 학생들의 방향감을 모호케 하는 요인이 되어 왔다는 것이 그 당시부터 현재에 이르기까지의 시대적 현황이다.

1960년 4.19 혁명을 계기로 독재와 부정부패에 항거했던 주역들은 그 당시 자유당 정권을 붕괴시키는 데 성공하였으나 무질서와 거의 방종에 가까운 행태를 보였으며, 그것으로 인하여 대학사회에는 무질서 행태가 지속되었다. 그러던 것이 5.16 군사혁명을 맞이함에 따라 대학은 강력한 타율적 규제를 경험하게 된 것이다.

이와 같은 타율적 규제는 대학사회를 평온하게 하였으나 표면상의 평온일 뿐 내부적으로는 항시 학생소요의 잠재적 가능성을 내포하고 있었으며 어떤 계기가 되면 사회문제로 대두할 수 있는 상태였다는 것을 부인할 수 없을 것이다. 이렇게 외부적 문제뿐만 아니라 대학생 문제는 앞에서도 지적한 바와 같이 당면한 문제, 즉 가정, 교육, 건강, 교우관계, 학업, 장래 진로문제, 직업, 인생관, 가치관, 종교, 이데올로기, 서클 등의 전문적 도움을 필요로 하는 문제가 있다는 사실을 가볍게 넘길 수 없는 것이다.

이상과 같은 대학생의 문제는 교육적으로나 정치적·사회적으로 보더라도 그것이

---

29) 정원식, "한국대학사회에서의 학생생활연구소의 역할", 대학학생생활연구소 기능정립을 위한 학술 심포지엄, 전국 대학카운슬러연구협의회, 1982. 7. pp 3~4.
30) 상게 논문, p.4.

안고 있는 사회 문제화 할 수 있는 잠재적 가능성 때문에 결코 소홀히 다룰 수 없는 대학사회문제로 등장하게 된 것이다.

2) 學生指導의 專門性 胎動

대학에서의 학생지도는 1960년대 이후 학생들의 지도상의 문제가 복잡·다양하고 심각해지기 시작하였다. 그래서 종래의 대학 기능이었던 학문·연구·봉사의 3대 기능이 이제는 학생지도의 기능까지 포함하여 4대 기능으로 삼고 있다.

이와 같이 학생지도는 매우 중요한 위치를 차지하게 되었다. 학생들의 문제만 잘 해결되면 대학의 기능이 정상화 될 수 있을 정도로 큰 비중을 차지하고 있는데, 이 문제해결을 위해서 대학당국은 물론 정부차원에서도 신경을 곤두세우고 있다.

대학생지도가 단순히 학생들의 시위를 방지하는 것으로 이해가 되는 사실은 매우 근시안적이다. 대학의 목적과 기능상 교수의 학생지도는 학생들의 연구·학습활동의 지도이어야 하고 나아가 전반적인 학교생활·과외활동 및 졸업 후의 진로지도에까지 미쳐야 할 것이 당연하다.31) 그럼에도 불구하고 지도를 받아야 할 학생이나 일반시민, 심지어는 학생을 지도하는 교수에 이르기까지 또한 학생과 행동직원에 이르도록 학생지도를 시위방지로 받아들일 만큼 한국의 대학은 온통 학생시위로 진통을 겪고 있다. 그러나 시위방지 자체가 학생지도의 목적이 될 수는 없다. 학생들이 왜 시위를 하고 있는지 그 근본문제를 깊숙이 수집·종합·분석하여 상담, 문제해결, 적재적소에 배치하고 추후지도를 하는 생활지도 활동의 기본원리에 입각하여 조직적이고 체계적으로 전문인에 의하여 지도가 이루어져야 한다. 그러므로 학생의 근본문제의 해결이 이루어진다면 학생들의 요구주장인 시위형태도 자연적으로 치유될 것이다.

이와 같은 생활지도의 원리는 우리나라에 최근에 도입된 일로서 불과 30여 년이 안된다. 1958년 문교부의 계획에 의거하여 우리나라의 중·고등학교 카운슬러 양성을 기점으로 하여, 최초의 시도로 생활지도 상담실 운영의 실시를 적극 권장하기에 이르렀다. 그 이전에는 학교교육에 있어서 생활지도는 학생지도라는 차원에서 일방적인 규제와 처벌, 도덕훈계, 사건처리 등 제시적 방법인 훈육이 주요활동이었다. 이러한 방법은 전문적인 생활지도 방법의 도입이 이루어지기 전의 방법이었다.

---

31) 김정후, "학생지도의 기구 조직", 대학교육, 통권 14호, 서울: 한국대학교육협의회, 1985. p.30.

한편 대학의 생활지도는 해방 이후 거의 방치되어 왔고, 생활지도 또는 학생지도는 대학교육에 있어서 관심 밖이었다. 그 이유는 대학의 역할과 기능이 주로 학문·진리탐구의 도장이라는 전통적 대학의 이념 추구의 영향인 것 같다. 그리고 또한 생활지도에 대해 무관심·백안시해 왔었다.

그렇지만 대학의 역할과 기능도 사회의 변화, 고도의 과학기술의 발전과 더불어 급변하는 현대 산업사회에 현명한 적응을 위한 준비교육으로서 직업교육의 역할을 해야 될 시점에 와 있기 때문에, 직업준비를 위한 지도와 사회생활의 준비를 위한 적응지도에 이르기까지 다양화 되었으므로 이들을 만족스럽게 지도하기 위한 전문적인 대학생 지도는 필수적 요인으로 점진적으로 등장되었고 모든 사람들의 관심의 대상이 되고 있다.

전통적으로 대학에서 학생업무를 취급하는 학생처나 학생과는 학생들의 학칙위반이나 학사일정의 과정상의 행정적·기계적인 업무를 주요 대상으로 취급해 왔고, 처벌·징계·훈계 등의 타율적 행정지도가 주요 관심사였다. 그렇기 때문에 대학생이 학생과나 학생처의 역할에 대해 신뢰를 저버려, 학생과나 학생처는 불신·반항의 대상이 되기도 한다.

이러한 상황에서 **1963**년, 서울대학교 학생생활 연구소의 설립추진은 대학사회에 전문적인 학생지도의 개념을 도입하는 계기를 마련하기 위한 것이었다. 즉, 대학의 학생지도를 일방적 규제나 처벌 또는 사무적인 업무중심에서 학생들의 진정한 제반 요구를 수용하고 진단하며 그들의 적응생활을 도울 수 있는 지도로 그 개념을 전환시키는 계기를 만들기 위한 것이다.

이렇게 설립된 서울대학교 학생생활 연구소는 대학 내의 전문적 학생지도를 전담하는 것을 표방하게 된 것이다. 당시 학생지도 연구소에서 계획하고 시행한 지도활동은 다음과 같다.[32]

① 학생지도 원칙 및 지도방안의 수립: 학생회, 과외활동, 규율 등에 관한 지도원칙 및 지도방안을 수립하고 제안하며, 행정당국으로서 필요한 지도대책을 연구하여 제안한다.
② 학생의 개인적 문제를 파악, 분석하고 해결을 도와주기 위한 제반 대책의 수립: 대학생활에서 개인이 당면하는 학업, 취업, 경제, 가정, 가치관, 교우, 사

---

32) 정원식, 상게 논문, pp.6~7

회활동 등에 관한 전문적인 연구를 전개하여, 이를 분석하고 그 대책을 강구하고 지도한다.

③ 개인상담: 학생들의 예능적·운동적·사회적 집단활동을 연구하는 동시에 건전한 활동의 기획 및 알선을 실시하며 필요한 교육 자료를 개발한다.

⑤ 타 대학에 대한 전문적 학생지도의 조장·시범: 출판, 연구협의회, 합동연구 등을 통하여 전국의 대학에 대하여 자극을 주고 시범을 한다.

⑥ 중고등학교의 학생지도 실태조사 및 개선책 등의 제안: 중고등학교 학생지도 실태를 조사하고 개선책을 제안하며 대학입학 전의 고등학교 학생지도와의 연계를 기한다.

⑦ 학생지도요원의 양성: 학생지도의 전문성을 고양하기 위하여 전문요원을 선발·훈련한다.

⑧ 학생생활 안내 등의 발간: 대학생의 무분별하고 무궤도한 생활을 미연에 방지하기 위하여 안내 책자를 발간, 지도한다.

⑨ 심리검사의 실시: 대학생의 자기이해를 돕기 위해 각종 심리검사를 실시, 지도한다.

⑩ 학생문제연구 집회개최: 학생문제를 중심으로 하는 각종 연구집회를 주관하여 개최한다.

이와 같은 내용은 대학생 지도를 보다 전문화하고 실질적인 유용한 지도에 길잡이가 될 것이다. 이러한 기구가 한국 대학사회에 전문적인 학생지도의 방법을 도입하는 계기를 충분히 마련해 주었다고 본다.

3) 硏究所의 役割과 機能

서울대학교 학생지도 연구소의 시작은 전국 각 대학에 학생생활 연구소를 설치하도록 하는 데 크게 기여하였다. 그러나 아직도 대학에 학생생활 연구소가 활성화되거나 독립적으로 운영되지 않고 있는 대학도 많다. 그러한 대학의 경우에는, 대학을 운영 관리하는 행정책임자의 학생지도에 대한 이해부족이 대부분이어서 학생지도를 소홀히 취급하거나 소극적인 자세를 취하고 있기 때문으로 해석된다. 또한 대학생들의 학생생활 연구소에 대한 전문적인 인식부족으로 그 이용도가 높지 않다.33) 이와 같은 현상은 학생들이 연구소의 기능을 단순히 개인의 심리문제에 대한 상담 또는 심리검사 위주의 활동으로만 인식하고 있는 데 기인한다고 판단된다.

그러나 학생생활 연구소(Student Guidance Center)는 이러한 단편적인 심리검사만을 실시하는 곳이 아니다. 위에서 언급한 바와 같이 학생생활 연구소의 기능은 학생의 당면한 긴급한 문제를 파악·분석하고 학생지도원칙과 지도방안을 수립하는 데 있다. 즉, 개인상담과 집단지도를 통하여 모든 학생들이 당면한 문제, 즉 교육적, 가정적, 직업적, 이성적, 건강, 여가, 교우관계, 가치관, 종교, 인간관계, 이데올로기, 사회적 제 문제를 중심으로 전문가인 대학카운슬러, 전문영역의 교수, 자원인사 등과의 원만한 인간관계속에서 목적적이고 전문적인 상담과정을 통하여 스스로 자기 인식과정을 통하여 문제해결을 할 수 있도록 심리적 조력과정을 통하여 도와주는 것이다. 결국 이러한 학생지도는 잠재능력의 개발과 현명한 선택과 적응에 초점을 두고 있는 것이다.

따라서 학생지도에 기대되는 몇 가지 역할은,34)

① 대학생들의 요청에 응하는 상담활동과 각종 심리검사(지능·성격·직업적성·인격검사 등)의 실시와 해석의 결과제시를 통한 친절한 서비스.

② 대학의 학생지도 정책수립에 있어서 적극 관여하여 전문적 학생지도의 개념을 대학사회에 보급하는 역할로서 선도적 기능을 가져야 한다. 또한 학생처의 방침수립에 적극적으로 관여하여 제언할 용도가 마련되어야 한다.

③ 각종 정보활동(information service)은 학생지도에 있어서 필수적인 봉사활동이며 교육정보, 각종 직업정보, 개인·사회적 정보에 관한 자료를 비치하고 수시로 편리하게 활용하고 폭넓은 세계를 이해하게 되어 문제발생 시 적절하게 문제점을 해결해 준다. 그리하여 학생들의 궁금한 일과 요구 사항에 대한 깊은 이해와 관심을 가지고 학생생활에 적응, 교우관계, 이성관계, 생애의 설계, 직업선택, 건강생활, 여가 선용, 예의와 범절, 가치관, 종교관, 사회관, 이데올로기 등 각종의 정보제공 활동과 전문적인 상담을 통하여 당면한 문제를 효과 있게 해결한다.

④ 학생생활 연구소는 전문적 학생지도의 센터로서 전문상담요원을 구성·배치하여 정기적인 상담, 호출상담, 자원상담, 집단상담 등의 전문적 상담을 전개하여 문제에 직면하고 해결방안을 탐색한다. 또한 학생문제에 관한 제반연구와

---

33) 황응연 외 2인, 대학학생생활연구소 운영강화방안, 서울: 이화여자대학교, 1981. pp.11~12.
34) 김충기 외 2인, "대학생의 의식조사와 지도방안에 관한 연주", 학술지 제30집, 서울: 건국대학교, 1986.. p.357.

학생실태조사, 의식구조 조사, 개인상담의 사례보고 등의 여러 집단활동의 효과를 검증하고 문제사안(問題事案)에 대비하는 등 광범위하고 포괄적으로 다룰 수 있어야 하며, 어디까지나 교수와 학생 모두에게 자율성이 보장되고 비밀이 유지되어야 한다. 아울러 홍보활동도 강화되어야 한다.

학생생활 연구소의 역할은 대학생이 학교생활을 하는 가운데 당면하는 여러 가지 문제를 파악하고 근본문제를 분석하며 개개인의 잠재능력을 개발하여 생활적응상의 모든 문제를 합리적으로 해결해 주는 데 노력하여, 누구나 효율적인 학교생활을 누리도록 하는데 선도적인 역할을 주도한다.

따라서 학생들의 필요에 부응하고 전문적 학생지도기구로서의 역량을 발휘하려면 종래의 정규적 심리검사, 상담 및 연구 활동 외에 다음과 같은 전문적인 생활지도 프로그램을 개발하고 이를 적극적으로 행동하고 실천해야 할 것이다.35) 그 실천적 과제는 다음과 같다.

① 정규적 소집단 대화, 자기개발을 위한 소집단 훈련(대인관계, 자아발견, 자기주장 훈련 등)36)의 실시
② 교양강좌, 심리극, 유학특강의 개최
③ 학생처 책임자, 분담지도교수, 학생 대표자 간의 간담회 개최
④ 학사경고를 받은 학생에 대한 집단상담의 실시와 선도대책의 강화
⑤ 졸업반을 위한 산학심포지엄, 졸업준비 세미나 및 취업정보 자료집의 발간 및 배부
⑥ 효과적 학습방법, 속독법, 논문작성법 등에 관한 특강 및 참고·지침용 책자의 발간·배부
⑦ 수험불안 감소훈련, 스트레스 대처훈련
⑧ '학업·진로계획 자료실'의 운영과 진로상담활동의 확대
⑨ 이데올로기 관계 서적 및 반문화·반체제적 서적, 대표적 철학, 예술, 문학 작품을 포함하는 '교양도서 해제'의 발간·배부
⑩ 분담지도교수·학생지도 관계자를 위한 '대학생 면접의 지침', '우리 대학의 학생현황'(의식구조, 지도상의 참고자료 등을 포함) 같은 소책자 및 프린트물

---

35) 김충기 외 2인, "대학생의 의식조사와 지도방안에 관한 연주", 학술지 제30집, 서울: 건국대학교, 1986. p.357.
36) 이장호·금명자, 대학생 대인관계 훈련 프로그램의 평가, 학생연구, 서울대 학생생활연구소, 1985. 20. pp.1~9,

을 작성, 모든 관계교수들에게 배부 및 봉사

⑪ 기숙사 및 생활관에 투숙 중인 학생들을 대상으로 한 출장 상담(매주 1회씩의 집단 상담 등)

⑫ 하계·동계 방학 중 신입생(또는 고교 진학반) 학부모들을 대상으로 한 간담회 개최

⑬ 신입생 특별지도를 위한 교외 숙박지도 프로그램의 개발 및 실행지원 등 조직적이고 체계적인 계획과 실천활동이 전 대학의 학생지도지침으로서 이용되어야 한다.

이와 같은 학생생활지도가 활성화 되려면 다음과 같은 내용이 적극적으로 실현되어야 한다.37)

(1) 未設置大學의 學生生活研究所 設置 義務化

문교부로부터 각 대학에 학생생활연구소를 설치하도록 권장 내지 지시를 했음에도 불구하고 아직도 설치하지 않은 대학이 있으며 비록 형식적인 기구설치는 갖추었다 해도 그 조직이나 기능면이 학생처장이 연구소장을 겸임하고 있는 대학도 있어서 독립적인 학생지도를 전문화하는 데 문제점이 있다. 그러므로 이러한 기구를 분리·독립하여 전문가에 의한 지도에 맡겨야 할 것이다.

(2) 研究所 運營條件의 改善

연구소의 기구 및 조직을 총·학장 직속기관으로 정비 또는 개편하여 연구소 운영의 조건을 개선해야 한다. 이 경우 연구소 운영의 독자성과 자율성을 보장함으로써 연구소의 본래 기능을 효과적으로 수행할 수 있다. 또한 상담, 연구, 직업지도 등 연구 활동의 전문성을 유지할 수 있으며 학생처·과와 연구소를 분리시킴으로써 연구소에 대한 학생들의 인식을 긍정적인 방향으로 유도할 수 있다. 아울러 연구소의 역할과 기능에 대한 활성화를 촉구하는 홍보활동과 아울러 활동전개에 필요한 상담전문가와 자원인사를 보충시켜야 한다.

---

37) 황응연. 전게서, pp.11~24.

(3) 專門要員의 確保와 財政의 支援

연구소의 기능을 활성화하기 위해서는 연구소장을 비롯하여 전임상담교수, 연구원, 카운슬러, 조교, 사무직원을 확보하고 전문적 학생지도에 전념하도록 강화해야 한다. 그리고 대학운영관리자의 깊은 이해와 행·재정적인 지원으로 연구소 운영에 필요한 여러 가지 운영비를 충분히 제공해 줌으로써 연구 활동과 상담활동을 통하여 학생들이 원하는 방향에 입각한 학생지도에 전념할 수 있다. 아울러 학생 상담실(개별 및 집단상담, 자료실, 취업정보센터 등)과 시설의 보충으로 학생들이 자유롭게 상담할 수 있는 시설 여건의 구비가 절대로 필요하다.

4) 學生生活研究所의 機構와 內容

학생지도가 원활히 이룩되려면 연구소의 기구와 활동내용이 명확하게 제시되어야 한다. 학생들이 언제나 이용에 편리하도록 학생들의 출입이 빈번한 학생회관과 같은 좋은 위치에 놓여 있어야 한다. 또한 학생들에게 절대적으로 유익함을 홍보활동을 통하여 주지시키고, 모든 학생이 의무적으로 이용하도록 제도화하여야 한다. 그러면 연구소 기구는 어떻게 구성되어야 하는가?

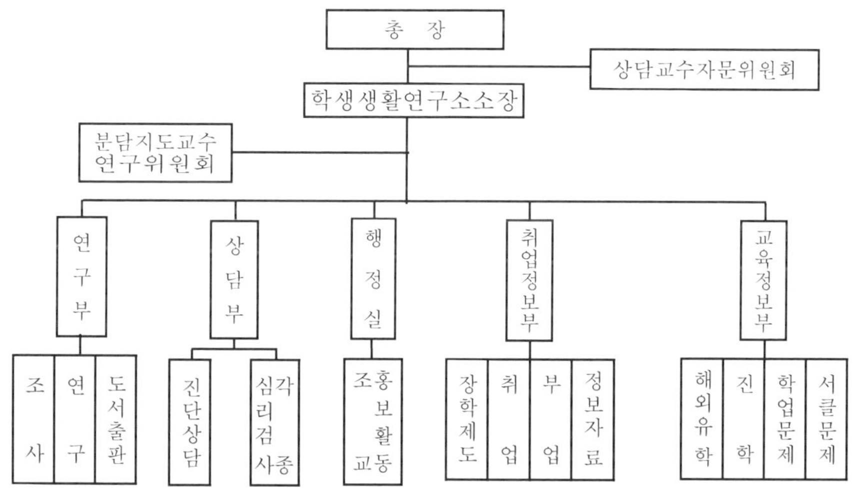

[그림 25-1] 학생생활연구소 기구39)

---

39) 김충기 외 2 인, 전게서, p.13.

학생생활 연구소는 총·학장 산하에 학생처와는 독립적으로 조직되어 있어야 하며 연구소장, 상담교수자문위원회, 분담지도교수 연구위원회를 두고, 그리고 연구부, 상담부, 행정실, 취업정보부, 교육정보부를 둔다.40) 학생생활연구소장은 총장과 학생처장과의 자문협의에 의해 소장이 주관이 되어 상담교수 자문위원회를 소집하고 학생생활지도전반에 관한 협의를 개최하고 또한 분담지도교수와의 지도방침에 대한 의견수렴과 행동지침을 연수과정을 통하여 숙련되도록 자문회의를 개최할 수 있도록 한다.

학생생활연구소의 기구는 [그림 25 - 1]과 같다.

학생생활연구소는 학생들의 각종 실태조사, 요망사항조사, 의식구조조사 등을 광범위하게 실시하여, 학생들을 위한 개인 및 집단지도자료로 활용할 뿐만 아니라 자유로운 분위기 속에서 실천적 상담활동을 전개한다. 위의 여러 부서별 취급 내용을 원만히 달성하여 명실 공히 학생의 모든 문제를 해결해 주고 정보를 제공받는 학생지도의 센터로서의 구실을 충분히 이루도록 한다.

연구소의 각 부서에서 하는 일은 다음과 같다.41)

(1) 研究部

연구부에는 연구부장을 두고 총괄적으로 학생생활지도에서 당면하고 있는 여러 가지 문제점과 활동성향을 분석하며, 학생지도의 올바른 방향을 정립하고, 문제 현황을 파악할 수 있는 제반 연구를 실시하여 응용할 수 있는 자료들을 산출해 낸다.

연구부에서의 구체적인 조사내용은 아래와 같다.42)

① 교양과정 및 교수·학습지도방법의 개선방안 연구
② 대학생의 의식조사와 가치관에 관한 연구
③ 대학 신입생 오리엔테이션과 기초조사자료 제시 및 활용방안 연구
④ 학업풍토나 면학풍토 조성을 위한 방안의 연구
⑤ 부적응 및 불만학생을 위한 지도방안 연구
⑥ 서클활동 실태조사와 적극적인 지도방안의 연구

---

40) 상게 논문, pp 358~359.
41) 상게 논문, p.359
42) 상게 논문, p.359

⑦ 대학의 발전과 대학인의 연구생활에서 파생되는 여러 가지 문제, 즉 가정, 학교, 사회적응에 필요한 방안 연구

⑧ 학생소요의 원인분석과 그 대책에 관한 연구

⑨ 건전한 대학생활 안내에 관한 연구

⑩ 교육정보, 직업정보, 개인·사회적 적응생활에 필요한 정보자료에 관한 연구와 보급

⑪ 학생들의 요구조사와 그 대책

⑫ 「학생지도연구」지 및 뉴스레터, 바람직한 대학생활 소개, 대학 이념 등에 관한 책자 발간 및 배부

⑬ 효과적인 상담활동에 대한 연구와 실시

(2) 相 談 部[43)

상담부에는 상담부장을 두고 총괄적인 상담활동을 전개하기 위한 모든 준비와 실천할 수 있는 여건·시설환경과 각 분야의 상담교수를 배치하여 개인상담, 진로문제상담, 집단상담을 실시한다. 상담의 방법은 정기상담, 호출상담, 자진상담 등 상담 기회를 최대한으로 보장할 수 있도록 홍보활동도 강화한다.

대학생들은 상담활동을 통해 ① 지금까지 받아온 교육의 효과를 최대한으로 얻게 하고, ②성인으로서의 책임을 감당할 수 있는 자기지시적 행동을 배우게 하며, ③ 삶을 더욱 윤택하게 하기 위해 학문적·사회적 난관을 극복하게 하며, ④ 건전한 직업적·전문적 의미와 태도를 형성하게 하여야 한다. 또한 ⑤ 상담교수와의 대화의 기회를 확대해 나간다.

상담부에서 구체적으로 해야 할 내용은 다음과 같다.

① 각종 심리검사의 실시와 해석

② 전공학과의 부적응에 관한 상담과 그 처방

③ 의학·건강에 관한 예방의학 상담

④ 각종 적응에 관련된 심리지도

⑤ 직업 및 진로 상담

⑥ 교육 및 유학 상담

---

43) 상게 논문, p.360.

⑦ 개인 및 사회적 문제에 관한 문제 상담

⑧ 개별 및 집단 상담

⑨ 전문가 또는 자원인사와의 의뢰 상담

⑩ 심리개발훈련 또는 감수성 훈련

이러한 활동은 결국 학생 자신에 대한 객관적 이해, 직업적·사회적 정보제공을 통한 생활환경에 대한 이해, 부적절한 학습습관을 발견하여 수정함으로써 학습능률을 높이는 것이고 개인적 문제의 해결과 대인관계의 개선을 통한 정신건강의 촉진이 되는 것이다.

상담실은 학생들이 여러 가지 문제나 의문점을 알기 위해 전문적 대화를 하는 장소이다. 그러므로 상담실의 문은 언제나 열려 있어야 하고 누구나 문을 두드리고 상담에 응함으로써 문제의 핵심을 스스로 해결해 나갈 수가 있는 것이다. 상담실은 대화의 장소로서 적극 활용되어야 한다.

학생생활 연구소의 기능 중 가장 중요한 것의 하나는 상담활동이다. 대학생들로 하여금 대학생활을 풍요롭게 효율적으로 보내게 하기 위한 전문적 기관이다. 그러므로 조직적인 상담활동의 강화로서 의무적으로 상담실을 누구나 편리하게 이용하여야 한다.

상담부에서 실시하는 각종 검사내용은 정기검사를 중심으로 학생들의 요청이나 호출에 의해 객관적인 각종의 검사를 실시하고 분석하며 해석하여 문제를 진단·해결한다. 검사내용은 ① 지능검사, ② 인성검사, ③ 직업흥미검사, ④ 학습습관검사, ⑤ 자아개념검사, ⑥ MMPI, ⑦ 적성검사, ⑧ 가정환경검사, ⑨ 창의성검사, ⑩ 욕구진단검사, ⑪ 기타 중요 검사를 실시한다.

(3) 行政室[44]

행정실에는 행정직원과 조교를 두고 필요와 요청에 따라 상담교수, 심리검사요원, 카운슬러가 항상 대기하고 있어야 한다. 여기서는 상담업무추진, 연구부·상담부 활동의 지원, 취업보도, 장학에 관한 제반 업무추진과 제공, 해외유학 안내 및 상담, 심리검사실시의 행정지원, 필요한 자료처리, 홍보활동, 학생생활연구소 운영활성화를 위한 행·재정지원활동을 돕는다.

---

44) 상게 논문, p.360.

（4）就業情報部[45]

취업정보부장을 두어 학생들의 취업을 돕기 위한 대내·외적 정보수집 활동을 전개한다. 즉, 각 공공사업단체나 기관, 기업체 산업기관, 학교, 은행, 병원, 건설회사, 각종 연구기관, 방송기관, 언론기관 등의 각종 직업정보 자료를 수집, 보관, 연계성 유지, 열람, 자료제시를 학생들로 하여금 적극적으로 이용하고 취업알선을 위해 노력한다. 그리고 각 기업체와의 연계를 위한 정보자료실을 두고 취업상담과 취업 배치를 위한 활동을 적극적으로 전개한다.

（5）教育情報部

교육정보부장을 두고 그로 하여금 학생들의 전공 내지 교양, 교직과정, 일반선택, 진학, 중퇴자, 복학생, 학업부적응, 학업부진, 학업방법에 대한 교육정보를 제공하고 적응방식을 지도한다. 또한 해외유학 안내 및 상담을 강화하여 학생들이 해외유학 안내를 위한 각종 정보자료를 수집, 보관, 열람하여 유학정보에 익숙하도록 한다. 그밖에 부직안내, 시간제·전일제 아르바이트 등 학업을 계속하기 어려운 학생들에게 제공되는 직업도 알선해 준다.

5. 問題解決　方案

본 연구의 주안점은 대학생 지도의 문제와 해결방안인데, 이를 학생생활 연구소의 역할과 기능을 토대로 하여 문제해결을 해나가는 데 기초를 두고자 한다. 대학생 지도는 학생생활연구소가 주축이 되어 학교생활과 적응의 근본문제를 해결해 나가는 데 중요한 역할을 하고 있기 때문이다.

따라서, 각 대학에서는 학생생활연구소를 단순히 연구기관으로서의 성격으로만 생각할 것이 아니라 학생들이 실제로 연구소의 역할과 기능을 충분히 활용할 수 있도록 개방하고 행·재정적인 지원을 강화시켜야 한다. 그리고 학생들이 의무적으로 이용하도록 홍보활동을 하고 실천할 수 있는 여건을 갖추어 놓은 다음에 기획된 상담 및 지도 프로그램을 전개시켜 나가면 학생들의 요구나 문제해결에 큰 도움이 될 것이다.

---

45) 상게 논문, p.360

여기서는 가이던스 센터를 중심으로 문제해결을 해나가는 방법을 제시하고자 한다.

대학생의 문제들을 포괄적으로 조사해 보면, 앞에서 언급한 바와 같이 대략 크게 나누어 교육활동상의 문제, 가정적 문제, 장래 진로문제, 경제적 문제, 졸업정원제 문제, 전공 선택과 전과문제, 이성 및 성문제, 교우관계 및 여가 선용, 교수와 학생 간의 인간관계, 서클활동 문제, 가치관, 지도교수제 문제, 도덕, 이데올로기 문제, 사회정의감, 자율성 문제 등으로 집약된다.

이러한 문제영역들이 학생의 요구와 필요에 관한 것이고 앞에서 제시된 13가지 문제별 항목에 따라 필요한 정도의 문제들을 가능한 범위 내에서 해결하도록 노력 하여야 한다. 이와 같은 문제들을 연구소의 카운슬러 혼자만이 전적으로 해결하기 란 너무 벅차다.

그러므로, 총장을 위시하여 학교 전체 교직원의 꾸준한 협조와 이해가 필연적으 로 요구되는 것이다.

다음에 전개되는 내용은 대학생의 문제별 해결방안을 제시한 것이다.

1) 敎育指導上의 問題

대학은 학문하는 곳이므로 무엇보다도 누구나 학업에 열중하는 것이 학생의 기본 업무이며 본분이다. 본질적으로 학생들의 선천적인 지적 능력이 우수하면 학업수행 에 지장이 없다. 그러나 상당수의 학생들은 능력이 부족하여 학과목을 이수해 가는 데 어려움을 느낀다. 그렇지만 부지런히 노력하면 가능하다는 신념을 불어넣어 학 업성취를 위한 방법을 지도한다.

대학교육의 핵심은 각자 선택한 전공분야에서 개개인이 지니고 있는 잠재능력을 개발해야 한다. 이러한 잠재력의 개발은 자유스럽고 역동적인 교육형태나 인간관계 를 통하여 학생들에게 긍정적인 동기를 불어넣어 학업에 전념하도록 해야 한다. 그 러자면 교수의 충실한 강의 방법이 학생들로 하여금 학업에 흥미를 느낄 수 있도록 교수방법과 교재연구에 능통해야 할 것이며, 학생들도 면학분위기를 조성하여 오로 지 교화학습에 전념하는 지구력을 지녀야 할 것이다. 학업에 부적응을 일으키는 학 생은 상담실을 찾아와 전문가와의 상담 조언을 통하여 극복하도록 노력해야 할 것 이다. 학교의 근본목적은 학구적인 활동이 주요 기능임을 깨닫게 해야 한다.

2) 家庭的인 問題

가화만사성(家和萬事成)이라는 말이 있듯이, 가정이 화목해야 만사가 형통하게 된다. 그런데 가정에서의 경제적 여건이 수학의 뒷받침이 충분하지 못하므로 학업을 계속하는데 어려움을 느껴 고민하는 학생이 많다. 그러므로 학비를 마련할 수 있는 시간제, 전일제 또는 야간제 아르바이트를 통해서 공급될 수 있는 충분한 소요경비가 충당될 수 있도록 학내·외의 여건을 제도적으로 개선하여야 한다. 그리고 가정이 화목할 수 있도록 가정의 원만한 분위기 조성에 노력하여야 한다. 가정에서는 부모와 자녀 간에 대화의 시간을 충분히 가지고 학부모들은 학생들이 지니고 있는 여러 가지 문제를 털어놓고 가능한 문제를 해결할 수 있도록 이해와 수용, 만족감, 성취감을 갖도록 모든 스트레스 제거에 서로 노력하여야 한다. 가정에서부터 갈등이나 불만, 욕구좌절 등의 심리적 요인이 학교생활에 영향을 미치게 되므로 일차적으로 가정생활에서부터 만족하고 행복한 가정생활이 이룩되도록 분위기 조성에 노력한다.

3) 進路選擇의 問題

진로문제는 직업선택의 문제와 직결된다. 직업의 선택은 전공학과에 따라 다르다. 학생들이 취업정보에 밝지 못하므로 학생생활 연구소에서는 취업정보센터를 두고 각 기업체, 산업기관, 정부기관, 학교, 병원, 언론기관, 매스 커뮤니케이션 관계 등 다양한 직업세계에 관한 정보은행을 설치하여, 유관기관과 연계성을 가지고 수시로 정보를 수집·보관·열람하여, 학생들에게 취업세계에 관한 정보를 제시하고 상담을 통하여 적합한 직업선택의 기회를 제공해 주도록 한다. 물론 요즈음 같이 절대수가 부족한 직업의 세계를 만족스럽게 적재적소에 배치할 수 있는 사회적 여건이 구비되어 있지 못하기 때문에 100% 만족스런 서비스를 제공해 줄 수는 없다.

그러나 최대한의 취업세계 정보를 제공해 줄 수 있는 준비를 해야 한다. 그것은 취업 준비를 위한 공개강좌의 개최, 지도교수의 산업체 방문으로 취업기회의 포착, 졸업생·동창회를 통한 취업안내, 공개경쟁시험 대비를 위한 강좌개설, 기업인 초청 회사의 소개, 취업정보자료의 게시 등 학생들로 하여금 졸업하기 이전에 미리부터 앞으로의 취업전망과 방법을 터득할 수 있는 준비를 하도록 진로상담활동을 전개한다. 이것도 대학의 중요 기능 가운데 하나임을 인식해야 한다.

4) 經濟問題

학생들이 학업에 열중할 수 있으려면 경제적인 문제가 해결되어야 한다. 가난은 국가도 구제할 수 없으므로 윤택한 경제생활은 누구에게나 보장할 수 없다. 그러나 최소한 학업생활에 지장을 초래하지 않도록 아르바이트 활동이나 장학금 지급제도 가 더욱 확충되어야 한다.

과거 대학생의 80% 정도가 부직을 통해 학비 및 생활용품을 충당했던 과외지도 가 폐지됨에 따라 학생들은 경제문제에 더욱 허덕이고 있다. 현재는 학생들의 대부 분이 학부모의 학비지원에 의존하고 있는 실정이므로 학업계승에 어려움을 느끼는 문제가 심각하다. 그러므로 학생들의 부직 알선에 노력해야 할 것이고 각 기업체, 공공기관, 정부기관, 산업체 등에서는 겨울이나 여름 방학 등에 대학생 부직을 위한 제도적 장치를 마련하고 고용할 수 있도록 배려가 있어야 한다. 아르바이트 은행을 이용하는 것도 좋은 방법 중의 하나이다.

5) 卒業定員制 問題

졸업정원제는 1980년 교육개혁 조치 이후 정해진 국가 교육정책의 일부로서 대 학교육의 질향상을 도모하기 위함이고 누적된 재수생 문제를 해결하기 위함이었다. 즉, 대학정원 외에 30%를 더 입학시키자는, 교육경쟁 면에서의 선의의 경쟁이었다. 그런데 긍정적인 면보다는 부정적 요인이 많아 재고해 봄이 타당할 것이다. 문제점 에서도 지적한 바와 같이 본래의 의도보다는 반작용이 더 많아 학생들의 소요발생 원인을 자극할 우려가 많다. 뿐만 아니라 전인교육의 지향에도 문제가 있고 지나친 경쟁, 상호 인간관계의 경직화, 불안감, 긴장감 등으로 정서함양에도 부적절하다.

그러므로 대학의 자율에 맡겨, 총장의 책임하에 모든 교수의 지도역량에 기대를 걸고 학점관리에 최선을 다하는 방향에로 전환되어야 할 것이 바람직하다.

6) 專攻選擇과 轉科問題

지금까지 대학의 전공 선택은 학생들의 적성·흥미·능력·성격에 따라 선정되었 다기보다는 순간의 눈치와 배짱, 예비고사 성적에 의한 기계적 선택, 또는 소위 잘 팔리는 인기학과에 몰려드는 현상 때문에 대학에 입학한 후 학생들의 거의 절반 정도는 자신의 전공학과에 불만을 표시하고 있는 것이 오늘의 현실이다.

그러므로 학업상의 부적응이 심리적 정서면에 큰 부작용을 일으켜 학습 흥미의 상실, 의욕 부진, 자포자기 등 능률이 오르지 않아 고생을 많이 하고 있다. 심지어는 자살하는 경우도 나타나고 있다. 게다가 전과도 할 수 없는 제도상의 문제도 있어, 이것을 가능한 범위 내에서 적어도 2학년 시기에 전과를 할 수 있는 제도를 마련해 주는 것이 좋겠다. 그렇다고 학생들이 원하면 무조건 응해 주는 것이 아니라 일정한 검사, 즉 학업성취도, 직업 및 적응검사 등을 실시하여 우수한 능력을 가진 자는 선별적으로 자유롭게 전과도 실시하여 학생들의 불만, 불행을 해소시키도록 선처해야 한다.

7) 性格 및 健康問題

성격과 건강문제는 선천적 요인에 의해서도 좌우된다. 그러나 학생생활 연구소에서는 후천적 요인에 큰 비중을 두고 학생들로 하여금 성격이나 건강상의 문제가 있을 때 혼자 고민에 빠지지 말고 상담실에 찾아와 카운슬러의 도움을 받아 성격교정이나 건강치료를 받도록 한다. 물론 일차적으로 분담지도교수와 면담을 하도록 하고 동시에 전문가를 찾아 성격적응문제를 놓고 문제를 진단하도록 한다. 대개 성격 부적응으로 인하여 학습의욕을 잃거나 소외감, 고독감, 비관에 빠지기 쉽다. 심한 정서장애나 정신질환이 발생할 경우에는 상담을 거쳐 의과전문가에 의뢰하여 정상적인 정보생활을 전개할 수 있도록 도와주도록 한다.

8) 交友關係 및 餘暇善用

학교생활에서 교과활동이 중요하지만 건전한 교우관계 형성도 매우 중요하다. 제아무리 학업에 흥미가 있고 전념한다 할지라도, 서로 믿고 의지하며 대화할 수 있는 교우를 갖지 못했거나 소외된다면 학교생활이 즐겁지 않다. 학교생활에 만족하려면 학업성취 면에 우수하고 인정을 받는 것도 중요하지만 급우 사이의 반목으로 학교생활에 흥미를 잃고 다른 방면에서 만족감, 성취함, 인정감, 소속감을 갖고자 하는 욕망이 생긴다. 그럴 때 학교 이외의 다른 집단, 예를 들면 불만세력이나 깡패집단, 운동권 학생 등 소외세력이나 반항세력 집단에서 인정감이나 소속감, 만족감을 느꼈을 때 그 방향으로 기울어질 가능성이 높다.

그러므로 건전한 좋은 친구를 사귀도록 노력하고 항상 우호적 교우관계를 형성할 수 있도록, 자신이 항상 좋은 친구를 선택해야 할 것이다.

여가 선용의 문제에 있어서도 건전한 취미생활, 예를 들면 독서, 등산, 수영, 야유회, 적절한 운동, 바둑, 음악 감상, 예술, 드라이브, 레크리에이션 등이 대학생활 가운데 적절히 이루어져야 한다. 좋지 못한 지나친 음주, 흡연, 도박, 약물 복용, 홍등가, 카바레 등 불건전하거나 비생산적 여가 선용은 건강에도 좋지 않지만 사회적 도덕적인 면에서도 인정받지 못하므로, 이런 행위는 절대 금물이다.

9) 異性 및 性問題

대학생들은 신체적으로나 지적·정서적·사회적으로 독립된 성인이다. 또한, 결혼적령기는 못되는 주변인으로서 이성에 대한 호기심이 강한 시기이다. 이성문제의 고민으로 학업에 피해를 주어서는 안되는 줄 알지만, 그렇다고 이성을 멀리하고 학업에만 열중할 수 없는 특수한 시기이다. 그렇다고 이성에만 집착해서는 안된다.

건전한 이성교제는 정신적으로 건강해질 수 있고 오히려 학문연구에 도움이 될 수도 있다. 이성과의 친교는 자기의 이상, 성격, 능력, 기호, 가치관, 경제수준에 알맞은 대상을 선택해야 한다. 그러므로 어떤 성적 욕망의 대상으로 일시적인 흥분과 욕구처리로 일회적인 착상은 버려야 한다. 선배들의 경험과 충고, 부모의 이해와 선택에 따라 3학년 이후부터 건전한 학문적 연구의 대화자로서 시작하는 것이 합리적이다. 개방적 이성교제는 바람직하다.

10) 敎授와 學生 人間關係問題

교육은 교수와 학생 간의 격의 없는 인격적인 만남과 진실한 대화를 통해서 학문과 인생의 의미를 배우는 과정이다. 그런데 학생과 교수와의 대화가 잘 이루어지지 않고 있다. 그 원인은, 학생들이 대화를 원하지 않거나 교수가 귀찮은 일로 여기는 데 있다. 대화의 단절은 학생들의 문제를 잘 파악하지 못하여 문제를 사전에 예방하지 못하는 결과를 낳는다. 그러므로 제아무리 시간적 부족함을 느끼더라도 각 교수의 방문을 열어 놓고 적극적인 대화의 시간을 많이 마련해 준다면 학생들은 인간관계를 통해서 인정감, 성취감을 느끼면서 학문에 열중하게 될 것이다. 될 수 있는 한 교수와 학생 간의 성실하고 진지한 대화의 장을 전개하도록 서로간의 노력이 요구된다.

11) 서클活動의 問題

서클활동은 교과활동과 함께 잠재적 교육과정의 하나이다. 학생들은 전문교육 외에 각종 서클활동을 통해서 자신의 잠재적 능력을 배양할 수 있고 대학문화의 낭만과 함께 아카데미즘의 향상을 얻을 수 있다. 대학서클의 의미는, 정규 대학강의에서 얻을 수 없는 것들을 풍부하게 얻을 수 있다. 그래서 학교 내에 조직된 학술서클, 종교서클, 이념서클, 예능서클, 공연서클, 취미·교양서클 등 다양한 서클활동을 건전하게 지도하면 폭넓은 지식과 교양, 기술, 지도력, 인간관계 등을 육성시킬 수 있으며 자기완성의 계기가 된다. 과외활동 = 서클활동 = 이념운동 = 부정적 모임이라는 등식의 선입관은 배제되어야 한다. 서클활동의 장점을 살려서 지도교수의 참여 속에 잘 지도만 해준다면 대학기능의 좋은 성과를 기대할 수 있다. 문제는, 서클활동의 방치나 지도 소홀로 야기되는 정치적·사회적 문제를 겨냥한 이념지향적 서클 등에 있다. 이에 대해서는 보다 합리적으로 성숙된 지도가 요청된다. 실질적이고 현실적인 교수의 헌신적 지도와 관심에 따라 서클활동은 긍정적인 효과를 기대할 수가 있는 것이다.

12) 價値觀 問題

학생들의 가치관 정립은 정치·경제·사회·문화·교육적 환경에 좌우된다. 정치경제적으로 안정된 풍요 속에서 기업윤리나 직업윤리가 정착화 되면 가치관 교육의 문제도 정상화될 수 있다. 학교교육에서는 나가서사회에 현명히게 적응하기 위한 가치교육을 위한 프로그램 개발과 적극적인 지도로 만족하고, 행복한 삶의 추구를 이루도록 모든 여건을 개선하도록 노력해야 한다.

13) 指導敎授制度의 問題

교수의 역할과 기능은 매우 다양해졌다. 교수의 역할은 ①교육(teaching) ②연구(research), ③사회봉사(service), ④학생지도(guidance)의 기능 등으로서 복잡해져, 그 기능을 모두 수행하기란 어렵다. 대개 교수의 역할을 교육, 연구, 사회봉사의 기능만으로 알고 있는 교수들은 학생지도의 기능에 벅찬 부담을 안고 있다. 따라서 분담지도교수나 서클지도교수의 역할을 맡아야 하는 교수에게는 학생지도의 방법과 기술을 습득할 수 있도록 교수연수를 통해서 보완되어야 학생지도를 원활하게 수행할 수 있다.

그러므로 교수는 일차적 업무인 학문연구나 교수활동도 중요하지만 생활지도자로서의 기능을 연마하여 학생들과 상담·대화를 통한 문제해결에 전력투구해야 할 입장에 놓여있다. 따라서 학생을 지도하는 교수에게 자유재량권과 책임을 주어 교수의 지도 범위 내에서 모든 일이 종결되도록 해야 할 것이다. 만약 자율권이 보장되지 않는다면, 책임을 회피하고 소극적인 지도로서 방관하기 쉽다.

6. 結論

사회가 단순하고 문명이 발달되지 못했던 시대에서 학생지도의 문제는 그 시대의 특색에 따라 단순했다. 그러나 1960년대 이후 고도의 산업경제사회로 변화됨에 따라 복잡한 사회현상으로 변모되면서 자연발생적으로 학생지도에 큰 문제점이 나타나기 시작하였다. 그리하여 학생지도를 위한 다각적인 방법이 모색되고 새로운 방법을 실천하고 있지만, 여전히 학생문제는 계속 늘어만 가고 있다. 그 문제가 무엇인가를 좀더 세밀하게 파악하고 이에 대한 처방책을 마련하기 위해 본 서가 시도하는 바는, 현재 대학생이 학교생활 내지 가정생활 속에서 부딪치는 문제를 조사하고 이와 같은 문제해결방안을 모색하기 위한 방안으로 대학의 학생생활연구소의 역할과 기능을 중심으로 문제해결을 하도록 제시하는 목적이 있는 것이다.

대학생 지도를 하기 위한 방법은 다양하다. 어떤 방법이 가장 적합하다고 단정할 수는 없다. 왜냐하면, 변수가 너무나 많기 때문이다. 그렇다고 일시적이고 획일적인 그리고 물리적이고 강압적인 방법으로 지도할 수는 없다. 그러한 것은 일시적인 치료방법은 될 수 있겠으나 영구적인 방법은 될 수 없다.

우리는 수십 년 동안 대학생 지도에 부심해 왔고 지금도 계속 효율적 방안을 탐색 중에 있다. 그 근본대책은, 학생들의 요구를 적극적으로 이해하고 수용하면서 진지한 상담활동을 통하여 공감하고 요구조건을 가능한 범위 내에서 그들이 납득할 수 있는 대안을 제시하여야 한다.

본 서의 서두에서 제시한 바와 같이 대학생들은 신체적으로 성숙되었지만 아직도 배우는 피교육자이다. 단편적인 고도의 지식과 판단력을 길러 왔지만 서툴고 미숙하다. 솔직하고 정의감이 강하며 혈기왕성한 때 묻지 않은 세대이다. 감수성이 예민하고 향학열에 불타는 미래 이 나라의 주인공이 되고 지도자가 될 예비 사회인이다. 이들이 안심하고 안정된 분위기 속에서 학구생활에 충실할 수 있도록 하기 위하여 정치적·사회적·문화적·교육적으로 평온한 환경을 마련해 준다면 그들은 본분을 충분히 다할 수 있을 것이다.

그러나 그들의 눈에 비친 사회현상과 학교현장, 가정생활은 과연 평탄하게만 보일 것인가? 학생들은 아직도 사회인이 아니므로 역시 미숙 된 점이 많다. 그러므로 기성사회의 기성인들이 교육적이고 모범적인 행동과 자세를 보일 때 그들은 선배들을 존경하고 모방하고 좇아갈 것이다. 완전한 이상적인 사회가 존재할 것인가 의문시되지만, 우선적으로 대학사회에서는 학생들의 요구나 불만을 해소할 수 있는 모든 인적·물적 환경을 총동원하여야 한다. 배움의 터전인 대학사회 환경이 학생들이 불만이 없도록 잘 구비되어 있는가를 깊숙이 파악해 보아야 하고, 학생들의 지적 욕구를 충족시켜 줄 수 있는 실력 있고 인격적인 교수의 인적자원이 풍부한가도 점검해 보아야 한다. 학생들의 불편 없는 과외활동, 서클활동, 기타 학원의 자유는 충분히 보장되어 있는가? 졸업 후에 취업할 수 있는 직장의 전망은 뚜렷한가? 정의로운 사회는 건전하게 잘 구현되고 있는가? 이러한 불확실한 상태에서 대학생들은 불안과 초조 속에서 돌파구를 찾으려고 몸부림치고 있다.

그러므로 기성인들은 거시적 차원에서, 학생들의 입장을 무조건 이해하는 측면에서 출발하여야 하고 현명한 판단을 하여 대학생 지도에 박차를 가해야 될 것이다. 필자는 대학생 지도의 효율적인 방법을 다음과 같이 제시하고자 한다.

대학생 지도를 위한 전문기구로서 학생생활 연구소의 역할과 기능을 좀더 적극적으로 활성화시켜야 한다. 그렇게 하려면 연구소의 기능을 좀더 확대하여 활성화시켜야 한다.

현재 각 대학에 형식적인 기구는 설립되어 있으나 아직도 설치되어 있지 않은 대학도 있다. 이미 설치되어 있는 대학도 학생처에 예속되어 권선징악의 지시·감독적인 군림하는 자세이다. 그리고 대학운영당국자의 인식결여, 대학생의 인식부족, 기구 및 하부조직의 미비, 교직원의 절대수 부족, 연구소 재정의 영세성, 연구소의 시설부족, 상담실 기능의 다양성 결여, 즉 상담 및 심리검사 활동에의 편중, 전문연구지 및 학생지도자료의 발간활동 미흡, 학생지도 및 면학분위기를 위한 활동결여[46] 등을 지적하고 싶다.

따라서 활성화 방안은 미설치 대학의 연구소 설치 의무화, 연구소 운영조건의 개선이다. 즉, 연구소의 기구 및 조직을 총·학장 직속기관으로 정비, 또는 개편하여 연구소 운영의 독자성과 자율성을 보장함으로써 상담, 연구, 직업보도 등의 전문성을 유지할 수 있다. 또한 전문요원의 확보, 재정의 확보, 시설의 확충이 필수적이다. 그리고 자율성의 보장이 시급하다.

따라서 연구소 기능의 다양화·활성화 방안은 다음과 같이 요약된다.

① 신입생, 재학생들의 각종 실태조사, 요망사항조사, 의식구조조사 등 인적·물적 환경 등을 광범위하게 실시하여 학생들을 위한 개인 및 집단지도의 자료로 사용할 뿐만 아니라 대학당국으로 하여금 학생지도를 위한 계획을 수립하는 데 참고자료로 활용하도록 해야 한다.

② 연구활동의 강화로서 상담지도활동을 위한 연구, 즉 상담영역의 확대, 내담자를 유인하기 위한 방안연구, 상담기술개발, 각종 심리검사의 결과를 상담에 활용하는 방안연구, 과외활동 및 서클활동의 육성방안, 과외활동의 성향분석 및 지도방안, 교양 및 정서교육을 위한 과외활동 프로그램의 개발 등을 연구하여 학내 실행부서에 제공해 준다.

③ 상담활동의 강화로서 본문에서 제시한 13가지 영역의 문제들을 수용하고 개별상담에 필요한 각종 심리검사의 실시와 활용으로 자기이해를 촉진시키고 집단검사를 실시한다. 연구소의 상담실은 대학생 모두에게 개방되어야 하고, 성격 및 적응문제, 진로 및 취업문제, 법률문제, 교우관계, 이성문제, 해외유학문제, 병사(兵事)문제, 이데올로기 등 이념과 사상문제, 종교 및 철학, 가치관, 학업상의 문제, 교수와의 인간관계 문제 등 다양한 문제에 대해 오로지 성실하고 진실한 대화로써 임해야 한다. 상담실은 당면한 문제를 해결하는 센터로서 역할이 크므로 개인의 문제 상담은 철저히 이루어져야 한다.

④ 집단상담활동의 강화에 초점을 두어야 한다. 대표적인 집단상담의 모형으로는 공통문제 중심의 집단모형, 사례중심 훈련집단모형, 잠재력개발 집단모형, 교류분석 집단모형, 참 만남의 집단모형 등으로서, 이러한 집단활동을 대학생들에게 실시하도록 한다.

⑤ 집단지도활동의 다양화를 기해야 한다. 기본적인 학생생활지도는 개별상담이

---

46) 황응연, 상게서, pp.11~17.

주요활동이지만 학생수가 많은 현실의 경우에는 사전예방지도로서 집단지도활동이 강조되어야 한다. 현실에 대한 올바른 판단과 가치관·인생관·사회관 정립을 위하여 교수와 학생의 소집단 대화, 강연회나 토론회를 개최한다. 또한 정신건강을 위한 집단지도로서 정신건강 심포지엄이나 심리극 공연 등의 활동을 전개하도록 한다.

⑥ 직업보도활동의 강화이다. 연구소는 학생과와 장학복지과 등에서 실시하고 있는 행정업무의 지원책으로서 학생의 최대 관심사인 취업 및 부직 알선을 위해 각종 직업정보를 수집·보관·열람·제시하여 학생들에게 최대한의 기회를 제공해 주도록 한다. 또한 정부 각 기관 및 기업체와의 유대를 강화하고 취업정보세미나를 주기적으로 개최한다. 따라서 취업정보 센터의 설립추진이 필요하다.

⑦ 교수와 학생 좌담회 개최가 빈번하게 이루어져야 한다. 교수와 학생과의 격의 없는 대화는 학생을 보다 깊이 이해하는 데 도움이 될 뿐만 아니라 학생들은 교수와의 인격적인 만남에서 학문하는 데 더욱 의욕을 고양시키고 교수의 신뢰를 회복시킬 수 있다. 그러므로 1주일에 한 번 정도로 학생들과의 토론의 광장을 마련하고 학문연구의 방법이나 개인의 문제, 사회의 문제 등을 논의하면서 많은 것을 배울 수 있다. 따라서 전문상담교수와 분담지도교수제를 활성화시켜야 한다. 여기서는 자율과 책임이 보장되어야 신뢰감을 갖게 된다.

⑧ "건의함"을 설치하여 학생들의 요구조건이 무엇인가를 수시로 파악하고, 그 요구에 따라 적절한 지도대책을 강구하여 문제의 요인을 분석하고 해결해줌으로써, 학생들이 불만 없이 학업에 충실하고 학원의 생활에 낭만을 누릴 수 있게 한다.

⑨ 학생생활연구소의 역할과 기능을 최대한으로 활성화할 수 있도록 적극적인 지원이 요청되며 서클지도교수나 분담지도교수, 학교행정요원들의 긴밀한 연계성을 유지하여 학원의 문제가 있을 때 연구소와 학생처 간의 공동노력으로 참 사랑의 대화와 상담을 통하여 해결해 나간다.

⑩ 학생생활연구소의 기능 활성화를 위해서 자율권을 대폭 보장해 주어야 학생들의 문제를 지도하는 데 효과를 기할 수 있으며 학생들은 연구소 활동을 신뢰할 수가 있다. 명실 공히 학생지도의 중심체로서의 역할을 다하기 위해서는 학교행정당국의 끊임없는 행·재정적 지원이 이루어져야 충실한 활동을 전개할 수 있다. 따라서 학생지도체제를 일원화하여, 서로 협조하여 문제해결에 성의를 기울이면 안될 일이 없다고 본다.

참고문헌

강국환·김규형, 대학생의 가치관 변화양상의 비교 연구, Vol. 4, 학생지도연구, 조선대학교 학생지도연구소, 1980.

김식현·차경수, 대학학생생활의 건전화 방안, 문교부정책과제연구보고서, 1983.

김억환, "대학교육, 무엇이 문제인가?", 학생생활연구, 제2집, 세종대학 학생생활 연구소, 1986.

김종철, "수월성 확립 위한 질적 제도 갖추어야", 당위성과 가능성, 서울: 단국대 출판부, 1986.

김종철, 한국고등교육연구, 서울: 교육출판사, 1984.

김충기, "대학에서의 학생지도기능 활성화", 대학교육, 통권 13호, 서울: 한국대학교육협의회, 1985.

김충기, "대학교육의 미래와 직업교육의 발전방향", 직업교육연구, 3권 1호, 서울: 한국직업교육학회, 1984.

김충기, "대학에서의 학생지도", 교육연구, 7월호, 서울: 한국교육생산성연구소, 1983.

김충기, "대학생지도, 교수가 외면해서야", 대학교육, 통권 26호, 서울: 한국대학교육협의회, 1987.

김충기·홍성화·유태영, "대학생의 의식조사와 지도방안에 관한 연구", 학술지, 제30집, 서울: 건국대학교, 1986.

김정후, "학생지도의 기구, 조직", 대학교육, 통권 14호, 한국대학교육협의회, 1985.

권용만, "대학의 면학풍토 조성과 연구소의 조사연구활동", 전국대학학생생활연구소장회, 1985. 12.

남정걸 외 1인, 대학생의 가치관과 행동에 관한 연구, 서울: 한국청소년연맹, 한국청소년연구소, 1985.

동아대학교 학생지도연구소, 학생연구, 제9집, 동아대학교 학생지도 연구소, 1978.

박용헌·박성수, "대학교육문화에 관한 탐색적 연구", 교육학연구, 서울대 사범대학 교육 연구소, 1983.

박순영, "대학서클의 내실화와 지도방안", 대학사회와 이데올로기, 제1집, 대학 이데올로기 비판교육교수협의회, 1984.

성용구, "대학생 서클활동의 지도방안", 학생지도연구, 제12집, 공주사범대학 부설 학생생활지도연구소, 1983.

오세철, "대학문화의 기저와 갈등", 월간조선, 10월호, 조선일보사, 1983.

이상주, "대학문화의 미래", 대학교육, 통권 17호, 서울: 한국대학교육협의회, 1985.

이정길, 대학의 면학풍토조성과 서클 및 기타 학생지도활동, 전국대학학생생활연구소장회, 1985. 12.

이장호, 대 학의 면학풍토조성을 위한 학생생활연구소의 역 할, 전국대학학생생활연구소장협의회, 1985. 12.

이형득 외 3인, "학생지도를 위한 기초조사연구", 지도상담, 계명대학교 학생지도연구소, 1973.

이홍구 외 2인, "한국대학생의 의식구조에 관한 연구", 숙명여자대학교 학생생활지도연구소, 1984.

전국 대학카운슬러연구협의회, 대학학생생활연구소 기능정립을 위한 학술심포지엄, 전국 대학카운슬러연구협의회, 1982.

한국교육개발원, 한국의 교육지표, 서울: 한국교육개발원, 1984.

한국대학교육협의회, 대학교육, 통권 14호, 서울: 한국대학교육협의회, 1985.

한종열 외 6인, "대학학생지도의 효율화 방안", 학생지도연구, Vol. 15, No. 1. 경북대 학생생활연구소, 1982.

황응연, 대학학생생활연구소 운영활성화, 서울: 이화여자대학교, 1981.

제3부 變遷하는 職業敎育의 諸問題

제26장 젊은이의 社會觀

1. 청년문화

　인간은 사회발달 또는 문명의 향상과 정비례해서 방대한 물질과 물량의 소용돌이 속에서 생활을 영위하고 있다. 이러한 현대적인 환경 안에서 인간의 인생관과 가치관은 홍수와 같은 물질문명사회 속에 자칫하면 휘말리게 되고 상대적으로 정신적인 측면의 가치체계가 흔들리는 일이 생긴다. 이러한 와중에서 살아가는 젊은이들의 눈에 사회란 어떻게 비칠까? 대학생은 발달단계로 보아 청년기 후기이며 청소년기를 마지막으로 넘어가는 시기로서 청년문화라고 부르기도 한다. 즉, 청소년들에게 독특하게 존재한다고 생각되는 행동양식이나 가치관 및 태도 등을 청년문화라고 한다.

　청년문화가 사회적 표적이 되는 데는 두 가지 구조적 조건이 있다. 첫째는 현대사회 특히, 산업화하고 관료화한 사회의 도래요, 둘째로 젊음의 사회적 연장이다. 전통사회나 현대의 원시사회에서는 가족의 사회적 기능이 포괄적이다. 즉 교육, 종교 및 경제적 기능을 가족이 모두 감당하였다. 이러한 상황에서는 가정교육과 정규학교 교육의 기능을 다 함께 포함하여 사회에서 무난히 적응해 살 수 있었다. 그러나 사회가 극심하게 분화하고 변화됨에 따라 가족의 기능을 사회의 여러 제도가 빼앗게 되었다. 즉, 교육의 기능은 학교가, 종교의 기능은 교회가, 경제 기능은 직장과 시장이 각각 떠맡게 되어, 이제 가족 안의 사회화와 재사회화 간에는 크나큰 긴장의 다리가 놓이게 된 것이다. 가족 안에서 위로부터 받은 정체의식은 가족 밖의 사회에서는 오히려 거침돌이 되기도 한다. 이른바 정체의 위기가 현대 젊은이에게 찾아온 것이다.

　젊은이의 고통과 번뇌는 가치관의 정립을 어디에 두어야 할 것인가의 문제이며 또 하나는 젊은이의 기간이 연장되고 있기 때문이다. 인간이 거쳐 가는 성장단계인 청소년기나 성년기를 단순한 과도기로 가볍게 넘길 수 없다. 20세기에 들어와 산업화와 탈산업화가 본격적으로 추진되면서 교육제도에 갇혀 있는 젊은이는 10대뿐 아니라 20대를 포함하게 되었고 심지어 30대와 40대의 일부도 그 대열에 끼게 되었으니 현대에 있어서 청소년기는 빨라지고 청년기의 종말은 제도적으로 연장되고 있다.

청년문화란 젊음의 문화요, 젊음의 특성을 개방적 소박성과 개파성이라고 한다. 자기와 다른 생각과 주장에 대하여 허심탄회하게 열어 놓고 대화할 수 있는 주체적 힘과 악순환의 고리, 악순환의 기존구조를 개혁할 수 있는 창조적 힘이 조화되었을 때 젊음이 부각된다.

젊은이는 지성을 예리하게 간직한 참신하고 순진하며 불의와 부정을 모르는 계층으로서 다음 세대를 이어갈 중요한 역군들이다. 이들은 인생 중에서 가장 험난한 고비를 넘기면서 새로운 창조적 삶을 누리기 위해 많은 고민과 고통을 겪는 시기이기도 하다. 그래서 학업의 문제, 이성, 장래의 직업선택의 문제, 교우관계, 결혼, 사회 및 정치적인 문제, 인생의 문제 등 수많은 문에 속에서 어찌할 바를 모르고 몸부림치면서 적응하기에 어려움을 느끼고 갈피를 잡지 못하는 가치관의 혼란 속에 무엇인가 실오라기를 찾으려고 버둥대는 활력에 찬 젊은이들이다.

그러므로 이들에게 비추어지는 세계는 다양하고 저돌적이며 행동적이다. 젊은이들은 혈기에 넘친 나머지 신의에 어긋나는 일이 있어서는 안될 것이다. 이성으로서 정과 행동을 절제하는 중에 올바른 윤리가 이루어지도록 하여야 할 것이다. 여기에 대학생들의 가치관은 대단히 중요시되어 먼저 가치관의 정립을 이루도록 권장하는 것이다.

2. 젊은이의 價値觀

정범모 교수는 가치 내지 가치관을 "있어야 할 것, 해야 할 것, 바라야 할 것에 관한 일반화 된 개념"이라고 한다. 그리고 가치관은 그 사람의 행동을 결정함에 있어서 다음과 같은 역할을 한다.

① 가치관은 그 사람의 동기와 포부를 크게 결정한다. 즉, 무엇을 원할 것이며

　어디로 가야 할 것인가를 결정한다.

② 가치관의 여하는 우리의 지각과 해석을 크게 좌우한다. 즉, 사물과 장면과 상황을 보고 느끼고 해석하는 하나의 견지를 형성하게 된다. 그러므로 가치관은 세계를 보는 하나의 눈이라고도 할 수 있다.

③ 가치관의 여하는 우리 인생이 어디에서 그 만족과 의의를 얻느냐는 문제에 직결되고 있다. 따라서 인간의 만족과 의의는 가치관에 따라 다르다고 하겠다.

　인생은 부단한 가치창조의 과정이요, 끊임없는 가치추구의 노력이다. 인간의 모든 행동에는 가치의 의식이 수반한다.

　인간의 판단에는 두 가지 종류가 있다. 하나는 사실판단이요, 또 하나는 가치판단이다. 가치판단은 대상에 대한 우리의 주관적 평가의식이다.

　가치관을 비유하건대 인생의 악센트를 찍는 일과 같다. 어떤 이는 권력의 추구에 악센트를 찍고 살아간다. 어떤 이는 부의 축적이 제일 중요하다고 생각한다. 어떤 이는 명예의 획득, 예술의 창조, 진리와 지식의 탐구에 역점을 두고 살아간다. 또 어떤 이는 종교적 신앙을 인생의 최고의 보배로, 어떤 이는 사회봉사에 큰 의미와 가치를 부여, 어떤 이는 애정생활, 먹고 놀고 마시는 향락의 행동을 추구하면서 살아간다. 이것이 바로 슈프링거의 가치관 유형이라고도 한다.

　이처럼 가치관은 개인에 따라서 다를 뿐 아니라 사회와 민족에 따라서도 다르고 또 시대와 역사에 따라서도 다르다.

　한 개인이나 한 사회가 어떤 가치관을 신봉하느냐 하는 것은 그 개인이나 그 사회의 행복과 불행 흥망성쇠와 밀접한 관계를 갖는다. 그러므로 올바른 가치관의 확립은 한 개인뿐만 아니라 한 나라의 운명방향을 좌우하는 중대한 문제가 아닐 수 없다.

　하나의 실례를 들면, 독일은 2차대전에 패배하여 망국민이 되었다. 국민들은 굶주림과 절망 속에 빠졌었다. 그러나 용감한 독일 국민들은 다시 일어났다. 그들은 칠전팔기의 의지력을 가지고 절망을 넘어 자력갱생의 새로운 활력소를 찾았다. 그때 그들이 가졌던 생활신조, 활력소를 부여한 가치관은 이러하였다.

　"돈을 잃어버리는 것은 아무 것도 잃어버리는 것이 아니다. 용기를 잃어버리는 것은 인생의 많은 것을 잃어버리는 것이다. 그러나 명예와 신용을 잃어버리는 것은 인생의 전부를 잃어버리는 것이다." 독일 국민의 이러한 가치관과 신조를 믿고 분투, 노력으로 스스로의 운명을 개척한 결과 라인강의 기적을 일으키고 새로운 부흥

독일을 건설했다.

이것은 오로지 용기와 명예와 신용이 뒷받침한 결과라고 생각된다. 인간의 인내력, 지구력, 실천력, 추진력 모두가 용기의 산물이고 결과이다. 대인관계 속에서 살아가는 현대인의 가장 중요한 것이 명예이며 신용이다. 이 신용은 사회생활의 기본 질서이다.

3. 젊은이의 課題

인간은 무엇보다도 선천적으로 잘 타고나는 것이 중요하고 그 다음으로 인생에는 세 가지 중요한 선택이 있다.

첫째는 직업의 선택이요, 둘째는 배우자의 선택이요, 셋째는 인생관의 선택이다. 이와 같은 선택을 잘하느냐 못하느냐에 따라 성공과 실패, 행복과 불행이 크게 좌우된다. 젊은이에게는 이와 같은 기회가 앞으로 다가올 것이다.

사회를 보는 눈은 자기가 어떠한 가치관과 인생관을 갖느냐에 따라서 보는 눈이 달라질 것이다. 예를 들면, 어떤 사람은 "인생은 허무한 존재다", 다른 사람은 "인생은 이상을 추구하는 존재다"라고 말한다. 이러한 두 가지 관점을 비교해 보면 알 수 있듯이 인생을 긍정적으로 보느냐 부정적으로 취급하느냐에 생의 방향이 다르게 나타날 것이다.

스웨덴의 세계적 석학인 구너 뮈르달은 『아시아의 드라마』란 책에서 "남아시아 국민의 빈곤에 대한 연구"를 소개했는데, 그의 연구결과는 "아시아의 빈곤은 자원이나 자원부족에서 기인한 것이 아니고 이 지역 주민의 불합리한 상황 태도와 인습적인 사회제도에 기인한다"고 말했다. 말을 바꾸면 가난하게 된 결정적 요인은 주민들의 의식구조와 정신자세와 인생관이 어딘가 잘못되어 있다는 것이다. 즉, 국민의 인생관의 개조를 주장했다. 이것은 우리가 깊이 새겨두어야 할 문제라고 생각된다.

우리는 1960년대 이후 급속한 산업화, 공업화의 물결을 타고 고도의 경제성장으로 치닫다 보니 어느 정도의 경제적 풍요를 느끼고 살게 되었지만 반면에 물질만능 풍조의 가치관이 팽배해짐에 따라 정신적 도의적으로 잃은 것이 많다. 그러므로 이러한 부작용을 극복하기 위해 젊은이들이 취해야 할 방향이 어느 곳인지를 각자 심사숙고하여 건전하고 행복된 나의 설계를 위해 방향 탐색에 적극 신경을 써야 될 것이다.

제27장 靑少年 敎育과 善導方案

1. 序論

어떤 시대 어떤 사회를 막론하고 청소년을 올바로 지도하는 일보다 보람 있는 일은 없을 것이며 그보다 더 어려운 일도 없을 것이다.

더욱이 많은 난제를 해결해 가며 창조적 과업을 수행하고 있는 우리의 현실과 급격히 변화되며 개선되고 있는 현대사회 특징 속에서 우리의 젊은 세대들이 올바로 성장하도록 돕는 일은 더할 수 없이 중요하고도 지난한 과업이 아닐 수 없다.

청소년들의 건전하고 바람직한 성장을 돕기 위하여서는 청소년이 가지고 있는 문제점들을 올바로 파악하고 이해하여야 될 것이다. 오늘의 청소년들은 일찍이 어떤 세대들도 경험하지 못한 회의와 갈등 속에 고민하고 있으며 또한 욕구불만과 반항의식으로 팽배해 있다.

이러한 젊은이들은 가정에서나 사회에서나 기성세대와의 대화를 상실하고 있다. 대화의 상실은 상호작용과 유대관계의 단절을 의미한다. 우리는 서투른 지도나 교육적 입장을 취하기 전에 젊은이들을 보다 깊고, 보다 올바르게 이해하고 존중하며 상호신뢰와 대화를 회복해야 할 것이다.

청소년들의 바람직한 교육은 학교와 가정과 사회의 정립적 관계가 잘 조화 협조되는 가운데 이루어질 수 있다.

현대사회가 과학기술의 발달로 인하여 산업사회를 지향하게 되었고, 매스 커뮤니케이션의 급격한 발전으로 이에 대한 역할이 고조됨으로써 정보교환과 국제문화의 교류로 현대사회의 급속화를 촉진시켰다. 그 결과로 현대사회의 변화가 그 양상에 있어서 다양성과 유동성을 띠게 되었다. 때문에 거기에 대한 현명한 적응과 선택은 현대인으로 하여금 많은 지혜를 요구하게 되었다.

매스 미디어의 발달은 또한 대중문화가 지배하는 사회로 변화시킴과 동시에 사회 풍조는 날이 갈수록 적당주의, 환절성, 기회주의, 개인주의, 무능력과 애상적 금전 만능주의, 현실안일의 사회윤리로 도전하고 있다.

우리나라의 청소년 교육의 문제에 대하여는 국가기관 및 사회기관에서 상당히 관심을 표명해온 것은 사실이나 속수무책인 상태로, 심각한 문제로 사회에서나 교육계에서 지대한 관심으로 해결해 나가야 될 줄로 생각한다. 청소년은 이 나라 제2세 국민으로서 장차 국가의 역군이 될 동량이다. 이들은 급격한 사회변천에 대응하기에 사회의 가치관 인식과 수용의 태도에 있어서 너무나 벅찬 부담을 갖고 곤란점을 가지고 있다. 젊은이들의 가치관의 혼란, 부조리, 청소년들의 비행, 범죄, 폭행사건 등은 사회심리학적 견지에서 볼 때에 그들의 잘못이라기보다는 그들을 둘러싸고 있는 환경적 요인의 모순과 이해부족에서 오는 현상이라 보겠다. 그러므로 이에 대한 선도와 대책은 먼저 청소년이 당면하고 있는 신체적·사회적·문화적 환경을 과학적으로 살펴보고 심리적 상태와 문제의 핵심을 파헤쳐 조화시킬 수 있는 방법을 모색하여야 하며 이들의 요구를 충족시키도록 방안을 마련해 주어야 한다.

2. 靑年期의 發達的 特徵

인간의 발달단계는 유아기, 아동기, 청년기, 장년기, 노년기로 나눌 수가 있다. 이 중에서 청년기는 만13세 무렵부터 22세까지 걸치는 것으로 보는 것이 적당할 것이다. 이것은 학교제도상으로 말하면 중학교로부터 대학까지의 기간에 해당한다. 그리고 청년기를 다시 전기(13세~15세) — 중학교의 시기, 중기(16세~18세) —고등학교의 시기, 후기(19세~22세) — 대학의 시기로 3등분할 수 있다.

청년은 그 신체에 있어서 자연적 존재임과 함께 각자 독특한 대인적 사회적 관계를 가지는 사회적 존재이다. 이러한 신체적 및 인격적인 것의 양면에서 성숙이 사회적 요구에 응해서 적정하게 행해지는 것이 청년기에 있어서의 과제이다. 청년이 직면하는 과제는 대개 다음 다섯 가지로 요약할 수 있다.

① 신체의 발육에 대한 적응

② 가족, 특히 부모의 감독으로부터 독립, 자립

③ 동성 및 이성의 친구에 대한 적당한 태도의 형성

④ 책임 있는 사회인으로서의 적정한 인생관의 형성

⑤ 장래 생활계획의 확립과 그것에 필요한 기능의 습득, 이러한 과제가 제대로 완성되어 그것에 대한 적응이 잘 되는 것이 사회인이 되기 위해서 필요하다.

3. 靑少年의 基本的 問題

오늘날 우리나라 청소년 비행의 특질이 양의 증가는 물론, 그 질이 점차적으로 흉악화·난폭화하는 경향과 성범죄에로 유도되는 경향이 있으며, 그 연령이 낮아져 가며 그중 상당수가 학생이라는 점이다. 그리고 범죄행동에 있어서 개인의 단독범이 줄어들고 집단을 중심으로 하는 공범이 증가하는 집단화 경향을 나타내고 있다. [그림 27-1]과 [표 27-1] 청소년 범죄와 동기를 보면 1968년부터 1978년까지 10년 사이에 증가된 현황을 보아 얼마나 심각한가를 알 수 있다.

이런 현상은 가까운 일본의 경우와도 비슷함을 알 수 있다. 즉 일본에서도 중고등학교 학생의 비행 및 범죄가 내용면으로 보면 절도가 대다수라고 보고 있다. 미국에서도 이러한 청소년 비행, 절도, 폭행, 성범죄 등 청소년 문제는 학교와 사회에서 크나큰 관심과 대책을 강구하면서 노력하고 있는 현실이다. 이러고 보면 청소년 문제는 비단 우리나라의 문제만이 가지고 있는 고민이 아니라 선진국에서도 일찍부터 부딪쳐 온 교육상의 문제로 등장해 오고 있다.

오늘날의 학교교육이 이런 문제들을 예로 하는 데 있어서 그 기능이 약화되었음을 시사하는 것이라고 해석해야 옳을 것이다. 이런 의미에서 학교교육기능의 약화가 사회변천에 의한 간접적 교육 작용의 침식에 기인이 된다는 점과 교육담당자 자신들의 문제와 그 관여성에도 문제가 있었음을 잊어서는 안된다. 즉 중등학교 교사들이 도덕적 교육의 성공에 대하여 자신과 신념을 잃고 있다고 호소하고 있다.

청소년의 기본적 문제는 다음과 같은 변천적인 제 요소의 문제와 관련하여 많은 외적 환경의 변화와 내적 동기의 적응의 부조화에서 기인되었다고 볼 수 있다.

첫째, 해방이후 중등학교 학생 수가 급격히 증가함에 따라 정수분자(精粹分子)를 위한 중등교육에서 대중을 위한 중등교육으로 변하였다

둘째, 현대사회의 급격한 변천은 지도원리수립에 많은 논쟁점을 던져 주고 있다.

셋째, 물질문명의 급격한 발전과 산업구조가 복잡해지고 직업의 분화, 생활영역의 복잡성으로 인한 가치관의 갈등은 청소년들에게 행동의 지표를 잃게 하고 있다.

넷째, 가정의 변천, 즉 핵가족 중심화, 부모의 경제적 성장 및 사회활동의 다양화에서 가정에서의 청소년들의 관심과 지도를 소홀히 하고 있다.

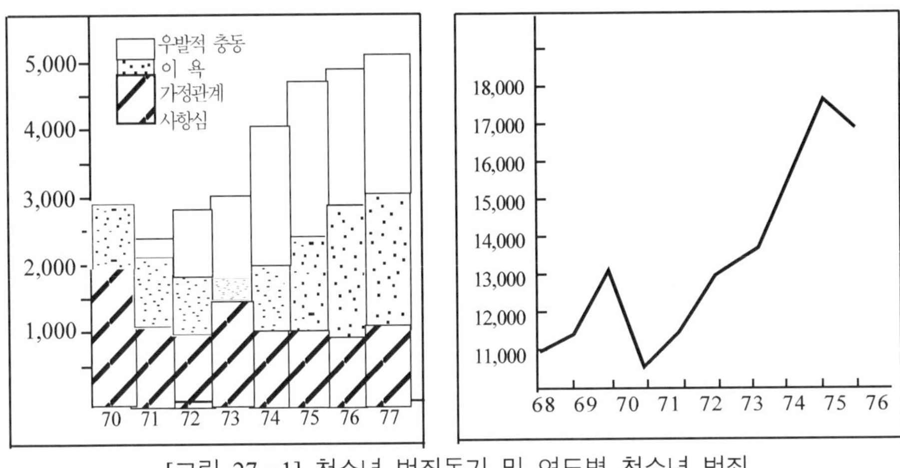

[그림 27 - 1] 청소년 범죄동기 및 연도별 청소년 범죄

다섯째, 조변석개하는 문교행정의 행동지침의 변화로 학교에서의 불합리한 교육과정은 청소년들에게 방향과 의식을 잃게 하고 있다. 이와 같은 사회환경에서 영향을 주는 사회적 요소와 함께 청소년들이 내재하고 있는 학습상의 적정, 레크리에이션, 개인적·심리적 문제, 장래교육, 직업문제, 교우관계, 경제생활, 교사와의 관계, 자신의 건강과 발달, 가족관계, 성문제와 도덕문제(충효), 학교의 시설과 사무, 주위환경에 관련된 문제 등 광범위하게 걸쳐 문제를 갖고 있다.

[표 27 - 1] 청소년 범죄추세

연도	계	범죄유형별			직업유무별				동 기 별				
		강력	폭력	절도	무직	유직	국교	중고교	이욕	사행심	원한	가정관계	우발적충동
68	11,124	306	3,013	6,124									
69	11,722	265	3,310	6,208									
70	13,140	281	4,496	6,229	8,490	3,019	689	828	3,116	728	1,006	1,952	3,149
71	10,936	301	3,583	4,539	6,586	3,265	407	595	2,451	1,062	736	1,274	2,270
72	11,674	284	3,109	5,701	7,565	3,306	259	491	1,837	559	811	1,152	2,910
73	13,080	259	3,221	6,864	8,299	4,184	113	495	1,745	592	684	1,424	3,122
74	13,496	371	4,195	6,193	7,739	4,626	230	848	2,305	597	722	1,116	3,437
75	15,568	482	6,595	5,716	8,800	4,696	267	1,655	2,404	903	1,292	1,092	3,905
76	17,462	550	6,466	7,370	9,550	5,902	339	1,557	3,034	737	1,066	961	5,090
77	16,785	543	6,770	6,227	8,745	5,621	265	1,978	3,262	1,139	1,402	1,109	5,106

4. 靑少年들의 內的 問題領域

청소년들을 교육적으로 지도하려면 하나의 개인으로서 잘 이해해야 할 것은 물론
이다. 그들이 가지고 있는 문제 중에서 특히 내적 문제의식을 좀더 깊이 관찰하고
특징을 발견하여 교사로서, 카운슬러로서의 의무와 책임을 다하기 위하여 다음과
같은 내용을 열거하고자 한다.

1) 身體的 變化

이 시기에 두드러진 특징은 그들의 신체적 불균형이다. 키가 콩나물 자라듯이 신
장이나 체중의 급격한 증가, 성격발육의 왕성, 이와 같은 신체상의 변화가 정신현상
에 영향을 주는 점에 주의를 해야 한다.

2) 不安한 牲

급격한 신체적 변화와 함께 성적 기능이 성숙해진다. 이 성적 기능의 성숙은 자

연 이성에의 호기심으로 나타나는 것이다. 이 호기심은 우리의 도덕적·사회적 관습 때문에 억압을 당하게 되므로 이 호기심은 비정상적인 방향으로 흐르는 일이 있게 되고, 이것이 때로는 소년범죄의 원인이 되는 수가 있다.

3) 노도와 같은 激情

『안네의 일기』중에 다음과 같은 대목이 있다; "나에게 일어나고 있는 변화—신체뿐 아니고 마음속에 일어나고 있는 변화는 놀라운 일이다. 그러나 나는 누구와도 내 이야기나 이와 같은 이야기를 한 적이 없다. 그래서 내 자신에게 이야기해야겠다. 나는 매월 나오는 그것이 있을 때마다—아직은 세 번밖에 없었지만—고통스럽고 불유쾌하게 상기되는 일이지만 달콤한 비밀을 가지고 있는 듯한 감정이다. 어떤 의미로 귀찮은 일이지만 마음속으로 이 비밀을 맛보는 날이 오기를 언제나 기다리는 것은 이 때문이다."

이와 같은 내부의 변화가 지금까지 밖에만 향하고 있었던 눈을 안으로 향하게 하는 것이다. 그래서 이 육체 속에 꿈틀거리는 어두운 힘에 휩쓸리고 끌리는 불안, 불쾌를 처치하기가 어렵게 되어 고민하는 것이다. 그 때문에 그들은 모두들 부정하려고 한다. 그들이 보이는 반항, 난폭, 방탕, 냉담 등은 이것의 나타남이다. 마치 질풍노도와 같은 감정의 시기이므로 이들의 감정적 변화를 잘 포착하고 이해해야지 그렇지 않으면 청소년지도는 성과를 거두지 못할 것이다. 이들의 정서적 특징을 정리해 보면, ① 감정이 불안하고, ② 기분적이고, ③ 수줍어하며, ④ 매사에 민감하며, ⑤ 잘 웃고, ⑥ 잘 열중한다.

4) 새로운 世界

청소년기는 꿈이 많다. 생활공간이 확대 분화하여 미지의 영역이 증대하지만, 이것은 필연적으로 혼란, 불통일을 일으키는 것이 된다. 지금까지의 소박한 인생관의 재음미가 필요해지고, 새로운 경험까지도 충분히 포섭해서 설명할 수 있을 만한 새롭고 구체적이고 고차적인 인생관을 재건할 필요성이 생긴다. 독립된 사회인으로서 자신을 가지고 자주적으로 판단하고 행동할 수 있기 위해서는 직업, 종교, 인생철학, 예술, 문학 등에 흥미를 갖게 되며, 제 나름의 인생관, 세계관 등을 이룩하려고 한다. 이와 같이 이들이 당면하는 새로운 세계에 대해서 항상 새로운 적응을 할 필요를 느끼게 한다.

5) 責任

우리나라 청소년들은 공부를 비교적 열심히 하는 것 같다. 가정이나 또는 학교, 과외수업, 학관수업 등 여러 가지 형태로 주입식 교육을 받고 있다. 그러나 그 공부가 자기 자신의 문제나 가정이나 국가사회의 여러 문제를 해결해 나가는 데 필요하고 요긴한 것이냐 하고 묻는다면 이미 자신 있게 대답할 사람이 없을 것이다. 그러나 이 학업이 우수하냐 열등하냐 하는 것은 다른 적응상의 문제를 일으킨다는 점에서 우리는 관심을 가져야 한다. 그러나 학업의 우수함과 열등함이 그 학생의 인격 자체를 평가하는 기준으로 되어서는 물론 안된다.

청소년의 지도를 맡은 지도자는 학생들의 지적 호기심을 충족시켜 주면서도 그들의 방법까지도 관심을 가질 필요가 있다.

6) 自己 將來

미분화 상태에서 분화상태로 생활권의 확대와 자기 자신의 성장발달에 대하여 매우 민감한 시기이므로 관심이 자신에게로 향한다. 특히 이 시기는 내면의 세계라고 할 수 있기 때문에 사소한 일에도 걱정하는 일, 백일몽에 빠지는 일, 자기 자신에 관한 문제를 친구들과 의논하는 일, 신체능력에 관한 관심 등 자아발견의 시대로, 미래를 꿈꾸는 시기이다.

7) 家庭과 父母

청소년들이 가정에서 부모들과 부적응을 잘 일으키는 일이 많은데 부모와 자녀 사이에 긴장이나 갈등의 원인을 든다면, 청소년기에 있어서 사회적 관계의 변화, 부모와 자녀의 발전적 관계에 있어서의 위치와 차이, 사회적 문화적 배경 등을 들 수 있다. 또한 편부, 편모, 고아 등 가정구성에 있어서 편협적인 가정, 부모와의 화목한 사이 여부, 이혼으로 인한 가정 내의 불협화, 사회경제적으로 몹시 곤경한 가정에서 일어나는 부모에 대한 불신, 급우 간의 사회 내지 경제적 격차로 인한 소외감과 열등감, 이런 문제의 산적으로 인한 정서적 갈등으로 부적응 내지 이상행동으로 발전할 가능성마저 깃들어 있다.

5. 靑少年 善導對策

학생지도란 문제학생의 치료나 교정을 위한 활동보다 한걸음 앞서 문제요인을 조기 발견하여 이를 제거하는 등의 예방적 기능을 강화해야 할 것이다. 의학에 있어서도 환자를 치료하는 것보다 예방의학이 더욱 중요한 것과 마찬가지로 예방적 치료가 교육적으로 더욱 효과적임은 재언할 필요가 없다.

그러면 앞에서 제시한 청소년의 내적동기와 요구에 대한 만족을 줄 수 있는 방법을 모색하여 조직적이고 체계적인 계획을 세워 지도하고 선도함이 바람직한 일이다.

생활지도란 단적으로 말해서 학생이 저마다 특이하게 지니고 있는 발달의 가능성을 찾아내서 이를 최대한으로 발달할 수 있도록 도우며, 개인으로서는 인생을 행복하게 개척하고 사회인으로서는 유능하고 성실하게 사회에 적응할 수 있도록 올바른 가치판단의 능력과 자기지도의 인간을 지도하는 데 있다.

이와 같은 교육의 본래의 목적과 기능으로 보아 학생의 개인적 필요와 문화 및 사회적 필요를 충족시키기 위해서 생활지도란 절대 불가결한 교육상 지도방안이 아닐 수 없다.

생활지도의 방법은 크게 다섯 가지로 나눌 수 있다.

1) 학생조사활동

학생의 문제해결을 도와주고 자율적인 성장과 조화적인 발달을 도와주기 위해서 먼저 학생에 관한 정보를 조사하여 학생을 이해하는 데 적극 노력해야 한다. A. E. Traxler에 의하면 학생조사 활동은 ① 가정배경 ② 지나온 학교와 학교성적 ③ 지적 능력 또는 학업적성 ④ 교과영역에 있어서의 성취도와 성장 ⑤ 건강상태 ⑥ 학교 밖에서의 생활경험 ⑦ 교육적·직업적 흥미 ⑧ 특수 적성 ⑨ 인간관계 등을 객관적이고 신뢰도가 높고 목적에 타당하며 종합적인 조사로서 인간의 특성을 실제 지도에 뜻있게 활용하는 것이다.

2) 정보제공활동

이것은 학생들의 개인적·사회적 문제해결과 적응에 도움을 줄 수 있는 각종 자료 및 정보를 제공해 주는 조직적인 봉사활동이다. 이에 대한 중요성은 다음과 같다. 개인이 갖는 갈등, 불안, 좌절, 열등감은 실은 적응에 필요한 정보의 차원에서 오는 경우가 많으며 또 학력저하가 학습방법의 요령부족에서 오는 경우도 많으며, 직장생활에 대한 부적응이 자신의 적성과 직종에 대한 이해부족 때문에 생기는 경우도 있다. 또한 인성적 부적응이 인간관계 형성의 원리의 이해부족에서 발생할 수도 있으며, 학과에 대한 부적응이 지망하는 학과에 대한 정보부족으로 인해서 생기는 경우도 많다.

그러므로 다양한 직업의 전문화에 따르는 직업정보(occupational information)의 필요, 교육수준의 상승과 교육과정의 복잡화에 따르는 교육에 관한 정보(educational information)에의 필요, 고독한 군중과 조직 속에 파묻혀 있는 개인의 정신건강과 사회적 적응에 요하는 인성적 및 사회적 정보(personal - social information)의 필요는 정보제공활동의 중요성을 더욱 촉진시켜 놓았다.

3) 상담활동

카운슬링은 개인지도의 가장 대표적인 방법이며, 학생 한 사람이 저마다 가지고 있는 각종문제, 적응문제를 현명하게 해결하여, 나아가서는 자신의 장래를 현명하게 선택 및 계획할 수 있도록 도와주는 작업이다. E. G. Williamson은 광의의 시점에서 인지적 수준과 감정적 수준을 대상으로 카운슬링은 개인의 퍼스넬리티의 성장과 통일에 원조를 주는 과정이라고 했는데 상담활동은 역시 언어적 수단에 의한 역동적인 상호작용의 과정으로 문제해결을 도와주는 전문가의 조력 및 성장과 통일을 돕는 학습의 과정이라고 보고 있다. 이와 같은 상담면접은 이해(understanding)와 용인(acceptance)의 분위기와 자유롭고 풍부한 의사소통(communication)의 기반 위에서 상담면접을 성공적으로 이끌고 있다. 상담방법은 지시적 상담(directive counseling), 비지시적 상담(non - directive counseling) 및 절충적 상담(eclectic counseling) 방법을 사용하여 문제의 성질, 분위기, 상황에 따라서 적당한 상담방법을 택하여 문제를 해결하는 데 사용하도록 한다.

4) 정치활동

학생의 발달은 그들이 가장 알맞은 환경에 놓여 있을수록 그 가능성이 풍부하다. 이처럼 개인의 소질과 능력이 가장 잘 신장, 발휘될 수 있는 환경에다 위치시키는 봉사활동을 정치활동(placement service)이라고 한다. 학생으로 하여금 적성에 맞는 직업을 알선한다든가 전공분야와 학생의 관심을 참작해서 가장 알맞은 선택과목을 이수케 한다든지, 학생의 능력, 적성, 가정형편 등을 참작해서 본인에게 적절한 방향에 배치함으로써 문제된 요구를 해결하는 데 있다.

5) 추수지도

교육에 대한 교사의 진정한 관심은 지도하는 현재의 문제보다 지도를 받은 다음의 적응과 행동의 변화에 대한 관심이다. 그리하여 교사나 카운슬러는 자기가 지도하고 상담을 해준 학생이나 부적응아가 그 후 얼마나 건전하게 적응을 잘 하고 있는지를 알아보고 학생의 적응을 계속적으로 지도하지 않으면 안된다. 이처럼 마지막 단계인 추수지도는 지도와 상담역의 학생에 대한 평가인 동시에 계속적인 지도봉사의 활동인 것이다. 효과적인 지도를 위해서 사용되는 도구로서는 면접, 관찰, 방문, 질문지, 편지, 전화 등으로 형편에 따라 신축성 있게 사용하여야 한다.

이상에서 생활지도 활동을 간단히 요약하여 청소년 지도에 대한 일반적인 방법으로 소개를 하였다.

다음으로는 청소년의 가치관 육성을 위한 활동으로 선도의 방법을 모색해 보았다.

(1) 重點的 價値觀의 設立

국민교육헌장은 우리 교육이 지향해야 할 당면한 가치관을 제시하고 있다.

이러한 작업을 추진함에 있어서 두 가지 점에 유의해야 한다. 그 하나는 중점적인 가치를 결정하는 일이요, 다른 하나는 교육을 위한 가치관의 결정에 있어서 가정, 학교, 사회의 협동적인 노력과 합의가 필요하다.

(2) 學生 讀書物의 再檢討

최근 문교부와 각 시·도 교육위원회에서는 "양서읽기"를 장려하고 또한 반드시 실천할 수 있는 방안을 내세운 바가 있다. 이것은 학생들로 하여금 정서생활을 함으로써 학생들의 교양은 물론 심리적 안정과 교육적 가치를 찾아 주는 데 목적이 있다. 학생들의 가치관 형성과 재구성에 있어서 교과서를 포함한 학생의 독서물은 거의 절대적인 영향을 미친다. 전문가들로 구성된 특별위원회에서는 가치관 교육의 능률만을 중심으로 검토하는 작업이 진행되어야 한다. 유의해야 할 점은, 도덕적인 가치관에만 한정시키는 것을 피하고 그 가치관 교육의 목표선정 위원회에서 결정한 목표가 반영되도록 하는 일이며, 각종 독서물의 일관성 있는 강조점을 계속 유치하는 일이다.

(3) 매스 커뮤니케이션의 敎育的 活用

일반적으로 매스 커뮤니케이션은 학생과 관계가 없거나 해를 주는 것으로 잘못 인식되고 있다. 사실상 학생들의 가치관 형성을 위하여 매스 커뮤니케이션이 분별 없는 영향을 미치고 있는 것은 자명하다. 그러나 매스 커뮤니케이션은 학교나 그밖의 교육기관이 도저히 경쟁할 수 없을 정도로 무섭고도 강한 전파력을 가졌다. 문제는, 어떻게 그 힘을 활용할 것이냐에 달려 있다. 이것은 많은 심리학 사회학적 지식과 방법이 동원되어야 할 뿐만 아니라 엄밀한 연구가 있어야만 해결할 수 있다. 그러므로 가치관 형성을 위한 매스 커뮤니케이션의 활용에 관한 광범위하고도 조직적인 연구가 필요하며, 이것을 통제 및 관찰할 수 있는 연구기관의 설립이 필요하다. 매스 커뮤니케이션 기관(KBS, MBC)에서 가끔 보여 주고 있는 청소년에 관한 영화상영은 크게 효과 있는 프로그램의 하나라고 볼 수 있다.

(4) 價値觀 育成을 위한 示範的인 프로그램의 作成 職業情報

궁극적으로 가치관의 육성은 학교교육의 학습시도와 개별의 독립된 활동으로 특수프로그램의 요청이 필요하다. 다음으로는 가출예방과 교제에 대하여 방안을 모색하겠다.
청소년 가출예방으로는,

① 나날이 성장 발전하는 청소년에게 적절한 대우를 해주고,
② 능력 이상의 과대한 요구나 과소평가를 말고,
③ 가족의 체면을 강요하지 말 것이며,
④ 부모가 매사에 솔선해서 모범적일 것,

⑤ 가족이 모두 즐겁게 놀 수 있는 장소나 대화의 기회를 자주 갖고,

⑥ 특이한 일이 생겼을 때는 생각나는 대로 행동하지 말고 전문가와 상담, 처리
하도록 권고하고 있다.

전문가들은 건전한 교제를 위해서

① 가정에서 청소년들의 상처받기 쉬운 마음에 소외감을 주지 말 것이며,

② 무단외출, 외박을 설득으로 막을 것이며,

③ 부모 자신이 성윤리에 솔선수범하여,

④ 사회가 남녀 상호간의 존중의식을 갖도록 제공하며,

⑤ 10대들에게 환상적·자극적인 요소를 제공하지 말며 어른들의 주의가 앞서야
한다.

참고로 청소년대책위원회에서 내세운 방책을 보면,

① 시·도에 청소년과 신설

② 도시근교에 소규모 야영장 설치

③ 시·군에 청소년 회관 설립

④ 밀집 주택가 및 아파트 단지에 청소년 여가시설 설치

⑤ 기타 청소년 건전육성시설확충과 아울러 미성년자 보호법 및 아동복리법 위
반사범을 엄단한다는 것이다.

이 대책의 주된 취지를 요약하면 청소년들이 딴 곳에 한눈을 팔지 못하도록 그
들을 위한 시설을 마련한다는 것이다. 좋은 취지이고 또 원칙론적인 것이다. 그러나
이러한 대책들이 과연 얼마나 실효를 거둘 수 있을까 하는 의문이 없지 않다. 먹고
살기 위해 바빠 자녀들과 대화할 여유가 없는 부모, 일류대학에 합격시키는 것을
지상의 과제로 삼기 때문에 학생지도를 할 시간이 없는 학교형편과 관심의 부족,
돈푼이나 있다고 유흥장을 돌며 흥청대는 성인들, 이런 현실상황이 개조되지 않는
한 학생선도는 결코 이루어지기 어려울 것이다. 학생지도는 학교 울타리 안에서만
해야 하는 단계를 넘어서, 범국민적인 대대적이고 과감한 정신운동이 선행되어야
한다. 청년기는 인생의 황금시대이다. 그러므로 이들의 요구를 현실적으로 이해하고

이상에 맞는 대화를 찾아 대응해 주어야 한다.

6. 結論

① 학생문제 발생의 원인규명을 위한 다각적 검토와 조사가 필요하다.

② 행정담당자 및 관리자로 하여금 학생문제에 대한 깊은 이해를 촉구하고 생활지도 담당자의 신분상의 법적 보장과 현직교사들로 하여금 교직관을 철저히 신봉할 수 있는 가치관을 갖도록 사회경제적 대우를 높이 하여 교사로 하여금 학생지도에 전념할 수 있고 책임감을 갖도록 제도상으로 강구해야 한다.

③ 카운슬러 활동의 보편화 문제에 따르는 구체적 방안에 대한 모색이 있어야 한다.

④ 청소년들의 갈등과 욕구충족을 위한 교육적 환경의 조성이 필요하다. 즉 학교내에 레크리에이션 시설, 충분한 대화의 광장의 마련, 과중한 수업량의 조화, 가치관의 형성에 필요한 인적·물적 요소의 정비 등이다.

⑤ 학교교육의 목적은 전인적 발달을 통한 인격형성에 있다. 환경에 오염되지 않고 행동에 책임을 지며, 주위상황에 건전하게 적응할 수 있도록 청소년을 지도 육성해 나가는 것은 일차적으로 가정과 교육이 맡아야 할 역할이다.

청소년 문제는 다양하고 복합적인 대책을 필요로 하는 것이지만 우선 황폐해진 학교교육의 건전한 활동 없이는 그 해결을 기대하기 어렵다. 이런 관점에서 가정교육과 학교교육, 입시제도, 생활지도 등 교육현실에 개선책이 마련되어야 한다. 끝으로 청소년의 보호와 육성을 위한 종합적 정책이 국가개발계획에 포함되어야 한다.

제28장 靑少年의 職業觀

1. 청소년, 그들은 누구인가?

청소년은 아동기와 성년기의 중간에 놓여 있는 중간단계의 인생의 꽃이요, 제2세 우리의 국민으로서 이 나라와 개인의 장래를 짊어질 희망에 찬 일꾼들이다. 그래서 인간의 한평생 중에서 매우 중요하고 독특한 위치를 차지하는 주변인이라고도 한다.

청소년기는 그 시기를 명확하게 구분하기는 어렵지만, 대개 발달심리학자들의 종합적인 견해에 따르면, 청년초기(중학교 시절,13~15세경), 청년중기(고등학교 과정, 16~18세), 청년후기(대학교 시절, 19~22세)로 구분하고 있다.

이 시기가 지나면 신체적으로 완전히 성숙되고 사회적으로는 한 평생을 지낼 직장을 구하고 배우자를 선택하여 독자적인 독립생활을 시작함으로써 일생의 여정에서 일단 정착하게 된다.

공자의 삼계도(三計圖)에 이르기를 "일생지계(一生之計)는 재어유(在於幼)하고, 일년지계 (一年之計)는 재어춘(在於春)하고, 일일지계(一日之計)는 재어연(在於寅)이니, 유이부자(幼而不字)이면 노무소지(老無所知)"라고 한다. 즉, 하루의 계획은 새벽에 하고, 일 년의 계획은 봄에 하고, 한평생의 계획은 청소년기에 하라는 말이다.

청소년기는 인생의 바탕이 되는 인격을 형성하고 어른이 된 다음에 어떠한 일에 종사하게 될 것인가를 결정짓는 준비이기도 하다.

청소년기에는 여러 가지 특징이 있다. 어린 시절은 주로 부모에 의존하여 생활하고 그 권위에 복종하는 시기인데 비하여 청소년기에는 독자적으로 생활하고 부모의 권위나 간섭으로부터 해방되려고 하는 욕구가 강하게 나타난다. 자기 자신이 무엇인가에 대하여 깊이 생각하면서 자아개념(self-concept)을 확립하려고 한다. 또한 자기 자신과 다른 사람과의 관계, 인생과 사회, 국가에 대한 자신의 위치 등을 정립하려고 하는 시기이다.

한편으로는 아직도 사회의 부조리에 오염되지 않았기 때문에 청소년은 깨끗하고 순수한 높은 이상을 갖는다. 정의, 자유, 평등 등 이상에 민감하고 자신에 대한 깊은 이해와 따뜻한 인간적인 사랑을 요구하기도 한다. 그러나 이러한 청소년들의 욕구는 그들이 희망하는 대로 잘 충족되지 않는 것이 보통이다. 청소년들은 독립을 원하지만 아직 부모에게 의존해야 하는 경우가 많으며, 이상은 높지만 현실적인 사회의 여건은 그러한 이상을 만족하게 충족시키기 어려운 경우가 많다.

여기에서 그들은 좌절감과 갈등을 느끼고, 가치관의 갈등을 느끼고 있는 것도 이 시기의 특징이다. 젊은 청소년들은 전통적이고 보수적인 규범으로부터 해방되려고 하는 특징이 있어 기성세대가 아직도 유교적인 규범 속에서 기존의 틀 속에 맞추려고 하는데 비하여 청소년들은 그러한 형식을 부정하고 훨씬 더 단도직입적이고 실리적이며 행동적이다.

이와 같이 청소년들의 특징을 요약한다면 ① 급격한 신체적 변화, ② 불안한 성, ③ 격동, 노도와 같은 정서적 변화, ④ 책임과 자율, ⑤ 새로운 세계에의 도전, ⑥ 자기의 장래, 진로문제, ⑦ 가정과 사회에서의 부적응 등 사회적·경제적 환경의 차이에서 오는 부적응의 갈등이 해소되지 못한 채 고도의 산업사회로 접근하고 있다.

청소년의 과제는 헤비거스트(R. J. Havighurst)의 발달과업의 특징을 기본명제로 삼아서 개인 문제의 해결을 현명하게 적응하도록 도와주어야 할 것이다. 헤비거스트의 발달과업에 따르는 발달이론에 의하면, 청소년은 ① 남녀 간의 새롭고 보다 성숙한 관계를 이룩하는 것을 배운다. ② 남성으로서의 역할과 여성으로서의 역할이 무엇인가를 학습한다. ③ 부모나 다른 성인과의 정서적 독립을 이룩한다. ④ 경제적 독립의 필요성을 절실히 느낀다. ⑤ 직업의 선택과 그 준비에 몰두한다. ⑥ 시민적 자질로서 필요한 지적 기능과 개념이 발달한다. ⑦ 결혼과 가정생활의 준비를 한다. ⑧ 적절한 과학적 지식에 맞추어 가치관과 윤리체계를 습득한다. ⑨ 사회적으로 책임 있는 행동을 하며, 이를 실천하는 습관을 기른다. ⑩ 자기체격을 인정하고 신체를 효과적으로 구사하는 것을 인식한다고 구분한다.

2. 청소년의 職業觀

청소년기는 진로 발달단계로 보아 진로탐색, 진로준비, 진로전문화 단계로 구분하고 있다. 또한 발달과업 중에 직업선택과 직업준비의 기간으로서 매우 중요한 위치를 차지하고 있다.

인간은 이 세상에 태어나 부모의 양육기간 동안 보호를 받고 자란다. 그러나 평생을 부모슬하에서 보낼 수는 없는 것이다. 보통교육과 교양교육을 받는 토대 위에 장차 미래의 생의 준비로서 생활유지수단인 직업을 갖게 마련이다.

그런데 이와 같은 직업을 선택하기 위해서는 상당한 준비와 노력이 요구되는 것이다. 그것도 적재적소에 알맞은 직업선택을 해야 평생을 직업에 종사하면서 만족스럽고 보람된 생을 추구하며 행복하게 지내도록 모든 준비활동이 합리적이고 이상적인 방향으로 이끌어 주어야 개인적으로나 국가·사회의 인력수급의 균등한 배치라는 측면에서 특별히 고려되어야 한다.

그런데 과연 학교현장에서 이와 같은 직업선택을 위한 합리적이고 타당한 교육활동이 효과적으로 전개되고 있는가? 학교교육을 담당한 교사나 운영관리자들의 생각은 어떠하며, 피교육자인 학생들은 과연 어떤 사고방식을 가지고 있으며, 장래 직업준비나 직업관에 대하여 관심이 있는가를 알아 볼 필요가 있다.

청소년기는 무엇보다도 단계에 따라 잠정적인 진로선택과 구체적인 진로결정의 준비과정을 학교교육과정 속에서 지도되어야 실질적인 생애의 준비교육이 이루어질 수 있다. 그렇다면 청소년기에 직업준비교육과 직업관 확립을 위한 기초교육과 이에 상응하는 진로교육이 학교 현장에서 철저하게 실천되어야 성공적인 삶을 개척할 수가 있으며 누구나 주어진 여건 속에서 만족한 삶을 영위할 수 있게 될 것이다.

1) 직업관

원시적인 자급자족의 생활을 하던 시대에는 인간은 스스로 일을 해서 얻은 것을 자신의 의·식·주 생활을 위해서 사용하였다. 그러나 사회가 변화하고 발전함에 따라 산업의 분업화·세분화·다양화가 이루어지고 시장경제가 형성되었다. 과학기술, 문명의 발달로 현대사회는 산업사회로 전환되고 첨단산업과 정보화시대로 돌입됨에 따라 직업의 세계도 복잡다양하고 그 종류도 수만 종을 넘는 복잡한 현실 속에서 청소년들은 이에 현명하게 적응하고 선택할 수 있는 준비교육이 더욱 절실해지고 있다.

따라서 그들이 저마다 타고난 잠재가능성을 토대로 하여 흥미와 적성, 능력과 인성에 알맞은 직업선택을 위한 준비교육, 즉 진로교육을 실천하는 데 필요한 직업관 형성에의 교육은 아무리 강조해도 지나치지 않을 것이다.

그러므로 우리 모두의 인간은 미래의 삶의 준비를 위한 직업을 선택하기 위한 준비태세를 갖추어야 할 것이다. 이와 같이 오늘날에는 대부분의 사람들이 장차 자신이나 가족의 생계유지를 위해서 어느 정도 보수를 얻는 것을 목표로 일정한 일을 계속하지 않으면 안된다. 우리는 이것을 직업(vocation)이라고 부른다. 그런데, 이 경우 직업이란 단순히 개인의 "생계유지를 목표로 하는 계속적인 인간의 활동"일 뿐만 아니라, 사회의 한 구성원으로서 자신이 속하고 있는 그 사회의 종속과 유지·발전을 위한 중대한 역할을 담당·수행한다는 의미를 갖는다. 개인으로서의 인간은 직업을 통하여 사회와 구체적 연관을 가지며, 사회의 번영과 발전을 위한 일을 맡아 그것을 훌륭하게 수행함으로써 사회를 위하여 공헌하는 것이 될 뿐만 아니라 자신의 능력을 발휘하여 자아를 실현하는 결과가 된다.

이러한 자아실현의 기초단계는 각 개인마다 선택한 직업에서부터 시작된다. 학생들이 장래의 직업을 선택하기 위해서는 각자마다 나름대로의 뚜렷한 직업 가치관의 정립이 확립되어야 한다. 또한 직업선택의 가장 중요한 핵심적 요인은 외적 가치보다 내적 가치에 비중을 두어야 한다. 가치관이란 사물이나 행위가 바람직한 특성을 가지고 있음을 나타내는 말이다. 가치판단 또는 도덕적 판단을 하는 경우에는 한 가지 가치만 관련되어 있는 것이 아니라 여러 가지 가치가 관련되어 있다. 가치관은 사람마다 다르다. 사람은 저마다 다른 개성과 개인차가 있듯이 가치관이 무엇인가 확인하고 가치 있는 것을 제 나름대로 정립하고 선택할 수 있는 능력도 길러주어야 한다. 직업관도 역시 가치관의 영역으로 취급되어야 마땅하다. 어떤 직업적 가치가 나에게 중요한 것인가를 탐색하는 작업도 함께 이루어져야 한다.

그러면 일반적으로 직업관에 비추어본 가치관의 유형은 무엇인가를 이해하고 이에 상응하는 직업관 형성을 위한 준비에도 노력을 기울여야 할 것이다.

독일의 심리학자 스프링거(E. Spranger)에 의하면 가치기준을 다음과 같이 여섯 단계로 나누고 있다.

첫째로, 이론가형으로 학문이나 연구, 진리탐구, 명예를 획득하기 위한 방법으로 노력하는 유형이다. 예를 들면, 교사나 교수, 연구가, 이론가 등이 이 유형에 속한다.

둘째로, 권력형으로 정치나 권력에 의한 지배에 흥미를 갖는 유형이며, 군인이나 정치가, 정당요원 등이 이에 속한다.

셋째로, 경제형으로 주로 경제적 이익의 추구에 관심이 많고 중점을 두는 사람으로서 실업가, 경제인, 상인 등이 이 부류에 속한다.

넷째로, 심미형으로 미적 가치 추구에 흥미나 소질이 있는 사람으로서 예술가, 미술가, 음악가 등이 이에 속한다.

다섯째로, 사회사업가로 타인을 사랑하고 타인을 위해서 사회적 봉사를 하는데 보람을 느끼는 사람으로 여기에는 주로 사회사업가 등이 포함된다.

여섯째로, 종교형으로 종교적 가치관이나 성스러운 것을 추구하며 신의 뜻대로 삶의 가치를 추구하며 신앙생활에 가치를 두는 사람으로 목사나, 전도사, 기타 종교인들이 이 유형에 속한다.

이와 같이 개인이 선택해야 할 가치관은 위의 여섯 가지 유형을 벗어날 수가 없다. 가치관 형성은 개인의 가치로운 삶, 만족하고 행복한 삶의 기초가 되는 것이다. 그러나 현대인들은 아직도 획일적인 가치관이 지배하고 있어서 입신출세를 위한 권력의 추구나 황금만능 가치의 틈바구니에서 몸부림치고 있다. 이러한 현상을 하루 아침에 근절시킬 수는 없으나 바르게 시정되어야 건전한 사회를 이룩할 수 있다. 그릇된 가치관이 지배하는 사회는 병든 사회이며 온전한 사회의 균형발전을 이룩할 수가 없다.

우리나라가 민주주의 사회로서 복지사회를 이룩하기 위해서는 무엇보다도 올바른 가치관이 확립될 수 있도록 모두가 합심하여 노력하여야 할 것이다.

특히 청소년들은 아직 불의나 부정에 물들지 않은 싱싱한 세대로서, 기성인들의 찌들은 융통성 없는 전통적 인습이나 관습에 젖은 관존민비의 가치관의 틀 속에서 벗어나야 할 것이다.

그러자면 청소년 자신에 대한 객관적 이해, 즉 소질, 잠재능력, 가능성의 요소를 정확히 파악하고 탐색하며 준비하여 여기에 알맞은 평생의 가치관을 심어주어 주관을 확립하고 소신을 가지면서 인생을 보람 있게 만끽할 수 있을 것이다.

개인마다 확립된 가치관의 토대 위에 평생의 직업을 선택하도록 유도한다면 그들은 선택한 직업 생활을 통해서 직무만족과 능률을 향상시킬 수 있으며 보람을 찾아 직업에 대한 긍지와 소명의식을 느낄 수 있을 것이다.

결국 직업관의 형성은 청소년기에 있어서 무엇보다 중요한 의미를 지닌다. 그렇기 때문에 직업의 역할담당자로서 필요한 직업의식을 고취시켜 주어야 한다. 즉,

농·공·상을 주로 담당하는 실업계 고등학교 수준의 기능공 양성이란 직업교육이 아니라 그것은 일부이고 보다 넓은 의미의 직업교육인 "진로교육"차원에서의 폭넓은 지도가 직업관 형성의 기틀이 되는 것이므로 "직업"의 의미를 확립시켜 주는 것이다. 그러므로 직업은 ① 생업으로서의 직업생활유지 수단의 기초이며 목적이다. ② 사회적 역할의 분담으로서 사회적 구조의 기능을 수행할 수 있다. ③ 자아실현으로서의 직업, 즉 공동생활을 형성하고 유지하며 개성의 발휘, 참된 삶의 추구라는 점에서 강조되어야 한다.

2) 직업관의 사회적 변천

인간은 누구나 자신의 독립된 삶의 추구를 위해 어떠한 형태로든지 직업을 갖지 않을 수 없다. 그것은 하나의 인간의 기본적 욕구요, 소속본능으로서 필요한 것이다. 그래야만 정신적·물질적 만족과 안정을 가져오며 사회적 분담을 할 수 있어서 직업선택에 큰 관심과 기대 속에서 학교교육을 정성껏 받고 있는 것으로 인정한다.

이와 같이 직업이 사회생활 과정 속에서 큰 비중을 차지하고 있으므로 직업도 사회의 변천과정에 따라 이해의 양상도 달리 발전·형성되어 왔다. 예컨대, 중세 기독교 전성시대에는 종교적 인간관, 세계관에 의해 직업이 종교적 측면에서만이 생각하게 되었고, 인간은 직업을 통하여 신의 소명을 받아 일생을 교회와 사회를 위해 봉사해야만 되는 것으로 이해되고 있다. 대개, 구라파 여러 나라나 미국과 같은 선진국들은 일찍부터 직업에 대한 관심이 컸으며 일에 대한 가치관이 형성되어 있었다.

일은 신성한 것이며 직업의 귀천도 없다. 능력만 갖추면 일에 대한 대가가 충분히 보장되는 기회균등의 사회이다. 또 누구나 불만 없이 주어진 일이나 몸소 자신이 선택한 일 또는 직업에 대한 가치관이 보다 구체적이며 현실적이고 소임을 다하는 근로정신이 투철하게 양성되어 있다. 직업선택에 있어서 자기의 능력범위를 벗어난 분수에 넘치는 일의 선택보다는 분수에 맞게 선택하는 경향이 짙다.

일 속에서 즐거움과 보람을 찾으며 아무리 궂은일이라 할지라도 주어진 일에 전력투구를 다하는 근로정신이 강하게 뿌리를 내리고 있다. 아마도 고도의 산업사회가 급속하게 발전된 나라들은 대개 근로에 대한 인식, 정신이 건전하고 긍정적이며 부지런하고 맡은 임무에 충실한 기본정신의 바탕에서 발전된 것이다.

우리나라의 직업관은 어떠했는가? 우리나라는 일찍이 동방예의지국으로 칭송을 받았던 예의바른 나라였다고 한다. 고대로부터 봉건주의 사상과 농본주의 정책에 따른 보수적 색채를 띤 유교 문화권 속에서 오랜 세월을 살아왔다. 그래서 문치주의와 관료주의의 형식적인 틀 속에서 일을 천시하고 농업이 생활의 전부요, 직업이라고 총칭해 왔다. 이러한 변화 없는 봉건주의와 쇄국주의 정책의 틈바구니에서 서구의 근대화 물결의 도입이 지연되어 외세의 발전된 문명과 문화를 받아들이는 데 큰 장애를 겪었다. 다행히 개화기를 맞이하여 서구의 정치, 경제, 사회, 문화교육에 큰 변혁을 가져오게 된 것이다.

이에 따라서 농업이 주요 경제를 지배해 왔던 사회경제 체제가 근대화를 계기로 일대전환이 일기 시작하였다.

시대가 바뀌고 산업이 점차 발달하기 시작함에 따라 새로운 가치관이 형성되기에 이르렀고 새로운 가치관은 종래의 헌신적이고 단순했던 직업관이 새로운 각도에서 직업을 내다보기 시작하였다. 이미 잘 알고 있는 바와 같이 일(직업)은 노예나 상놈이 하는 것이고 양반계급이나 권력구조에 몸담고 있는 지배계층들은 학문을 연구하는 선비로서 공리공론을 일삼고 통치하는 것이 직업의 전부로 생각했었다. 그래서 손에 기름때를 묻히고 열심히 일하는 사람을 천시하였기 때문에 일을 싫어하고 인문·인물 숭상에만 몰두하다보니 자연적으로 산업발전이 지체된 것이다.

우리는 지난 4반세기 동안 근대화, 현대화를 추구해 왔으면서도 아직도 우리의 직업관이 건전하게 정착되지 못한 증거를 여러 곳에서 찾아볼 수 있다.

부지런히 일해서 이에 상응하는 만큼의 대가를 받는다는 생각보다는 좋은 기회를 포착하여 요령주의로 일확천금을 누려보겠다는 한탕주의가 성행하고 분화된 직종들이 서로 협동하여 공존한다는 생각보다는 사회를 만인 대 만인의 투쟁장으로 생각한다든가 관은 높고 민은 낮으며, 기술을 천시하는 풍조 등이 모두 건전한 직업을 방해하는 요소가 되어 왔다. 결국, 이러한 현실의 단면은 건전한 직업관이 정착되지 못했음을 대변해 주고 있는 것이다.

역사적인 배경에서도 지적할 수 있는 바와 같이 관료주의의 병폐는 적합한 직업관을 정착시키는 데 대한 저해 요인이요, 인문숭상과 허례허식을 강조하고 사·농·공·상의 계층제도는 직업선택의 경직성을 초래하였다. 뿐만 아니라 1960년대 이후 산업화 과정에서도 나타난 건전한 직업관 정착에의 저해요인은 ① 관주도적 경제운영과 관존민비의 병폐 ② 면허증 세상과 인력개발, 간판위주의 면허증, 자격증 남발 ③ 일과 체면 ④ 팔자소관 등으로 힘써 묵묵히 일하는 사람들의 요구에는 흡족하지 못한 점이 많이 지적되고 있다.

3. 바람직한 직업관 형성

바람직한 직업관 형성은 경제사회의 균형적 발전과 개인의 능력을 최대한으로 신장시킬 수 있는 요건이 되므로 청소년들에게 이러한 직업관 형성을 위해 교육자들이나 학부모들의 협동적인 노력이 요구된다.

여태까지의 그릇된 직업관에 사로잡혀 참된 삶의 추구나 자아실현의 욕구가 어떤 획일적인 가치관에 얽매이거나 사로잡혀서는 안된다. 모든 직업은 귀천이 없고 신성하며 고귀한 것이다. 어느 직종에 종사하든지 간에 학생들이 장차 선택할 직업은 자신의 열망 수준과 능력수준에 알맞게 지도해야 한다. 자신의 잠재능력을 기초로 하여 흥미·적성·능력·인성에 적합한 직업지도에 따라 선택한 직업에서 평생을 만족하고 보람을 느끼고 긍지를 지니면서 행복한 생활을 추구하여야 한다. 이것이 성공적인 생활인 것이요, 성공인인 것이다.

일반적으로 직업관은 직업이 인간사회에 어떤 영향을 미치며 직업이 갖는 의미가 무엇인가에 따라서 자기본위의 직업관, 사회본위의 직업관, 나아가 자아실현의 직업관으로 나누어 볼 수 있다.

첫째로, 자기본위의 직업관은 직업이 생계유지를 위한 활동이며, 입신출세를 위한 수단으로 보는 견해이다. 이것은 가장 통속적인 직업관으로 생업으로서의 직업적 측면을 강조한 직업관이다. 의·식·주의 해결을 위한 수단으로 생각하고 나아가서는 사회적 지위나 명예를 얻기 위한 활동이나 수단으로 보는 것이다. 이러한 입장은 오로지 자기 자신만을 위한 것이기 때문에 개인주의 내지는 이기주의적 직업관이라 할 수 있다. 이러한 자기본위의 직업관은 개인의 욕구충족을 근본으로 삼고 있기 때문에 사회기여라는 의미를 찾을 수 없다. 또한 봉사정신도 기대할 수 없다. 다만 자신의 이익을 초월할 때 사회적 역할이라는 봉사정신을 발휘할 수 있다.

둘째로, 사회본위의 직업관이다. 자기 자신의 이익을 넘어선 어떤 누군가를 위한 직업이 될 때 직업이 봉사의 의미를 갖는다. 이 직업관은 자기의 필요나 가족의 이익을 목적으로 삼기보다는 자신이 속해 있는 사회 전체의 이익을 목적으로 삼는다. 이는 직업을 사회적 역할의 분담이라는 측면에서 본 전체주의적 직업관이다. 즉, 국가에 대한 봉사가 최고의 가치를 지닌 것으로 간주하여 모든 사람이 국가·사회의 발전과 번영에 공헌함으로써 찾는 보람을 말한다.

셋째로, 일 본위의 직업관이다. 이것은 자아를 실현하는 과정으로 보는 견해이다. 여기에서 이 직업은 자신의 생계만을 위한 것도, 남을 위한 것도 아니다. 오직 그 자체를 위해 일하는 직업을 의미한다. 기본적인 입장은 일의 화신이 되는 것이다. 일 본위의 직업관에서의 직업 또는 봉사는 언제나 자발적이다. 자아실현은 우리가 지니고 있는 개성과 취미를 실현시키는 것이다. 자아실현의 직업관이 값진 진의를 발휘하려면 다음과 같은 요건을 구비하는 것이 바람직하다. 즉 ① 직업이 생계유지를 위한 절대적인 수단이 되어서는 안된다. ② 직업이 자신의 능력과 취미와 개성에 알맞은 것이어야 하고, 업무가 개성을 충분히 발휘할 수 있는 여건이 조성된 직장에서 행해져야 한다. ③ 직장인은 일(직업, 업무)에 대한 애착을 느끼고, 그 일에만 정진하는 자세가 확립되어야 한다. ④ 직업이 미풍양속에 위배되지 않고 인격도야에 도움이 되는 것이어야 한다.

이러한 직업관은 시대의 요구에 따라 이 세 가지 유형 중의 어느 하나가 한 시대를 지배했으리라 본다. 어느 시대를 막론하고 폐쇄된 사회는 사회본위의 직업관이 지배적이다. 폐쇄 사회의 특징 중에 하나가 모든 변화를 억제하고자 하는 것이기 때문에 전통적인 폐쇄사회에서는 직업의 세습과 전체주의적 직업관이 정당화 되었다. 그러나 근대사회에 들어와서는 개인의 자각과 인권이 보장됨에 따라 직업관에도 많은 변화를 가져온 것은 다행한 일이 아닐 수 없다.

그러면 어떠한 일이 바람직한 직업관으로서 청소년들에게 고취시킬 수 있는 것인가?

첫째, 직업의 선택은 자유로워야 한다.

둘째, 선택한 직업에 들어가서는 개인의 성실한 노력을 하고 그 대가는 생산에 공헌한 것에 비례해서 받아야 할 것이지 학력이나 면허증 소지자에 대한 대가만으로 보상이 결정되어서는 안된다.

셋째, 취업의 기회는 공평하게 주어져야 하지만, 적성, 흥미, 능력, 인성, 포부(aspiration)에 따라 선택되어야 한다. 학연, 혈연, 지연 등 연고관계로 인한 채용이나 승진 또는 그로 인한 차별대우의 풍토는 없어져야 한다.

넷째, 모든 직업은 신성한 것이요, 귀천이 없다는 인식이 일반화 되어야 한다.

다섯째, 직업수행은 오로지 생활유지 수단만이 아니라 사회적 역할분담으로서 개인 내지 사회에 공헌하는 것으로 인식하고 사회 봉사적 기능을 수행하는 것이다.

여섯째, 직업을 통해서 자기완성과 행복을 추구할 수 있도록 직무를 다양화함으로써 고차원의 동기유발을 피하여야 한다.

일곱째, 일할 의사와 능력이 있는 사람이 직장을 갖지 못하였을 때, 이는 실업자로 간주하여야 하고 국가는 취업기회를 창출해 주도록 노력해야 한다.

여덟째, 성공인은 성공적인 직업인으로서 직무에 만족하고 창조적 자기표현의 수단으로서 일자체가 놀이의 일종으로 간주되며 자발적인 참여와 노력이 스스로 이루어져야 한다.

아홉째, 자아실현의 수단이요 참된 삶의 추구나 행복이 직업을 통해 승화되어야 한다.

열째, 직업은 인생에 있어서 생명적 의미, 경제적 의미, 사회적 의미, 종교적 의미, 정신적 의미를 갖는다.

위와 같은 천직적인 직업관을 갖고 일에 몰두하는 사람은 인생의 다시없는 행복자다. 올바른 직업관을 형성하려는 노력은 직업에 대한 의식을 바꾸려고 할 것이 아니라 사회에서 직업을 올바로 다루는데서 비롯되어야 할 것이다. 즉, 사회의 발전적 요구에 맞는 직업이 충분한 보상으로 개인의 욕구를 충족하는 방향으로 전개되어야 할 것이다. 여기에 직업을 다루는 사회지도자의 막중한 책임이 있다.

결국 우리는 자기의 직업에 대하여 사랑하고 자랑스럽게 생각하며 자기직업에 열성을 가져야 한다. 아울러 직업윤리를 이해하고 지켜나감으로써 참된 직업인이 될 수 있는 것이다.

제29장 청소년의 단체심을 길러 주기 위한 가정의 역할

1. 청소년 그는 누구인가?

청소년은 장차 우리나라의 주인공이 될 제2세 국민으로서 이들을 잘 가꾸고 건전하게 키워나가야만 개인적으로 학업 및 사회생활에서 현명하게 적응하면서 성공적인 삶을 누릴 수 있으며 나아가서는 국가의 안녕과 번영 및 질서를 유지하고 풍요롭고 밝은 복지사회가 전개될 것임은 아무리 강조해도 지나치지 않을 것이다. 그러므로 기성인들은 미래의 주인인 청소년들에 대한 높은 기대와 관심을 가지고 적극적으로 보호하며 일탈되지 않도록 범국민적 차원에서 노력하고 있다.

그렇다면, 청소년 그는 누구인가?

우리나라 청소년 인구는 약 1천 1백만여 명으로 전체 인구의 4분의 1을 차지한다. 이와 같이 수많은 청소년들은 모두가 미래의 아름다운 삶을 준비하기 위해 노력하는 순수하고 천진난만한 학생층이 대부분이다.

청소년기는 심리적 발달단계로 보았을 때 사춘기를 기점으로 하여 그 이후의 약 10년을 포함하는 시기로서 대략 12세~22세 사이의 연령층을 일컫는다.

이들은 이미 아동기를 벗어나 신체적·심리적으로 성인이 갖는 특징들을 가지고 있다. 그러나 현대 산업사회 속에서는 경제체제의 변화, 학교교육의 보편화와 형식교육의 연장, 결혼시기의 지연 등으로 인하여 에릭슨(E. Erikson)이 말한 바 있는 자아정체감의 형성과 정립시기이며 지불연기(moratorium)현상이 보편화 되고 있는 실정이다. 요컨대, 청소년들은 심리적으로 아동기에서 성인기로 넘어가는 중간적 위치에서 과도기적 성격을 띠며, 사회적으로는 기존의 사회구조에 편입되지 못하는 관계로 주변적 성격을 띠게 된다. 인생의 어느 시기에서보다 더 신체발달이나 인지발달이 가속화 되고 부모의 기대와 사회적 요구가 증대되기 때문에 더 많은 내적 및 외적 스트레스를 경험한다. 특히 청소년기엔 신체적·생리적·성적 및 인지적 기능의 급격한 변화와 더불어 정서적 격동이 심해 "질풍노도의 시대"라고 일컫는다. 그래서 이 시기에 필연적으로 완수해야 할 발달과업을 성취하지 못했을 때는 정체의식의 혼란상태가 초래되어 예기치 않은 반항적·공격적 반응을 보이기도 하고 청소년들의 정신건강에 심각한 위협을 주어 정신적 장애를 일으키기 쉽다.

청소년들은 그들 나름대로의 생명력을 가지고 있기 때문에 자기들끼리만 어울리는 생활분위기가 있다. 그들은 성인에 대해 독립적이기 때문에 기성세대와 다른 옷차림, 말씨, 대인관계, 음악, 미술 등을 가지고 있다. 그래서 그들은 자연적으로 동료문화로서의 성격을 띠게 된다. 그들은 중간집단으로 그들의 존재를 불안정하게 하며 의식면에서는 불확실감, 불안의 정서를 낳게 하기 쉽다. 그들은 성인을 모방하고 거기다 자기를 동일화하려고 하며 성인적 수준에 대한 자기부전감(不全感)·열등감을 느끼기도 한다. 이러한 내면적 불안정의 결과로서 균형이 잡히지 않은 행동을 하기 쉽고, 지나치게 활기에 차있거나 내성적이 되기도 한다. 또한 내공적·퇴영적으로 되기도 한다. 감정의 변동이 심하여 환희, 실의, 자기애, 자기혐오, 심각과 경박, 이상주의나 찰나주의 같은 양극적인 행동이 나타나는 특징이 있으며 집단소속의 감정이 강하고 우리의식(we-feeling)이 강렬하다. 또한 인생관이 확립되고 주관적으로 생각하는 경향이 심해지며 자기의 흥미를 살릴 수 있는 사상가나 학자의 이론에 대해서는 심취하여 동일시하는 기제(機制, mechanism)를 갖고 있으며 적극적으로 받아들인다. 그리고 사회적 인정감을 얻으려는 욕구와 친구의 승인 또는 칭찬을 희구하고 있다. 이러한 특징을 가진 청소년기는 일생 중에 가장 변화를 많이 일으키고 있어, 항상 문제점이 도사리고 있는 것을 잊지 말아야 한다. 이러한 특성은 일생 중 청년기에 가장 두드러지게 작용하고 있다.

2. 사회변화의 특징과 현실

우리는 그동안 전통사회 속에서 수천 년을 지내왔다. 그 후에 개화기를 지나 해방을 맞이한 이후 민주주의가 도입되면서 우리 사회는 급격하게 변화하기 시작하였다. 사회 변천의 속도는 20세기에 들어서면서 더욱 가속화 되어 가고 있다. 역사적으로 볼 때, 시대의 변천이 우리 인류에게 큰 혜택을 주기도 하였지만, 그에 못지않게 커다란 피해를 가져다주기도 하였다. 즉, 물질문명의 발달로 말미암아 인간의 생활수준은 향상되었고 의학·과학기술의 발달, 산업사회의 도래, 정보화시대로 옮아가고 있지만, 그에 앞서야 할 마음의 평화는 여지없이 깨어지고 내적인 행복이나 정서적인 안정 등은 정반대로 멀어져만 가고 있다.

20세기의 인간은 사상적인 대립, 경제적 불안정, 정치적 혼란, 성도덕 퇴폐, 신앙 없는 생활, 인간성의 궤멸, 분파주의, 이기주의, 끊임없는 위기 속에 휘말려 불안한 상황 속에서 생활하고 있다. 요즈음 우리 사회환경을 돌아보자. 한마디로 오늘의 한국사회는 과거에 미처 경험하지 못했던 격심한 사회변동을 겪고 있다.

사회적인 면을 볼 때, 인구의 도시 집중화와 가족 구성의 변동 및 가족 기능의 변화를 들 수 있다. 도시화에 따르는 거주이동의 다변화, 직업의 분화와 전문화, 세분화 등은 가족의 구조는 물론 가정의 교육적 기능 및 가정의 행동 통제 기능까지 큰 변화를 일으켰다. 그리하여 도시에서는 부부중심의 핵가족제로 변모하고 매스 커뮤니케이션 등의 양적 증대는 가족 내의 인간관계에도 영향을 미치게 하였다. 따라서 모성실조현상, 어떻게 보면 자녀들의 학습은 부모를 통해서 이루어진다기보다는 매스 미디어나 친구집단에 의해서 이루어진다고 볼 수도 있다.

이렇게 20세기 후반에 생존하는 사람들은 복잡 다양한 사회변화 속에서 너나할 것 없이 정도의 차이는 있을망정 모두 정신적인 부조화, 정서적 갈등, 심리적 문제 등을 경험하고 있기 때문에 더욱이 청소년들은 감수성이 예민한 관계로 정서면에 큰 타격을 주고 있음을 성인들은 널리 이해하고 있어야 한다.

오늘의 우리사회는 급변하는 전기의 문턱에서 도의심의 실추, 가치관의 혼란, 빈부의 격차현상, 청소년의 도시집중 경향, 소비성향, 사치풍조, 이기주의 현상 등은 젊은이들에게 무력감, 의욕상실, 고독과 좌절상태로 몰아넣어 마침내 정신적·물질적 갈등 속에서 자기 억제의 기능을 여지없이 상실하고 있다.

3. 인간관계의 기술 — 협동심

이러한 변화무쌍한 사회변화 속에서 새로운 환경에 보다 현명하게 적응하고 선택을 잘하기 위해서는 청소년들은 어떠한 자세를 취해야 할 것인가?

개인은 집단에서 고립하고서는 존재할 수 없다. 의식적이건 무의식적이건 간에 다른 집단 성원과의 관계에 있어 건전한 인간관계의 상태는 청소년의 생활방법을 규정하는 기본적인 힘이 된다. 그러므로 인간관계를 어떻게 맺으며 협동심을 어떻게 바람직한 방향으로 키워나가면 좋겠는가 하는 것은 인간생활의 학습으로서 매우 중요한 뜻을 가진다. 더욱이 청소년들의 특성으로 보아 풍족한 인간적 성장을 이루게 하기 위해서는 자기와 타인과의 관계를 민주적으로, 기쁜 마음으로 맺어 나가는 태도·흥미·습관·기술 등의 능력을 키워 나가는 사회성 발달에 초점을 두어야 할 것이다.

인간관계란 서로 믿고 의지하는 관계로서 서로 이해하고 협동하고 자율적으로 참가함으로써 그 유대가 두텁게 이루어진다. 공동관심, 공동목표를 갖고 의사소통이 이루어 질 때, 응집력이 강해지는 것이다. 인간관계는 집단활동을 통해서 잘 이루어질 수 있다. 집단이란 집단성원들의 빈번한 상호작용, 집단성원으로서의 자인, 또는 인정, 공통 관심사에 관한 규준, 상관성 있는 역할체제에의 동참, 동일 모범대상(지도자) 혹은 초자아적 이상의 정립으로 인한 상호간의 동일시, 집단을 통한 욕구충족, 공동목표의 추구, 일체성에 대한 집단적 지각 그리고 환경에 대한 통일된 방식의 행동이 이루어질 때 그 집단의 응집성이 높아지고 따라서 협동심도 길러질 수 있는 것이다.

청소년들의 집단활동을 통해서 단체심이나 협동심을 키울 수 있다.

집단 속에서 남과 더불어 생활함으로써 자기 자신에 대한 보다 깊은 통찰력을 기르게 하여 자율적 생활에 도움이 되게 하며, 민주적 집단생활의 경험을 통하여 민주적 집단과정에 필요한 이해와 태도, 기능을 길러줌으로써 민주시민으로서 누구나 갖추어야 할 자율성의 기초를 닦을 수 있다.

또한 집단 속에서 남과 더불어 생활함으로서 타인에 대한 존경과 타인의 행동에 대한 관용과 이해를 발달시킴으로써 자율적 인간관계를 높이는 데 이바지할 수 있다.

이러한 인간관계를 효율적으로 맺게 하는 과정에서 협동심은 스스로 우러나오는 것이다. 그러면 협동심 앙양을 위해서 부모와 가족이 어떤 자세를 가져야 바람직한 것인가?

4. 가정의 역할과 기능

가정은 생활의 보금자리로서 인간의 기본적 욕구를 충족시키는 최소한의 기본단위이다.

가정의 기능은 생산적, 보호적, 종교적, 교육적 기능을 지니고 있다. 현대 산업사회에 접어들면서 학교규모가 커지고 비대해지면서 학교교육은 기능에 대한 요구에 비해 그 기능을 다할 수 없는 한계점에 이르렀다. 즉, 학교교육만으로는 급속히 변화하는 사회에 적절히 대치할 수 없을 뿐만 아니라 홍수처럼 쏟아져 나오는 많은 새로운 지식들을 적절하게 전달할 수도 없게 되었으며 급속한 사회의 변화에 따라 청소년들에게 올바른 가치관, 바람직한 생활태도, 단체심 등을 키워주기에는 더욱 부진한 상태가 되었다. 이러한 상황에 대응하기 위한 대안으로 가정교육의 기능을 강화할 수밖에 없다.

가정의 교사는 부모이다. 부모들은 가정교육을 이끌어 가는 선도적 역할을 해야 한다. 학교교육의 단편적 역할로서는 역부족이고 모든 것을 학교에만 떠맡길 수 없는 것이므로 일차적으로 가정에서 자녀들을 위한 교육을 책임지고 솔선수범이 선행되어야 한다. 앞에서 이미 지적했듯이 청소년의 다양한 특성을 잘 이해하고 사회적 변화에 따른 현명한 적응을 위해서는 가정에서의 역할분담이 필요한 것이다.

청소년의 단체심을 길러 주기 위한 가정의 역할로서 이루어져야 할 내용을 종합하여 열거하면 다음과 같다.

① 가정을 훌륭한 교육의 장으로서 삼아야 한다. 가정은 생활의 보금자리로서 청소년의 신체적, 정신적, 정서적, 사회적 활동의 안식처인 것이다. 그러므로 청소년을 위하여 바람직한 물리적, 심리적 환경을 만족스럽게 제공해 주어야 하며 그러한 방향으로 개선해 나가야 한다. 가정은 건전한 청소년 지도·육성·보호의 근본이 되며 육성의 성패를 가늠하는 핵심이 된다.

② 부모는 훌륭한 교육자로서 역할을 대행하여 자녀들에게 항상 모범을 보이고 매사에 관심과 경청, 칭찬과 보상, 격의 없는 진실한 대화를 통하여 인격형성의 근간이 되는 정직, 질서, 창조력을 형성하고 공동윤리, 책임의식, 공동체의식, 자아통제, 결단력 향상을 위해 성실한 태도로 행동하고 적극적인 자세로 임해야 한다.

③ 지시나 명령보다는 자율과 솔선할 수 있는 방향으로 민주주의의 기본생활을

영위할 수 있도록 민주적이고 솔선수범의 생활습관을 보여 주어 능동적으로 매사에 적극 참여하는 습관을 기르도록 한다.

④ 자녀들의 지도를 효과적으로 수행하려면 가족구성원들이 되도록 많은 시간을 자녀들과 함께 보내면서 이웃과의 상호방문, 의견교환, 영화관람, 낚시, 운동, 등산 등에 참여하여 같이 생활함으로써 서로 사랑을 주고받는 인간관계 속에서 건전한 인격, 정서적 안정, 공동체 의식 및 생활 태도가 확립될 수 있다. 따라서 동료들과 서로 어울릴 수 있는 기회를 많이 갖도록 경험을 제공해 줌으로써 단체심을 길러 줄 수 있다.

⑤ 여가선용계획을 항상 같이 세우며 청소년들에게 많은 여가시간을 부여해 준다. 여가는 일에서의 해방, 운동부족의 보충, 인간관계의 개선, 교육기회의 계속적 제공, 창의력 신장, 심적 갈등해소, 정서적 안정 등 다양한 특성과 기능을 가지고 있다. 그러므로 자녀들에게 정신적·육체적 피로를 풀어 주고 사회생활의 긴장, 스트레스, 갈등, 좌절감 및 정서적 불안 등을 해소시켜줌으로써 정신적 안정을 가져올 수 있다.

⑥ 건전한 교우관계를 형성해 주는 일이다. 형제자매 간의 돈독한 우애, 이웃 교우 간의 교류, 학교의 학급교우와의 친교관계에 원만할 수 있도록 양보와 아량의 정신을 심어 주고 성실한 자세와 태도를 갖도록 교양 및 도덕교육을 강화시켜 주는 것이다. 그렇게 유지하려면 부모들은 솔선하여 끊임없이 우량독서를 읽고 게시를 통하여 교훈적인 내용을 전달하고 교화시켜 인간관계에 대한 협동심을 길러 주는 것이다.

⑦ 적극적인 사고방식을 갖도록 성취동기를 부여해야 한다. 열심히 공부하고 일하며 좋은 일만 찾아서 노력하는 습성을 길러주어야 한다. 가정에서 부모를 위해 돕고 이웃과 남을 위해 일할 술 아는 협동심을 기우기 위해 일일임선의 활동을 전개하도록 한다. 또한 부지런하고 신체단련을 위해 노력하며 신앙생활을 게을리 하지 않도록 신앙심을 키워 준다. 종교생활을 통하여 사랑과 협동을 배우고 실천하는 경건한 생활태도를 형성하게 되며 정의감, 사명감을 갖게 될 것이다.

제30장 청소년의 이성교제를
긍정적으로 발전시키자

1. 청소년은 인생의 꽃봉오리

청소년 교육의 중요성은 재론의 여지가 없다. 기성사회인들의 주요 관심은 청소년이 구김살 없이 무럭무럭 자라서 여러 분야에 걸쳐 이 나라의 훌륭한 역군이 되기를 갈망하고 있으며 그러기에 더욱 중요시하고 있는 것이다. 청소년들이 올바른 가치관을 형성하고 바람직한 방향으로 성장하기 위해서는 청소년의 비행, 범죄 등만을 응징하고 탓해서는 안된다. 교육적인 면에서 그 선도책이 마련되어 연계적, 체계적으로 지도하는 선생님들의 성실성이 요구되고 있는 것이며 가정과 사회가 공동으로 책임을 져야 한다.

흔히 청소년기를 꿈 많은 시절이라고 한다. 인생의 꽃봉오리인 것이다. 이것은 일생 중에서 타고난 잠재 가능성을 최대한으로 지니고 있다는 증거를 의미한다. 능력을 부지런히 탐색하고 준비하는 시기이기 때문에 아동기와 성인의 중간시기에 놓여 있는 주변인(marginal man)으로서, 포부와 욕구불만과 갈등이 엇갈려 있는 풍성한 인생의 황금기이다.

활기찬 의욕, 정의감, 이상, 풍부한 정서, 그리고 낭만, 감수성이 예민한 추진력 등 젊음을 간직한 기개(氣慨)와 심상(心象)은 곧 청소년들이 저마다 간직하고 있는 자산이며 특권이라 할 수 있다. 한 생명체를 놓고 생각할 때도 그렇지만 만물은 생성, 발전, 쇠퇴, 멸망의 끊임없는 유전(流轉)을 반복하는 것이라 할 때, 청소년은 곧 생성에서 발전의 세대로 이어가는 연령이다. 국가와 민족의 끊임없는 흥망성쇠가 곧 청소년들의 두뇌와 어깨에 달려왔음은 동서고금의 역사가 뚜렷이 입증해 주는바 그대로이다. 잠재 능력을 올바르게 실현할 수 있는 귀중한 시절이므로 헛되이 보내지 않도록 성인들은 청소년들에게 커다란 기대를 걸고 있는 것이다. 비록 기성세대의 잘못된 점도 시인하고 반성을 하고 있지만 기성인의 못된 점을 그대로 본받을 수는 없지 않은가? 윗물이 맑아야 아랫물이 맑듯이 성인들의 그릇된 점만을 탓할 수 없고 자라는 새싹들이 오염에 물들지 않기를 바라는 마음에서 청소년의 건전한 생활을 이끌도록 주의를 환기시키고자 하는 것이다. 바로 청소년을 아끼는 마음에서이다.

누구나 청소년기를 한번씩 스쳐가지만 이 시기를 헛되게 보내놓고 방황하면서 지나고 난 다음 왜 보람되게 보내지 못했는가를 후회한들 소용이 있겠는가? 버스를 놓치고 난 다음 아무리 손짓을 하고 올라타려고 안간힘을 기울여도 일단 지나간 후면 소용이 없는 법이다. 그러니, 적절한 때가 왔을 때 놓치지 말고 현명하게 붙들어야 한다.

싱그러운 5월의 그윽한 풀내음이 온 세상을 진동시키는 화창한 계절에 국가에서는 더욱이 "청소년의 달"로 정하여 보호 육성하려는 의도는 바로 청소년이 그만큼 귀중한 보배이기 때문에 염려한 나머지 잘 성장되기를 기원하고 기도하는 것이다.

2. 청소년의 과제

청소년기는 사춘기를 그 시발점으로 하여, 허얼록의 구분에 따르면 13세에서 24세까지를 지칭한다. 우리나라에 약 1천 3백 5십만 명이나 된다고 하니, 우리의 인구 4명 중 한 사람이 청소년이 되는 셈이다. 그 비중은 대단한 것이다 청소년의 과제는 다양하다. 청소년기는 자아정체감(ego-identity)의 형성과 확립이 가장 중요한 시기이다. 미래지향성, 가설적 사고, 지적 자기중심성은 청년기 사고의 특징이다. 이 시기에는 부모로부터의 심리적 독립과 자기 나름의 대인관계를 갖게 된다. 동료 집단에 대한 소속감과 이성관계에 대한 관심이 높아지는 시기이다. 문제행동으로서는 학업부진과 청소년비행이 심각한 문제이다. 청소년의 관심은 모든 것이 새롭다. 욕심도 많고 의욕도 강하다. 교육에 관한 문제, 직업, 교우관계, 도덕, 윤리, 가치관, 인생관, 건강, 성격, 종교, 이성문제, 배우자 선택, 부모와의 적응, 교사와 학생관계의 문제, 여가 선용 등 이루 헤아릴 수 없는 적응상의 문제가 그들의 마음을 흔들어 놓고 있다. 이러한 모든 당면문제에 어떻게 대처해 나갈 것인가를 고민하면서 적응하는 데 애를 먹고 있다. 그래서 청년기는 제2의 탄생기라고 하는 학자도 있을 정도로 어릴 때 없었던 새로운 모습과 특징이 생기는 시기이다. 이 시기에 모든 문제를 현명하고 슬기롭게 극복하여 원만한 적응을 할 수 있도록 적응교육이 필요한 것이다.

3. 청소년과 이성교육

청소년과 나타나는 대인관계에 있어서 중요한 측면으로는 이성에 관한 관심을 들 수 있다. 이 시기에 이성에 대한 관심이 높아지는 이유를 간추리면, 사춘기에 나타나는 생리적 변화로 인하여 그렇게 된다고 볼 수 있고, 청소년들이 이성관계를 성인이 되어가는 지표로 보아 이에 가치를 두기 때문에 그렇게 볼 수도 있으며, 부모와 동료들이 이성에 대한 관심을 은근히 자극하기 때문이라고 생각할 수 있다.

요즈음 청소년들의 남녀관계, 즉 이성교제에 관한 말들이 많다. 머리에 피도 마르지 않은 것이 벌써 사회면을 더럽히고 문란하게 행동을 하다니 못된 세상 다 봤다는 등 눈에 거슬리는 행동이 많아짐을 볼 수 있다. 하기야 전통적 관념에서 "남녀칠세 부동석"이란 관점에서 본다면 꼬락서니가 말이 아니지만, 현대사회에서는 보는 각도가 달라지고 있으며 관점도 마땅히 달라져야만 한다. 서구의 문명이 오늘날 크게 발달하였지만 그들의 무질서한 이성교제를 우리도 선진국에서 볼 수 있는 그러한 사회적 문제를 일으키는 정도가 되어서는 안될 것이다.

우리나라는 1960년대 이후 현재에 이르기까지 급격한 경제성장을 가져왔고 생활관습도 전통성에서 벗어나 민주적 방향으로 많이 발전되어 왔다. 서구문명이 인기를 끌면서 청소년들의 남녀교제가 문란해지고 있다는 비관적인 견해를 보이는 사람들이 많지만, 그래도 예부터 내려오는 예절의 풍토와 정숙성이 남아 있어 어른들이 걱정하는 만큼 청소년들이 자기 몸을 일시적인 쾌락에 맡겨 고민하고 평생을 두고 후회하는 어리석은 행동을 하는 사람이 많지 않으리라 생각된다.

모든 행동이 그러하듯이 이성교제도 너무 지나치게 정신적으로 신경을 많이 쓰거나 신체적으로 노출을 많이 하면 그만큼 해가 되는 법이요, 너무 무감각하거나 교제를 전혀 할 줄 모르는 것도 또한 인간다운 면에서 어딘지 잘못된 것이라고 볼 수 있다.

　발달단계로 보아 이성에 대한 호기심이 강하게 작용하는 시기에 잘 적응하지 못하고 부적응을 일으키면 심신의 타격을 받는다. 성적 충동이 강한 시기에 자제하지 못하면 공격적 행동으로 이성에 해를 입히는 수가 있다. 성적 욕망을 해소하기 위해 공부에 전념한다든가 오락 같은 여가 선용에 관심을 두고 또는 각종 스포츠, 등산 등 운동을 효과적으로 이용하여 관심을 다른 방향으로 돌려 스트레스를 풀 수도 있다. 반면에 적당한 시기에 이성의 친구를 사귀었다면 비밀로 하거나 남몰래 고민하면서 성적 충동을 해소하는 것이 아니라 공개적으로 부모님의 승낙을 얻어 자유롭게 이성의 친구로서 상대방의 장점을 배우는 것이다.

　과거에는 청소년들이 이성의 모임에 지극히 부정적인 반응을 보여 왔으나 그것은 전통적 유교적인 관념에서 비롯된 관점에서 평가되었으나 지금은 자녀에 대한 이성관도 차차 분화를 가져와 이성 간의 교제도 긍정적으로 받아들이고 있는 실정이다. 예를 들면, 학교교육기관에서 남녀학교를 분리하여 남학교, 여학교로 분리 수용하여 학교교육을 시켜왔으나 요즈음은 남녀공학의 장점을 인정하여 점차적으로 남녀공학을 장려하고 있으며 개편되어 실시하고 있음을 볼 수 있다. 가정이나 학교, 또 나아가서는 사회생활 속에서 이성의 만남은 자유로운 것이다. 그러나 여기에는 질서가 따르고 예의범절이 깃들여져 있어야 한다.

　미국의 전통적 가정에 있어서는 부모들이 자녀들의 이성교제에 대하여 엄격하지만 부모들이 서로 알고 있고 또한 허용적인 분위기도 제공해 주고 있다. 그러나 공개적으로 알고 있어야 하며 가정에 데리고 와서 소개도 한다. 상대방의 가정환경도 잘 이해하고 있도록 알려주고 규칙적인 시간관념을 잘 지키고 예의를 존중한다. 공개적인 이성교제에는 탈이 없다. 남성과 여성의 만남이 그렇게 죄가 될 리가 없다. 다만 비공개적으로 성적충동의 돌파구로 쓸데없는 생각을 가지고 비행을 저질렀을 때가 문제이지 불장난이 아닌 정상적인 만남의 광장을 누가 막을 것인가?

　청소년기에는 학업이 생활의 중요한 부분을 차지하고 장차 미래의 어떤 직업을 선택할 것인가에 신경을 써야 할 때이다. 그런데 이성문제로 학업에 부진하고 주객이 전도되는 행동을 해서는 안된다. 물론 이성의 교제가 오히려 학업능률의 촉진제가 된다면 더욱 바람직한 일이다. 이성교제가 생활의 활기를 불어넣어 주고 일생의 반려자로서의 대상을 선택할 수 있다면 그러한 교제는 장려할 만하다. 다만 한창 공부해야 할 나이에 제대로 성취감을 맛보지 못하면서 이성교제에만 치우친다면 금지시켜야 마땅하다. 그러나 학교 내에서 특별활동이나 교외 과외활동 중 집단적인 이성의 모임을 통하여 상대방의 특성을 이해하고 호기심을 해소하면서 협동적 생활을 배울 수 있는 좋은 기회를 가지는 것은 대인관계를 이해하는 데 도움이 된다.

금욕적인 사고에 치우친 나머지 이성에 대해서 혐오증을 가지고 대인관계를 멀리하는 것도 정상적이 못된다. 하나님이 인간을 창조하였을 때에는 남녀가 서로 부족감을 보완하고 장점을 살려서 서로 협동하고 아름다운 가정을 꾸미면서 자녀를 낳아 기르면서 행복한 삶을 누리도록 하였다. 남녀가 만나 교제를 하고 결혼을 하는 것은 성적 충족을 해소하기 위한다기보다는 든든하고 포근한 친애의 분위기를 갖기 위한 욕구가 더 크기 때문이라고 보는 것이다.

가정이 화목하고 건전한 학업성취, 정신적으로 안정된 학생은 이성교제에도 건전할 것이다. 다만 정신적 안정을 이룰 수 없는 여건에 놓여 있는 학생들의 많은 수는 욕구충족에만 혈안이 되어 자제할 줄 모르고 이성을 잃고 추구해 가는 데 문제가 있다. 문제아 뒤에는 반드시 문제가정에 원인이 있다고 한다. 문제가정을 해결하지 않고는 문제아를 치료할 수 없는 것과 마찬가지로 정상적인 화목한 가정에 있는 학생들은 역시 이성교제에도 부드럽게 온전히 잘 이루어질 것으로 믿는다. 다만 방법상의 문제인데, 집단적인 대화를 통하여 호기심을 배제하는 것이다. 남자나 여자 등 모두 똑같은 인간이다. 서로를 알게 되면 공격성이 둔감된다. 상대방의 장점을 좋아하기 때문에 협동심이 길러질 수 있다. 잘 조화시켜 대인관계를 배우는 기회를 만들어 주도록 권하고 싶다. 사람이 사랑을 하면 예뻐진다고 하듯 사랑을 하게 되면서 포악하던 성격이 순화되고 오만하고 부정적 감정을 가진 태도가 겸손해지며 인간이 다른 형태로 변모된다고 한다. 이성의 본능을 현실적으로 잘 조화시키고 순응하면서 부모의 관심이 항상 뒤따라야 한다. 사회의 눈도 청소년의 이성교제를 죄악시 말고 그들의 발전 과정의 변화를 승화시키도록 청소년 복지시설에 과감히 투자하여 젊음을 만끽하도록 시설과 장소를 제공하여 건전한 대인관계를 성숙시키도록 계몽하여야 한다.

제31장 有望職業 探索의 必要性

1. 현대사회의 특징은 무엇인가?

미국의 사회예보가인 존·네이스비트는 현대사회를 "제3의 물결"이라 칭하면서 정보화 사회라고 부른다. 1970년대에 앨빈·토플러는 현대사회에 "제3의 물결"(The Third Wave)이 다가오고 있다고 강조하면서 이미 산업사회가 도래했다고 예언적으로 언급한 것이 무색해질 정도로 이제는 산업사회를 지나 탈산업사회로 옮아가고 있다.

이처럼 사회는 시시각각으로 다양하게 변모하여 정보가 폭주하는 산업사회에 살고 있다. 그렇기 때문에 일반사회인이나 배우는 학생은 급속한 사회변화에 민첩하게 대응하여 적응하지 못하면 낙후되어 부적응을 일으키기 쉽다. 따라서 학생들은 정보사회를 살아가는 데 있어서 보다 세밀하고 빠른 정보에 민감해야 되고 자기의 소질발견이나 적성발굴에 노력하여 장차 졸업 후에 다가올 미래의 직업선택에 현명한 선택과 직응에의 길로 탐색을 서둘러야 할 것이다.

2. 대학 선택의 방향은 어떻게?

더욱이 대학입시를 눈앞에 둔 고등학교 3학년이나 고등학교 재학생들은 고등학교를 졸업 후 곧바로 취업선선에 임하기 위해 준비하는 학생들도 있겠지만 대부분이 대학 예비고사를 치르려고 준비하고 있다.

대부분이 입학만 시켜준다면 대학에 들어가고 싶은 학생들일 것이다. 그러나 대학은 전문가를 양성하는 지도층 인적요원이므로 장차 전문직에 종사할 사람들인 것이다. 그런데 이 전문직이 전체 직업세계에서 차지하는 비율은 대략 15%내외에 불과하므로 누구나 대학에 진학을 원한다고 대학이 받아줄 수 있는 인원은 한정되어 있다. 현재 대학에서 일년에 수용할 수 있는 인원은 대략 25만여 명이다. 고등학교에 다니고 있는 3학년 전체재학생이 대학에 입학할 수 있는 입학의 여유는 3분의 1정도 밖에 안된다. 게다가 3분의 1이 대학에 들어온다고 하여도 대학 졸업 후에 취업할 수 있는 기대되는 수용건은 15%정도 미만이라고 계산할 때 졸업학생의 절반 정도는 취업이 불가능하고 점차로 대학 졸업수준 이하의 직업분야에 투입될 전망이 크다. 그러므로 무조건 대학에 입학해 놓고 보자는 생각은 현실적으로 수용능력이 부족한 편이다.

뿐만 아니라 대학에 들어온다고 해도 우리나라 전역에 걸쳐 대학에 설치되어 있는 학과가 335개 학과로서 그 전공분야가 매우 다양하고 복잡하다.

직업의 세계(world work)도 그 종류가 매우 복잡하고 다양하며, 전문화·세분화되어 가고 있다. 따라서 직업의 세계를 잘 탐색해야 한다.

우리나라가 산업사회로 돌입하기 이전인 1950년대 후반만 하더라도 직업의 종류가 2000여 종이었다. 그런데 1980년대 산업화시대로 옮아옴에 따라 직업의 세계는 더욱 세분화 되어 1만여 종에 육박하였다. 선진국인 미국의 경우는 우리와는 비교가 안될 정도로 3만여 종 이상의 직업이 세분화 되어 있긴 하지만, 우리나라의 경우에는 1만여 종의 직업의 종류도 작은 편은 아니다. 그러므로 직업에 대한 준비교육이 필요한 것이다.

누구나 이 세상에 태어나서 일정한 수준의 교육을 받고 나면 대부분 직업전선의 문을 두드리게 된다. 그런데 위와 같은 수많은 직종 가운데 어느 분야의 어떤 직업이 나에게 가장 적합하고 만족스럽게 행복을 가져다 줄 것인가에 신경을 안 쓸 수가 없다.

3. 유망직종 분야의 현실은 어떤가?

2차대전 이후 1960년대까지 계속된 급속한 산업발달은 고급 기술 인력과 고학력자들을 필요로 하였으며 고학력자들은 그들의 기대에 상응한 직업을 충분히 택할 수 있었다. 그러나1970년대에 들어서자 이러한 추세는 전혀 대조적으로 변하고 있다. 기하급수적으로 증가한 고학력자의 수에 비해 그들의 학력에 상응한 전문직, 관리직 및 사무직에서의 취업기회는 이에 따르지 못하게 되자 고학력자의 실업이 증가하고 또한 학력에 비해 낮은 수준의 직업에 취업할 수밖에 없게 되었다. 과잉 학력으로 인한 학력과 직업의 불일치는 잠재적인 사회문제로서 직업불만, 정치적 불만, 소외의식 등을 높게 되고 생산성을 오히려 저하시킬 수도 있다.

이러한 사회문제를 시정하는 방안도 되고 자기 자신의 적성에 알맞은 분야보다는 남들이 잘 모르거나 안하는 분야에 눈을 돌려 탐색하는 방법도 대단히 중요하다.

직업은 사회의 필요성에 의하여 생긴 것이므로 자신의 적성과 가치관에 의하여 선택하면 된다.

우리나라의 유망직종 분야로서 앞으로 각광을 받을 수 있는 필요한 업종을 다음과 같이 소개하고자 한다.

1) 교육 분야

국가발전의 근간인 인재를 양성하므로 어느 분야보다도 보람된 삶을 살 수 있다. 특히 특수교육 분야는 우리나라에서 소외되고 있는 형편이나 앞으로 **GNP**가 높아지고 인간의 존엄성과 가치를 최고도로 인정해 주는 사회가 도래할 때 정상인이 아닌 신체적·지적인 장애자를 돌보아 주는 사업이 관심의 대상이 될 것이다. 미국과 같은 선진국에서는 이미 이와 같은 특수교육 분야의 연구와 치료방법 등이 활발하여 천재아·둔재아 등을 양육하는 지도기술이 발달하고 있다. 또한 이 분야에 종사하는 사람들의 대우도 상당히 좋은 편이다.

교육 분야 중 앞으로 유망한 직종은 사회교육 지도자이다. 그리고 카운슬링 분야가 전망이 밝을 것이다. 우리나라는 **1980**년 헌법 제**29**소 **5**항에 세시하고 있는 비, "평생교육은 진흥되어야 한다"고 강조하고 있듯이 앞으로 우리는 시대발전에 뒤떨어지지 않기 위해서 계속 교육을 받아야 한다. 사회교육법이 통과되어 이제는 사회교육이 점차 강화·보충될 것이므로 이에 필요한 것에 대비한 사회지도자 또는 사회교육요원이 기업체, 산업체 기타 사회단체 등에 필요한 것이다. 카운슬링은 학교현장의 상담교사로서 전문가의 역할이 요청될 것이며 직장, 즉 기업체, 산업체에서의 직업상담사(vocational counselor)의 역할이 크게 기대되며 요구될 것이다.

2) 기초과학 연구 분야

현재 응용과학인 공학 분야가 우리나라를 근대화 또는 산업화하는 데 중추처럼 되어 있으나 과학 한국의 원대한 발전을 위해서는 기초과학인 이학 분야가 더욱 장려되어야 한다. 고급 두뇌가 이 분야에 투신하여 한국의 선진화에 박차를 가해야 할 것이다. 아직 우리나라는 기초과학이 부족한 편이다. 21세기에는 이 분야에 세계적인 학자가 배출되어 노벨상 수상자도 나와야 할 것이다. 이 분야는 수학과, 물리학과, 화학과, 생물학과, 천문기상학과, 해양학과 등이 유망하다.

3) 한국학 분야

"세계 속의 한국"이 되어감에 따라, 한국에 대한 인식이 세계에 널리 알려짐에 따라 우리 고유의 문화에 대한 연구의 필요성이 커진다. 이미 국가적 차원에서 정책적으로 "한국학 대학원"설립 등 전통문화의 유지 및 발굴을 위한 사업이 추진되고 있다. 이 분야의 학자, 저술가, 교육자들이 많이 배출되어야 한국이 세계 속에서 자부심을 회복하여 바르게 빛을 내고 5천년 문화민족의 긍지를 가지고 세계문화에 기여할 수 있을 것이다. 이 분야에는 사학과, 국문과, 한문학과, 유학과, 철학과 등이 있다.

4) 무역업계 분야

부존자원이 없는 우리나라 현실로 보아 무역이 중요한 산업으로 계속 남을 것이다. 우리나라 사람들이 앞으로 잘 살아 남을 수 있는 길은 좋은 상품을 많이 만들어 해외에 수출하여 교역이 많이 되어 국가가 부강되어야 한다. 그렇게 하려면 무역은 발전 속도가 다른 산업보다 빠르고 능력에 따라 얼마든지 성장할 수 있는 분야이다. 이미 무역업에 활기를 띠고 있으나 좀더 노력하고 신경을 써야 될 것이다. 이 분야는 실무 면에서 무역학과나 경영학과가 유리하지만 외국어(영어, 독일어, 불란서어, 일본어, 중국어)에 능통하여야 하고 사교술이나 대인관계 등 신용과 친절이 근본이 된다.

또한 기계제품이나 플랜트 수출 분야에 공대 출신자가 필요하다. 이들을 세일즈

엔지니어라고 하는데, 기계를 팔자면 그 기계를 작동할 수 있고 설명할 수 있는 세일즈 기술자가 있어야 한다. 이 직종의 수요도 증가할 것이다. 이 분야는 전자학과, 기계과, 산업공학과 등이 유리하다.

5) 새로운 공학 분야

선진 공업 한국을 건설하기 위하여는 새로운 공학 분야의 역군을 길러내는 것이 첩경이다. 전통공학의 분야에 있어서도 낙후되어 있으며 전통공학 기술의 개발 없이 첨단기술의 개발은 어렵다. 전통과 첨단이 상호 보완하여 발전시켜야 한다.

전통공학 분야에는 화학, 기계, 전기, 건축, 조선, 항공, 토목, 섬유, 재료, 전자, 자원, 원자력 공학 등이 있다. 첨단공학 분야에는 정밀기계, 기계물리, 해양, 우주, 로켓, 전자물리, 반도체 에너지, 열공학, 통신, 계산기 공학, 생물, 생체, 컴퓨터, 정보공학, 제어공학, 시스템, 환경공학, 미래공학, 교육공학 등이 있다.

정부가 최근 국책연구 개발 분야로 지정하여 개발하고 있는 핵심 거점 기술 분야는 아직 미개척분야로서 전망이 밝다. 이 분야와 관련된 학과는 다음과 같다.

- 반도체, 컴퓨터 분야: 전자공학, 전자계산, 전기공학정밀화학공업: 화학공학, 공업화학
- 정밀화학공업: 화학공학, 공업화학
- 기계공업 고도화: 기계, 정밀기계, 생산기계공학, 기계설계공학
- 에너지 및 자원이용: 자원공학, 원자핵, 원자력, 지질학
- 시스템 산업분야: 제어계측, 전자, 공업화학
- 생물공업: 생화확, 생물공학, 농학, 축산, 유전공학
- 소재공업: 무기재료 요업공학, 금속공학
- 섬유고분자공업: 섬유, 재료공학, 고분자공학
- 건설, 환경, 플랜트 분야: 환경공학, 고분자공학
- 컴퓨터 산업: 전자계산공학과, 전자공학과, 기계학과, 물리학과

위와 같은 분야와 관련 학과를 참조하여 자신의 능력(신체, 적성, 실력)과 인격적 요인(성격, 흥미, 가치관, 태도) 그리고 환경적 요인(가정환경, 경제, 미래예측)을 종합적으로 비교, 탐색하여 진로결정에 이르도록 해야 한다.

제32장 인간교육과 직업교육

1. 인간교육과 직업교육과의 관계

교육은 인간행동의 계획적인 변화의 과정으로 인간으로 하여금 자주적으로 능력 있는 생활을 할 수 있도록 소양과 기능을 길러 주는 것을 목적으로 한다.

이러한 목적에 비추어 본다면 인간교육과 넓은 의미의 직업교육은 분리될 수 없는 성격의 것이다.

인간이 바라는 삶의 목적이 생을 보다 뜻있고 행복하게 하는데 있다면 교육은 또한 삶의 가치를 발견하고 행복을 찾을 수 있는 모든 여건을 주어 기본능력을 갖추도록 하여 생활유지를 하도록 이끄는 과정이다.

인간은 사회구성의 일원으로서 맡은 바 임무를 수행해야 하기 때문에 삶의 뜻과 행복은 사회적 임무수행의 바탕 위에서 찾을 수밖에 없다. 아울러 교육은 문화의 유산을 전수하고 유지 발전시키며 새로운 문화의 창조에 이바지할 수 있도록 각자의 임무를 수행하도록 하는 데 초점을 두고 있다.

서울특별시 교육위원회가 교육의 지표로 삼는 미래지향의 인간교육을 강조하는 바는 바로 급변하는 미래사회를 슬기롭게 극복하는 인간교육을 의미하는데, 여기에 직업교육이 핵심이 되어야 한다고 필자는 주장한다.

따라서 학교는 인간형성의 기저로서 삶의 행복추구와 사회적 봉사 내지는 자아실현의 도구로 삼아야 할 직업교육의 문제를 인간교육 측면에서 필수적인 과제임을 인식시키도록 하는 데 있다.

여기서는 주로 직업교육에 대한 현대적 의미와 문제점을 제시하고 직업교육이 지향할 방향을 제시하고자 한다.

2. 직업교육에 대한 이해와 문제

직업이란 영어로 Vocation, Occupation, 또는 독일어로 Beruf라는 말로 표현된다. Vocation의 뜻에는 특별한 행동이나 생애를 위하여 인간이 신으로부터 소명되었다는 뜻과, 인간이 신에 대한 봉사를 위해 부름 받았다는 뜻이 내포되어 있다.

Beruf란 말은 "berufen"에서 유래된 말로서 직업, 직무 및 전문이라는 뜻을 가지고 있었는데, 그 본래의 뜻은 역시 천직 또는 신의 소명이라는 것이다.

이러한 용어들은 종교에서 직업이라는 함축성 있는 뜻으로 사용됨으로써 신에게서 받은 것을 의미하게 되어 신성한 사명의식을 갖게 되었다. 더욱이 직업을 인간이 사회생활의 방법이나 수단으로서 생각하는 경향이 날로 늘어감에 따라 Vocation이나 Beruf의 천직적 직업관은 점점 퇴색되어 갔다.

현대 산업사회에서 생존하는 인간은 누구나 직업을 필수적으로 가져야 한다. 직업은 단순히 생계유지의 수단으로서만이 아니라 인간의 기본적 욕구로서 소속감을 느끼고 사회적 봉사의 일익을 담당해야 하며 자기실현으로서 보람과 긍지, 그리고 행복에의 추구가 직업을 통해서 이루어져야 하기 때문에 직업은 누구에게나 소중한 것이므로 인간들은 직업선택에 신중을 기하고 있는 것이다.

이와 같은 소중한 직업선택은 인생의 선택 중에서 제일 중요한 요소로 간주된다. 직업의 선택은 적절한 직업교육을 통해서 이루어지는 것이므로 직업교육에 대한 지도대책을 강구하는 일은 아무리 강조해도 지나치지 않을 것이다.

그러면 직업교육이란 무엇인가?

직업교육이란 백과사전의 기록에 의하면 개인이 취미를 찾고 사회가 필요로 하는 어떤 직업의 종류, 즉 일을 위한 교육을 말한다. 직업교육은 일반교양교육과 다른 특별화 된 교육이다. 미국직업교육협회에서는 직업교육을 직업인이 일하는 데 필요한 기술, 능력, 이해, 태도, 작업습관 및 평가를 할 수 있도록 계획된 교육이며 유용하고 생산성을 토대로 고용에 유리하도록 도와주는 교육활동이라고 한다.

이러한 정의는 일에 적합한 인간을 육성하는 것을 의미한다. 직업교육은 전체 교육프로그램의 통합된 부분이며 또한 학생들이 낮은 학력수준에서도 능력을 갖추지 못한다 해도 일정한 자격을 요구하고 있다.

이와 같이 직업교육은 철학적인 차원에서 경험과 가시적 자극, 정의적 인식, 인지적 정보 또는 운동기능적 기술을 제공하며, 직업세계에 자신을 탐색하고 수립하며 유지하는 직업발달적 과정을 거쳐야 한다. 직업교육은 우리 모두에게 중요한 것이다. 직업교육은 단순히 농·공·상·수산고등학교 수준의 실업학교만을 의미하는 것이 아니다. 물론 좁은 의미로는 기능인을 양성하는 실업고등학교 수준을 포함한다. 그러나 넓은 의미로 보아 모든 교육은 직업교육의 준비과정으로서 적절한 준비교육이 요구되는 것이다. 적재적소에 알맞은 직업교육은 교양교육의 기초 터전 위에 전문화 된 직업교육이 이루어짐으로써 교양 있는 인간으로서 선택한 직업에 만족하고 능률과 향상 있는 직업을 수행하면서 보람 있는 일생을 보낼 수 있도록 사전에 이루어지는 교육이라고 할 수 있다. 그러므로 대학교육도 넓은 의미로 보아 직업교육임에 틀림없다. 실질적인 측면에서 대학교육을 받은 인재들도 직업세계에서 한 부면을 담당해야 할 전문 직업인의 양성이라고 해도 지나친 말은 아닐 것이다. 물론 대학의 사명이나 이념인 학문·진리탐구·상아탑적 이념을 도외시하는 것이 아니라 이러한 사명을 전제로 한 토대 위에서 전문인의 육성을 위하는 것이므로 직업교육을 확대하여 해석해야 될 시점에 와 있는 것이다.

그런데 실제에 있어서 현대를 사는 많은 사람들은 직업교육의 중요성과 필요성에 대하여 뜻을 같이하면서도 이를 학교교육에서 등한시하거나 회의를 갖는 경우가 많다. 그런 까닭은 전통적 사회에서 젖어온 관습이나 사고방식이 뿌리박고 있는 데서 찾아볼 수 있다. 과거의 전통적 관념에서 볼 때 직업교육은, ① 학문성이 없는 것, ② 정도가 낮은 것, ③ 지능수준이 낮은 사람을 위한 것, ④ 직업이라는 말이 붙는 한 속인들의 것, ⑤ 저소득층을 위한 것, ⑥ 피지배자가 되게 하는 것, ⑦죄수들의 구제로 쓰이던 것 등이었다.

이러한 관념은 원시사회나 농본 사회를 주축으로 하는 전제주의 시대의 유물로서 사회가 매우 단순하고 농업을 위주로 하는 사회 속에서는 지배적이었다.

그러나 그동안 사회는 많이 변해왔다. 봉건주의 또는 전제주의 사회가 바뀌어 민주주의 사회로 전환되면서 가치관도 상당히 변화되었다. 교육은 기회균등이 강조되고 일의 귀천에 대한 가치관도 과거의 그것과는 거리가 있는 현실적인 방향으로 바뀌어졌다. 즉, 직업의 귀천이 점차로 사라지기 시작했고 개인의 능력을 중요시하는 능력사회로 변천함에 따라 누구나 노력하고 기술과 지식을 월등하게 갖고 있으면 응분의 대가를 받을 수 있는 사회로 옮겨지고 있다.

이러한 능력사회로 전환됨에 따라 직업교육에 대한 관념도 바뀌어지기 시작하였고 또한 마땅히 바뀌어져야 한다. 그러므로 직업교육에 대한 이해도 수정되어야 한다. 과거로부터 틀에 박힌 직업천시의 사상은 단호하게 배격되어야 하며 새로운 시대가 요구하는 직업교육의 내용으로 일대 전환이 요구되는 것이다. 다시 말하면, 직업교육은 광의와 협의의 직업교육으로 구분되어야 한다. 넓은 의미로는 모든 교육은 직업교육이다. 또한 그렇게 되어야 한다. 한편, 좁은 의미로는 실업계 고등학교 수준의 기능인을 육성하는 직업교육이다. 이렇게 나누어 본다면, 직업교육에 대한 편견은 쉽게 사라지고 긍정적으로 이해될 수 있는 것이다. 그럼에도 불구하고 아직까지도 구태의연한 관습 속에서 벗어나지 못하고 직업교육은 수준이 낮은 것으로만 착각하고 있기 때문에 직업교육의 발전이 더딘 것 같다.

그렇지만 어느 누구이고 간에 좋은 직업, 좋은 보수를 원하고 있다. 이와 같은 직업을 얻기 위해 소위 일류대학, 일류학과를 선호하는 경향이 높아만 가고 있다. 즉, 일류대학을 나와야만 좋은 직업을 얻을 수 있다는 관념 때문에 대학입시경쟁은 자연히 극심하게 된다. 결국 대학을 졸업해야 하겠다는 것은 직업선택에서 좋은 조건을 갖게 되기 때문인 것이다. 그렇지만 대학교육도 종국에 가서는 학문을 위한 학문이 아니라 직업교육의 연장임을 인식하게 되는 것이다. 따라서 현대적 의미의 직업교육은 현대 산업 기술과 과학문명의 사회에서 현명하게 선택하고 적응할 수 있는 직업을 얻기 위해 준비작업이 조직적이고 체계적으로 운영되어야 한다. 그렇다고 기술습득에만 전념하는 것이 아니라 인간적으로 사회생활을 영위하는 데 기본적으로 필요한 교양교육이 기초가 되어야 하고 그 바탕 위에 전문적인 직업교육이 실시됨으로써 인간다운 생활을 유지할 수 있는 기틀이 마련되는 것이며 사회의 역군으로서 자신의 보람된 삶과 행복의 추구에 이바지하는 것이다.

3. 직업교육의 당면과제와 개선방향

우리나라 직업교육의 당면문제로서 지적할 수 있는 것은 단선형 교육제도에서 파생되는 전통 관념의 인문화 정책이다. 누구나 고등학교를 나오면(졸업율 95%) 대학에 진학하지 않고는 적합한 직업을 구할 수 없다는 것이다. 그러므로 매년 70여 만 명의 고등학교졸업자들은 대학에서 받아만 준다면 모두 진학을 희망한다.

그러나 고급인력수급의 정책적 차원에서 모두 수용할 능력이나 필요가 없기 때문에 고교졸업자의 30% 정도인 25만여 명이 대학에 진학한다. 이들이 졸업한 후에는 모두가 직업을 희망하는데 수용할 수 있는 전문직업이 원하는 만큼 준비가 되어 있지 못하다. 최대한의 취업을 계산해서 30∼40% 정도밖에 수용을 못하는 현실이니만큼 고급인력의 양성은 그만큼 인력의 소모를 가져오게 된다.

우리나라의 경우 전문직의 수요는 전체 직업세계 가운데 차지하는 비율이 불과 7% 정도에 머물고 있어서, 비록 대학을 졸업했다 하여도 그중에 30~40% 정도의 수용만 허용되므로 무조건 대학에 진학하는 문제도 고려해 보아야 한다.

이러한 현실에 비추어 볼 때, 전문직업 선택에 요구되는 대학교육의 양성 문제도 재고해 보아야 한다. 대학에 진학을 하지 못하는 70% 정도의 고등학교 졸업자는 그동안 학교교육에서 주입식 대학입시에만 치중해 있기 때문에 대학에 들어가지 못하면 아무 쓸모없는 인력낭비에 불과하므로 심각한 문제가 아닐 수 없다.

인문계 고등학교나 실업계 고등학교를 졸업하고 대학에 진학을 못하면 그들은 학교교육을 통하여 적절한 직업기술교육도 받지 못하고 사회에 배출되고 있어서 직업선택에 있어서 큰 문제점으로 지적되고 있다. 고등학교 교육수준만으로는 산업체, 기업체, 공공기관 등 직업의 세계에서 받아주지 않을 뿐 아니라 직업적응에도 큰 어려움이 있다. 그렇기 때문에 개인이 원하는 직업을 구할 수도 없고 단순 노무직에 수용될 수밖에 없다. 그뿐만이 아니라 산업체, 기업체에서도 고등학교 수준의 졸업자를 기피하는 현상이 지배적이어서 자연적으로 직업을 얻기 위해서 대학을 선호하게 되는 것이다. 따라서 고등학교졸업 후 직업선택이란 현실적으로 불가능한 상태이다.

여기에는 고등학교가 단순히 대학입시 준비만을 목표로 교육이 실시되고 있기 때문에 만일 대학에 못가면 그 나머지는 실의에 빠지고 실업자의 입장을 면치 못하게 되므로 고등학교 수준에서도 실업계 고등학교뿐만 아니라 인문계 고등학교에서도 고등학교가 완성교육이 될 수 있는 직업교육이 강화되어야 할 것이다.

직업교육은 평생의 직업선택을 위한 준비과정으로 초등학교 수준에서부터 단계적으로 지도되어야 한다. 이것은 넓은 의미로 진로교육이 실시되어야 한다는 것이다.

필자는 진로교육의 실시는 전체 교육과정을 통해서 이룩되어야 한다고 강조해 왔다. 진로교육은 넓은 의미의 실업교육이며 직업적성교육인 것이다. 이러한 방향으로 교육지도가 이루어져야 누구나 직업을 선택했을 때, 직업에 만족하고 작업능률을 높일 수 있으며 직업에의 소명과 긍지, 보람과 기쁨을 느끼면서 평생을 행복한 삶을 누릴 수 있는 것이다.

그러므로 발전된 과학기술 문명시대에 있어서의 산업사회는 이러한 직업교육과 인간교육을 불가분의 단계로 만들고 있다. 인간교육을 떠나서 직업교육을 생각할 수 없으며, 반대로 말하여 직업교육을 떠나서 인간교육을 생각할 수가 없다. 오늘날에 있어서는 인간교육과 직업교육의 개념적 구별이 거의 무의미할 정도가 되었다.

실제로 오늘날의 거의 모든 직장들에서 요청되는 것은 일정한 지식이나 일정한 기술이라기보다는 오히려 책임감 있는 인물이다. 지식과 기술은 너무 빨리 발전하고 변하기 때문에 자기가 맡은 역할을 책임 있게 완수하기 위해서는 계속 새로운 지식과 정보와 기술을 배우려는 인간이 중요하게 생각된다.

 오늘날의 사회에서 인간의 모든 기능들이 세분화 되고 전문화 된 상황 아래서 직업교육을 완전히 떠난 인간교육은 생각될 수 없다. 인간교육은 직업교육을 전제로 하여 전개되어야 한다,
끝으로 직업교육에서는 바람직한 직업관을 형성하기 위한 지도가 요청된다.

 요즈음 사회일각에서 벌어지고 있는 "기업은 망해도 기업인은 건재하다"는 풍조는 기업윤리의 기본원리가 실천되지 못한 병폐이다. 직업인으로서의 직업관이나 직업윤리가 지켜져야 건전한 직업 활동을 전개할 수 있기 때문이다.

 따라서 바람직한 직업관을 제시하면 다음과 같다.

① 직업의 선택은 자유로워야 한다.
② 선택한 직업에 들어가서는 성실한 노력을 하고 그 대가는 생산에 공헌한 것에 비례해서 받아야 하지 학력이나 면허증 소지에 대한 대가로만 보상이 결정되어서는 안된다.
③ 취업의 기회는 누구에게나 공평하게 주어져야 하지만 적성, 능력, 흥미, 인성에 따라 선택되어야 한다.
④ 직업에는 귀천이 없어야 한다.
⑤ 직업이 생활의 수단이지만 이를 통해서 자기완성과 행복을 추구할 수 있도록 직무를 다양화함으로써 고차원의 동기유발을 꾀하여야 한다.
⑥ 책임을 강조하는 윤리는 권리가 충분히 주어진 자에게 제시되는 것이 원칙이다.
⑦ 각 직업별로 요구되는 직업윤리가 지켜져야 건전한 직업생활을 유지할 수 있다.

제33장 직업과 직업교육의 재인식

1. 실마리

인간이 현대 산업사회구조 속에서 교육을 받는다는 사실은 우선적으로 사람이 사람다운 구실을 하기 위해서일 것이다. 그렇다면 교육이 이루어지고 있는 현상 속에서는 누구나 인간다워야 할 것이다. 아울러 맡은 바 처소에서 능력인이 되어야 한다. 그러면 누구나 교육받은 사람은 인간다워야 할 텐데 현실은 그렇지 못한 것 같다. 그리고 교육을 통해서 장차 미래의 삶의 터전인 직업을 가지게 되고 평생 동안 직업을 통해서 여생을 마치게 되는 것도 부인할 수 없다고 본다.

그럼에도 불구하고 교육과 직업선택에는 아무런 상관이 없는 것처럼 대부분의 일반 사람들은 생각하고 있다. 과연 그럴까?

필자는 교육과 직업과는 매우 밀접한 관계가 있다고 주장한다. 교육을 통해서 알맞은 직업을 선택할 수 있는 준비조건이 주어지기 때문에 직업교육의 중요성을 제기하지 않을 수 없다. 그리고 직업이 평생 동안 개인생활에 중요한 것처럼 직업교육도 미래생활의 준비과정인 만큼 매우 소중한 것이다. 그럼에도 불구하고 직업교육은 단순히 지엽적이고 수준 낮은 기능인을 양성하는 것으로 평가절하 하는 그릇된 관념에도 문제점이 있어서 불만이다. 왜냐하면 우리가 생명을 유지하고 살 수 있는 그루터기를 만들어 주는 기본적인 직업이 무엇보다 필요하고 소중하다면 마땅히 직업을 준비하는 과정으로서의 직업교육은 재차 강조할 필요조차 없이 당연히 학교교육의 핵심요소로 간주해야 할 것이다.

아직도 직업교육은 학교교육과정 중에서 서자 취급을 받고 있다. 그러나 사회구조가 변하고 산업사회가 도래하면서부터 직업에 대한 개념이나 직업교육의 위치도

변하고 있다. 이러한 현상은 하나의 진화과정으로 간주된다. 한때는 직업교육을 하층계급의 노동자를 위한 기술습득으로, 또 어떤 때는 국가의 경제적 발전을 위한 기초실력의 배양으로 그리고 어떤 때는 개인적으로 사회적 지위의 향상을 위한 통로로 실시되기도 하였다. 그런데 수많은 여건이 다양하게 변한 현대사회에 와서도 직업교육은 천시만 당하고 하등의 변화가 없는 것으로 나타나고 있다. 그래서인지 몰라도 직업교육의 천시로 말미암아 사회의 각 요소마다 균형 있는 발전을 가져오지 못하고 있다. 직업교육이 현대사회에서 누구에게나 크나큰 비중을 차지하고 있는 현상을 탐색해 볼 때 과거 농본사회의 가치관이었던 전근대적인 사고방식의 틀 속에서만 맴돌고 있을 수만은 없는 것이다.

자신의 삶이 중요하다면 이 삶을 풍요롭게 행복한 생애를 펼쳐주는 직업교육의 위치를 새로운 관점에서 인식을 갖기 위해 인습적인 과거의 전통 속에서의 가치관이나 비롯된 관점을 쇄신할 필요가 있기 때문에 앞으로 직업교육의 건전한 발전을 위해서도 새로운 인식을 가져야 할 때가 온 것이다.

이러한 관점에서 우리는 현대사회에 있어서 직업교육의 위치를 새롭게 검토해 보고 직업과 삶, 미래의 생활준비로서의 직업선택에 기틀이 되는 직업교육의 소중함을 재검토해보는 일은 매우 의미 있는 과제인 것이다.

2. 직업의 의미

사람은 누구나 일을 하면서 살고 있다. 일이란 휴식과 놀이, 또는 여가를 위한 활동을 제외한 모든 생산적인 활동을 말한다. 그러나 모든 일이 곧 직업이라고 말할 수는 없다. 직업은 경제적 수익을 얻는 생산적 활동이 기본이기 때문이다.

"직업"이라는 말은 '직'과 '업'의 합성어로 되어 있다. 여기서 '직'은 관을 중심으로 행하는 직무라는 관직적 뜻과 직분을 맡아 행한다는 개인적·사회적 역할의 뜻으로 해석된다. '업'이라는 말은 생계를 유지하기 위하여 전념하는 일이라는 뜻과 자기능력의 발휘를 위하여 어느 한 가지 일에 전념한다는 뜻이다.

이와 같은 용어를 합친 직업의 개념은 사회적 책무로서 개인이 맡아야 하는 직무성과 생계유지를 위하거나 과입을 위하여 수행하는 노동행위의 이중적 의미를 내포한다고 볼 수 있다.

대부분의 사람들은 자신의 직업적 활동을 통해서 얻는 소득으로 자신과 함께 가족의 생계를 평생 동안 꾸려 나간다. 그런 의미에서 직업은 평생의 생업이라고도 불린다.

그러나 옛날의 양반이나 귀족들은 제도적으로 일을 하지 않고도 잘 살 수 있는 계층이었기 때문에 그들은 생업을 갖는 것을 오히려 수치스럽게 생각하였다. 즉, 생계를 위해 직업을 갖는다는 것은 신분(관리, 기사도)에 맞지 않는 것으로 여겼다. 그것은 양반이라는 범주에 들어 있었기 때문인 것 같다.

그러므로 봉건사회에서의 직업, 즉 생업으로서의 직업은 상민이나 천민들에게만 해당되는 것이었다고 말할 수 있다. 귀족이 아닌 일반 상민이나 노예, 천민들은 그야말로 생계를 위해 힘든 노동을 도맡아서 하지 않으면 안되었던 것이다.

따라서 경제적 소득을 목적으로 하는 생산적인 노동에 종사한다는 것은 사회적으로 낮게 평가되었으므로 그러한 전통적이고 관료적이며 관존민비의 사상적 배경에서 노동천시의 사상이 생겨났던 것이다. 그러한 노동천시가 결국에는 직업을 위한 교육 준비에까지 영향을 끼친 것이라고 생각된다.

직업에 관한 외국의 정의를 보면 우리나라의 그것보다 훨씬 구체적이다. 영국에서는 직업의 뜻으로 "occupation"이라는 말을 쓴다. 이는 단순히 생계유지를 위해서 노동을 제공하는 일이라는 단순한 뜻을 가지고 있다. 불란서에서는 "professiod" 이라는 말을 직업의 의미로 쓰고 있다· 여기서는 사회적 지위에 보다 중점을 둔다. 독일에서는 "beruf"라는 말을 쓴다. 이것은 하나님으로부터 소명을 받아 행하는 일, 즉 도덕적인 의식이 함축된 소명의식(calling)적 직업으로 간주한다. 소명의식으로서의 직업은 "vocation"이라는 말로 표현된다.

직업은 생계유지(생활)수단, 사회역할 분담의 기능, 종교적·정신적 자아실현의 수단으로서의 의미를 갖는다.

현대 산업사회에서 직업이 갖는 의미는 옛날과 같은 노동천시 사상에 따르는 직업수행이 아니라 직업을 통해 사람들은 물론 경제적 소득을 올리고, 자신의 창의성을 발휘해서 무엇인가를 성취해 나가는 자아실현의 기회가 될 수 있을 뿐만 아니라 직업적 활동을 통해 사회에 참여하고 봉사하여 공헌하는 기회가 되며, 또 직장에서 접촉하는 많은 사람과의 협동적인 사회관계에서 보람과 긍지, 행복과 만족을 얻을 수 있어야 할 것이 요구되는 것임을 깨달아야 한다.

이와 같이 고전적 의미의 직업과 현대적 의미의 직업에 대한 개념은 다르게 정의되고 있음을 이해하고 있어야 한다. 산업사회에서의 직업의 개념은 귀천이 없고 모두가 적재적소에 필요한 요인인 것으로 존중되어야 한다. 다만 역할과 기능이 다

를 뿐 기본적인 성격에는 차이가 없다는 것으로 의식이 바뀌어져야 사회가 건전하
고 균형된 발전을 기약할 수 있는 것이다. 어쨌든 직업은 누구에게나 필수품이요,
낮게 평가할 수 없는 것이다.

3. 직업교육의 재인식

상공업이 발전하기 이전에 직업교육은 존재하지 않았다. 농경사회에서는 농사를
지어 생활을 영위하는 수단으로 살아왔기 때문에 사회도 단순하고 직업의 종류도
현대사회처럼 다양하거나 전문화 되지도 못하였다. 전통적인 농업사회가 지배했던
과거 수천 년 동안 대부분의 사람들이 농업에 종사하였기 때문에 직업의 종류도 별
로 많지 않았다. 전 인구의 90% 이상이 농사를 지어 생계를 꾸려 나갔으며 아주
적은 수의 사람들이 수공업이나 상업에 종사하였고 천대를 받아 왔다.

그러나 기계의 발명과 공장제도의 발달, 18세기 영국의 산업혁명 이후 상공업이
크게 발달하게 되었다. 대량생산을 위주로 하는 상공업의 발달은 시장경제의 발달
을 촉진하여 상업도 크게 융성하게 되었다. 산업화가 급격하게 진행되면서 더 많은
사람들이 공업이나 상업을 직업으로 살아가게 된 것이다.

이와 같이 산업화가 진행되면 될수록 새로운 직업의 종류가 많아져 사람들이 직
업을 찾고, 준비하는 과정도 점점 복잡해져 가며 어려워지기 시작하였다. 30여 년
전만 하더라도 우리나라에 직업의 수나 종류는 불과 2천 가지에서 머물고 있었다.
지금에 와서는 새로운 직업이 늘어나서 1만 종 이상을 넘고 있다. 선진국은 우리나
라의 그것과는 비교가 안될 정도로 직업의 종류는 매우 다양하고 세분화 되고 있으
며 전문화 되어 가고 있다. 그리고 3~4만여 종을 넘고 있다고 한다. 이러한 현상
은 산업이 발달된 국가에서 흔히 볼 수 있는 것이다.

이러한 직업세계의 변화는 산업사회 발전의 결과이기도 하여, 직업을 선택하는
데 있어서도 농경사회에서는 아무런 준비교육 없이도 직업 수행에 지장이 없었다.
그리고 단순한 몇 가지 종류에 불과했다. 현대 산업사회에 와서는 사전에 철저한
준비교육이 이루어지지 않고는 직업세계에서 직업선택도 어려울 뿐만 아니라 성공
적인 직업적응에 있어서도 적응될 수 없는 부적응의 결과를 가져오고야 맡게 된다.

그리하여 현대사회에서 개인이 현명하게 직업을 선택하고 적응하기 위해서는 적
합한 직업의 준비교육이 필요한 것이다. 이것이 바로 직업교육이다. 직업준비 없이

는 마땅한 직업을 선택하기가 어렵다.

그런데 아직까지도 직업교육을 천시하거나 무시해 버리는 풍조는 무엇 때문인가? 우리는 이러한 모순을 하루속히 없애야 될 줄 믿는다.

일반적으로 생각하고 있는 직업교육의 개념은 단순히 기능공을 양성하는 실업계 고등학교인 농·공·상·수산업 고등학교 수준에서 직업기술을 습득하는 과정으로 인식되고 있었다. 물론 직업교육의 출발은 육체노동을 중심으로 하는 낮은 수준의 직업준비로서 지능이 낮고 가정형편이 어려운 학생들만이 그들의 생계수단을 얻기 위해 베푸는 필수적인 과정으로 시작되었다.

그러나 민주사회에서는 원칙적으로 직업의 귀천이 없고 사회적 역할분담이라는 차원에서 직업교육을 생각할 때 이러한 기본적 사고방식은 마땅히 바뀌어져야 할 것이다.

좁은 의미에서의 직업교육은 위에서 열거한 바와 같이 직업세계에서 서로 다양한 능력과 기술이 요구되므로 기능인을 양성해야 할 필요성이 있기 때문에 직접 직업 전선에서 요구되는 적합한 기술습득이 필요하다. 기능인 양성을 목적으로 하는 실업계 고등학교를 좁은 의미의 직업교육이라고 부를 수 있다. 그렇다고 교양교육을 도외시하고 전문교육만을 강요하는 것은 아니다. 실업계 고등학교는 결국 좁은 의미의 직업교육을 몸소 실천하는 장소이다.

그러나 대학교육은 직업교육이 아닌가? 학자에 따라 주장이 엇갈리고 있지만 현대 산업사회에서는 대학교육도 직업교육이 중심이 되어야 한다. 교양교육의 기본 토대 위에 직업세계에서 요구되는 전문교육의 습득이 요청되는 것이다. 그리고 대학을 졸업한 후에는 그들은 어디로 갈 것인가? 소수만을 제외하고는 대부분이 직업 현장에 투입되어 생계유지를 위한 직업을 갖고 생활유지도 하면서 평생 동안 직장 생활을 유지하고 그 속에서 삶의 보람과 긍지, 행복감을 가시면서 살아나가야 하는 과정에 놓이게 된다. 그렇다면 결국에 가서는 대학교육도 학자가 되는 코스가 아니고 전문적 직업인이 되기 위한 기초적 훈련을 쌓아야 되는 것이다" 학자가 되려면 대학원 과정 이상의 준비교육을 받아야 하기 때문에 대학수준은 역시 직업 선택이 주가 된다.

필자는 이러한 의미에서 대학교육도 직업교육이 중핵적 요소로 인식되어야 함을 강조하는 것이다.

우리가 살고 있는 이 세상에는 직업 아닌 것이 없다. 사회생활을 유지해 나가려면 누구나 직업을 가져야 한다. 그러면 그 직업은 어떻게 얻어지는 것일까? 아무런 준비 없이 이루어질 수 있는가? 대학을 졸업해도 전문적 기술습득을 하지 않고는 전문화 된 직업세계에서 적응하기가 어렵다. 대학을 졸업해도 **43%** 정도밖에 취업이 안되는 현실을 직시해야 한다.

그러므로 넓은 의미의 직업교육은 대학교육도 포함되어야 한다. 산업체에서는 능력 있고 유능한 전문기술을 습득한 인재를 요구하고 있다. 그런데 대학에서는 산업체·기업체가 요구하는 인력을 효과 있게 양성하지 못하고 있다는 비난을 기업체에서 받고 있다. 도대체 대학에서 무엇을 배웠기에 직업세계에서 적응을 못하고 있는가? 그것은 대학교육이 지나치게 학문중심으로 실용성이 없는 방향에서 비롯된 것이라고 생각된다. 문자 그대로 '학문을 위한 학문에만 강조해 왔기 때문에 쓸모없는 인간을 배출하고 있는 것이다. 그렇기 때문에 직업세계에서 비판을 받고 있는 것이다. 또한 수많은 고등인력을 낭비하는 결과를 낳게 하고 있는 것이다.

따라서 현대적 의미에서 직업교육은 단순히 기능직 요원을 양성하는 기술자가 아니라 모든 직업분야에서 요구되는 유능한 능력인을 양성해야 되기 때문에 모든 교육은 직업교육을 포함시켜 지도되어야 한다.

직업의 세계(world of work)는 다양하다. 비슷한 부류의 직업을 묶어 놓은 것을 직업군이라고 한다. 직업군에는 전문직, 관리직, 사무직, 봉사적, 생산직, 판매직, 교통·체신직, 농·공·상·수산업직, 노무직 등 9개 군으로 구성되어 있다. 이러한 작업 군에 속해있는 직업이 수만 가지가 된다.

어떤 직업은 고도의 지적능력과 사고를 필요로 하는 직업이 있는가 하면 공장에서 물품을 생산하는 생산직도 있고 단순히 고학력을 요구하지 않는 노무직도 있다. 사람에 따라서 능력차이, 적성차이, 흥미나 성격차이, 가치관의 차이가 다르기 때문에 절대가치의 좋은 직업이란 있을 수가 없다고 본다. 왜냐하면 저마다 타고난 잠재능력, 재능 등이 다르고 교육수준이나 경제적·가정배경이 다르고 개인차도 제각기 다르기 때문에 자신이 가치롭다고 생각하고 인정하는 분야에 알맞게 선택하는 것이 가장 중요하기 때문이다. 자기 자신의 능력에 알맞은 직업선택이 필요하다.

이러한 선택과정은 일찍부터 학생들에게 계몽시켜 장래 직업선택을 위한 실천적 준비과정이 학교교육에서 단계적으로 이루어져야 하는 것이다. 직업교육은 모든 교육활동 속에서 강조되어야 하고 필수적인 요소임을 인식하여야 한다.

4. 맺음말

현대사회는 다가치 사회이고 개성 있는 삶을 추구하는 개인주의 사회이며 모든 능력을 위주로 하는 사회로 옮아가고 있다. 개인의 삶을 보다 풍요롭고 행복하게 하기 위해서는 직업의 선택을 잘 이룩해야 한다. 우리가 학교에서 교육을 받는다는 사실도 결국에는 행복한 삶을 추구하기 위해 미리부터 준비하는 것이라고 본다. 개인의 형편에 따라 분수에 맞게 교육도 실시되어야 하고 직업도 분수에 알맞게 선택되어야 한다.

이러한 준비과정은 초등학교 고학년 교육에서부터 시작하여 중·고등·대학교육에 이르기까지 발달단계에 따라 직업준비교육이 강화되어야 한다. 미래 생활의 준비를 위한 교육이 바로 직업교육인 것이다. 교육은 생활 자체가 아니라 생활의 준비과정으로 바꾸어가고 있는 것이다. 현실적으로 사회적응에 필요한 과제는, 어떻게 하면 미래의 삶을 풍요롭게 보낼 수 있을 것인가에 생애계획을 단계적으로 계획하고 실천하는 데 관심을 쏟아야 할 것이다. 직업의 선택이 자신의 자아실현에 도구화 되기 위해서는 직업교육에 대한 새로운 인식이 요구되며 그릇된 개념을 버려야 성공적인 삶의 추구를 향유하게 될 것이다. 직업은 신성하고 고귀한 것이다. 귀천의식을 불식하고 직업교육의 천시풍조도 말끔히 씻어 버려야 한다.

우리 모두가 직업생활을 영위하고 있는데 직업을 천하게 여길 수 없고 원만한 직업을 수행하기 위해서는 직업교육이 중요한데 무시하거나 대수롭지 않게 지엽적인 것으로 여긴다면 모순을 안고 있게 되는 것이다. 따라서 공교육체제 내에 직업을 위한 교육을 통합·조정하여 직업교육을 투입시키고 일반화시켜야 한다. 이를 위해 실업교육과 인문교육은 통합·조정되어야 한다. 또한 직업교육의 교육과정 내에는 교양교육이 필수로 부가되어야 하며 대학교육도 직업교육 범주 내에서 현실화시켜야 한다.

직업교육은 모든 교육 내에서 가능하고 건전한 성장과 발달을 위한 인간적 가치교육의 중추적 역할임을 새롭게 인식함으로써 새로운 계급형성의 기틀이 되는 것이다.

모든 교육은 직업교육이 중핵으로 하는 바탕 위에 교양교육이 부여되어 명실 공히 직업인으로서의 역할수행에 이바지하는 생활의 실천인이 되어 사회의 역군으로서 자아실현의 추구가 이룩되는 것이다. 교사, 학생, 학부모, 사회인 모두는 직업교육의 중요성에 대한 새로운 인식을 바로 해야 할 시점에 와있다.

제34장 非進學 靑少年 實態와 進路指導

1. 序論

2천년대를 향한 요즈음에 우리 청소년들이 어디로 갈 것인가를 생각해 보는 기회를 갖는 일은 지극히 의미 있는 일이다. 그만큼 교육자에겐 중요한 지도상의 큰 문제이기 때문이다.

청소년은 이 나라 제2세 국민으로서 장차 주인공이 될 귀중한 존재이다. 집안의 흥망을 보려거든 자라나는 아이들을 보고, 나라의 성쇠를 점치려면 그 나라의 청소년을 보라는 말이 있다. 이 말은 나라의 장래를 짊어진 내일의 일꾼으로서 청소년의 역할과 생활방식, 태도, 기능의 중요성을 강조한 말이다.

청소년들이 건전하게 성장함으로써 개인은 물론이려니와 국가의 흥망과 장래가 청소년의 성장에 달려 있음은 아무리 강조해도 지나치지 않을 것이다.

대개 청소년기는 사춘기와 청년기를 총칭하여 청년이라 부르는데, 보통 12세부터 22세까지를 가리킨다. 그러므로 이 시기는 심리학에서는 중학교, 고등학교, 대학교 학습기간을 모두 포함하는 것이다.

여기서는 주로 중·고등학교 교육기간에 속하는 청소년을 대상으로 특히 진학하거나 교육을 받고 있는 학생들은 제외하고 비진학 청소년을 중심으로 이들의 실태와 문제점, 그리고 진로지도를 통한 해결방안을 모색해 보고자 한다.

여태까지 우리는 청소년 학생들의 건전한 발달과 성장을 위해 노력해 왔고, 앞으로도 계속 지도해야 할 것이지만, 비진학 학생에 대한 관심과 준비는 소홀히 취급해 온 것 같다. 정규 학교교육에만 힘써 왔기 때문에 그 그늘에서 빛을 보지 못해 왔다.

따라서 본장에서는 주로 비진학 청소년의 현황을 알아보고 그 문제점을 파악하여

이들의 진로지도에 대한 효율적 방안을 제시함으로써 이들의 건전한 성장과 발전을
위해 노력하는 계기를 만들고자 한다.

2. 非進學 靑少年의 實態와 現況

우리나라의 초등교육은 의무교육으로 정착되었고, 중등교육은 보편화 되었으며,
고등교육은 대중화단계에 돌입하고 있다·우리나라 학생인구는 1986년 현재 초등
학생이 약480만 명, 중학생이 277만 명, 고등학생이 236만 명(인문계 고등학교 135
만 명, 실업계 고등학교 92만 명), 그리고 대학생이 126만 명으로, 도합 1,100여만.
명을 넘어서고 있는데, 이는 전체인구의 약 28%에 해당한다(표 34 - 1 참조).

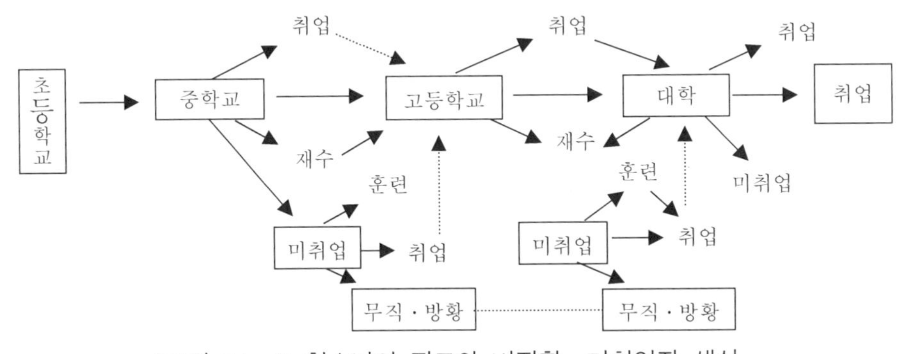

[그림 34 - 1] 청소년의 진로와 비진학·미취업자 생성
행로

해방 이후 40여년이 경과하는 사이에 우리의 교육은 놀라운 성장과 발전을 이룩
하였다. 이제 양적인 면에서는 선진국 수준에 이르렀다고 보아도 좋을 것이나, 이러
한 교육의 발전과 교육확대 이면에는 아직도 상급학교에 진학을 못하는 청소년이
많이 있다. 중학교와 고등학교를 졸업한 비진학, 미취업자의 수가 50만 명에 이르
고, 14세부터 22세까지의 비진학 청소년의 수는 100만 명이 훨씬 넘을 것으로 추산
된다.

[표 34 - 1]에 의하면 초등학교 졸업자 90만여 명 중 진학자가 89만 6천여 명으
로, 진학률이 99.4%이고 비진학률은 0.4%에 불과해 머지않아 거의 100% 진학을
하게 된다. 그러나 중학교의 경우에는 졸업자 수 88만 3천여 명 중 진학이 80만 5

천여 명으로 진학률91.8%, 비진학률 8.8%, 그리고 고등학교의 경우에는 인문계 고등학교 졸업자 38만 7천여 명 중 진학자가 20만 7천여 명으로 53.6%, 비진학률 46.4%, 실업계 고등학교는 졸업자가 28만 1천여 명 중, 진학자가 3만 5천여 명으로 23.6%, 비진학자가 87.4%나 차지해 대부분이 진학을 못하고 있다.

앞으로 청소년 인구의 추계를 보면 [표 34-3]과 같다.

[표 34-1] 전국 학생 현황

내용　학교	남	여	계
초 등 학 교	2,469,503	2,328,820	4,798,323
중 학 교	1,427,019	1,448,610	2,765,629
일반계　고교	748,789	596,625	1,345,414
실업계　고교	440,288	476,695	916,983
대 학	788,587	326,147	1,114,734
계	5,874,186	5,176,897	10,941,083

자료: 문교부 통계연보, 1986.

[표 34-2] 진학·비진학 비율표

비율　학교별	졸 업 자 수	진 학	비진학(비율)%
초 등 학 교	901,027	895,586	5,441(0.6)
중 학 교	882.722	804,929	77,793(8.8)
인 문 고	386,965	207,441	179,524(46.4)
실 업 고	280,814	35,313	245,501(87.4)

자료: 문교부 통계연보, 1986.

이 표에 의하면 우리나라 청소년 인구는 1990년을 고비로 약간 줄어들고 있다. 앞으로도 청소년 인구는 약간씩 줄어들 것으로 전망된다.

이들 청소년 집단은 대개 취학자가 주종을 이루고 있으나, 진학을 하지 못하고 취업을 하거나, 또 진학을 하기 위해 재수를 하는 부류도 있다. 또한 진학도 하지 못하고 취업도 하지 못하는 무직, 방황하는 집단도 있다(그림 34-1 참조).

[표 34-3] 청소년 인구의 추계

(단위: 천명)

연 도	총 인 구	청소년 인구			
		계	12~14	15~19	20~24
1985	41,209 (100.0)	11,647 (28.3)	2,753	4,425	4,469
1990	44,261 (100.0)	11,073 (25.0)	2,296	4,396	4,381
1995	47,250 (100.0)	10,807 (22.9)	2,540	3,909	4,358
2000	50,066 (100.0)	10,755 (21.5)	2,613	4,267	3,875
2050	61,310 (100.0)	10,341 (16.9)	2,424	3,966	3,951

자료: 경제기획원조사통계국, 제5차 경제사회발전 5개년 계획 인구부문계획.

한편 초등학교 진학의 경우는 0.6% 정도 비진학의 현실이지만, 앞으로 100%의 취학률이 보장될 것이다. 그리고 중등학교의 경우에는 [표 34-4]에서 제시하는 바와 같이 중학교의 진학률이 1966년도 65.7%에서 1970년도 70.1%, 1980년도 84.5%, 1985년도 90.7% 등으로, 진학률이 높아져 가고 있다. 고등학교의 경우에는 진학률이 1966년도에 28.2%, 1970년도에 26.9%, 1980년도에 27.2%, 1985년도에 36.4%로 상향되고 있다.

이러한 현상은 우리나라의 사회적·경제적 지위향상으로 인한 교육열이 증가하고 있음을 반영해 주고 있는 것이다. 한편 중·고등학교 졸업자의 취업에 대한 경제적인 대우가 상대적으로 대학졸업자의 취업보다 낮은 원인도 크게 작용하고 있다.

이에 따라 비진학자의 진로의 문제가 지금까지 소외되어 왔다는 사실을 부인할 수 없다. 비진학자는 중학교를 졸업 후에 고등학교에 진학하지 못하는 학생들과, 고등학교를 졸업한 후에 대학에 진학하지 못하는 학생 부류를 모두 포함하는데, 이들이 곧바로 취업을 해야 되지만 취업의 적절한 자리도 구하기 어렵고 한편으로 적합한 직업기술교육을 충분히 습득하지 못한 채 사회에 배출되므로 직업수행에 막대한 지장을 초래하고 있다. [그림 34-2]에 제시된 바와 같이, 고등학교를 졸업하고 대학에 진학하기를 희망하지만 능력 부족으로 진학하지 못하거나 경제적인 이유로 진학을 포기하는 경우도 있다. 이런 경우에 이들을 구원하기 위한 지도 대책이 강구됨으로써 장래의 삶의 터전을 마련하여 행복한 삶을 추구하도록 할 수 있다.

[표 34-4]중등학교 졸업생의 진학률 및 취업률

연도	중 학 교			고 등 학 교				
	졸업자	진학자	진학률(%)	졸업자	진학자	취업자	진학률(%)	취업률(%)
1966	209,592	137,805	65.7	129,301	36,523	28,540	28.2	30.8
1970	312,814	219,142	70.1	145.062	39,073	39,963	26.9	37.7
1975	568,648	424,617	74.7	263,369	68,055	76,805	25.8	39.3
1980	741,618	626,520	84.5	467,388	127,326	128,103	27.2	37.7
1985	855,627	776,444	90.7	642,354	233,737	170,404	36.4	26.5

자료: 문교부, [문교통계연보], 1966. 70. 75. 80. 85.

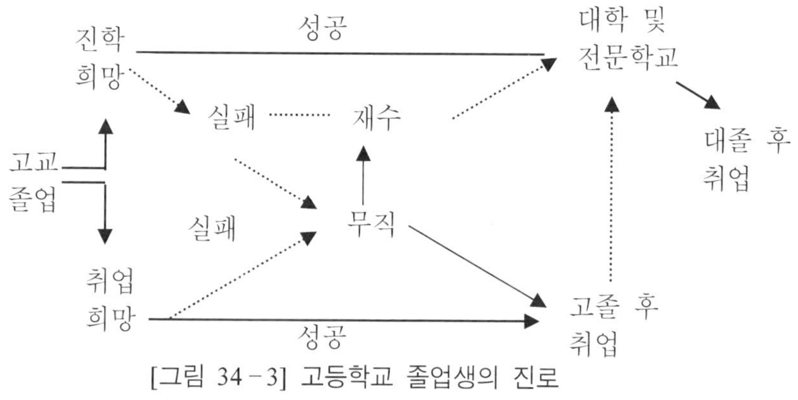

[그림 34-3] 고등학교 졸업생의 진로

　민주주의 사회에서는 누구나 교육의 기회균등이 보장되어 있다. 하지만 그 균등의 의미는 어디까지나 주어진 능력이나 노력에 비례하므로 누구나 진학을 해야 한다는 법칙은 없다. 다만 진학하지 못하는 학생들을 그냥 방치해 둘 것이 아니라, 이들의 생활유지 수단인 직업의 선택과 준비를 위한 치밀한 사전계획과 지도가 뒷받침해야 하는 과제가 무엇보다 중요하고 또한 해결해야 할 문제이다.

　그러면 비진학 청소년의 지도대책은 무엇인가?

3. 非進學 靑少年의 進路指導

비진학 청소년의 진로지도를 위해서는 이들의 특성을 알아보는 것이 필요하다.

1) 非進學 學生의 特性

조사연구(서정화 외 3인, 비진학·미취업 청소년대책의 방향탐색, 서울 홍익대학교 교육연구소, 1986, pp.12~19)에 의하면 비진학 학생의 특성은 크게 심리적·가정적·교육적·경제적·사회적 특성으로 나누어 볼 수 있다.

(1) 개인 심리적 특성

① 비진학 청소년들은 학생이나 근로 청소년들에 비해서 개인의 욕망과 포부 수준이 저조하다고 할 수 있다.

② 비진학 청소년들은 다른 청소년 집단에 비해서 부정적인 자아개념을 가지고 있다.

③ 비진학 청소년은 욕구좌절과 열등의식, 폐쇄적인 성격 특성을 지니고 있다.

④ 비진학 청소년들은 다른 집단의 청소년들보다 소외감과 상대적 박탈감을 더욱 강하게 경험하고 있다.

(2) 가정적 특성

① 부모의 사회·경제적 지위가 다른 청소년에 비해서 낮은 경향을 보이고 있다.

② 부모의 자녀교육에 대한 관심이 미흡하다.

③ 부모가 진학이나 취업 또는 사회 전반에 관해서 부정적인 가치관이나 태도를 가지고 있는 경우가 많다.

④ 가족 구성원 간의 의사소통이 비교적 폐쇄적이라 할 수 있다. 이렇게 볼 때, 이들의 가정적 특성은 부모의 낮은 사회·경제적 지위뿐 아니라 가족성원 간의 폐쇄적인 대인관계나 불화를 들 수 있다. 따라서 가정의 기능으로서 안락처인 안정을 제공해 주지 못하고 있음을 알 수 있다.

(3) 교육적 특성

① 비진학 청소년은 다른 청소년들에 비해 학습능력이 부족하다.
② 이들은 학업 성취 수준이 저조하다.
③ 이들은 개인의 기술·기능이 부족한 경향을 보이고 있다.

(4) 사회적 특성

① 비진학 청소년들은 불량한 집단과 어울리는 경우가 많다.
② 이들은 방황하는 생활태도를 갖게 된다.

이와 같은 여러 가지 특성으로 말미암아 정상적인 다른 청소년들보다 매우 불리한 조건과 환경에 놓이게 되어 문제점이 많게 된다. 따라서 문제점으로 지적되는 것은,

① 개인의 능력, 잠재력 발휘 기회의 제약을 받게 되고
② 아무런 생산적인 활동에 참여하고 있지 않기 때문에 국가적인 차원에서 유휴인력에 따른 노동력이 낭비가 될 수 있다.
③ 경제적 빈곤
④ 어느 다른 청소년 집단보다 청소년 비행 유발의 가능성이 높을 것이다.
⑤ 불건전한 생활태도를 발전시키기 쉽다.
⑥ 학교교육 활동에의 부정적인 영향이 파급되기도 한다.

위와 같은 문제점을 시정하기 위한 방안으로 여러 가지 방법을 사용하여 처방을 마련할 수 있을 것이다.
여기서는 주로 진로지도의 관점에서 방안을 제시하고자 한다.

2) 進路指導의 時急

진로지도는 흔히 상급학교에 진학하기 위한 준비과정으로 착각하는 사람들이 우리 주변에는 상당히 많다. 그러나 진로지도(career guidance)는 진로교육(career education)의 하위개념으로 진학지도와 직업지도(취업지도)로 나누어지고, 이의 조

화를 이루어야 한다.

진로지도는 진로교육 차원에서 초등학교 수준에서부터 실시되는 연속적인 과정이다. 초등학교에서는 진로인식, 즉 일의 세계에 관해서 깨닫고 자기이해, 소질을 발견하는 시기이고, 중학교 수준에서는 적합한 진로를 알아보는 진로탐색, 즉 잠정적인 진로결정을 해보는 시기이다. 그리고 고등학교 수준에서는 진로준비의 단계로서 장차 나아갈 진로를 결정하고 준비하는 단계이다. 대학수준에서는 진로전문화 단계로서 전문인이 되는 전문가 직업을 얻게 되는 준비기간인 것이다.

이와 같은 각 단계별 특성에 알맞게 교육내용과 활동을 통해서 조직적이고 체계적이며 합리적인 진로지도가 실시되어야 함에도 불구하고 여태까지 진학 위주로 학생을 지도하게 되어 사실상 진로지도는 유명무실하게 지내왔다.

이러한 결과로 인해서 학생들이 뚜렷한 목적의식 없이 필요 이상으로 상급학교에만 진학하려고 하여 적성이나 능력·성격·흥미·포부 등을 고려하지 않고 무조건 예비고사점수에만 의존하여 전공학과, 대학을 선택하려는 무정견한 진로선택이 남용되어 왔기 때문에 불만과 부적응만 가져와 학생들은 자신의 자질과 잠재력을 알맞게 발휘할 수 있는 진로선택의 기회를 제약하고 필요 이상으로 진학 쪽으로만 유도하게 되어 비진학 상태를 심각하게 만들고 있다.

참된 의미의 진로지도는 베일리가 제시하는 바와 같이 개인이 만족스럽고 생산적인 삶을 누릴 수 있도록 진로에 대한 방향을 세우고 선택하며 그에 대한 준비를 하고 선택한 진로에 들어가 계속적인 발달을 꾀할 수 있도록 돕기 위하여 제공되는 일체의 경험인 것이다.

진로교육은 넓은 의미의 직업교육이며 직업적성 교육이다. 저마다 타고난 잠재력을 토대로 하여 적성·능력·흥미·성격·포부에 알맞게 단계별로 학교 수준에 따라 직업선택을 위한 준비과정으로서 지도되어야 할 것이다.

오늘날 중등교육은 단순히 초등교육에서 고등교육으로 연결시키는 중간단계 교육으로서의 위치가 아니라, 중견국민 양성을 위한 완성교육으로서의 성격을 띠고 있음을 인식하여야 한다.

그러므로 완성교육으로서의 중등교육은 일반교육을 통한 중견 국민으로서의 품성과 자질을 함양하고 직업교육을 통한 장래 적성에 맞는 직업선택과 그 분야에 관한 지식과 기술, 기능을 연마하지 않으면 안된다. 그럼에도 불구하고 인문계, 실업계 고등학교에서는 오로지 모두가 상급학교에만 진학하려는 경향이 지배적이어서 중등학교의 전인교육이 충실하게 실시될 수 없는 지경에 놓이게 되었다.

그러나 고등학교 졸업자가 모두 대학에 진학할 수 있는 문호도 개방되어 있지 않지만, 모두가 진학해서도 문제가 더욱 심각해진다. 왜냐하면 대학졸업자가 취업할 수 있는 전문직은 제한되어 있어서(전체 직업세계에서 차지하는 비율은 불과 **8.9%**, 1991년도 계산) 전문직 이하 수준인 다른 직업에 투입되어야 할 형편이므로, 적성과 특성에 맞지 않는 직업에서 일할 수 밖에 없는 처지에 놓이게 된다. 그렇게 될 경우, 일의 능률이 저하되고 불만을 갖게 되므로 사회적인 불안요소가 되며, 개인의 인력이 그만큼 낭비를 가져오게 된다.

그러므로 진로선별에 따라 진학자와 비진학자를 구분하여 비진학자들에게는 적절한 직업준비교육을 강화해야 할 것이다. 비진학 청소년들에게 취업능력을 갖추게 하고 취업기회를 제공하여야 한다. 이들에게는 전국에 걸쳐 산재해 있는 직업훈련소 등을 통하여 직업훈련을 소질에 알맞은 방향으로 지도하여 취업능력을 증진하는 길이 중요하다. 여기에는 광범한 직업·기술교육과 더불어 직업인으로서의 소양과 건전한 직업관 확립, 그리고 작업관리, 인간관계, 품질관리, 안전관리, 직업윤리 가치관 교육 등이 아울러 전개되어야 한다.

진로지도는 자기의 분수에 알맞은 능력의 범위 내에서 장차 생활인의 준비과정으로서 직업교육을 핵심으로 하는 직업적성교육이 터전이 된다. 올바른 진로지도는 비진학 학생들로 하여금 그들의 특성에 알맞게 구체적인 직업선택의 기회를 포착할 수 있는 직업탐색과 준비에 적합한 이용 가능한 직업 세계에로의 진출이 쉽게 인도되어야 한다. 그렇게 함으로써 직업을 천직으로 삼고 소명감과 긍지, 보람을 느끼면서 평생을 즐겁고 행복하게 살수 있는 것이다. 종국에 가서는, 누구나 참된 삶의 추구를 지향하여 자아실현의 인간이 될 수 있는 것이다.

4. 結論

진로지도는 진학청소년들 뿐만 아니라 비진학 청소년들에게도 누구에게나 필요한 직업적성교육이다. 또한 넓은 의미의 직업교육인 것이다.

여태까지 우리나라는 전통적 잠재의식인 직업교육의 천시로 말미암아 온전한 발전을 저해해 왔다. 그러나 산업사회로 옮아감에 따라서 직업인이 필요하게 되고 적재적소에 알맞은 유능한 일꾼이 필요함에 따라 직업의식은 시대가 요구하는 바대로 변화되었다. 민주주의 사회에서는 직업의 귀천이 없고 능력에 따른 응분의 대가가 주어지는 것이다. 그러므로 비진학자라 할지라도 소외감·열등감·패배주의에 빠질 것이 아니라 그들에게 주어진 능력을 바탕으로 적성과 인성에 알맞은 진로지도의 결과로 스스로의 목적에 성취될 수 있는 기회를 얻어 만족한 삶을 영위할 수 있게 된다는 것을 인식하여야 한다.

진로지도의 효율화를 위한 프로그램의 개발이 요청되며, 진로정보센터를 설치하고 학생들이 진로에 관심을 갖고 이용할 수 있는 충분한 기회를 제공하고 이용할 수 있도록 해야 할 것이다.

비진학 청소년을 위해 직업교육을 강화하여 능력 있는 직업인을 양성하도록 행·재정적인 지원이 국가차원에서 시급한 뒷받침이 되어야 할 것이다. 아울러 원하면 계속 교육을 받을 수 있도록 성취동기를 불어넣어 주도록 각별한 지도가 필요하다.

우리는 비진학 청소년들에게 용기와 희망을 불어넣어 낙오 없는 인생행로를 걸어갈 수 있도록 사기진작에도 관심이 크게 요청되는 것이다.

제4부 進路教育의 課題와 展望

제35장 진로교육의 방향 모색

1. 問題의 提起

　이 세상에서 가장 소중하게 여기는 것은 무엇일까? 명예, 돈, 권력, 가치관, 재능? 물론 이러한 요소들은 사회생활을 해 나가는 과정에서 중요한 하나의 생활수단으로서 절실하게 필요할 것이다. 그렇다고 모두가 이것을 가질 수 있는 조건이나 형편이 누구에게나 공평하게 배분되지는 않는다. 또한 위의 모든 것을 송두리째 달성할 수는 없다. 그렇다면 무엇이 가장 중요하다고 생각할 수 있을까? 무엇보다도 중요한 것은 자신의 삶을 풍요롭게 영위하기 위해서는 각자가 타고난 잠재 가능성을 토대로 하여 적재적소에 알맞은 생활의 준비로서 장래에 유능한 일꾼이 되게 하는 것이 긴요하다.

　요즈음 가정에서나 학교, 또는 사회의 각계각층에서는 진로지도교육이 시급하다고 한다. 왜냐하면 청소년들이 장차 성인이 되었을 때 무엇을 해야만 가장 가치 있고 보람된 생활을 누리면서 자신 있게 만족하고 행복한 삶을 살아갈 수 있을까에 대하여 상당한 고민 속에 빠져 있기 때문이며, 어떻게 할 바를 몰라 매우 당황하고 있기 때문이다.

　학생들은 현재 모두가 시험공부에 열중하고 있다. 공부하는 목적은 무엇이냐? 누구나 자신들은 보다 나은 미래의 보람된 삶을 의미 있고 값있고 슬기롭게, 좋은 직업을 찾아 만족할 만한 보수를 받으면서 잘 살기 위해서 노력하는 것이라고 본다. 그런데 이 공부란 현실적으로 보아 일반학생들이 다만 대학입시를 겨냥한 입학시험 위주의 주입식 교육으로만 전락되고 있어서 현실적으로 당면한 사회문제가 심각하다. 본래 교육이란 교육법 제1조에 명시된 바와 같이 홍익인간의 이념구현이라고 했는데, 현실과 같은 사회의 여건 속에서 막연히 홍익인간이 되기는 어렵다. 구체적으로 보아 현실사회에 잘 팔리는 소위 인기 있는 학과나 일류대학에 들어감으로써 모든 것이 순조롭게 보장될 수 있다는 편견에 사로잡혀, 젊은이들은 누구나 오로지 대학진학이라는 한 곳에만 집착해서, 생사를 가리지 않고 점수 따기라는 치열한 경쟁에만 혈안이 되어 수많은 시간을 조리며 가정과 학교에서 밤낮을 가리지 않고 시험 준비로 보내고 있다.

그렇기 때문에 학교교육이 정상적으로 의도하는 바에 따라 전인교육이나 자아실현을 위한 방향에로의 교육이 제대로 이루어지지 못하고 주지교육만 강요당하고 있다. 교육은 누구나 타고난 잠재능력을 기본으로 하여 자기의 소질, 능력, 흥미, 적성, 인성에 알맞은 방향으로 이끌어 나가야 한다. 그런데 이와 같은 본래의 인격적 제 특성을 무시한 채 복잡한 과열경쟁의 소용돌이 속에서 오직 대학입시를 겨냥한 눈치와 배짱으로 일관하여 개인의 일생을 좌우하는 전공학과나 대학을 선호하는 경향은 시급히 서둘러 시정되어야만 정상적인 학교교육이 본 궤도 속으로 이루어질 것이다.

그런데 한 연구보고에 의하면 고등학교 학생들의 90%가 장래에 대한 고민을 하고 있다고 하는 것은 모두가 자신의 진로방향에 대해서 문제이다(손충기 외, 1982). 그만큼 소중한 진로의 문제를 일순간에 맡기고 오로지 예비고사 점수에만 의존함은 인력의 적재적소에 배치하고자 하는 근본정신에도 위배되고 있으며 무정견하게 눈치로써 선택한 대학에 들어가서도 만족하게 적응을 하지 못하고 전공학과 이수에 불만을 표시하는 학생들이 절반에나 이른다고 한다. 이러한 불만현상은 결국 개인적으로 보아 아까운 인력의 낭비요, 국가적 차원에서 보면 고급인력의 인력소모와 낭비의 현상을 빚어내고야 만다.

그러므로 학생들의 만족한 선택과 적응을 위해서 새로운 현명한 대책이 시급하게 강구되지 않으면 안된다.

이러한 교육의 비정상적 운영과 현실, 사회적 병폐의 가치관을 비판하면서 교육이 제대로의 기본적 기능을 찾고 우리 모두가 참된 행복과 만족을 찾기 위한 방안으로서 중요하고 또한 현재 당면한 교육 및 사회의 당면문제를 해결하고 보완하는 측면에서 새로이 고안된 진로교육을 도입하고자 한다. 아울러 학교교육에서나 사회교육기관에서 철저히 이행할 수 있는 제도적 정비와 행정적인 지원을 통하여 모든 학생이 미래에 주어질 여건 속에서 풍요롭고 만족할 수 있는 생애설계 방법을 제시한 것이 바로 진로교육이라고 할 수 있다.

2. 진로교육의 의미와 필요성

1) 진로교육의 의미

그러면 구체적으로 진로교육이란 무엇인가? 진로교육(career education)에 대한 개념은 정의하는 학자에 따라 제각기 다르게 논의되어 왔다. 도입초기에는 우선 생애교육, 경력교육, 출세교육(?), 직업교육 또는 평생교육, 진로개발교육 등 다양한 용어로써 무질서하게 용어사용에 혼란이 많아 뚜렷하게 "이것이다"라고 표기하기에는 어려운 포괄적인 의미를 내포하고 있다. 그만큼 교육계에서나 일반사회에서 수용적이고 관심이 큰 영역으로서 교육의 병폐를 시정하고 보완하는 의미의 현실성을 해결하기 위하여 새로이 구안된 개념이 바로 진로교육인 것이다.

그래서 흔히 진로교육은 지금까지도 평생교육이나 진학지도로 착각하는 사람이 많이 있고 진로교육을 완전하게 이해하지 못하는 교육전문가, 일반학생, 현직교사, 그리고 일반 학부형들의 무관심과 몰이해로 말미암아 더욱 진로교육이 성공적으로 보급되거나 추진되지 못한 것 같다.

그러나 진로교육은 한 가지의 대학진학을 돕기 위한 선택방법만이 아니다. 그것을 포함한 모든 취업 또는 직업지도와 인생의 미래에 누구나 가져야 할 직업적성에 알맞은 지도에 초점을 두고 있는 것이다. 즉, 진로교육 또는 진로지도는 진학지도와 취업지도의 상위개념이다. 진로교육은 모든 학생들의 장래에 행복한 삶을 순조롭게 이루기 위한 개인능력 또는 잠재 가능성의 토대 위에 생산적이고 행복된 사회성원으로 육성하는 데 보다 밀접하게 관련되고 공헌된다는 생각에서 비롯되었다.

"진로"란 개인의 일생에서 하는 일의 총체이다. 개인의 생애직업발달과 그 과정내용을 가리키는 포괄적인 용어로서 과거에는 한 직업을 평생 동안 고수하는 예가 많았기 때문에 진로를 직업과 동일어로 취급하였다. 그러나 현대에 와서는 과학기술의 발전과 산업사회로 변화됨에 따라서 점차로 직업의 종류가 다양해지고 그 기능도 많고 변화되어 진로와 직업의 구별이 필요해졌다. 즉, 진로는 개인이 종사하는 직업의 계열을 의미한다. "교육"이란 인간행동의 계획적인 변화로서 잠재능력의 개발, 문화유산의 전달, 전수의 기능으로서 교과학습을 통한 다양한 경험의 총체이다. 이 두 가지의 정의에 기초하면, "진로교육"이란 자신의 생활방식의 전체로서 일에 대한 학습과 일에 종사하도록 선명한 선택과 준비를 통한 다양한 경험의 총체인 것이다(김충기, 1986).

따라서 진로교육이란 학교체제 내에서 일과 직업세계가 중심이 되는 의도적, 계획적, 체계적인 교육을 통해 학생들이 장차 미래의 직업세계에 종사할 진로를 인식, 탐색하여 이를 합리적으로 선택, 준비, 결정할 수 있는 적합한 능력을 길러 주는 종합적인 교육활동을 말한다. 즉, 진로교육은 청소년들이 자신의 흥미와 적성, 능력에 따라 적합한 지식과 기술을 배우고 평생학습 동안 생존할 수 있는 개인적 가치를 발전시키는 데 필요하고 급격하게 변화하는 산업사회에서 생산적인 일의 세계에 현명하게 효율적으로 고용될 수 있도록 저마다의 발달수준에 알맞게 지도되는 포괄적이고 조직적인 교수 프로그램이다(Hoyt, 1974). 다시 말하면, 개인의 진로선택 및 적응, 발달에 초점을 둔 교육 작용이라고 할 수 있다.

따라서 개인이 만족스럽고 생산적인 삶을 누릴 수 있도록 진로에 대한 방향을 세우고 선택하며, 그에 대한 준비를 하고 선택한 진로에 들어가 계속적인 발달을 꾀할 수 있도록 돕기 위하여 제공되는 일체의 경험으로 정의되고 있다(Bailey & Stadt, 1973).

필자는 미국에서 이미 발전되고 있는 진로교육의 이념을 도입하여 한국에서 교육에 당면한 현실 문제를 해결하기 위한 하나의 방안으로 학교나 사회단체에서 진로교육의 실시를 강조하면서 다음과 같은 내용으로 정의를 내린다.

진로교육은 진로에 초점을 둔 종합적인 교육프로그램으로서 초·중·고등·대학에 이르기까지 모든 교육제도 내에서 이루어질 뿐 아니라 지역사회와 산업기관, 기업체와의 밀접한 상호관련을 갖고 수행하는 과정이다. 인간교육의 기초가 되는 개념은 ① 개인의 가치와 열망에 두고, ② 일의 가치와 존엄에 있으며, ③ 평생 동안 끊임없이 변화하는 과정이며, ④ 자아개념의 발달이 직업과 관련됨을 인식·탐색하며, ⑤ 직업선택에 필요한 정보의 수집제공이 이루어지고, ⑥ 적재적소에 알맞은 진로선택이 이루어지도록 개인의 흥미, 적성, 능력, 성격, 포부를 발달수준에 알맞게 지도함으로써, ⑦ 보다 현명한 선택과 적응에 필요한 요소와 분수를 알게 되어, ⑧ 참된 행복의 추구를 위해 만족한 직업, 수행과 보람, 긍지를 느끼게 되어 성공적인 직업인으로서 종국에는 자아실현의 경지에 도달하는 것이다.

결국 종합적인 진로교육의 정의는 넓은 의미의 직업교육이며 직업적성교육이다. 쉽게 표현하면, 자신의 진리를 합리적으로 의식하고 선택하는, 적재적소에 알맞은 유능한 인재를 양성하는 바람직한 인간교육이다. 즉, 학생 개개인의 잠재 가능성을 토대로 하여 타고난 흥미와 적성, 능력과 인성, 의욕, 환경에 알맞은 진학 및 직업과정을 인식, 탐색, 계획, 선택 준비과정을 통하여 현실에 올바로 직업생활에 적응될 수 있도록 하여 선택한 진학 및 취업에 들어가서는 자신의 잠재력을 최대한으로 발휘하여 주어진 여건에 적극 적응하며 저마다의 행복한 참된 삶을 유지하도록 지도하는 일체의 조직적이고 체계적인 교육활동프로그램이다. 그리하여 종국에 가서는 교육의 지표인 전인교육을 추진하기 위함이며 미래지향의 자아실현을 위한 준비과정이다. 따라서 모든 학생을 졸업 후 전개되는 직업 활동을 적재적소에 알맞게 배치함으로써 인력수급의 효율화를 기하고 과열된 대학입시문제도 자연히 해소될 수 있다(김충기, 1986). 한편 진로교육은 교육의 독립된 영역이라기보다는 학교교육(schooling)의 범주에 포함되며 "가치관 교육", "태도교육", "창의성 개발교육"등이 학교교육에서 중요한 기능을 하고 있는 것과 마찬가지로 정규학교교육의 중요한 역할과 기능이 진로교육을 통해서 충실하게 수행되어야 한다고 주창한다.

2) 진로교육의 필요성

우리나라에서의 진로교육의 발전의 추세는 1980년 초반부터 그의 필요성과 중요성을 느끼면서 각광을 받기 시작하였다. 진로교육의 필요는 이미 미국을 비롯하여 전 세계적인 추세였다. 1970년대 초기부터 미국에서 발전, 개발 보급된 새로운 지도교육이념이 우리나라에서도 서서히 전파되면서 본격화 되었다.

필자를 비롯하여 길형석, 이무근, 이정근, 장석민 등 직업교육 전문학자들의 주창으로 꾸준한 연구와 노력 끝에 서구의 선진교육으로서 활기를 띠고 있는 진로교육의 개념과 방법을 서둘러 우리나라 교육현장에 도입할 것을 역설하면서 필요성을 강조하기 시작하였다. 물론 1980년대 이전에도 국부적으로 진로지도의 요청이 야기된 바 있지만 사회병폐적 고실적인 대학입시 문제에만 철안이 되어 교유이 근본과제를 무시하고 진로지도는 뒷전에서 소외되고 말았다. 일반적으로 진로지도를 단순히 진학지도로만 착각하고 그릇된 인식으로 목전에 놓인 개인영달을 위해 무정견한 입시에 치중되어 바람직한 전인교육의 방향을 흐려놓고 말았다. 이러한 교육현장 속에서 과열과외나 재수생 문제가 사회문제로 부각되고 취업재수생으로 발전해감에 따라 비로소 진로교육이나 진로지도의 도입이 절실함을 느끼게 된 것이다.

한편으로 1960년대 이후 정부로부터 경제제일주의 정책추진에 힘입어 산업 및 경제발전이 가속화 되어 감에 따라 수많은 기능인과 전문인의 효율적 인력이 적재적소에 요구되었고, 복잡 다양한 직업세계는 상당히 변화되어 전문화・세분화・다양화 형태에 이르렀다. 즉 산업기술, 컴퓨터, 중화학공업, 환경공학, 생명공학, 반도체 산업, 지식산업 등 과도의 산업발전과 첨단공학이 발전해 감에 각 분야에서는 서로 다른 특성을 지닌 적합한 인력을 요구하고 적응할 유능한 인재를 양성해야 할 필요성도 제기되었다. 거기에 따라서 우리는 적재적소에 알맞은 인재를 효과 있게 양성하고 개인의 성장·발달과 국가의 무궁한 발전을 위해 필요한 역군을 요구하기 위해 노력해야겠다는 교육의 명제가 뒤따르게 되었다.

다행히도 이규호 전문교부 장관이 1982년 2월 19일 문교시책에 대한 TV대담 내용 중에서 "진로지도교육"의 강화를 역설하게 됨에 따라 진로교육 발전과 보급에 하나의 기틀이 되기도 하였다. 그리하여 한국교육개발원으로 하여금 현직교사를 위한 지도지침서로서 『진로교육자료(한국교육개발원, 1982. 9)』를 발간하여 초·중학교 교사로 하여금 진로교육의 내용과 필요성을 보급하여 인식하게 되었으며, 학교교육 현장에서 가르치도록 독려하고 있어 일선학교에서는 이에 부응하여 진로교육을 점차로 실시하고자 하는 움직임이 싹트기 시작하였다. 한편 일부 지정학교를 두어 시범학습을 전개하고 있는 형편에 있다.

진로교육은 인간생활에서 가장 중요한 미래의 향방을 선택하는 의사결정의 과정으로서 개인이 어떠한 진로를 선택하느냐에 따라 그의 일생이 크게 좌우되기 때문에 더욱 소중하게 누구에게나 필요한 것이다.

더욱이 최근 고등학교 졸업생 현황을 보면 매년 졸업자의 약 30%만이 대학에 진학할 수 있는 문호가 열려 있다고 한다. 그만큼 기회가 적다. 그렇다고 대학을 졸업한 후 이들 모두가 100% 취업이 보장되지 못하는 현실이어서 인력수요공급에 큰 차질을 빚고 있다. 뿐만 아니라 전문직 수준 이하의 직업에 투입되고 있다. 게다가 고등학교에서 대학에 진학하지 못하는 학생 수도 약 70% 정도이니 이들의 모두가 취업의 필요성을 느끼고 있지만 재학 시에 충분한 직업기술교육 습득 기회도 전혀 없이 인문교육위주로 진학준비에 치중되어 직업적응에 필요한 기술도 이루어지지 않은 상태에서 졸업자가 그만 사회에 배출되고 있는 현실은 학생들에게 진로의 방향을 모호하게 하고 있다. 따라서 산업사회에서 유용하게 적응할 수 있는 가용기술(salable skill)이 없어 적절한 취업도 어렵게 됨에 사회적으로 문제가 더욱 심각해진다. 이러한 취업적 요구의 문제를 해결하기 위하여 대학진학을 못하는 졸업생들이 기업준비교육 또는 직업지도를 학교교육에서 실천할 수 있도록 계획성 있게 준비되고 강화되어야 할 필요성이 요청되고 있는 것이다.

따라서 진로교육은 다음과 같은 개인적, 국가적 차원에서 필요성이 제기된다.

(1) 個人的 측면에서의 必要性

① 현대 산업사회는 살아가는 대부분의 국민들이 진로문제가 절실하게 요구됨에
도 불구하고 오늘날 학교교육이 제대로 대응하지 못하고 있는 문제점은 학생
들에게 일과 직업세계에서 관련된 자아인식의 능력을 길러주지 못하고 주입
식 주지교육에만 치우쳐 있어 사회 및 직업생활준비의 문제가 심각하다.

② 산업사회의 급격한 발전추세에 따라 복잡 다양한 일과 직업의 종류 및 그 본
질에 대한 객관적 이해가 필요한 데 비하여 학교교육은 이에 대하여 아무런
대책이나 역할도 하지 못하고 전통주의를 벗어나지 못하고 있다.

③ 학생들에게 일과 직업에 대한 올바른 가치관이나 태도, 윤리형성에 대한 요청
이 요구된다.

④ 학생들이 인생의 목표설정과 직업선택에 있어서 유연성과 다양성을 결여하고
있다.

⑤ 학교교육에서 교과위주의 주입식 교육과 대학입시를 겨냥한 학력위주의 교육
은 학생들의 적성·흥미·능력·인성을 무시한 채 점수따기 경쟁에 혈안이
되어 소신을 가지고 자기의 생애목표를 달성하려는 데 큰 장애요인으로 지적
되고 있다.

⑥ 개인의 가정여건과 능력을 고려하지 않고 무조건 고학력 선호에 집착되어 개인
적으로 물심양면의 손해를 보고 있다. 즉, 분수에 알맞은 선택에 문제가 있다.

(2) 國家·社會的 측면에서의 必要性

① 진로교육이 학교에서 실시됨으로써 사회와 국가발전에 필요한 다양한 인력의
균형된 개발을 유도하는 데 기여한다.

② 과열과외 및 재수생 누적의 문제해결의 방편이 될 수 있다.

③ 무직청소년문제를 해결하기 위한 묘안이 될 수 있다.

④ 국민들의 직업수행에 있어서 생산성과 적응이 좀더 고양될 수 있다.

⑤ 적재적소에 알맞은 인재를 양성함으로써 건전한 직업인이 될 것이며 따라서
개인적·사회적 요구를 만족시켜 줄 수 있다.

⑥ 누구나 타고난 재능을 유감없이 발휘하여 선택한 직업에 만족하고 보람과 긍
지를 느끼며 행복한 인생을 누리면서 자아실현에 이를 수 있다.

⑦ 가치관 및 직업윤리관 교육을 통하여 장래의 원만한 직업생활과 성공적인 자
아상을 정립하여 복지사회 건설에 이바지할 수 있다.

3. 진로교육의 목표와 구성요소

1) 진로교육의 목표

진로교육은 앞에서 언급한 필요성에서 제기된 문제를 효율적으로 수용하고 해결하며, 미래 지향의 인간교육을 위해서 적재적소에 알맞은 유능한 인재를 발굴하여 만족한 선택과 현명한 적응에 도움이 되도록 포괄적으로 다음과 같은 목표를 제시한다.

① 학생 개개인의 적성, 흥미, 능력, 인성 등을 정확히 이해한다.
② 현대 산업사회의 정치·경제·사회적 측면에서 요구되는 복잡 다양한 직업의 세계를 이해시키고 순응하도록 한다.
③ 학생 개인별로 적합한 진로계획을 수립하고 가정배경이나 사회·경제적·문화적 요인을 고려하여 능력에 따르는 진학 또는 취업에 필요한 지식과 기능, 기술 등을 습득하도록 한다.
④ 일과 직업에 대한 건전한 가치관이나 태도, 즉 직업윤리를 형성하도록 한다.

이와 같은 일반적 목표를 달성하기 위하여 각급 학교에서 추진되어야 할 구체적인 진로교육의 목표를 제시하면 아래와 같다.

(1) 初等學校의 진로교육 目標

① 학생개인의 소질, 흥미를 발견한다. 이것은 자아에 대한 이해를 높이고 긍정적인 자아개념을 형성하도록 한다.
② 다양한 직업역할 유형에 대한 인식과 일의 세계와 관련된 개념의 발달을 촉진시킨다. 즉, 지역사회의 각 산업체 및 여러 기관, 단체들이 하는 일에 대한 이해를 통하여 모든 직업이 똑같이 소중함을 인식시킨다.
③ 자신의 행동이나 생애에 책임을 져야 한다는 인식을 강화시킨다.
④ 의사결정능력의 신장과 협동적인 사회행동의 학습을 전개한다.
⑤ 일에 대한 태도와 가치관의 개발 및 형성을 위해 노력한다. 즉, 직업의 중요성을 인식시킴으로써 장래의 직업인으로서의 포부를 갖도록 한다.
⑥ 초등학교 학습과정이 모든 진로의 인식단계임을 이해시킨다.

(2) 中學校 진로교육 目標

① 학생 자신의 능력·적성, 흥미·성격에 대한 정확한 이해로써 자아개념을 구체화시킨다.

② 산업사회에 적응할 수 있는 직업세계에 대한 구체적 이해와 직업의 사회적 역할을 이해·탐색함으로써 개인은 직업을 통해 사회에 공헌할 수 있음을 인식시킨다.

③ 자기탐색을 통하여 자신의 진로를 스스로 계획하고 추진해 나갈 수 있는 진로계획을 잠정적으로 계획한다. 즉, 진로계획에 대한 책임감을 신장시켜 나가야 한다.

④ 장래의 잠정적인 진학 및 직업계획의 수립을 위한 탐색작업을 전개한다.

⑤ 경제구조, 즉 생산분배, 소비에 대한 기본개념, 일의 사회적 의미, 금전관리의 원리를 이해할 수 있는 경제체제에 대한 이해와 탐색을 시도한다.

⑥ 수준 높은 의사결정 능력의 신장과 사회적으로 책임 있는 행동과 보다 성숙한 사회적 관계를 신장시켜 나간다.

⑦ 바람직한 직업선정 조건을 이해하고 탐색한다.

⑧ 중학교 학습과정은 진로의 탐색단계임을 이해한다.

(3) 高等學校 진로교육 목표

① 자신의 적성, 포부, 능력, 가치 및 여러 가지 교육적 환경여건을 고려하여 보다 구체적인 미래의 진로계획을 수립한다.

② 진학 또는 직업에 필요한 정보, 즉 진로정보를 폭넓게 활용하도록 한다.

③ 의사결정능력과 문제해결 능력을 보다 구체화하여 이 능력을 진로계획 수립에 활용하도록 한다.

④ 직업별 직업구조의 변화, 즉 직업별로 요구되는 교육의 정도, 내용, 전망 등에 대하여 이해를 한다.

⑤ 건전한 직업관과 직업윤리를 형성하고 긍정적인 인생의 가치관 수립에 노력한다.

⑥ 졸업 후에 개인이 처할 새로운 환경, 즉 미래의 개인별·직업별 생활의 방향을 세우고 책임을 수행하도록 한다.

⑦ 고등학교 학습과정은 진로의 준비단계임을 이해한다.

2) 진로교육의 구성요소

진로교육이란 용어는 미국의 교육위원인 제임스 알렌(James Allen)이 처음 사용하였으며 후임자인 시드니 마랜드(Sidney p.Marland)에 의해 계승·주창되었다. 마랜드가 "모든 교육은 진로교육이다. 또한 그렇게 되어야 한다(All education is career education or should be)"고 1971년 1월 전국 중등학교교장회의에서 그 필요성을 강조한 데서 비롯되었다. 마랜드는 학교체제가 현실세계의 사회적 요구를 충족시켜 주지 못하고 있다는 비판에 따라 학생들에게 보다 적합하고 수준 높으며 평등한 교육기회를 제공할 수 있는 대안을 마련하여 결국 미국 문교부의 주요 정책 목표가 되었으며 국가적 차원의 우선 관심사가 되었다.

미국의 진로교육은 교과과정상에 진로지도의 내용을 반영시켜 학생 스스로가 자신의 진로를 현명하게 선택하고 결정하여 직업에 들어가서는 만족하고 참된 삶을 누릴 수 있도록 도와준다는 데 그 특색이 있다.

진로교육의 구성요소는,

① 가능한 모든 학습은 진로적용을 위한 이해와 동기유발을 통한 학급활동
② 직접적인 직무기술의 습득
③ 직업적 대안과 직업윤리, 일의 가치관 형성을 위한 진로개발 프로그램의 실시
④ 개인의 능력, 소질개발을 위한 가정과 학교의 노력 등으로 구분된다.

이를 돕기 위하여 진로교육담당 교사가 필요하며 직업기술훈련을 통하여 학생들에게 직업세계에 성공적으로 도달하기 위한 방법을 제공해 주고 학교와 지역사회와의 연계체제 속에서 진로개발 프로그램을 제공해 준다. 그리고 학교—정부—동계획 및 훈련프로그램을 시행하여 직업세계에 적응할 수 있도록 직업의 인식, 탐색, 준비의 과정을 제공해 준다. 그 결과는 [그림 35-1]과 같이 나타낼 수 있다.

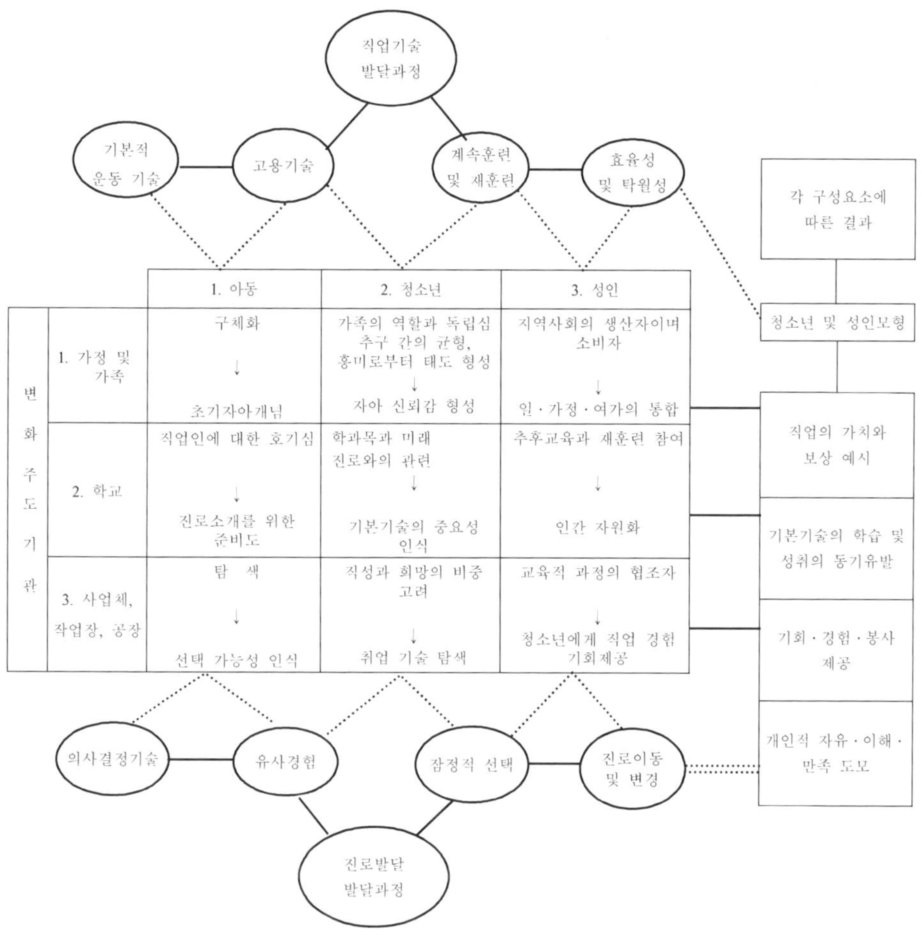

[그림 35 – 1] 진로교육 구성요소

4. 진로교육의 내용

진로교육은 각급 학교별로 별도의 교수계획에 따라 진학 및 직업교육 프로그램을 발달수준에 알맞게 제시하고 지도해야 한다. 이미 목표에서도 언급한 바와 같이 초등학교에서는 진로인식단계, 중학교는 진로탐색단계, 고등학교는 진로준비단계, 대학교는 진로전문화단계로 구분하고 진로교육에서 강조하는 직업에의 적응내용을 기본으로 하여 별도의 정해 놓은 수업시간에 지도한다. 이를 나타내면 [그림 35 – 2]와 같다.

또한 진로교육의 실시를 위한 지도단계를 나타내면 [그림 35 – 3]과 같다.

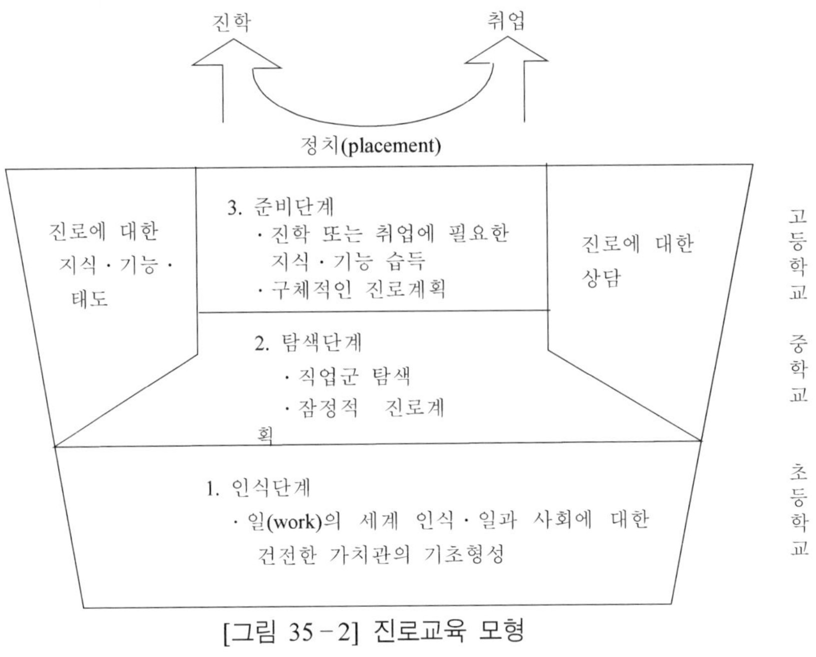

[그림 35 - 2] 진로교육 모형

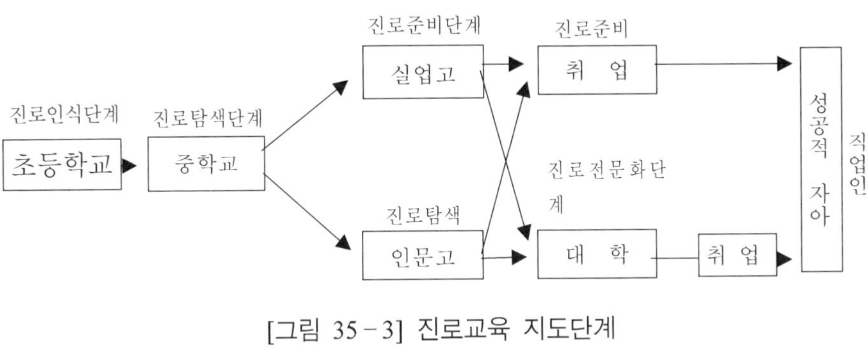

[그림 35 - 3] 진로교육 지도단계

　　위와 같은 도식에 따라 학생개인은 진로의 구체적인 결정을 하고 결정에 따른 직업준비 과정의 절차를 이수하도록 노력하여야 한다. 구체적인 진로교육내용은 다음과 같다.

1) 職業의 역할과 자아인식

① 개인의 특성과 속성인식
② 개인의 존재 가치성 인식
③ 진로계획에 관련된 자신의 능력, 적성, 흥미 탐색
④ 노동자로서의 가치인식
⑤ 협동적 직무성취의 중요성 인식
⑥ 일의 가치와 인성적 가치체제와의 통합
⑦ 취미와 여가 활동능력 개발

2) 일의 世界에 대한 認識

① 직업의 종류 및 특성에 관한 인식
② 직업들 간의 상호관계 인식
③ 다양한 직업군과 직업영역에 대한 탐색
④ 직업세계의 구조와 기능 인식
⑤ 직업과 생활양식의 관련성 인식
⑥ 직업적 기술과 지식 습득
⑦ 직업적 가치의 탐색
⑧ 직업과 관련된 개인적·환경적 요인의 탐색
⑨ 생산적 시민으로서의 자질 개발

3) 일에 대한 적극적이고 긍정적인 태도 습득

① 일, 학교, 사회에 대한 긍정적 태도 함양
② 일의 소중함과 존엄성 인식
③ 진로 동기의 유발
④ 모든 직업 및 직업인에 대한 존경심 고취
⑤ 적절한 직업 태도와 습관 개발

4) 의사결정 능력의 함양

① 책임과 융통성 있는 진로계획의 수립
② 진로정보의 파악 및 능력 개발
③ 취업기회에 대한 지식 제공
④ 합리적인 진로선택 능력 개발
⑤ 진로지도와 진로상담의 강화

5) 원만한 인간관계 기술 습득

① 협동적 작업 경험 획득
② 진로프로그램 간의 협동을 통해 다양한 인간관계의 경험 제공
③ 바람직한 사회적 관계 형성
④ 직업사회에서의 집단행동의 역동성 인식
⑤ 대인관계 조절 기술의 개발 및 활용
⑥ 상호 의사소통의 능력 개발

6) 일과 직업의 경제적 측면 이해

① 재화 및 용역의 생산과 일과의 관련성 인식
② 일을 통해 얻는 보수의 의미 인식
③ 사회, 경제적 변화와 직업의 변화 인식
④ 생산자, 소비자로서의 권리와 의무 인식
⑤ 기본적인 경제조직과 산업구조에 대한 이해

7) 敎育과 일의 世界와의 關係 認識

① 학교와 사회에서의 교육의 계속성 인식
② 지역사회 자원의 활용 가능성 탐색
③ 진로발달을 촉진하는 학습환경의 조성
④ 진로관련 집단들의 적극적 참여 유도

8) 계속교육의 강조

① 직업배치 및 추후지도의 강조
② 융통성 있는 커리큘럼 제공
③ 계속적인 진로교육에의 참여 유도

진로교육의 내용은 진로교육모형에 의거하여 각급 학교별로 교육내용을 소개하면 다음과 같다.

(1) 진로인식단계

진로인식단계는 주로 초등학교 수준에서 이루어지며 그 내용은 ① 일의 고마움(가족과 이웃사람들이 하는 일에 대한 고마움 인식). ② 일의 세계(일의 목적과 소중함, 직업의 여러 가지, 산업과 직업 등), ③ 나의 소질(나의 흥미 발견, 소질과 직업과의 관계), ④ 장래의 계획(존경하는 인물, 장래포부 성취 방법) 등을 다루도록 한다. ⑤ 일의 태도, ⑥ 직업인에 대한 존경심을 기른다.

골드해머(Gold hammer)와 테일러(Taylor)는 이 시기에 수행되어야 할 영역으로 다음 다섯 가지를 제시하고 있다.

① 학습과 사회적 발달의 기본 기능 습득
② 인간으로서의 삶과 개인적·사회적 활동에 관한 기본기능의 고찰
③ 사회 속에서 이루어지는 개인적 삶의 기본 특성에 관한 사항
④ 인간이 배우고 활용하는 환경과 자연에 대한 탐색
⑤ 아동의 기본적 흥미와 잠재력에 관한 탐색

(2) 진로탐색단계

이 단계는 중학교 교육수준의 시기로서 자신의 능력, 적성에 대한 이해, 산업 및 직업분류, 현대사회와 직업관계, 직업생활을 위한 준비로서의 교육, 장래의 잠정적인 직업계획 수립, 진학 및 직업준비, 직업의 의미, 필요성, 바람직한 직업선정의 조건 등을 이해하고 탐색하도록 한다. 수업진행과정에서 수행되어야 할 내용은 청년기의 특징, 직업관, 직무분석 및 전망, 직업윤리교육과 잠정적인 진로계획 수립 등 다양한 직업의 세계와 직업군의 탐색이 주요 활동 내용이다.

행동영역으로는 다음과 같다.

① 기본 기능 활용의 숙달 및 활용력 신장
② 장래 직업, 취미생활, 가정생활, 시민정신, 문화생활 등에 관한 광범위한 고찰
③ 취업기회에 관한 잠정적 가능성의 탐색
④ 직업선택의 능력과 태도의 함양
⑤ 장래 직업의 보편적 영역에 관한 잠정적 선택
⑥ 다양한 직업에 요구되는 개인적·교육적 요건들에 관한 광범위한 지식
⑦ 인류의 가치와 신념체계에 관한 고찰

(3) 진로준비단계

이 시기는 고등학교 교육수준의 과정으로서 학생들로 하여금 그들이 잠정적으로 선택한 직업군을 통하여 취업하는 데 필요한 능력을 키울 수 있는 방법과 기술을 습득한다. 고등학교 과정은 대학진학과 취업준비로 갈라지는 중요한 전환점으로서 대학에 진학하는 학생은 진학에 필요한 전공학과 선택과 대학 선택에 유용한 방법을 모색하고 공통적으로 직업세계의 변화와 직업선정을 구체적으로 계획할 필요가 있다. 대학에 가지 않는 학생은 직업에 필요한 특정 기술과 지식을 습득케 하여 직업훈련계획을 세우고 직업에 대한 긍정적 태도를 발전시켜 준다.

따라서 현대 산업사회의 직업추세와 직업선정·준비의 중요성을 인식하고 준비하여 취업선택의 조건을 마스터해야 한다. 그리고 진학 및 취업정보에 익숙하도록 모든 진로정보자료를 수집, 열람, 습득하도록 기회를 제공해 준다. 구체적인 진로계획안을 세우고 정하도록 하며 직업 및 직업윤리에 관한 지식을 습득하여 올바른 직업관 형성을 이룩하도록 학습한다.

행동영역으로는 다음과 같다.

① 기본 기능의 계속적인 숙달, 활용, 응용력의 강조
② 가정생활, 취미생활, 시민정신, 문화생활을 영위하는 데 필요한 구체적인 지식과 기술의 습득
③ 특수한 직업군 내지 직업영역 내에 존재하는 취미생활의 기회에 대한 탐색
④ 구체적 직업과 이에 수반되는 초기 준비 방안의 선정 및 상급학교 진학 가능성의 탐색 등이 이루어져야 한다.

위와 같이 각급 학교 학생들은 학년수준에 따라 단계별 진로교육에 대한 내용을 철저히 수행하도록 강화시켜 나가야 한다.

5. 진로결정요인과 지도내용

1) 진로결정 요인

학생들이 진로를 현명하게 결정하기 위해서는 자신에 알맞은 진로계획을 수립하여야 한다. 진로계획은 생애계획 또는 인생의 설계로서 누구나 제 나름대로의 미래계획이 필요하다. 뚜렷한 인생의 목표를 세우고 그 목표에 따라 구체적인 일생의 계획이 추진되어야 한다.

진로계획은 자기의 삶의 목표와 능력을 바탕으로 실현 가능한 구체적인 목표를 세워 실천하여야 한다. 자신이 무엇을 가장 하고 싶은가를 먼저 파악하는 일이 중요하며 능력, 적성, 흥미, 성격에 알맞은 자기이해와 탐색을 통하여 객관성 있는 인생설계를 세워야 하는데 단순히 금전이나 전통적 가치관에서 벗어나지 못하고 권력추구에만 설계를 세우는 것보다는 오히려 그것이 나의 인생 전체를 지배하지 않도록 다양한 진로정보를 수집, 탐색하여 자신에게 적합한 것을 중심으로 가능한 것을 선택해야 성공률이 높고 필요한 것이다.

그래서 라일리(Reilly)가 지적하는 바와 같이 개인의 열망, 기본능력, 인간관계에 대한 관찰과 분석, 개인의 진로문제를 명확히 수립하여 그 해결방안을 모색하고, 가능한 해결방안에 대한 신빙성 있는 정보수집, 그리고 수집된 정보를 평가하고 그로부터 진로목적에 알맞게 선택해야 바람직하다(이징근, 1978).

진로선택이란 결국 직업선택과정이 핵심이 되므로 장차 어떠한 직업인이 될 것인가를 잠정적으로 직업결정이 이루어져야 한다. 직업선택의 과정은 ① 직업선택의 필요성을 확인하고, ② 관계정보의 수집과 이용을 원활히 하며, ③ 가능한 직업을 열거하여 각 직업에서의 성취 가능성을 예측하고, ④ 각 직업에서의 성공가망성과 가치 평가를 한 다음, ⑤ 직업의 선택으로 들어가야 하는 것이다.

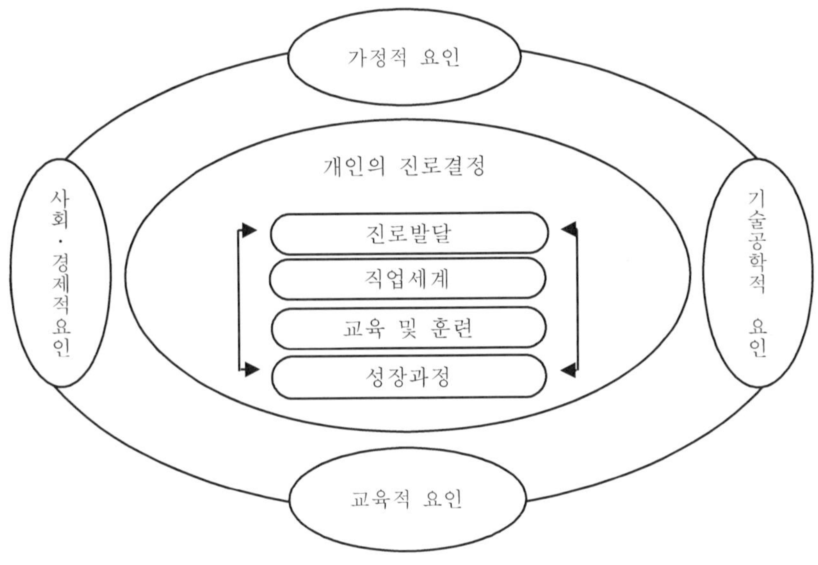

[그림 35 - 4] 진로결정의 개념모형

진로의 결정은 한 인간이 생애발달과정을 통하여 체계적이고 지속적으로 이루어
진다는 진로의식 발달이론의 측면, 진로인식·탐색·결정에 이르는 일련의 과정을
학습시켜 주어야 한다는 진로학습 이론의 측면, 개인의 진로결정에 작용하는 여러
가지 요인과의 관계를 보다 명확히 이해할 수 있게 함으로써 합리적으로 진로를 결
정하게 된다는 진로선택 및 결정 이론의 측면을 통하여 이루어진다(강무성 외,
1984). 이와 같은 개념화 된 진로결정의 모형을 제시하면 다음과 같다.

[그림 35—4]에서 보는 바와 같이 개인의 진로결정은 ① 진로발달, ② 직업세계,
③ 교육 및 훈련, ④ 성장과정의 4가지 요소의 상호작용으로 이루어지게 되며 이러
한 결정은 환경요인으로서, ① 가정적 요인, ② 기술공학적 요인, ③ 교육적 요인,
④ 사회·경제적 요인 등의 직접·간접적인 영향을 받아 이루어진다고 본다.
이러한 요인을 구체적으로 제시하면 다음과 같다.

(1) 個人的인 차원

진로의 결정은 학생의 내면세계로서 주관적 요인과 객관적 요인에 따라 좌우된다.

① 주관적 요인: 인생관, 가치관, 욕구, 태도, 자아개념, 이상
② 객관적 요인: 연령, 성, 지능, 적성, 흥미, 성격, 성취동기, 학업성적, 신체조건

(2) 社會·經濟的 環境

① 학생 자신: 부모의 직업 및 학력(교육수준), 부모의 기대, 가정의 사회·경제
   적 지위, 성장사, 교사영향, 생활근거지, 종교
② 직업: 직업의 변천, 고도의 산업사회에서 첨단산업 및 기계공학의 발전사항,
   수요, 사회의 경제사정, 근무조건, 교육 및 훈련, 보수, 승진관계, 기회전망

(3) 職業의 世界

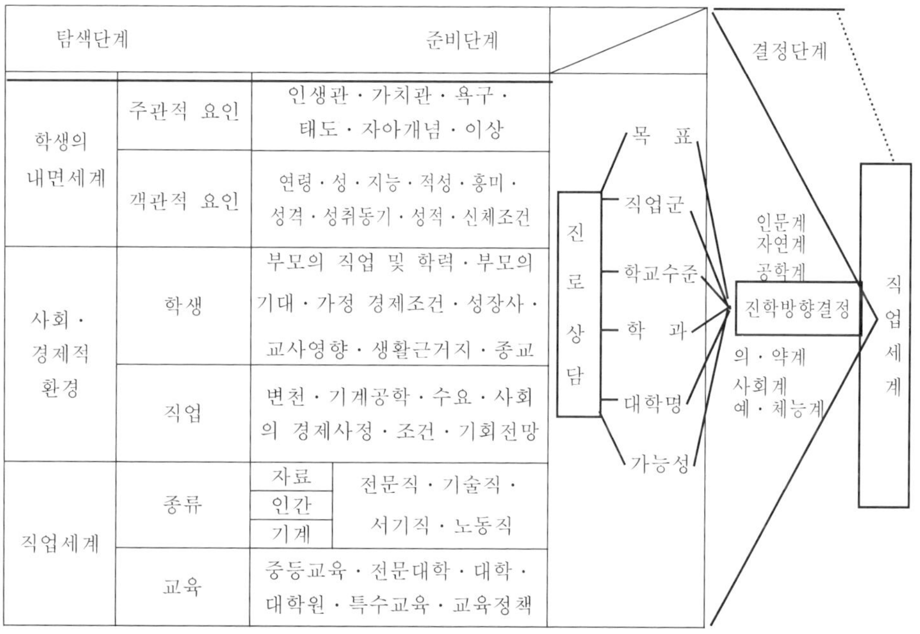

[그림 35-5] 진로결정과정 요인

① 종류: 전문직, 행정직, 사무직, 생산직, 판매직, 서비스직, 교통 체신직, 농·수
   산수렵업직, 노무직
② 교육: 초·중등학교, 전문대학, 대학, 대학원, 특수교육, 방송통신학교, 개방대
   학, 산업체 부설학교 진로결정과정 요인을 정리하면 [그림 35-5]와 같다.

이와 같이 철저한 진로탐색과 준비과정 속에서 학생의 내면세계의 이해, 사회경제적 환경의 탐색, 직업세계의 준비과정을 통하여 얻어진 객관적 요인을 참작하여 진로 상담에 들어간다. 상담의 결과 개인을 적재적소에 배치함으로써 유능하고 적응력 있는 능력을 발휘하여 주어진 직업선택과 실천과정에서 만족할 수 있고 보람도 느끼면서 건전한 직업수행과 사회생활을 유지할 수 있는 계기가 된다.

한편 진로결정은 개인 형편에 따라 진학 또는 취업으로 분류되지만 진학하고자 하는 학생이나 취업하고자 하는 학생들 모두가 앞에서 제시한 진로결정과정을 탐색·준비하는 과정을 겪어야 될 것이다. 진학지도에 있어서의 문제점을 제시하면 [그림 35-6]에서 보는 바와 같이 가치관 태도, 의식개혁, 제도개혁, 제도적 취약, 상담활동 강화, 진로지도 실시 애로의 문제점이 해결되어야 진학지도의 효율적 성과를 기대할 수 있을 것이다(안창일, 1984).

취업지도는 직업탐색 단계로부터 시작하여 직업준비의 과정을 거쳐 취업하는 데 필요하다. 이를 나타내면 [그림 35-7]과 같다(이정근, 1984).

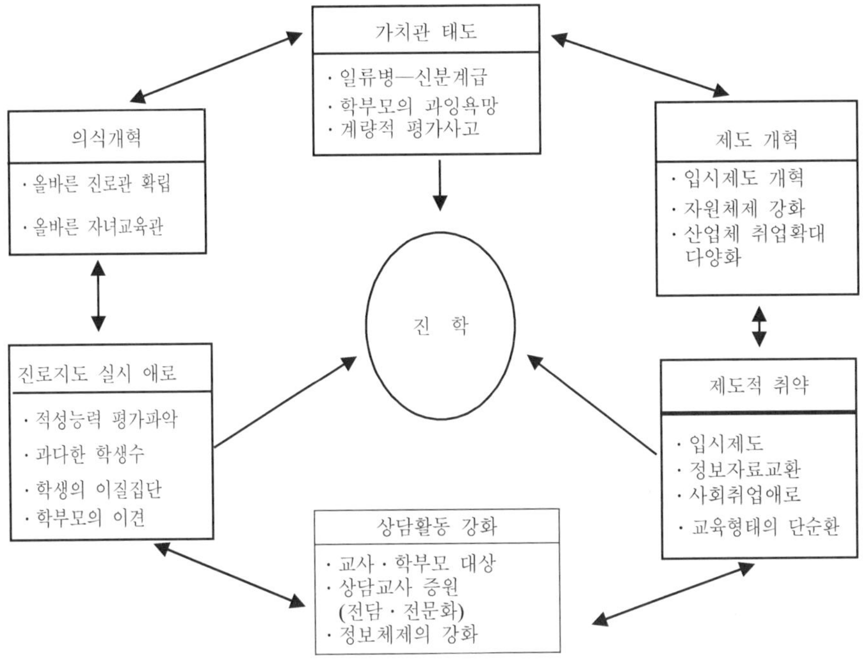

[그림 35-6] 진학지도의 문제점

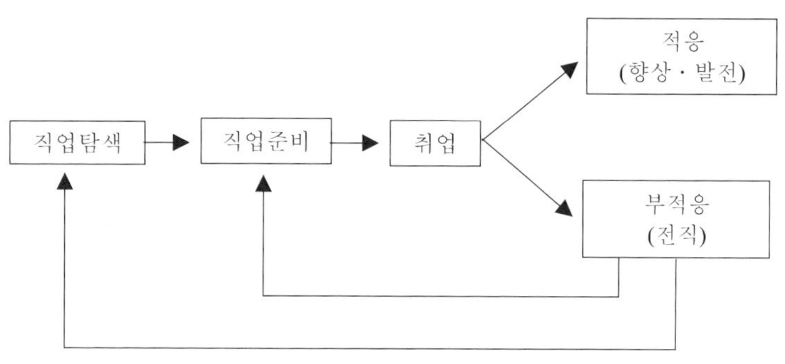

[그림 35 - 7] 취업지도의 과정

위의 도표에서 제시한 바와 같이 취업지도 과정은 먼저 앞에서 언급한 진로결정요인에 따라 자신의 위치를 중심으로 하여 직업탐색→직업준비→취업의 단계로 들어간다. 만일 취업하여 잘 적응이 되면 계속하여 향상 발전하도록 노력할 것이고 부적응 상태에 놓이게 된다면, 직장전환을 위한 전직으로 다시 직업탐색을 할 수도 있고 직장전환을 위해 직업준비의 과정을 다시 할 수도 있다.

취업지도를 철저히 이행하려면 먼저 취업정보에 익숙해야 한다. 취업지도를 위해서는 취업정보가 필요하다. 직업정보는 취업하고자 하는 직업과 그 직업에 적응하기 위해 필요한 모든 지식과 이해에 관련된 정보를 말한다. 단계별, 대상별 취업정보를 제시하면 [표 35 - 1]과 같으며 개인, 대상업체, 사회, 국가별로 분류하여 취업 전, 취업 시, 취업 후에 필요한 정보에 익숙하기 바란다(김병숙, 1985).

종합적으로 진로결정요인을 요약하면 다음과 같다(Tolbert, E. L 1980).

① 능력: 학업능력, 지능과 같은 지적 능력의 소유를 말한다.
② 직업적 흥미: 특정 직업이나 광범위한 직업분야에 대한 흥미를 말한다. 흥미는 그것을 찾아내는 방법에 따라 표현된 흥미, 행동화 된 흥미, 검사된 흥미로 구분된다. 이 중에서 검사된 흥미가 가장 기초가 된다.
③ 인성: 자아개념, 가치관, 욕구, 대인관계 등의 성격적 특성을 말하며 이러한 특성 역시 직업의 선택과 적응에 영향을 미친다. 그러나 전인이 갖고 있는 포부수준에 따라 추구하는 일이 다르게 나타난다.
④ 학력은 개인이 받은 교육수준을 의미하는네 여기에 학업성적과 전공을 포함한다. 즉, 교육수준, 학업성적, 학과별 성적, 전공분야 등인데 이러한 차이에 따라 직업의 방향도 결정될 수 있다.

[표 35 ― 1] 단계별·대상별 취업정보의 종류

대상＼단계	취 업 전	취 업 시	취 업 후
개 인	1. 성별 및 적성 연령 2. 학력 3. 적성 4. 성격 및 태도 5. 신체조건 6. 직업훈련 7. 자격 및 면허 8. 자기평가	1. 올바른 정보선택 방법 2. 직업윤리 3. 구비서류 4. 건강 5. 보너스·상여금 6. 적절한 기술	1. 적응관계 2. 천문지식 3. 자아실현 4. 직업윤리 5. 보너스 6. 생활의 보람과 긍 지 7. 일의 보란
대 상 업 체	1. 직업의 유래 2. 관련 및 유사직 3. 취업 가능 직업명 4. 직무의 내용 5. 작업환경 6. 장비 및 공구	1. 취업 경로 2. 임금 3. 승진 4. 전직 5. 관련업체명(소재지·근로자수·생산품·기숙사·장학금·통근버스·사보·노조) 6. 취업규칙	1. 추가 이수하여야 할 교육 2. 책임의 한계 3. 사내훈련 4. 국기훈련
사 회	1. 직업의 지역적 분포 2. 생산품의 분류 3. 사업체 유형 4. 전문지식 공급처 5. 지역적 특성	1. 노조현황 2. 관련단체 3.취업알선처	1. 경기변동 2. 직업관의 변화 3. 가치관의 변화 4. 직업윤리
국 가	1. 인력수급계획 2. 산업분류 3. 직업분류 4. 노동시장(고용구조·변화·전망) 5. 자격검정 제도 6. 교과과정(고교·대학)	1. 취업알선 기관 2. 관련법규 참조	1. 특별한 교육과정 (산업체 특별학급·산업체 부설학교·방송통신고교·대학·개방대학) 2. 전문교육 기관

⑤ 가정배경: 가족구성, 가정의 사회적, 경제적 지위, 가정교육, 종교, 가치관, 부
  모의 직업과 교육수준 등

⑥ 경제상태: 일 또는 직업수행의 수고 대가로 지급되는 임금 또는 보수 수준의
  정도에 따라 영향을 받는다.

⑦ 신체적 조건: 체력, 신장, 체능, 체격, 용모, 체중 등과 같이 직업에 따라 특별

히 요구되는 조건이다.
⑧ 학교: 학교의 성격(실업계, 인문계), 교육과정, 교우관계, 교사의 질, 교사와 학생 간의 관계, 클럽(H·R, 서클) 활동 등의 요인의 차이에 따라 개인의 진로결정에 큰 영향을 미친다.

그러므로 위에 제시한 8가지 정도의 요인들을 잘 살펴보고 적합한지의 여부를 고려하여 진로결정에 이용하도록 한다.

2) 진로지도 내용 구성

각급 학교별 진로지도에서 다루어야 할 내용을 소개하면 아래와 같다.

(1) 初等學校 水準
① 일의 고마움 이해
  · 가족과 이웃사람들이 하는 일의 종류
  · 사람들이 하는 일과 필요한 물건생산
  · 일하는 사람들에 대한 고마움 인식
② 일의 세계
  · 일의 여러 가지
  · 기업의 뜻 알기
  · 직업을 갖는 목적
  · 직업 간의 협동관계 인식
  · 산업의 뜻과 송류 이해
  · 직업의 다양화 이유
  · 분업화와 개인의 직무수행
③ 나의 소질 발견
  · 서로 다른 재주의 비교
  · 소질을 개발시킨 인물 조사
  · 소질과 직업과의 관계
  · 소질과 장래의 희망과의 연계성

④ 장래의 계획
  ·존경하는 인물은 어떤 사람인가?
  ·장래 계획의 필요성
  ·장래 계획의 유의점
  ·장래 계획의 수립
  ·장래의 포부를 달성하기 위해 해야 할 일

(2) 中學校 水準

① 청소년기의 과제
  ·청소년기의 특징과 과제
  ·진로탐색 및 계획의 중요성
② 직업의 의미와 직업관
  ·직업의 의미
  ·직업관의 중요성
  ·건전한 직업관
③ 직업의 종류
  ·직업군의 이해와 내용파악
  ·직업의 전망 또는 인력수급
④ 직업선정과 그 기준
  ·직업선정의 중요성
  ·직업선정의 기준
  ·직업과 교육과의 관계
⑤ 진로계획
  ·진로계획의 기본원리
  ·진로계획을 위한 준비
  ·직업과 학교선정
  ·잠정적 진로계획 수립
⑥ 직업윤리
  ·직업윤리의 의미
  ·직업인의 자세

(3) 高等學校 水準

① 직업세계의 변화와 직업의 중요성
- 현대 산업사회의 직업추세
- 직업선정 및 직업준비의 중요성

② 직업선정의 조건
- 적성요인
- 직업적 흥미
- 인성 요인
- 신체적 조건
- 교육·기술·자격·경제적 조건

③ 진학 및 취업정보
- 진학정보자료 탐색 및 수집
- 직업의 종류 파악
- 직종별 직무 및 근로조건
- 우리나라의 직업 전망
- 대학의 종류와 특성
- 직종과 전공학과
- 취업 가능 직업의 종류와 특성
- 취업자를 위한 교육제도

④ 진로계획
- 인생계획의 필요성
- 나의 인생계획
- 진로계획의 기본원리
- 구체적 진로계획

⑤ 직업 및 직장윤리
- 직업윤리의 필요성
- 직장윤리의 필요성

6. 진로교육의 기본원리와 방향

　진로교육은 모든 학생들에게 앞으로 다가올 장래 진로의 선택 가능성을 폭넓게 인식시키고 탐색하여 보다 합리적이고 객관성 있는 진로계획을 세우고 세부적인 직업계획을 준비해 나가도록 하는 조직적이고 체계적인 교육활동 프로그램으로서 마땅히 교육이 지향해야 할 전인교육의 핵심이 되기도 한다.

　가정적으로나 사회적으로 또는 개인적 차원이나 국가적 차원에서 요구하는 쓸모 있는 인간은, 개인 자신이 학업을 마친 후 장차 미래의 완전무결한 생활유지 수단으로서 누구나 가져야 할 직업수행을 원만하고 효율적으로 추진해 나갈 수 있는 유능한 능력을 가진 사람이다. 도덕적으로나 경제적으로 보아 전인을 향한 창조적 자기표현을 위해, 선택한 직업에서 유감없이 발휘하여 개인의 보람과 긍지를 느끼면서 한평생을 보다 만족스럽고 행복한 삶을 영위하기 위한 최적의 방안은 무엇보다도 현명한 직업선택에 좌우된다. 이러한 귀중한 진로선택이야말로 자신의 인생행로에 행·불행을 결정하는 중요한 분기점이 되며 미래의 생의 목표를 추구하는 요체가 된다. 그러므로 합리적이고 타당한 직업선택을 위한 준비방안은 오로지 진로교육이나 학교나 가정에서 충분히 이해되고 실천이 이루어질 때 가능한 것이다.

　따라서 지금까지 진로교육의 필요성을 역설하고 그 목적에서 도출된 내용을 중심으로 나름대로 정립한 기본원리를 제시하면 다음과 같다.

① 진로교육은 모든 학생을 대상으로 한다. 진로교육은 단순한 학생들의 진학지도만을 위한 것이 아니고 또한 고등학교 3학년을 위해서 대학진학에 관련된 여러 조건을 베푸는 것도 아니다. 오로지 모든 청소년들, 즉 초등학교 고학년에서부터 시작하여 중학교, 고등학교, 대학교, 성인에 이르기까지 일생을 통한 교육의 전 과정으로서 정상적인 교과교육과 아울러 별도의 "진로교육"시간을 배당하여 발달단계에 따라 직업의 세계를 중심으로 초등학교에서는 진로의 인식, 중학교에서는 진로의 탐색, 고등학교에서는 진로의 준비, 대학에서는 진로의 전문화 단계를 설정하고 그 단계에 알맞은 직업교육에 관한 내용을 철저하게 숙달되도록 지도해야 한다. 일반적으로 생각하는 대학 예비고사 점수에 따라 눈치와 배짱으로 전공학과를 선택하는 단편적인 행위로 요행히 대학에 들어가는 것과는 거리가 먼 것이다.

　우리는 한 순간의 선택으로 일생을 좌우하는 기회를 갖게 되는 오류를 범해서는 안된다. 그리하여 그들이 선택한 진로에 불만을 품게 되면 학업능률도 오르지 못할 뿐만 아니라 개인적으로 정신적 장애를 일으켜 불행한 것이다. 산업사회에 존재하는 폭넓은 일의 세계를 인식하고 자신의 요구 능력, 적성, 가치관, 성격에 알맞은 방향에로의 정보제공과 안내와 지도가 더욱 중요한 것이다. 그러므로 진로교육은 각급 학교별로 요구되는 방향과 정도에 적합하게 진로교육이 고루 이루어지도록 제도적인 지원과 장치가 필요한 것이다.

② 진로교육은 학생들의 진로 발달적 요구와 필요에 알맞게 재구조화 되고 재편성하여 익숙되도록 노력하여야 한다.

　진로발달이론에 따르면, 초등학교 시기는 환상기, 중학교 시기는 선택기, 고등학교 시기는 현실단계로 변화되므로 이러한 발달적 변화에 따르는 진로계획과 선택에서 융통성 있는 교육활동을 전개해 나가야 한다. 즉, 학생들은 장래의 직업계획과 선택에 있어서 관심을 가지고 잠정적 또는 구체적인 계획을 세워 과연 이 계획이 자신의 포부와 현실적 여건인 능력, 적성, 인성과 가치관과의 긴밀한 타협에 의해서 분수에 맞는 구체적이고 실질적인 선택이 이루어지도록 생애계획을 세운다. 따라서 자신의 열망수준과 능력수준이 일치하는 방향에로 효과적인 지도가 요청된다.

③ 진로교육은 진로교육프로그램의 내용을 기초로 하여 학교의 모든 교육과정 속에서 이루어져야 한다. 진로교육 프로그램은 자기이해 및 탐색과정, 일의 세계의 변화, 직업군의 이해, 직업준비과정, 진로계획, 진학 및 취업정보, 직업윤리 및 가치관, 일의 보람, 성공적 직업인, 참된 삶의 의미와 자기실현 등의 내용이 모두 포함되고 있다. 이와 같은 프로그램을 전개하기 위해서는 모든 교직원의 참여와 협동으로 적극적인 지도로 강화되어야 한다. 따라서 모든 교과 담당교사나 별도의 진로담당교사는 진로교육에 대한 깊은 이해와 실시에 대한 폭넓은 지식과 기술, 내용 등에 익숙해져야 한다. 아울러 모든 학생들은 잠정적인 진로계획 수립과 추진에 만족할 수 있도록 다각적인 실천이 요청된다.

④ 진로교육 목적을 달성하기 위해서는 학교에서 학생들에게 가르쳐야 할 교육의 영역과 범위를 결정해야 한다. 즉 자아발견, 일의 세계, 진로계획, 일에 대한 태도와 가치관은 진로교육 영역에 포함되어야 한다. 이 영역들은 개인의 발달과 사회와의 조화 및 개인의 생산적 생활이라는 관점에서 발달단계별로 다시 분류하고, 각급학교 진로교육 목표와 내용을 체계화해야 한다. 이러한 내용체계를 기초로 하여 진로교육 단원을 개발하고 그 운영방안을 마련해야 할 것이다.

⑤ 진로교육은 산학협동체제 속에서 학교와 산업체와의 긴밀한 유대를 갖고 연계성을 유지하여 지역사회의 모든 자원과 자원인사를 진로단원 내용 속에 최대한으로 활용하여야 한다. 진로교육의 시행은 학생들로 하여금 지역사회 안에 존재하는 직업과 일의 세계를 이해하고 탐색하여 개인적으로 풍부한 작업경험을 갖게 하여 장차 자신의 진로선택 방향을 결정하는 데 이바지할 수 있도록 기회를 제공하여야 한다.

⑥ 진로계획은 진학 및 직업적 요소를 중요시하지만 단편적인 기능인 양성을 위한 직업교육만은 아니고 포괄적인 넓은 의미의 직업교육이다. 그러므로 좁은 의미의 농·공·상·수산 등의 실업교육을 포함하여 대학교육에 이르기까지 직업적 요소가 핵심이 되며 전인적인 생활인의 육성을 위한 준비교육이다. 따라서 대학교육도 실질적인 차원에서 보면 광의의 직업교육임을 인식하고 이에 대비하는 교과과정의 구성과 현실적인 직업적 욕구에 만족시켜 줄 수 있도록 제도적인 장치와 지원이 필요하다.

⑦ 진로교육은 변천하는 사회에 현명하게 적응하기 위한 방안으로 일의 세계를 폭넓게 인식시키는 과정으로서 모든 학생들에게 의미 있는 삶의 내용과 경험을 풍부하게 제공하는 것이다.

현대사회는 산업사회를 지나 정보화 시대로 돌입하고 있다. 모든 산업기술 및 과학이 고도로 향상·발전되어 감에 따라 직업의 세계도 전문화·세분화·다양화 되어가고 있다. 이러한 추세에 따라 일의 세계를 포함한 긍지와 보람, 생활의 유지수단을 폭넓게 인식하여 유능한 직업인으로서 자기 삶을 윤택하게 한다. 또한 개인생활과 사회생활, 국가를 위한 봉사의 수단임을 느끼도록 한다. 따라서 진로교육을 통하여 변화하는 산업사회에 필요하고 삶의 질과 보람을 찾는 과정이 이루어진다.

⑧ 진로교육은 자아의 이해, 객관적인 인적 사항을 파악하는 준비과정이다. 따라서 자기이해, 자기수용, 자기결정, 자기지도에 이르도록 이끌어 주는 계획적이고 생산성 있는 과업이다. 그러므로 객관적 자아를 발견하고 이에 적응할 수 있는 현실적으로 가능한 직업선택과 짝지어 주는 능력발견의 과정이다. 객관적 자아를 이해하고 발견하려면 각종 심리검사(지능·적성·흥미·인성·창의성·학력·자아개념 검사 등)의 실시를 통하여 이루어질 수 있다. 이러한 검사를 통하여 얻어진 결과와 각종 진로정보활동을 제시한 내용에 따라 탐색된 정보자료를 적용하여 자기발견의 기회를 갖도록 한다.

⑨ 진로교육은 개인의 존엄과 가치에 바탕을 둔 건전한 직업관의 확립에 있다. 지난 20여 년간 한국이 근대화를 추구해 오면서도 건전한 직업관이 정착되지 못한 데에는 여러 가지 이유가 있다. 즉, 일확천금을 노리는 한탕주의, 분화된 직종들 간의 비협동적 관계, 관존민비와 기술을 천시하는 풍조 등이 직업교육의 천시풍조를 낳았다. 그리하여 대부분의 사람들은 관리가 되어 권력을 휘둘러보려는 관심에만 집중되어 모든 직업이 공평하게 대우받고 역할분담으로 제 기능을 다하는 가치관이 말살되어 근대화 작업에 부작용이 많고 기여하지 못하였다. 그러나 근대화과정 속에서 적재적소에 알맞은 직업인이 요구됨에 따라 과거의 전통적 가치관의 변화를 시급히 요구하게 되었다. 건전한 직업관은 취업하기 전 가정과 학교에서 그 기초가 확립되어야 한다. 그렇기 때문에 진로교육 추진과정에서 건전한 직업윤리나 직업관이 확립될 수 있도록 노력하는 과정으로 직업관이 형성될 수 있도록 교육프로그램과 학교제도가 마련되어야 한다. 직업에서는 성실한 노력을 하고 그 대가는 공헌도에 비례해서 받게 되어야 하며, 학력이나 소유에 의해 보수가 결정되어서는 아니 된다. 취업사회는 누구에게나 개방되어야 하며 적성에 따라 선택되어야 한다. 건전한 직업관 확립을 위해서 환경의 조성도 중요하다. 학교는 가정과 직장, 더불어 직업관 확립을 위한 분담을 도모함으로써 건전한 직업관 확립의 기초를 조성해 주어야 한다.

⑩ 진로교육은 범국가적 차원에서 인력의 효율적 운영에 초점을 두고 있으며 개인이 적재적소에 알맞은 유능한 직업인을 양성함에 있다. 따라서 선택한 직업에서 만족감과 행복감을 느끼고 보람 있는 삶의 추구에서 성공감을 맛보면서 누구나 능력을 최대한 발휘하도록 보장받게 되는 것이다. 진로교육이 효율적으로 추진되기 위해서는 학교운영관리의 책임자인 교장이나 지원참모들의 헌신적인 지원으로 "진로교육"시간을 교과시간에 할애하여 교육프로그램을 실시하도록 의무화하여야 한다.

⑪ 진로교육은 지도의 결과 개인적으로 생애목표를 달성하고, 가정적으로는 행복한 생활을 누릴 수 있게 되며, 학교 측면에서는 전인교육이 실시되며 사회적으로는 산업협동이 증진되고, 국가적인 차원에서는 인력의 효율적 운영이 이루어지고, 나아가서는 복지사회를 건설하는 데 이바지하게 된다. 따라서 진로교육의 실시로 말미암아 교육의 목표와 생애목적을 달성하게 되어 궁극적으로 개인의 행복, 성취감을 갖게 되어 유능한 사회의 일원으로서 자아실현의 경지에 도달하게 되는 것이다.

7. 진로교육의 정보활동

1) 정보활동의 의미

진로교육은 다양한 정보를 필요로 한다. 그리고 다양한 진로에 대한 정보를 진로정보라고 한다. 산업사회에서는 단순한 정보에서 첨단산업에 이르기까지 복잡하고도 세분화 된 정보에 익숙할 수 있도록 조직적이고 체계적인 정보를 제공해 주어야 한다.

학생들은 앞으로 산업사회에서 충실하게 적합한 직무를 맡아 일할 역군들이다. 그런데 그들은 진로정보에 대하여 모르고 있다. 그래서 학업이나 진로선택, 또는 개인생활의 적응 및 대인관계에 있어서도 방향감을 잡지 못하고 방황하면서 고민에 빠져 있다.

그러므로 진로정보활동은 진로교육에서 필수적으로 제공되어야 할 기본적인 활동인 것이다.

진로정보란, 개인이 진로선택 및 적응을 위해 필요한 모든 지식과 이해에 관계된 정보를 말한다(홍기형,1979). 정보란 복잡한 과학기술문명의 산업사회 속에서 학생들이 보다 건전하게 성장, 발달하고 자기를 둘러싼 여러 가지 환경을 알게 하기 위하여 필요한 자료이며 또한 장래계획이나 의사결정을 하는 데 있어서 없어서는 안 될 귀중한 요인이라 할 수 있다.

2) 정보활동의 目的

밀러(C. H. Miller)는 정보활동의 목적을 ① 어린 학생들이 현재 직면한 환경을 이해하고 그에 적응할 수 있도록 돕기 위함이며 ② 학생들이 앞날의 직업이나 장래(진로)를 탐색하는 데 필요한 보다 넓은 정보를 마련해 주는 일이며 ③ 장차 특정한 계획과 직업계획에 필요한 정보를 얻고 해석할 수 있도록 도와주는 것이다.

Willa Norris, Raymond Hatch, Iames Engelkes, Bob Winborn등의 학자들은 각 학년 수준에 알맞게 정보를 제시해 주는 것이 진로 인식이나 탐색, 결정에 중요한 요소라고 강조한다.

따라서 각급 학교에서 정보활동을 강조하는 요인들을 제시하면 다음과 같다.

(1) 初等學校에서의 情報活動의 目的

① 학생으로 하여금 직업세계와 관계되는 그들의 장점과 흥미를 평가하도록 돕는 일 즉 소질 개발이나 자기이해를 도와주는 일

② 여러 유형의 직업인들, 특히 자기 고장에서 일하고 있는 사람들에 대해 알 수 있도록 많은 경험을 마련해 주는 일

③ 학생으로 하여금 다양한 직업 간의 상호관계를 알도록 돕는 일

④ 학생으로 하여금 여러 종류의 사람들과 일하는 것을 배우게 하고 바람직한 작업습관을 형성하도록 돕는 일

⑤ 학생으로 하여금 사회적으로 유용한 여러 유형의 업에 합당한 적성을 발전시키도록 돕는 일

⑥ 학생에게 직업선택에 관계되는 문제를 알게 하는 일

⑦ 학생들이 이용할 수 있는 교육시설과 교육계획에 관계되는 문제 등을 알려 줌으로써 장차 보다 훌륭한 교육을 받을 수 있는 계획, 즉 상급학교의 선택이나 교육과정의 계획 등을 짤 수 있게 돕는 일

⑧ 중학교에 진학하지 못하는 학생들이 합당한 정보를 토대로 취업할 수 있도록 돕는 일 등이 이루어져야 한다.

(2) 中等學校에서의 情報活動 目的

① 직업에 관계되는 분야에 대해 넓게 이해할 수 있도록 도와주는 일

② 학생들이 몇 개의 선정된 직업이나 교육시설을 중점적으로 알아볼 수 있도록 도와주는 일

③ 충분히 자기연구를 토대로 해서 직업계획과 교육계획을 짜도록 도와주는 일

④ 중학교를 중퇴하거나 떠난 사람들이 직면한 문제나 당면한 욕구를 충족시켜 줄 수 있도록 특정한 기술을 제공하는 일 등이 이루어져야 한다.

(3) 綜合的인 情報活動의 目的

① 학생 자신의 계획 및 가정환경에 대한 이해자료의 제공

② 변천하는 일의 세계에 대한 이해자료의 제공

③ 상급학교 선택에 관한 자료제공

④ 구체적으로 취업이나 진학을 하는 데 필요한 지식이나 자료의 제공

⑤ 장래의 자아실현에 필요한 사전지식의 제공 등이 필요하다.

이러한 정보의 개념에서는 일의 경제적인 측면, 즉 임금, 근무조건, 물리적 환경, 승진전망, 학력수준 기타 정보요인 등을 강조하고 있다.

3) 情報活動의 範圍

정보를 분류하는 것에도 여러 방식이 있겠으나 여기서는 생활지도 활동에서 보편적으로 쓰이는 전통적 분류 방식에 따라 ①교육정보 ②직업정보 ③개인·사회적 정보의 세 가지로 분류하겠다.

(1) 敎育情報

교육정보란 단순히 상급학교 진학을 위한 정보만을 뜻하는 것이 아니라 학교교육을 통한 교육활동 모두를 직업세계와 폭넓게 관련시킨 내용을 말한다.

학생들에게 제시해 주어야 할 교육정보는 다음과 같다.

① 모든 교과 및 교육활동에 관한 자료
② 교과와 관련된 취업, 교과와 흥미, 교과와 적성 등의 관계에 관한 정보자료
③ 상급학교(인문계·실업계 고등학교, 대학) 진학을 위한 각종 안내 자료
④ 학교 내에 존재하는 클럽과 사회적 활동에 관한 자료
⑤ 학교에서의 학습방법과 기술에 관한 정보
⑥ 학교 도서관 이용과 기타 시설의 사용법
⑦ 장학제도와 기타 학비 조달 방법에 관한 정보
⑧ 상급학교 출신들의 직업선택 및 사회진출에 대한 자료
⑨ 상급학교의 교육내용 및 교육시설 등을 탐색할 수 있는 기회제공
⑩ 진학에 수반된 경제적인 조건을 제시하는 자료(진학 정보)
⑪ 일하면서 공부하는 것을 계획하고 있는 학생을 위한 야간학교 통신교육 제도, 대학입시자격 검정, 각종 전문기술학교(산업체 부설학교, 속기·타이핑·미용·영양사 등의 기능 습득을 위한 사교육제도)에 관한 정보
⑫ 학교교육의 본질과 개인 발전에 대한 건전한 태도와 방향 설정을 위한 자료
⑬ 해당학교에서 중시하는 교육가치에 대한 정보
⑭ 기타 교육에 관련된 제반 교육자료

(2) 職業精報

진로정보와 거의 같은 의미로 쓰이는 직업정보는 직업의 세계에 관한 다양한 정보와 직업군에 관한 모든 자료를 의미하고 직무와 직업에 필요한 작업 성질과 조건, 자격요건(교육 정도 및 훈련 관계), 보수, 승진관계, 충원계획, 인간관계, 장래 전망 등의 정보를 제공하는 것을 특징으로 하고 있다.

각 학교에서나 가정에서 교사나 부모들이 이해하고 제공해 주어야 할 직업정보는 다음과 같다.

① 직업분류와 직종에 관한 자료
② 국가 인력 수급 계획에 관한 자료
③ 직업선택을 위한 이해 자료
④ 노동시장의 구인, 구직에 관한 정보
⑤ 취업정보자료와 졸업생의 취직 상황 정보 자료
⑥ 직업윤리에 관한 정보
⑦ 각 정부기관, 기업체, 매스 커뮤니케이션 기관, 직업훈련소, 병원, 학교 등 각 종 직장의 현황 소개 및 채용정보자료

(3) 個人·社會的 情報

이 정보는 주로 인간관계에 작용하는 심리적·물리적 환경에 영향을 미치는 타당하고도 유용한 자료이다. 인간이 사회활동을 잘 하려면 원만한 대인관계가 필요하다. 어떻게 적응해 나가야하는가에 대해 다양한 정보를 제공해 줌으로써 사회생활을 해나가는 데 현명하게 대처해 나갈 수가 있는 것이다. 대인관계의 원만한 적응뿐 아니라 예의범절, 인생관, 가치관, 직업관, 종교관, 정신위생, 이데올로기 등과 관련지어 개인의 사회생활적응에 필요한 정보를 제공해 주어야 한다. 학생들은 이를 이해하고 수용하여 실천함으로써 풍요로운 인간생활을 누릴 수 있게 된다. 여기에 관련된 정보내용을 보면 다음과 같다.

① 자기 이해와 통찰에 관한 정보
② 이성 또는 동성과 성숙된 관계를 유지하는 방법에 관한 정보
③ 성역할의 이해에 관한 정보자료
④ 건전한 인성의 발달에 대한 정보

⑤ 개인의 행동과 특성 및 개인차에 대한 정보
⑥ 가정의 조건과 부모의 기대에 대한 이해와 적응에 필요한 정보
⑦ 여러 가지 가치관 정립에 필요한 정보
⑧ 신체적·정신적 건강과 발달을 이루는 데 필요한 정보
⑨ 태도와 예의범절, 종교, 이데올로기에 관한 정보
⑩ 사회적 기술, 여가생활의 건전한 활용, 용돈 조달 방법에 관한 정보
⑪ 성취동기 육성을 위한 방법에 관한 정보

이상과 같은 정보자료는 진로정보자료센터를 설치하여 수집, 보관하고 계통적으로 분류하고 학생들의 편의에 따라 손쉽게 공급해 주어야 한다. 따라서 학교기관에 상담실과 어울려 진로정보 자료실을 의무적으로 설치한 다음 공개적으로 개방 열람하여 학생들로 하여금 이용하도록 한다.

8. 진로교육의 결과

우리는 우리의 일생을 아름답게 가꾸고 흐뭇하게 만들고 정성스럽게 다듬어 나가야 한다. 인생을 어떻게 살아야만 보람 있고 의미 있고 행복하며 알찬 인생을 살 수 있느냐? 그것은 개인의 타고난 잠재능력을 분수에 알맞게 적극 개발하여 미래의 삶을 풍요롭게 누리기 위한 준비이다. 이러한 준비과정은 가정과 학교 그리고 사회의 여러 기관이 협동적으로 도와주어야 한다.

진로교육은 전인교육의 일환으로 각자의 자아실현을 준비하기 위해 이루어지는 과정으로 초등학교 고학년 교육에서부터 대학교육에 이르기까지 단계적 발달단계에 맞추어 직업발달의 과정을 관계 지어 직업성숙도에 따라 진로를 설계하여 준비하고 직업선택에 들어가 만족하고 보람과 긍지를 느끼면서 일생을 참된 삶을 영위하도록 준비해 주는 직업적성교육이다.

진로교육은 급격하게 변천하는 산업기술 사회에서 더욱이 직업세계의 다양한 변화에 따라 현명하게 선택하고 적응하기 위해서 필요한 직업준비교육의 실시를 만족시켜 주는 전인 활동이다. 또한 인력양성의 효율화와 인력수급 정책의 원활화를 가져올 수 있고 지나치게 과열된 대학입시 경쟁 해소에도 도움을 줄 수 있는, 현실 적응에 만족시킬 수 있는 새로 고안된 교육이념이다.

　　진로교육을 통하여 건전한 직업에 대한 가치관과 윤리관을 정립시켜 전통적 직업 천시풍조의 가치도 치료해 줄 수 있는 것이다. 현재 당면한 여러 가지 교육의 문제를 보완하고 치유할 수 있는 진로교육은 학교 정규프로그램 속에서 체계적으로 교육활동이 전개될 수 있도록 각 교과과정에 포함하여 가르치거나 별도의 "진로교육" 시간을 배당하여 지도되어야 한다. 그렇게 하려면 먼저 진로교육에 대한 이해를 위해 교사들에게 "진로교육"연수 강화와 함께 학교장 이하 교무책임자는 제도적으로 진로교육 실시를 위한 준비를 강화시켜야 한다.

참고문헌

강무섭·박영순, 학생의 진로결정과정 분석, 서울: 한국교육개발원, 1984.

김병숙, 취업정보와 취업지도, 유인물, 서울: 한국카운슬러협회, 1985.

김병숙, "진로지도의 실제", 새교육 4월호, 서울: 대한교육연합회, 1986.

김병숙, 진로교육과 진로지도, 서울: 배영사, 1986.

이정근, 진로지도와 진로상담, 서울: 중앙적성연구소, 1978.

장석민, "진로교육의 개념과 중요성", 새교육 4월호, 서울: 대한교육연합회, 1986.

장석민·김애송, 진로교육에 관한 문헌분석연구, 서울: 한국교육개발원, 1985.

진장춘, 진로선택백과, 서울: 하나출판사, 1984.

한국교육개발원, 진로교육자료, 서울: 한국교육개발원, 1982.

한국교육개발원, 학습과 일의 세계, 서울: 한국교육개발원, 1983.

한국교육개발원, 2000년을 향한 국가 장기 발전구상, 교육부문보고서, 서울: 한국교육개발원, 1985.

한국교육개발원, 2000년을 향한 국가장기발전 구상 총괄보고서, 서울: 한국교육개발원, 1985.

홍기형, "진로정보와 탐색적 경험", 중등학교 진로지도 담당교사 연수교재, 서울: 서울특별시 교육연구원, 1979.

홍기형·이승우, 진로지도, 서울: 교육출판사, 1978.

Larry J. Bailey and Ronald Stadt, Career Education: New Approaches to Human Development, Bloomington, Ill, Mcnight Publishing Co., 1973

Keith Goldhammer and Robert E. Taylor, Career Education: Perspectives and Promise, Columbus, Ohio: Charles E. Merrill Publishing Co.,1972.

Edwin, L. Herr and S. H. Crammer, Vocational Guidance and Career Development in the Schools: Toward a System Approach. Boston: Houghton Mifflin Co., 1972.

Edwin L. Herr and S. H. Crammer, Career Guidance Through Life Span Approach, Boston: Little, Brown & Co.,1979.

Kenneth B. Hoyt, et al., Career Education: What It Is and How To Do It., Salt Lake City., Utah: Olympus Publishing Co., 1974.

Joel H. Magisos, Career Education, Washington, D. C.: American Vocational Association, Inc., 1973.

Miller, C. H. Guidance Services: An Introduction, New York: Harper & Row Publisher, 1965.

Willa Norris, Raymond Hatch, Iames Englkes and Bob Winborn, The Career Information Service, Chicago: Rand Mcnally Co., 1979

Tolbert. E. L. Counseling for Career Development, Boston: Houghton Mifflin Co., 1980

제36장 진로계획 수립지도

1. 서론

일찍이 아리스토텔레스는 누구에게 있어서나 삶의 궁극 목적은 "행복"이라고 언명한 바 있다. 사람들은 각각 다른 길목에서 무엇인가를 성취하고자 애쓰고 있지만 결국에 가서는 모두가 행복을 얻고자 꾀하고 있다는 점에서 같다는 것이다. 행복이란 즐겁고 안온하며 근심 걱정 없이 만족한 삶과 보람과 긍지를 느끼면서 나름대로 노력하는 것이다.

그러면 이러한 행복의 조건을 어떻게 찾을 수 있을 것인가? 인간은 누구나 성공하고 싶어 하고 참된 행복을 추구하고자 한다. 그 행복은 각자 나름대로의 가치관에 따라 다르며, 창조적 삶을 이룩하는 데 있는 것이다.

어떻게 사는 것이 가장 보람있는 생이냐? 필자는 창조적 자기표현의 원리로서 저마다 지니고 있는 잠재 가능성을 개인의 외재적 요인과 내재적 요인에 비추어 인생계획을 분수에 알맞게 세운 다음 적성과 능력, 흥미와 인성, 그리고 신체적 요건, 포부 등에 결부시켜 열심히 실천하는 데 있는 것이라고 생각한다.

산업사회가 도래하면서부터 우리 사회는 각 분야에 따라 발전을 거듭하고 특히 직업의 세계는 다양화, 전문화, 세분화 되어감에 따라 이에 현명한 선택과 적응이 요청되고 있다. 복잡 다양한 직업의 선택은 신중해야 하고 순간에 의해서 마구잡이로 일생을 결정할 수 없으며 꾸준한 자기 탐색과 이해의 토대 위에서 이루어져야 한다. 이러한 인생의 중대한 결정은 올바른 가치관을 확립하고 난 터전 위에 세워야 한다.

오늘날 우리가 당면하고 있는 교육의 문제점은 오로지 입신출세의 지향으로 수단과 방법을 가리지 않고 대학입시에 혈안이 되어 교육의 목표인 전인교육을 해치고 있으며, 소위 일류대학 일류학과에만 염두에 두고 주입식 교육이 전국적으로 학교 교육과정에서 성행하고 있다.

장래에 대한 인생계획이 과학적이고 객관적인 방법으로 수립되어야 함에도 불구하고 공공연하게 눈치와 배짱으로 인생의 중대한 진로결정을 순간에 맡기고 있는 현실은 시급히 시정되어야 한다. 또한 오로지 대학에만 들어가야 하는 학생들의 의식이나 일반 사람들의 사고방식도 정상적으로 개조되어야 한다. 대학을 하나의 출세의 수단으로 취급하여 무작정 입학하는 풍토도 잘못되어 가고 있다고 생각한다. 왜냐하면 고등학교 졸업자의 모두가 대학에 입학할 수도 없고 또 대학을 졸업하고 전문인으로서의 취업이 완전 보장될 수 없다. 그러한 여유도 직업세계에는 한정되어 있다. 왜냐하면 고교 졸업생의 3분의 1정도만이 들어갈 수밖에 없기 때문이다.

그러므로 이러한 획일적인 가치관의 사고의 틀도 개편되어야 하며 적합한 개인의 진로계획 수립으로서 개인의 인력을 적재적소에 알맞게 수용하고 배치하는 일이 더욱 급한 과제이다.

따라서 본 장에서는 개인의 중대한 인생행로를 보다 합리적이고 현실적으로, 생활적응에 필요한 효율적 인간을 육성하는 데 초점을 두고, 누구나 공통적으로 일생을 보다 행복하고 만족스럽게 느끼면서 선택한 직업에 만족하고 보람과 긍지를 느낄 수 있게 하기 위한 적합한 사전지도를 강구하고자 한다.

이러한 차원에서 삶의 기초가 되는 진로계획을 수립하는 데 알맞은 지도대책을 마련해보고자 한다.

2. 진로계획의 의미

오두막이나 초가삼간 정도라면 설계도가 없더라도 지을 수가 있다. 그러나 웅장하거나 예술적인 건축을 위해서는 설계도가 있어야 한다. 인생의 경우에도 사정은 비슷하다. 아무렇게나 되는대로 살기를 작정한다면 굳이 인생설계를 거론할 필요가 없다. 좀더 보람 있고 뜻있는 삶을 갖기 위해서는 미리 청사진을 그릴 필요가 있다.[1]

인생이란 건축처럼 단순하고 기계적인 과정이 아니어서 항상 변동하는 상황에 주

---

1) 김태길 외 3인, 삶과 일, 서울: 정음사, 1986. p.16.

체적 결단으로 대처해야 하는 까닭에 지도조언자가 늘 붙어 다닐 수 없는 한, 남이 만든 설계는 쓸모가 없다. 내 인생은 내가 스스로 설계해야 하고 내가 스스로 살아야 한다. 이러한 삶의 설계를 인생의 설계라고 한다.

여기서 논의하는 진로계획은 인생설계의 하위개념으로서 평생을 보람있는 인생을 보내기 위해서 사전에 청사진을 그리는 계획적인 과정이다.2)

인생의 계획은 개인마다 독특한 원칙을 가지고 뜻있는 보람을 찾고 행복한 삶을 누리기 위해 수립되어야 한다. 이것은 진로계획이 이루어져야 그 목적을 달성할 수가 있는 것이다. 진로(career)란 인간이 일생을 통하여 수행하는 일의 총체를 말한다.

계획(planning)이란 구체적인 목적을 효율적으로 달성하기 위한 미래에 관한 행동의 순서, 또는 절차이며 목적과 수단, 방법을 합리적으로 연결시키는 지적 준비과정에다.3) 위와 같은 두 가지 용어를 토대로 진로계획에 대한 개념을 종합하면 다음과 같다. "진로계획이란 개인이 장차 종사하고자 하는 직업분야를 선택하고 그 분야에서 요구되는 일을 효율적으로 수행하기 위한 수단과 방법을 합리적으로 연결시키는 지적 준비과정"이다.4)

교육학 용어사전에 의하면5) 진로계획이란 개인이 진로발달과정의 진로인식 및 진로탐색에서 얻은 진로에 대한 기초 소양과 지식을 토대로 적합한 진로를 자신의 능력, 적성, 흥미에 비추어 효율적으로 선정할 수 있는 지침을 세우는 것이며 진로계획이 수립된 후에도 준비과정을 거치면서 계속적으로 수정·보완되어야 한다고 정의하고 있다.

쉽게 표현하면, 진로계획이라 함은 진학계획과 직업준비계획을 포함하는 것이며 인생생활의 설계를 개인의 필요와 요구에 따라 합리적으로 또는 객관적으로 수립하는 계속적인 과정이라고 본다.

진로계획은 변화를 촉구하는 수단을 제공해 주며 생애에 풍요로운 기회를 부여해준다.6) 또한 진로계획은 일과 가족, 가정, 여가로부터 파생되는 요구를 포함하는 발달적 과정이다.

---

2) 김충기, 진로교육과 진로지도, 서울: 박영사, 1986. pp.97~98.
3) 이정근, 진로지도와 진로상담, 서울: 중앙적성연구소, 1978. pp.138~139.
4) 상제서, p.139.
5) 서울대학교 사범대학 교육연구소편, 교육학연구사전, 서울: 배영사, 1981. p.526.
6) Vemon G. Zunker, Career Counseling: Applied Concepts of Life Planing, Belmont, Calif: Wadorth Inc., 1981. p.90.

3. 진로계획의 필요성

진로계획은 앞에서 언급한 바와 같이 진학계획 또는 교육계획과 직업계획으로 생각할 수 있다. 포괄적으로 말하면 장래의 인생계획을 효율적으로 적합하게 수립하는 과정을 의미한다.

우리는 앞으로 무엇을 해야 할까 하는 뚜렷한 목표가 있어야 한다는 전제조건이 앞선다. 목표설정에 있어서도 단기설정과 장기목표의 설정이 필요하다. 왜냐하면 개인의 요구가 환경에 따라 자주 변할 수 있는 확률이 높기 때문에 순간의 목표설정은 근시안적이기 때문에 계속해서 발달과정에 따라 또는 교육계획이나 일의 경험에 따라 변화해 가고 있다는 것을 명심해야 할 것이다.

개인적으로 생애목표를 세우고 난 다음에는 그 목표를 달성하기 위해서 세부적인 시행계획을 세우고 그 계획에 따라 차례차례 한 단계씩 실천에 옮겨야 한다.

예를 들면, 항해를 할 때 항해도와 나침반이 필요하듯이 철저한 계획표가 필요한 것이다. 가령, 서울에서부터 부산으로 여행을 떠난다고 계획을 세웠다. 이때에 먼저 생각해야 할 점은 목적이 무엇인가를 분명히 확립하고 추진되어야 한다. 여행을 목표로 삼았다면 그 여행은 무엇 때문에 필요하고 얼마 동안이며 어떠한 방법으로 효과 있게 성공적으로 달성할 수 있는가에 대해서 구체적인 단계적 계획을 세워야 할 것이다. 즉, 여행의 목표를 달성하기 위한 준비과정으로서 여행비용, 가는 방법, 체류기간, 체류지, 여행도구, 여행내용, 여행의 평가 등을 치밀하게 개인형편에 알맞게 고안되어야 협력자도 많아지고 여행을 순조롭게 성공적으로 마칠 수 있을 것이다.[7]

이와 같이 여행스케줄을 떠나기 전에 미리 계획하고 준비를 해 두어야 떠나더라도 실패 없이 무사히 여행을 즐기고 성공적으로 돌아올 수 있게 된다.

이처럼 단순한 여행에 있어서도 치밀하고 정확한 준비계획이 절실하게 필요한데 하물며 인생계획을 수립하는 데 있어서 소홀히 취급할 수는 없는 것이다.

따라서 진로계획은 어디까지나 개인이 주체가 되며 장차 개인이 종사할 직업에 대한 탐색이 선행되어야 하고 선택한 직업에 만족하여 효율적으로 직업수행이 이루어지며 그 속에서 보람과 긍지를 찾고 삶의 의미를 느끼면서 자아실현의 경지에 도달되어야 할 것이다.

---

7) 김충기, 전게서, p.99.

4. 진로계획의 목표

진로계획은 진로선택에 영향을 주는 여러 가지 중요한 요인들에 초점을 둔다. 진로계획의 중요한 목적은 개인이 자기의 미래를 통제할 수 있도록 기술을 개발시키는 데 있다. 진로계획을 수립하는 데 있어서 가치와 흥미, 능력과 성취도, 그리고 일의 경험은 진로계획을 결정하기 위하여 논의되고 평가되며 분류하여야 할 요소들이다.8) 진로계획을 통하여 개인은 주어진 계획에 조심스럽게 주의를 집중하도록 배우게 된다.

진로계획은 자아와 기회, 구속, 선택 그리고 결과(consequences)를 알게 하고, 진로와 관련된 목표를 분류하며, 일과 교육정도, 방향과 시간(timing)을 제공하기 위한 관련된 발달적 경험을 프로그램화하며 특별한 직업목표에 도달하기 위한 단계를 배열하는 계획적인 과정이다.9)

진로계획은 교육의 목표를 달성하기 위한 수단으로서 장래에 종사해야 할 뚜렷한 직업선택에 목표를 둔다. 이러한 직업선택은 계속적인 학습의 과정으로서 초등학교 고학년에서부터 중·고등학교에 이르기까지 단계적으로 개인의 생애목표를 구체화시켜 재능의 발견, 기술의 분류, 구체적 목표수립, 일의 세계의 탐색, 그리고 준비, 현장에 투입하여 실패 없는 인생의 과정을 이룩하기 위하여 사전에 의사결정 확립을 하는 계속적인 과정이다.

따라서 진로계획의 목표를 제시하면 다음과 같다.

① 자아의 발견
② 일의 세계에 대한 탐색
③ 일의 태도, 가치관의 확립
④ 의사결정 능력의 파악 및 인식
⑤ 인간관계의 기술 함양
⑥ 일과 직업의 경제적 측면 이해
⑦ 교육과 일의 세계와의 관계 인식
⑧ 직업윤리의 실현

---

8) Vemon G. Zunker, op cit,. p.79
9) Jeong-Keun Lee, Readings in Career Guidance, Seoul: Sungwon Book publishing Co.,1985. p.171

5. 진로계획 수립의 기본원리

진로계획은 구체적으로 직업계획과도 상통한다. 따라서 훌륭한 직업선택은 보다 합리적이고 바람직한 직업계획에 따라 좌우된다.

인간은 누구나 한결같이 장래에 좋은 직업을 선택하기를 바라고 많은 보수를 받으면서 편안하고 유복하게 평생을 보람 있게 보내기를 갈망하고 있다.

그러나 그와 같은 일은 개인차에 따라 다르기 때문에 계획과 실천 여하에 따라 성공적인 사람이 되기도 하고 실패의 고배를 마시기도 한다. 남들이 좋다고 인정되는 직업은 그렇게 흔한 것이 아니라 희귀하고 성취하기도 어렵다. 그럼에도 불구하고 출세지향의 가치관에 사로잡혀 일류학교, 일류전공을 택하려는 경향이 많고 개인의 능력·적성을 고려하지 않고 무조건 일류만을 선택하려는 의도를 나무랄 수도 없다. 그렇기 때문에 경쟁의식은 불가피해진다.

선의의 경쟁은 민주사회에서 필요불가분의 요소이다. 그러므로 경쟁에서 이긴 사람은 승리의 월계관을 쓰고 쾌감을 맛보지만 경쟁에 실패한 사람은 쓰라린 패배의 맛을 보고 낙망과 고뇌를 안고 좌절의식에 빠져 인생을 포기하는 수도 있다.

이렇게 경쟁 속에 살아가는 현대 산업사회에서 자라나는 학생들은 일상생활에서 편한 날이 없다. 학생들은 눈앞에 보이는 것이 오직 경쟁에서 이겨야 하겠다는 일관된 상념에 사로잡혀 수단과 방법을 가리지 않고 안절부절못한다. 게다가 자기의 적성, 흥미, 능력, 인성을 객관적으로 판단해 볼 여유도 없이 시류에 따라 무조건 상향의식과 소위 출세위주의 사고방식이 지배하게 되므로 요즈음 문제시되고 있는 "눈치작전", "무조건 대학에 가야 한다", "배짱지원"현상이 난무하게 되는 것이다. 한편 자녀들에 대한 학부모의 지나친 요구와 기대에도 문제점은 있다.

이와 같은 현상은 진로계획의 원리에 위배되는 것이다. 뚜렷한 목표와 계획은 설계하지도 않은 채 시대의 조류에 편승하여 무계획적으로 자신의 중대한 진로를 순간에 맡겨서야 되겠는가?

수많은 학생들은 진로계획을 수립하지 않고 무조건 뚜렷한 목적의식이 결여된 채 대학에 진학하려는 의욕 때문에 전공학과에 들어가서도 만족하지 못하고 불만을 표시하는 대학생이 많아(약 **40%**) 부적응을 나타내고[10] 심지어는 자살하는 학생도 있을 정도로 심각하다. 이들은 결국에서 인생계획에서 실패하고 마는 사람들이다.

---

10) 정원식, "한국대학사회에서의 학생생활연구소의 역할", 대학학생생활연구소 기능정립을 위한 학술심포지엄, 충북대 학생생활연구소, 전국대학카운슬러연구협의회, 1982. p.4.

우리는 이와 같은 문제들을 사전에 방지하기 위해서도 필요하고 적재적소에 알맞은 균형된 인력의 배치에도 도움이 되는 적절한 진로계획의 수립은 아무리 강조해도 지나치지 않을 것이다.

공자의 삼계도(三計圖)에 이르기를 "일생의 계획은 어릴 때에 있고, 1년의 계획은 봄에 설계하고, 하루의 계획은 새벽부터 세워야 하는 것이니 어려서부터 학문을 배우지 않으면 늙어서 아무 것도 알지를 못하게 될 것이요, 봄에 씨를 뿌리지 않으면 가을이 되어도 수확할 가망이 없으며, 새벽에 일찍 일어나지 않는다면 그날 할 일을 판단하지 못할 것이다"11) 라고 하였다. 이와 같이 계획은 인생의 방향을 설정하는 것이요, 계획의 중요성을 제시하고 있는 내용은 현대적인 의미로 진로계획을 음미해 볼 만한 가치 있는 교훈이라고 본다.

진로계획은 개인 자신의 객관적 이해·탐색과정을 통하여 소질, 능력, 지능, 적성, 흥미, 성격, 개인의 포부, 가정여건, 신체적 조건, 가치관, 직업세계의 이해와 분석, 미래의 전망, 부모의 기대, 학업성취도, 직업윤리 등을 기초로 하여 시작되어야 하는 개인적인 중대과업이다.12)

이러한 여러 가지 요인을 가능한 범위 내에서 탐색하고 자신의 진로계획을 수립하여야 한다. 이렇게 복잡한 문제와 혼란을 하나씩 제거시키고 참다운 자신이 누구이며 무엇인가? 장차 어떠한 곳에서 나를 맡기고 평생의 삶을, 보람을 풍요롭게 누릴 수 있는가를 점검하기 위해 진로목표를 구체적이고 실현 가능한 범위 내에서 세워야 할 것이다.

그러면 진로계획은 어떻게 수립하는 것이 가장 현명한 일인가?

일반적으로 삶의 설계를 위한 과정으로서 진로계획은 다음과 같은 기본 가정에 초점을 두고 계획되어야 한다.

첫째로, 인생설계는 건축설계와 같은 것이므로 나름대로 설계도를 작성하여야 한다.

내 인생은 나의 것이므로 내가 스스로 설계해야 하고 내가 스스로 살아야 한다. 그렇다고 하나의 이상적인 삶의 모형이 있어서 그 모형에 따라서 살아야 한다고는 생각되지 않는다. 인생의 모형이 따로 독립되어 존재하는 것은 아니다. 어떤 모양의 집을 짓든 또는 어떠한 크기의 집을 짓든 각자가 알아서 할 일이듯이 어떠한 목표와 방식을 따라서 살것이냐 하는 문제도 각자가 자유롭게 결정할 문제이다.

---

11) 이민수 역,[명심보감], 서울: 올유문화사, 1980. p.208
   孔子 三計圖 云[一生之計 在於幼, 一年之計 在於春, 一日之計 在於寅, 幼而不學 老無所知, 春若不耕 秋無所望, 寅若不起 日無折辦]
12) 김충기, 전게서. p.101.

그러나 모든 사람이 거울로 삼아야 할 이상적 인간의 틀이 정해져 있다고 주장한 학설이 없던 것은 아니다.

예를 들면, 아리스토텔레스는 항상 이성적으로 사유하고 이성적으로 행동하는 사람을 이상으로 삼았다. 스피노자는 정념에 의하여 흔들리지 않고 언제나 태연자약한 인물이 되라고 권장하였다. 불가에서는 세속의 번뇌를 벗어나서 열반의 경지에 이르는 것을 이상으로 가르쳤다. 유가에서는 학덕이 높은 성현의 경지에 이르는 것을 최고의 목표로 제시하였다. 이와 같이 철학이나 종교의 스승들의 교설(敎說)은 이상적 인간상의 대체적 윤곽을 제시했을 따름이며 이상적 인간상의 세부적인 모습까지를 일일이 규정한 것은 아니다.

집이 필요해서 집을 짓는 사람이 양옥을 짓든, 한옥을 짓든, 이층집을 짓든, 단층집을 짓든 그것은 각자가 자유롭게 결정할 일이다. 그러나 쓸모 있고 아름다운 집을 제대로 짓기 위해서는 건축공학과 건축미학의 기본원칙을 지켜야 한다는 것이다. 인생의 경우에도 마찬가지임을 인식해야 한다. 어떤 인생을 설계하든 각 개인의 자유이긴 하지만 보람 있고 뜻있는 생애를 얻기 위해서는 인생설계의 원칙을 지키는 범위 안에서 그 자유를 누려야 할 것이다.

둘째로, 개인의 소질과 개성을 존중하여야 한다.

삶을 설계함에 있어서 유의해야 할 점은, 자신에게 주어진 여러 가지 여건을 고려하여 그들 여건에 맞도록 생의 계획을 세워야 한다는 점이다.

인간은 누구나 소질과 취향에 있어서 남다른 개성을 가지고 있으며 개인이 처해 있는 사회적·경제적 환경에도 다소 차이가 있게 마련이다. 그러므로 개인에게 주어진 이러한 여건들이 진로계획을 설계함에 있어서 충분히 고려되어야 한다. 소질과 특성, 즉 능력과 흥미, 적성과 인성을 객관적으로 탐색하여 이에 알맞은 방향으로 추진되어야 한다.

소질과 적성에 맞도록 설계하고 또 그러한 설계에 따라 살아갈 때, 개인은 자아실현에 접근하게 되고 사회는 균형된 발전을 이룩하게 될 것이다.

소질과 적성, 능력, 흥미, 인성, 신체적 조건, 가정여건에 맞추어 장래의 전공을 선택하고 직업을 결정, 준비해야 한다는 것은 당연한 상식으로 받아들여야 한다.

그럼에도 불구하고 편향된 획일적 가치관에 사로잡혀 법관이나 총장, 재벌, 의사나 관리가 되는 것을 부러워하고 능력에도 모자라는 것을 억지로 무턱대고 학력고사 점수에 얽매이어 눈치와 배짱으로, 전공을 선택하여 부적응과 불만을 갖게 되는 어리석은 행동은 근절되어야 한다.

따라서 자신의 구체적인 열망이 가장 좋은 출발점이다.13) 자기가 원하는 바가 무엇인지 결정을 해야만 구체적인 방법을 구상할 수 있다. 자기가 원하고 자신 있는 일을 하는 사람은 일에 대한 능률이 오르고 흥미를 느끼며 성취감이 높을 것이고, 행복감, 자부심, 보람을 느낄 수 있는 것이다.

그러므로 주체는 어디까지나 개인이 중심이 되어 직업흥미, 적성, 능력을 객관적으로 검토하고 장차 자신이 진정으로 하고자 하는 일이 무엇인가를 분석하고 추구해 나갈 수 있는 방도를 강구해야 한다.

셋째로, 내면적 가치를 존중하는 방향으로 설계되어야 한다.

이것은 금전이나 권력이 아무리 중요한 의미를 지닌다 해도 그것이 자신의 진로 선택을 지배해서는 안된다.14) 즉, 외면적 가치를 강조해서는 안된다.

"외면적 가치"라 함은 그 가치를 가지고 있는 대상이 그 가치를 경험하는 사람 밖에 있거나 또는 그 가치의 실현이 그 가치를 경험하는 외부에 있는 조건들에 의해서 주로 결정되는 경우를 말한다.15) 대표적인 예로서 재산과 권력 그리고 지위 등이 가지고 있는 가치를 들 수 있다.

한편, 내면적 가치는 그 가치의 실현이 그것을 경험하는 자신의 내적 요인에 의하여 주로 결정되는 경우를 의미한다. 그 대표적인 예로서는 인격과 사상, 학문과 예술 또는 사랑과 우정 등에 담긴 가치들을 들 수 있다. 즉, 일을 하면서 정신적인 즐거움, 보람, 만족 등을 의미한다.

오늘날 한국사회에 있어서 표면화 되어 있는 가치는 주로 금력과 권력 또는 지위와 같은 외면적 가치가 팽배해 있어서 내면적 가치가 소외당하고 있다. 한편, 돈이나 권력과 같은 외면적 가치를 가진 목표를 달성한 사람들이 사회적으로 인정을 받고 있다. 그래서 돈을 많이 번 사람들, 또는 권력을 잡거나 권력의 주변으로 접근하는 사람들이 "성공한 인물"로 인정을 받는 동시에 선망의 대상이 되고 있는 실정이다.

이와 같은 가치풍토에 살고 있는 까닭에 "자신에게 주어진 특성을 살리도록 진로계획을 설계하라"는 원칙이 외면당하기가 쉽다.

그러나 다가치 사회풍토가 전개되는 사회가 이룩되어야만 성공으로 가는 길이 외면적 가치가 아니고 내면적 가치풍토로 전향될 수 있을 것이다. 따라서 성공으로

---

13) 김충기, 전게서, p.101.
14) 김충기, 전게서, p, 102.
15) 김태길 · 이삼열 · 임희섭 · 황경식, 삶과 일, 서울: 정음사, 1986. p.23.

가는 길이 온갖 방면으로 뚫려 있어서 어떤 종류의 소질이든 그것을 잘 발휘하면 남의 인정도 받고 존경도 받을 수 있는 가치풍토라야 사람들은 누구나 자기가 타고난 소질을 연마하고 발휘하는 일에 전념하고자 하는 강한 동기를 느낄 것이다.

넷째로, 공정한 사회가 요구하는 규범을 지키는 범위 안에서 진로가 설계되어야 한다.

우리는 각자의 생각에 따라서 자기가 원하는 진로를 계획할 수 있는 자유를 가지고 있다. 그러나 인간이 사회적 존재라는 사실은 이 자유에 제한을 가할 것을 요구한다.

예를 들면, 어떤 직업을 갖느냐 하는 문제는 각자의 자유의사에 따라 결정할 문제이지만 여기에는 지켜야 할 사회적 규범이 있는 것이다. 다시 말하면, 직업윤리를 지키는 범위 내에서 타인의 권익과 질서를 파괴하지 않고 국법과 윤리에 어긋남이 없도록 설계해야 한다.

다섯째, 장래 하고 싶은 일을 한꺼번에 결정하는 것은 현명한 처사가 아니요, 오히려 혼란을 가져온다. 즉, 인내와 의지력으로 한 단계씩 실천하는 일이 중요하다.

학생들은 일반적으로 이상이 높고, 의욕도 강하고 감수성이나 호기심도 많으며 다양한 가능성을 지니고 있다. 그런데, 이와 같은 특성을 지닌 학생들이 환경이 변화되고 다양한 환경에 접촉함에 따라 주체적인 주관이 확립되어 있지 않아 흔들리기 쉽다. 그래서 닥치는 대로 한꺼번에 목표달성을 위해 바쁘게 서두르거나 우왕좌왕하면서 허둥대다가 시간을 헛되게 보내는 사람이 많다. 계획만 많이 세워 놓았다고 모두가 성공적으로 이루어지는 것이 아니다. 계획을 실천하는 과정에서 지혜와 덕이 요구된다.

삶의 과정이란 싸움의 연속이다. 우선 나 자신과 싸워야 하고 또 타인과도 싸워야 하며, 인간 이외의 자연 또는 운명과도 싸워야 한다, 이 연속된 싸움에서 이긴 사람이 삶을 성공적으로 이끈 사람이고 또 행복을 쟁취한 사람이다. 그러기 위해서는 먼 장래에 도달하기를 기대하는 어떤 목표를 일단 세운 뒤에 그 목표를 향해서 조그만 범위 내에서 단계적으로 시작해야 한다. 먼 장래를 내다보고 꾸준히 달리려면 인내와 극기의 의지력이 요구된다. 의지력은 선천적으로 타고나거나 저절로 생기는 것이 아니라 훈련과 습관을 통하여 길러지는 덕성이다. 또한 항상 능동적 자세로 생활에 임하는 적극성이다.

여섯째, 끊임없이 다양한 진로정보를 탐색, 수집하여 자신에게 필요한 요인을 자발적으로 선택하고 이용하여야 한다.

현대사회는 과학기술문명이 고도로 발달한 산업사회이며 정보사회라고 한다. 학생들은 교과교육에 충실할 것은 물론이려니와 교육에 관한 정보, 직업에 관한 정보, 그리고 개인·사회적 정보에 관한 자료에 익숙하도록 노력하고 자신에게 알맞은 요인을 선택하고 진학, 또는 직업준비에 필요한 자료들을 적극 활용하도록 노력이 요청된다.

6. 진로계획의 수립과정

진로계획의 수립은 어떠한 과정을 거쳐 이루어지는 것일까? 진로계획은 각계각층의 정확한 정보를 수립한 기초 위에 합리적이고 체계적인 탐색과 신중한 사고의 과정을 거쳐 이루어져야 한다.

라일리(Reilly)는 진로계획의 단계를 다음과 같이 4단계로 제시하고 있다.16)

1단계: 개인의 열망, 기본능력, 인간관계에 대한 관찰과 분석
2단계: 개인의 진로문제를 명확히 정의하고 그 해결방안 모색
3단계: 가능한 해결방안에 대한 신빙성 있는 정보수집
4단계: 수집된 정보를 평가하고 그로부터 진로목적에 대한 결론 도출 등으로 제시하고 있다.

이와 같이 진로계획을 세울 때에는 자신의 포부, 능력, 취향, 인성, 적성, 가정적 여건, 직업세계의 본질과 추세 또는 장래의 전망, 그리고 진로선택에서의 성공 가능성, 위험부담 등을 객관적으로 분석한 후에 어느 것이든 적합한 진로를 선택하고, 그것이 자기에게 만족할 수 있다고 판단될 때 그 진로를 추구하는 데 필요한 구체적인 준비계획을 세워 실천에 옮겨야 한다.

따라서 일반적으로 진로계획의 방법을 제시해 보면17) ① 자신의 능력을 발견하라. ② 자기가 가지고 있는 기술(능력)을 분류해 보라. ③ 장래의 구체적 목표를 설

---

16) 이정근, 전게서, p.145에서 재인용.
17) Louise Welsh Schrank. A Practical Guide to Successful Career Planning, Skokie Ill: VGM Career Horijons, 1982. 또는 Robert J. Radin Full Potential: Your Career and Life Planning Workbook, New York: McGraw Hill‑Book Co., 1983

정하라. ④ 직업의 세계를 조사하여 자신의 흥미와 적성에 맞추어 보라. ⑤ 집중해서 행동계획을 실천하라. ⑥ 수많은 경쟁자를 물리칠 수 있는 개인의 창조적인 계획을 세워라 등을 제시할 수 있다.

흥미, 노력, 성취도, 일의 경험들이 진로계획을 결정하기 위해서 논의되고, 평가되며, 분류되어야 할 요인인 것이다.[18]

그러므로 진로계획을 수립할 때는 진로정보의 활용이 우선적으로 이루어져야 한다. 진로정보는 ① 학생 개인의 객관적 이해와 가정환경에 대한 이해자료, ② 변천하는 직업세계에 대한 이해자료, ③ 상급학교 선택에 대한 정보자료, ④ 구체적으로 직업, 취업이나 진학을 준비하는 데 필요한 지식체계의 준비자료, ⑤ 장래의 자기실현에 필요한 사전지식 등이 필요하다.[19]

한편 직업선택의 과정은 ① 직업선택의 필요성 확인, ② 관련정보의 수집과 이용, ③ 가능한 직업의 열거, ④ 각 직업에서의 성취 가능성 예측, ⑤ 각 직업에서의 성공 가망성 예측, ⑥ 각 직업에 대한 가치 평가, ⑦ 직업의 선택, ⑧ 결정에 대한 추수지도의 과정을 거쳐 이루어져야 한다.

따라서 진로계획은 다음과 같이 제시한 여러 가지 요소를 고려하여 설정해야 한다.

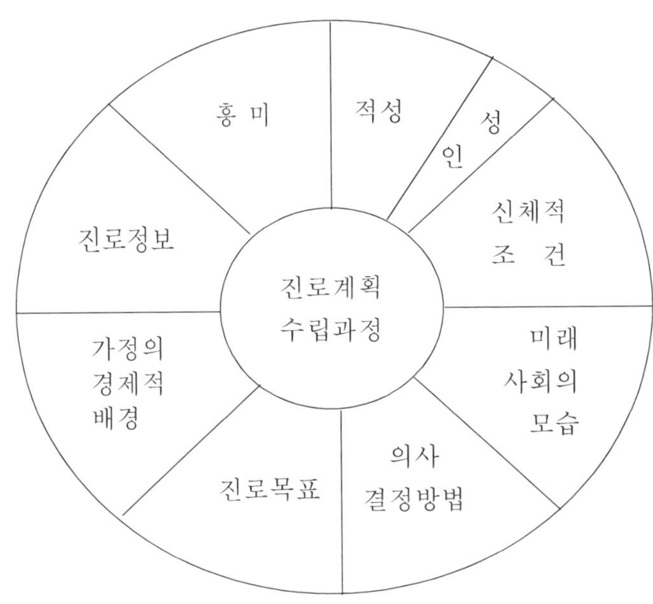

[그림 36 – 1] 진로 계획의 요소[20]

18) Vemon G. Zunker, op.cit., p.79.
19) 이정근, 전게서, p.80.

위의 그림 내용을 구체적으로 설명하면 다음과 같다.

① 진로목표: 장래 나는 어떠한 인물이 될 것이며 포부는 어떠한지 가능성을 예측해 본다. 구체적 목표도 설정해 본다.

② 적성: 능력으로서 일반 지능, 직업적성과 같은 특수 재능을 탐색

③ 인성: 자아개념, 가치관, 욕구, 대인관계 등 성격적 특성을 탐색하고 발전시킨다.

④ 흥미: 직업적 흥미로서 표현된 흥미, 행동화 된 흥미, 검사된 흥미로 구분되는데, 검사된 흥미가 가장 신뢰성이 높다.

⑤ 신체적 조건: 체력, 체격, 체능, 체중, 용모 등과 같이 직업에 특별히 요구되는 조건을 고려한다.

⑥ 진로정보: 교육정보, 직업정보, 개인사회적 정보를 의미한다.

⑦ 가정의 경제적 배경: 가족구성, 가정의 사회적 경제적 지위, 종교, 부모의 직업과 교육수준, 가치관

⑧ 의사결정방법: 진로목표를 성취하는 데 도움이 되는 활동이나 방법을 선택하는 것. 진로의사결정의 전략은 목표의 명백화, 대안의 탐색, 기준의 확인, 대안의 평가 및 결정, 계획의 개발 등 5가지 과정으로 이루어진다.

⑨ 미래사회의 모습: 장래의 전망이나 인력의 수급과정을 탐색하고 적절히 고용될 수 있는 여건을 알아본다. 또한 장래 발전 가능성과 첨단산업의 유망직종 등의 탐색도 포함된다.

종합적으로 진로계획 시에 고려할 점을 요약하면 다음과 같다.

1) 개인적 적성요인

① 능력
- 신체적 능력: 허약체, 색약, 약시, 맹아, 농아 등 고려
- 적성능력: 잠재적 가능성, 지능, 적성검사 실시, 언어능력, 공간지각, 계산력, 추리력, 기계 추리력, 수공능력, 사무지각, 기억력, 형태지각
- 학력: 학과성적, 성취도

---

20) 장석민 외 5인, 나의 뜻 나의 길, 서울: 한국교육개발원, 1986. p.355.

　　　・기능: 피아노, 타자, 운동, 미술, 웅변
　② 인격적 요인
　　　・성격: 외향성, 내향성, 활동성, 사색형, 안정성, 사교형, 예술형, 지배형
　　　・흥미: 문학, 물상, 생물, 사회, 기계, 전자, 상업, 봉사, 사무, 옥외활동
　　　・가치관: 이론형, 권력형, 경제형, 사회봉사형, 심미형, 종교형
　　　・태도: 삶의 방식과 습관, 관습, 도덕

2) 환경적 요인

① 가정환경: 경제적 여건, 문화수준, 본인의 위치, 부모의 기대, 부모의 직업, 교육정도, 주거지, 가치관, 종교
② 학교환경: 교사의 영향, 교육시설 환경, 학교의 역사와 전통, 동창회 활동상황
③ 미래예측: 먼 안목에서 발전 가능성, 첨단산업구조의 발전전망

3) 사회적 요인

① 교육제도의 변화: 선시험 후지원→선지원 후시험
② 국가정책사업 추진: 첨단과학에 치중. 정부의 정책과제 방향에 따라
③ 직업, 직장윤리의 확립
④ 교육 및 직업의 기회균등: 남녀노소, 신체결함
⑤ 임금구조의 합리적 분배: 대졸과 고졸의 차이
⑥ 사회복지제도의 확립
⑦ 민주주의의 토착화: 자율화, 민주화

7. 결론

　　진로계획은 인생계획의 하위개념으로 진학계획과 직업계획을 포함한다. 이러한 계획은 저마다의 인생의 목표를 달성하고자 하는 설계도와 마찬가지다. 설계가 잘 이루어지면 아름다운 건축이 이루어진다. 마찬가지로 개인도 자신의 잠재 가능성을 최대한으로 개발시키기 위해서 노력하여야 한다. 그러나 아무리 능력이 있고 금전

적으로 여유가 있다 하더라도 무엇을 위해, 이것을 언제 어디서 어떻게 활용할 것인지 치밀한 계획이 없이는 인생을 헛살기 안성맞춤이다.

그러므로 학생들의 장래를 위한 진로계획은 어렸을 때부터 단계적으로 지도함으로써 헛된 인력의 낭비를 방지하고 개인의 능력을 효율적으로 발휘시키도록 노력하는 데 진로계획은 필요한 것이다.

따라서 진로계획의 목표와 기본원리에 근거하여 진로계획의 수립과정을 다각도로 탐색하여 실천할 수 있는 가능성의 제안을 시도해 보았다.

참고문헌

김충기, 진로교육의 본질, 서울: 평민사, 1983.

김충기, 진로교육과 진로지도, 서울: 배영사, 1986.

김충기, 직업교육과 진로교육, 서울: 교육과학사, 1987.

김태길 외 3인, 삶과 일, 서울: 정음사, 1986.

서울대학교 사범대학 교육연구소편, 교육학 용어사전, 서울시 카운슬러협회, 회보 42, 43호, 서울시 카운슬러협회편, 1987. 서울: 배영사. 1981.

유네스코 한국위원회, 일반계 고등학생의 진로지도, 서울: 한국카운슬러협회, 1984.

이민수역, 명심보감, 서울: 을유문화사, 1980.

이정근, 진로지도와 진로상담, 서울: 중앙적성연구소, 1978.

상석민·서혜경·임재석·김홍원·하종덕, 진로교육의 이론과 실제, 서울: 한국교육개발원, 1986.

장석민 외 4인, 나의 뜻 나의 길, 서울: 한국교육개발원, 1986.

장석민·김애송, 진로교육에 관한 문헌분석연구, 서울: 한국교육개발원, 1985.

장석민 외 4인, 자녀의 길 부모의 지혜, 서울: 한국교육개발원, 1986.

정원식, "한국대학사회에서의 학생생활연구소의 역할", 대학 학생생활연구소 기능정립을 위한 학술심포지엄, 충북대학생생활연구소, 전국대학 카운슬러연구협의회, 1982. 한국교육개발원, 진로교육자료, 서울: 한국교육개발원, 1982.

Healy. Charles C, Career Development: Counseling Through the Life Stage, Boston: Allyn and Bacon, Inc., 1982.

Issason, Lee E, Basics of Career Counseling, Boston: Allyn and Bacon, Inc., 1985. Lee. Jeong-Keun, Rcadings in Career Guidance, Seoul: Sungwon Book Publishing Co., 1985.

Radin, Robert J, Full Potential: Your Career and Life Planning Workbook. New York: McGraw－Hill Book Company, 1983.

Reilly, W.J. Career Planning for High School Students, New York: Harper & Row, 1953.

Schank, Louise Welsh, Life Plan: A practical Guide to Successful Career Planning, Skok ie, Ill: VGM Career Horijons. 1982.

Zunkr, Vernon G. Career Counseling: Applied Concepts of Life Planning. Belmont. Calif: Wadworth Inc., 1981.

제37장 進路情報 活動의 效率的 運營方案

1. 序論

최근 급격한 기술혁신을 통한 산업사회의 구조변화와 관련하여 정보 내지 정보화 사회라는 용어가 폭넓게 사용되고 있다. 그러므로 현대사회가 단순한 농업경제사회에서 과학기술문명의 발전을 가져온 산업사회로 변화함에 따라, 이에 현명하게 적응하고 대처하기 위해서는 각종 정보에 밝아야 하고 익숙해야 한다.

정보화는 산업면에 있어서 생산성 향상, 자원 절약, 에너지 절약에 기여할 뿐 아니라 사회적 문제를 해결하며 인간의 활동영역을 넓히는 효과를 지닌다. 뿐만 아니라 개개인의 생활을 통하여 국민의 문화적 가치의식에까지 영향을 미친다.[1]

정보화는 교육에 있어서 더욱 절실하게 요구되고 있다. CAI(computer aided instruc – tion)로 대표되고 있는 교수방법을 도입함으로써 학생의 능력에 따른 개인지도 지향적인 교육 장소와 시간의 제약을 극복한 교육, 인간의 잠재능력을 최대한으로 개발시킬 수 있는 생활지도교육의 핵심이 되는 중요한 역할을 차지하고 있다.

본 장에서는 생활지도를 효율적으로 시도하기 위해서, 또는 학생들의 장래 진로지도의 측면에서 긴급히 요구되는 다양한 정보, 즉 교육, 직업, 개인·사회적 정보를 제공해 주기 위한 방안을 제시하여 학생들로 하여금 각종 정보에 익숙하여 자기발전에 지름길이 될 수 있도록 하기 위한 방법을 제시하고자 한다.

---

1) 김휘석 외 2인, 정보화 사회의 전망 및 과제, 서울: 산업연구원, 1986. p.60.

2. 進路情報의 意味

1) 情報의 意味

현대사회를 정보화 사회, 탈공업화 사회, 불확실성 시대로 표현하고 있다. 그만큼 오늘날 우리가 살고 있는 사회는 다른 어느 때보다도 급격한 변화를 이루고 있다. 급변하는 복잡한 사회구조 속에서 오늘날 우리들이 보다 자유로운 사고와 활동의 공간을 얻고 여기에 전문적인 능력과 지식을 활용, 기술의 수단을 발휘시켜 우리들 자신의 심리적·정서적·사회적 만족과 삶의 의미를 찾기 위해서는 자신이 추구하는 일에 대해 보다 정확하고 신속한 정보가 요구되고 있다.

따라서 오늘날의 사회는 누가 먼저 빠르고 정확한 정보를 갖고 이용하고 행동하느냐에 따라 각 개인의 삶의 위치와 미래가 결정되기 때문에 정보의 이해와 습득은 필수적이며 따라서 현대를 정보의 시대라고 한다.

이런 의미에서 각급 학교나 가정에서, 아직 발아하지 못한 학생들의 타고난 재능과 적성에 알맞은 자리를 취사선택 및 제공해 주는 일련의 정보는 매우 중요하다. 개인이 가정과 학교에서 교육을 받고 난 다음 장차 사회에 나아가 일을 위한 직업을 갖는다는 것은 오랫동안 배워 왔던 긴 교육과정의 맺음과 동시에 새로운 여정을 약속하는 풀림의 시작이며 내면의 주체적 자아가 세계와 통합, 미래의 자화상을 형상화시키는 역사적 실존의 길을 의미하는 것이다. 다시 말하여 인생의 출발에 대한 진로의 선택과 결정이 자기 삶의 예정화를 확인하는 것이며 사회적 참된 의미와 자기인식을 구원하는 길이라는 것을 의미할 때, 새 출발의 진로에 대한 우리의 인식과 결정은 언제나 신중해야 하고, 확고한 의지와 결단만이 강조되어야 한다. 그럼에도 불구하고 오늘날 수많은 학생들이 자신의 진로를 잘못 선택하거나 진로를 결정하지 못한 채 학교문을 나와 사회의 문턱에서 갈팡질팡하면서 갈등과 고민으로 좌절하는 경우가 허다하다. 이러한 상황에서 학교와 가정에서는 학생들에게 보다 광범위한 정보를 수집·제공해 주어 학교생활이나 장차 미래 사회에 현명하게 적응할 수 있는 정보를 제공해 주는 일은 무엇보다도 중요한 역할 중의 하나이다.

그러면 정보란 무엇인가? 정보란 학생들이 문제에 직면해서 장래계획이나 의사결정을 할 때 자기와 자기를 둘러싼 생활환경을 이해하는 데 필요한 모든 사실과 정보를 제공해 주는 활동을 의미한다.2) 정보는 미지의 세계에 대한 정확한 소식, 시정의 보고, 정황의 보고를 의미한다. 현대사회에서 느끼는 의미는 복잡 다양한 내용을 체계적으로 손쉽게 알려주는 역할을 담당하고 있는 것이다. 정보란 어떤 의도를 가지고 정의되어진 자료의 집합이다. 즉, 인간의 의도성을 바탕으로 조직화 되고 전달되는 자료를 말한다.3)4)

현대사회의 특징은 고도의 산업사회로서 공업화, 기계화, 기업화, 자동화 시대로 일컫는 가속화 시대요, 정보시대라고 한다. 정치·경제·사회·문화·과학·교육·종교·이데올로기·가치관 등 어느 분야에서든지 명확한 정보가 요구되고 있으므로 학생들이 이와 같은 복잡한 세계에서 현명하게 선택하고 적응하기 위해서는 다양한 정보에 익숙해야 하며 인식된 정보를 중심으로 참된 삶의 의미를 개척하고 보다 나은 전인적 인간의 방향을 탐색하는 데 이바지하는 것이다.

2) 進路情報의 槪念

진로정보란 진로에 대한 타당하고도 다양한 정보를 의미한다. 진로란 개인이 일생에서 하는 일의 총체이다. 직업 또는 생애, 경력, 생업 등의 내용으로 쓰인다.5) 정보활동은 1960년도에 처음으로 미국에서 생활지도 활동의 일환으로 쓰여졌다. Norris와 그의 동료들이6) 펴낸 책인 『생활지도에 있어서의 정보활동(The Information Service in Guidance)』에서 정보의 수집 및 제공 활동이 생활지도에서 큰 몫을 차지하는 것으로 중시되어 왔다. 이것이 생활지도 활동에 있어서 널리 이용되어 오다가 사회의 만전에 따라 정보의 의미가 필연적인 요소로 사회 및 교육계에서 폭넓게 인식됨으로써 1979년 개정판을 계기로 "진로정보활동"이란 범교육적인 차원으로 교육, 직업, 개인·사회적 정보의 범주를 포함하게 되었다.

한편 정보화의 개념을 인류역사의 기술혁신과정과 관련하여 살펴보면 수렵사회→공업(산업)사회→정보사회로 이행되는 인류 역사의 최근 단계와 관련되어 있다. 농업사회에서 산업사회에로의 이행이 가져온 사회·경제적인 변화는 인류의 역사에 있어서 미증유의 것이었다. 생산은 비약적으로 증대되고 생활의 질은 향상되었으나

---

2) 김충기, 생활지도교육, 서울: 학문사, 1985. p.114.

3) 김휘석 외, 전게서, p.49

4) 장석민 외 3인, 학부모를 위한 진로교육지침서, 서울: 한국교육개발원, 1985. pp.27~28.

5) 김충기, 진로교육과 진로지도, 서울: 배영사, 1986. p.142.

6) Willa Norris. Raymond N. Hatch. James R ﹁ Engelkes. and Bob B. Winborn, The Career Information Service in Guidance Chicago: Rand McNally College Publishing Co., 1979.

산업사회가 도래함에 따라 수렵사회에서 농업사회로, 이것이 공업사회와 정보사회로 탈바꿈하고 있는 다변화 사회로 옮아가고 있다.

한편 다니엘 벨(Daniel Bell)은 정보사회를 경제활동의 중심이 제조업으로 대표되는 "재화"의 생산에서 서비스나 정보, 지식의 생산으로 이행되는 사회라고 말하고 탈공업사회를 주장하고 있다. 다니엘 벨에 의해 제창된 탈공업사회란 5개의 차원을 지니는 광범위한 일반개념으로 정의되어진다.[7]

① 경제부문: 재화생산경제에서 서비스 경제로의 변천
② 직업분포: 전문직·기술직 계층의 우위
③ 기축(基軸)원리: 기술혁신과 정책결정의 근간으로서 이론적 지식의 중요성
④ 장래의 방향: 기술 관리와 기술 평가
⑤ 의지 결정: 새로운 "지적 기술"의 창조

즉, 서비스 경제가 창조되며 전문직·기술직 계층의 이론적 지식이 우위에 서는 세계로 변모되어 가고 있다. 따라서 새로운 지적 기술이 커다란 영향력을 발휘하는 사회를 탈공업사회로 규정짓고 있다. 이와 더불어 다니엘 벨은 탈공업화 사회의 성격을 다음과 같이 규정하고 있다.

① 그것은 사회의 기본적·제도적인 필요성으로 과학 및 인식가치의 역할을 강화한다.
② 결정이 보다 기술적인 것에 의존됨에 따라 과학자나 경제학자를 정치적인 과정에 편입한다.
③ 현재의 지적인 일이 관료화 경향을 심화함으로써 지적인 추구 및 가치에 관한 전통적인 정의에 일련의 긴장이 발생한다.
④ 기술계 지적 계층을 낳고 조장함으로써 기술계 지식인과 인문계 지식인의 관계를 둘러싸고 중대한 문제가 제기된다.

다니엘 벨의 탈공업사회를 산업사회 이전 및 산업사회와 비교하여 보면 [표 37-1]과 같다. 이와 같이 현대사회는 탈공업사회로 전환되고 있으며 정보화 사회로 변화되

---

7) 김휘석 외, 진게서, p.51 재인용.

고 있다. 한편 사회예보가인 존 네이스비트(John Naisbitt)는 정보화 사회로의 경향을 "제4의 물결(the megatrends)"로 규정지으며 과학기술의 발달에 따른 사회체제의 변화를 다음과 같이 제시하고 있다.8)9)

[표 37-1] 다니엘 벨의 탈공업화 사회 비교 도표

	산업사회 이전	산업사회	탈공업화사회
생산방식	자원채취	제조	처리: 반복적
경제부문	제1차 (농업, 관업, 어업, 임업, 석유·가스)	제2차 (재화생산, 제조업—내구제, 비내구제, 대규모건설)	서비스 제3차(수송, 공익사업) 제4차(무역, 재무, 보험, 부동산) 제5차(보건·교육, 연구·정부, 레크리에이션)
자원의 변형	자원력 (바람, 물, 가축, 인력)	인공에너지 (전기, 석유, 가스, 원자력)	정보 (컴퓨터 및 자료전송 시스템)
전략적 자원	원재료	금융자본	지식
기술	수공업	기계기술	지적 기술
기능요소	직공, 수공업, 노동자, 농부	기술자, 미숙련 노동자	과학자, 기술적·전문적 직업
방법론	상식, 시행착오, 경험	경험주의, 실험	추상적 이론, 모델, 시뮬레이션, 의사결정이론, 시스템 분석
시간적 전망	과거에의 지향	임기응변의 적응성, 실험	미래지향: 예측과 계획
설계	자연에 대한 게임	인공적 미래에 대한 게임	인간 간의 게임
기축원리	전통주의	경제성장	이론적 지식의 집대성

資料: D. Bell, The Coming of post-Industrial Society, N. Y.: Basic Books Inc., 1973. p, 162.

---

8) John Naisbitt. The Megatrends. New York:A Wamer Communications Company. 1984.
9) 조항래(역), 거대한 새물결, 서울: 예찬사, 1984. pp.21~22.

① 산업사회는 이미 정보의 창조와 분배에 바탕을 둔 정보사회로 이행되고 있다.

② 우리는 지금 하이테크/하이 터치(고도의 과학기술 대 고상한 취향)라는 두 가지 방향을 동시에 따르고 있다.

③ 우리의 경제는 이제 폐쇄적이고 자족적이며 국가적인 단일 경제체제 속에서 더 이상 풍요를 누릴 수 없다. 지금, 우리의 경제는 세계 경제의 일부라는 것을 인정해야 한다.

④ 우리는 지금 단기적인 사고와 보상에 의해 운영되는 사회에서, 장기적인 구조 속에서 매사를 처리하는 사회로 재구성되고 있다.

⑤ 모든 삶의 국면에서 조직체의 도움으로부터 벗어나 더욱더 자립적인 생활을 영위해 나가고 있다.

⑥ 정보 보급망의 발달로 말미암아 계층적 구조에 대한 의존도가 감소하고 있다.

⑦ 오래된 공업도시를 떠나 쾌적한 전원도시에서 사는 사람이 늘어나고 있다.

⑧ 선택의 범위가 한정되고 편협된 양자택일의 사회로부터 자유로운 다종선택의 사회로 바뀌고 있다.

이와 같이 현대사회는 탈공업 사회로 전환되고 정보화 사회로 발전됨에 따라 자라나는 학생들은 학교교육 활동과 더불어 장래 진로선택과 적응을 위해서는 정보에 민감해야 되고 모든 지식과 정보를 알도록 노력하여야 한다. 정보란 학생들이 건전하게 성장·발달하기 위하여 자기와 자기를 둘러싼 인적·물적 환경을 알기 위하여 필요한 자료이며 또한 장래 계획이나 인생설계를 위해 의사 결정과 실천하는 데 중요한 역할을 하고 있다.

3. 進路情報의 目的

보통 학교 현장에서 진로정보라고 할 때에는 상급학교의 진학 선택과 관련된 자료와 취업을 위한 고용정보를 생각하는 경향이 있다. 그러나 단순히 진학이나 취업만을 위한 것은 아니다.

일반적으로 중등학교에서 필요한 진로선택정보는 대략 다음과 같다.10)

---

10) 상석민 외, 전게서, p.30.

① 학생 자신의 개성 및 가정환경에 대한 이해자료

② 변천하는 일의 세계에 대한 자료

③ 상급학교 선택에 관한 자료

④ 구체적으로 취업이나 진학을 준비하는 데 필요한 지식

⑤ 장래의 자아실현에 필요한 사전 지식

⑥ 사회생활에서의 현명한 적응생활과 자기발전을 위한 지식이나 자료 등

즉, 생활지도의 아버지라 불리는 미국의 프랭크 파슨즈(Frank Parsons)가 직업지도를 시작하면서 내놓았던 개인의 분석과 직업세계의 이해를 위한 정보와 거의 동일한 것이었다.11) 그러나 이러한 정보에서는 일의 경제적인 측면, 즉 임금수준, 물리적 환경, 승진전망, 학력수준과 같은 요인만을 강조하였고, 일이라는 맥락에 있어서 인간의 사회·심리적 측면은 고려하지 않았던 것 같다. 그런데 인간은 자기가 하는 일을 여러 측면에서 찾아볼 수 있다. 반드시 일의 경제적 측면만을 강조하는 것이 아니라 앞으로 일의 세계에 관한 정보를 제공할 때에는 종합적으로 경제적·사회적·심리적 요인도 함께 제시해 주어야 한다. 인간발달을 위한 봉사활동으로서, 삶의 과정으로서 필요한 것이다.

그러므로 밀러(C. H. Miller)는 정보활동의 목적을 ① 학생에게 현재 직면한 환경을 이해하고 그에 적응하는 것을 돕기 위함이고 ② 학생들이 앞날의 직업이나 장래를 탐색하는 데 보다 넓고 많은 정보를 마련하는 일이며 ③ 장차 특정한 계획과 직업계획에 필요한 정보를 얻고 해석하게 하는 것이라고 제시하고 있다.12)

4 . 進路情報의 必要性

오늘날 사회는 급격히 변화하고 있다. 과거의 수십 년 또는 수백 년간의 변화는 오늘날 수년 또는 수십 년의 변화에 해당할 정도로 급격히 변화하고 있다. 지식·정보의 팽창은 다음과 같은 문헌에서 지적되고 있다.

Ole Sand는 서기 원년 당시에 비해 1750년에는 인간의 지식이 배증하였고 1900

---

11) 김충기, 전게서, p.44.

12) C. H Miler. Guidance Service: An Introducion. New York: Harper & Row Pubisher. 1965. p.30.

년에는 제2의 배증, 1950년에는 제3의 배증이 있고, 제4의 배증은 불과 10년 후인 1960년대에 일어났다고 말하고 있다. 아마도 1980년대 후반에는 이보다 더 빠른 기하급수적 배증이 있을 것이라고 짐작한 바 있다.13) 또한 Drucker는 구텐베르크가 인쇄술을 발명한 1450년부터 1950년까지 500년간에 걸쳐서 출판된 책의 총량은 최근 25년간에 출판된 책의 수와 같다고 말하고 있다. 이와 같이 지식과 기술의 발달은 급속히 이루어지는 반면에 지식의 노후화가 나타나고 있다. 1960년대는 인류의 지식의 절반 정도가 10년 동안에 쓸모없게 되었으나 1970년대부터는 매 5년마다 지식이 노후화하여 쓸모없는 지식으로 되어버린다고 했다.14)

한편 지식과 정보의 팽창은 과학기술의 발달을 촉진시켰으며, 이는 고도의 산업사회를 이룩하였다. 1차 산업은 점차로 축소되고 2차 산업 및 3차 산업의 발달이 눈부시게 이루어졌으며 최근에 이르러서는 첨단산업인 지식산업의 발달이 가속도적으로 이루어지고 있다. 이와 같은 산업발달에 따라 직업사회가 변하고 물질적 풍요를 초래하고 있다.

세계노동기구(ILD)의 보고에 따르면, 직업의 종류는 산업혁명 당시는 400종이었으나 1945년에는 10,000종으로 되었다고 한다. 1965년에는 50,000종, 1974년에는 20만종, 1978년에는 45만종으로 되었다고 한다. 이와 같은 직종에는 새로운 직종이 첨가되는 동시에 많은 직종들의 모습이 사라지고 있다. 따라서 장래의 직업을 예측할 수 없다. 또한 발전된 나라에서는 인간은 노동이 가능한 기간 동안 그 직업을 10번이나 바꾼다고 한다.15)

이와 같은 고도의 산업사회화는 학생들이 학교생활이나 가정생활에서 폭주하는 정보세계에 적응하고 대응하는 데 큰 문제점을 던져 주고 있다. 즉, 평생교육의 필요, 고등교육의 대중화 현상, 방대한 지식기술의 전이가(轉移價), 높은 정보의 필요, 자기교육력 향상, 영재교육, 실업기술교육의 강조, 인간화 교육 등의 정보탐색과 준비의 필요성이 제기된다. 뿐만 아니라 가치관의 변화로 인하여 세대 간 및 세대 내, 지역 간의 격차가 생기며 가족의 구조 및 기능이 변화하고 사회에서의 인간관계의 변화 등이 이루어지고 있다. 또한 생활양식의 변화가 나타나고 있다.

이러한 복합적인 사회구조 속에서 학생들은 자기문제를 해결하거나 장래 계획을 세우기 위하여 자기 자신과 환경의 여러 조건을 이해하고 관계되는 요인을 평가할

---

13) 김종서·이덕영·저원식, 교육학개론, 서울: 교육과학사, 1984. p.209 재인용.
14) 상게서, p.209.
15) 상게서, pp.209~210.

수 있어야 한다. 따라서 미지의 세계에 대한 정보를 마련하고 제공해 주는 일은 진로교육 활동에서 중요한 위치를 차지하는 것이다. 그러므로 진로정보활동은 학생들의 장래 계획을 적성과 흥미, 능력과 인성에 맞추고 미래의 원만한 적응을 해나가기 위해 절대적으로 필요한 것이다.

진로정보를 개인 또는 집단에게 제공함으로써 개인에게 시간을 절약할 수 있으며 제한된 시간에 풍부한 정보를 입수함으로써 학업이나 진학, 취업, 적응 생활, 성취동기, 가치관, 대인관계, 윤리관, 미래의 자기교육력 향상을 위한 성공적인 삶의 터전을 마련하는 데 지름길이 될 수 있는 계기와 기회를 만날 수 있게 된다.

일반적으로 중등학교 수준의 정보활동의 목적은 다음과 같다.16)17)

① 효과적인 학습, 진급, 진학에 관련된 정보를 제공해 줌으로써 교육의 목적을 달성할 수 있다.

② 직업세계의 종류와 관계되는 모든 분야를 폭넓게 이해시키고 준비할 수 있는 기회를 제공해 줌으로써 올바른 직업선택이나 직업관 형성에 이바지할 수 있다.

③ 학생들이 교육·직업, 사회생활 적응에 관련된 정보를 수집·이해함으로써 포괄적인 삶의 적응방식을 수립하는 데 도움을 줄 수 있다.

④ 충분한 자기연구를 토대로 해서 교육계획과 직업계획에 대하여 이해를 촉진하고 진로계획을 수립하는 데 기초 작업을 형성할 수 있도록 한다.

⑤ 학교를 중퇴하거나 떠난 학생들, 예를 들면 취직하거나 진학하거나 가정을 갖는 사람들이 당면한 욕구를 충족시켜 줄 수 있는 특정한 지식이나 기술 등을 제시하여 미래 적응생활을 원만히 이룩하도록 하는 데 있다.

⑥ 학생 자신의 잠재능력을 최대한으로 개발할 수 있는 분위기 조성과 여건에 알맞은 기회와 적응력 탐색에 이바지하도록 한다.

⑦ 자기발전과 향상에 관련된 정보를 수집하는 능력을 기르고 방향설정에 알맞은 정보에 익숙하여 현명한 자기실현의 기회를 선택하는 계기를 마련해 준다.

---

16) 김충기, 진로교육과 지로지도, 서울: 배영사, 1986. p.149.
17) 김충기, 전게서. pp.116~117의 것을 보완하였음.

5. 進路情報活動의 範圍

진로정보는 여러 가지 방법으로 분류될 수 있지만 편의상, 노리스(Norris), 해치(Hatch), 잉 겔케스(Engelkes), 윈본(Winbom) 등이 제시한 분류에 따라 교육정보, 직업정보, 개인·사회적 정보의 세 가지 영역으로 구분하여 기술하고자 한다.

1) 敎育情報

여기서 말하는 교육정보란 단순히 진학을 위한 자료와 정보만을 의미하는 것이 아니라 학교교육을 통한 교육활동 모두를 직업세계와 폭넓게 관련시킨 내용을 말한다.

교육정보란 이수해야 할 교육과정, 특별과정, 입학조건과 학생생활에 관계되는 문제와 조건들을 포함하는 현재와 미래에 있을 수 있는 교육기회에 관한 유용하고도 타당한 모든 자료들을 포함한다.17) 이러한 자료들은 학생들이 자기의 교육계획을 합리적으로 세우고 교육과 학습기회를 최대한으로 활용하기 위하여 알아두어야 할 사항들이다.

학생들에게 일반적으로 제시해 주어야 할 교육정보는 다음과 같다.

① 학교생활을 규제하는 모든 교칙
② 각급 학교의 교육과정 및 교과활동에 관한 자료
③ 교과와 직업, 교과와 흥미, 교과와 적성 등의 관계에 대한 정보
④ 학교 내에 존재하는 클럽과 사회적 활동
⑤ 해당 학교에서 중요시하는 교육적 가치 및 교육관에 관한 정보
⑥ 상급학교(인문계·실업계 고등학교, 대학 등)의 안내를 위한 자료
⑦ 상급학교 진학자를 위한 과정과 비진학자를 위한 과정
⑧ 진학에 필요한 비용, 경제적 조건을 제시하는 자료
⑨ 상급학교 출신들의 직업선택 및 사회진출에 대한 자료
⑩ 학교의 면학을 위한 시설과 설비
⑪ 학습습관과 기술에 관련된 자료
⑫ 특정한 과정의 학습요령
⑬ 학교도서관의 이용법과 기타 학비조달에 관한 정보

⑭ 가정과 학교와의 통신방법

⑮ 졸업 후의 계속교육에 관한 편의제공방법

⑯ 현직훈련에 대한 기회와 계획

⑰ 상급학교 교육프로그램에 관한 안내

⑱ 일하면서 공부하는 것을 계획하고 있는 학생을 위한 야간학교, 통신교육제도, 각종 가정학습 프로그램을 위한 정보

⑲ 전문기술학교(산업체 부설학교, 속기, 타이핑, 미용, 영양사, 봉재, 기능공 등을 위한 사회교육제도)에 대한 정보

⑳ 생활지도에 관련된 문제별 영역에 대한 지도자료

㉑ 기타 교육활동에 관련된 정보.

2) 職業情報

현재나 미래에 가능한 직업선택의 기회에 관한 타당한 정보를 얻도록 청소년들을 돕기 위해 준비된 상당한 양의 유용한 자료는 직업정보 영역에 있다. 직업정보 영역은 생활지도 활동에서 아주 오래된 정보활동 중의 하나이다. 왜냐하면 생활지도는 적합한 직업지도에서 출발되었기 때문이다.

직업정보는 직업의 세계에 관한 정보이며, 직업과 직위에 대한 타당하고도 유용한 자료를 의미한다.[18] 직업정보는 노동력에 관한 것, 직업구조와 집단, 취업경향, 노동의 규정, 직업의 분류와 직종에 대한 필요한 자격요건, 근무조건과 의무, 교육정도, 보수, 승진관계, 인간관계, 일의 형태, 현재 또는 미래의 수용 및 인력 증원 계획, 그리고 더 필요한 정보의 원천 등이 포함된다.

이러한 직업정보를 학교단위로 수집하고 이용하는 데에는 많은 노력과 경비와 시간이 요구된다. 그러나 다양한 직업정보의 활용이 진로교육의 핵심적인 기능을 참조하여 각급 학교에서는 학교 단위별로 직업정보실 또는 폭넓은 진로정보실을 마련해야 할 것이며 문교부나 각 시·도 교육위원회 등에 진로정보 센터를 설치·운영하여 각급 학교를 지원해주는 것이 요구된다.

종합적으로 학교에서 준비되어야 할 직업정보내용은 다음과 같다.[19]

---

18) 김충기, 전게서, p.148.
19) 이정근, 진로지도와 진로상담, 서울: 중앙적성연구소, 1978. pp.82~83.

① 국가인력 수급계획에 관한 자료(일반인구 및 노동력 인구조사 통계, 지역별·
　　성별 인구분포, 매월 근로조사 통계 등)
② 산업분류 및 직업분류 자료(직업의 종류와 변화추세 및 산업구조의 변화 등)
③ 직업선택을 위한 이해 자료(취업조건 및 자격, 사업장의 작업환경, 직업의 전
　　망 및 보수규정, 인간관계, 일의 내용, 심리적 보상 등)
④ 노동시장의 구인·구직 정보(신규 채용에 따른 구인·구직정보, 노동과 취업
　　을 다루는 기관, 노동시장의 변화 추세 등)
⑤ 졸업생의 취직상황 정보(졸업년도별 취직 및 이직경향, 졸업생들의 근무평정
　　에 관한 정보, 취직 후의 적응에 관계되는 정보 등)

이러한 정보에 포함되는 사항들을 좀더 자세히 열거해 보며 다음과 같다.[20]

① 인력에 관한 것: 인원 지역별﹑성별 분석, 직종별 분석
② 직업구조: 주요 직업집단, 직업군의 분류
③ 취업의 경향: 취직과 실직율, 장차의 전망
④ 직업분류와 직종
⑤ 각종 직업에서의 의무와 업무의 성질, 신분보장
⑥ 각종 직업에 취업하기 위한 자격
⑦ 각종 직업에 필요한 준비와 훈련
⑧ 승진에 필요한 방법과 지식
⑨ 각종 직업에서의 작업조건
⑩ 직업연구에 필요한 정보의 원천
⑪ 기술고시 및 기술자 등록에 관한 사항
⑫ 직업정보를 평가하기 위한 기준
⑬ 고용과 취업을 담당하고 있는 기관에 관련된 정보

3) 個人·社會的 情報

개인·사회적 정보란 개인과 인간관계에 작용하는 인간적·물리적 환경의 기회와

---

20) 황응연·윤희준, 현대생활지도론, 서울: 교육·출판사, 1983. p.171.

영향을 미치는 타당하고 유용한 자료이다.[21] 그것은 학생 자신이 자신을 잘 이해하고 타인과의 관계를 조화 있게 적응하며 남녀 간 예의와 범절, 여가활동, 외모와 복장, 사교술, 가정에서의 인간관계, 건강생활, 성취동기, 가치관, 이데올로기, 종교관, 경제 활동 등 사회생활을 현명하게 영위할 수 있는 행위에 관련된 사항이다. 학생들을 위한 개인·사회적 정보에 관한 개괄적인 내용을 소개하면 다음과 같다.[22]

① 자기 이해와 자기 통찰의 성취
② 이성 또는 동성과의 성숙된 관계 형성
③ 남성적 또는 여성적 역할의 이해
④ 건전한 인성(성격, 품성, 기질 등)의 발달
⑤ 개인의 행동과 특성 및 개인차의 이해
⑥ 가정의 조건과 부모의 기대에 대한 이해와 적응·수용 및 이해
⑦ 이성관계, 성, 결혼에 대한 책임
⑧ 정신적 신체적 건강과 발달의 성취
⑨ 외모, 예의와 에티켓
⑩ 사회적 기술, 여가생활의 건전한 활용, 용돈의 조달 등이다.

6. 進路情報센터

수없이 많은 진로정보를 수집해서 그것을 체계적인 방법으로 수집·분류·보관하는 일은 힘들고도 방대한 작업이다. 그러나 학생들에게 가능한 진로정보를 제공해 주기 위해서는 앞에서도 지적한 바와 같이 다양한 정보를 제공해 주어 개인의 발전을 깊이 있게 향상시켜 주는 촉매제의 역할을 해야 한다. 그러자면 일선학교의 교사, 상담교사, 사무직원 등의 참여가 필요하며 학부모, 지역사회 인사들의 뒷받침과 학교교육 행정책임자들의 긴밀한 협조체제를 구성하여 정보제공을 위한 다각적인 협동력이 요구된다.

---

21) 상게서, **p.171.**
22) 상게서, **p.172.**

1) 進路情報 센터의 必要

진로교육의 효과적 실시를 위한 요청에 부응하기 위한 방편으로서 진로정보센터에 관한 관심과 필요성이 점차로 요구되고 있다. 생활지도 상담실이나 진로와 관련된 자료실을 구비한다는 일은 학생들이 손쉽게 이용할 수 있도록 자료센터가 마련되어야 한다는 맥락이다.

진로정보를 보급하기 위해서는 일정한 시설을 갖추어야 한다. 외국의 경우에는 직업정보만을 다루는 전문기관이 있어서 각종 진로정보자료를 시청각 자료, 정기 간행물, 안내책자 등으로 보급하고 있지만 우리의 실정은 여기에 미치지 못하고 있다.

학생들이 가정·학교·사회생활을 영위해 가는 데 있어서 요구되는 필요한 자료를 상당히 원하고 있는데 이를 위해서 체계적으로 각종 자료가 수집·보관되어 있는 자료실이 구비되어 있어야 구체적이고도 실질적인 정보를 얻을 수가 있다. 그래서 앞에서 제시한 교육·직업·개인·사회적 정보를 일목요연하게 찾아보고 이해·탐색·준비의 기회나 참고할 수 있는 자료실은 필수적으로 설치되어야 한다. 그렇지 못하면 학생들은 정보습득의 기회를 놓쳐 개인의 성장발달에 큰 손실이 되는 것이므로 정보자료실은 마땅히 구비되어야 한다.

2) 進路情報센터의 機能

진로정보센터의 기능은 각종의 정보자료를 각 단계별로 분류·보관·열람할 수 있도록 학생들이 손쉽게 이용에 편리한 장소에 마련되어야 한다. 정보가 쏟아져 나오고 있기 때문에 모두 수집할 수는 없고, 다만 학생들이 필수적으로 요구하는 최신의 자료를 중심으로 수집·보관·열람되어야 한다.

진로정보센터는 다음 9가지의 기능으로 요약된다.23)

① 진로정보와 자료를 수집·분석·보관한다.
② 진로정보 및 자료의 보충과 보급에 힘쓴다.
③ 상담 및 개인평가에 이용된다.
④ 적재적소에 알맞은 정치활동의 역할에 이용될 수 있다.

---

23) John Meerbach. The Career Resource Center, New Tork:Human Science Press. 1978. pp.31

⑤ 산학협동체제 속에서 학교와 산업기관과의 유기적인 관계를 맺어줄 수 있다.

⑥ 진로와 관련된 교육과정을 발전시키고 개발하는 데 도움을 주고 있다.

⑦ 간접적인 교사의 역할을 대신해 주고 있다.

⑧ 정보센터는 지역사회 자원의 협조로서 합리적인 장소를 제공해 줄 수 있다.

⑨ 지역사회 자원인사의 도움을 받을 수 있다.

⑩ 각종 심리검사 및 제반조사 활동

⑪ 진로정보의 안내, 진로지도 보급 프로그램, 진로지도 담당자의 연수

3) 進路情報資料

진로에 관한 정보수집 활동은 너무나 방대하고 경비가 필요하기 때문에 한꺼번에 준비할 수 있는 여건이 못 된다. 그러므로 각급 학교별 재정형편에 따라 연중계획을 세워 예산을 편성하고 매년 보급하는 형식을 취해야 할 것이다. 그리고 자료가 흔하지 않아서 전부 소개하기는 어렵다. 학교나 가정에서 필요한 정보자료의 내용을, 영역별로 참고가 되는 중요한 것들만을 제시하고자 한다.

(1) 교육정보에 관한 자료

교육정보자료는 학교교육기관에서 많이 얻을 수 있으나 다음과 같은 자료에서 정보를 구할 수 있다.24)

① 문교부에서 발간한 각종 간행물 및 기타 정부 간행물

② 각급 학교의 교육계획서 및 학교·학급 경영안

③ 각 대학에서 발간한 안내서, 학교요람 및 교육과정 안내

④ 각 대학에서 발간한 교우지 및 학보

⑤ 대학(교) 및 전문기관(연구소)에서 발간한 연구지나 논문집

⑥ 기업체나 기관에서 대외 선전용으로 제작한 간행물

⑦ 기타 사회단체나 사업소에서 발간하는 정기 간행물

⑧ 각종 신문, 잡지 및 TV 매체

⑨ 한국교육개발원에서 발간하는 교육에 관련된 책자

---

24) 장석민 외, 전게서, pp.30~31.

⑩ 대백과 사전과 같은 각종 사전
⑪ 해외유학 정보자료지
⑫ 교육전문자료 월간지
⑬ 교양도서류 등

위와 같은 교육정보를 세분화하면 다음과 같다.

1. 교육정보의 원천

학교교육 전반에 걸치는 교육계획에 관한 정보는 해당 교육기관에 가서 얻을 수 있으나 아래와 같은 자료에서도 구할 수 있다.

- 정부에서 발간한 각종 간행물
- 각급학교 교육계획서 및 학교경영안
- 각 대학에서 발간한 안내서, 대학요람 및 교육과정 해설서
- 각급 학교에서 발간한 교지 및 학보
- 대학 및 전문기관에서 발견한 연구자나 논문집
- 교육전문가 및 교육심리학자들이 저술한 전문 지침서
- 일반사회의 정기 간행물, 신문 및 잡지

2. 교과학습을 돕기 위한 교육정보

- 해당학교의 교육과정의 종류
- 각 교과목의 성격과 그 중요성
- 다음 학기에 과해지는 교과목
- 해당 학교가 중핵으로 삼고 있는 과정
- 학교의 소정과정 및 각 교과목과 개인의 교육적
- 직업적인 목표와의 관계
- 해당학교가 특별히 마련하고 있는 특색 있는 교육적
- 직업적 경험

그밖의 각 과정을 학습하는 데 필요한 기초기능, 학습습관, 방법, 참고도서와 자료, 필요한 지역사회 인사와 자원을 이용하여 교육에 관한 정보를 제공해 주어야

한다.

3. 진학정보

진학정보에 포함되어야 할 항목은 다음과 같다.
· 진학할 고등 · 대학에 대한 성질이나 학과의 성격
· 학과에서 배우게 될 학문의 성질
· 개인의 적성과 흥미, 능력과 인성의 파악
· 진학할 학과에 소요되는 경비
· 진학할 학교, 학과에서 요구하는 입학 조건과 의무
· 개인의 경제사정과 가정형편의 고려

(2) 직업정보에 관한 자료

직업정보를 얻을 수 있는 원천도 다양하다. 직접 직업의 세계인 직장 현직에 들어가 수집하는 것이 바람직하나 학교, 병원, 기업체, 산업체, 사회단체, 정부기관 및 관련 단체 등을 중심으로 얻을 수 있는 자료를 들어보면 다음과 같다.25)

① 각종 전문단체와 기업체에서 발간된 간행물
② 각 정부기관의 부 · 처에서 발간되는 자료(특히 노동청이나 경제기획원 등)
③ 직업에 관계되는 단행본 및 회사, 기업연감(직업사전 포함)
④ 각 기업체(중소기업, 대기업)와 거기서 발간되는 홍보용 책자
⑤ 지역사회 조사물 및 연구보고
⑥ 과학기술 정보센터, 산업경제연구원 등에서 연구 · 발행되는 책자
⑦ 각 산업체 및 기업체 연수원 또는 전국 직업훈련소, 새마을 연수원, 사설강습소, 청소년연맹, 청소년 단체 등의 사회교육기관에서 발간되는 연수 자료나 홍보용 자료
⑧ 직업에 관련된 월간지(취업정보, 리쿠르트, 직장인 등)
⑨ 생활지도를 위해 특별히 준비된 사례 및 연구보고

직업정보의 핵심은 직업의 세계를 구체적으로 분류한 직업군에 익숙하도록 지도

---

25) 김충기, 전게서, pp.159~160.

해야 한다. 직업군의 내용을 살펴보면 다음 **9**가지로 분류된다.26)

1. 전문직

이 직업군에는 전문적 지식 또는 기술을 필요로 하는 직업들이 포함된다. 보통 대학정도의 교육을 받아야 이 직업군에 종사할 수 있다. 이 직업군에는 국가고시에 의한 면허나 일정한 자격이 없이는 취업할 수 없는 직업이 많다. 이 직업군에는 대략 자연과학자 및 관련 기술공, 건축기술자, 공학기술자 및 관련종사자, 통계학자, 수학자, 경제학자, 계리사, 회계사, 조각가, 화가, 법관검사 및 법무 종사자, 대학교수, 교사(원), 종교관계 종사자, 저작자, 언론인, 작곡가 및 연예인, 체육인, 사진사 및 관련 창작 예술가, 기타 분류되지 않은 전문기술인 등이 이 부류에 속한다.

2. 관리직

이 직업군은 주로 사업, 판매, 작업 등의 일을 직접 하는 것이 아니라 공공기관이나 기업·산업체에서 부하직원의 업무를 지휘·관장하는 직업을 말한다. 여기서는 관공서의 국장, 부장, 서장, 청장, 관장 또는 영업소장, 역장 등이 관직에 속한다. 그리고 기업체, 은행, 공사단체의 중역, 공장장, 병원장, 지점장, 부장, 지배인, 기관장, 사무장 등이 속한다. 주로 입법공무원, 정부의 관리직이나 관리자들을 포함하고 있다.

3. 사무직

사무직은 관리직에 종사하는 사람들의 감독 또는 지시하에 인사문서, 현금출납, 물품출납, 도서정리, 계산 등의 사무를 담당하는 것을 주요 업무로 하고 있다. 여기서는 사무원, 감독자, 정부행정 공무원, 속기사, 타자원, 경리원, 출납원, 계산기 조작원, 운수 및 통신사업 감독자, 교통 안내원, 우편물 취급 사무원, 전화 및 전신기 조작원, 기타 달리 분류되지 않은 사무 및 관련직 종사자가 이에 속한다.

4. 판매직

일반적으로 판매직은 백화점, 도매상, 소매상, 상점 등에서 물건을 판매하는 점원들을 말한다. 즉 도·소매 관리자와 자영자, 판매 감독자 및 구매원, 기술 판매원,

---

26) 김충기, 전게서, pp.359~362 재인용.

판매 의무원, 보험, 부동산, 증권과 기업 서비스 판매원 및 경매인 등이 이 분야에
속한다.

5. 서비스직

이 직업군은 다른 사람을 위해서 노동을 제공하고 봉사해서 그 대가를 받는 직
종을 의미한다. 여기에는 주로 요식 숙박업 관리자 또는 자영자, 가사 및 관련 서
비스 감독자, 조리사, 웨이터, 바텐더 및 관련 종사자, 건물 관리원, 경비원, 청소원,
세탁공, 이발사, 미용사, 보완 업무 종사자, 그밖에 분류되지 않은 서비스 종사자
등이 이에 속한다.

6. 농업·축산업·임업·수산업 및 수렵업 종사직

이 직업군에는 농·축·임·수산·수렵업에 종사하는 농장 관리자 및 감독자, 농
업 경영자, 축산 및 임업 종사자, 농부, 어부, 수렵인 및 관련 종사자들이 포함된다.

7. 생산직

이 직업군에는 생산 공정에 종사하는 각종 산업체·기업체 등에서 생산품을 제조
하는 부류의 고용인을 말한다. 예를 들면, 원료가공 및 조립, 각종 완성품, 반제품
의 제조, 수리작업, 제품제조, 장치, 기계, 운전 및 조작, 각종 건설, 토목공사, 전신
전화기의 조립 등의 직업에 종사하는 사람들이다. 그밖에 용접, 판금, 주물 등의 기
능공 등이 여기에 포함된다.

8. 교통·체신직

이 직업군에는 선박, 항공기, 기차, 화물취급 자동차, 각종 비스, 택시 등의 교통
기관에서 종사하는 직업을 말한다. 예를 들면 비행승무원, 운전기사 등 운전 혹은
조정하여 사람과 물건을 수송하는 직종과 유선 전화 및 무선통신 등에 관한 기술
사무 직종이 이에 속한다.

9. 단순 노무직

이 직업군은 특정 기술이나 지식이 없어도 신체만 건강하면 무슨 일이든지 신체
노동에 종사할 수 있는 근로자를 포함한다.
이와 같이 직업정보에서 취급해야 할 과제는 직업세계를 탐색할 수 있는 기회와

직업에서의 하는 일이 무엇인가를 구체적으로 살펴볼 수 있는 직무해설에 익숙하도록 해야 한다. 예를 들면, 직업군에 속해 있는 직업의 종류나 직무분석, 즉 직업의 성질, 작업조건, 교육 및 훈련정도, 보수, 승진관계, 장래의 전망, 기타 유용한 참고자료 등을 제시하여 직업탐색에 도움이 되는 자료를 제공한다.

이러한 직업탐색 학습을 전개함으로써 학생들은 직접 직업에 투입되기 이전에 여러 종류의 직업수행을 이해할 수 있어서 장래 구체적인 직업선택이나 진로선택 시에 합리적인 결정을 이룩하는 데 도움이 될 수 있다.

또한 직업군은 분류하는 방식과 학자의 견해에 따라 다소 차이가 있는데 미국의 진로교육 연구학자들의 분류방식은 15가지의 직업군으로 분류하여 직업군을 설명하고 있다. 예를 들면 ① 농업경영과 자연자원관계 직업군, ② 건설관계 직업군, ③ 제조관계 직업군, ④ 교통관계 직업군, ⑤ 해양과학관계 직업군, ⑥ 환경관계 직업군, ⑦ 기업 및 사무관계 직업군, ⑧ 판매 및 분배관계 직업군, ⑨ 통신 및 방송관계 직업군, ⑩ 후생 및 오락관계 직업군, ⑪ 개인봉사관계 직업군, ⑫ 공공봉사관계 직업군, ⑬ 보건관계 직업군, ⑭ 소비 및 가정관계 직업군, ⑮ 예술 및 인문과학관계 직업군으로 분류하여 진로발달단계에 맞추어 진로교육 모형과 교육내용을 선정하고 여기에 따라 지도하도록 명시하고 있다.27)

한편 인력수요 현황과 전망에 관한 내용을 소개하면, 직업정보 제공 시에는 산업·직업별 인력수요와 공급에 대한 추이에 대한 정보도 필요하다. 이러한 현황은 취업과 밀접한 관계에 있기 때문이다.

산업별 취업인구 분포의 두드러진 특징은 1970년대 후반 이후 농·수산업의 취업인구가 상대적 구성비에서뿐만 아니라 절대수준에서도 감소하고 있는 것이다.

[표 37-2]에서 보는 바와 같이 농수산 취업인구는 1965년에 전 취업인구에 대한 구성비가 58.6%였으나 1985년에는 25.5%로 하락되고 있다. 이에 반하여 제2차 및 3차 산업의 취업인구는 1960년대 이후 계속적으로 증가되고 있다. 이러한 현상은 앞에서 지적한 바와 같이 산업경제사회로 옮아감에 따라 1차 산업에서 3차 산업으로 취업인구 분포가 변화하고 있음을 알 수 있다.

이와 비슷한 현상은 직종별 취업인구 분포 추이에서도 나타나고 있다.

[표 37-3]에서 보면 공업화 과정에서 생산 활동의 기본인력인 생산직 기능인력의 비중이 1965년의 16.3%에서 74년에는 24.1%, 85년에는 30.1%로 상승하고 있다.

---

27) Ralph Ressler. Crrer Education: The New Frontier, Washingtonn. Ohio: Charles A. Jones Publishing Co., 1973. p., 39.

[표 37-2] 산업별 취업자 구성비

(단위: 천명, %)

구분 연도	전산업		농립어업		광공업		사회간접자본 및 서비스업	
	취업자수	(연증가율)	구성비	(연증가율)	구성비	(연증가율)	구성비	(연증가율)
1965	8,206	—	58.6	—	10.4	—	31.1	—
1970	9,745	(3.50)	50.4	(0.44)	14.4	(10.44)	35.2	(6.16)
1975	11,830	(3.95)	45.9	(1.99)	19.1	(10.18)	35.0	(3.81)
1980	13,706	(3.00)	34.0	(−3.00)	22.6	(6.44)	43.4	(7.53)
1985 *	15,028	(1.86)	25.5	(−3.79)	24.2	(3.29)	50.2	(4.87)

*: 1985년 수치는 1월~11월 기간 중 자료임

자료:[경제활동인구연보], [한국통계월보], 경제기획원 조사 통계국.

공업기술자를 포함한 전문기술직 인력의 전체 취업인구에 대한 비중도 65년의 2.8%에서 85년에는 7.2%로 상당히 상승되었다.

[표 37-3] 직업별 인력수요 전망

(단위: 천명, %)

구분 연도	전직종		행정· 전문기술직		사무직		판매직		서비스직		농림수산직		생산직 및 기타	
	취업 자수	(연증 가율)	구성 비	(연증 가율)	구성 비	(연증 가율)	구성 비	(연증 가율)	구성 비	(연증 가율)	구성 비	(연증 가율)	구성 비	(연증 가율)
1965	8,206	−	2.8	−	4.0	−	11.9	−	6.5	−	58.5	−	16.3	−
1970	9,745	(3.50)	4.7	(14.67)	5.9	(11.85)	12.3	(4.20)	6.5	(3.52)	50.3	(0.42)	20.3	(8.12)
1975	11,830	(3.95)	3.5	(-2.03)	6.3	(5.34)	12.9	(4.93)	7.5	(5.90)	46.1	(2.14)	24.1	(7.61)
1980	13,706	(3.00)	5.3	(11.85)	9.2	(11.13)	14.5	(5.39)	7.9	(5.08)	33.8	(-3.10)	29.1	(6.98)
1985*	15,028	(1.86)	7.2	(8.19)	11.4	(6.31)	15.3	(3.04)	10.8	(8.31)	25.2	(-4.01)	30.1	(2.50)

*: 1985년 수치는 1월~11월 기간 중 자료임.

자료: 「경제활동인구연보」 「한국통계월보」, 경제기획원 조사통계국

직업별 인력수요 전망을 보면 [표 37-4]에 제시한 바와 같이 우리 경제의 경우에도 제3차 인력수요증가 추세를 반영하여 시비스직의 인력수요 증가율이 80년대 기간 동안 연평균 6.2%의 높은 성장률을 보일 것이며, 90년대 전반에는 증가율이 다소 둔화된 2.7%의 성장률을 보일 것으로 전망된다. 80년대에는 서비스직 다음으

로 사무직의 인력수요가 증가하여 연평균 **4%**의 높은 성장률을 보일 것이나 지속적으로 진전될 사무자동화 추세에 따라 **90년대**에는 성장속도가 약간 둔화된 **2.8%**의 증가율을 보일 것으로 예상된다. 기능 인력을 중심으로 한 생산직 인력의 전 취업자에 대한 비중은 **80년대**의 **28.1%**에서 **91년 30.3%**, **96년**에는 **31.9%**로 계속적으로 증가하여 산업사회에서 최대 직종으로 부각될 것이다.

[표 37-4] 직업별 인력수요 전망

(단위: 천명, %)

연도 구분	1980	1991	1996	연평균 증가율	
				1980~1991	1992~1996
전문기술직	672(4.9)	970(5.8)	1121(6.2)	3.39	2.94
관 리 직	164(1.2)	234(1.4)	271(1.5)	3.28	2.98
사 무 직	1,535(11.2)	2,392(14.3	2,748(15.2)	4.12	2.81
판 매 직	2,083(1.52)	2,860(17.1)	3,236(17.9)	2.92	2.50
서비스직	1,042(7.6)	2,024(12.1)	2,314(12.8)	6.22	2.71
농수산직	4,359(31.8)	3,211(19.2)	2,621(14.5)	△2.74	△3.98
생 산 직	3,851(28.1)	5,018(30.0)	5,767(31.9)	2.44	2.82
합 계	13,706(100.0)	16,729(100.0)	18,078(100.0)	1.83	1.57

자료: 한국교육개발연구원

이렇게 볼 때, 직업의 세계는 산업발전 추세에 따라 새로운 어떤 직종이 각광을 받게 되고 한편 소멸되어 가는 직종에 대한 정보를 파악하여 진로계획이나 진로설정을 하는데 있어서 필수적인 참고사항으로 삼아야 될 것이다.

(3) 개인·사회적 정보에 관한 자료

개인·사회적 적응에 도움이 되는 정보의 원천이 되는 자료를 소개하여 보면 다음과 같다.28)

① 개인의 건강 및 신체발달 기록
② 발달심리 및 인성심리에 관한 서적

---

28) 황응연 외. 전게서, pp.192~193. 재인용하고 보완한 것임.

③ 집단역학 및 집단과정의 기술에 관한 서적

④ 정신위생에 관한 서적

⑤ 성교육에 관계되는 서적

⑥ 청소년 발달에 관한 연구물

⑦ 위인들의 전기 및 자서전

⑧ 입지전 및 성공사례집

⑨ 예의범절·도덕·윤리에 관련된 서적

⑩ 종교에 관련된 서적

⑪ 이데올로기에 관련된 서적

⑫ 가치관·직업윤리 등에 관련된 서적

⑬ 처세술·성취동기에 관한 서적

위와 같은 부류의 정보를 요약하면[29] ① 신체발달에 관한 정보, ② 동기, 욕구 및 행동에 관한 정보, ③ 개인 정서에 관한 정보, ④ 인성 및 정신위생에 관한 정보, ⑤ 사회적응에 관한 정보, ⑥ 남녀의 역할 및 성의 이해에 관한 정보 등으로 집약된다.

4) 進路情報센터의 組織

진로정보 자료를 학생들에게 제공하기 위해서는 이미 학교에 상담실 조직이나 시설이 구비되어 있듯이 진로정보센터 자료실이 필요하다. 학교 내의 자료센터는 상담실 옆에 마련되어 있는 것이 편리하다. 왜냐하면 학생들이 정보자료실을 수시로 이용하면서 자신의 요구나 당면한 여러 가지 문제를 탐색해 볼 수 있으며 솜더 구체적인 내용을 알고자 할 때 상담실 문을 두드릴 수 있기 때문이다. 개인적인 문제, 즉 교육, 직업, 건강, 도덕, 성격, 여가, 가치관, 이성, 종교, 이데올로기, 장래의 계획 등 다양한 문제에 직면하여 해결이 필요할 때 상담을 필요로 하고 있을 것이다. 아울러 진로정보에 관한 의문이나 필요가 시급할 때 진로상담을 위한 활동이 필요하므로 상담실과 함께 매우 가깝게 위치하고 있어야 한다. 진로정보자료실은 도서관의 성격과 다르다. 물론 도서관에 모든 자료를 비치하고 있기 때문에 도서관을

---

29) 상제서, pp.194~197

이용하는 것도 바람직한 일이라고 하겠으나 너무 방대하고 불편한 점이 많다. 여기서는 진로와 관련된 정보자료만을 선별하여 체계적으로 수집·보관·열람할 수 있도록 편리한 장소에다 손쉽게 이용할 수 있도록 준비되어 있기 때문에 각급 학교에 진로정보자료실을 마련해야 할 필수적 조건임을 인식해야 한다. 물론 이와 같은 자료실을 준비하려면 학교 단위별로 행·재정적인 지원이 절대로 필요한 것이다.

따라서 교육, 직업, 개인적·사회적 정보를 포함하는 자료실의 형태를 제시하면30) 미국 중·고등학교에서 실시하고 있는 자료실의 형태인 [그림 37 - 1], [그림 37 - 2]와 같고, 각급 학교 교사들은 이러한 형태와 비슷한 자료실을 창의적으로 설계하여 제공해 주는 데 앞장서야 할 것이다.

진로정보자료를 수집하고 보관하여 학생들에게 열람해 줄 수 있기 위해서는 사용자의 요구나 흥미에 알맞게 선택·준비되어야 하며 눈에 잘 뜨이는 곳에 잘 배열되어 있어서 쉽게 찾아볼 수 있도록 조직적으로 잘 정비되어야 한다. 그리고 자료는 현대사회에서 적응에 필요한 최신 정보를 입수하여 오래 보존하면서 이용에 편리하도록 하며 홍보활동을 통하여 누구나 진로정보에 관한 내용과 지식을 갖출 수 있도록 진로상담활동을 강화하여야 한다.

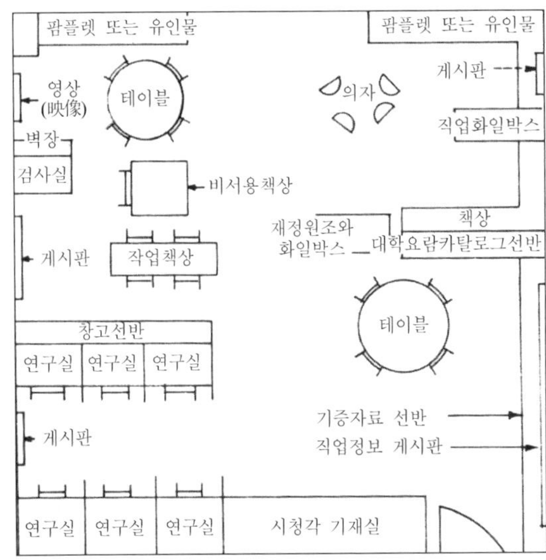

[그림 37 - 1] 자료실 평면도

---

30) 김충기, 진로교육의 본질, 서울: 평민사. 1983. pp.93～94. 재인용.

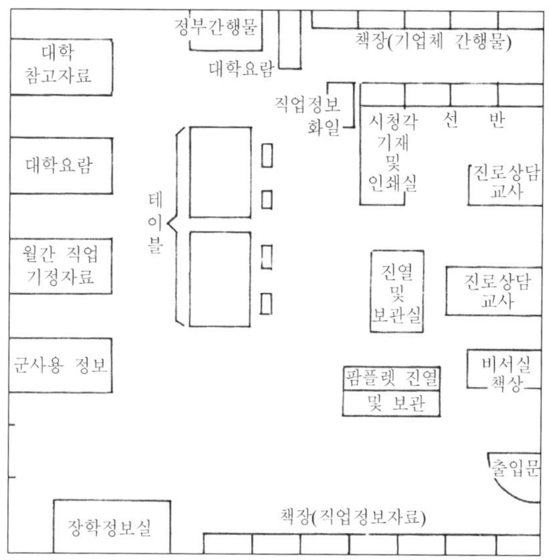

[그림 37-2] 샌디애이고 메디슨 고등학교
지로센터

아울러 진로정보센터의 사업내용은 다음과 같다.

1. 진학지도

- 자기학습 지도계획 수립 안내
- 성적관리 준칙 안내
- 주요 대학 입시요강 안내
- 각종 장학금 안내
- 진로 안내(인문, 실업, 예·체능, 자연과학 계통)
- 학력고사 직전 학습 안내
- study plan 작성지도
- 학력 종합평가 안내
- 진학 뉴스 소개

2. 직업지도

- 취업정보 교환
- 직업의 세계 소개자료 안내
- 추수지도 자료 안내

- 직장 탐방 안내
- 진로지도 사례 보급

3. 생활지도
- 신입생 오리엔테이션 자료 안내
- 안전·건강생활지도 안내
- 적응생활 프로그램 제시
- 생활지도 자료 보급
- 성취동기 육성자료 안내
- 예의범절, 윤리관 확립을 위한 내용 소개
- 심성계발 프로그램의 실시
- 학습력 증진 프로그램 안내
- 가치관·직업관·직업윤리

7. 進路情報資料의 實際

1) 敎育情報資料

교육정보자료의 실례로서는 진학에 관한 정보자료, 진로지도에 관한 정보자료, 학업성취나 학업 부적응, 학습방법에 관한 적합한 자료를 포함한다. 여기서는 대표적인 것들 몇 가지만 제시하고 나머지는 교사들의 노력으로 적합한 자료를 수집하도록 권장한다.

(1) 진학에 관한 정보자료

대학입시사, 나는 전공학과를 말한다, 서울: 대학입시사, 1982.

대학입시사, 『대학입시』, 월간지.

진학사, 『진학』, 월간지.

중앙교육진흥연구소, 『대입수험생활』, 월간지.

한국교육개발원, 『대학안내자료』, 서울: 한국교육개발원, 1982.

이상옥 외, 고교생 진로안내백과, 서울: 집현전, 1981.

김성식 외, 대학진학정보요람: 대학입문, 서울: 지학사, 1985.

김정흠, 진로조언, 서울: 고려학력연구사, 1975.

유네스코 한국위원회편, 대학·대학생·대학생활, 서울: 한국유네스코 위원회, 1982.

정소문, 대학학과진로, 서울: 일월서각.

조선제, 해외유학가이드, 서울: 신한출판사, 1984.

진장춘, 대학입시 고득점 전략노트 서울: 큰샘, 1986.

(2) 진로지도에 관한 정보자료

한국교육개발원, 『진로교육자료』, 서울: 한국교육개발원, 1982.

한국교육개발원, 『진로교육에 관한 문헌분석연구』, 서울: 한국교육개발원, 1985

한국교육개발원, 『국민학교 교육과정 및 교과서에 반영된 진로교육 내용분석연구』, 서울: 한국교육개발원, 1984.

한국교육개발원, 『국민학교 아동·교사·학부모의 진로의식에 관한 기초조사연구』, 서울: 한국교육개발원, 1982.

한국교육개발원, 『한국 중등학생의 진로의식 발달에 관한 연구』, 서울: 한국교육개발원, 1984.

한국교육개발원, 『중등학교 진로지도 프로그램의 개발에 관한 연구』, 서울: 한국교육개발원, 1981.

장석민 외, 『진로교육에 관한 문헌 분석연구』, 서울: 한국교육개발원, 1984.

장석민 외, 『진로교육 목표 및 내용 체계연구』, 서울: 한국교육개발원, 1985.

장석민 외, 『학부모를 위한 진로교육지침서』, 서울: 한국교육개발원, 1985.

길형석 역, 진로개발교육, 서울: 교육출판사, 1983.

김충기, 진로교육의 본질, 서울: 평민사, 1983.

김충기, 생애교육, 서울: 세광공사, 1980.

김충기, 생애교육의 기초, 서울: 교학연구사, 1984.

김충기, 생활지도교육, 서울: 학문사, 1984.

김충기, 진로교육과 진로지도, 서울: 배영사, 1986.

경기도 교육연구원, 진로지도 자료, 수원: 경기도 교육연구원 통관 380호, 1983.

문교부, 『진로지도』장학 자료 34집, 서울: 문교부, 1981.

방진주, 『진로발달의 원조』, 전남: 전남 카운슬러협회, 1983.

이정근, 진로지도와 진로상담, 서울: 중앙적성연구소, 1978.

이승우, 『자녀교육을 위한 적성개발』, 서울: 익선문화사, 1973.

주세환, 진학. 진로지도의 기술, 서울: 현대교육총서 출판사, 1964.

유네스코 한국위원회, 인문계 고등학생의 진로지도, 서울: 한국 유네스코 한국위원회, 1984.

진장춘, 진로선택백과, 서울: 한길사, 1984.

이한복, 진학연구, 서울: 도서출판 대학문화, 1986.

홍기형·이승우, 진로지도, 서울: 교육출판사, 1978.

한국교육개발원, 학습과 일의 세계, 서울: 한국교육개발원, 1983.

김재설, 『진로지도론』, 교단, 서울: 교단사, 1967.

2) 職業世界에 관한 情報資料

미국 노동청, 미국 직업분류사전, 서울: 노동부, 1980.

서울특별시 교육연구원편, 직업의 세계, 서울: 서울특별시 교육연구원, 1978.

이무근, 실업·기술교육론, 서울: 배영사, 1982.

서울특별시 교육연구원, 인간성장을 돕는 직업지도, 서울: 서울특별시 교육연구원, 1979.

리쿠르트사, 리쿠르트 채용연감, 서울: 리쿠르트사, 1985.

인력개발연구소, 직업사전, 서울: 인력개발연구소, 1964.

『직장인』, 월간지.

서울특별시 교육연구원, 『진로지도 슬라이드 Ⅱ』, 서울: 서울특별시 교육연구원, 1984.

한국교육학회, 실업·기술교육의 제문제, 서울: 능력개발사, 1976.

아리오사, 채용리포트, 서울: 아리오사, 1985~1986.

노동부, 직업의 세계 - 전문직, 서울: 국립중앙직업안정소, 1984.

노동부, 직업의 세계 - 사무직·판매직·서비스직, 서울: 국립중앙직업안정소, 1984.

한국직업교육학회, 직업교육연구, 1~5집, 서울: 직업교육학회.

이시종, 직업훈련, 서울: 삼영사, 1978.

직업훈련연구소, 직업교육을 위한 모형개발에 관한 연구, 서울: 직업훈련연구소, 1982.

한국직업훈련관리공단 직업훈련연구소에서 발간하는 연구물·자료. 『취업정보』, 월간지.

각기업체·산업체 연감류.

김성수 외, 각국의 직업교육제도 비교고찰을 통한 우리나라 직업교육의 발전 방향에 관한 연구, 문교부 정책연구, 1985.

강무섭 외, 직업교육의 비용 — 효과/수익·분석, 서울: 한국교육개발원, 1983.

최현섭, 직업영역에서 요구하는 직업 수행능력과 태도의 분석, 서울: 한국교육개발원, 1984.홍기형 외, 초·중학생의 직업 성숙도 발달특성조사연구, 서울: 한국교육개발원, 1983.

장석민 외, 첨단과학기술 사회에서의 일과 직업세계, 서울: 한국교육개발원, 1985.

차경수·박용옥, 전통적 직업의식의 분석연구, 서울: 한국교육개발원, 1984.

김진은 외, 생산성 향상과 기술혁신을 위한 직업 기술교육의 역할, 서울: 한국교육개발원, 1983.

김수곤 외, 복지사회의 인력정책과 직업안정, 서울: 한국개발연구원, 1981.

조성수 외, 직업관 확립을 위한 훈화집, 서울: 한국직업훈련관리공단 직업훈련연구소, 1983.

정태윤, 인간과 직업윤리, 서울: 창학사, 1986.

한국정신문화연구원, 일의 보람 삶의 보람, 서울: 고려원, 1984.

정우현 외, 직업교육을 위한 모형개발에 관한 연구, 문교부, 학술연구조성비에 의한 연구, 1982.

3) 個人·社會的 情報資料의 種類

개인·사회적 정보자료는 주로 대인관계, 신체발달, 동기, 정서, 인성, 정신위생, 사회관계, 이성관계, 처세술, 예의범절, 종교, 도덕, 여가 선용, 가치관 등 다양한 사회적응에 필요한 정보자료를 총망라하고 있다. 여기서는 학생들의 적응문제와 상관되는 것에 초점을 맞추어 분류해 보고자 한다.

(1) 신체발달에 관한 정보 자료

학생들의 적응문제 가운데에는 신체발달과 관계되는 것이 많다. 예를 들면,

김제한·공석영·김충기, 청년발달심리학, 서울: 세광공사, 1981.

이지영 외, 발달의 이론, 서울: 중앙적성연구소, 1983.

서봉연 역, 발달의 이론, 서울: 중앙적성연구소, 1983.

민영순, 발달심리학, 서울: 교육출판사, 1974.

장병림, 청년심리학, 서울: 법문사, 1980.

정인석, 청년발달심리, 서울: 재동문화사, 1965.

박준희, 발달심리학, 서울: 실학사, 1975.

(2) 성취동기, 욕구 및 행동에 관한 정보

김태화 역, 잠재의식의 힘, 서울: 청우사, 1983.

신동준 역, 불가능은 없다. 서울: 자유문학사, 1983.

진웅기역, 신념의 마력, 서울: 문예출판사, 1984.

유철종, 끊으면 뻗어라, 서울: 자유문학사, 1984.

김희덕 편역, 잠재력은 성공의 요체다, 서울: 미래문화사, 1984.

황국산 역, 로버트 슐러 현대인의 자기극복비결, 서울: 좋은글사, 1983.

정헌애 역, 절망을 버려라, 서울: 자유문학사, 1983.
이상길 역, 배짱을 배웁시다, 서울: 보성사, 1983.
이종문 역, 우리 좀 크게 놉시다. 서울: 국일서관, 1983.
이시형, 배짱으로 삽시다, 서울: 집현전, 1982.
송운하 역, 잠재능력의 신비, 서울: 을지출판사, 1982.
진웅기 역, 정신력의 기적, 서울: 문예출판사, 1980.
송길섭 역, 불가능은 없다. 서울: 동양사, 1977.
김종서, 성취동기 육성방안, 서울: 배영사, 1977.
안병욱, 처음을 위하여 마지막을 위하여, 서울: 자유문학사, 1984.
안병욱, 한 그루 진실의 나무를 심을 때, 서울: 자유문학사, 1985.
안병욱, 안병욱 희망론, 서울: 아카데미, 1978.
김동사 역, 카네기 인생론, 서울: 내외신서, 1985.
차근호 역, 지혜롭게 사는 인생, 서울: 백만인의 영어사, 1985.
황문수 역, 적극적인 사고방식.

(3) 개인정서에 관한 정보 자료

이정용 외, 학교장 훈화자료, 서울: 관악출판사, 1980.
서울특별시 교육연구원, 극기교육, 서울: 서울특별시 교육연구원, 1985.
김용락 편, 정신력을 키우는 책, 서울: 창조사, 1982.
김재은 외, 좋은 성품과 사회성, 서울: 배영사, 1980.

(4) 인성 및 정신위생에 관한 정보자료

서울특별시 교육연구원, 인성교육자료, 서울: 서울특별시 교육연구원, 1984.
서울특별시 교육연구원, 학생사안의 예방과 지도[정신위생], 서울: 서울특별시 교육연구원, 1984.
유재봉, 정신위생학, 서울: 삼성실업, 1981.
조은숙, 정신위생, 서울: 진명문화사, 1978.
김중대, 정신위생학, 서울: 형설출판사, 1984.

기타 좀더 자세한 정보를 알고자 할 때에는 한국출판협동조합에서 발행하는 종합 도서목록을 참조하거나 교보문고, 동아서적, 종로서적 등 규모가 큰 서적센터에서 발간하는 종합도서목록을 참고하여 위에서 제시한 분야에 관계되는 서적을 골라 학 생들에게 제시해 주어 탐독하도록 권장하여야 할 것이다.

8. 結論

교육은 인간행동의 계획적인 변화를 가져오는 것이다. 그런데 이 계획적인 변화는 후천적인 교육환경을 얼마만큼 잘 지원해 주고 지도하느냐에 따라 좌우될 수 있다. 또한 인간의 잠재능력을 최대한으로 개발시키기 위해서 여러 가지 정보를 제공해 주고 탐색하여 현명한 선택을 하도록 함으로써 성공적인 방향으로 이끌 수 있다.

그러므로 본 연구에서 강조하는 바는 학생들로 하여금 복잡 다양한 산업사회에서 장래의 중요한 진로선택에 있어서 보다 효과적이고 능률적인 방법을 모색하기 위해서 진로정보의 인식과 탐색의 중요성을 아무리 강조해도 지나치지 않을 것이다.

따라서 학교생활에서 생활지도 활동을 원활하게 누리기 위해서 학생들에게 최대한의 노력으로 각종 정보활동, 즉 교육정보, 직업정보, 개인·사회적 정보의 수집·보관·열람·지도 등으로 선택의 지름길이 되도록 안내하고 정보센터자료를 충실히 이용하도록 다각적인 노력이 있어야 할 것이다. 아울러 진로담당교사나 상담교사들은 이와 같은 진로정보의 활동 전개에 선도적 역할이 성패를 좌우하는 요건이 된다. 따라서 모든 정보센터의 활용을 위해 학교의 행정책임관리자들은 행·재정적인 지원으로 소기의 목적을 달성할 수 있도록 뒷받침이 절실하게 요구되는 것이다.

참고문헌

김종서·이영덕·정원식, 교육학개론, 서울: 교육과학사, 1984.

김춘기, 진로교육과 진로지도, 서울; 배영사, 1986.

김휘석·박태주·허정구, 정보화사회의 전망 및 과제, 서울: 산업연구원, 1986.

박성수, 생활지도, 서울: 정민사, 1986.

유네스코 한국위원회, 일반계 고등학생의 진로지도, 서울: 유네스코 한국위원회, 1984.

이정근, 진로지도와 진로상담, 서울: 중앙적성연구소, 1978.

장석민 외, 학부모를 위한 진로교육지침서, 서울: 한국교육개발원, 1985.

정태윤, 인간과 직업윤리, 서울: 창학사, 1986.

조항래 역, 거대한 새물결, 서울: 예찬사, 1984.

최성진, 정보사회론, 서울: 성균관대학교출판부, 1980.

한국직업훈련관리공단, 직업관 확립을 위한 훈화집, 서울: 한국직업훈련관리공단, 1984

황응연 외, 현대생활지도론, 서울: 교육출판사, 1983.

Robert J. Radin, Full Potential: Your Career and Life Planning Workbook, New York: McGraw Hill Book Company, 1983.

Willa Norris, Raymond N. Hatch, James R. Engelkes, and Bob. B. Winborn, The Career Information Service, Chicago: Rand McNally College Publishing Co., 1979.

Dittenhafer, C. A. and Lewis, J. P., Guidelines for Establishing Career Resource Center, Ha rrisburg, Penn: Pennsylvania Department of Education, 1973.

John Meerbach, The Career Resource Center, New York: Human Science Press, 1978.

Lewis Welsh Schrank, Life Plan: A Practical Guide to Successful Career Planning, Sko kie, Ill.: VGM Career Horizons, 1982.

Ralph Ressler, Career Education: Ther New Frontier, Washington, Ohio: Charles A. Jones Publishing co., 1973

John Naisbitt, Megatrends, New York: A Warner Communications Company, 1984.

제38장 克己敎育의 指導方向

1. 靑少年 克己敎育의 觀點

극기교육은 자기 자신이 새로운 환경에 부딪쳤을 때 손쉽게 적응할 수 있고 그 환경을 극복하여 건전한 창조적 적응 활동을 할 수 있는 태도를 기르는 교육활동을 의미한다고 본다. 우리의 역사적 사실을 통해 볼 때 유구한 5천여 년 동안 이 강산 내 국토를 보존하기 위하여 우리들의 선조들이 남다른 지혜와 용기, 인내와 끈기로 외국의 침입을 막을 수 있었던 것도 우리나라 삶의 터전을 빼앗기지 않기 위한 끈기 있는 노력과 인내의 대가였을 것이다. 비록 남의 나라를 침범하여 빼앗지는 않았지만 주어진 조국의 강토를 영원히 보존하기 위해 무척이나 애를 썼다. 그동안 900여회에 걸쳐 외부의 침입을 당했지만 조상들의 슬기로운 정신적 자세와 물리적 힘으로 지금까지 유지하고 있는 우리의 금수강산은 인내와 극기의 결과로서 보존되고 있는 것이다. 어려운 역경을 극복하는 힘은 이러한 역경에 부딪쳤을 때 굽히지 않고 이겨내는 인내심임을 알 수 있다. 우리는 역경을 견디고 이겨내는 힘을 길러야 한다.

그러나 그 이후 시대는 많이 변천되고 새로운 사회적 환경의 변화를 맞이하게 되었다. 최근 1960년대 이후 급격한 사회 발전과 정치적 안정, 산업의 변화는 우리들의 꾸준한 노력의 결실이며, 지나온 역사를 통해 볼 때 경제적으로 못살아 왔던 우리 민족이 "잘 살아보겠다"는 신념을 굳건히 하고 계속 추진해 온 결과 20여년이 경과한 80년대에 와서는 눈부신 경제성상과 물질적 풍요 속에 삶의 터전이 전보다 많이 향상되었음을 어느 누구도 부인할 사람은 없을 것이다. 이것은 끊임없는 노력의 산물인 것이다.

이러한 경제발전과 풍요로운 사회발전은 우연히 이루어진 소득이 아니다. 국민 각자가 자기 나름대로 자신의 발전을 위해 애쓰고 꾸준하게 노력한 대가라고 생각한다. 또한 정부에서 끊임없이 계획을 세워 추진해 온 결과이기도 하다. 이러한 대가를 헛되게 해서는 안된다.

한편 자라나는 2세들은 조상이나 선조들, 그리고 선배들이 고생을 하고 피땀을 흘려 쌓아올린 풍요로운 터전 위에 경제적으로나 정신적으로 고통과 고난을 겪지 않고 순조롭게 잘 성장하고 있다. 이것은 선조들의 은덕이 아닐 수 없다. 그런데 요즈음 청소년들은 과거의 어지러운 전란과 격변하는 사회 속에서 고통을 겪어보지 않고 살아온 세대들이기 때문에 그런지 역경을 전혀 모르고 평화롭게 지낸다. 선조들이나 부모들은 온갖 고난을 딛고 서서 오늘에 이르렀지만 자녀들은 그것을 모르고 모든 일이 순조롭고 편안하고 평탄한 줄만 알고 있으며 전혀 어려움을 모르고 지낸다. 부모들은 자신의 경험을 바탕으로 삼아 자녀들의 장래 발전을 위해 총력을 기울여 교육시키려고 안간힘을 쓰고 있으나, 자녀들은 자신들의 모든 문제를 부모가 대신해 주고 있기 때문에 험한 세상을 살아가는 데 곤경을 모른다.

인간은 항상 순탄한 길만 걷는다고 보장할 수는 없다. 언제 어디서 생길지도 모르는 역경에 부딪쳤을 때 이를 극복하지 못하고 패배하기 쉬운 것은 극기, 즉 인내와 노력이 평소에 길러지지 못했기 때문으로 적응에 실패하고 낙오되기 쉬우므로 이를 극복하기 위한 준비교육이 필요하게 된다. 그러나 부모들은 좀 지나칠 정도로 맹목적이고도 본능적인 보호로 자녀교육에 임하고 있기 때문에 자녀들은 온실 속에서만 자라고 있어 모진 바람이 세차게 불 때 이를 극복하고 견디는 힘이 점점 약해져 가고 있다. 그래서 쉽게 좌절하고 만다.

만약 청소년들이 성장하여 성인이 되어 독립된 자기 생활을 영위하게 될 때 과연 정상적으로 복잡다단한 환경에 부딪치며 현명하게 적응할 수 있는 힘이 있을까 염려가 된다.

학부모들의 과잉보호 현상으로 말미암아 청소년들의 의지와 용기, 노력과 인내는 줄어들고 새롭게 격변하는 다양한 경험을 두려워하고 있으며, 심신이 나약해져 적응력이 부족해져 감을 걱정한 나머지 역경을 딛고 일어서는 지혜를 가르쳐야 할 것이라는 문제가 제기된다.

그래서 여기서는 일반적으로 자기 자신이 이 거칠고 험한 세상을 살아갈 때 실패하지 않고 부적응을 탈피하여 굳건하게 인생을 살아갈 수 있는 샘솟는 용기와 지혜를 갖도록 정신무장을 할 수 있는 방안을 제시하는 데 초점을 두고 지도방안을 소개하고자 한다.

점점 연약해지고 나약해지는 청소년들의 정신자세를 건전하게 확립시키기 위해서 더 이상 좌시할 수 없다. 이를 굳건한 반석 위에 올려놓기 위해서는 우선 자신을 이기고 환경에 적극적으로 적응할 수 있는 튼튼한 인간을 육성하기 위해서 극기교육의 필요성을 강조하게 된 연유가 바로 그것이다.

극기란 자신을 외부적 환경에 적응시키고 이겨내는 행위이다. 이러한 자기극복의 길은 오로지 정신력에 달려 있다. 정신력을 기르기 위해서는 신념을 가지고 정신력 강화에 힘을 써야 할 것이다.

삶이란 개인이건 민족·국가이건 그것이 밀져서는 안된다는 것이 우리의 신념이다. 또한 자기 자신의 성장과 번영을 위해서도 개인에게 주어진 정신력이라는 기계를 충분히 활용해야 된다.

우리는 자신의 발전과 복잡한 사회생활에의 적응인이 되기 위해 힘써 노력해야 한다. 즉, 소극적인 자세보다는 적극적인 자세로 다가오는 문제에 대하여 현명하게 대응해야 할 것이다. 남이 해주기를 바라지 말고 자기 스스로 적극적인 방향으로 나아가기 위한 신조를 가지고 모든 일에 임해야 할 것이다. 이와 같은 적극적인 활동자세는 다음과 같은 생각을 기초로 하여 이루어질 수 있다.

① 일을 한걸음 앞서서 한다.
② 일을 열성을 다해서 한다.
③ 일을 결실을 맺도록 한다.
④ 일을 계획을 세워서 한다.
⑤ 일을 자신을 가지고 한다.
⑥ 일을 기쁨을 가지고 한다.
⑦ 일을 진취적 사고로 한다.

이와 같은 활동의 신조를 누구나 지켜나가면 적극적인 삶을 창조하고 해이해진 정신상태를 진취적 자세로 이끌어 보기 위한 하나의 방편이라고 할 수 있다.

극기할 수 있는 가장 기본적인 자세는 자기 자신의 정신력을 재발견하는 데 있다.

1) 精神力의 再發見

미국의 저명한 실천적 심리학자인 클레멘트 스톤(Clement Stone)은 "인간은 육체를 가진 정신"이라고 말하고 있다. 이 말에는 정신의 무한한 가능성을 역설적으로 상징하는 의미가 포함되어 있는 명언이다. "정신일도 하사불성"이란 말이 있는데 이것은 정신을 한 가지로 통일하여 일하면 무슨 일이고 이루지 못할 것이 없다는 것이다. 우선 자신의 정신통일을 위한 기본자세를 가지고 능력을 다시 한번 찾아보는 것이 중요한 과제이다.

이 세상에는 불구의 몸임에도 불구하고 불멸의 공적을 남겨놓은 인물들이 많다. 헬렌켈러, 루스벨트, 아베베 등 그들이 불굴의 의지로 쌓아올린 금자탑은 범인들에게 주는 산 교훈이요, 인류에 주는 청량제라 하겠다. 육체를 이겨낸 정신의 힘, 또는 위대한 정신력으로 가꾼 육체의 힘, 즉 이 힘에 의하여 이룩한 그들의 정신력의 개가에서 우리는 "절망은 없다"를 실감하지 않을 수 없다. 절망은 인생살이에서 가장 해독이 되는 병이라 할 수 있다. 따라서 절망이란 단어를 우리의 의식 세계에서 떼어 버려야 할 것이다.

정신력이 얼마나 놀라운 힘이고 큰 힘인가 하는 문제를 좀더 구체적으로 살펴보자. 인간의 모든 활동을 주관하고 있는 것은 대뇌의 피질이다. 그것은 다음과 같은 구조로 되어 있다.

① 무게: 약 1,500g
② 두께: 약 3mm
③ 펼친 면적: 2,240cm²(신문지 1면 크기)
④ 색·형태: 핑크색을 한 젤리상태의 덩어리
⑤ 신경세포: 약 140억~150억 개

그와 같은 정신력을 인간은 일생 동안 얼마나 쓰고 죽는가?

갤럽에 의하면, 인간은 잠재력의 2~5%밖에 활용하지 못하고 있다고 말한다.

씨쇼어는 말하기를 인간의 기억력은 대체로 10% 이상 개발되지 못하고 있다고 하며, 게이버는 창조력을 개발 활용하고 있는 사람은 전 인류의 5% 미만이라고 한다.

이러한 인간의 두뇌피질은 누구나 가지고 있기 때문에 잠재력을 발휘할 수 있는데, 개인의 노력 여하에 따라 이 같은 능력을 나타낼 수도 있고 또한 발휘 못하고 잠재해 버리는 수도 많다고 한다.

우리는 내 인생이 좀더 보람된 것, 아름다운 것, 멋있는 것이 되도록 태도를 바꾸어야 한다. 건강, 행복, 번영, 만족감 등을 우리의 것으로 만들도록 적극적으로 시도하는 인생을 살아야 한다.

주어진 인생은 오로지 한 번에 지나지 않는 것이므로 그 한 번인 자기 인생을 보람 있는 삶으로 이끌 수 있는 자신을 점검해 보고 부족한 점이 무엇인가를 하루 속히 찾아내어야 한다.

인간의 내부에는 인간을 끌어올리고 인간을 치유하고 격려하고 지도하고 지시하며 행복, 자유, 마음의 평화, 충족된 생활의 기쁨에 대한 큰길로 이끌어 주는 무한한 힘이 있다. 이러한 힘을 자신이 어떻게 어떠한 방법으로 펼쳐 나아갈 것인가에 관심을 두어야 한다. 관심이 있으면 행동으로 옮겨가는 것이 중요하다. "지행일치"와 합리적 사고로써 도전해 나아가야 한다.

2) 새 人生에의 挑戰者

우리 인생이란 단 한번 주어지는 일회적인 기회이며 동시에 바꿀 수도 없는 개체인 것이다. 이와 같은 귀중한 인생에서 성공을 거두고 입신양명하자면 이 세상을 잘 알아야 하는 것은 물론이지만 그 이전에 나 자신을 알아야 한다.

"지피지기면 백전불패"라고 손자병법에서도 강조되고 있는 바와 같이 우리는 나 자신을 모르고 있는 것 같다.

"너 자신을 알라"고 선언한 소크라테스의 명언은 오늘날까지 우리에게 생생하게 교훈을 주고 있는 것이다. 이것은 인간의 무한한 가능성을 탐지하라는 것인데 인간은 도대체 어떠한 존재인가?

현대과학과 의학의 증언을 들어보면 외형으로 인간은 무게가 40~80kg 정도의 고기 덩어리(육체)에 불과한 것이다. 그러한 육체는 정신력에 의하여 통솔되고 있는 바 결국 정신력에 의하여 움직이고 있는 하나의 동물에 불과한 것이 인간이다.

스위스 의학의 시조라고 불리는 "파라겔수수"도 인간의 정신력은 아무도 표현할 수 없을 만큼 위대하다고 하였다. 만일 인간이 그 사고를 올바르게 이해한다면 지상에서 불가능은 없을 것이라고 단언하고 있다. 정신력은 인간에게 가장 귀중한 보배이므로 이를 적극적인 방향으로 사용하여야 그 위력을 발휘할 수 있는 것이다.

인생을 살아감에 있어서 인생을 적극적으로 개척하여 성공자가 되느냐 소극적인 행동으로 실패자가 되느냐 하는 것은 운명에 달려있는 것이 아니라 그 사람의 결의와 선택에 달려 있다.

댄카스타도 이 문제에 대하여 "무엇을 생각하느냐, 무엇을 말하느냐, 무엇을 행동하느냐, 그것을 선택하는 힘은 오직 당신이 가지고 있다는 사실이 중요하다. 의식을 가지고 선택할 수 있다는 이와 같은 인간의 본질이 바로 다른 하등동물과 구별되는 점이다"라고 강조하고 있다.

새로운 환경에의 현명한 도전을 항상 잊지 말고 긍정적이고 낙관적인 자세로 적극적인 삶을 찾아 추진하는 힘을 길러야 한다. 이 힘은 오로지 찾는 자에게만 돌아오는 것이다.

3) 肯定的 自我像

이 세상에는 "나는 무엇이든지 하면 된다"는 사고를 가지고 있는 사람이 많다. 이런 사람들은 긍정적이고 적극적인 자기상을 가지고 있는 사람들이며 매우 행복한 사람들이라고 할 수 있다.

그러나 우리 주위에는 부정적인 자아상을 가지고 살아가는 사람이 너무 많다. 즉, 자기는 인생의 실패자다. 자기는 경쟁사회의 낙오자다. 자기의 능력으로는 이 일은 달성될 수 없을 것이다.

이와 같은 소극적 열등감에 사로잡히면 성공과 행복에 방해가 되는 것이다. 이러한 열등감으로부터의 해방과 함께 건전하고 적극적인 자기상의 확립이 성공형 인간을 만들어나가는 최대의 요건이 된다. 자기상을 만들 수 있는 방법은,

① 감동적인 영화나 연극을 본다. 한국 위인전기나 고전을 읽는다.
② 동창회 같은 모임에 참석해서 친구들과 이야기를 나눈다. 감동적인 강연을 듣는다.
③ 여행을 떠나 아름다운 자연에 접하도록 한다. 웅장한 경치를 바라본다.
④ 실패라든가 패배를 가혹하리 만큼 체험해 본다.

이와 같은 행동을 되풀이할 때 점진적으로 자신의 능력을 평가할 수 있게 될 것이다. 또한 잠재의식을 최대한으로 활용하는 현대인의 생활자세는 언제나 행복, 진보, 명랑, 향상, 적극, 창조, 가능, 성공 등 적극적인 사고를 배양시키도록 노력하여

그러한 씨앗이 잠재의식이라는 토양에서 무럭무럭 자라나서 우리의 인생을 보다 풍요롭게 보람 있는 것으로 가꾸어지도록 해야 할 것이다.

조셉 머피 박사의 주장은 "인생의 법칙은 신념의 법칙"이라고 하면서 잠재의식이 가지는 영감부에 번영력, 치유력을 믿도록 하라고 하고 있다. 그렇다. 신념을 가진 속에서 자신감을 가지게 되고 행동의 추진력을 얻게 된다.

댄카스타의 말대로 이 세상에서 가장 다루기 힘든 사람은 처음 시작부터 "나는 안된다", "하기 싫다"라고 공언하는 사람이다. 왜 이런 생각을 갖게 되었을까?

전통적으로 한국인을 보는 관점에는 적극적이라기보다는 소극적이라는 용어가 더 많이 애용되었던 것 같다. 그러나 소극적 사고방식으로 살아오기만 한 것은 아니다. 소극적으로만 살아 왔다면 5천년 역사를 온갖 내우외환 속에서 자주자립으로 살아올 수가 없었을 것이다.

그럼에도 불구하고 오늘날 한국인들은 마치 소극적, 부정적으로만 살아온 민족인 것처럼 이야기하는 사람들이 많은 것은 무엇 때문일까? 그 이유야 많겠지만 일제 36년 동안의 한국문화 말살 정책에 의한 결과라는 것을 생각해 볼 때 우리민족의 진취적이고 적극적인 자주자립정신이 강한 본래의 자세를 찾는 일이야말로 더 이상 지체되어서는 안될 것 같다.

먼저 우리의 기상(spirit)을 건전하고 역동적으로 기르도록 해야 할 것은 물론이지만 어린이들을 교육시키는 방법부터 개선되어야 할 것이다. 그들이 적극성, 진취성, 독립심 함양에 초점을 맞추어야 함은 물론이고 종래와 같이 복종을 강요하는 지도방법은 이제 근본적으로 수정되어야 한다. 그리하여 "재수가 없다", "죽을 지경이다", "되는 일이 없다", "되는 대로 살자"등의 퇴폐적 사고 또는 안되는 일은 모두 남의 탓으로 돌리는 외벌적 사고를 일소하도록 노력하여야 한다.

따라서 우리는 이제 소극적인 자세나 사고에서 탈피하여 적극적인 태도와 사고로 지향하도록 노력하여야 진취적으로 모든 일이 이루어질 수 있다. 학생들은 얼마나 자신감을 가지고 미지의 세계를 대처하고 있는지, 한번쯤 짚고 넘어가야 될 것이다.

4) 思考轉換의 必要

소극적인 사고를 가지고 소극적인 행동을 일삼고 있는 사람들이 흔히 쓰는 말에 상투적인 것이 있다. "나는 시간이 없다", "노력해도 안된다", "만일 그렇게 된다면 어떻게 하나" 등 이러한 말이 자기방어를 위한 합리화의 발언이라는 것을 잊어서는 안된다. 이렇게 합리화시키고 자위를 하기 때문에 "핑계 없는 무덤 없다"는 식으로 언제까지나 그와 같은 사고에서 벗어나지 못하고 악순환을 되풀이하는 인생으로 전락하는 것이다.

소극적인 사람은 출발하기 전에 벌써 낙오한다. 기회를 잃고 만다. 자신이 없다. 열성이 없다.

우리 생애의 최대의 적은 새로운 환경에 닥쳐오는 공포감과 불안감이다. 불안과 공포로부터 해방되기 위해서는 직접 그 속에 뛰어 들어가 보아야 한다. 이렇게 하면 대수롭지 않게 지낼 수 있는데도 불구하고 미리 겁을 먹고 후퇴하는 경향 때문에 문제해결을 못한다. 이 불행과 불안에서 벗어나려면 소극에서 적극으로 사고를 바꾸는 것 외에는 방법이 없다. 그 힘은 각자의 의지와 열성의 정도에 따라 결정되는 것이다.

이 사고라는 것은 방패에 양면이 있듯이 적극적인 면과 소극적인 면이 있다. 적극적 사고는 힘과 용기와 자극을 유발한다.

인생에서 성공과 실패는 오로지 마음속에 있는 결심과 태도에 달려 있다.

우리 인생의 적은 여러 가지 있겠지만 질병, 빈곤, 무질서, 혼돈, 기아, 부패, 탈선, 무능력 등은 가장 기피하는 것들이다. 이와 같은 것의 근원은 바로 어떠한 대상에 대한 공포감·불안감 때문이다.

우리의 신변에 일어나는 모든 일은 그것이 좋든 나쁘든 그 모두가 자기가 뿌린 씨라는 것을 잊어서는 안된다. 자기가 뿌린 씨는 자기가 거두어들인다는 교훈을 되새겨야 한다.

적극적 태도라는 것은 희망, 낙관, 용기, 인내, 관용, 친절 등을 가져오게 하는 온갖 암시를 적극적으로 받아들이고자 하는 태도를 말한다.

절대 성공법의 요점은 현재의 여건에 가장 경건히 자신에 몰두하고 동시에 외계의 여러 변수를 자기에게 맞도록 합목적으로 다스리는 것에서 시작한다. 이와 같이 우리는 사고의 전환을 가져와야 발전성이 있게 된다.

5) 일에 감사하는 마음

적극적 사고의 첫 단계는 열의에 찬 사고를 갖는 것부터 시작된다.

인생에서 성공한 사람들은 경험, 기술, 능력, 열의 등의 총집합체를 강조하는데, 그중에서 열의가 중심이 된다. 인간은 사고에 따라서 행동을 일으키게 되기 때문에 꼭 하고야 만다는 실천적 사고를 가지면 그와 같은 방향으로 행동이 진행되어 나가는 것이며 그 마음이 강하면 강한 만큼 강력한 추진력이 부여되어 그것이 성취되는 힘으로 발동되게 된다.

우리는 모두가 주어진 일에 감사하는 마음으로 자세를 가다듬고 모든 일에 실천하여야 한다. 일이란 즐거운 것이라는 생각을 깊이 간직하여야 할 것이다.

6) 自己暗示

"나는 할 수 있다", "이길 수 있다", "설득시킬 수 있다"는 등의 자기암시를 함으로써 좋은 결과를 이룰 수 있다.

자기암시에 있어서 가장 중요한 것은 반복이다. 반복되고 반복되는 암시는 잠재의식에 영향을 미치게 되고 결국 행동으로까지 연결된다.

대체로 인간이 암시를 받아들이는 능력은 반복되면 반복될수록 높아진다. 자기암시에서 효과가 큰 방법은 "복식호흡법"이며 자기암시의 기초이다.

복식호흡을 하면 복압이 높아지므로 혈액순환이 좋아지고 산소가 많이 공급되어 활력이 증가되어 마음이 안정된다.

자기암시의 또 다른 방법은 다음과 같은 구호를 40회 이상 반복하라는 것이다.

나는 적극적이다. 나는 합리적이다. 나는 근면하다. 나는 끈기가 있다. 나는 목표가 있다. 나는 나의 능력을 믿는다. 나는 나의 일로 국가에 공헌한다. 이와 같은 방법을 제시해 놓고 반복을 여러 번 하는 방법이다.

또 한 가지는, 자기가 염원하는 것을 항상 기억하고 또 끈기 있게 되풀이하고 또 되풀이하면 그것은 잠재의식에 아로새기게 되고 행동으로까지 연결되는 것이다. 미국이나 프랑스의 가정에서는 케네디, 링컨, 워싱턴이나 나폴레옹의 사진을 붙여 놓고 있는 경우가 많다고 한다. 이것은 선구적인 인물들을 바라보면서 자기암시의 기법을 은연중에 실시하고 있는 것으로 이해된다.

7) 暗示의 例示

자기암시란 매우 예리한 속성을 가지고 있어서 성과를 거두려면 "끈기와 인내"를 바탕으로 지켜야 할 원칙이 있다.

(1) 精神의 集中

산만하고 어지러운 환경이나 정신상태에서는 안된다. 차분한 분위기와 정리된 마음가짐이 신념이나 자기암시가 안주하기에 알맞은 조건이다.

(2) 끈기와 反復

자기암시의 성과는 반복회수와 시간에 정비례한다고 해도 지나친 말은 아니다. 반복하면 피암시성은 높아지고 성과는 기대되게 된다. 끈기를 가지고 반복하고 반복한다.

(3) "된다"는 信念

불안감, 의구심, 불신감 등은 자기암시의 최대의 적이다. 이 일은 "절대로 이루어진다", "절대로 해야 한다"는 단호한 신념을 가지고 성실하게 해나가면 모든 장애는 극복된다.

(4) 積極的 思考

목표를 뚜렷하게 세우고 적극적 방법으로 해야 한다. **"You can if you think you can". "불가능은 없다."**

(5) 一時 一事의 原則

두 토끼를 쫓는 사람은 두 마리를 다 놓치고 만다. 한 번에 한 가지씩 처리하는 원칙으로, 오로지 한 가지에 전념을 해야 한다.

오늘날 청소년들(초·중·고.·대학생)은 욕심이 너무 많아 한꺼번에 여러 가지를 하고 있다. 예를 들면, 공부할 때는 오로지 정신을 통일하여 공부에만 열중해야 능률이 오르고 이해가 빠른 법인데 이상하게도 많은 수의 학생들은 공부할 때에나 또는 숙제를 할 때 한 가지에만 집중하는 것이 아니라 텔레비전도 보면서, 귀에는 "레시버"를 끼우고 전체는 아니지만 음악 감상도 하면서, 또 이야기를 주고받고 말참견도 하면서 공부를 하는 학생을 흔히 볼 수 있다. 한 가지에만 몰두해도 어려운 문제를 풀어나가기가 힘이 들 텐데 TV도 보고 음악 감상을 곁들여 하면서 공부를 하니 그게 능률이 오를 까닭이 있을 것인가? 그래도 어떤 학생들은 습관이 되어서 괜찮다고 반론을 제기하고 계속 자기가 하던 습성대로 행동에 옮기는 학생들을 본다. 그것은 도저히 이룰 수가 없는 것이다. 물론 개인차가 있고, 습관이 되어서 지장이 없다고 할 변명은 하고 있지만 능률은 오르지 않고 헛된 시간만 낭비하게 될 것이다.

그러므로 학습 습관 형성에 있어서 길들이기에 달렸겠지만 될 수 있는 한 성공적인 능률향상을 위한다면 순서대로 한 가지씩 끝맺음 하는 것이 정신건강에도 좋고 또한 정신집중이 잘 되고 능률이 오른다는 것을 항상 염두에 두어 실천하도록 해야 한다.

(6) 一定時間의 持念

바람직한 관념을 일정한 시간 지속해 나가는 것이 지념이며 이것은 자기암시에 있어서 반드시 꼭 필요한 것이다. 흔히 아이들은 끈기력, 지속력이 미약하여 오랜 시간을 꾸준히 지켜나갈 줄 모른다. 이것은 어른들도 마찬가지이다. 공부를 하든지 일을 하든지 또는 놀든지 간에 시간을 정해 놓았으면 그 시간을 지키는 습관을 길러 주어야 한다. 아무리 바쁘더라도(학생들이 바쁠 필요가 있을지 모르나) 하던 일을 중단하고 또 다른 일을 시작하고 또 끝내기도 전에 다른 일… 이렇게 시작만 하다보면 끝맺음이 전혀 이루어질 수 없다. 그러므로 일단 시작한 일은 계획을 세워 놓은 수준에 알맞게 지켜나갈 줄 아는 인내력과 지속력을 키워 주어야 목표한 바를 성취할 수 있게 되는 것이다.

(7) 心身의 弛緩

마음의 긴장을 풀고 조마조마한 마음을 제거하고 심신을 편하게 이완시켜야 한다. 요즘 학생들은 "수험 공포증", "숙제 공포증", "체벌 공포증", "미래의 불안감" 등 초조감을 많이 가지고 있다. 이것은 학생들 스스로가 지닌 그러한 불안·공포증이라기보다는 외부 환경적 요인이 많이 작용되어 심신의 안정을 이루지 못하는 데 원인이 있다. 어머니들은 커다란 기대감 속에서 자녀들을 구속, 속박하고 있다. 예를 들면 공부가 인생의 전부가 아니고 부모 자신들도 어렸을 때 놀기 좋아하고 부모의 말을 잘 듣지 않고 망나니 노릇도 많이 저질렀을 것이다. 그리고 뛰어나게 공부를 잘 했거나 일류 학교에 들어갔다든가 현재 성공적인 사람이 되지도 못한 형편임에도 불구하고 자녀에게만 무조건 잘하기를 요구하면서 자녀들을 볼 때마다 "공부해라", "숙제해라"안하면 윽박지르고 야단치고, 귀가 따갑게 "공부", "공부"를 강요하고 있다. 그래서 학생들은 어머니를 아버지보다 더 무서워하는 경향이 짙어가고 있다. 옛날에는 "엄부자모"였던 가정교육의 형태가 이제는 바뀌어·져서 "엄모자부"가 되었으니 부권이 하락되고 여권이 신장된 것인지, 극성적인 어머니의 강요는 학생들로 하여금 쉽사리 "공부공포증"으로 몰아가고 있다. 물론 공부가 학생의 본분이요 직업이라고까지 말하지만 너무 심한 강요는 불안·공포증을 일으키게 된다. 그러면, 이러한 정신적 불안이나 공포증이 신경을 자극하여 정신질환에 영향을 끼치게 된다.

따라서 적절한 휴식과 오락 등 여유 있게 시간을 조절하면서 부드럽게 학습을 할 수 있도록 도입시키는 기술의 개발이 필요하다. 공부가 즐거운 것이라는 것을 학생들이 알 수 있도록 알맞은 분위기 조성과 칭찬 등의 찬사를 아끼지 말아야 하며, 몸과 마음이 안정될 수 있도록 편안한 자세를 갖도록 마련하는 것이 필요하다.

8) 積極的인 思考를 위한 努力

일생 중에서 퇴보와 좌절로 이끄는 것은 소극적인 사고방식이다. 소극적인 사고방식을 제거하는 첫째의 중요성은 자기의 책임을 남에게 전가시키지 않는 것이다. 우리 인간은 누구나 무한한 능력을 가진 두뇌를 가지고 있다.
그러므로 자기변명을 해서는 안된다.

창조력이란 어떠한 적극적인 사고를 가진 사람이 여러 가지 어려운 문제에 부딪칠 때 그 문제를 해결함에 있어 적극적인 사고방식으로 대하는 것이다.

그렇다면 어떻게 해야 자신을 일으킬 수 있는가? 그것은 자신의 잠재력을 일깨울 때 일어날 수 있다. 다시 말해서 "불가능의 덫"을 헐어 버려야 한다. 그 불가능의 덫이란 무엇을 의미하는가? 할 수 없다고 생각하는 자신의 결심을 제거하는 것이다. 그러나 형편을 잘 관찰해 보고 역경을 딛고 일어서는 지혜를 가져야 한다. 그러면 어떠한 문제도 끈기·지구력·지속력에 의해 극복될 수 있다.

사람에게는 누구나 다 무한한 가능성이 있다. 그런데 이 가능성은 각자 스스로 마음속에 있는 불가능의 덫에 사로잡혀 그 기회를 상실하고 있다. 인간에게서 "꿈"은 대단히 중요하다. 인간이 꿈을 갖고 그 꿈을 그려보며 어떤 가능성을 확신하는 능력보다 더 큰 능력은 없다. 인간으로서의 창조적 상상력을 마음의 불가능의 덫에서 해방시키지 못한 채 살다가 죽는 사람보다 더 비극적인 삶은 없을 것이다.

실패는 결코 죄악이 아니다. 오히려 목표를 낮게 세우는 것이 죄악임을 명심하라. 참된 실패는 자신이 할 수 있는 능력만큼 높이 도달하지 못한 실패이다. 이 세상 어떤 사람도 분명한 실패의 쓴 맛을 체험하지 않고는 그 자신이 성공하였다는 사실을 의미있게 깨달을 수는 없다.

반드시 이룰 수 있다는 신념을 가져라. "나는 그것을 할 수 없어 ! 그것은 나에게 결코 되어지지 않을 거야" 이러한 부정적인 사상이나 사고는 마음속의 불가능의 덫이 될 것이다. 그러므로 이러한 속박의 쇠사슬을 풀고 열등감으로부터 과감히 벗어나야 한다. 원하기만 하면 원하는 대로 될 것이라는 꿈을 자신감 있게 크게 가져야 한다. 인간의 가능성을 믿고 실천하라. 성의를 다하면 하늘이 돕는다는 말을 상기하면서 실행하는 것이다.

영국의 명언에 의하면 "청소년들이여, 대망을 가져라(Boys! be ambitious)."는 구절이 있다. 하나의 목표를 세우기에 앞서 머리 속에 그 목표물을 먼저 그려보라. 그러나 항상 이와 같은 말을 명심해야 할 것이다. "Hitch your wagon to a star but keep your feet on the ground"이다. 즉, 대망을 품어라. 그러나 현실을 무시해서는 안된다.

당신은 분명히 성공할 수 있다. 그러자면 A: 적극적인 사고를 가져라(Affirm) B: 믿음을 가져라(Believe) C:결단력을 가져라(Choose). 속박에서 벗어나 이와 같은 A, B, C를 지켜 행할 때 성공할 수 있는 것이다.

에머슨은 기발한 진리를 말하고 있다. "할 수 있다고 믿는 자가 승리한다."그리고 그는 다음과 같이 덧붙여 말하고 있다. "당신이 두려워하고 있는 일을 실천하라. 그러면 그 두려움은 없어질 것이다."

따라서 우리는 무슨 일이고 계획을 세워 추진할 때 이것이 잘 될 것인가 미리 두려워할 것이 아니라 할 수 있다는 긍정적 자세가 목표를 향하는 지름길이 되는 것임을 인식하여야 한다.

2 . 發達過程에 따른 指導方向

1) 發達過程에 의한 指導

극기심을 키우기 위해서는 먼저 인간의 발달과정을 토대로 주지시켜야 될 것이다. 왜냐하면 학생들을 지도할 때 그들의 신체적, 정서적, 시적, 사회적 특징과 과정을 이해하지 못하고 성인의 지각수준에서 지도한다면 크나큰 부작용과 수용적 자세가 되지 못할 것이며 그들의 능력수준과 가치관, 태도 형성과정에 도달될는지도

모르는 형편이므로 발달과정상의 여러 특징을 살펴보고 이에 적합한 대응책을 펴나가야 될 것이다. 일반적으로 중·고등학교 학생들은 발달단계로 보아 청년기에 속하므로 이 청년기의 발달과정을 먼저 이해해야 되므로 종합적으로 소개하면 다음과 같다.

이 구분은 헤비거스트의 발달과정을 분류한 청소년기(13세~23세)의 특징이다.

① 남녀간의 새롭고 보다 성숙한 관계를 이룩하는 것을 배운다.
② 남성으로서의 역할과 여성으로서의 역할이 무엇인가를 학습한다.
③ 부모나 다른 성인과의 정서적 독립을 이룩한다.
④ 경제적 독립의 필요성을 절실히 느낀다.
⑤ 직업의 선택과 그 준비에 몰두한다.
⑥ 시민적 자질로서 필요한 지적 기능과 개념이 발달한다.
⑦ 결혼과 가정생활의 준비를 한다.
⑧ 적절한 과학적 지식에 맞추어 가치관과 윤리체계를 습득한다.
⑨ 사회적으로 책임 있는 행동을 하며 이를 실천하는 습관을 기른다.
⑩ 자기체격을 인정하고 신체를 효과적으로 구사하는 것을 인식한다.

이와 같은 청년기의 발달과업을 포괄적으로 인식하였다면, 좀더 구체적인 청년기의 특징을 이해하고 난 다음에 이에 따른 적합한 지도방향을 제시할 것이다.

청년기는 오래 전부터 청년 자신이나 부모에게 더욱 어려운 시기로 간주되어 왔다. 기원전 300년 전에 아리스토텔레스는 "청년은 격정적이고 성급하고 자기충동에 따라 행동하기 쉽다. 젊은이가 잘못을 저지른다면 그것은 언제나 부절제와 과장 때문이다. 그들은 사랑이든 미움이든 아니면 그 어떤 것이든 간에 도가 지나치다. 그들은 자신이 전지하다고 생각하며 자기들 주장이 언제나 옳다고 생각한다." 또한 플라톤은 청년들이란 "정열이 넘쳐서 수단방법을 가리지 않으며 처음으로 지혜를 맛보고는 좋아서 모든 사람을 논쟁으로 시달리게 한다"고 말했다. 심리적으로 복잡한 발달단계라는 청년기 개념은 19세기 말엽 전까지는 등장하지 않았다. 그 전까지는 "무분별한 충동"을 제어할 줄 알도록 가르쳐야 할 필요가 있다는 사실만 강조해 왔다. 그러나 학교에서 젊은이의 연령을 구별하는 추세가 증가하고 산업화 된 기술사회에서 직업에 종사하기 시작하는 시기가 늦어짐에 따라 이 연령집단에 대한 사회의 관심이 높아졌다. 청년발달의 창시자인 스탠리 홀(Stanley Hall)은 청년기를 신체적, 정신적, 정서적 가능성의 시기일 뿐만 아니라 낭만적인 개념으로 "폭풍과 스트레스"의 시기라고 불렀다.

그러면 청년기에는 왜 이러한 특징을 가지고 있는가? 청년기 특히 청년전기가 무엇보다 변화—즉 신체적, 성적, 심리적, 인지적 변화뿐만 아니라 사회적 요구의 변화—의 시기라는 점이다. 일찍이 겪어보지 못했던 급격한 신체적 변화에 적응하기도 바쁜 시기에 우리가 숱한 사회적 요구—독립심, 동료 및 성인과의 관계의 변화, 성적 적응, 교육 및 직업의 준비—를 강조한다는 것은 너무나 부담을 주는 일이다.

일반사회에서는 청년을 긍정적인 측면에서 "병든 사회의 유일한 희망"이라고 부르는가 하면, 부정적인 측면에서 "내부의 적"이라고 부르기도 한다. 물론 현대 청년들은 공통적인 경험과 문제들을 많이 안고 있고, 사춘기의 생리적, 신체적 변화와 그 이후의 청년기의 성장과정을 다같이 겪고 있다. 또 어떤 청년이나 자기 자신의 정체감(identity)—내가 누구인가? 라는 예부터 내려오는 질문에 대한 일종의 개인적인 대답—의 확립이라는 문제에 직면하고 있다. 또 어떤 청년이나 궁극적으로 사회의 독립적인 구성원으로서의 생활비를 벌고 자기 갈 길–을 가야 할 현실적 요구에 직면하게 된다.

청년기의 성숙과정을 보면, 신체적 성장, 몸 크기의 변화, 호르몬 변화, 성적 충동의 증가, 일차적 및 이차적 성특징의 발달, 인지능력의 성장 및 분화가 급격하게 일어난다.

이와 같은 신체적 특징의 변화와 아울러 정신적 성장, 즉 인지능력이 계속해서 발달된다. 만일 추상적 사고단계–피아제(Piaget)가 "이차적 조작"이라고 말한 능력 또는 이 세상에 실재하는 사물과 직접 관련성이 없는 추상적 가정적 진술에 대해 사고할 수 있는 능력에 도달하지 못하면 미적분과 같은 문제를 풀 수 없고 시에서도 은유를 사용할 수 없다.

이러한 청년기의 추상적 사고단계는 인지적 발달에 영향을 받는다는 사실을 분명히 알 수 있다. 부모와 자녀 관계의 발전적 변화, 성격적인 특성과 심리적인 방어기제의 출현, 미래의 교육 및 직업목표의 계획, 사회적·개인적·정치적 가치에 대한 관심, 나아가 개인의 정체감에 대한 관심 등의 모든 것이 인지적 변화에 의해 큰 영향을 받는다.

청년기의 인지적 발달은 부모와 사회에 대한 태도와 가치에만 반영되는 것이 아니라 이 시기의 자아에 대한 태도, 성격특성, 방어기제도 반영된다.

청년기에는 가설적 가능성들을 고려하고 "자신의 사고를 대상으로 삼아 추리하는 능력"이 증대되고 또 이 시기의 신체적, 생리적, 심리적 변화에 의한 저항할 수 없거나 때로는 고통스러운 자의식을 가지기 때문에 보다 내성적이고 분석적인 경향을 띠기 쉽다.

끝으로 청년이 실제적으로 성인이 되려면 신체적인 성숙뿐만 아니라 여러 가지 기본적인 발달과업을 성취해야 한다. 다시 말해 사춘기의 신체적인 변화와 그 이후 청년기의 성장과 성적인 성숙에 따른 새로운 감정에 적응할 수 있어야 하고 부모나 보호자로부터 떨어져 나가 독립성을 발달시켜야 하고 동성 및 이성의 동료들과 협조하고 효과적인 사회적 관계를 수립해야 하며 또 진로를 선택하고 이에 대한 준비를 하여야 한다.

이와 같은 발달과정에 따라서 지도자는 학생들이 수행해 나아가야 할 지도방향에 대해서 몇 가지 언급하고자 한다.

학생들의 의식구조나 가치관은 아직 뚜렷하게 형성되어 있지 못하고 매우 불안한 상태에 놓여 있다. 그러나 미래에 대한 포부나 이상을 향해 장래에 내가 무엇을 해야 할 것인가에 확실한 이정표가 서 있지 못하나 계속 탐색하고 있다. 그렇지만 일반적으로 연약한 마음으로 새로이 접하게 될 환경에 대하여 적응하는 데 적극성이 적다. 막연하고 구름 잡는 얘기이기 때문이다.

학생들이 당면하고 있는 문제는 학업상의 문제, 교우관계, 이성문제, 진학 또는 직업선택의 문제, 성격, 도덕적인 문제, 건강문제, 경제적 문제, 종교문제, 이데올로기 문제, 결혼문제, 가치관 문제 등 그들이 겪고 있는 문제는 한두 가지가 아니고 복합적으로 얽혀 있다. 이러한 여러 가지 문제를 스스로 해결하고 적응하기 위해서는 적절하고도 객관적인 시도가 뒤따라야 정상적인 학교생활, 가정생활 등을 유지할 수 있게 된다. 나아가서는 정상적인 사회생활을 영위할 수 있게 된다.

첫째로, 나는 누구인가? 자신의 흥미, 능력, 적성, 인성에 대하여 돌아볼 수 있는 자기탐색, 잠재력을 알아낼 수 있도록 기회를 제공하고 객관적인 심리검사자료, 즉 지능, 적성, 흥미, 인성검사나 자아개념검사, 학력검사 등을 실시하여 적어도 자신의 잠재능력을 알아보도록 많은 객관적 자료를 이용하여 실시하고 그 결과를 깨닫게 하며 의문이 생겼을 때 친절히 대화를 통하여 자신을 인식시킬 수 있는 방법을 제도적 측면에서 강구하여야 한다.

둘째로, 자기표현 훈련을 위한 기회를 제공하여 정서적으로 스트레스를 갖지 않도록 집단대화의 시간을 많이 갖도록 기회를 제공한다. 그리고 미래와 적응생활에 대한 충분한 대화를 나누도록 한다.

셋째로, 특별활동시간을 잘 활용하여 자신의 능력이나 흥미가 같은 집단을 형성하여 교과목뿐만 아니라 특수 취미활동을 전개하여 취미를 기르고 창조적 활동에 관심을 갖도록 한다.

넷째로, 신체적 변화가 큰 시기이므로 마음껏 뛰놀고 활동할 수 있는, 학교내외에 체육시간의 활용으로 흥미를 유발할 수 있는 프로그램을 제시하여 체능, 체격, 건강생활을 유지할 수 있도록 한다. 건강한 신체, 건전한 마음이 길러졌을 때 모든 일에 의욕을 가질 수 있다. 그러므로 매일같이 일정한 시간은 신체단련 시간으로 할당하여 몸과 마음이 튼튼하도록 체육활동을 강화한다.

다섯째로, 이성에 대한 호기심이나 고민의 문제에 당면했을 때 이에 탐닉될 필요가 없이 건전한 스포츠 활동, 오락, 여가 활동을 찾아서 정신적 고민을 극복할 수 있도록 한다. 또한 자기의 취미 있는 분야에 몰두할 수 있도록 자신을 채찍질하고 학업분야에 매진하면 쉽게 해결될 수 있다. 경우에 따라서는 건전하게 이성의 친구도 사귀어 이성의 호기심을 제거할 수 있도록 성교육에도 관심을 가져야 한다.

여섯째로, 이상과 포부가 큰 시기이므로 이 같은 열망이 달성될 수 있는 정신력을 키워주도록 한다. 물론 자신의 능력을 참조하여 너무 현실과 거리가 먼 이상을 추구하면 실패율이 높고 만일 이루어지지 않았을 때 허탈감이나 낙망이 크면 좌절되고 인생을 포기하는 수가 많다.

그러므로 이상은 높게 갖되 현실을 무시하지 않는 방향으로 정신력, 투지력을 함양시키도록 하기 위하여 위대한 업적을 남긴 인물들의 위인전, 자서전 등을 탐독하도록 하여 위인들이 겪어온 좋은 결과를 거울로 삼아 자신의 행동에 진취적 의욕을 얻도록 유도하여야 한다.

인간은 누구나 욕심을 가지고 있다. 욕심이란 많을수록 그만큼 피곤한 것이다. 또 자신을 피곤하게 만든다. 왜냐하면 그 욕심을 이루려면 뭔가 사신이 움직여야 하기 때문이다. 성경에 의하면, 욕심은 죄를 잉태하고 이 죄를 지으면 사망을 초래한다고 하니 헛된 욕심을 버리라고 권하고 있지만 사실 인간이 욕심이 없으면 발전도 없고 죽은 생명과 다름이 없다. 그러므로 될수록 건전한 욕심 또는 욕망은 누구에게나 필요한 것이다. 욕심을 그릇된 방향으로 이끌어 가지 말고 자신의 발전을 위한 원동력으로 삼으면 긍정적 삶을 이룰 수 있게 된다.

일곱째로, 학생들이 가지고 있는 큰 고민 중의 하나는 진로에 대한 것으로 장차 어떤 직업을 선택하여 생계의 유지는 물론이고 만족하고 행복한 삶을 유지하며 자아실현을 할 수 있을 것인가에 매우 회의적이다.

우리 인생의 선택 중에 가장 중요한 것이 있다. 직업의 선택, 배우자의 선택, 종교의 선택, 친구의 선택이 그것이다. 그 중에서 직업의 선택이야말로 모든 선택 중 가장 중요하다.

수많은 직업 중에 나는 어느 분야를 선택하여 일생을 보람 있게 살아갈 수 있는 가에 지대한 관심을 가지고 있다. 그러므로 진학을 하든 취업을 하든 개인 환경에 따라 다르겠지만 우선 자신의 적성에 알맞은 직업선택이 되도록 지도되어야 할 것이다. 여태까지는 직업의 소중함을 덜 인식하고 천시해온 전통 때문에 꺼려했지만 앞으로 직업은 귀천이 없으며 누구나 적합한 직업선택이 중요한 지도과제로 취급되어야 한다.

따라서 초등학교 수준에서부터 중·고등학교 단계에 이르기까지 발달단계에 알맞은 진로인식, 진로탐색, 진로준비의 과정을 설정하여 적합한 진로준비가 이루어지도록 교과과정에 따른 교과교목과 함께 진로교육 직업교육을 가르치도록 하여야 한다. 이러한 일련의 교육과정을 통해서 자기인식, 탐색을 할 수 있고 진정한 자기완성의 길로 나아갈 수 있게 된다. 또한 자신을 객관적으로 잘 이해하였다면 거기에 자신을 발전시킬 수 있는 용기와 인내, 노력이 뒤따르도록 해야 한다.

2) 成長過程에 따른 克己訓練

유치원 어린이로부터 초등학교, 중학교, 고등학교 학생으로 점차 성장하면서 극기교육의 내용과 극기 훈련의 강도가 달라져야 할 것이다.

일반적으로 어렸을 때에는 부모의 과잉보호로 웬만한 버릇없는 행동도 그 어린이의 지적 성숙이 미달되었음을 이유로 문제 삼지 않을 뿐만 아니라 이러한 행동을 귀엽게 보고 비호하는 일까지 비일비재한 것이 사실이다. 그러나 이런 환경 속에서는 기본적인 생활습관이 체질화될 수 없을 것이다. 예의를 갖추지 못한 버릇없는 행동을 어렸을 때는 방치하다가 초등학교 상급학년이 되고 중학교·고등학교 학생이 되면 부모가 지나치게 간섭을 하게 되는 것이 우리의 현실이다.

생활습관은 어렸을 때는 엄격히 가르쳐야 하고 그가 성장함에 따라서 자율적인 행동을 도우면서 생활에 대한 간섭과 통제를 적절히 감소시켜 나가는 것이 정상적이라고 하겠다.

생활습관 뿐만 아니라 어렸을 때에 가능하면 옷을 적게 입혀 추운 기후를 이겨내며 자연의 변화에 적응하도록 하여야 할 것이다. 우리 조상들이 어렸을 때 하의를 입히지 않고 어린이를 키운 것은 강인한 체력과 건강한 몸으로 생활하도록 배려한 것으로 보여진다. 스위스에서 어린 아이들을 추운 겨울철에 양말을 신기지 않고 맨발로 등산을 시킨다든지, 오스트레일리아에서 갓 난 어린애를 바닷물 속에 넣어 스스로 헤엄치도록 지도한다든지, 소련에서 추위를 이겨내는 훈련을 위해서 찬바람이 부는 시베리아에서 어린이 행군을 시키는 사례 등에서 우리는 큰 교훈을 얻을 수 있다고 하겠다.

우리들의 자녀들이 어리면 어릴수록 그 지도방법은 엄격하고 타율적이어야 하며 인지적 측면보다는 행동적 측면을 중시하여야 한다. 이후 우리들의 자녀가 점차 성장함에 따라 그 지도 방법을 엄격한 훈련과 지도에서 점차 완화시켜 나가면서 자녀들의 의견을 존중하고 받아들이는 방향으로 나가야 할 것이다. 또 이와 병행해서 타율적 참여에서 자율적 참여로 점진적으로 유도해 나가야 할 것이다.

3. 家庭에서의 指導方向

1) 克己敎育의 障碍要因 除去

첫째, 왜 극기교육 내지 극기생활이 필요한지를 알고 그 지도 방향을 설정해야 할 것이다. 요즘 자라나는 청소년들은 자제력과 주의 집중력이 부족하고 하던 일을 끝까지 해내는 끈기가 부족하며 편리만을 추구하고 어려운 일을 회피하려는 경향이 있기 때문에 자기 욕구가 좌절될 때나 어려움을 당할 때는 인내력과 저항력을 잃어 파국을 맞게 된다는 것을 인식시켜야 한다.

둘째, 극기라는 것은 외부와의 싸움이 아니라 자기 자신과의 싸움이라는 것을 인식시키고 극기생활이 어떤 것인가를 깨닫도록 해야 할 것이다.
극기는 우리 생활에서 먼 곳에 있는 것이 아니고 우리의 마음속에 있는 것이다.

셋째, 극기교육의 큰 장애요인 중의 하나는 가정에서의 지나친 과잉보호라고 하겠다. 자녀에 대한 부모의 과잉보호는 투지와 용기를 잃는 심약한 자녀를 만든다. 극기는 결국 자기 자신과의 싸움인데 부모가 자녀들의 욕구충족을 원하는 대로 들어주면 강인한 의지력을 키워 줄 수가 없게 되는 것이다.

따라서 가정에서 부모가 자녀들에게 가르쳐 주어야 할 것은 어려움을 이겨내는 슬기와 그 속에서 겪는 고통과 땀의 의미를 일깨워 주는 일이다. 어린이들은 어려서부터 노력의 고통과 기쁨을 맛보아 가며 성장해야 커서도 땀 흘리며 일하는 사람을 우러러 볼 줄 알며 또 노력의 가치를 이해할 수 있게 되는 것이다.

"젊어서 고생은 사서도 한다", "자식을 사랑하거든 여행을 시켜라"는 말이 자녀를 갖고 있는 우리 부모들에 대한 값비싼 교훈이다.

세상의 많은 어려운 일들을 하나하나 극복하면서 인생의 참 뜻을 이해하게 되고, 험한 여행길에서 부모와 가정, 자기가 자라난 고향을 재발견하게 될 것이며 그러한 가운데 험한 세파를 헤쳐 나갈 용기와 신념을 배울 수 있게 되므로 값진 것이다.

2) 精神的 克己

극기는 육체적인 고통을 감내하는 일도 중요하지만 정신적인 요소가 강한 것이라고 하겠다. 육체적인 극기는 정신적 의지력이 뒤따름으로써만이 가능한 것이다.

극기는 타율적인 물리적 힘에 의해서 이룩되는 것은 아니다. 극기심을 배양하기 위한 훈련 프로그램이 외부적인 힘에 의존하여 진행된다고 해서 그것을 타율적이라고 말해서는 안되겠다. 본인의 명시적 묵시적·동의나 참여 없이 참된 효과를 기대하기는 어렵다.

그러므로 극기교육에 있어서는 정신적인 요소를 중시해야 하며 교육을 받고 있는 어린이나 학생들을 주체적으로 파악하여 그들 자신의 자율적 능력을 인정해 주어야 한다.

극기는 자기 자신과의 싸움이기 때문에 이것을 할 수 있는 사람은 오직 자기 자신이라는 데 대한 확신을 가져야 한다.

극기는 어려운 일이기 때문에 이를 극복해 내는 것이 값진 것이라는 것을 우리 청소년들에게 인식시켜 주어야 한다. 자기를 억제하는 사람은 가장 굳센 사람이며 자기를 이기는 것보다 더 큰 승리는 없다. 자기 자신을 지배할 수 있는 사람만이 다른 사람을 지배할 수 있다는 확고한 신념을 넣어 주는 교육이 필요한 것이며 이러한 체험을 통해 터득되도록 지도해야 한다.

흔히 청소년 비행의 원인을 유해환경, 매스 커뮤니케이션의 영향, 물질만능의 사회풍조에 돌리는 경향이 있으나 초·중·고 학생들은 그들 나름대로 악을 가릴 줄 아는 지혜와 능력을 갖추고 있다는 것을 간과해서는 안될 것이다.

이들은 완전하다고 말할 수는 없지만 어느 정도의 자율적 행동이 가능하다고 보여지기 때문에 청소년 비행의 책임을 사회 병리현상에 전적으로 미룰 것이 아니라 자기 행동의 결과에 대하여 책임을 질 줄 알아야 한다. 따라서 극기교육에 있어서는 자발적인 참여를 유도하는 것이 바람직하다고 할 것이다.

정신적 극기에는 항상 고민이 따르기 마련이다. 이 고민을 이겨내는 일이 무엇인가를 발견해야 한다. 언제나 바쁘게 일에 몰두하되 즐거운 마음으로 몰두한다면 이러한 고민으로부터 벗어날 수 있을 것이며 분노, 좌절, 혼란, 무력감 등도 극복할 수 있을 것이다.

3) 憤怒의 處理

우리는 복잡하고 고도로 산업화 된 사회 속에서 살아가고 있다. 따라서 가정 안팎에서 매일같이 우리를 분노시키는 여러 가지 상황에 직면하게 된다. 자기의 분노를 건설적인 방법으로 처리하여야 한다.

분노는 일면 생산적이며 건전한 감정이지만 일차적으로 그것을 참고 진정시키는 일이 필요하다. 자기의 감정을 쉽사리 발산시키는 것은 극기심이 부족하기 때문이다.

그러나 분노를 참고 억압하는 일에는 한계가 있다고 본다. 분노의 감정을 느끼는 것은 건전하고 정상적이며 적절한 것이다. 그러나 분노심이 계속 억압당할 때는 육체적·정신적 건강 모두가 악화되기 마련이다. 극기는 그 자체가 인간의 의지와 심성에 도움을 줄 때 지킬 가치가 있는 것이지 무조건 강조될 성질의 것은 아니다.

분노는 배출구가 필요하다. 분노심을 건설적으로 발산시킴으로써 정신적 육체적 질환을 예방하거나 추방할 수 있는 것이다. 적당한 운동을 하거나 여행, 등산 등 각종 취미활동에 참여하거나 또는 여러 사람과 대화를 나누는 등 각자의 사정에 따라 얼마든지 개발할 수 있을 것이다.

부모들은 자녀들의 분노와 격정을 이해하고 받아들여 그들의 성장과정에서 쌓인 분노, 좌절, 혼란, 무력감 등을 발산하도록 도와주어야 할 것이다. 이러한 분노의 발산은 극기의 긴장감을 정신적으로 해소하는 방법이라고 하겠다.

4) 規則的 生活

극기는 자기의 개인적 욕구를 참고 이를 극복함으로써 이루어지는 것으로 공중도덕을 지키고 질서를 생활화하기 위해서는 개인적인 욕구를 억제하여 불편을 참고 견디면서 다른 사람에게 피해를 주지 않아야 하기 때문에 극기하는 마음의 자세가 필요하게 된다. 규칙적인 생활은 어릴 때부터 몸소 실천함으로써 가능하나 오랜 기간 같은 행동을 계속하여 실천하다 보면 바람직한 행동이 습관화 되기에 이르는 것이다.

극기생활을 통해 공중도덕을 지키고 규칙적 생활과 개인의 절도있는 생활을 꾸려가는 것이 불편하고 괴로운 것만은 아니고 사회 전체를 위해서 편리하고 아름다운 것임을 자녀들에게 가르쳐 주어야 할 것이다. 자기만을 알고 자기의 편의만을 생각하는 극단적 이기주의가 팽배한 사회현실 속에서 극기생활은 사회를 명랑하게 만드는 역할을 하게 될 것이 분명하다.

5) 일관성 있는 學父母의 態度

극기심을 배양하는 일은 고통을 참고 이기는 것을 전제로 하기 때문에 많은 경우 부모들은 자녀들에 대하여 어떤 때에는 너무 엄격하게 규제하고, 어떤 경우에는 같은 상황하에서도 유연하게 대처함으로써 자녀들의 판단에 혼란을 가져오고 그들 행동을 무분별하게 만드는 수가 많다.

자녀의 행동에 대하여 부모의 의견이 엇갈린다든지 부모 중 한쪽은 격려를 하고 다른 한쪽은 질책을 한다면 이것은 큰 문제이다. 물론 규제와 칭찬을 유효적절하게 행사하는 것은 생활지도에 있어서 중요한 일이지만 극기하는 생활 자세를 습관화하려면 적어도 부모는 일관성 있는 태도로 자녀들을 대하여야 할 것이다.

또 어떤 때에는 자녀의 행동이 옳다고 두둔하다가 어떤 때에는 그르다고 질책을 한다면 그것은 자녀들의 인성형성에 많은 문제점을 낳을 수도 있는 것이다.

학부모의 일관성 있는 지도야말로 극기교육의 기초가 된다고 해도 지나친 말은 아닐 것이다. 더 나아가 사회의 가치관이나 풍조도 험한 난관을 이겨내고 땀 흘리며 일하는 사람들을 존중하고 위하는 풍토가 조성되어야지 그렇지 못할 때에는 가정에서 극기의 참뜻을 가르칠 수가 없을 것이다. 가정에서 가르치는 내용과 사회현실 속에서 이루어지는 현상 간에 큰 승리가 발견된다면 자녀들은 부모의 말을 불신하게 될 것이기 때문에 이에 대한 적절한 지도가 요망된다고 하겠다.

4. 學校에서의 指導方向

1) 學校敎育의 役割에 대한 設計

학교는 여러 종류의 학원과는 다르다. 지식전수만 생각한다면 학원이 학교보다 더 효과적일 수 있을 것이다. 입시준비만을 생각한다면 학원이 학교보다 능률을 올릴 수 있을 것이다. 그러나 학교는 지식이나 기술을 주입하고 체득시키는 기관만은 아니다. 상급학교 입학 준비를 위한 기관도 아니고 취업을 위한 준비기관만도 아니다. 그러한 것들은 학교 교육에서 중요한 부분이기는 하지만 궁극적 목적은 전인교육에 있다고 하겠다.

흔히 지, 덕, 체를 기르는 것이 전인교육이라고 하지만 그 중에서 인간교육의 주류는 덕의 육성이 될 것이다.

땀 흘리는 교육을 통해서 근로, 봉사의 보람을 느끼고, 단체생활을 통해서 질서와 협동을 익히며 각자가 본능적인 욕구를 자제하고 참으면서 인생의 참뜻을 인식하는 것이다.

따라서 학교교육에서 극기의 필요성과 중요성을 학부모에게 이해시키려면 학교는 학원과 달리 전인교육의 측면에서 그 역할을 담당하고 있다는 사실을 충분히 납득시키는 방향으로 노력을 기울여야 할 것이다.

2) 바른 生活習慣 갖기

인간은 우선 남과의 싸움보다 자기 자신과의 싸움에서 승리해야 한다. 부지런한 자기와 게으른 자기, 용감한 자기와 비겁한 자기, 참된 자기와 거짓된 자기와의 대결이다.

부지런하고 용감하고 참된 자기 자신을 발견하려면 주위의 모든 유혹을 물리쳐 자신의 개인적 욕망을 자제하여야 한다. 고통을 참고 이기지 못하고 고독감에 사로잡히거나 비관한 나머지 자포자기에 빠지고 혹은 눈앞의 쾌락에 도취하여 삶을 허송하는 사람들이 많이 있다.

원래 인간에게는 고통에 대처할 용기와 지혜가 있는 것이다. 따라서 자신에게 닥친 고통을 극복하고야 말겠다는 정신력만 잃어버리지 않는다면 어려운 일을 슬기롭게 처리해나갈 수 있을 것이다.

극기하는 마음과 자세로 하루의 생활설계를 알차게 세워 어떤 어려움이 있더라도 꾸준히 참고 실천하는 버릇을 어릴 때부터 몸에 배도록 훈련하여야 한다.

정확하고 세밀한 생활계획표를 작성하여 실천하도록 한다. 하루의 생활계획을 알차게 세워 어떤 어려움이 있더라도 꾸준히 참고 실천해 나가면 자연히 나쁜 습관은 없어지고 바른 생활습관이 몸에 배게 된다. 기상시간과 취침시간을 엄격히 지키고, 절도 있는 일과시간과 휴식시간을 가지면서 규칙적이고 질서 있는 바른 생활을 일정기간 지속적으로 유지시켜 바른 생활습관을 가지도록 해야 하겠다.

그러자면 학교에서는 담임교사가 중심이 되어 모든 교사가 협력하여 지각·결석·조퇴·결과와 같은 근태상황을 점검하고 주의집중하는 수업태도와 바른 자세가 되도록 세심한 배려를 해야 할 것이고 개인 생활표 실천은 가정과 서로 협력하여 꾸준히 지켜나가도록 지도하여야 할 것이다.

3) 教料活動을 통한 克己教育

우리 민족은 외세의 도전에도 강하고 끈질긴 저항으로 나라를 지켜 왔다. 사회, 역사, 국어, 국민윤리 교과에서는 우리 민족의 국난 극복사를 가르쳐야 한다.

나라를 잃고 타민족의 가혹한 지배를 받았던 민족의 치욕적 역사를 기억하고 국토 분단과 민족상잔의 대결이 계속되고 있는 뼈아픈 현실을 잊지 않고 투철한 역사의식으로 현재의 우리의 처지를 정확히 이해하면서 현실 문제를 건설적으로 해결해 나가도록 한다.

우리가 헤쳐 나가야 할 국내외적 파도와 바람은 거세고 차가운 것이며 무서운 태풍을 일게 할 먹구름은 항상 우리 주위를 맴돌고 있음을 인식시켜 이러한 시련은 각자가 극기를 통해 나라의 어려움을 함께 이겨낼 수 있다는 확신을 가지도록 한다.

또 극기를 개인적 수양의 지침으로 삼도록 하고 극기복례의 참뜻과 자아실현은 자기중심성의 극복에 있음을 일러준다. 바른 수업태도와 예의범절은 극기를 통해 이룩되는 것이므로 모든 교사들은 교과시간은 물론 학교내외 생활전반을 통하여 적절한 지도를 행하여야 할 것이다.

체육교과와 교련교과에서는 학생들의 심신단련을 위해서 치밀한 지도계획을 수립하여 시행하는 것이 좋을 것이다.

특히 교련교과는 학생들에게 극기활동을 통해서 인내심을 기르고 정신력을 강화할 필요가 있는 것이다. 흔히 우리 주위에서는 "그 사람 군대 갔다 오더니 새 사람 되었다"는 말을 듣는 일이 있다. 그 말의 뜻은 군대에 입영해서 극기할 줄 아는 사람이 되었다는 뜻으로 해석되어진다. 교련교과에서는 무기를 다룰 줄 아는 방법이나 요령을 터득하는 것보다도 강인한 정신력을 강화하는 방향에 비중을 두어야 하리라고 믿는다.

4) 特別活動을 통한 克己敎育

각급 학교는 특별활동을 활성화하여 개인의 특기를 신장하고 취미활동을 통하여 정서적 순화를 도모해야 할 것이나 이때 무엇보다도 유의해야 할 것은 그러한 활동을 통하여 극기심을 길러줄 수 있다고 한다면 그러한 일에 많은 관심을 가져야 될 것이다.

첫째, 각종 체육활동을 강화하는 것이 좋겠다. 달리기를 비롯한 육상경기, 그중에서도 봄·가을로 단축 마라톤 경기를 실시하는 것도 권장할 만하다. 역도·복싱·레슬링 등 투기종목에 참가하는 것도 필요할 것이며 축구를 비롯한 각종 구기종목에 참가하는 것도 좋을 것이다.

둘째, 각종 수련활동 계획에 참여한다. 집단야영을 통해서 우정과 봉사와 협동을 배울 수 있게 되고 조국과 부모를 생각하게 된다. 또 집단적 사고를 통하여 왜곡된 가치관을 바꾸어 줄 수도 있는 것이다.

등산 활동은 극기심 배양에 좋은 프로그램이 될 수 있을 것이다. 여러 집단으로 나누어 주말이나 방학을 이용하여 등산대회나 구보대회에 참가하는 것도 좋고 가능하다면 해양훈련에 참가한다면 더할 나위 없이 좋은 일이 될 것이다.

셋째, 인성교육 프로그램을 적용해 본다. 집단상담 내지 집단 심성훈련을 통해서 자기의 생활을 반성하고 소극적이고 부정적인 사고의 생활을 적극적이고 긍정적인 사고방식으로 바꿀 수 있을 것이다. 극기라고 해서 무조건 참고 견디라는 뜻은 아니다. 자기중심인 사고에서 탈피하는 자아실현이 바로 극기라고 할 수 있겠다.

넷째, 소풍, 수학여행에 대한 종래의 관념을 수정할 필요가 있다. 소풍과 수학여행을 유람, 놀이, 행락이 아닌 봉사와 극기 훈련의 계기로 삼고, 그런 방향으로 충실한 프로그램이 되도록 개발하면 좋을 것이다. 앞으로 수학여행을 조국순례라는 이름으로 바꾸어 야영하면서 조국의 산하와 고적을 두루 살펴보는 극기 훈련으로 대체하는 것도 바람직할 것이다.

5) 消費生活에서의 克己

요즘 학생들은 물건을 아낄 줄 모른다고 개탄하는 사람이 많이 있다. 학교 교무실에서는 시계·학용품·신발 등 많은 습득물이 쌓여도 찾아가지 않는다고 하며, 많은 학생들이 큰 필요성을 느끼지 못하면서 다른 아이들이 사니까 덩달아 물건을 구매해 놓고 제대로 사용하지도 않고 팽개쳐 버리는 경우가 많다고 한다.

우리나라는 부존자원이 빈약한 나라로 원유를 비롯하여 대부분의 원자재를 외국에서 도입하고 있는 실정이다. 국토는 좁고 인구는 많아 인구밀도는 세계 3위(가용면적으로 본 일구밀도는 세계 1위)인데다가 자본축적이 되어 있지 않아 부끄럽게도 외채가 상당히 많은 것으로 알려져 있다.

지금 우리 경제의 만병통치약은 절약밖에 없다. 지속적인 경제성장을 이룩하자면 국내저축, 특히 가계저축을 늘려야 한다. 그러자면 각 개인이 경제생활에서 소비를 줄여 고통을 참고 견디면서 저축을 늘려 나가는 길밖에 다른 도리가 없다.

오늘날 우리가 흔히 "국산품 애용"을 들고 나오지만 우리나라에서 생산되는 대부분의 공산품의 원료가 외국에서 도입한 원자재이므로 엄밀히 보면 외국제나 다름없다. 따라서 앞으로는 국산품 애용보다 물자절약을 강조하여 혁신적인 검소한 소비생활을 추진해 나가야 할 것이다.

이러한 물자절약과 소비생활의 합리화는 개인적 욕망을 억제하고 이를 조절함으로써 가능한 것이기 때문에 이것도 역시 극기생활을 통해서만이 달성될 수 있는 것이라고 할 것이다. 예를 들면, 에너지 절약은 많은 불편을 참고 아끼면서 더위와 추위를 이겨내야 가능한 것이다. 소비생활에서의 극기는 개인의 생활은 물론 국가 발전에도 크게 기여한다고 할 것이다.

6) 幼稚園·初·中·高 段階에 따른 指導 方向

한 인간의 생애가 유아기, 아동기, 소년기를 거쳐 청년기로 진행되는데 우리의 학교교육은 가정에서와 마찬가지로 그 지도방법이 갈수록 엄격해지는 것 같다.

나쁜 버릇은 어릴 때 고쳐주는 것이 효과적인데도 어린이는 아직 판단능력이 부족하고 미숙하다는 이유로 관용을 하기 마련이다. 학교의 규율이 초등학교보다 중학교가 더 엄하고, 중학교에 비해서는 고등학교가 더 엄하여 규제가 날이 갈수록 강화되고 있는 것이 현실이다. 한 인간에게 좋은 습성을 갖게 해주는 것은 어린 시절일수록 효과적이라고 한다. 가역성은 많은 경험을 쌓은 청년기보다 경험이 적은 어린이가 더 높다고 할 것이다.

따라서 나쁜 버릇은 유치원, 초등학교 시절에 철저히 지도하여 시정해야 한다. 유치원과 초등학교 때부터 엄격한 훈련으로 인간으로서의 기본생활을 습관화시키고, 극단적 이기주의에 입각한 행동은 배제토록 해야 한다.

그러자면 여기에는 교사의 권위와 사랑이 수반되어야 한다. 자발적 참여를 권장하지만 여의치 않을 때에는 타율적 강제도 필요할 것이다. 유치원·초·중·고교의 단계에 따른 생활지도는 행동적 측면을 중시하여 엄격한 훈련과 타율적 참여로부터 출발하여 점차 부드러운 훈련과 자발적 참여의 방향으로 추진되어야 할 것이다.

극기교육의 실효를 높이기 위해서는 학교 자체의 교육훈련도 중요하지만 학부모와 사회의 이해와 협조가 더욱 필요하다. 학교가 지식위주의 공부만 하는 것이라는 인식을 갖고 있는 풍토하에서는 많은 오해를 불러일으킬 수도 있기 때문이다.

또 다른 한편으로는 종교단체와 청소년 단체가 추진하는 극기 훈련과 집단 훈련 프로그램에 참여하는 것도 좋을 것이다.

MRA, RCY, 청소년연맹, BS, GS, YMCA에서 추진하고 있는 각종 수련대회에 참석하도록 하고 기독교·천주교·불교 등에서 행하는 명상의 시간, 묵상의 시간과 마음을 한곳에 집중하는 정신수양을 생활화하는 것도 매우 뜻있는 일이 될 것이다.

7) 敎師의 일관성 있는 指導

학교의 생활지도 방침은 일관성을 견지해야 한다. 학칙준수는 엄격해야 하고 학생 개인의 사정을 감안할 때는 신중을 기해야 할 것이다.

담임교사가 학생을 대하는 태도는 항상 일관성이 있어야지 그렇지 못할 때에는 학생들은 어떤 방향으로 자기의 행동 좌표를 결정해야 할지 몰라 당황하게 되고 기본생활은 습관화 될 수 없게 되는 것이다.

학생부와 교도부는 상호 연계지도로 학생의 생활태도에 대하여 같은 주장을 해야 한다. 학생부와 교도부 관계 교사들은 학생지도 방법에 있어서는 서로 다른 점이 있다. 전자는 보다 엄격하고 규율과 질서를 앞세우면서 전체를 위해서는 부득이한 경우 개인의 희생은 불가피한 것으로 본다. 이에 반하여 후자는 상담활동과 심리적 치료를 중시하며 전체보다는 개인적 사정을 감안해 주려고 하며 예방적 측면에서 자애로운 방법을 도모하려고 한다.

그러나 여기에서 유의해야 할 것은 학생부나 교도부가 방법 면에서는 약간 다르다고 할지라도 기본적 인간관에는 다른 점이 없어야 한다는 것이고 일관성 있는 목표를 갖고 대처해야 한다는 점이다. 그렇지 않으면 학생들은 가치관의 혼란을 일으키게 된다.

학교당국과 교사들의 일관성 있는 지도는 가정의 협력을 필요로 하고 있다. 가정에서 방임하고 있는 일을 학교에서만 엄격히 다룬다든가 가정에서의 금기사항이 학교에서는 용인된다면 곤란한 문제이다. 따라서 학교교육은 가정의 이해와 협력 없이는 소기의 성과를 기대하기 어렵다. 그 중에서도 극기를 생활화하여 정신적 수양의 자세로 삼는 일이야말로 가정과 학교의 연계지도가 절실히 요망된다.

극기는 참으로 어려운 것이다. 때문에 한창 자라나는 청소년에게는 도전해 볼 가치가 있는 것이다. 육체적, 정신적 건강을 위해서도 극기생활을 통해 인생의 참뜻을 이해하도록 지도해 나가야 할 것이다.

제39장 大學敎育의 大衆化와 職業敎育의 方向

1. 序論

　대부분의 사람은 직업을 통해 자기의 목표와 이상을 실현한다. 우리가 대학교육을 받는 목적도 궁극적으로 알맞은 직업을 갖기 위한 것이며 모든 학교교육은 전인교육을 지향한다고 하지만 결국은 보다 나은 직업을 선택하여 개인의 생활을 윤택하게 유지할 수 있는 최소한의 기본조건을 갖추는 데 있다. 그런데 지금까지 학교 기관에서는 학교를 졸업한 후에 다가올 현실적인 문제, 즉 적절한 직업준비나 직업 선택에 과연 얼마나 관심을 기울여 왔고 실천해 왔는가를 철저히 점검할 필요성에 당면했다고 본다. 결국 대학교나 기타 직업훈련원에서는 직업에 대한 교육을 소홀히 해왔기 때문에 많은 사람들이 자기가 종사하고 있는 직업에 만족하지 못하고 있다. 또한 학생들은 자기가 어떤 직업에 종사할 것이며, 그 직업을 얻기 위해서는 어떠한 준비가 필요한지 모르는 상태에서 교육이나 훈련을 받아 왔기 때문에 학습능률이 저하되고, 취업 후에도 산업계가 요구하는 지식이나 기술을 소지하지 못하였다는 비난을 받고 있다. 이러한 사실은 물심양면의 낭비인 것이다. 그러므로 적재적소에 알맞은 직무교육이 요청된다.

　부존자원이 빈약한 우리나라가 부강국이 되는 첩경은 상대적으로 인력자원을 최대로 개발하여 활용하는 것뿐이다. 그러기 위해서는 우선 각 직업에 따른 지식과 훈련이 필요하며, 각 직업에 알맞은 사람을 길러내기 위해서는 학교교육에서 직업훈련이나 직업교육을 근본으로 삼는 획기적인 방법이 시도되어야 할 것이다.1)

---

1) 한국직업훈련관리공원 직업훈련연구소, 직업훈련을 위한 직무분석지침, 연구자료 82 — 13, 1982. 12.

오늘날 한국의 대학이 진통을 겪고 있으며 심각한 위기에 봉착하고 있다는 느낌은 결코 과장된 것은 아니다. 4.19대학생은 10여 년에 걸쳐 현실참여의 기치를 높이 쳐들고, 그때마다 대학의 기능은 마비되어 왔다. 학생들의 과격한 시위, 이에 맞선 당국의 과잉저지, 급기야는 휴교, 학생처벌, 이와 같은 악순환은 연례행사처럼 되풀이되어 왔다.

과거나 현재나 학원의 비극적 사태가 야기될 때마다 우리는 두 개의 상반된 입장이 상극 대립되는 것을 보아 왔다. 행동적 참여의 주역인 학생은 그것이 어떤 형태이든 간에 이데올로기에서 움직였고 이에 대처하는 대학당국은 학원의 정상적 기능발휘를 위한 질서의 존중을 내세웠다. 한편 교육적 입장에 설 때 대학의 지상명제는 교수와 연구에 있는 바, 대학의 이와 같은 존재 이유를 위협하는 여하한 폭력행동도 용납될 수 없다는 입장이다. 이와 같은 대학 내의 새로운 문제의식은 한마디로 대학의 자유라는 명제이다. 여기서 우리는 두 개의 대조적인 입장을 볼 수 있다. 하나는 대학의 독립을 위협하는 외부로부터의 간섭에 대한 대학의 자율에 역점을 두는 입장이고, 또 하나는 한 걸음 더 나아가 대학 내의 자유 및 참여를 추구하는 소위 "민주화"의 입장이다.

이와 같은 경우 대학의 일을 대학에 일임한다는 주장이 오늘에야 비로소 표면화되었다는 것은, 본질적으로 중립성 및 순수성을 표방하는 학문의 특수성으로 말미암아 대학의 독립이 존중되어야 한다는 것은 자명하여 정부당국의 대학의 자율성 보장은 시의적절한 조처이며 마땅히 구현되어야 하는 현실의 문제이다.

이러한 대학사회의 변동은 민주주의 이념 실천에 진일보한 조치이며 대학의 해야 할 사명은 크다고 할 수 있다.

대학교육의 가치지향은 가치기준으로서 진리, 통합, 정치, 경제라는 네 가지 사회적 가치 체계를 생각하여 이에 의한 교육의 지향 유형을 네 종류로 분류하고 있다.2)

첫째로 진리탐구로서의 연구에 종속되는 것으로서의 교육, 둘째로 종합가치를 중시하는 인간형성으로서의 교육, 셋째로 정치목표 추구를 위한 교육, 넷째로 경제가치를 기준으로 하는 교육관으로 실용교육 내지 지식산업으로서의 교육을 지향한다고 한다.

이 네 가지 가치지향은 지극히 타당성이 있는 것으로 본다. 우리 대학인이 정통

---

2) 구범모, "대학교육의 가치지향"대학 · 자유 · 지성, 서울: 서울대학교출판부, 1978. pp.123~126.

적이라고 믿고 있는 훔볼트의 견해는 대학은 본래 진리가치만을 지상의 가치로 삼는 만큼 학문연구만을 하는 고등학술기관으로서의 기능을 가지고 있다고 한다. 인간교육이란 훔볼트의 말대로 교육은 진리탐구를 통해 주어진 교양이라 생각되며, 교양의 측면이 강조되면 넓은 지식을 가르침으로써 도덕적 능력을 개발해야 된다는 입장이다. 이와 같은 학문탐구와 인격도야는 결국 따져 보면 모두 국가목표의 달성과 정치 가치를 지향하고 있다고 간주할 수 있다.

필자는 교육목표를 경제적 실용성에 두는 견해를 지지하는데 무엇보다도 경제, 상업, 공학, 의학, 교육 등의 전문가를 양성하는 것을 목적으로 하는 직업교육은 실용성 기능주의를 위주로 함이 분명하다. 이러한 실용주의 교육은 산업사회의 발전과 더불어 적재적소에 알맞은 유능한 인재육성의 필요성을 사회적 요청에 따라 실천하여야 할 것이다. 오늘의 대학을 지식산업의 일환으로 간주하는 견해는 바로 실용교육을 지향하는 입장을 더욱 심화한 것이다.

따라서 현대의 대학은 이 네 가지 가치지향을 갖는 지식활동복합체임을 인식하면서 고도의 산업사회를 지나서 탈산업사회로 지향하는 경향에 알맞게 대학교육이 전개되어 나가야 할 것이다. 이러한 배경을 토대로 하여 현대의 대학교육의 과제는 직업교육을 핵심으로 하는 대학교육이 전개되어야 한다는 명제를 세우고 본 장을 전개해 나갈 것이다.

2. 大學教育의 價值觀

현대는 고도의 산업사회를 지나서 탈공업사회(post-industrial society)로 지향하고 있다. 앨빈 토플러(Alvin Toffler)는 현대사회를 그의 저서 "제3의 물결"에서 다양화 된 산업사회를 지칭하고 있지만 이제 "제4의 물결(the megatrends)"[3]이 도래하고 있다고 죤 네이스비트(John Naisbitt)는 예언하고 있다.

이와 같이 대중사회는 정치적, 경제적으로나 사회적 또는 문화적으로 대중의 사회적 역할이 크게 증대되는 시대이다. 엘리트 내지 소수 정예분자들의 역할을 과소평가하려는 것은 아니지만, 시대의 주역은 역시 보다 광범한 대중이며 그들의 참여와 이해와 지원이 모든 영역에서 강조되고 있다. 특권의 배제, 정보의 보편화, 조직

---

3) 김진욱·서문호 공역, 제4의 물결, 서울: 원음출판사, 1984.

과 기업의 대량화 현상이 뚜렷하며, 전원적·목가적 정서와 낭만은 잃어가고 있는 반면에 큰 조직 안에서 힘과 능률을 추구하는 경향이 늘어가고 있다.4)

이와 같은 상황의 추세를 가속적으로 촉구하고 있는 요인은 여러 가지 현상에 좌우되어 왔으나 특히 민주주의의 이념구현, 과학기술의 급속한 발전과 대량생산의 가능성, 교육의 보편적 보급과 매스 커뮤니케이션의 역할증대, 직업세계의 다양성, 전문성, 실용도 등이 중요한 요소로 등장하고 있다.

또한 우리나라의 사회현상은 바야흐로 헌법 제29조 5항에 명시한 바와 같이 평생교육시대를 맞이하여 더욱 고학력을 지향하는 시대로 변해가고 있다. 교육의 내용도 다양화, 전문화, 특수화 되어 가고 있다. 고등교육기관인 대학교육은 특권층의 전유물이었던 것이 이제 대중교육으로 전환되어 가고 있으며 그 기능과 가치관도 시대의 발전방향과 추세에 따라 다르게 변하고 있다. 마땅히 변화되어야 할 것이다. 이러한 시대적, 사회적 변천과정 속에서 대학의 기능이나 역할도 대중화의 경향이 촉진되고 있으며 그 내용이나 방법 내지 궁극적인 목표도 점차적으로 직업교육화 방향으로 전향되고 있음은 당연한 사회적 기대이며 소산이다. 어디까지나 대학교육이 전통적, 봉건적 이념에만 머물 수 없으며 상아탑이니 학문의 전당이니 진리탐구니 하는 고전적 사고방식 속에서만 맴돌고 있을 수는 없다. 그것은 시대착오적인 생각이다. 물론 근본적 바탕으로서의 이념은 변화 내지 변경될 수는 없으나 발전하는 산업화·공업화·고도화로 치닫는, 산업경제사회를 치닫고 있는 현실의 요구와 미래의 가치추구에는 변혁이 뒤따라야만 할 것이다.

3. 大學教育에 대한 産業社會의 要求

현대를 가리켜 혁명적 변화의 시대라고 한다. 이는 물질적이고도 정신적인 면에서 전례 없이 빠른 속도로 변화가 이루어지고 있고, 이에 따라 여러 가지 가치관의 변화를 초래하고 있음을 뜻한다. 이 변화는 시대적 발전의 소산이다.

특히 이러한 변화의 결과로서 교육에도 커다란 영향을 미치고 있는 바, 교육에 대한 이념의 변화, 교육에 대한 평가의 기준과 방법의 변화 및 교육적 가치선택의 변화 등을 들 수 있다.

---

4) 김정철, 한국교육과 행정의 제문제, 서울: 교육과학사, 1983.

　지금까지 학교교육과 노동시장은 각기 독자적인 체계와 조직을 가지고 있기 때문에 별개의 것으로 간주해 왔다. 학교교육이 개인의 성장발달에 크게 기여하는 방향으로 전개되어야 하느냐 아니면 직장이 필요로 하는 지식과 기술을 가르쳐야 하느냐는 문제도 그리 심각히 논의되지 못하고 있다. 그러나 현대사회에서는 기능주의 사회로 변모되어 가고 있으며, 변천하는 사회발전과 과학기술의 놀라운 향상, 다양화, 전문화, 세분화하는 산업사회에 현명하게 적응하고 만족하며 행복한 삶을 누릴 수 있도록 개인의 직업선택이 사회의 요구에 부응하여야 한다. 교육받은 인간은 낭비됨이 없이 적재적소에 알맞게 배분되어야 하며 대학교육이 현실사회의 요구에 적합하도록 적극 유도되어야 할 것이다. 대학교육이 직업의 세계에 알맞도록 지도하려면 대학교육과정이 구체적으로 현실에 알맞게 구성되어야 한다. 대학교육도 광의의 직업교육5)도, 직업인이 되기 이전에 민주시민으로서 지녀야 할 기본자질을 함양하는 것을 우선 목적으로 하고 있는데도 직업교육하면 마치 특정직종에 종사하는데 필요한 능력만을 양성하는 것인 양 오해하거나 직업훈련으로 착각하는 것들은 결국은 대학교육목표의 불분명에서 오는 것이라고 할 수 있다.

　전국의 대학에는 같은 전공학과가 상당히 많다. 그런데 전공학과만 같으면 교육과정이 거의 동일하다. 우리나라 대학의 전공분야별 학문의 성격은 그렇게도 동일하며 획일적이며 개성이나 강조점이 없단 말인가? 또 산업사회의 요구도 그렇게 동일한 인간을 필요로 하고 있을까? 이러한 심각성을 해소하기 위해서는 무조건적인 획일성을 피해야 한다. 같은 전공분야라도 교육과정이 산업사회의 요구도에 따라 상이하고 학위를 줄 수 있어야 한다. 예를 들면, 교육학과를 졸업하면 교육계, 특히 학교교육에만 종사하는 것이 아니라 산업계에 있어서 사원훈련이나 연수원에서 직장 내 요원을 훈련시킬 수도 있고 인사업무에도 종사할 수 있는 능력자를 키우기 위해서도 교육과정 내용이 구태의연한 방식을 버리고 응용적이고 융통성 있는 활동교육과정으로 전환시켜야 한다. 그렇게 되려면 사회에서 요구하는 필요한 실무내용도 포함하여 채택하여야 한다.

　그런가 하면 같은 전공분야일 경우에 고등학교, 전문대학, 4년제 대학, 대학원간에 교육내용에 계열성과 통합성이 결여된 사례도 허다하다. 왜 이러한 결과가 나타나는가? 그 이유는, 같은 전공분야일 경우 고등학교, 전문대학, 대학, 대학원 수준까지를 통합적으로 연구 검토한 경우가 거의 없이 일관성을 갖지 못하고 있기 때문

---

5) Paul V. Braden & Paul Krishan. Ocarpational Analysis of Educational Planning, Columbus: Charles E. Merril Publishing Company. 1975. p.4.

이다.

예를 들면, 전문대학의 교육과정이 4년제 대학의 교육과정을 그대로 모방한 사례도 있고, 4년제 대학의 교육과정의 교과목 중 상당수는 선진국의 일류대학의 대학원 수준에서 이수해야 할 교과들이 포함되는 경우도 있다. 한편, 대학의 전공과목이 일정한 목표를 따르기보다는 교수 중심으로 교육과정이 이루어지거나 개편되는 경우도 많이 볼 수 있다. 그렇다면 이것은 전공학과의 교육목표에서 벗어났고, 교육의 참뜻을 이해하지 못하고 있으며, 교육을 그릇되게 만드는 결과만을 낳게 된다.

그러므로 현대 산업사회에서 요구하는 대학교육과는 거리가 멀어지고 절름발이 대학교육이 되고 마는 것이 된다. 따라서 대학교육이 지향할 목표는 어디까지나 진리탐구, 학문의 연구, 창의적 활동에 근거를 두고 있으나 순전히 학문을 위한 학문, 실용성 없는 시간 메우는 식의 허무맹랑한 학자양성이라는 미명하의 교육은 지양되어야 한다. 즉, 전공분야별로 지식의 구조를 제대로 삽입하여야 하며 사회에서 바라는 유능한 능력자를 길러낼 수 있는 실용성 교육과정을 첨가하여 적응할 수 있는 인격자를 길러내도록 힘써야 할 것이다.

4. 大學敎育의 大衆化

중등교육의 보편화에 따른 상향적 파급효과는 대학교육의 사회수요를 증대시켰다. 이것은 대학교육이 이제 대중화 시대에 들어갔음을 의미한다. 물론 고급인력의 수요급증을 대변하는 것이기도 하다. 이와 같은 대학의 대중화 경향은 다음 몇 가지 측면에서 뚜렷하게 관찰할 수 있다.

첫째로, 대학인구의 양적 팽창을 들 수 있다. 1967년 유네스코가 발간한『세계교육개관』에 의하면, 1954년에서 1962년까지 고등교육 인구는 8년 동안에 35%, 즉 연평균 8.5%의 증가율을 나타냈다. 고등학교로부터 고등교육기관으로의 진학률은 1978년의 33.86%에서 1991년에는 54.80%로 증가될 전망이다.6)

이와 같은 대학인구의 증가추세는 1960년대에 들어서면서 가속적으로 계속되고 있으며 일부 선진국에서는 대학교육의 보편화가 현실적인 과제로 등장하고 있다.

우리나라의 경우 8.15해방 당시 남북한을 통하여 29개의 고등교육기관에 7,819명

---

6) 한국교육개발원, 교육발전의 전망과 과제, 1978~91. 답신보고서, 1980. p.114.

의 대학생, 978명의 교수가 있었다.7) 1960년대에 101,041명, 1970년대에 201,436
명, 1978년에 418,875명이었다.8) 그러나 현재에 이르러서는 95개 대학(교), 전문대
학 127개교, 교육대학 11개교, 총합계 233개교에 대학생 인구 약 80만을 헤아리며
교수는 2만 7천여 명이니, 그 양적인 증가는 실로 놀라울 정도이다.9) 종래 비교적
대학의 문호를 폐쇄하고 있던 유럽의 여러 나라에서도 최근 대학인구의 급격한 증가
현상이 두드러지게 나타나고 있으며 일본 역시 마찬가지임은 주목할 만한 사실이다.

　이제 우리나라는 1980년대에 들어서서 대학인구가 해당 연령층의 25~30%를 넘
어설 전망이고 더 가속화될 현상이니 양적 팽창은 바로 대학교육의 대중화 현상을
지적해 주고 있는 것이다.

　둘째로, 대학에 있어서 사회봉사의 기능이 강조되고 있는 경향이다. 전통적으로 대
학은 연구와 학문적 교육의 기능에 치중해 있으나 현대사회에서는 지식의 적용이
직업세계의 제반분야에서 다양하게 강조되고 있으며 국가사회의 현실문제나 사회를
발전시키고 개조해 나가는 데 있어서 대학의 역할과 기능이 더욱 강조되기 시작하
였다. 대학의 봉사기능은 교수와 학생들의 현실 참여문제를 두고 논쟁의 대상이 되
고 있지만 종래의 상아탑적 존재로서 고독한 자세를 유지해 오던 대학의 이념에 일
대 변화가 일어나고 있는 점은 전 세계적으로 공통된 사실이다. 우리나라의 경우도
예외일 수는 없다.

　셋째로, 대학교육 내용의 실용화 경향을 지적할 수 있다. 이것은 대학교육을 받
은 사람이 장차 사회에 나아가 무엇을 할 것인가와 직결된다. 이미 널리 알려진 바
와 같이 전통적인 대학교육은 신학, 법학, 의학 등을 중심으로 발전되어 왔지만, 대
학에 있어서 기본과학의 이론을 탐구하는 것 외에 각종 전문적 양성교육을 담당하
게 됨에 따라 실용성 있는 직업선택의 방향으로 옮아가고 있다. 즉, 보다 나은 적
합한 직업을 적성과 능력에 알맞게 택하여 장래생활에 윤택함을 누리면서 자기성장
이나 자아실현의 길로 나아가고자 하는 것이다. 이른바 지식산업사회 또는 탈공업
사회의 도래와 함께 대중화 추세는 더욱 가속화될 것이다.10)

　이와 같이 대학의 대중화 현상은 대중교육 또는 보편화 교육을 의미하며 이런
환경에 처해 있는 교육의 근본바탕은 마땅히 장차 미래사회에 다가올 직업세계에
나아가 만족한 생활의 준비와 아울러 적응생활에 유지할 수 있는 직업선택을 위한

---

7) 문학원보, 1958년 9월호.
8) 한국교육개발원, 전게서, p.112.
9) 한국교육개발원, 진로교육자료, 1982 부록 참조, 문교부, [문교통계연보], 1982.
10) 김종철, 전게서, pp.945~974.

직업교육이 우선되어야 한다. 따라서 각기 해당된 각 전공분야에서 이루어져야 할 교육내용은 학문을 위한 학문보다(학자 양성이 아니므로) 장차 취업에 필요한 교육내용을 도입하여 지도하고 실제사회에서 유용하게 이용할 구체적이고도 참신한 내용을 연마하도록 함으로써 실용성 있는 실력을 쌓도록 한다.

이제는 산업사회에 고용이 되어 현직에 임했을 때 학교에서 배운 내용이 쓸모가 없어 다시 현직교육이나 재교육을 받아야만 적응할 수 있는 번거로움은 피해야 된다. 예를 들면, 미국 같은 선진국에서는 직장에서 실제로 필요한 산지식과 기술을 구체적으로 교과내용에서 배우고 있다(여자의 화장술을 배우는 "Coslmotloy"는 바로 이와 같은 것을 실제로 대변해 주고 있다). 이것은 바로 직업의 세계를 탐색하고 준비하며 전문인이 되어 성공적인 직업생활에 차질이 없도록 하는 것이다. 따라서 개인생활의 적응은 물론이려니와 사회기관에서 만족한 직분을 담당하여 명실 공히 신탁협동체제가 원만히 이루어져, 일을 통하여 개인의 성공감을 성취시키고 사회에 유익한 봉사자로서 일익을 담당할 수 있는 준비교육의 장으로서 사명을 다하도록 창의력을 발휘하여 지도에 철저를 기해야 할 것이다. 이것이 바로 기능주의 입장을 대변하는 것이며 실질적이다.

이러한 관점에서 대학교육에서의 중요기능은 적합한 전문적 직업교육이 충실하게 이루어져야 하며 그 당위성을 인정하여야 한다. 궁극적으로는 직업대학으로서의 성격을 띠고 있어야 하며 전문직은 결국 전문인 양성을 목표로 이루어지는데 그 내용은 직업임을 명심하여야 한다. 그러므로 유능한 직업인은 결국 직업교육을 통해서만 이루어질 수 있고 모든 직업은 직업교육에서 형성될 수 있다고 본다. 그래서 직업교육을 강화하는 방향으로 자세를 바꾸어야 할 때가 온 것이 아닌가 생각한다. 아마도 당연한 귀결이라고 인정된다.

이제 대학의 대중화 현상은 바로 올바른 직업인을 양성하는 쪽으로 옮겨져야 한다.

5. 大學敎育의 普遍化

대학교육의 사명의 중요성은 비단 오늘에 이르러서만 강조되고 있었던 것은 아니다. 인류가 탄생한 이래 형식적이든 비형식적이든 간에 교육이 행하여졌고 사회가 복잡해지고 발전이 가속화됨에 따라 교육은 더욱 필요성을 느끼고 조직화 되었다. 의무교육의 연장 추세와 더불어 중·고 내지는 대학에 이르기까지 양적인 증가를 자초하게 되었고 과거의 중·고등학생의 수를 능가하는 보편화 교육으로 전환되기에 이르렀다. 이제 대학교육이 보편화됨에 따라 그 내용이나 방법도 현실에 적응할 수 있는 실용성을 강조해야 된다. 그렇다고 전적으로 전통적 대학의 이념을 송두리째 없애버리고 실용성만을 강조하는 바는 아니다. 어디까지나 전통을 토대로 다양한 방법을 현실화시키자는 것이다.

어느 시대, 어느 나라의 대학이나 가져야 할 이상은 뉴맨(J. H. Newman)이 지적하고 있는 바와 같이 "정신을 개발하고 시정하고 세련하고, 지식을 얻게 하고 그 지식을 씹고, 배우고, 지배하고, 사용하고, 그 능력을 통제하는 힘과 적응성과 방법과 정확한 판단력과 현명함과 기지와 숙련과 유창한 표현 따위를 주는 기능"11)이야말로 대학교육의 본연의 사명임은 자타가 공인하고 있다.

그러나 대학의 기능으로서 갖추어야 할 연구, 사회봉사 및 직업에 적응하는 실용성은 배제할 수 없다.

대학교육은 국가나 시대에 따라 변형되어 왔으며 여러 가지 형태로 운영되고 있다. 전통적으로 ① 교수가 연구해온 학문과 지식을 학생들에게 전하라는 교육, ② 대학에서 가르치는 교수나 공부하는 학생은 새로운 진리 발견과 확실성의 탐구를 위하여 같이 노력하는 것, ③국가사회의 요청에 따라 대학에서 연구한 진리와 학문은 그 사회발전에 구체적이고 직접적으로 적용할 수 있도록 봉사하고 공헌하는 것이 대학이 지닌 미래적 역할인 것이다.12)

뿐만 아니라 지금까지의 대학의 유형을 간추려 보면, 첫째로 엘리트 지향형을 들 수 있고, 둘째로는 생산 지향형을 들 수 있으며, 셋째로는 보편 지향형 대학교육을 들 수 있는데13) 이와 같은 세 가지 유형이 현대사회에는 모두 필요하며 상호관련 및 상보적 관계에 있다. 그러나 오늘날과 같이 복잡하게 다변하는 산업기술사회에 접근하여서는 특히 보편지향형 대학교육에 중점을 두어 봉사하는 기능이 크게 대두되었다. 교육과 학문의 기능이 자연과학이나 사회과학, 산업공학과 컴퓨터공학, 유전공학, 환경공학 등의 분야에서 급격하게 성장하고 발전됨에 따라 봉사하는 기능에 더욱 접근하게 된 것이다.14) 구체적으로 오늘의 대학은 "사회적 실험"의 속에서 적극적 역할을 공공연하게 실현해야 할 것이다. 중립성이나 초연성을 박차고 단지 현실의 사태를 인식하고 사회발전의 공헌과 자기성장·발전에 밑거름이 되도록 대

---

11) 유상근, 대학교육, 서울: 명지대학출판부, 1982. p.119.
12) 임한영, "대학의 사명",[대학의 증언], 서울: 성대신문사, 1976. p.50.
13) 강우철, "대학의 자율―그 개방과 다양성, 「대학교육」, 서울: 대학교육협의회, 1983. 5, 제3호, p.51.
14) 임한영, 전게서, p.50.

학의 역할을 구체화·보편화해야 할 것이다.

오늘의 대학은 개방성을 지닌 인물을 요구하며 그러한 인물이 대학의 책임 있는 위치에서 능동적으로 대처하되 오늘의 산업사회가 요구하는 기능적 문제를 능히 해결하고 창의적이고 협동적 노력을 아끼지 말아야 할 것이다. 그것이 중핵으로 이루어져야 한다.

현대사회에 있어서 대학이 양적으로 팽창하게 되고 대중교육기관으로서의 성격을 갖게 되어 가는 변화에 대하여 저항하려고 복고주의적인 향수에 빠지는 것은 이제 무의미한 일이다. 대학은 새로운 사회환경에 공헌하고 적응하며 나아가서는 사회변동의 방향을 이념적으로 이끌어 갈 수 있어야 하기 때문이다.15)

현대의 대학이 대중교육기관의 성격을 갖게 되었다는 것을 한정한다고 해서 대학교육이 전문직업인의 양성만으로 자족해도 된다는 것을 전적으로 의미하는 것은 아니다. 근본적 입장에서 대학에 있어서의 지적, 교육적 활동은 전문적, 도구적 지식의 확산에 한정되는 것이 아니며 비판적 이성에 기초한 이념적, 이론적 지식의 창출과 교양교육에 더 많은 노력을 기울여야 될 것이며 인간교육, 전인교육의 발전적 지향으로 나아가야 될 것이다.

일찍이 다니엘 벨(Daniel Bell)은 현대사회에 있어서 가장 중요한 과제의 하나는 고도로 복합적인 구조를 갖게 된 사회체계에 있어서의 복잡성의 관리라고 말한 바 있다. 이러한 관리를 위해서는 고도로 추상화 된 상징을 체계적으로 분석할 수 있는 이론적 지식의 창조를 위해서 대학과 대학연구소의 기능을 살려야 한다고 지적하고 있다.16)

핼세이(A. H. Halsey)는 말하기를 "새로운 기술사회에 있어서 고등교육기관은 확대되고, 연구의 기능을 수행할 뿐 아니라, 학생의 선발·훈련, 그리고 직업소개의 기관으로서 경제와 계층체제에 중심적 역할을 하여야 한다."17) 고 하였다.

이와 같은 견해는 드르커(p.H. Drucker)에 의해서도 지적되고 있다. 그는 "고도의 교육을 받은 인간이 현대사회에 중심적 자질이 되고, 이와 같은 인간의 공급이 경제·군사뿐만 아니라 정치의 가능성의 척도가 된다"고 설파하고 있다.18)

오늘날의 선진산업사회는 예외 없이 대학의 연구소에 기대를 걸고 가장 우수한

---

15) 김준엽, "현대사회에 있어서의 대학의 위치와 과제", 「대학교육」, 서울: 대학교육협의회, 1983. 3, 제2호, pp.8~9.
16) 상게서, p.9.
17) A.H. Halsey. "The Changing Function of University"in Education, and Society, New York: Free Press, 1961. p.463.
18) P.F. Drucker. The Landmarks of Tomorrow, London: Heinemann, 1959. p.87.

두뇌와 탁월한 시설을 갖추어 새로운 개혁과 발견을 창출해 내고 있다. 의학, 유전공학, 컴퓨터과학, 해양과학, 우주과학 등 최첨단을 걷는 과학에 있어서 가장 기초적인 이론적 발견은 대학의 연구소에서 나오고 있으며 그것을 응용해서 수많은 기술의 개혁이 이루어지고 있음을 깨달아야 할 것이다. 대학은 고도의 창조적 기능을 계속 수행해 나아갈 수 있으며, 사회변동의 방향을 제시할 수 있으며, 사회개혁과 기술개발의 궁극적인 원천이 되어야 한다. 이런 의미에서 대학의 각 연구소의 기능은 독창성을 가지고 활발하게 활성화 되어야 한다. 그러나 과연 이루어지고 있는가?

우리는 역사적, 사회적 맥락 속에서 현실에 당면한 시급한 문제를 인식하고 대학교육의 성과를 평가하여야 할 뿐만 아니라 국제적, 비교적 시야에서도 우리의 업적을 비교·고찰하여야 한다. 한국의 대학은, 아직도 발전도상에 있으며 그 역사가 일천(日淺)하고 그 업적에 대한 국제적 인식이 미약하여 우리 대학인 스스로의 냉철한 자기반성과 성찰을 요구하고 있다. 현대사회와 같이 지식과 기술이 폭발적으로 증대되고 고도화 되고 있는 첨단시대에 적절히 적응하기 위해서는, 국가사회가 유능한 인재를 필요로 하고 있고 교육산업의 국제경쟁이 치열한 이때 지도적 인간을 효과 있게 배출할 수 있도록 대학당국의, 적합한 배려와 추진력을 가지고 인재를 배출하도록 행·재정적인 원활한 지원과 관심이 요구되고 있다. 어느 분야에서 무엇을 전공하든지 간에 대학교육을 마친 사람이면 누구나 교육법 제108조에 제시한 바와 같이 목적에 따른 심오한 학문의 이론과 그 적용에 기초를 두고 공부하고 연구한 바대로 전문적 지식과 창조적 지성을 토대로 하여 맡은 바 자기의 과업을 성실하게 수행하면서 만족감, 성취감, 자부심을 갖게 되어 명실 공히 자아실현의 경지로 이끌도록 노력할 것을 기대한다.

일찍이 미국의 대학교육학자인 마틴 트로우(Martin Trow)는 선진국가에 있어서 대학교육이 엘리트 단계(15%), 대중화단계(15~50%), 보편화단계(50%)를 거쳐 발전하고 있다고 시사하고 있는데, 그의 기준을 적용한다면 한국은 1980년대를 고비로 대중화 단계에 접어든 셈이라고 할 수 있다.19)

이와 같은 대중화 추세는 ① 하급학교 교육의 보편화, ② 상승적 기대의 폭발, ③ 전문인력요원의 증대, ④ 평생교육이념의 구현, ⑤ 고학력자에 대한 경제적 우대를 반영하는 임금구조, ⑥ 하급학교에서의 선발기능의 비효율성, ⑦ 일반대중의 경

---

19) 김종철, 전게서, pp.1070~1071.

제적 지위향상, ⑧ 고학력의 요구와 인간교육의 필요성 증대 등 여러 가지 복합적인 요인으로 말미암아 더욱 확산되어야 할 전망이다.

1960년대 이후 1970년대에 이르기까지 대학교육의 양적 팽창의 결과와 질적 저하의 우려로 말미암아 한때 대학망국이니 우골탑이니 하던 대명사로 불리던 당시의 대학현황은 바로 무절제한 양산(量産)교육의 병폐를 질책하였던 것을 상기할 수 있다. 그러나 1970년대 이후 산업발전의 역군으로서 일익을 담당했던 현상을 생각해 본다면 대학교육의 양적생산이 효과를 크게 보아왔음을 알 수 있다. 이것은 대학교육의 양산체제가 산업사회에 필요한 인적자원의 역할을 충분히 반영했음을 시사하고 있는 것이다.

대학교육은 앞으로 보편성을 면하지 못할 것이며, 직업사회에 필요한 유능한 인재를 양성하는 방향으로 인도되어야 할 대학교육은 학문을 위한 교육보다는 직업인을 양성하는 현실주의에 알맞은 체제로 전향될 가능성이 높다고 하겠다.

6. 大學敎育과 職業敎育의 關係性

막스 베버(Marx Weber)에 따르면, 산업사회는 관료화를 촉진하고, 관료제는 직종의 전문화가 이루어지며, 이에 따라 모든 교육은 직무수행에 필요한 지식의 충족을 담당하게 된다는 것이다. 바꾸어 말하면, 산업사회에서는 직업이 생활의 중요한 과정이 되고, 모든 사람은 전문직적 자질을 갖춤으로써 현대사회를 극복할 수 있게 된다는 것이다.

직업의 세계는 과거에 비하여 커다란 변화를 가져왔다. 산업혁명 당시 직업의 종류가 500여 종이라고 말하던 것이 세계 제2차 대전이 끝날 무렵에는 1만여 종이라고 구분되었으며, 1960년대에는 4~5만여 종으로 구분되던 것이 1970년대에 가서는 10만여 종으로 불어났다.

이와 같은 직업 종류의 증가현상은 과학문명의 발달과 산업화 과정과 더불어 새로운 직종이 불어날 수밖에 없는 필연성도 있지만, 한편으로는 누구나 한 가지씩의 직업을 갖지 않으면 안되는 시대가 되었다는 것을 말해 주고 있다.

이제 대학은 학문연구의 최고학부로 자처하고 있을 때는 지났다는 것이다. 대학이 학문의 전당이고 학자를 양성하는 곳이라면 학자의 직종은 이제 과잉생산이 되고 있다고 보아야 한다. 따라서 대학은 직업인을 양성하는 기관으로 점차 변화되어야 한다.

유명한 종교학자는 반드시 유명한 종교가는 아니고 저명한 교육학자 역시 저명한 교육자는 아닐 것이다. 이와 마찬가지로 공학의 기사는 반드시 공학자는 아니며 공학자는 반드시 공학의 기사는 아닐 것이다, 의사 또한 반드시 의학자가 아닐 것이며, 의학자도 반드시 의사는 아닐 것이다. 의사와 기사는 제각기 학위를 가졌어도 반드시 학자는 아닐 것이다. 더욱 종교가와 교육자의 경우는 의사와 기사의 경우와는 다소 사정이 달라 차이가 있으나, 기사와 의사는 공학 및 의학에 관한 지식을 전혀 모르고서는 기사 및 의사가 될 수 없다. 법률가와 법학자와의 관계, 경제학자와 사업가의 관계도 의사와 의학자의 관계와 유사한 것이다. 만일 법률가와 법학자가 동일인에게 겸비되어 있을 때도 그것이 구별되는 것과 마찬가지로 법학에서는 학문성을 빠뜨릴 수 없고, 이와 반대로 실용성을 무시하고서는 그 존재의의를 더욱 잃게 마련이다.[20]

이상에서 실제적인 예를 들면서 서술한 학문과 직업이라는 문제가 제기된 이유는, 대학의 생명은 곧 학문의 연구와 인격도야에 있고 따라서 학교를 마친 후 실사회에 나가서 탐구한 지식과 인격을 활용하여 산업사회에 봉사하고 국가사회의 발전에도 기여할 수 있는 유능한 직업인으로 길러내는 데 있다고 본다.

대학교육을 받은 후 대부분은 산업사회에 필요한 역군으로 흡수된다. 물론 그 중의 일부는 전문 대학원이나 일반대학원을 진학하여, 학문을 위한 연구를 계승하고 발전시켜 앞서 제시한 대학의 사명을 다하기 위한 진리탐구와 이론의 개발 등에 정진하고 있다. 그러나 이들은 사회발전의 토대가 되며 원리나 원칙을 발견하고 발견된 사실을 현실화하여, 복지사회에 이바지하는 구실을 하여야 한다.

현실적으로 볼 때 대학교육은 직업세계와 매우 밀접한 연관을 가지고 실천에 옮겨야 마땅하다. 일반적으로 고등학교를 졸업하고 대학의 문을 누드리는 예비 대학생들의 관심은 개인의 능력이나 흥미, 적성의 고저를 불문하고 장차 사회에 나가 소위 잘 팔릴 수 있는 전공학과를 지망하고 있다. 이러한 현상은 대학에 들어가 학문연구나 진리탐구보다는 눈앞의 이익, 즉 졸업 후에 사회적·경제적인 대우가 좋은 인기 있는 직업이나 직종을 찾아 풍요로운 생활의 안식처를 획득하고자 하는 데 궁극적인 목적이 있는 것 같다. 학부모를 포함한 사회인이나 학생들의 관심은 학자를 양성한다기보다 현실사회에서 매력 있는 직업을 선택하기를 갈망하고 원하고 있

---

20) 변화용, "학문과 직업과의 관계",[대학의 증언], 서울: 성대신문사, 1976. pp.83~84.

다. 이와 같은 열망에 충족시키기 위해서 각 대학들은 취업에 필요한 실용적 교과목을 신설하고 직업사회에 유효하게 적응할 수 있도록 실력향상과 준비교육에 채찍을 가하고 있는 추세에 있다. 대학교육의 목적이나 기능은 국가에 따라, 시대변천에 따라 변화되고 있지만 대학교육의 주된 기능 중의 하나는 중견직업인이나 전문인의 양성을 목적으로 하고 있음은 배제할 수 없다.

그렇다면, 직업교육이란 무엇인가? 편의상 광의와 협의의 의미로 구분해서 정의를 내리면 다음과 같다.

광의의 직업교육이란 생애교육(career education)을 의미한다. 모든 교육은 직업교육 또는 생애교육이라고 천명한 미국의 교육위원인 시드니 마랜드(Sidney p. Marland)가 제시한 바와 같이 모든 교육의 방향은 전인교육 지향인데, 이 전인교육은 지·덕·체의 조화로운 인간교육으로서 실제사회에 나아가 유능한 적응력 있는 인간으로의 교육을 의미한다. 이러한 적재적소에 알맞은 적응력 있는 교육이 바로 생애교육인 바,21) 주요주장은 나면서부터 죽을 때까지(from cradle to the grave) 계속되며, 직업적성교육을 의미한다. 이것은 개인이 선천적으로 타고난 잠재능력을 토대로 하여 신체적, 정신적, 지적, 사회적 발달단계에 따라 생애의 인식, 탐색, 준비, 전문화 단계로 구분하여 개인이 지닌 흥미와 능력, 적성과 인격특성에 알맞게 계획성 있게 진로교육과정의 프로그램을 실시하여 일생 동안 만족스럽고 행복한 "삶"을 누릴 수 있도록 도와주는 교육프로그램이다.22)

이무근도 광의의 직업교육을 "개인이 특정한 직업에 종사할 수 있도록 준비하기나 현재 종사하고 있는 직업에서의 직무능력을 향상할 수 있도록 하는 형식 또는 비형식적 교육을 말한다."23)고 정의하였다.

이 경우, 의사, 판사, 검사, 교사, 회계사, 사회사업가, 엔지니어, 교수 등 전문직을 취득하고자 제공하는 교육과정은 모두 직업교육의 범주에 속한다. 그리고 협의의 직업교육이란 "개인이 학사학위보다 낮은 학력을 필요로 하는 직업에 종사할 수 있도록 일의 세계를 탐색하고, 자기의 적성, 흥미, 능력에 알맞은 일을 택하고 그 일에 필요한 지식, 기능, 태도, 이해력, 판단력, 일에 대한 습관 등을 계발하고 또 이미 현직에 종사하고 있는 근로자가 자신의 일을 개선, 유지할 수 있도록 학교와 일의 현장에서 능력을 계발하는 전체교육의 일부이다"24)라고 역설하고 있다. 이무근

---

21) Sidney p.Marland. "Career Education: A Report,"Career Education: What It's All About, NASSP Bulletin. March 1973.
22) 김충기, 생애교육: 문제와 방법, 서울: 세광공사, 1981.
23) 이무근, "산업기술인양성과 대학교육", [대학교육], 서울: 대학교육협의회, 1983. 5, 제3호, p.40.

도 제시한 것처럼 대학교육도 궁극적인 면에서 볼 때 직업교육임에 틀림없다고 강조하고 싶다. 이처럼 대학은 본래의 목적을 토대로 산업사회가 요구하는 전문 기술인을 양성하는 고등교육기관이라 할 수 있다. 대학교육은 대중화 경향에 따라 더욱 직업 교육적 성격이 뚜렷해지고 있으며, 그러한 방향으로 줄달음치고 있다.

그러므로 대학에서의 교육은 발전하는 사회의 요구와 개인의 요구에 충족할 수 있는 방향으로 직업선택과 준비에 만전을 기하는 쪽으로 진행되어야 할 것이 요청된다. 이것이 바로 앞으로의 대학교육에서 중점적으로 취급되어야 할 과제이다.

7. 職業敎育의 未來와 發展方向

8.15 이전의 사회환경을 거슬러 올라가 농경사회를 중심으로 운영되던 전통사회에서는 직업이란 단순히 부모로부터 물려받거나 전수되는 것으로 생각했었다. 그리고 직업이란 농업, 공업, 상업 등에 국한되었었고 수준 이하로 천시하였다. 전통사회에 있어서의 양반들 소위 지배계급들은 직업을 갖는 것조차 부끄럽게 생각하거나 천인들의 소유물로 생각하거나 인정하였기 때문에 상류계층의 자녀들은 부모로부터 전수된 직위나 물적 환경의 양도로 인한 풍요로움 속에서 생계를 유지하면서 지내왔다. 따라서 특별한 지식이나 기술의 습득도 필요 없었고 다만 농업이 주로 경제생활을 만족시켜 주었던 것이다. 이것이 조선말기에까지 지속되지 않았는가?

그러나 시대의 변천에 따라 과거의 농경사회가 현대의 산업경제사회로 전환됨에 따라 농업에만 의지하고 생활하기에는 만족한 생활을 영위할 수 없게 되었다. 산업혁명 이후 공장공업과 분업이 발달하고 노동구조가 기계화됨에 따라 단순한 노동으로서는 충분한 역할수행이 어렵게 되었다. 특별한 기술이나 적합한 훈련이 없이는 산업기관에서의 복잡한 일을 감당하기에 부족하므로 직업훈련을 받아야만 일의 능률향상과 성과를 기대하게 되었다. 더욱이 현대사회에 들어와서는 직업의 종류가 과학기술의 발전과 더불어 다양화·전문화·고도화·분업화 되어 보급되고 있다. 그래서 고도의 지식과 기술이 없이는 직무이행에 크나큰 차질을 빚게 되므로 이에 적합한 기술과 능력, 적성을 요구하고 있다. 이제 민주주의를 신봉하는 우리나라 사회에서는 점차적으로 직업의 귀천도 사라져 가고 있으며 일의 신성함을 인정하는

---

24) 상게서, p.40.

사회로 바뀌어감에 따라 직업에서의 소명감, 사명감도 갖게 되었다.

노동 또는 일(work)은 경제활동에 필요한 것이며, 인간은 태초부터 살기 위해 일을 해왔다. 확실히 일이란 단순히 살아남는 데 소용되는 가치 이상의 어떤 것으로 인정될 수 있는 활동이다. 현대 프랑스의 마르크시스인 로저 가로디(Roger Garaudy)가 말하듯 이 일은 "첫째가는 도덕적 범주"인 것이다.25) 노동(육체노동을 포함)은 우리의 인간성과 지성의 필수적인 일부분이다. 그것은 자연 및 환경에 대한 우리의 관계뿐 아니라 우리의 의식 그 자체의 작용과 범위까지도 지시한다. 칼 융의 말에 의하면, "인간의 가장 높은 이상은 현실의 한계 안에서 그 자신의 타고난 가능성에 따라 독특한 창조적 개인으로 스스로를 완성시키는 것이다. 일이 없으면 모든 생명은 부패하게 된다. 그리고 일이 영혼을 상실할 때 삶은 질식하고 사망에 이른다."26)

이것이야말로 오늘날의 복잡한 산업화·공업화·과학화의 사회에서 많이 느끼고 있는 상황이다.

인간은 실제로 직업 없이는 일생을 살아가기가 어렵다(물론 일부 부유층의, 유산을 물려받아 무위도식하는 사람을 제외하고는). 직업은 단순히 생계의 유지수단으로서 필요하지만 목적이 되어서는 안되고 직업을 통해서 생활의 만족감을 가지고 자기완성, 자기실현의 계기가 될 수 있어야 하며 바로 그런 방향으로 발전시켜야 할 것이다. 그리고 국가사회에 봉사하는 성공인·성취인이 되어야 한다. 그래서 직업교육의 목적은 직업발달의 목적과 일치해야 한다. 직업발달은, 개인으로 하여금 직업역할에 만족하도록 유도되어야 하고 도와주는 성장과 발달의 과정이며 직업에 정착이 되어야 한다. 일이란 즐겁고 보람을 느끼는 정도로 자유롭게 수용되어야 한다.

미국직업협회(American Vocational Association)의 정의에 따르면, "직업교육"이란 직업인(worker)이 일하는 데 필요한 기술, 능력, 태도, 작업습관 및 평가를 할 수 있도록 계획된 교육이며 유용하고 생산성을 토대로 고용에 유리하도록 도와주는 교육활동이라고 한다.27) 이러한 정의는 인간이 직업에 적합하도록 권장하는 것을 주요 테마로 삼고 있다. 해리스(Harris)에 의하면, 직업인은 직업에 적합하도록 행복감과 취미를 가질 수 있어야 한다고 강조하고 있다.

이와 같이 직업교육은 개인이 장차 미래사회인 직업세계에 유용하게 적응하고 행

---

25) 이동하 역, 인간과 노동, 서울: 한길사, 1982. p.10.
26) 상게서, p.15.
27) John F Thompson, Foundation of Vocatonal Educat on, New York: Prentice-Hall Inc., 1973. p.111.

복을 찾고 만족하며 보람을 느낄 수 있는 직업을 현명하게 선택하고 배치할 수 있도록 다양하게 조직적으로 도와주는 교육활동이라고 볼 때, 대학에서의 직업교육은 마땅히 성공적인 직업인을 육성하도록 도와주는 제도적 장치를 마련하고 적극적으로 취업보장을 해주어야 할 것이다.

이제 직업교육은 근시안적이고 소극적인 공장의 기능공을 만들어 내기 위한 교육활동으로 보아서는 안된다. 모든 직업은 직업교육을 통하여 이룩되는 것으로 승화시켜야 한다. 사실 이 세상에 존재하는 모든 직업은 직업 아닌 것이 없다. 인문계, 사회계, 공학계, 자연계, 의학계, 예·체능계 등 어느 분야를 막론하고 직업을 택하려면 적절한 준비교육을 받아야 성공적으로 직무를 수행할 수 있다. 과거에는 초등학교 교육수준이나 또는 중·고등학교 교육정도만으로도 사회에서 필요한 직업요구에 충족이 되었다. 그러나 현대사회와 같이 복잡하고 세분화, 전문화, 다양화, 복잡화 된 직업세계에 원만하게 적응하기 위해서는 고학력을 요구하게 된다. 더욱이 대학교육이 대중화, 보편화됨에 따라 특별한 전문부서에는 전문교육 이상의 대학교육을 받아야만 소정의 직업에 적용될 수 있으므로 직업교육이 핵심이 된다.

따라서 직업교육에 대한 종전의 인식을 달리할 때가 왔다고 본다. 어디까지나 직업에 적응할 수 있는 제반지식과 기술의 습득, 응용, 가치관, 태도함양, 사명감, 직업윤리 등 직업에 임할 수 있는 적합한 소양교육을 배워야 한다. 그렇다고 교양교육이나 인격교육을 등한시하라는 것은 절대로 아니다. 만족스런 미래의 직업생활을 유지하기 위해서는 일상생활에 필요한 교양교육도 필요하고, 인격교육, 도덕교육, 창의성 교육, 판단력도 요구되는 것이다. 일생을 통하여 주어진 환경에서 올바르게 만족하고 행복감을 맛보기 위한 직업을 선택하기 위해서 자기완성의 장으로 의의를 찾기 위해 계획된 진로교육을 철저히 수행하여야 할 것이다.

이런 의미에서 앞으로의 대학교육은 광의의 직업교육을 핵심으로 하여 학문의 탐구와 탐색이 필요하며 실용성을 감안하여 유능한 능력자로 길러야 할 것이다.

십년간을 교육을 받았어도 실제사회에서 응용될 수 없는 인간을 길렀다면 이것은 교육의 낭비이며 소비재일 뿐이다. 그러므로 대학교육도 "학문을 위한 학문"만으로 이루어지는 데 만족해서는 안되고 직업교육을 통하여 적재적소에서 실용적, 융통성 있는 창의적 인간이 될 수 있도록 이끌어 나가기 위해서 관심을 두고 실천해야 한다. 이런 차원에서 직업교육의 미래는 밝은 전망이 있을 것이며 핵심이 된다.

8. 結論

현대사회의 직업, 직장, 직업적 지위는 과학기술의 눈부신 발전을 기점으로 하여 갖가지 사회현상의 확대와 분화에 따라 고도의 지식과 기술을 모든 사람에게 계속 요구하고 있다.

이에 부응하여 대학교육의 대중화에 따르는 대학에서의 직업교육의 미래를 조명해 보았다. 종래의 복고주의적 학문관에서 시야를 넓혀 현실적이고 합리적 교육을 모색하기 위하여 직업교육은 적극적인 차원에서 강화되고 보완되어야 한다. 직업은 어디까지나 자기실현의 결정체로서 미래사회의 직업교육은 단순히 생계의 유지만을 위한 방편으로 선택되어야 되는 것이 아니라 일생의 반려자로서 자기를 대표하고 자아실현의 도장이 되도록 선택되어야 한다.

대학교육에서는 제반 분야에서 실제적으로 유용하고 유능한 직업인·생활인의 육성을 목표로 적극 추진해야 한다. 이것이 산학협동체제라고 본다.

현대가 바라는 완성된 인간은 각자가 맡은 직업적이고 전문적인 능력에 바탕삼은 교양인이지 직업세계를 도외시한 교양인을 바라는 것은 결코 아니다.

대학은 직업적 세계관을 받아 들여 관념론적 대학관에서 벗어나야 하며, 직업교육과정, 교양과정으로 이분하여 교육의 조화를 이룩하여야 한다. 직업과정 군에서는 각종 직업의 특성을 바탕삼아 수업 연한의 융통성의 부여 등이 이루어져야 할 것이다.

대학교육은 전통문화에서 선도적 역할을 해야 하며, 필요에 따라 합리적 개혁이 요구되기도 한다. 학문의 연구도 종국에 가서는 인류사회를 위하고 사회복지에 이바지할 수 있도록 유도되어야 한다. 개인생활의 안정과 평화가 유지될 수 있어야 사회의 안녕과 질서, 발전과 번영을 누리게 되는 것이다. 그러므로 대학에서의 직업교육화 방향은 시의 적절한 추세이며 그러한 방법을 강화하고 추진하면서 적극적이고 실제적인 교수활동이 전개되도록 노력해야 할 것이다.

참고문헌

구범모, "대학교육의 가치지향", [대학·자유·지성], 서울: 서울대학교출판부, 1978.

강우철, [대학교육], 제 3호, 서울: 한국대학교육협의회, 1983.

김시종, 직업훈련, 서울: 삼영사, 1975.

김종철, 한국교육행정의 제문제, 서울: 교육과학사, 1983.

김준엽, "현대사회에 있어서의 대학의 위치와 과제", [대학교육], 제2호, 서울: 한국대학교육
　　　협의회, 1983.

김철수·김종철 외, 대학생과 학문, 서울: 시사영어사, 1981.

민준기 역, 회학의 이념, 서울: 경희대학교 출판국, 1982.

변희용, "학문과 직업과의 관계", [대학의 증언], 서울: 성대신문사, 1976.

유상근, 대학교육과 교양교육, 서울: 명지대학 출판부, 1982.

이동하 역, 인간과 노동, 서울: 한길사, 1982.

이무근, "산업기술인양성과 대학교육",[대학교육], 제3호, 서울: 한국대학교육협의회, 1983.

이 환, "한국대학의 현좌표", [대학·자유·지성], 서울: 서울대학교 출판부, 1978.

전국경제인연합회, 산업사회와 교육, 서울: 전국경제인연합회, 1977.

차경수·박이문 외, 대학생과 교양, 서울: 시사영어사, 1982.

임한영, "대학의 사명", [대학의 증언], 서울: 성대신문사, 1976.

한국교육개발원, 교육발전의 전망과 과제, 답신보고서 1978~1991. 한국교육개발원, 1978.

한국교육개발원, 진로교육자료, 1982.

한국대학교육협의회, 대학교육에 있어서 직업교육의 과제와 전망, 자료 84-1-7, 한국대학
　　　교육협의회, 1984. 3.

한국직업훈련관리공단 직업훈련연구소, 직업훈련을 위한 직무분석지침, 연구자료 82-13,
　　　1982. 12.

p.F. Drucker, The Landmarks of Tomorrow, London: Heinemann, 1959.

A. H. Halsey, "The Changing Function of University"in Education, Economy, and Society, New York: Free Press, 1961.

Edwin, L, Herr, Review and Synthesis of Foundations for Career Education, ERIC Clearing house on Vocational Technical Education, Columbus: Ohio, March, 1972.

Kenneth B. Hoyt, and others, Career Education what It Is a How To Do It, Fifth Ed, Salt Lake City: Olympus Publishing, 1972.

Sidney p. Marland, "Career Education A Report,"Career Education What It's All About, NASSP Bulletin, March 1973.

Gordon I. Swanson, Concepts in Career Education, Paper Presented to American Vocational Association Task Force of Career Education, Portland, Oregon. December, 1971.

Robert E. Taylor, Career Education: Implication for Increased Educational Relevancy, Paper Presented at the Central New York School Study Council Career Education Conference, October 1972.

John F. Thompson, Foundations of Vocational Education, New York: Prentice-Hall, Inc.. 1973.

인명색인

내용색인

김충기   서울대학교 교육대학원 교육학 석사학위, 미국 Central Arkansas대학교 대학원 카운슬링 석
사학위, 미국 Arkansas주립대학원 교육전문가 학위, 미국 Arkansas주립대학원 교육학 박사
(생활지도 및 직업교육), 미국 Oklahoma주 Tulsa대학원 교육행정연구, 수도여자 사범대학
교육학 전임강사, 성균관대, 이화여대 대학원, 중앙대 사대 대학원, 고려대 대학원 교육 대
학원 강사 역임, 건국대학교 사범대학 교수, 교육대학원 원장, 학생생활연구소 소장.
현재, 건국대학교 사범대학 학장

저서 및 역서

『생애교육과 생활지도』, 『청년발달심리학』, 『생애교육의 과제와 전망』, 『진로교육의 본질』
『생애교육의 기초』, 『교육의 실상과 허상』, 『상담과 심리치료』, 『직업교육과 진로지도』
『직업교육과 진로교육』 외 다수

子女指導와 父母敎育

초판 인쇄	2005년 1월 10일
초판 발행	2005년 1월 15일
옮 긴 이	김충기
펴 낸 이	채종준
펴 낸 곳	한국학술정보㈜
	경기도 파주시 교하읍 문발리 526-2
	파주출판문화정보산업단지
	전화 031) 908-3181(대표) · 팩스 031) 908-3189
	홈페이지 http://www.kstudy.com
	e-mail(e-Book사업부) ebook@kstudy.com
등 록	제일산-115호(2000. 6. 19)
가 격	31,000원

ISBN   89-534-2170-5 93370 (Paper Book)
        89-534-2171-3 98370 (e-Book)